厚黑學

후흑학

원전[原典]으로 읽는
후흑학

후흑술의 궁극적인 목적은 후흑구국이다.

이종오가 후흑학을 쓴 것은

마키아벨리가 조국인

피렌체 공화국을

교황 및 외국의 부당한 간섭으로부터

독립시킨 후

이탈리아반도 통일의 주인공으로

만들기 위해

군주론을 저술한 것과 같은 취지다.

동양 전래의 제왕학에 기초한 소위 통치학을

역설해 온 필자가

그의 후흑학을 단순한 처세학이 아닌

난세의 통치학으로

이해하는 이유다.

후흑학
厚黑學

이종오 지음 신동준 편역

원전[原典]으로 읽는
후흑학

인간사랑

후흑학

厚黑學

목 차

04장 후흑원리

05장 중국 학술의 추세

06장 기타

후흑학

厚黑學

편역자 서문

지대물박地大物博을 자랑하는 중국은 유사 이래 많은 기인이 존재했다. 이들 중 저서를 남긴 사람은 그리 많지 않다. 춘추전국시대 이래 역대 문헌 중 3대 기서奇書로 많은 사람들은 당제국 중엽의 조유趙蕤가 쓴 『장단경』과 명제국 말기의 이탁오李卓吾가 쓴 『장서』 및 『분서』, 청제국 말기의 이종오李宗吾가 쓴 『후흑학』을 들고 있다.

이들 기서는 하나같이 전래의 기본 통치이념인 왕도王道 대신 패도覇道의 관점에서 역사를 재단하고 인물을 평했다는 공통점을 지니고 있다. 성리학을 절대시한 조선조의 기준으로 보면 일종의 '사문난적斯文亂賊'에 해당하는 셈이다. 실제로 이들 서적 모두 이단서로 몰려 불태워지는 등의 수모를 당하고 당사지 역시 세간의 비난으로 인해 은둔생활을 하거나 자진하는 등의 굴절된 삶을 살았다.

이탁오를 존경한 나머지 자신의 이름을 '종오'로 개명한 이종오는 중화민국이 등장하는 20세기 초의 격변기에 살았던 까닭에 이탁오처럼 스스로 목숨을 끊는 지경에 이르지는 않았다. 이는 그가 중국의 인민들에게 '후흑구국厚黑救國'을 설파하며 함께 일어나 서구 열강의 침략을 저지하고 명실상부한 자주독립을 이룰 것을 외친 사실과 무관치 않았다. 미국과 비견되는 G2의 일원으로 성장한 현재의 중국과 비교할 때 금석지감이 있다.

그렇다면 그의 이런 주장은 21세기 현실과 동떨어진 것일까? 그렇지 않다. 오히려 '후흑구국'의 의미가 더욱 부각되는 역설적인 상황이 전개되고 있다. 최근 중국 내에서 후진타오의 소위 '화평굴기和平崛起' 기조에 대한 반론이 호응을 얻고 있는 현실이 이를 뒷받침한다. '화평굴기'를 기치로 내세워 공연히 미국을 위시한 구미 열강을 자극하고 있다는 게 논거이다.

일부 학자들은 향후 등소평이 제시한 소위 '도광양회韜光養晦'의 기조를 1백 년간 더 견지해야 한다는 주장마저 내놓고 있다. '도광양회'의 책략은 이종오가 『후흑학』에서 역설한 '후흑구국'의 취지를 그대로 승계한 중국의 국정지표이기도 하다. 중국 내에서 '도광양회' 기조를 1백 년간 더 견지해야 한다는 주장이 나온 것은 이종오가 역설한 '후흑술'의 백미가 아닐 수 없다. 우리가 OECD 국가 중 가장 먼저 세계적 경제위기 상황을 벗어났다고 자화자찬할 계제가 아닌 것이다.

과거 참여정부 시절 학자들 내에 친미와 친중 노선을 놓고 열띤 공방을 벌인 바 있다. 그러나 이제 북한 정권의 존망과 한반도 통일의 최대 관건으로 부상한 중국과의 친교는 선택의 문제가 아니라 필수의 문제가 되었다. 전 세계적인 불황 속에서 중국이 거둔 경제발전의 속도는 눈이 부실 정도이다. 이런 추세로 나아가면 미국을 능가하는 역전극의 시점은 더 당겨질 수밖에 없다.

실제로 지도층 일각의 부패에도 불구하고 중국의 수뇌부만큼은 오히려 신발 끈을 더욱 조여매는 모습을 보이고 있다. 일본이 메이지유신 이래 1백여 년 동안 지속된 '탈아입구脫亞入歐'의 기조를 버리고 공공연히 '탈미입아脫美入亞'를 내세운 것도 이런 흐름을 재빨리 간취한 결과이다. 아편전쟁 이래 아시아의 패자를 자처했던 일본도 내부적으로는 150여 년 만에 중국의 우위를 인정하는 쪽으로 방향을 틀고 있는 셈이다.

정작 문제는 2010년 3월에 터져나온 천안함 사태에서 보듯이 주변 4강을 포함해 전 세계가 한반도의 긴장상황을 예의 주시하고 있는데도 불구하고 '동북아 허브' 운운하며 자고자대自高自大하고 있는 우리나라이다. 이런 안이한 자세로는 중국 내에서 왜 '도광양회'를 1백 년간 더 유지해야 한다는 목소리가 나오는지 제대로 간취키가 어렵다. 통일시대를 앞두고 보다 치밀하면서도 심도 있는 대응이 절실히 요구되는 시점이다.

원래 중국은 이미 수천 년 동안 소위 '천하사상天下思想'을 기반으로 하여 동아시아의 패권국으로 군림한 역사를 갖고 있다. 중국이 미국과 대등한 정도의 힘을 축적한 뒤 나아갈 방향은 결국 이종오가 예언한 바대로 '신중화질서新中華秩序'의 구축일 수밖에 없다. 현재 이런 조짐은 곳곳에서 드러나고 있다. 중국 학계 내에서 조만간 거추장스러운 마르크시즘의 옷을 내던지고 전통복인 '치파오旗袍'를 현대식으로 재단한 소위 '유가민족주의' 등의 참신한 새 옷으로 갈아입으리라는 전망이 나오고 있는 게 그 증거다. '지피지기知彼知己'의 차원에서라도 이종오가 역설한 '후흑술'에 새삼 주의를 기울이지 않을 수 없는 상황이 전개되고 있는 셈이다.

현재 미래학자들은 중국을 배제한 동북아시대는 있을 수도 없고 21세기 세계사의 새로운 전개도 불가능하다고 입을 모으고 있다. 모든 면에서 중국과 일면 경쟁하면서 협조해야 하는 우리로서는 '후흑술'로 무장한 중국을 보다 정확히 알 필요가 있다. '화평굴기'를 내세우면서 '도광양회'를 추구하는 중국 수뇌부의 속셈을 제대로 파악치 못할 경우 통일시대의 개막에 커다란 지장을 초래할 수밖에 없다. 지난 2003년에 펴낸 『난세를 평정하는 중국통치학 : 후흑학』을 새롭게 다듬어 본서를 펴낸 이유이다.

일찍이 일본의 대표적 경제평론가인 오마에 겐이치는 2010년대 중반이면 미중 간에 역전극이 벌어질 것이라는 전망을 내놓은 바 있으나 많은 미래학자는 이보다 시기를 앞당겨 보고 있다. 특히 미국발 금융위기가 터진 이후 이런 견해가 주류를 이루고 있다. 이번에 펴내는 『후흑학』은 각주를 대폭 보완하고 그간 중국 학자들이 찾아낸 이종오의 유문遺文을 새로 끼워넣었다. 우리도 중국 못지않게 '후흑구국'의 정신으로 철저히 무장해 21세기 동북아시대를 주도적으로 열어나가고자 한 것이다. 본서가 독자 제현에게 하나의 지침서로 활용되길 기대한다.

2010년 초동 정릉 학오재學吾齋에서 신동준 쓰다.

들어가는 글

이종오는 젊었을 때 손문이 세운 반청혁명조직인 '동맹회'에서 활약했다. 1911년의 신해혁명 후 국민정부의 관원과 사천대학 교수 등을 역임한 뒤 자유기고가로 활동하다가 1944년 종전을 앞두고 세상을 떠났다. 그가 사상 최초로 거론한 '후흑'이라는 용어는 '면후面厚'와 '심흑心黑'을 합성한 말이다. 이는 대략 '뻔뻔함'과 '음흉함'으로 번역할 수 있다. 많은 사람들이 그의 '후흑학'을 대략 '뻔뻔함과 음흉함을 토대로 한 처세학' 정도로 이해하고 있으나 이는 '후흑학'의 취지를 제대로 파악하지 못한 소치다.

'후흑술'의 궁극적인 목적은 '후흑구국'이다. 이종오가 『후흑학』을 쓴 것은 마키아벨리가 조국인 피렌체 공화국을 교황 및 외국의 부당한 간섭으로부터 독립시킨 후 이탈리아반도 통일의 주인공으로 만들기 위해 『군주론』을 저술한 것과 같은 취지다. 동양 전래의 제왕학帝王學에 기초한 소위 '통치학'을 역설해 온 필자가 그의 『후흑학』을 단순한 '처세학'이 아닌 '난세의 통치학'으로 이해하는 이유다.

그가 '후흑학'을 최초로 거론하기 시작한 것은 1912년경이다. 처음에는 그의 활동무대였던 사천성 정도에서만 알려졌으나 1940년대 이후에는 중국 전역에 걸쳐 '후흑학'이라는 용어를 모르는 사람이 없게 되었다. 그러나 이후 국공내전과 대약진운동, 문화대혁명 등이 전개되는 와중에 『후흑학』은 단지 '기서'로만 알려진 채 사람들의 뇌리에서 점차 사라져 갔다.

『후흑학』이 새삼 세인들의 이목을 끌기 시작한 것은 지난 1980년에 홍콩에서 복간본이 나오면서부터다. 이는 모택동이 『후흑학』을 탐독한 뒤 대륙을 뒤흔드는 '문화대혁명'을 일으켰다는 소문이 유포된 사실과 무관치 않았다. 물론 이는 와전된 소문이기는 했으나 문화대혁명 이전에 공자를 이종오만큼 통렬하게 비판한 사람도 그리 많지 않았다. 그러나 이종오의 공자 비판은 문화대혁명 당시의 '비공批孔'과는 차원이 다른 것이다. 그가 비판한 공자는 성리학자들이 말하는 공자였다. 공자의 모든 것을 무턱대고 배척했던 '비공'과는 엄연히 다르다.

『후흑학』은 1980년대 이전까지만 해도 중국보다는 오히려 싱가포르를 비롯한 동남아 및 일본 등지에서 널리 알려졌다. 중국은 모택동 사후 비로소 해외의 후흑학에 대한 높은 관심에 주목해 다양한 판본을 복각하기 시작했다. 이후 『후흑학』에 대한 열기는 식을 줄 몰랐다. 여기에는 중국 당국이 '후흑구국'의 중요성을 재발견하면서 그의 저서에 대한 대대적인 복간작업에 일조하고 나선 게 결정적인 배경으로 작용했다.

지난 1997년 중국의 경제일보출판사가 '후흑학 탄생' 85주년을 맞아 그간 출간된 모든 판본을 총망라해 펴낸 『이종오와 후흑학』이 그 결과물이다. 이 책은 일반 중국인들이 쉽게 이해할 수 있도록 자세한 설명을 곁들여 백화문체로 번역한 것이 특징이다. 이는 중국 당국이 『후흑학』을 제대로 파악하기 시작했음을 반증한다. 실제로 21세기 현재에 이르기까지 중국 최대 서점인 북경 '왕푸징서점' 입구에 산더미처럼 쌓여 있는 게 『후흑학』 관련 서적이다.

그러나 『후흑학』은 숱한 판본이 나돌면서 일부 내용이 중복되거나 아예 빠지는 등 부작용이 적지 않다. 대다수 독자들은 과연 어떤 것이 진정한 판본인지 헷갈릴 수밖에 없다. 가장 큰 병폐는 이종오의 정치사상에 관한 총체적인 조명이 생략된 점이다. 대부분의 판본이 오직 '후흑'에 관한 피상적인 내용만 다루고 있는 까닭에 이종오가 강조한 '후흑구국'의 정신이 소홀히 다뤄지거나 아예 생략되는 일이 빚어지고 있는 것이다.

이종오는 평생 타고난 박람강기博覽强記를 토대로 군서박람群書博覽했다. 『후흑학』에 고금의 경사서經史書를 넘나드는 풍부한 사례가 대거 인용되고 내용 또한 정심精深한 이유다. 그의 왕성한 학구열은 동양 전래의 통치사상에 관한 연구에 만족할 수 없도록 만들었다. 그는 당시 중국에서 유행하던 아담 스미스와 스펜서, 다윈, 루소, 니체, 크로포트킨 등의 사상에 대해서도 날카로운 비판을 가했다. 그는 이런 분석을 근거로 동양 전래의 사상에 기초한 동서의 문화 및 학술의 통합을 제창하고 나섰다. 서구 열강 및 일제의 제국주의 침략에 대항하기 위해 중국이 중심이 된 '세계약소민족국가연합'을 제시한 것도 이런 맥락에서 나온 것이다.

원래 이종오는 글을 쓰면서 명청대에 유행한 팔고문八股文의 문체를 견지했다. 이는 팔고문으로 써야만 자신의 의중을 제대로 전달할 수 있다는 확신에서 나온 것이었다. 대략 미국식 교육을 받은 호적胡適이 소위 '실증주의'를 내세워 주周나라 이전의 역사를 부인하며 '백화문 지상주의'를 역설한 것에 대한 반발에서 비롯된 것으로 보인다. 이는 우리나라에서 한동안 일부 학자들이 조상의 정신적 유산을 제대로 전수받기 위해서는 국한문 혼용으로 글을 써야 한다며 한글전용에 격렬히 반대한 것에 비유할 수 있다.

현재 중국에서는 팔고문의 기고문을 그대로 수록한 책을 찾아보기가 어렵다. 최근에 쏟아져 나온 대다수의 백화문체 번역본은 이종오의 기본취지를 제대로 전달하지 못하는 한계를 보이고 있다. 원문을 잘못 해석하거나 원문에도 없는 군더더기 내용이 산견되는 게 그 증거다. 이종오의 원래 생각을 보다 정확히 알기 위해서는 반드시 팔고문을 그대로 옮겨놓은 책을 참조해야만 하는 것은 재언할 필요도 없다. 필자는 팔고문으로 된 『후흑학』(구실출판사, 1989)을 저본으로 삼고 전장서국에서 지난 2008년에 펴낸 『후흑학』을 주로 참고했다. 이 밖에도 중국물자출판사에서 지난 2007년에 펴낸 『후흑학의 활용활학』 등 '후흑학' 관련서도 대거 참고했다.

이종오는 기본적으로 동양 전래의 역사문화 및 사상 등에 대해 강한 자부심을 지닌 인물이다. 일찍이 임어당이 그를 두고 "요순 이래 수천 년 만에 나타난 신성인新聖人에 해당한다"고 극찬한 바 있다. 그러나 중국인들도 『후흑학』을 이해하기가 쉽지 않다. 제자백가와 불학 등에 밝은 남회근南懷瑾의 다음 언급이 그 증거다.

"이종오의 후흑학은 대만과 홍콩, 대륙 등지에서 널리 읽히고 있으나 독자 대부분이 이 책에 나오는 역사적 배경을 잘 몰라 그를 제대로 이해하는 사람이 매우 적다. 그는 사천 출신으로 '후흑 교주'를 자칭했다. 후흑은 면후심흑面厚心黑을 말한다. 나는 그와 약간의 인연이 있다. 내가 본 바로는 그는 '후흑'과는 거리가 멀었다."

이종오는 중국의 지식인들이 서양의 사회진화론 및 제국주의 이론에 압도된 상황에서 중국 전래의 사상에 대한 강한 자부심을 토대로 서양의 이론을 신랄히 비판하고 나선 인물이다. 그런 점에서 '후흑학'은 전래의 제왕학에 기초한 소위 '중국통치학'의 선구에 해당한다.

'일본 정치사상'의 비조로 불리는 마루야마 마사오丸山眞男는 비록 이론적인 면에서 이종오보다 뛰어난 면모를 보이고 있으나 서양의 학문적 분석틀에서 벗어나지 못하고 있다는 지적을 면키 어렵다. 그는 자신의 역저 『일본 정치사상사 연구』에서 18세기 초에 활약한 오규 소라이荻生徂徠의 '성왕론聖王論'을 두고 일본이 창안해낸 독창적인 정치사상이라고 주장했다. 오규 소라이가 성리학의 한계를 간파하고 독창적인 이론을 제시한 것은 사실이다. 그러나 이것이 일본 고유의 독창적인 사상은 아니다. 그는 단지 당시 이단으로 몰려 있던 순자의 패왕론覇王論을 재발견해 자신의 사상으로 삼았을 뿐이다. 오규 소라이의 사상은 『순자』의 왕패병용王覇竝用 사상을 복사한 것이다.

그러나 이종오는 마루야마와 달리 순자의 패도사상에 입각해 '후흑학' 이론을 만들어내면서 서양의 사상을 중국 전래 사상의 차용借用으로 간주했다. 사실 이것이 역사적 진실에 가깝다. 헤겔 등에 매몰돼 동양의 사상을 서양 사상의 종속변수로 간주한 마루야마의 한계는 일본 사상계의 한계를 그대로 노정한 것이기도 하다.

미국의 '대통령학'과 대비되는 동양의 '통치학' 관점에서 볼 때 이종오의 『후흑학』은 극히 중시될 수밖에 없다. 필자가 지난번에 『난세를 평정하는 중국통치학 : 후흑학』을 펴낸 데 이어 이번에 이를 새롭게 보완한 번역본을 재차 펴낸 이유가 여기에 있다. 이종오에 대한 보다 심도 있는 이해를 통해 21세기 동북아시대를 우리가 주도적으로 이끌고 가자는 취지다.

본서는 크게 다음과 같은 체제로 구성돼 있다. 제1부 '후흑학'은 이종오가 당초에 주장했던 후흑학 이론의 정수를 담은 것이다. 여기에는 이종오가 발명한 몇 가지 현실적인 이론들이 포함되어 있다. 관직을 얻기 위한 '구관6자진언'을 비롯해 관리가 공직을 유지하기 위한 '주관6자진언' 및 공무처리에 관한 '판사2묘법' 등이 그것이다. 이는 중국 전래의 관료사회인 소위 관장官場에서 일어나는 현상을 설파한 것으로 현재 난맥상을 보이고 있는 한국의 정계 및 관계의 이면을 들여다 볼 수 있는 좋은 분석틀이 될 것으로 믿는다.

제2부 '성인에 대한 회의'는 1938년판 『후흑학』이 출간될 당시만 하

더라도 부록으로 삽입되어 있었던 것이나 그 내용으로 보아 별도의 편제를 요할 정도로 뛰어난 내용을 많이 담고 있다. 이종오는 순자가 공자묘에서 쫓겨난 사실과 법가사상가인 제갈량이 공자묘에 들어간 사실 등을 대비시켜 전래의 성인개념에 대해 통렬한 비판을 가했다. 제3부 '후흑총화'는 후흑사관과 후흑철학, 후흑변증법 등으로 이루어져 있다. 이종오는 후흑총화에서 자신이 접한 숱한 사람과의 대화를 예로 들면서 독창적인 사상체계의 확립 필요성을 역설하고 있다. 특히 그가 제국주의에 대항하기 위해 '후흑'으로 무장한 전 세계의 약소민족이 모두 떨쳐 일어나야 한다고 주장한 것은 지금의 기준으로 보더라도 탁견이 아닐 수 없다.

제4부 '후흑원리'는 이종오의 저작인『심리와 역학』을 편제한 것이다. 여기에서는 인성의 본질이 심도 있게 논의되고 있다. 그는 전래의 '성선설' 및 '성악설'에 대해 일대 비판을 가한 뒤 노자의 '무위자연설'에 입각해 인간을 포함한 우주 삼라만상의 본성을 '전자기'의 활동으로 파악했다. 현대 물리학에서도 모든 빛과 전기 및 자기 등의 움직임을 입자와 파동의 복합현상인 '전자기'의 운동으로 파악하고 있다. 인간의 심리현상이 과연 전자기의 활동인지 여부에 대한 논의는 차치할지라도 전자기의 운동을 심리변화에 대입시킨 그의 통찰력은 탁월한 바가 있다.

그는 성리학의 논리적 근거를 이루고 있던 천리天理와 인욕人欲의 2분법적 사고에 통렬한 비판을 가하면서 세계 역사의 전개과정을 크게 3단계로 나누어 설명하고 있다. 이는 마르크스의 역사발전 5단계설과는 전혀 다른 '역사순환론'에 입각한 것으로 단선적 역사발전론에 함몰된 현대인들에게 많은 것을 시사하고 있다. 다윈의 '약육강식' 및 '적자생존' 이론을 거부하면서 내세운 '공생공존설' 역시 현대 생물학의 총아인 '진화생물학'과 크게 닮아 있다.

제5부 '중국 학술의 추세'는 원래 1936년에 발표된 단행본을 토대로

하여 편제된 것이다. 그는 여기에서 노장학과 공맹학 및 불교학 등에 관한 비교검토를 토대로 중국 학문과 서양 학문의 통합 가능성을 진지하게 검토하고 있다. 유구한 학문적 전통을 가지고 있는 중국 학문을 토대로 서양 학문의 병폐를 치유해야 한다고 한 그의 주장은 세계화를 지향하고 있는 현 시점에서 볼 때 시사하는 바가 크다. 제6부 '기타'는 이종오의 신변 및 사상 등과 관련한 주변 사람들의 글을 모아놓은 것이다. 여기에서는 '후흑 교주'를 자처한 인간 이종오의 적나라한 모습이 자세히 소개되어 있다. 빈농 집안에서 태어난 그가 조국이 처한 참담한 현실 속에서 왜 '후흑학'을 제창하게 되었는지 알게 되면 '후흑학'의 존재이유에 대해 새삼 느끼는 바가 적지 않을 것이다.

부록에 실린 '인성론과 민성론'은 편역자의 박사학위 논문인 「선진시대 유법가의 '치본론'과 '치도론' 비교연구」에서 인성론 부분을 떼어내 첨삭을 가한 것이다. 이는 기본적으로 이종오의 후흑학이 인성론에서 출발하고 있는 점에 주목한 결과다. 인성론 해석을 둘러싼 학계의 전반적인 흐름을 독자들에게 자세히 전해줌으로써 독자들의 후흑학에 대한 이해를 돕고자 한 것이다. 독자들은 국가공동체 구성원인 국민 개개인의 본성을 논한 '인성론'이 국민 전체의 '민성론'과 어떤 연관을 맺고 있는지 알게 되면 이종오가 왜 '후흑구국'을 고창했는지 쉽게 이해할 수 있을 것이다.

후흑학

후흑의 도는 쉽고도 어렵다. 일반인의 어리석음은 누구라도 쉽게 알 수 있다. 그러나 지극한 경지에 이르면 비록 조조와 유비라 할지라도 알지 못하는 바가 있다. 일반인의 불초함은 누구나 능히 할 수 있다. 그러나 지극한 경지에 이르면 비록 조조나 유비라 할지라도 행할 수 없는 바가 있다. 후흑의 대단한 경지에 이르려면 조조와 유비라 할지라도 불만스런 점이 있는데 하물며 세상 사람이야 더 말해 무엇하겠는가.

01장 | 후흑학

자서

[제1절] 서론

[제2절] 후흑학론

[제3절] 후흑경

[제4절] 후흑전습록

[제5절] 결론

厚黑學

후흑학
厚黑學

자서

나는 민국 원년(1912)에 이미 '후흑학'에 관한 글을 쓴 바 있다. 이후 계속 글을 쓰는 와중에 민국 16년(1927)에 원고를 모아 책 1권을 펴냈다. 서명은 『종오억담宗吾臆談』이다. 내용 중에 『사회문제 해결에 관한 나의 견해』 편이 있다. 민국 17년(1928)에 그 내용을 확충해 단행본으로 펴냈다. 『사회문제의 협의 검토』가 그것이다. 근년에 다시 새롭게 느끼는 바가 있어 전에 썼던 것 중 일부를 버리고 새롭게 느낀 바를 포함해 수필형식으로 종합해 썼다. 그것이 『후흑총화』이다.

민국 24년(1935) 8월 1일부터 시작해 매일 조금씩 써서 성도의 《화서일보》에 발표했다. 약 2만 자를 1권으로 해서 매번 2권이 될 때마다 단행본으로 펴냈다. 그것이 이미 6권이나 되었다.

나는 본래 한가로워 생각나는 대로 글을 쓰며 지내왔다. 약간 길어지기는 했으나 내 글이 언제 끝날지 나 역시 특별한 계획이 없다. 흥이 나면 계속 쓰고, 그렇지 못하면 아무 때나 끝낼 수 있다. 글이 약간 산만해 독자들이 꺼릴 만하나 일반인이 나의 '후흑학'을 듣고자 한 까닭에 민국 23년(1934) 북경에서 펴낸 『후흑학』 단행본을 약간 고쳐 독자들에게 제공한 바 있다.

많은 사람이 나에게 『종오억담』과 『사회문제의 협의 검토』를 재출간

할 것을 권했으나 두 책 모두 여러 가지로 보충할 필요가 있어 유보했다. 일일이 고치자니 대단히 번거롭게 생각되어 '후흑총화'에 이를 반영했다. 독자들은 총화를 읽으면 두 번 다시 두 책을 읽을 필요가 없다. 두 책의 논지와 보충할 내용 모두 '후흑총화'에 이미 담겨 있다.

민국 16년(1927)에 펴낸 『종오억담』은 이징파와 주안상 두 사람이 이미 서문을 쓴 바 있다. 17년(1928)에 펴낸 『사회문제의 협의 검토』는 오민강, 학덕, 요근여, 양자운 등이 두루 서문을 썼다. 이를 모두 권두에 실어놓은 '후흑총화제요'에 담았다. 『종오억담』 등을 읽은 사람 중 시간이 없는 사람은 '후흑총화'를 다시 읽을 필요가 없다.

민국 25년(1936) 4월 12일 성도에서

이종오

제1절

서론

나는 중국의 역사서를 읽으면서 많은 누락을 발견했다. 24사廿四史에 나오는 흥망성쇠와 사신史臣의 논단은 완전히 상반되고 있음을 알았다. 성현이 말한 도리도 부합하지 않았다. 나는 타이詫異(기이하게 생각함)로 인해 내심 예로부터 성공한 사람은 반드시 특이한 비결이 있다고 여겼다. 그 비결을 알고자 무진 고생했음에도 얻지 못했다. 후에 우연히 삼국시대의 인물을 생각해내 부지불식간에 문득 옛 사람의 성공비결은 면후심흑面厚心黑에 지나지 않는다는 것을 크게 깨닫게 되었다.

이로써 추론컨대 24사의 '흥망성쇠', 이 네 글자는 확실히 모든 것을 포괄하고 있다. 나는 이에 풍자의 취지로 『후흑학』 3권을 펴냈다. 상권은 후흑학, 중권은 후흑경, 하권은 후흑전습록이다. 민국 원년 3월에 성도의 《공론일보公論日報》에 이를 게재하기 시작했다. 당시 이런 논의는 매우 신기하게 받아들여져 독자들의 반론이 빗발쳤다. 중권이 아직 다 끝나지 않았음에도 나는 친구들의 권고를 받아들여 이내 글쓰기를 멈췄다. 당시 나는 '후흑학'이라는 3글자가 사천성 내에 넘쳐나 이내 보통명사가 되리라는 것을 생각지 못했다.

나는 한 곳에 갔다가 어떤 사람으로부터 '후흑학'이 어떤 것인지 얘기해달라는 청을 받았다. 있는 그대로 소상히 얘기해 주었다. 그러자 듣는 사람들치고 고개를 끄덕이며 탄식치 않는 사람이 없었다.

"내가 매사에 실패한 것은 후흑학 강의를 듣지 않았기 때문이다!"

또 어떤 사람은 이같이 말하기도 했다.

"일부 인사의 성위聲威가 혁혁한 것은 후흑학을 깊이 연구했기 때문이다."

한 번은 전혀 모르는 사람을 만났는데 서로 인사를 나누자마자 그가 크게 놀란 목소리로 나에게 물었다.

"당신이 혹시 후흑학을 발명한 그 이 모 씨가 아닙니까?"

옆에 있던 사람이 대신 소개했다.

"이 분이 바로 후흑학을 발명한 이종오입니다."

나는 본래 장난으로 이 말을 만든 까닭에 이런 일이 빚어지리라고는 생각지 못했다. 나는 내심 후흑학이 여러 사람의 환영을 받는 것은 반드시 심리학과 관련이 있다고 생각했다. 이에 나는 계속 연구해 나가면서 후흑학의 연원은 성악설을 포함해 왕양명이 말한 '치양지致良知'의 연원인 성선설에 있고 그 가치는 동등하다는 사실을 알게 되었다. 옛 사람은 "인의는 천성 중의 고유한 것이다"라고 말했다. 나는 이같이 말하고자 한다.

"후흑은 천성 중의 고유한 것이다."

왕양명은 이같이 말한 바 있다.

"부친을 보면 자연스레 '효孝'를 생각하고, 형제를 보면 자연스레 '제悌'(공경)를 알게 된다."

모두 도를 말한 것으로 극히 지당하다. 나는 이같이 말하고자 한다.

"어린애가 어머니의 입 안에 있는 떡을 보면 자연스레 자신의 입 안으로 집어넣고, 어머니의 품 안에서 음식을 먹고 있을 때 형이 오는 것을 보면 자연스레 손으로 밀어내거나 때리게 된다."

이 또한 모두 도를 말한 것으로 지극히 지당하다. 왕양명의 학설이 일반인의 환영을 받았으니 나의 후흑학도 일반인의 환영을 받을 것이다.

맹자의 성선설이 순자의 성악설과 대립했듯이 왕양명의 '치양지' 3자는 '후흑학'의 3자와 대립한다. 나는 인성이 어떻게 만들어진 것인지 깊이 연구했다. 송·원·명·청의 학설을 연구한 결과 그들이 말한 도리는 모두 말단만을 깊이 천착한 까닭에 이해하기가 어렵고 사람들을 죽고 싶을 정도로 번민케 만들 뿐이라는 것을 알게 되었다.

이에 나는 이를 포기하고 물리학을 연구하는 방법을 이용해 심리학을 연구하면서 마침내 심리학과 물리학이 서로 통함을 알게 되었다. 나는 인성을 연구하면서 그것이 선한지 아니면 악한지를 단정할 수 없었다. 이는 마치 물과 불의 성질을 연구할지라도 그것이 선한지 아니면 악한지 단정할 수 없는 것과 같다.

맹자의 성선설과 순자의 성악설은 모두 한쪽만을 본 것이다. 내가 말하는 『후흑학』도 당연히 편향된 것이다. 그 편향의 정도는 마치 왕양명이 '치양지'를 말한 수준과 닮아 있다. 독자들이 이 도리를 잘 알지 못하고 후흑을 받아들이게 되면 끝내 실패하고 말 것이다. 독자는 내가 쓴 『심리와 역학』을 읽어보면 그 이유를 자연스레 알게 될 것이다. 다만 우리가 비록 후흑을 실행할 생각을 하지 못할지라도 반드시 다른 사람들이 후흑을 실행하는 것을 막아야 한다. 그들의 수법을 알지 않으면 안 되는 이유다.

제2절

후흑학론

나는 글을 알아 책을 읽기 시작한 후 영웅호걸이 되고자 했다. 사서오경을 읽었으나 아무 소득이 없었다. 제자백가諸子百家와 24사를 통해 얻고자 했으나 이 또한 아무 소득이 없었다.[1] 그래서 나는 옛날에 영웅호걸이 된 자는 분명히 세상에 전해지지 않는 비술이 있었을 텐데 다만 내가 못나서 그것을 찾아내지 못한 것으로 생각했다. 침식을 잊고 몇 년간 궁리 끝에 우연히 삼국시대의 몇몇 인물을 떠올리다가 불현듯 크게 깨달은 바가 있어 이같이 외쳤다.

"알았다, 알았어! 옛날에 영웅호걸이 된 자들은 한낱 뻔뻔하고 음흉한 자에 불과하다는 사실을."

삼국의 영웅 가운데 우선 조조를 보자. 그의 특기는 속마음이 온통 시꺼멓다는 것이다. 그는 여백사를 죽인 데 이어 공융과 양수, 동승, 복완, 황후, 황자를 죽였다. 그는 모질게도 뒤를 돌아보지 않고 이같이 장담했다.

1. '24사'는 사마천의 『사기』를 위시해 명대의 역사를 담은 『명사』까지 역대 중국의 정사를 통칭하는 말이다. 청나라의 역사를 기록한 『청사고』는 아직까지 정식으로 정사의 범주에 들어가지 못해 다만 사고(史稿)라는 이름에 머물러 있으나 조만간 『청사』가 마무리될 전망이다. 『청사』가 편입될 경우 중국의 정사는 25사가 될 것이다.

"내가 남에게 버림을 받느니 차라리 내가 먼저 버리리라!"

속마음이 시꺼먼 것이 참으로 이루 말할 수 없을 지경에 달한 것이다. 가히 일세의 사내라고 불릴 만하다.[2] 다음으로 들 수 있는 사람은 유비이다. 그의 특기는 보통 뻔뻔한 것이 아니라는 점에 있다. 그는 조조를 비

2. 조조에 대한 왜곡 중 가장 문제가 되는 부분이 바로 여백사를 무참히 죽인 부분이다. 진수가 쓴 정사 『삼국지』에는 이 부분에 대한 기록이 전혀 없으나 남북조 때 송나라의 배송지(裴松之)는 이에 대해 『위서(魏書)』 및 『세어(世語)』 등을 이용해 세밀한 주석을 달아놓았다. 『위서』의 기록은 다음과 같다. "몇 명의 수하를 거느리고 도망가던 도중 친구인 여백사의 집에 들렀는데 마침 여백사가 집에 없었다. 그의 아들이 집안 손님들과 함께 조조를 위협해 말과 물건 등을 빼앗으려 하자 조조가 칼을 뽑아 이들을 죽였다." 『세어』의 기록은 다음과 같다. "조조가 여백사의 집을 지날 때 여백사는 집을 나가 있었고 다섯 아들이 모두 집에 있었다. 이들은 조조를 손님으로 모시려 했으나 조조는 자신을 해치려는 것으로 착각하고 밤에 8명을 죽이고 떠났다." 손성이 지은 『잡기(雜記)』에는 이같이 기록되어 있다. "조조는 식기들이 부딪히는 소리를 듣고 자신을 해치려는 것으로 착각하고 밤에 이들을 죽였다." 과연 배송지가 인용한 이런 기록은 얼마나 사실에 근거한 것일까? 여백사가 집에 없었던 것과 여백사를 죽이지 않은 사실만큼은 확실하다. 여백사가 술을 사러 나갔다가 죽임을 당했다는 것은 전적으로 문학적 상상력의 소산이다. 문제는 과연 조조는 무슨 이유로 여백사의 자식들을 죽였는가 하는 점이다. 『위서』의 기록에 따르면 여백사의 자식들은 화를 자초한 셈이다. 『세어』와 『잡기』의 기록은 두 가지 면에서 문제가 있다. 먼저 조조가 비록 도망 중이라 하더라도 수명의 장졸들과 함께 있었는데 그릇이 부딪히는 소리와 칼 가는 소리 등을 듣고 자신을 해할 것으로 오해했다는 것이 상식적으로 이해가 안 가는 부분이다. 『삼국연의』에는 중모현령을 지낸 진궁(陳宮)과 단 두 사람이 여백사의 집에 들렀다가 이같이 참혹한 일을 저지른 것으로 되어 있다. 그러나 이는 『세어』 및 『잡기』의 기록과도 다른 것이다. 조조가 여백사의 집에 들러 그의 아들들을 죽였다면 『위서』의 기록이 역사적 사실에 가깝다고 보는 것이 옳다. 이종오 자신이 유비를 정통으로 삼는 소위 '촉한(蜀漢)' 정통설의 본향인 사천성 출신이라는 점을 감안할 필요가 있다. 조조는 사마의와 달리 '심흑'을 무시로 행하지 않았다. 이 점에서 이종오가 조조를 '심흑'의 달인으로 평가한 것은 문제가 있다. 조조는 인재를 모으고 활용하는 '득인술' 및 '용인술'에서 '심흑'을 구사한 적이 없다는 점을 잊어서는 안 된다.

롯해 여포와 유표, 손권, 원소 등에게 붙으면서 이쪽저쪽을 오간 인물이다. 그러나 그는 남의 울타리 속에 얹혀살면서 이를 전혀 수치로 생각지 않은 것은 물론 울기도 잘했다. 『삼국연의』의 작가는 그를 이같이 생생하게 묘사했다.

"그는 해결할 수 없는 일에 봉착하면 사람들을 붙잡고 한바탕 대성통곡을 해 즉시 패배를 성공으로 뒤바꿔 놓았다."

그래서 "유비의 강산은 울음에서 나왔다" 하는 속담이 나왔는지도 모를 일이다. 그러나 이 또한 본래 영웅의 모습이다. 그와 조조는 쌍벽을 이뤘다고 할 수 있다.[3] 그들이 술을 먹으며 천하의 영웅을 논할 때 한 사람의 속마음은 가장 시꺼멓고 한 사람의 낯가죽은 한없이 두꺼웠다. 그러니 서로 상대방을 어떻게 해볼 도리가 없었다. 조조가 원소를 비롯한 좌우의 무리를 생각하니 모두 천하여 논할 가치조차 없었다. 그러자 조조가 이같이 말했다.

"천하의 영웅은 오직 사군과 나 조조뿐이오!"

두 사람 이외에 손권이라는 사람이 한 명 더 있다. 그와 유비는 동맹관계인 동시에 사위와 장인관계였다. 그는 홀연히 형주를 탈취하고 관우를 죽게 한 데서 알 수 있듯이 속마음이 시꺼먼 것이 조조를 닮았다. 다만 촉나라를 향해 화해를 구한 점 등에 비추어 그 시꺼먼 정도가 조조에 비해 약간 덜했을 뿐이다.

3. 이종오가 유비를 조조에 버금하는 영웅으로 평가한 것 역시 그 자신이 유비를 정통으로 삼는 사천성 출신인 점과 무관하지 않다. 조조가 자신보다 몇 수 아래인 무능한 유비를 최대의 라이벌로 생각하고 끊임없는 경계심을 품은 것을 두고 많은 사람들은 유비가 덕을 쌓았기 때문으로 분석하고 있다. 이들은 유비가 덕을 쌓은 대표적인 사례로 '삼고초려'를 들고 있다. 이종오가 이들의 분석과 달리 유비가 '면후(面厚)'의 대가인 데서 그 원인을 찾은 것은 탁견이다.

손권은 조조와 어깨를 나란히 하는 영웅을 자처하며 아래에 있기를 거부했다. 그러나 결국 조조의 아들 조비의 발 아래 꿇어 엎드려 신하가 될 것을 간청했으니 뻔뻔한 것이 유비에 못지 않다. 다만 얼마 안 가 위나라를 배신한 점 등에 비추어 그 두꺼운 정도가 유비에 비해 조금 덜했을 뿐이다. 그는 비록 뻔뻔함과 음흉함이 유비와 조조만큼은 안 됐으나 오히려 두 사람의 특징을 겸비한 까닭에 하나의 영웅으로 간주하지 않을 수 없다. 이들 세 사람은 각자의 수단으로 상대방을 정복할 수 없었기 때문에 당시의 천하는 부득불 셋으로 나뉠 수밖에 없었다.[4]

후에 조조와 유비, 손권이 잇따라 죽게 되자 사마씨 부자가 때를 틈타 일어났다.[5] 그들은 조조와 유비의 훈도를 받아 후흑학을 대성했다고

4. 손권은 『삼국지』 및 『삼국연의』에서 조조 및 유비에 비해 희미한 존재로 등장하고 있다. 많은 사람들은 그 이유를 손권이 조조 및 유비와 달리 맨주먹에서 일어나지 않고 부친과 형이 2대에 걸쳐 쌓았던 기반을 이어받은 데서 찾고 있다. 나아가 조조 및 유비가 중원의 장악을 놓고 다툰 데 반해 손권은 오로지 부형에게서 이어받은 땅을 유지하는 데 급급한 수세적인 자세를 보인 것도 한 이유로 들고 있다. 그러나 손권 역시 비록 수세적이기는 했지만 나라를 경영하는 데에 남다른 재능이 있었음을 인정하지 않을 수 없다. 그는 의리와 체면 따위에 연연하지 않고 오직 상황에 따라 수시로 동맹국을 바꿔가면서 오나라의 안전을 도모했다. 나아가 부하들의 단점에는 눈을 감아주고 장점만을 발휘할 수 있도록 이끌어 나간 점도 높이 평가할 만한 것이었다. 이종오는 손권의 이런 장점을 높이 사 비록 '면후' 및 '심흑' 의 정도만큼은 유비 및 조조에 미치지 못했으나 두 측면을 모두 구비했다고 평가한 것이다.
5. 사마씨 부자는 위나라 후기의 대장으로 제갈량의 호적수였던 사마의와 그의 아들 사마사 및 사마소를 통칭하는 말이다. 사마소의 아들 사마염은 위나라 황통을 탈취한 뒤 삼국을 통일하고 진(晉)나라를 세워 무제(武帝)로 등극했다. 사마의는 조조와 조비의 뒤를 이어 제위에 오른 명제로 등극했던 조예(曹叡)로부터 8세의 양아들인 조방(曹芳)의 뒷일을 부탁받은 것을 계기로 걸림돌이 된 조상(曹爽)을 제거하고 권력을 장악했다. 이후 그의 아들 사마사는 조방을 배격하고 조모(曹髦)를 옹립한 뒤 권력을 오로지 했다. 조모는 사마소 때문에 자살하고 후임에 조환(曹奐)

할 수 있다. 그는 과부와 고아까지 사기의 대상으로 삼았으니 음흉한 것이 조조와 같았고, 여자들의 머리 장식용 두건으로 쓰는 '건괵巾幗'을 선물받는 모욕을 당하고도 이를 능히 참아냈으니 뻔뻔한 것이 유비보다 더 했다.[6] 나는 역사서를 읽으면서 사마의가 건괵을 선물받은 대목에 이르러 나도 모르게 책상을 치며 이같이 외쳤다.

"천하가 사마씨에게 돌아가리라!"

이 때가 되어 천하가 곧 통일되지 않을 수 없었다. 만사가 그러한 것은 반드시 그리될 수밖에 없는 이유가 있는 데 따른 것이다.

제갈량은 천하의 기재로 3대에 걸쳐 한 번 나올까 말까 하는 인물인데도 불구하고 사마의를 만나 어쩔 도리가 없었다. 그는 '온몸을 다 바쳐 충성하니 죽어서야 그친다鞠躬盡瘁, 死而後已'는 확고한 생각을 갖고 있었으나 종내 중원의 땅을 한 뼘도 차지하지 못하고 피를 토하며 죽었다. 그는 왕을 보좌할 만한 재목이기는 했으나 사마의라는 후흑 대가의 적수는 되지 못했던 것이다.[7]

이 등극하나 그 역시 사마염에 이르러 퇴위당하고 말았다. 얼마 후 동오마저 패망함으로써 삼국시대는 드디어 막을 내리고 서진(西晉)의 시대가 열리게 되었다.

6. '건괵지욕(巾幗之辱)'은 사마의가 제갈량으로부터 모욕을 당한 고사에서 나온 말이다. '건괵'은 고대 중국의 부인들이 의관용으로 머리에 쓴 일종의 두건을 말한다. 사마의와 제갈량이 대치하고 있을 때 사마의가 응전할 기미를 보이지 않아 전황이 교착상태에 빠지게 되었다. 이 때 제갈량이 사자에게 건괵을 씌워 사마의의 진영으로 보냈다. 제갈량은 사마의가 자신을 여자로 비유한 데 대해 화를 내 싸움을 걸어올 것을 기대했던 것이다. 그러나 사마의는 오히려 조금도 화를 내지 않고 사자를 환대한 다음 정중한 예를 갖춰 환송해 주었다. 이 대목은 사실 제갈량의 지모가 사마의보다 한 수 낮았음을 보여주는 대목이 아닐 수 없다.
7. 『삼국연의』의 후반부는 제갈량과 사마의의 대결로 점철되어 있다. 조조와 유비는 이미 죽고 손권만이 살아 있었다. 『삼국연의』에는 제갈량을 신출귀몰한 계책을 사용해 적을 곤경에 빠뜨리는 지모의 대가로 그려져 있다. 그러나 정사 『삼국지』에 그려져 있는 제갈량은 정반대로 묘사되어 있다. 그는 언제나 돌다리도 두드리

나는 이들 몇 사람과 관련된 고사를 반복해 연구한 끝에 천고에 전해지지 않았던 하나의 비결을 찾아냈다. 그것은 전 역사를 하나로 꿸 만한 것으로 바로 오직 '후흑' 만이 있다는 사실이다. 여기서 한나라의 고사를 예로 들어 이를 증명해 보기로 하자.

항우는 '역발산기개세力拔山氣蓋世' 의 영웅이다. 그러나 그는 왜 모든 사람들이 흐느끼며 만류하는데도 불구하고 동성東城에서 죽어 천하의 웃음거리가 되었을까?[8] 그가 실패한 원인은 한신이 지적한 바와 같이 '부인

고 건너는 견실한 용병술로 일관하고 있다. 『삼국연의』가 역사적 사실을 가장 왜곡한 부분 중 하나가 제갈량에 대한 극단적인 미화에 있다. 이종오가 제갈량이 후흑 대가의 적수가 되지 못했다고 평한 것은 역사적 진실을 통찰한 것으로 볼 수 있다. 물론 최고 통치권자가 아닌 재상으로서의 제갈량의 모습은 단연 돋보이는 바가 있다. '국궁진췌(鞠躬盡瘁)' 와 '신상필벌(信賞必罰)' 의 자세가 그것이다. 이는 그가 법가사상가였음을 방증하는 것이다.

8. 진나라는 제국 성립 이후 15년 만에 멸망하고 말았다. 이 때 천하를 양분하여 싸운 것이 초나라의 항우와 한나라의 유방이었다. 항우는 무용이 뛰어나 전쟁에서 거의 진 적이 없었다. 두 사람의 격돌은 약 3년간에 이르렀다. 싸움의 전반기는 항우 쪽이 압도적으로 유리했다. 그러나 대결이 2년째로 접어들면서 형세가 바뀌기 시작했고 3년째에는 완전히 역전되었다. 결국 '사면초가' 에 빠진 항우는 애첩 우미인(虞美人)을 베고 자살함으로써 파란만장한 삶을 마감했다. 압노석으로 우세했던 항우가 패한 원인은 과연 무엇일까? 병법상의 관점에서 볼 때 대략 3가지 이유를 들고 있다. 우선 전술상의 실패를 들고 있다. 항우는 유방이 포위망을 구축해 자신을 '독안에 든 쥐' 와 같은 상황으로 몰아갔음에도 불구하고 이에 제대로 대처하지 못했다. 두 번째로 유방 쪽의 반간계(反間計)에 걸려 범증과 같은 유능한 군사(軍師)를 잃게 된 것이 치명타가 되었다. 세 번째로 보급망이 확보되지 않은 점을 들 수 있다. 항우는 소모된 전력을 보충할 수 있는 후방의 보급망이 확보되지 않아 싸움을 거듭할 때마다 열세에 놓이게 되었다. 그러나 가장 중요한 이유는 역시 이종오가 지적했듯이 그릇의 차이에서 찾아야 할 것이다. 항우는 자신의 신분 및 재능에 대해 지나친 과신을 하고 있었다. 전쟁을 할 때마다 연전연승을 한 데다 힘과 재능, 출신가문 등 모든 면에서 유방을 압도하고 있었다. 그러나 그는 역설적으로 자만심에 빠질 수밖에 없을 정도로 유리한 상황에 놓여 있었기 때문에 참모를 업신여기고 변화무쌍하게 변하는 민심의 향배 등을 제대로 파악하지 못하는

지인, 필부지용婦人之仁 匹夫之勇' 이라는 두 마디에 함축돼 있다.

부인지인이란 곧 불인不仁을 참지 못하는 것으로 그 병의 근원은 속마음이 시꺼멓지 못한 데 있다. 필부지용이란 수모를 참지 못하는 것이니 그 병의 근원은 뻔뻔하지 못한 데 있다. 항우는 과감히 검을 빼 홍문지연鴻門之宴에서 같은 자리에 앉아 있던 유방의 목을 쳤다면 '지존황제'의 자리를 차지할 수 있었을 것이다. 그는 후세에 욕을 먹을까 두려워 망설이다가 결국 유방이 도주하도록 방치했다.[9] 그가 해하垓下의 싸움에서 패했을 때에도 만일 오강烏江을 건너 권토중래를 노렸다면 천하가 누구의 수중에 떨어졌을지도 모를 일이었다.[10] 그러나 그는 한낱 이같이 말했을 뿐이다.

"나는 강동의 자제 8천 명과 함께 강을 건너 서쪽으로 왔다. 지금 한 사람도 돌아오지 못했으니 설사 강동의 부형들이 나를 가련히 여겨 용서

우를 범했다. 난세의 영웅에게 필수적으로 요구되는 대기(大器)로서의 자질을 보여주지 못했던 셈이다.

9. '홍문지연(鴻門之宴)'은 유방의 세력이 아직 미약할 때 항우의 군사였던 범증이 유방을 죽이지 않으면 훗날 화가 있을 것으로 생각하고 그를 미리 제거하기 위해 지금의 섬서성에 있는 홍문에서 베푼 연회를 말한다. 당시 범증은 신하로 하여금 칼춤을 추게 한 뒤 적당한 시점에 유방을 죽일 생각이었으나 후세 사가의 비판을 두려워한 항우는 끝내 결심을 하지 못하여 실행에 옮기지 못했다. 유방은 이 틈을 타 부하들과 함께 줄행랑을 쳐 훗날 천하를 거머쥐게 되었다. 이 사건으로 인해 항우는 범증과 결정적으로 틀어지게 되고 끝내는 유방의 참모인 진평의 반간계에 걸려 결별하는 수순을 밟게 되었다. 항우의 실패는 일면 홍문지연에서 범증의 계책을 실행에 옮기지 못한 데 있다고 해석할 수 있다.

10. '해하지전(垓下之戰)'은 항우와 유방이 천하를 놓고 해하에서 다툰 최후의 결전을 말한다. 항우는 이 싸움에서 결정적인 패배를 당하고 겨우 적의 포위를 탈출하여 단기로 오강(烏江)에 도착했다. 이 때 오강의 정장(亭長)이 항우에게 강동에 가 전력을 만회할 것을 권했으나 항우는 강동의 부형들을 볼 면목이 없다며 스스로 목숨을 끊었다. 사마천과 한신, 이종오 등은 항우의 이런 속 좁은 태도를 비판하고 있는 것이다.

해 준다 한들 무슨 면목으로 그들을 보랴. 그들이 비록 말하지 않는다 할지라도 내 어찌 이를 부끄럽게 여기지 않겠는가?"

이 말은 참으로 보통 잘못 된 것이 아니다. 그는 일면 "사람을 볼 면목이 없다"고 하고, 일면 "마음에 부끄러움이 있다"고 말했다. 도대체 잘난 사람의 체면이 다 뭐고 그 고매한 인품이 또 뭐란 말인가? 그러나 그는 자신의 이런 소견에 대해 좀더 검토할 생각도 없이 이런 유언을 남겼을 뿐이다.

"이는 하늘이 나를 멸망시키려는 것이지 내가 결코 싸움에 약했기 때문이 아니다此天亡我 非戰之罪."

아마 하늘도 그의 잘못을 용서할 수 없었을 것이다.[11] 우리는 유방의 예를 통해 다시 한 번 검토해 보자. 『사기』에는 이런 기록이 나온다.

"천하가 흉흉한 지 이미 오래 되었다. 이제 나와 당신 두 사람뿐이니 당신과 겨뤄 자웅을 가리고자 한다."

항우의 이런 제안에 유방이 미안한 기색으로 웃으며 이같이 대답했다.

"나는 지혜를 겨룰지언정 힘을 다툴 생각은 없소!"

이 때 미안한 기색으로 웃는다는 의미를 지닌 '소사笑謝'라는 두 글자는 어디서 나온 것일까? 유방이 세객說客인 역이기酈食其를 만났을 때 마침 두 시녀가 그의 발을 씻기던 중이었다. 역이기가 그 모습을 보고 어

11. 항우는 유방에게 패해 자결하는 상황에서 하늘이 자신을 버렸기 때문에 패했다며 하늘을 원망했다. 이를 두고 사마천은 "한낱 자신의 지혜만을 믿고 힘으로써 천하를 경영하려다 5년 만에 나라를 망치고 죽게 된 마당에도 스스로의 잘못을 깨닫지 못하고 하늘이 자신을 버렸다고 원망한 것은 잘못이다"라고 질타했다. 사마천이 지적한 바대로 항우는 스스로 자만에 빠져 최선을 다하지 못한 점을 조금도 반성하지 않는 모습을 보였다. 천명은 승자의 것이라는 것은 만고의 진리이다.

른을 얕보는 무례한 행동이라고 책망하자 그는 즉시 발 씻는 것을 멈추게 하고 일어나 사과했다.[12]

그렇다면 제왕이 일어나 사과한다는 의미를 지닌 '기사起謝' 라는 두 글자는 어디서 나온 것일까? 유방은 항우가 자신의 부친을 인질로 잡아 삶아죽이겠다고 하자 오히려 태연하게 그 국 한 사발을 나누어달라고 요청했다.[13] 그는 또 초나라 병사에게 쫓길 때 수레의 무게를 덜기 위해 자신의 친딸인 혜제와 노원공주를 세 번이나 마차에서 떠밀어내려고 했다. 그가 후에 천하를 얻은 뒤 한신을 죽이고 팽월을 죽인 것은 바로 이런 격언에 따른 것이다.[14]

"새를 잡으면 활을 광 속에 넣어두고 토끼를 잡고 나면 사냥개를 삶아먹는다鳥盡弓藏 兎死狗烹."

12. 역이기는 유방의 세객이 된 뒤 제나라에 사신으로 가 국토를 바칠 것을 약속하며 화평을 설득했다. 그 사이에 한신은 제나라를 급습했다. 이에 분노한 제나라의 왕은 역이기를 끓는 가마솥에 넣어 처형했다. 역이기가 이같이 죽음을 무릅쓴 것은 바로 유방이 자신을 일종의 제사(帝師)로 대우해 준 데 따른 보답의 성격이 짙었다.
13. 항우는 억류하고 있던 유방의 부친을 미끼로 삼아 유방에게 "항복하지 않으면 당신의 부친을 삶아 먹겠다"고 협박했다. 그러자 유방은 조금도 겁내지 않고 이같이 말했다. "당신과 나는 초나라 회왕의 명으로 형제의 동맹을 맺은 사이이니 나의 부친은 당신에게도 부친이오. 당신이 부친을 삶아 그 국물을 마시겠다면 나에게도 한잔 나누어 주도록 하시오." 유방이 천하를 거머쥔 데에는 이런 대담함이 있었기에 가능했는지도 모를 일이다.
14. 한신은 유방의 군사가 되어 항우를 격파함으로써 유방이 천하를 평정하는 데 결정적인 공헌을 했다. 그러나 그는 참모인 괴철(魁徹)의 진언을 거부한 채 만연히 대처하다가 결국 모반죄에 걸려 3족이 몰살하는 비참한 최후를 맞이했다. 팽월은 유방을 도와 천하를 평정한 공으로 양왕에 책봉되었으나 유방이 반군을 토벌하려 할 때 칭병하고 이에 응하지 않다가 유방의 노여움을 사게 되었다. 그 역시 한신과 마찬가지로 3족이 몰살하는 비참한 최후를 맞이했다. 예로부터 한신과 팽월의 죽음은 개국 후에 흔히 나타나는 소위 '토사구팽' 의 전형적인 실례로 거론되고 있다.

그러니 어찌 '부인지인'과 '필부지용'을 지닌 데 불과한 항우가 유방의 심사가 어떠했는지를 꿈엔들 알 수 있었겠는가? 사마천은 본기를 쓰면서 유방의 관상을 '융준용안隆準龍顔'으로 표현했고 항우는 '중동자重瞳子'로 묘사했을 뿐이다.[15] 사마천은 두 사람이 얼마나 뻔뻔하고 음흉한지에 대해 아무것도 언급치 않은 것이다. 이 점에서 볼 때 『사기』를 좋은 역사서로 평가하는 것은 문제가 있다.

유방의 뻔뻔함과 음흉함은 다른 사람과 비교해 특별히 달랐다. 가히 하늘이 내린 성인이라 할 만하다. 특히 속마음이 시꺼멓기로 말하면 당할 사람이 없다. 이런 말로 요약할 수 있다.

"태어날 때부터 자연스러워 마음 내키는 바대로 해도 결코 시꺼먼 속마음의 법도를 어긋난 적이 없다."

그의 뻔뻔함을 말하려면 그가 이를 전수받은 내력을 살펴볼 필요가 있다. 그의 스승은 한나라 개국 3걸 중의 한 사람인 장량이다.[16] 장량의 스승은 '다리 위의 노인圯上老人'이다.[17] 장량이 노인에게 가르침을 받은 것

15. '융준용안'은 콧날인 준두(準頭)가 오뚝하고 얼굴이 용의 형상을 한 것을 말한다. '중동자'는 눈동자가 두 겹인 경우를 말한다. 흔히 관상학에서는 유방이 용의 얼굴을 지니고는 있었으나 나이를 먹어 수염이 그럴 듯하게 나기 시작하면서 비로소 완전한 용의 모습을 갖추게 되었다고 해석하고 있다.

16. 장량은 이름을 자방(子房)이라고 했다. 그의 선조는 모두 전국시대 한나라의 재상이었다. 젊은 시절 하비(下邳)에 살 때 흙다리 위에서 한 노인을 만났다. 그는 그 노인으로부터 몇 번이나 모욕을 당했음에도 불구하고 이를 잘 견뎌냈다. 결국 노인으로부터 "장차 제왕의 스승이 될 만하다"는 칭송과 함께 한 권의 병서를 받게 되었다. 이후 장량은 병서를 통달한 뒤 유방의 모신이 되어 천하를 평정하는 데 결정적인 공헌을 했다. 그는 천하가 평정된 뒤 유후(留侯)가 되었으나 현세에의 관심을 완전히 끊고 신선수행에 힘썼다. 가끔 궁내에 들어가 유방과 대화하는 일이 있어도 현실정치에 관해서는 언급을 회피했다. 그는 '토사구팽'의 법칙을 너무나 잘 알고 있었다고 볼 수밖에 없다. 그의 행태는 마치 구천의 모신이었던 범리(范蠡)가 구천의 오나라 평정이 끝나자마자 홀연히 떠난 것에 비유할 수 있다.

은 역사적 사실로 그 전수과정은 한 번 살펴볼 만하다.

노인은 흙다리 위에서 책을 한 권 전해줄 때까지 장량을 여러 차례 시험했다. 이는 송대 소동파의 『유후론留侯論』에도 쓰여 있듯이 장량에게 뻔뻔해지는 것을 가르친 것일 뿐이다.[18] 장량은 재주를 타고난 사람으로 가르치면 곧바로 깨달았다. 노인은 그가 장차 '제왕의 스승'이 될 것을 의심치 않았다. 우둔한 사람은 이런 최고의 비결을 결코 터득할 수가 없는 것이다. 『사기』에는 이같이 기록돼 있다.

"장량은 모든 사람들이 자신의 말을 귀담아 듣지 않았는데 오직 유방만이 그를 높이 평가하고 따르자 '패공은 하늘이 내린 인물이다'라고 했다."

현명한 스승을 얻기도 힘들지만 좋은 제자 역시 만나기 힘든 법이다. 한신을 제나라 왕에 봉할 때 유방은 그의 스승인 장량의 귀뜸이 없었다면 자칫 실수를 할 뻔했다. 유방은 제나라를 평정한 한신이 사신을 보내 제나라 왕에 봉해줄 것을 요구했을 때 한신이 자립하려는 의도라고 분개하며 큰 소리로 사신을 질타할 뻔했다. 이 때 장량과 진평이 유방의 발을 밟

17. 『삼략(三略)』은 당시 노인이 장량에게 전해준 책이다. 사서는 주무왕을 도와 주나라를 세우는 데 결정적인 공헌을 한 태공망 여상이 지은 책이라고 기록해 놓고 있다. 그러나 『삼략』 자체가 후세의 위작인 것이 확실한 만큼 이 내용 또한 후세의 가탁(假託)이라고 보아야 할 것이다.
18. '유후'는 유방의 천하통일 후 장량에게 내려진 봉호이다. 장량은 하비에 있을 때 흙다리 위에서 한 노인을 만났다. 이 노인은 일부러 다리 아래로 자신의 짚신을 떨어뜨리고는 장량에게 주어오라고 시켰다. 이후 그는 장량을 만날 때마다 약속시간보다 먼저 나와 장량을 꾸짖기를 여러 차례 했다. 장량은 노인의 모욕적인 주문을 끝까지 참아내는 인내심을 보였다. 결국 그는 이런 시험을 무사히 거쳐 드디어 노인으로부터 세상에 전해지지 않은 희귀한 병서를 손에 넣게 되었다. 사서의 기록 등에 비추어 이런 고사는 장량이 활동할 당시에 이미 널리 퍼져 있었던 것으로 보인다.

으며 제지했다.[19] 이는 마치 요즘 학교에서 학생이 문제를 풀 때 선생님이 옆에서 고쳐준 것과 같다. 천부적인 자질을 지닌 유방도 때로 실수가 있었으나 곧바로 스승의 충고를 받아들이는 미덕이 있었다. 후흑학에 능통한 그의 면모를 짐작할 수 있다.

유방은 천부적 자질이 있는 데다 경륜 또한 깊었다. 그는 세속에서 말하는 군신과 부자, 형제, 부부, 붕우의 오륜은 물론 예의염치 따위를 깨끗이 버렸기 때문에 능히 군웅을 평정하고 천하를 통일할 수 있었다. 이후 4백여 년이 지나 유방이 떨친 후흑의 기운이 바야흐로 소멸되자 한나라의 황통도 끊어지게 되었다.

유방과 항우가 다투던 시절 뻔뻔하기는 했으나 음흉하지 못해 결국 실패한 인물이 하나 있다. 그가 누구일까? 바로 우리 모두 알고 있는 한신이다. 그는 남의 가랑이 밑을 기어가는 모욕을 능히 참았다. 뻔뻔한 정도가 유방에 못지않았다.[20]

19. 제나라를 정복한 한신은 사신을 통해 자신을 제나라 왕에 봉해줄 것을 요구하는 서신을 보냈다. 유방은 항우 때문에 매우 큰 고통을 당하고 있었던 만큼 그 서한을 보는 순간 격노하여 큰 소리로 욕을 하려다가 옆에 있던 장량과 진평 등이 유방의 발을 밟으며 눈짓으로 자제를 부탁한 뒤 귓속말로 "허락하지 않으면 한신이 반역할 것이다"라고 충고했다. 유방은 이들의 충고를 받아들여 화를 참고 한신의 요구를 들어주었다. 한신은 이 때 선불리 자신의 '심흑'을 내보였기 때문에 훗날 '토사구팽'의 제물이 되었다.

20. 회음(淮陰) 사람 한신이 집이 가난해 성 아래에서 낚시질을 할 때 빨래하던 아낙이 한신이 배를 주린 것을 보고 그에게 밥을 주었다. 한신이 "훗날 반드시 후하게 은혜를 갚겠다"고 말하자 아낙은 "대장부가 능히 자활취식(自活取食)을 못하는 까닭에 내가 왕손을 가엾게 여겨 밥을 준 것이니 어찌 보답을 바라겠소"라고 말했다. 회음 땅의 도살장 주변의 소년들이 한신을 업신여겨 "네가 비록 몸이 크고 칼차기를 좋아하나 틀림없이 겁쟁이 일 것이니 나를 죽일 수 없으면 내 가랑이 아래로 빠져나가 보라"고 말했다. 한신이 몸을 구부려 지나가니 시장 사람들이 모두 한신을 겁쟁이라며 비웃었다.

그러나 한신은 속마음이 시꺼먼 점에서 아직 훈련이 덜 되었음에 틀림없다. 그가 만일 제나라의 왕이 됐을 때 괴철의 말을 들었더라면 더할 나위 없이 존귀한 자리에 올랐을 것이다.[21] 그러나 그는 '옷을 벗어 입혀주고 밥을 먹여준' 유방의 은혜가 못내 마음에 걸린 나머지 경솔하게 이같이 말했다.

"남의 도움으로 옷을 입은 자는 그 사람의 어려움을 걱정해야 하고, 남의 도움으로 먹고사는 자는 그 사람의 일을 위해 죽어야 한다."

결국 그는 장락궁長樂宮 종루에서 참수당하고 9족이 몰살당했다. 이는 그 스스로가 초래한 것이다. 그가 항우의 '부인지인'을 비웃은 것으로 보아 그 또한 속마음이 시꺼멓지 않으면 대세를 그르치고야 만다는 대원칙을 알고 있었을 것으로 보인다. 그런데도 자기 스스로 이 점 때문에 실패하고 말았으니 그 또한 '심흑'을 제대로 터득하지 못했음에 틀림없다.[22]

21. 당시 괴철은 한신에게 유방으로부터 독립해 항우와 더불어 천하를 3분한 뒤 훗날 힘을 길러 천하를 거머쥘 것을 권유했다. 그의 제안은 훗날 제갈량이 유비에게 제시한 그 유명한 '천하3분지계'의 원형이기도 했다. 그러나 한신은 머뭇거리다가 결국 유방에게 죽임을 당했다. 괴철은 유방에게 잡혀 국문을 당할 때 "진나라가 실록(失鹿 : 천하를 잃음, 반대는 得鹿, 鹿은 천하의 패권을 의미)하자 천하가 한가지로 좇으니 높은 재주에 발 빠른 자가 먼저 얻는 것이 상식인데 신은 오직 한신만 알았을 뿐 폐하를 알지 못했습니다"라고 했다. 유방은 괴철의 말이 일리가 있다고 생각해 그를 놓아주었다. 이종오는 바로 군왕에게 이미 두려운 존재로 부각됨으로써 사생결단을 내야 하는 위치에 섰던 한신이 우유부단한 모습을 취함으로써 결국 패망의 길로 나간 어리석음을 질타한 것이다.

22. 한신은 원래 항우로부터 유방에게서 독립할 것을 권유받았으나 유방의 은혜를 잊지 못해 이를 거절했다. 후에 다시 참모인 괴철로부터 유사한 권유를 받았으나 유방의 은혜를 잊지 못해 머뭇거리며 결단을 내리지 못했다. 결국 그는 유방에게 잡혀 죽게 되었을 때 "괴철이 권유하는 말을 들었더라면 이런 일이 없었을 터인데"라고 후회했다고 하나 이는 후세에 지어낸 말인 듯싶다. 아무튼 한신은 이종오가 지적한 바와 같이 자그마한 은혜를 잊지 못해 결정적인 순간에 결단을 내리지 못함으로써 3족이 몰살당하는 화를 입게 되었다고 볼 수 있다.

당시 음흉하기는 했으나 뻔뻔하지 못해 실패한 한 인물이 있다. 그 또한 우리 모두 잘 알고 있는 사람이다. 범증이 바로 그 주인공이다. 유방이 함양을 깨뜨리고 진나라의 항복을 받아낸 뒤 장량의 계책을 좇아 패상霸上에 군을 주둔시켜 놓았을 때의 일이다. 범증은 이 때 온갖 꾀를 내어 유방을 사지에 몰아넣으려고 생각했다. 그의 속마음이 시꺼먼 것이 유방과 흡사했다.

그러나 그는 뻔뻔하지 못해 화를 참지 못했다. 한나라는 진평의 계책을 이용해 항우와 범증을 이간질시켜 놓았다. 항우의 의심을 받은 범증은 벌컥 화를 내며 물러나겠다고 청했다. 그는 고향인 팽성으로 돌아가는 도중 화를 참지 못해 등창이 나 죽었다. 무릇 큰일을 하고자 하는 사람이 이처럼 결핏하면 화를 내는 것이 도리이겠는가?

"범증이 떠나지 않았으면 항우는 망하지 않았을 것이다!"

그가 만약 조금만 참을 수 있었더라면 유방은 허점이 많았기 때문에 얼마든지 쉽게 공격해 들어갈 수 있었다. 그러나 그는 그만한 일로 분개하는 바람에 자신의 남은 목숨은 물론 항우의 영토까지 한꺼번에 날리고 만 것이다. 결국 작은 것을 참지 못해 대사를 그르친 셈이다. 소동파는 그를 호걸이라고 불렀으나 아무래도 좀 지나친 찬사인 듯하다.[23]

23. 범증은 항우가 가장 신뢰한 핵심참모였다. 그는 홍문연의 계책을 내는 등 항우가 천하를 제패할 수 있는 다양한 기책을 진언했다. 그러나 결정적인 순간에 항우가 결단을 내리지 못함으로써 그의 계책은 무위로 돌아가고 말았다. 이 와중에 유방은 진평의 반간계를 이용해 범증이 비밀리에 모반을 꾀하고 있다는 소문을 퍼뜨려 범증을 항우로부터 분리해내는 데 성공했다. 결국 범증은 항우에게 참을 수 없는 배신감을 느끼고 사직서를 낸 뒤 고향으로 돌아가던 도중 화병으로 죽고 말았다. 이종오는 범증이 화를 참지 못한 점을 비판하고 있으나 사실 소동파가 지적한 바와 같이 범증도 사람인 이상 자신을 의심하는 주군에 대해 한없는 절망감을 느꼈다고 보는 것이 옳다. 그가 피를 토하고 죽은 사실이 이를 뒷받침한다.

이상 살펴본 바와 같이 후흑학은 방법이 매우 간단하다. 그러나 적용해 보면 매우 신묘하기 그지없다. 작게 쓰면 작은 효과를 얻는 데 그치지만 크게 쓰면 엄청난 효과를 거둘 수가 있다. 유방과 사마의는 바로 후흑을 완전히 터득해 천하를 얻은 경우다.

조조와 유비는 각각 한 가지 측면만을 갖추고 태어났지만 왕을 자처하며 천하를 3분해 자웅을 다툴 수 있었다. 한신과 범증 역시 한 가지 측면을 가지고 있었지만 불행히도 때를 잘못 타고 태어났다. 후흑을 겸비한 유방과 함께 세상에 나왔던 탓으로 결국 둘 다 실패할 수밖에 없었다.

그럼에도 그들은 살아 있을 때 자신들이 지닌 한쪽 수단을 발휘함으로써 왕후장상에 버금가는 지위를 얻어 일세를 풍미했다. 죽은 후에도 각종 사서나 전기 가운데 한 자리를 차지했다. 그들의 행적은 후세 사람들의 입을 거쳐 흥미진진하게 거론되고 있다. 후흑학이 결코 그들을 저버리지 않았음을 알 수 있다.

하늘이 사람을 낼 때 낯가죽 속에 뻔뻔함을 감출 수 있게 해주었고 또한 마음 속에 음흉함을 감출 수 있게 해주었다. 겉만 보면 낯가죽은 불과 몇 치의 넓이에 불과하고 속마음은 한 줌도 안 되는 것이어서 별로 기이할 것도 없다. 그러나 그 속을 자세히 살펴보면 낯가죽이 끝도 없이 두껍고 속마음 또한 비할 데 없이 깊다는 것을 알 수 있다. 이 세상의 온갖 부귀공명과 궁실, 처첩, 의복, 거마 등이 이 보잘것없는 곳으로부터 나오지 않는 것이 없다. 이처럼 조물주가 사람을 만든 기묘함은 실로 불가사의하기 그지없다. 어리석은 중생들이 더할 수 없이 귀한 보물을 몸에 지니고도 쓰지 않으니 천하에 가장 어리석은 일이라고 할 만하다.

후흑학은 크게 세 단계의 연마과정으로 나뉠 수 있다. 제1단계는 낯가죽이 성벽처럼 두껍고 속마음이 숯덩이처럼 시꺼먼 소위 '후여성장厚如城墻, 흑여매탄黑如煤炭'의 단계이다. 처음에는 낯가죽이 한 장의 종이처럼 얇으나 점차 밀리미터에서 센티미터, 미터단위로 늘어나 마침내 성벽처럼 두터워진다. 마찬가지로 최초의 얼굴색은 우유처럼 흰색인데 점차 회색, 검푸른 색으로 변하다가 마침내 숯덩이처럼 시꺼멓게 되는 것이다. 이 지경이 되면 능히 제1단계 연마가 끝났다고 할 만하다.

그러나 이 경지는 비록 성벽이 두텁다고는 하나 대포의 공격에 파괴될 수 있듯이 초보적인 수준에 불과할 뿐이다. 또한 속마음이 숯덩이처럼 검다고 하나 안색이 혐오스러워 사람들이 접근하길 꺼린다. 따라서 이 단계는 아직 초보적인 연마단계일 뿐이다.

제2단계는 낯가죽이 두꺼우면서 딱딱하고 속마음이 검으면서도 맑은 소위 '후이경厚而硬, 흑이량黑而亮'의 단계이다. 낯가죽이 두꺼운 데 능통한 사람은 당신이 어떤 공격을 퍼붓더라도 미동도 하지 않는다. 유비가 바로 이런 사람이다. 조조 같은 사람도 그를 어떻게 할 방법이 없었다.

속마음이 시꺼먼 데 능통한 사람은 마치 빛바랜 옻칠 간판이 귀한 대접을 받는 것과 같이 남에게 인정을 받는다. 조조가 바로 이런 사람이다. 그는 속마음이 시꺼멓기로 유명했지만 중원의 이름난 호걸들이 마음을 빼앗겨 그에게 귀복하고 말았다. 이 단계는 가히 이같이 말할 수 있다.

"속마음은 칠흑같이 시꺼멓지만 얼굴은 투명하리만큼 밝다."

제2단계에 능히 도달하면 진실로 제1단계와는 천양지차가 있다. 그러나 이 단계에 들어서더라도 그 자취를 나타내는 형체와 색채를 드러내기 때문에 우리가 조조에 대해 그러하듯이 조금만 관심을 기울이면 그 시꺼먼 속마음을 단번에 알아챌 수 있다.

제3단계는 낯가죽이 두꺼우면서도 형체가 없고 속마음이 시꺼먼데도 색채가 없는 소위 '후이무형厚而無形, 흑이무색黑而無色'의 단계이다. 이 단계에 이르면 하늘은 물론 후세 사람들마저 그 사람을 후흑과는 완전히 정반대인 소위 '불후불흑不厚不黑'의 인물로 여기게 된다. 그러나 이런 경지는 도달키가 어렵다. 오직 옛날의 대성현 중에서 이런 인물을 찾아볼 도리밖에 없다. 어떤 사람이 이같이 물었다.

"이 학문은 어찌 이같이 정밀하고 깊을 수 있습니까?"

나는 이렇게 대답했다.

"유가에서 말하는 중용은 '무성무취無聲無臭'의 단계에 이르러야 비로소 그것을 완성했다고 할 만하고, 불도를 닦는 사람은 '보리무수菩提無樹, 명경비대明鏡非臺'의 단계에 가야만 진정한 깨달음의 경지에 갔다고 할 수 있다.[24] 하물며 후흑학은 수천 년 동안 전해져 오지 않은 비전인데 마땅히 '무형무색無形無色'의 단계까지 들어가야 비로소 그 경지에 도달했다고 할 수 있다."

한 마디로 말해 하夏·은殷·주周 삼대三代에서 지금까지 왕후장상과 호걸, 성현은 무수히 많았으나 후흑학을 통해 성공하지 못한 사람이 단 한 명도 없었다. 이미 참고할 만한 서책이 갖추어져 있으므로 사실을 왜곡하기는 어렵다. 만일 독자들이 내가 가르쳐 준 대로 스스로 찾아본다면 도처에서 그 근거를 발견하는 것은 물론 모두 사리에 들어맞는다는 사실을 확인할 수 있을 것이다.

24. '보리무수 명경비대'라는 말은 원래 『육조단경(六祖壇經)』에 나오는 선시의 한 구절이다. 이는 선종의 육조 혜능(慧能)이 신수와 화답하면서 "보리는 원래 나무가 아니고 명경 또한 원래 누각이 아니니 본래 아무것도 없는데 때가 묻을 이유가 어디에 있는가"라고 읊은 데서 나온 것이다. 혜능의 사상은 크게 견성성불(見性成佛)과 정혜불이(定慧不二), 무념무상무주(無念無想無住) 등으로 요약된다.

제3절

후흑경[25]

이종오는 말한다.

– 얇지 않은 것을 두껍다 하고 희지 않은 것을 검다고 한다. 두껍다는 것은 천하의 두꺼운 낯가죽을 가리키는 것이고 검다는 것은 천하의 시꺼먼 속마음을 말한다. 이 편은 고인이 전수한 심법이다. 이종오는 오랜 세월이 흐르는 동안 잘못 전달될 것을 두려워해 세상 사람들에게 올바로 전해주기 위해 책을 펴내게 되었다. 이 책은 후흑으로 시작해 중간에 그것을 펼쳐 여러 가지를 다루다가 다시 후흑으로 끝난다. 후흑학의 학설을 펼치면 천지 사방을 덮을 만하고 이를 거둬들이면 얼굴과 마음 속으로 퇴장해 그 맛이 무궁하니 모두 실학(實學)이다. 훌륭한 독자들이 깊이 음미하면서 터득한다면 평생 그것을 사용해도 다 쓰지 못하리라.[26]

25. 『후흑경』은 유가의 사서오경과 주희의 주를 모방한 것이다. 그 내용은 유가에서 말하는 '인의도덕'과는 정반대로 '면후심흑'을 강조한 것이다. 다만 그 형식만큼은 유가의 내용을 풍자하기 위해 유가의 경문을 패러디한 형식을 취하고 있다. 이종오가 『후흑학』을 만든 동기가 기존의 통치이념인 성리학에 대해 강한 반발의식에 있음을 짐작케 해주는 대목이다.

26. – 기울지 않는 것을 중(中)이라 하고 변하지 않는 것을 용(庸)이라 한다. 중은 천

– 천명을 후흑이라 하니 후흑을 이끄는 것은 도(道)이다. 후흑을 닦는 것을 교(敎)라고 한다. 후흑이란 두 글자는 잠시라도 떠날 수 없는 것이니 떠날 수 있는 것은 후흑이 아니다. 이 때문에 군자는 그 자신이 늘 낯가죽이 두껍지 않을까 경계하고 속마음이 시꺼멓지 않을까 두려워한다. 얇은 것같이 위험한 게 없고 흰 것같이 위태로운 것이 없다. 이로 인해 군자는 반드시 뻔뻔하고 음흉하지 않으면 안 된다. 희로애락을 드러내지 않는 것을 '후'라고 하고 한 번 터지면 거리낌이 없는 것을 일컬어 '흑'이라 한다. 뻔뻔한 것은 천하의 대본(大本)이며 음흉한 것은 천하의 달도(達道)이다. 지극한 후흑의 단계에 이르면 천하가 두려워하고 귀신도 무서워한다.[27]

– 상기한 경문의 1장은 이종오가 지금까지 전해지지 않은 비결을 서술한

하의 정도(正道)이고 용은 천하의 정리(正理)이다. 이 편은 공문(孔門)에서 전수된 심법(心法)이다. 자사는 오랜 세월이 지나는 동안 잊혀질 것을 염려하여 이를 책으로 엮어 맹자에게 바쳤다. 이 책은 첫머리에서 일리(一理)를 말하고 중간에서는 풀어서 만사를 이루고 끝에서는 이것을 다시 합쳐서 일리로 했다. 이것을 풀면 육합(六合)에 이르고 이것을 감으면 곧 밀(密)로 숨겨진다. 그 맛은 무궁하며 이것은 모두 실학이다. 잘 정독하는 자가 얻고 깨닫는 바가 있으면 일생동안 실행하여도 다함이 없을 것이다.(주희의 『사서집주』 중 「중용」편에서)

27. – 하늘이 명하신 것을 성(性)이라 하고, 성에 따르는 것을 도(道)라 하고, 도를 닦는 것을 교(敎)라 한다. 도란 잠시도 따로 떨어질 수 없는 것이니 떨어질 수 있다면 도가 아니다. 그러므로 군자는 그 보이지 않는 바를 삼가고 그 들리지 않는 바를 두려워한다. 숨겨진 것보다 더 잘 드러남은 없으며 작은 것보다 더 잘 나타남은 없는 법이다. 그런 고로 군자는 혼자 있는 것을 삼간다. 희로애락이 드러나지 않는 상태를 중(中)이라 하고 나타나되 절도에 맞는 것을 화(和)라 한다. 중이란 천하의 대본(大本)이고 화란 천하의 달도(達道)이다. 중화를 지극히 하면 천지가 자리 잡히고 만물이 생육한다.(『중용』 중에서)

것이다. 서두에서 후흑의 근본은 하늘에서 나온 것으로 바꿀 수 없다고 했다. 사실 후흑은 이미 자신이 지니고 있는 것이므로 떼어놓을 수 없는 것이다. 다음으로 후흑을 기르는 요체를 말하고 마지막으로 후흑의 궁극적인 효과에 대해 말했다. 후흑을 배우려는 사람은 스스로 터득할 수 있고 외부의 유혹인 인의를 버린 가운데 그 본연의 후흑을 확충하려고 한다. 이것이 1편에서 말하고자 하는 내용의 요체이다. 이하 각 장은 이종오의 말을 두서없이 인용한 것으로 이를 통해 이 장의 설명을 끝맺고자 한다.[28]

– 후흑의 도는 쉽고도 어렵다. 일반인의 어리석음은 누구라도 쉽게 알 수 있다. 그러나 지극한 경지에 이르면 비록 조조와 유비라 할지라도 알지 못하는 바가 있다. 일반인의 불초함은 누구나 능히 할 수 있다. 그러나 지극한 경지에 이르면 비록 조조나 유비라 할지라도 행할 수 없는 바가 있다. 후흑의 대단한 경지에 이르려면 조조와 유비라 할지라도 불만스런 점이 있는데 하물며 세상 사람이야 더 말해 무엇하겠는가.[29]

28. – 상기의 제1장은 자사로부터 전해져 온 것을 그대로 인용한 것이다. 처음에 도의 근본은 하늘에서 내려준 것이므로 바꿀 수 없다. 그 실체는 자신에게 구비되어 있기 때문에 떠날 수가 없는 것이라는 것을 밝혔다. 다음에 존양(存養)과 성찰의 개요를 기술하고 끝으로 성신(聖神) 효용의 극치를 설명했다. 결국 학자는 여기서 이것을 스스로 반성하는 가운데 구하고 이것을 체득해 더욱 외부로부터의 유혹에 이끌리기 쉬운 사욕을 제거하여 그 본연을 충족시키려 한다. 양자(楊子)가 설명한 제1편의 대요(大要)는 바로 이것이다. 이하 10장은 자사가 공자의 말을 인용해 이 장이 옳았음을 보여주는 것이다.(주희의 『사서집주』 중 「중용」편에서)

29. – 군자의 도는 광대하면서도 은미(隱微)한 것이다. 어리석은 필부일지라도 그 일단을 알 수 있는 것이지만 그 지극한 경지에 이르러서는 비록 성인이라 할지라도 모르는 바가 있다. 못난 필부일지라도 능히 실행할 수 있는 것이지만 그 지극한 경지에 이르러서는 비록 성인이라 할지라도 미치지 못하는 바가 있다. 하물며 세상

– 사람들은 모두 자신의 속마음이 시꺼멓다고 말하지만 숯덩이 속에 밀어 넣으면 그와 똑같을 수가 없다. 사람들은 자기 낯가죽이 두껍다고 말하지만 폭탄에 깨지지 않는 것이 없다.[30]

– 후흑의 도는 그 근본이 자신에게 있다. 이는 여러 사람을 대상으로 증명할 수 있다. 3왕(하나라 우왕과 은나라 탕왕 및 주나라의 문왕과 무왕)에게 알아보아도 틀린 것이 없고 천지에 비춰보더라도 어긋남이 없으며 귀신에게 물어보아도 의심할 여지가 없고 백세(百世) 후에 성인이 나타날지라도 조금도 의심할 바가 없다.[31]

– 군자는 근본을 닦는 일에 힘써야 한다. 근본을 세워야 도가 생기게 된다. 그러므로 후흑이라고 하는 것은 인간이 되는 근본이 되는 것이다.[32]

– 세 사람이 함께 길을 가면 반드시 내 스승이 될 만한 사람이 있다. 그 낯가죽과 속마음이 두껍고 시꺼먼 자를 택해 그를 따르고 그렇지 않을 경

사람들이야 어떠하겠는가?(『중용』 중에서)

30. – 사람은 누구나 다 자기에게는 지혜가 있다고 생각하지만 그물이나 덫이나 함정 속에 빠뜨리더라도 이를 피할 줄 모른다. 사람들은 다 자신은 지혜롭다고 말하지만 중용의 택할 경우조차 채 1달을 지키지 못한다.(『중용』 중에서)

31. – 군자의 도는 그 근본이 자신에게 있다. 이는 여러 사람들을 대상으로 증명할 수 있다. 3왕에게서 상고하더라도 잘못됨이 없고, 천지에 비춰보더라도 어긋남이 없고, 귀신에게 물어보더라도 의심할 바가 없으며, 백세(百世) 후에 나올 성인을 기다려 물어보아도 의심할 바가 없다.(『중용』 중에서)

32. – 군자는 기본을 닦는 일에 힘써야 한다. 근본을 세워야 도가 생기게 된다. 그러므로 효제(孝悌)란 인(仁)을 이루는 근본인 것이다.(『논어』「학이」편 중에서)

우 그를 거울삼아 자신을 바로 잡는다.[33]

– 하늘이 나에게 후흑을 주셨으니 세상 사람들이 나를 어떻게 해칠 수 있겠는가?[34]

– 유방을 만나고 싶지만 만날 수가 없으니 조조라도 만날 수 있다면 좋겠다. 그러나 조조조차 만나볼 수 없으니 하다못해 유비나 손권만이라도 만날 수 있다면 얼마나 좋겠는가?[35]

– 열 가구가 사는 마을에는 반드시 나만큼 낯가죽이 두껍고 속마음이 시꺼먼 자가 있겠지만 나만큼 분명하게 이를 설명하지는 못하리라.[36]

– 나는 식사를 하는 동안에도 후흑의 도를 멀리 한 일이 없다. 아무리 바빠도 후흑의 도를 등지지 않으며 위급존망의 시점일지라도 후흑의 도를 등지는 일은 없다.[37]

33. – 세 사람이 함께 길을 가게 되면 반드시 나의 스승이 될 만한 사람이 한 사람 있기 마련이다. 그 중 선한 것을 골라 따르며 선하지 않은 것을 버리고 악을 고친다.(『논어』「술이」편 중에서)
34. – 하늘이 나에게 덕을 내려주셨는데 환퇴(공자를 괴롭힌 송나라 관리)가 나를 어찌 해칠 수 있겠는가?(『논어』「술이」편 중에서)
35. – 성인을 만나고 싶지만 이 세상에서는 만날 수 없다. 군자라도 만날 수 있다면 만족이다. 선인(善人)을 만나고 싶으나 도저히 만날 수 없다. 항심(恒心)을 가진 자라도 만나면 다행이다.(『논어』「술이」편 중에서)
36. – 열 가구가 사는 마을이면 틀림없이 충신성실(忠信誠實)에서 나와 같은 자가 있을 것이다. 그러나 나만큼 배우기를 좋아하는 사람은 없을 것이다.(『논어』「이인」편 중에서)
37. – 군자는 밥을 먹는 동안에도 인(仁)을 멀리 하는 일이 없고, 아무리 바빠도 인

– 만약 항우가 뛰어난 기질을 타고나서 낯가죽이 두꺼울 뿐만 아니라 속마음까지 시꺼멓게 되었다면 유방은 안중에도 두지 않았을 것이다.[38]

– 후흑의 도를 배운 사람은 천승의 나라를 얻을 수 있다. 진실로 후흑이 아니면 밥 한 그릇과 콩국 한 그릇도 얻어먹을 수가 없다.[39]

– 오곡은 종자 중에서 가장 아름다운 것이나 익지 않으면 띠(荑)나 피(稗)만도 못하다. 무릇 후흑은 잘 익은 데에 그 의미가 있다.[40]

– 도학 선생은 후흑의 적이다. 그들은 충성과 신의 등과 같은 것을 내세우고 청렴결백과 유사한 것을 즐겨 행하니 사람들이 모두 좋아한다. 이래서는 조조와 유비의 도를 따를 수 없으므로 후흑의 적이라고 하는 것이다.[41]

(仁)을 멀리하지 않으며, 위급존망의 경우에도 인을 떠나는 일이 없다.(『논어』「이인」편 중에서)

38. – 설령 주공(周公) 정도의 훌륭한 재능을 가졌다고 할지라도 교만하고 인색하다면 모처럼의 재능의 훌륭함도 아무 가치가 없는 것이다.(『논어』「태백」편 중에서)

39. – 이름을 좋아하는 사람은 천승(千乘)의 나라를 갖는다. 만일 그것에 비할 만한 가치도 없는 자라면 얼마 되지 않는 것을 먹을 것을 보아도 곧 안색에 나타난다.(『맹자』「진심 하」편 중에서)

40. – 오곡은 종자 중에서 가장 아름다운 것이나 익지 않으면 띠나 피만도 못하다. 인(仁)도 여물지 못하면 아무 쓸모가 없는 것이다.(『맹자』「고자상」편 중에서)

41. – 향원(鄕原) 사람은 덕을 손상하게 하는 적이다. 충신도 아닌데 충신처럼 보이게 하고 염결하지 않으면서도 염결한 것처럼 겉치레를 한다. 백성들은 이를 보고 기뻐하지만 이래서는 요순의 길에 들어설 수 없다. 그래서 덕을 손상시키는 적이라고 하는 것이다.(『맹자』「진심 하」편 중에서)

– 사람들이 후흑과 거리가 있다는 사실에 미혹되지 말라. 비록 천하 만물이 모두 쉽게 생장하지만 하루 햇빛을 쬐어주고 열흘 동안 추위에 내놓는다면 자라지 못한다. 나는 적잖은 사람들이 후흑을 말하는 것을 보았다. 그러나 내가 물러나자 도학 선생이 이르렀다. 내가 도학 선생과 같아서야 되겠는가? 이제 후흑은 도가 되었다. 큰 도는 전심전력으로 몰두하지 않으면 얻을 수 없다. 나를 시켜 후흑학을 공부할 두 명의 학생을 찾아내 후흑학을 가르칠 경우를 보자. 한 사람은 정신을 집중해 오직 내 말만 들었지만 또 한 사람은 비록 듣고 있더라도 장차 도학 선생이 올 것으로 생각해 몰래 성현들의 이름을 떠올리고 그것을 염두에 두었다. 두 사람은 비록 함께 배울지라도 다를 수밖에 없다. 그 자질이 다르기 때문일까? 그렇지 않다.[42]

– 실패하는 일이 생기면 군자는 스스로 자신의 낯가죽이 두껍지 못한 탓이라고 반성한다. 그러나 자신의 낯가죽이 두껍다고 여기는데도 실패하게 되면 군자는 스스로 자신의 속마음이 시꺼멓지 못했기 때문이라고 반성한다. 그러나 자신의 속마음이 시꺼멓다고 생삭하는네도 불구하고 실패

42. – 왕이 지혜롭지 못하다는 사실에 미혹되지 말라. 만물은 쉽게 생장하지만 하루 햇볕을 쬐어주고 열흘간 차갑게 두면 자라지 못한다. 나는 왕을 만나는 기회가 드물고 내가 물러나면 왕을 차게 하는 자가 왕을 만나니 내가 아무리 싹트게 하려 한들 무슨 소용이랴. 바둑은 전심전력으로 몰두하지 않으면 깨닫지 못한다. 혁추(奕秋)는 바둑을 제일 잘 두는 사람이다. 그를 시켜 두 사람에게 바둑을 가르치는데, 한 사람은 정신을 집중해 오직 혁추의 말만 들었지만 또 한 사람은 비록 듣고 있더라도 한편으로 기러기가 날아오면 활을 당겨 쏠 것을 생각하고 있다면 비록 함께 배울지라도 다를 수밖에 없다. 자질이 다르기 때문인가? 그렇지 않다.(『맹자』 「고자 상」편 중에서)

할 경우 군자는 이같이 말할 수밖에 없다. "나에게 대항하는 자들은 미치광이일 뿐이다. 그렇다면 금수와 무엇이 다르겠는가? 후흑을 이용해 금수를 죽인들 뭐 그리 어려운 일이 되겠는가."[43]

– 후흑의 도는 높고 훌륭해 하늘에 오르는 것과 같지만 다다를 수 없는 것도 아니다. 멀리 가려는 자는 반드시 가까운 곳부터 시작하고 높이 오르려는 자는 반드시 낮은 곳부터 오르는 것에 비유할 수 있다. 자기 자신이 후흑을 행하지 못하면 처자식에게 행할 수 없고, 남들로 하여금 그들의 처자식에게 후흑을 행할 수 없게 만든다.[44]

내가 『후흑경』을 쓴 의도는 초보자들이 쉽게 외워 잊어버리는 일이 없도록 하기 위해서다. 그러나 어떤 이치는 매우 심오해 그 구절 밑에 설명을 추가한다. 나는 처음에 두껍다고 하는 것은 갈아도 얇아지지 않는 것이고, 검다고 하는 것은 씻어도 하얗게 되지 않는 것이라고 설명했는데 후에 이 말을 이같이 고쳤다.

43. – 누군가 횡포하게 대하면 군자는 스스로 자신이 어질지 못하고 예가 부족한 탓이라고 반성한다. 그러나 자신이 아무리 반성해도 인(仁)과 예(禮)가 있다고 여기는데도 이처럼 실패하는 일이 생긴다면 군자는 스스로 자신이 성실치 못한 탓이라고 반성한다. 그러나 자신이 성실하다고 여기는데도 실패하는 경우에 군자는 이같이 말할 것이다. "이 사람은 미치광이임에 틀림없다. 그렇다면 어찌 금수와 다를 바가 있겠는가? 비난할 필요조차 없다." (『맹자』「이루 하」편 중에서)

44. – 도는 높고 아름다워 마치 하늘에 오르는 것처럼 쉽게 이룰 수가 없을 듯이 보인다.(『맹자』「진심 상」편 중에서)
– 군자의 도를 비유하면 멀리 갈 때도 반드시 가까운 데서부터 내디뎌야 하고 높이 오를 때에도 반드시 낮은 곳에서부터 내디뎌야 한다.(『중용』 중에서)
– 자신이 도리를 행하지 않으면 처자들도 도리를 행하지 않고 사람을 부리되 도리에 맞지 않으면 처자들도 명에 움직이지 않는다.(『맹자』「진심 하」편 중에서)

"두껍다는 것은 갈수록 두꺼워지는 것이고 시꺼멓다는 것은 씻을수록 까맣게 되는 것이다."

그러자 어떤 이가 '세상에 그런 것이 있는가' 라고 물어 나는 이렇게 대답했다.

"손과 발바닥의 굳은살은 쓰면 쓸수록 두꺼워지고 진흙과 먼지로 뒤덮인 숯덩이는 씻으면 씻을수록 시꺼멓게 되는 법이다."[45]

사람의 낯가죽은 원래 대단히 얇다. 그러나 천천히 연마하면 점점 두꺼워진다. 이에 반해 사람의 속마음은 원래 태어날 때부터 시꺼멓다. 그런데 인과응보를 말하고 성리학을 말하는 사람의 영향을 받아 겉에다 인의도덕이라는 색채를 덧칠하게 되면 그 검음을 알 수 없게 된다. 만일 그 표면을 씻어내게 되면 시꺼먼 본색이 자연스레 드러나게 된다.

– 후흑이라는 것은 외부에서 말미암은 것이 아니라 내가 본래 지니고 있는 것이다. 사람들은 선천적으로 후흑의 자질을 갖추고 있다. 백성들이 본능적으로 가장 좋아하는 것 역시 후흑이다.[46]

이는 간단히 시험해 볼 수 있다. 한 어머니가 자신이 낳은 아이를 껴안고 밥을 먹일 때 아이는 어머니 손 안에 있는 그릇을 보고 손을 뻗어 잡아당기게 된다. 만약 이를 막지 못하면 밥그릇이 나뒹굴어 깨질 것이다. 또 어머니가 손에 떡을 들고 있다가 입 속에 넣으면 어린애는 곧 손을 뻗

45. – 굳다고 하는 것은 갈아도 엷어지지 않는 것이고 희다고 하는 것은 물들여도 검어지지 않는 것이다.(『논어』「양화」편 중에서)

46. – 인의예지는 외부로부터 들어오는 것이 아니라 본래부터 지니고 있는 것이다. 하늘이 모든 사람을 내시고 사물마다 각기 도리를 주셨다. 백성들은 상도(常道)에 따라 미덕(美德)을 좋아하는 것이다.(『맹자』「고자 상」편 중에서)

어 어머니 입 속에 있는 떡을 꺼내 자신의 입으로 가져갈 것이다. 어린애가 어머니의 품에서 젖을 먹거나 또는 떡을 먹을 때 형이 다가오게 되면 그를 밀치거나 때리려 할 것이다. 이런 일들은 배우지 않고도 능히 할 수 있고 생각지 않아도 알 수 있는 것이다. 이를 '양지양능良知良能'이라 한다.[47]

이런 양지양능을 확충하면 경천동지驚天動地할 일도 해낼 수 있다. 당태종 이세민李世民은 형인 건성建成과 동생인 원길元吉은 물론 그들의 아들까지 모두 죽였다. 원길의 처를 후궁으로 삼고 부친을 압박해 천하를 양도케 했다. 그의 이런 거동은 모두 어렸을 때 어머니 입 속의 떡을 빼앗고 형을 밀치고 때리는 양지양능을 확장한 것에 불과하다. 일반인들은 이런 양지양능이 있는데도 불구하고 이를 확충할 줄 몰랐으나 당태종은 그것을 확충할 줄 알았기 때문에 만고의 영웅이 된 것이다.

> – 입으로 맛을 느낄 때 누구나 좋아하는 맛이 있고, 귀로 소리를 들을 때에 누구나 좋아하는 소리가 있고, 눈으로 미색을 볼 때에도 누구나 좋아하는 아름다움이 있다. 그런데 유독 얼굴과 마음에만 공통된 것이 없겠는가? 얼굴과 마음에 누구나 똑같이 가지고 있는 것은 무엇인가? 그것은 곧 두꺼운 낯가죽과 시꺼먼 속마음이다. 영웅은 바로 이 뻔뻔함과 음흉함을 특별히 확장한 사람에 불과한 것이다.[48]

47. – 사람이 배우지 않고도 할 수 있는 것은 타고난 능력 때문이다. 생각지 않고도 할 수 있는 것은 타고난 지혜 때문이다. 두세 살의 어린애도 자기 부모를 사랑하지 않는 경우가 없다. 부모형제를 공경할 줄 모르는 아이도 없다. 부모를 부모로 섬기는 것이 곧 인(仁)이다. 어른을 공경하는 것은 의(義)이다.(『맹자』「진심 상」편 중에서)

48. – 입은 맛에 대해 공통된 입맛이 있고 귀는 소리에 대해 공통된 취향이 있으며 눈

후흑의 이런 이치는 아주 분명하게 우리 눈앞에 있으므로 누구를 막론하고 모두 볼 수 있다. 그러나 금방 보고 나서도 곧 감동적인 음즐문陰騭文(하늘이 내밀히 사람을 돕도록 하는 글)이나 도학 선생의 학설에 굴복당한다. 따라서 나는 이같이 말하지 않을 수 없다.

– 본래 우산(牛山)의 나무도 당연히 재목감으로 손색이 없었다. 그런데 도끼로 그것을 베어버렸다. 그 뒤로 물론 초목의 싹이 자라지 않은 것은 아니지만 뒤이어 소와 양을 몰아다가 그것을 먹인 까닭에 그처럼 벌거숭이가 된 것이다. 마찬가지로 사람에게 본래 두꺼운 낯가죽과 시꺼먼 속마음이 있거늘 어찌 없다고 하는가? 두꺼운 낯가죽과 시꺼먼 속마음이 손상된 까닭은 도끼로 나무를 베어버리는 것과 같이 날마다 그것을 베어냈기 때문이다. 뻔뻔함과 음흉함이 존재하지 않는다면 영웅이 탄생하는 것을 바라기 어렵다. 사람들은 영웅들이 나오기 어려운 것을 보고 이 세상에는 뻔뻔함과 음흉함이 있을 수 없다고 여긴다. 그러나 후흑이 없다는 것이 어찌 인간의 본래 모습이겠는가? 진실로 후흑을 기를 마음만 있다면 후흑은 날로 함양될 것이고 그럴 생각이 없으면 후흑은 나날이 소멸할 것이다.[49]

은 색에 대해 공통된 심미안을 가지고 있다. 그런데 마음만은 어찌해서 공통된 것을 가지고 있지 못한 것일까? 마음에 공통된 것은 이(理)와 의(義)이다. 성인은 우리 마음 속에 있는 공통된 것을 우리보다 먼저 깨달은 것뿐이다.(『맹자』「고자상」편 중에서)

49. – 본래 우산의 나무도 당연히 재목감으로 손색이 없었다. 그런데 도끼로 그것을 찍어버렸다. 그 뒤로 물론 초목의 싹이 자라나지 않은 것은 아니나 잇따라 소와 양을 몰아다가 그것을 먹인 까닭에 그처럼 벌거숭이가 된 것이다. 마찬가지로 사람에게도 어찌 인이 없겠는가? 그럼에도 불구하고 양심을 잃어버린 자가 있는 것은 도끼와 톱으로 나무를 자른 자가 있기 때문일 것이다. 매일 나무를 자른다면 어찌

어린애는 어머니의 입 속에 있는 떡을 보고 모두 빼앗을 줄 안다. 사람은 누구나 어머니 입 속의 떡을 빼앗을 마음이 있고, 이를 능히 할 줄 안다. 이를 진실로 확충시킬 줄 알면 영웅호걸이 될 수 있다. 이를 보고 흔히 '대인은 어린애의 마음을 잃지 않는 자이다' 라고 말한다. 반면에 만약 자기 몸 하나 제대로 보전할 수 없다면 이를 두고 '자포자기' 라고 한다.[50]

천부적인 자질을 지닌 뛰어난 이들은 스스로 이런 이치를 터득하고 실행에 옮기려고 힘껏 노력하면서도 다른 사람들에게는 그 비밀을 알리지 않는다. 또 우둔한 자질의 학자들 중에는 이미 이 길에 들어섰는데도 불구하고 그 자신은 미처 깨닫지 못하는 경우도 있다. 이 때문에 나는 이 같이 말하고자 한다.

– 후흑을 실행하면서도 두드러지지 않고 몸에 이미 배어 있으면서도 자세

아름답게 기를 수가 있겠는가? 밤낮을 가리지 않고 자르니 현인에 가까운 사람이 나타나기조차 힘들다. 그런 짓을 거듭하면 조용히 길렀던 청명한 기운도 자랄 수가 없는 것이다. 사람이 성장할 수 없다면 금수와 무엇이 다르겠는가? 금수와 같은 행위만을 보고 사람에게는 원래 조금도 선행을 행할 능력이 없다고 판단한다면 인정이라는 것을 어떻게 생각할 수 있겠는가? 만일 양육시킬 생각이 있다면 어떤 것도 생장시키지 못할 것이 없으며 반대로 양육시킬 뜻이 없다면 어떤 것도 다 소멸되지 않는 것이 없을 것이다.(『맹자』「고자」편 중에서)

50. – 무릇 4단(四端)을 갖고 있는 자가 이 4단을 널리 보급해 충분히 발전시키고 충족시키려 한다면 마치 불이 처음에 피어오르듯이 온천물이 솟구쳐 오르듯이 힘 있게 확대될 것이다. 이렇게 잘 충족시킬 수 있다면 그것으로 천하를 편하게 하는 데 족하지만 이를 잘 충족시키지 못하면 부모를 섬기는 일조차 어려울 것이다.(『맹자』「공손추 상」편 중에서)
– 어른은 어린 아이 때의 마음을 잊지 못한다(『맹자』「이루 하」편 중에서)
– 스스로 자신을 해치는 사람과는 함께 말할 것이 못 되고 스스로 자신을 버리는 사람과는 함께 행동할 것이 못 된다. 함부로 예의를 비난하는 것을 자포(自暴)라고 하고 스스로 인의를 저버리는 자를 자기(自棄)라고 한다.(『맹자』「이루 상」편 중에서)

히 살필 줄 모르기 때문에 평생토록 그것을 실행해도 후흑을 알지 못하는 자가 많다.[51]

세상의 학설들은 매번 사람에게 해를 끼치지만 오직 후흑학만은 절대 그렇지 않다. 설사 막다른 궁지에 몰려 거지가 되었을 때라도 비럭질하는 수완이 남들보다 훨씬 나을 것이다. 따라서 나는 이같이 말하고자 한다.

– 무릇 천자에서 거지에 이르기까지 모두 후흑을 기본으로 삼아야 한다.[52]

후흑학은 폭이 넓고 깊이가 있어 이 도에 뜻을 둔 자는 반드시 전심전력으로 1년을 배워야 겨우 이를 응용할 수 있고 3년을 배워야 비로소 대성할 수 있다. 따라서 나는 이같이 결론을 내리고자 한다.

– 만일 후흑학을 배우려는 자가 있다면 1년이 되어야 간신히 이를 운용할 수 있고 3년이 되어야만 훌륭히 완성할 수 있다.[53]

51. – 행하면서도 뚜렷이 알지 못하고 익히고도 제대로 살피지 않기에 죽을 때까지 따르면서도 그 도리를 깨닫지 못하는 사람이 많다.(『맹자』「진심 상」편 중에서)
52. – 위로는 천자에서부터 아래로는 서민에 이르기까지 모두 수신(修身)하는 것으로 기본을 삼아야 한다.(『대학』 중에서)
53. – 만일 나를 등용하는 군주가 있을 경우 1년이면 웬만큼 바로 잡힐 것이고 3년이면 훌륭히 완성될 것이다.(『논어』「자로」편 중에서)

제4절

후흑전습록[54]

어떤 사람이 나에게 물었다.

"당신은 왜 후흑학을 창시하고도 매번 실패하는 것입니까? 왜 당신 제자의 기량이 당신보다 뛰어나 번번이 그로 인해 손해를 보는 것입니까?"

내가 대답했다.

"당신 말은 틀렸네. 무릇 창시자란 대개 최고 수준에 이를 수 없는 법이라네. 물론 유교의 경우는 공자가 만들고 그 자신이 정상에 올랐지. 안연, 증자, 자사, 맹자 등이 모두 공자에 관해 배웠지만 한 단계 아래였지. 후에 주돈이周敦頤, 정이천程伊川, 주희朱熹, 장횡거張橫渠 등이 나와 맹자 등을 배웠지만 그들의 학문은 한 단계 더 낮을 뿐이었어. 후에 주희 등을 배운 자들은 더더욱 형편 없는 수준이지. 이처럼 갈수록 수준이 떨어진

54. 『전습록(傳習錄)』은 왕양명의 주장을 모아놓은 어록·서간집으로 양명학의 입문서로 널리 알려져 왔다. 상중하 3권으로 되어 있는 이 책의 원본은 왕양명의 생전에 그의 제자들에 의해 이뤄졌으나 그의 사후인 1556년 전덕홍(錢德洪)이 증보한 것이 오늘날까지 전해져 오고 있다. 『전습록』의 특징은 '지행합일(知行合一)'의 실천론에 있다. 이종오가 이 이름을 취한 것은 『후흑학』의 실천론을 피력하기 위한 것임을 짐작할 수 있다.

것은 바로 교주의 재능이 지나치게 뛰어났기 때문이야. 무릇 동양의 학문이 모두 이와 같아서 도교의 노자와 불교의 석가 또한 예외가 아니지.

그러나 서양의 과학만큼은 그렇지 않다네. 발명 당시는 아주 조잡하고 허술하지만 연구가 진행될수록 더욱 깊이가 깊어지지. 증기기관을 발명한 사람은 오직 주전자 뚜껑이 증기에 의해 밀려 올라가는 이치를 깨달았을 뿐이고, 전기를 발명한 자도 죽은 개구리의 다리가 움직이는 이치를 깨달았을 뿐이네. 그런데 그 후 사람들이 계속 연구하면서 각종 기계를 만들어내 이를 다양한 용도에 이용했지. 처음에 증기나 전기를 발명해낸 사람들은 결코 예상치 못했던 일이지.

서양의 과학을 보면 후대 사람들이 앞사람을 추월하고 제자가 스승을 앞지르는 일이 태반일세. 나의 후흑학도 서양의 과학과 마찬가지라네. 나는 오직 주전자 뚜껑이 증기에 밀려 올라가거나 죽은 개구리의 다리가 움직이는 따위의 이치를 조금씩 언급할 뿐이고 후세 사람들이 더 많은 연구를 해주기 바라네.

이런 뜻에서 내 재능이 제자들에게 못 미치는 것은 당연한 것이고, 내가 손해를 본다거나 패배를 당하는 것도 당연지사이지. 그러나 장차 그들이 다시 학생들에게 전수할 때는 그들 자신도 역시 제자들에게 당하겠지. 뒷세대가 앞세대를 앞지르는 일이 계속될수록 후흑학은 당연히 크게 번성하고 길이 빛나게 될 것일세."

또 어떤 이가 물었다.

"당신은 후흑학을 그처럼 신묘하게 얘기하는데 왜 우리는 정작 당신이 엄청난 일을 해내는 것을 볼 수가 없는 거요?"

나는 이같이 대답했다.

"내가 한 번 물어보겠네. 그래 우리 공자는 도대체 과연 얼마나 대단한 일을 해내셨나? 그가 말한 소위 나라를 위한 정치라는 것이 큰 제후의 나라를 다스리는 데에 도대체 몇 가지나 실행이 되었나? 증자는 『대학』을 저술해 주로 치국평천하를 말했는데 그가 다스리고자 한 나라는 어디에 있고 평정코자 한 천하는 어디에 있는 것인가?

자사는 『중용』을 저술해 '중화위육中和位育'(치우침이 없는 중화단계에 이르면 천지가 제자리를 찾고 만물이 육성됨)이라고 말했는데 도대체 그런 게 사실상 어디에 있나? 당신은 이를 그들에게 물어보지 않고 도리어 나에게 묻는군. 현명한 스승은 만나기 힘들고 최상의 도 역시 듣기가 어렵지. 당신은 더 이상 심오할 수 없는 묘법을 듣고도 천만 겁의 세월이 지나도 한 번 만나기 힘든 법인데 오히려 회의를 품으니 스스로 일을 망치는 길을 벗어나기 어려울 걸세."

1911년 내가 후흑학을 발표했을 때 라羅 씨 성을 가진 친구를 만났다. 어느 지방 현의 지사를 하다가 방금 돌아왔는데 자신이 재임기간 중 어떤 공적을 세웠는지를 열거하며 대단히 흐뭇해했다. 그러나 무슨 일로 실수를 하여 관직을 박탈당하고 지금까지 사건이 해결되지 않고 있다고 말하면서 낙담하는 모습을 보여주었다.

다음 화제가 후흑학에 이르자 나는 처음부터 끝까지 후흑학에 관해 소상히 말해주었고, 그는 흥미진진하게 들었다. 나는 그가 거의 넋을 잃고 듣고 있는 틈을 타서 갑자기 벌떡 일어나 탁자를 한 번 내리치면서 외쳤다.

"이보게, 자네는 평생 일하는 동안 성공도 하고 실패도 하지 않았나. 도대체 자네가 성공한 원인은 어디에 있고 실패한 원인은 어디에 있나. 결국 후흑이라는 두 글자를 떠나서 생각할 수 있는가? 빨리 말해 보게나. 어서, 어디 말 좀 해보시게."

그는 내 말을 듣더니 마치 우레 소리라도 들은 듯 일시 멍하니 있다가 곧 탄식조로 말했다.

"참으로 후흑이라는 두 글자를 떠날 수가 없군!"

라 씨 성을 가진 이 친구는 마침내 깨달았던 모양이다. 내가 후흑학을 발표할 때 사용한 별호가 '독존獨尊'이다. 이는 '천상천하 유아독존天上天下 唯我獨尊'이라는 말에서 따온 것이다. 친구에게 편지를 쓸 때도 역시 이 별호를 사용했는데 후에 다시 '촉추蜀酋'로 바꿨다. 그러자 어떤 사람이 물었다.

"촉추가 무슨 뜻입니까?"

나는 이렇게 대답했다.

"내가 후흑학을 발표하자 어떤 이가 나보고 미쳤다고 하면서 정상적인 궤도를 이탈했으니 정신병원에 가지 않으면 안 된다고 주장하더군. 그래서 나는 그러면 내가 촉 땅의 죄수가 되면 안 되겠냐고 반문했지. 이로 인해 별호를 촉추라고 한 걸세."[55]

내가 후흑학을 발표한 후에 많은 사람들이 신봉하게 됨에 따라 사천지방은 하나의 후흑국으로 바뀌게 되었다. 그러자 어떤 이가 이같이 말했다.

"사천성 안의 어느 수령도 당신에게 종속되지 않은 이가 없더군."

나는 이같이 내꾸했다.

"그렇다면 내가 촉 땅의 우두머리가 되겠네!"

이 때문에 별호를 '촉추'라고 지은 것이다. 이는 내가 후흑학을 강의하면서 학통을 직접 전수시켜 줄 만한 문하생을 얻게 된 것과도 관련이 있다. 응당 옷과 바리때를 전해주어야 하겠지만 내 생활이 집집마다 다니

55. 중국어로 촉(蜀 : 사천성의 별칭) 땅의 추장을 뜻하는 촉추(蜀酋)는 촉 땅의 죄수를 뜻하는 촉수(蜀囚)와 발음과 성조 면에서 '수치유(shǔ qiú)'로 완전히 동일하다.

면서 문전걸식하는 처지라서 사발은 내가 사용하기 위해 남겨두고 내 개가죽 저고리만 벗어 그에게 입혀주었다. 때문에 독존의 독獨자에서 개견犭변을 없애 촉蜀자가 되었다.

내게는 수준 높은 소위 '고족제자高足弟子'가 많다. 그래서 고족제자의 다리足는 한 장이나 될 정도로 긴 데 반해 스승의 다리는 한 치밖에 안 될 정도로 짧다. 그래서 존尊자에서 마디 촌寸자를 없애 추酋자가 된 것이다. 이런 이유로 나는 '촉추'라고 불릴 수밖에 없었다.

내가 후흑학을 발표하자 일반 사람들이 이를 읽고는 이같이 말한 적이 있다.

"당신의 학문은 폭이 넓고 심오해 마치 『대학』, 『중용』을 읽는 것처럼 책을 읽고도 도무지 무슨 내용인지 갈피를 잡을 수가 없소. 우리같이 우둔한 중생을 위해 지침을 내려주고 실용적인 방법을 좀 전수해 주어야 우리가 그나마 겨우 따라갈 수 있을 것 같소."

그래서 나는 그들에게 물었다.

"그대들은 무엇을 하고 싶소?"

그들이 답했다.

"관직을 얻고 대단한 일을 해 사람들에게 모두 위대한 정치가로 인정받고 싶소."

나는 즉시 그들에게 관직을 구하는 여섯 가지 비결인 '구관6자진언求官六字眞言'과 관직 유지의 여섯 가지 비결인 '주관6자진언做官六字眞言', 공무처리의 두 가지 비결인 '판사2묘법辦事二妙法' 등을 전해주었다.

1. 구관6자진언(求官六字眞言)[56]

구관6자진언은 쿵空 · 꿍貢 · 충沖 · 펑捧 · 쿵恐 · 쑹送의 6자이다.

1) 쿵(空)

이는 곧 한가하다는 뜻이다. 두 가지로 나눠볼 수 있다. 하나는 일을 두고 말하는 것으로 관직을 구하는 자는 모든 일에서 손을 떼라는 말이다. 물건도 만들지 말고 장사도 하지 말고 농사도 짓지 않을 뿐더러 책도 읽지 말고 학문을 가르치지도 말라는 것이다. 오직 관직을 구하는 데에만 전념해야 한다. 또 하나는 시간을 두고 말하는 것으로 관직을 구하는 자는 인내심을 갖고 조급하게 서둘러서는 안 된다. 오늘 효과가 없으면 내일이 오고 금년에 이루지 못하면 내년이 또 온다는 사실을 알아야만 한다.

2) 꿍(貢)

이 글자는 차용해 온 것으로 사천지방의 속어이다. 그 뜻은 권세에 빌붙는다는 표준어 '쭈안잉鑽營'의 '쭈안鑽' 자와 같기 때문에 '들락날락거리며 아첨한다'는 뜻을 지닌 '쭈안진쭈안추鑽進鑽出'라는 말은 곧 '꿍진꿍추貢進貢出'라고 하는 것과 같다. 관직을 구하려면 권세에 빌붙어야

56. 이는 관직을 얻기 위한 6가지 요령이라는 뜻이다.

한다는 것쯤은 모든 사람들이 알고 있다. 그러나 그 정의를 내리기는 쉽지 않다. 이를 두고 어떤 사람이 이같이 말했다.

"꽁貢자의 정의는 구멍이 있으면 반드시 비집고 들어가야 한다는 것이다."

내가 반문했다.

"틀렸소. 단지 절반만 언급했을 뿐이오. 만일 구멍이 있어야 겨우 비집고 들어갈 수 있다면 구멍이 없을 경우는 어쩔 도리가 없다는 말인가?"

이에 대해 내가 내린 정의는 다음과 같다.

"구멍이 있으면 반드시 비집고 들어가고, 구멍이 없으면 뚫어서라도 들어가야 한다. 구멍이 있는 자는 그것을 확대하고 구멍이 없는 자는 송곳을 꺼내 새로 구멍을 뚫어야 하는 법이다."

3) 충(沖)

보통 '허풍떤다'는 의미의 '취이뉴吹牛'를 뜻하는데 사천지방 말로는 '충마오커즈沖帽殼子'라고 한다. 허풍떠는 재주는 두 종류가 있다. 말재주로 하는 것과 글재주로 하는 것이 그것이다. 말로 하는 것은 다시 일반적인 장소에서 하는 것과 상관 앞에서 하는 것으로 구별된다. 글로 할 때도 신문과 잡지를 이용할 때와 편지나 진술서를 이용할 경우로 나뉜다.

4) 펑(捧)

펑은 무대의 배우에게 갈채를 보낸다는 뜻의 '펑창捧場'의 '펑'이다. 『삼국연의』를 다룬 경극京劇에서 조조가 나타날 때 화흠華歆이 보여주는 거동이 가장 좋은 예이다.[57]

5) 쿵(恐)

이 글자는 공갈 협박한다는 뜻의 타동사이다. 이 글자의 이치는 아주 심오하기 때문에 몇 마디 늘어놓고자 한다. 관직이란 것이 그 얼마나 귀중한 것인데 어찌 쉽사리 다른 사람에게 줄 수 있겠는가? 어떤 사람은 남을 치켜올리는 짓을 수십만 번이나 해도 아무 소용이 없다. 바로 공갈 협박하는 수완이 부족하기 때문이다.

어느 공직에 있는 사람이건 모두 약점을 갖고 있다. 그의 급소를 찾아 가볍게 찌르기만 해도 질겁하며 당장 관직을 내줄 것이다. 후흑학을 배우는 자는 반드시 공갈 협박과 아첨을 함께 병행할 줄 알아야 한다. 공갈 협박을 잘하는 자는 상대방을 치켜올리면서 은근히 위협을 가한다. 옆 사람이 볼 때 그가 상관 앞에서 하는 말은 구구절절이 아첨하는 소리 같지만 사실은 암암리에 급소를 찌르기 때문에 상관은 그 말을 들을 때 등에서 식은땀이 나기 마련이다.

아첨을 잘하는 자는 상관을 공갈 협박하는 가운데 치켜세운다. 옆사람이 보기에 그가 오만하게 도끼눈을 부릅뜨고 하는 말이 상관을 멋하는 것처럼 들리지만 오히려 당하는 쪽은 뼈마디가 늘어질 정도로 기뻐하며

57. 경극에서 화흠은 아부하는 모습으로 나온다. 그러나 화흠은 진수의 『삼국지』에 따르면 위태조(조조) 때 순욱의 뒤를 이어 상서령이 된 이후 문제(조비)와 명제(조예)를 섬기면서 3대에 걸쳐 위나라의 사직지신(社稷之臣)으로 활약한 매우 근검하고 충직하기 그지없는 인물이다. 경극이 나관중의 『삼국연의』에 기초해 유비를 정통으로 삼고 조조를 천하의 간웅으로 묘사하고 있는 만큼 화흠 역시 조조에 아부하는 인물로 묘사된 것이다. 우리나라의 판소리 '적벽가'에서 조조가 천하의 간웅으로 묘사된 것과 맥을 같이 한다.

편안해한다.

"이같이 미묘한 이치를 깨우치는 것은 바로 자신에게 달려 있다."

"훌륭한 목수일지라도 다른 사람에게 연장을 빌려줄 수는 있어도 자신의 기술을 터득하게 해줄 수는 없다."

관직을 구하는 사람은 이 말들을 깊이 명심해야 한다. 가장 중요한 것은 공갈 협박을 할 때 적당히 해야 한다는 것이다. 만약 도가 지나치면 어르신이 수치심을 느낀 나머지 분개하여 맞서고 나설 테니 어찌 관직을 구하려는 취지와 어긋나지 않겠는가? 무엇 때문에 이런 고생을 하는 것인가? 부득이한 경우가 아니고서는 절대 공갈 협박을 가벼이 사용해서는 안 된다.

6) 쑹(送)

이는 뇌물을 주는 것인데 크고 작은 두 가지로 나눌 수 있다. 크게는 현찰이나 수표뭉치를 보내는 것을 뜻하고, 작게는 식사를 대접하거나 요릿집에서 한턱 내는 것 등을 말한다. 뇌물을 받은 쪽은 두 부류로 나눌 수 있다. 하나는 자신에 대한 임면권을 쥐고 있는 자이고, 다른 하나는 임면권을 쥐고 있지는 않지만 자신에게 도움을 줄 수 있는 자이다.

이상의 여섯 가지를 실행한다면 틀림없이 특이한 효력을 볼 것이다. 상대방 고관은 혼자 골똘히 생각하면서 이같이 자문자답할 것이다.

"그 자는 관리가 되고 싶다고 여러 차례 부탁했고(이는 쿵의 효력이다) 나와 이러저러한 관계가 있고(이는 꿍의 효력이다) 상당히 쓸모도 있으며(이는 충의 효력이다) 나에게 무척 공손하고 겸손하다(이는 펑의 효력이다). 거기다 그 사람은 그렇게 보여도 일면 방심할 수 없는데, 만약 관직을 배정해 내 편으로 끌어당겨 놓지 않는다면 나중에 성가시게 된다(이는 쿵의 효력이다)."

그렇게 중얼대다 고개를 돌려 선반 위에 수북이 쌓인 선물꾸러미를 보게 된다(이는 쑹의 효력이다). 할 말이 없어진 그는 즉시 붓을 들고 아무개에 대한 임명장을 써내려 갈 것이다. 일이 이렇게 되면 관직을 구하는 일이 원만하게 해결되었다고 할 만하다. 부임 즉시 '주관6자진언'을 그대로 실행토록 하라.

2. 주관6자진언(做官六字眞言)[58]

주관6자진언은 쿵空 · 꿍恭 · 뺑綳 · 숑兇 · 룽聾 · 눙弄의 6자이다. 그 뜻은 다음과 같다.

1) 쿵(空)

이는 내용이 없다는 뜻으로 우선 서면상으로 나타난다. 대체로 상급관청에서 하급관청의 신청에 대해 회신하는 공문서들은 하나같이 내용이 없으면서도 그 속에 묘한 뜻을 담고 있다. 자세히 말하기는 어려우나 군정軍政의 각 기관을 예로 들어 말하자면 서류를 끝까지 읽어내려 가야만 비로소 그 내용을 알아차릴 수 있는 것에 비유할 수 있다.

58. 이는 관리로서 지켜야 할 6가지 요령이라는 뜻이다.

다음으로는 일 처리에서 나타난다. 제멋대로 일 처리를 하는 것은 상관 없지만 외관만큼은 그야말로 엄격하고도 신속하게 처리하는 듯한 모습을 보여주지 않으면 안 된다. 동시에 반드시 한쪽으로 빠져나갈 구멍을 마련해 놓지 않으면 안 된다. 만약 상황이 불리하다고 여겨지면 그 길로 도망가면 되기 때문에 절대로 붙잡힐까 염려할 필요가 없다.

2) 꿍(恭)

이는 마치 관절이 없는 인간인 양 비굴할 정도로 아첨하고 상관의 비위를 맞추기 위해 헤헤거리는 것을 말한다. 여기에는 직접·간접의 두 가지 종류가 있다. 직접적인 방법은 상관에게 직접 하는 것을 말하고 간접적인 방법은 상관의 친척과 친구, 고용인 및 첩 등과 같이 상관의 주위 사람들에게 하는 것을 말한다.

3) 뻥(繃)

이는 속어에서 '뻣뻣하게 군다'는 뜻으로 쓰이는 것으로 꿍恭과 대비되는 말이다. 아랫사람과 백성들을 대하는 태도를 말하는데 두 가지로 나눌 수 있다. 하나는 외관상 위엄을 갖춘 큰 인물이라는 인상을 풍겨 감히 범접하지 못하게 만드는 것을 말한다. 또 하나는 어투를 통해 흉중에 큰 뜻을 지닌 위대한 인물로 여기도록 만드는 것을 말한다.

밥줄을 쥐고 있는 꿍자의 아첨 대상처럼 반드시 윗사람일 필요는 없다. 마찬가지로 뻣뻣하게 대하는 뻥자의 적용 대상 역시 반드시 아랫사람과 백성들일 필요는 없다. 밥줄의 권한이 상관에게 있지 않을 때는 상관에게 뻣뻣하게 굴어도 무방하다. 때로는 아랫사람이나 백성들이 밥줄의 권한을 쥐고 있는 경우가 있으므로 그 때는 얼른 태도를 바꿔 적당히 그들의 비위를 맞춰줘야 한다. 나의 도는 원활한 것이 특징이다. 그 운용의 묘는 바로 전심전력하는 데 있다.

4) 슝(兇)

내 목적만 달성할 수 있다면 남이야 처자식을 팔아치우든 말든 상관하지 않는 것이다. 그러나 반드시 주의해야 할 점이 있다. 그것은 반드시 인의도덕의 탈을 뒤집어 써야 한다는 것이다.

5) 룽(聾)

이는 귀먹은 듯이 처신하라는 말이다.

"비웃고 욕하려거든 마음대로 하라. 그러나 좋은 자리는 모두 내 것이다."

다만 룽자에는 장님의 뜻도 포함되어 있으므로 남이 헐뜯고 비방하는 글을 쓰더라도 눈 감고 못 본 체하는 자세가 필요하다.

6) 눙(弄)

이 글자는 돈을 주무른다는 의미를 지닌 '눙치엔弄錢'의 '눙'자이다. 이는 천리나 떨어진 먼 곳에서 용이 찾아와 이곳에 혈穴을 정하는 것에 비유할 수 있다. 앞에서 언급한 11가지 요령은 모두 '눙'자를 위해 준비한 것이다.

'눙'자는 뇌물을 주는 구관6자진언의 '쑹'자와 대조되는 것으로 양자는 합해 사용해야만 한다. 이 '능' 자는 매우 세심한 주의를 요한다. '능' 자가 공무집행 과정에 제대로 통해야만 성공할 수 있다. 제대로 통하지 않을 경우에는 다시 어느 정도의 투자를 계속해야 하며, 그렇게 해도 절대로 헛되지 않다. 성공만 하면 그 정도의 투자는 얼마든지 회수할 수 있고 또 그렇게 하는 것을 사양할 필요도 없다.

구관6자진언과 주관6자진언 등 12가지 사항은 내가 큰 줄거리만 언급한 것에 불과하다. 더욱 많은 정밀한 이치들이 모두 설명되지는 않았지만 관직에 뜻을 둔 자들은 이 경로를 따라 스스로 연구하여 그 이치를 잘 활용해 주길 바란다.

3. 판사2묘법(辦事二妙法)[59]

1) 거전법(鋸箭法)

어떤 사람이 화살을 맞고 외과에 들러 치료를 부탁하자 외과의사는 화살대만 톱으로 잘라내고 곧 치료비를 요구했다. 의사에게 왜 화살촉을 뽑아내지 않느냐고 묻자 의사가 이같이 말했다.

"그것은 내과의 일이오. 화살촉은 내과를 찾아가 뽑아달라고 하는 것이 맞소."

59. 이는 관리로서 공무를 처리하는 두 가지 요령이라는 뜻이다.

이 얘기는 대대로 전해 내려오는 고사의 한 토막이다. 현재 중국의 각급 정부기관 등에서 일 처리하는 것을 보면 대략 이와 같다. 비근한 예로 공문서의 서식을 보면 이를 쉽게 확인할 수 있다.

"보고된 문서의 내용에 따르면 그 사안은 보통 기준에 어긋난 게 아니다. 해당 현의 지사에게 명령해 명확히 조사한 뒤 엄히 처리토록 하겠다."

기준에 심히 어긋난다는 '불합이극不合已極'이라는 이 네 글자는 바로 화살대를 말한다. '해당 현의 지사'는 바로 내과이다. 또한 흔히 '상사에게 올린 뒤 처분을 기다리겠다'고 하는 문구에 나오는 '상봉上峰' 역시 내과이다. 어떤 사람이 나에게 사건 처리를 부탁할 경우 나는 이렇게 말한다.

"그런 일이라면 내가 발 벗고 나서고 싶지만 좀 더 다른 사람과 상의할 필요가 있네."

발 벗고 나서겠다는 뜻의 '흔찬성很贊成'이라는 세 글자는 곧 화살대를 말한다. 다른 사람은 곧 내과를 의미하는 것이다. 또 어떤 사람은 이 경우 이같이 말할 것이다.

"어떤 부분은 내가 처리해 줄 테니 나머지는 이후 다시 논의합시다."

우선 처리한다는 뜻의 '선판先辦'은 화살대를 톱으로 자르는 것을 뜻한다. 이후는 곧 내과를 의미한다. 이 밖에도 화살대를 톱으로 자른 뒤 내과를 찾아가라는 얘기를 해주지 않거나 아예 화살대조차 잘라주지 않고 내과를 찾아가라고 호통을 치는 등 여러 유형이 있다. 자세히 살펴보면 자연히 깨닫게 될 것이다.

2) 고과법(敲鍋法)[60]

밥을 짓는 데 없어서는 안 될 솥에서 물이 샐 정도가 되면 땜장이를 불러 수선해 줄 것을 부탁하곤 한다. 이 경우 땜장이는 쇳조각으로 솥 밑에 눌러붙은 그을음을 벗겨내면서 주인에게 이같이 말한다.

"미안하지만 아궁이에 불 좀 지피게 땔감 좀 갖다 주시오."

땜장이는 주인이 땔감을 찾으러 간 사이 망치로 솥의 갈라진 부분을 몇 번 가볍게 두드려 깨진 틈을 더 벌려놓는다. 땜장이는 주인이 오면 더욱 커져버린 깨진 틈을 가리키면서 이같이 말한다.

"이 솥은 금이 보통 많이 간 것이 아니오. 솥 위에 기름때 때문에 보이지 않았을 뿐이지 내가 이렇게 그을음을 벗겨내니까 훤히 드러나지 않소. 여러 못으로 땜질하지 않으면 솥을 쓸 수가 없겠소."

주인은 솥 안으로 고개를 들이밀어 자세히 살핀 뒤 놀란 목소리로 이같이 말한다.

"정말 그렇군요. 오늘 선생을 만나지 못했으면 이 솥을 다시는 쓸 수 없을 뻔했소."

땜질이 끝나자 주인과 땜장이는 모두 기쁜 마음으로 악수를 나눴다.

춘추전국시대 초기에 정장공鄭莊公이 공숙共叔 단段의 불의한 짓을 짐짓 모른 체하다가 마침내 군대를 일으켜 토벌한 것도 바로 고과법을 쓴 것이다.[61] 역사상 이런 일은 대단히 많다. 이를 두고 어떤 이는 이같이 분

60. 판본에 따라 '고과법'을 '보과법(補鍋法)'으로 표현해 놓기도 했다. 이종오 자신이 이를 혼용해 사용한 까닭이다. 전체적인 내용으로 보아 '고과법'으로 표현하는 것이 이종오가 말하고자 하는 취지에 가깝다.

석했다.

"중국의 역대 개혁은 대개의 경우 좋은 살코기를 먼저 베어둔 뒤 상황이 극도로 악화될 때를 기다려 비로소 치료하기 시작하는 방법을 취했다."

이는 중국의 역대 개혁가들이 모두 고과법을 썼음을 지적한 것이다. 청나라의 경우는 대부분 거전법을 썼다. 공화국 초기에는 거전법과 고과법이 병용되었다.

이상 두 가지 묘법은 일을 처리하는 일종의 대원칙이다. 동서고금을 막론하고 이 원칙에 맞으면 성공하고 틀릴 경우는 실패한다. 관중管仲은 중국의 대정치가이다.[62] 그는 일을 처리할 때 이 두 가지 방법을 모두 사용했다. 북방의 오랑캐가 위衛나라를 공격하자 그는 군대를 동원하고도 움직이지 않다가 위나라가 멸망한 뒤에야 '망한 나라를 일으켜 세우고 끊어진 후사를 잇는다'는 의미의 '흥멸국계절세興滅國繼絶世'의 기치를 내걸었다.[63]

이는 말할 것도 없이 처음에는 쌍방이 싸우도록 내버려 두었다가 어느 한쪽이 지기를 기다린 뒤 거병하여 명분과 실리를 모두 얻겠다는 심산

61. 정장공은 춘추시대 초기에 사실상의 패업을 이룬 인물이다. 다만 부하가 주나라 왕에게 화살을 쏜 불경스런 일로 인해 후대에 '패자'로 존숭받지 못했다. 공숙단은 정장공의 친동생으로 모후인 무강(武姜)의 총애를 빌미로 보위를 노리다가 토벌당해 쫓겨났다. '공숙'은 공성(共城)을 식읍으로 삼은 데서 나온 말이다.

62. 관중은 제환공(齊桓公)을 도와 사상 최초의 패업을 이룬 인물로 『관자』를 저술한 당대 최고의 사상가이자 정치가였다. '관포지교'는 그와 포숙아의 돈독한 우정에서 나온 성어이다.

63. 이 부분에 대해서는 판본에 따라 '거멸국계절사(擧滅國繼絶死)'(한문원본) 또는 '흥멸국계절세(興滅國繼絶世)'(백화문 번역본) 등으로 표현하고 있으나 양쪽 모두 잘못이다. 관중의 패업은 『순자』에 나와 있듯이 '존망국계절세(存亡國繼絶世)'로 해석하는 것이 옳다.

에서 나온 것이다. 이 사례가 바로 고과법의 전형이라고 할 수 있다.

소릉召陵에서 맹약을 할 때 관중은 초나라의 성왕成王이 왕호王號를 참칭한 것을 탓하지 않고 천자의 제사 때 사용하는 초나라의 특산물인 포모包茅를 바치지 않은 것만을 탓했다. 이것은 바로 거전법을 적용한 실례이다. 당시 초나라의 군사력은 관중의 제나라보다 훨씬 강했다. 그럼에도 관중은 제환공齊桓公에게 군사를 일으켜 초나라를 칠 것을 권유했다. 관중은 초나라를 치기 위해 제후의 연합군을 이끌고 나아갔다. 이는 솥을 두르려 깨진 틈을 벌려놓은 뒤 수리에 나서는 것에 해당한다.

그러나 초나라가 의외로 강력 반발하는 모습을 보이자 관중은 즉시 태도를 바꿔 화살대를 자르는 거전법을 구사했다. 그는 최초에는 고과법을 쓰다가 상황이 여의치 않자 거전법으로 사태를 마무리지은 것이다. 관중은 솥의 깨진 틈을 벌려놓고도 이를 능히 땜질할 수 있었기 때문에 천하의 기재奇才로 불리는 것이다.[64]

명나라 말엽 반란군의 괴수 이자성은 관군에게 포위당해 위기에 처한 적이 있었다. 당시 명나라 조정 대신들은 고의로 이자성이 도망갈 수 있는 퇴로를 만들어 주었다. 이는 말할 것도 없이 고과법을 쓰기 위한 사전작업이었다. 그러나 명나라는 이후 그를 제압하지 못해 나라가 망하고 황제는 목을 매는 지경에 이르게 되었다. 당시 조정 대신들은 솥의 틈새를 벌여놓은 뒤 땜질을 하려다가 엉뚱하게도 솥을 깨뜨리는 바람에 만세토록 '나라를 망친 용렬한 신하'라는 의미의 '오국용신誤國庸臣'이라는

64. 이 사건은 노희공 4년(기원전 656년)에 일어난 사건으로 이 사건을 계기로 제나라는 춘추시대의 첫 번째 패국(覇國)이 되었다. 당시의 회맹을 '양곡회맹(陽谷會盟)'이라고 한다. 이 회맹에서 제환공은 초나라의 사신까지 참여한 가운데 희생(犧牲)으로 쓰인 소의 귀인 우이(牛耳)를 잡았기 때문에 춘추시대 최초의 명실상부한 패자(覇者)가 되었다.

오명을 뒤집어쓰게 되었다.

남송시대의 악비岳飛는 여진족의 금나라에게 빼앗긴 중원 땅을 회복하고 금나라에 포로로 가 있는 두 명의 이전 황제를 모셔오고 싶어했다. 그러나 그는 화살촉을 뽑아내려고 생각했기 때문에 결국 목숨을 잃는 화를 당했다. 명나라 중엽 병부상서 우겸于謙 역시 북원北元의 야센也先에게 포로가 된 영종을 데려오려고 생각했다. 그러나 그 역시 화살촉을 뽑아내려는 생각을 했기 때문에 목숨을 잃는 화를 당하고 말았다. 도대체 이는 무슨 이유인가? 두 사람 모두 고과법과 거전법의 대원칙을 어겼기 때문에 화를 당한 것이다.

남북조시대 동진東晉의 왕도王導가 재상으로 있을 당시 한 반란군의 무리가 있었다. 왕도가 반란군을 토벌하러 갈 생각을 않자 도간陶侃이 그를 나무라는 글을 보냈다. 그러자 왕도는 이런 회신을 보냈다.

"나는 숨어서 때를 기다리는 '도광양회韜光養晦'의 술책으로 당신을 기다리고 있었소!"

도간은 이 편지를 보고 크게 웃으며 이같이 말했다.

"왕도는 때를 기다리며 도적을 기르고 있다."

왕도가 때를 기다리며 도적을 기다렸다고 한 것은 화살촉을 뽑아낼 내과의사가 나타나길 고대하고 있었다는 취지에서 나온 것이다.

한 번은 여러 대신들을 비롯한 명사들이 장강 연변의 정자인 신정新亭에 나와 잔치를 벌이다가 오랑캐에게 빼앗긴 중원 땅을 바라보면서 눈물을 흘렸다. 왕도가 정색을 하며 이같이 꾸짖었다.

"지금은 황실을 위해 힘을 합쳐 중원회복에 힘써야 할 때이다. 어찌 타향에서 고향을 그리며 우는 '초수楚囚'(초나라에 붙잡힌 포로, 역경에 처한 사람을 지칭)들과 마주앉아 울고만 있을 수 있겠는가?"

그는 엄숙한 표정으로 손에 쇠못 등을 들고 깨진 솥을 땜질하러 나서는 모습을 보였다. 그러나 사실은 장쾌하기 그지없는 이 두 마디 말로 사안을 매듭지은 것이나 다름없다. 흉노족의 포로가 된 진나라의 두 황제인 회제와 민제는 끝내 살해되었고 중원은 회복되지 못함으로써 화살촉은 영원히 뽑혀지지 않았기 때문이다.

왕도의 이런 행태는 여러 점에서 관중의 그것과 닮아 있었다. 후세 사가들이 그를 두고 '강좌이오江左夷吾'(강동의 관중, 이오는 관중의 이름)로 부른 것도 이 때문이다. 독자들이 만일 내가 말한 방법대로 실행할 수 있다면 관중 이후 최고의 정치가가 될 것임을 확신한다.

제5절

결론

이상으로 후흑학 강의를 마쳤다. 내가 특별히 독자들에게 한 가지 강조하고 싶은 비결이 있다. 그것은 후흑을 발휘할 경우 겉으로는 반드시 '인의도덕'의 탈을 뒤집어쓰고 절대로 후흑의 속셈을 함부로 드러내지 말라는 것이다.

백성들의 전폭적인 지지를 얻어 신新나라를 세운 왕망王莽이 불과 15년 만에 망한 것은 후흑의 속셈을 너무 노골적으로 드러냈기 때문이다. 만일 마지막까지 이를 드러내지 않았다면 그는 공자의 묘에 '선유先儒 왕망지위'라는 위패가 모셔져 후세 사람들이 차려주는 제사상을 실컷 받아먹었을 것이다. 『한비자』「세난說難」편에 이런 구절이 있다.

"속으로는 그의 생각을 받아들일지라도 겉으로는 그를 버린다陰稱其言而顯棄其身."

무릇 후흑학을 배우는 나의 제자들은 반드시 이 요체를 체득해야만 한다. 만일 어떤 사람이 당신에게 이같이 물을 경우 어떻게 할 것인가?

"당신은 이종오를 아는가?"

이 경우 당신은 가장 엄숙한 얼굴로 그에게 이같이 말해야만 한다.

"그 사람은 극히 형편 없는 사람이오. 그는 후흑학인지 뭔지를 떠들고 다닌다는데 나는 전혀 모르는 사람이오."

그러나 비록 말은 이같이 할지라도 마음 속으로는 극히 공손한 자세로 공자의 공식위패명과 같은 '대성지성선사大成至聖先師 이종오' 라는 위패를 모시고 다녀야 한다. 이같이 할 수만 있다면 틀림없이 세상을 깜짝 놀라게 할 일을 하여 세상의 모든 사람들로부터 숭앙을 받을 것이다. 후세 사람들 역시 공자묘에 당신의 위패를 모시고 제사상을 날마다 바칠 것이다. 나는 세상 사람들이 나를 욕하는 것을 들을 때마다 오히려 매우 기분이 좋아 이같이 말하곤 한다.

"나의 도가 크게 행해지도다!"

다시 한 번 강조하거니와 나의 이런 경구는 반드시 명심해야만 한다.

"후흑의 겉에는 반드시 인의도덕의 탈을 뒤집어써야 한다!"

이는 도학 선생을 만났을 경우를 가정한 말이다. 만일 당신마저 이성문제를 의논하고 싶어하는 친구를 만나 그에게 인의도덕을 강론하면 이 얼마나 따분한 일이 아니겠는가? 이 때는 응당 '연애는 신성하다' 라는 식으로 대답해 주어야 한다. 그래야 그가 당신을 친구라고 부르지 않겠는가?

요컨대 후흑학을 배우는 사람은 겉으로는 응당 무엇인가를 뒤집어쓰고 있어야 하지만 그것은 어떤 고정불변의 것은 아니다. 학습자는 반드시 구체적인 상황에 따라 그에 어울리는 모습으로 변신해 대세를 장악해야만 한다. 뻔뻔함과 음흉함은 상황이 아무리 바뀌어도 결코 그 본질에서 벗어나서는 안 된다. 후흑학을 배우기로 마음먹은 학습자들은 이 점을 명심해야만 한다.

02장 | 나의 성인에 대한 회의

자서

나의 성인에 대한 회의

후흑학
厚黑學

자서

나는 원래 공자의 신도였다. 어렸을 때 부친이 나에게 내려준 이름은 내가 싫어했다. 그러던 중 『예기』에 공자가 말한 대목을 보게 되었다. "유자는 금인今人과 더불어 살지만 고인古人과 함께 머무니 금세今世에 행하는 것이 후세後世에 모범이 된다." 이에 스스로 개명하여 세해世楷(후세의 모범), 자는 종유宗儒(유가사상을 근원으로 삼음)라고 했다. 이는 유교를 추종한다는 뜻을 드러낸 것이다.

광서 계묘년(1903)에 나는 부순富順에서 성도로 옮겨와 독서하면서 친구 '뇌섭雷讋'과 함께 매일 1백 리를 걸어서 학교에 다녔다. 우리 둘은 길을 걸으면서 별일이 없으면 시국에 관한 견해를 기탄 없이 나눴다. 경사서에 대해서도 깊이 토론했다. 친구는 시사문제에 대해 매우 분개하면서 내심 철로 만든 어깨로 우주를 떠안고자 했다. 이에 자신의 자字를 '철애鐵崖'로 고쳤다.

나는 유가학설에 많은 결점이 있다는 것을 알기에 내심 공자를 조종으로 삼느니 차라리 스스로를 종주로 삼느니만 못하다고 생각해 자를 '종오宗吾'로 바꿨다. 이후 나의 사상도 바뀌어서 매번 옛 사람의 책을 읽을 때마다 회의를 느끼게 되었다. 공자에 대해서만큼은 비록 사상적 독립을 선포하지는 않았으나 이미 '종오' 2자가 시사하듯이 사실 나의 사상적 독립의 기치는 이미 20여 년 전에 수립된 것이나 다름없다.

나는 24사에 나오는 일체의 시비是非는 모두 뒤집히고 어지럽게 뒤섞인 것이라는 것을 알았기에 일찍이 『후흑학』을 펴내면서 예로부터 성공한 사람은 '면후심흑'에 지나지 않는다고 말했다. 민국 원년에 성도의 신문에 이를 발표했다. 나는 요, 순, 우, 탕, 주문왕, 주무왕, 공자에 대해 크게 회의를 품고 『나의 성인에 대한 회의』 1편을 썼으나 이 글은 내가 전에 발표한 적이 없는 것이다.

나는 이 두 편의 글을 쓴 후 24사와 송·원·명·청의 학안學案(학설집)을 말끔히 청소하고 물리학 법칙을 이용해 심리학을 연구하면서 인심의 변화는 곳곳이 역학법칙에 따라 움직인다는 것을 깨달았다. 옛 사람의 사적은 물론 지금의 정치, 일상의 작은 일, 자신의 마음 속, 이화학과 수학, 중국의 고전, 서양 학설 등 모든 면에서 이를 검증하면서 이 원리가 두루 통한다는 것을 알게 되었다. 이에 나는 하나의 억설臆說(주관적인 주장)을 만들었다. 심리의 변화는 역학의 공리를 좇아 움직인다는 게 그것이다. 이것이 나 한 사람이 좁은 견해인지, 합리적인 것인지, 부득이 알게 된 것인지 등에 관해 특별히 『심리와 역학』 1편을 지었으니 독자들의 가르침을 받고자 한다.

나는 이런 억설을 응용해 지금의 법령제도에 적잖은 착오가 있음을 알게 되었다. 내가 학계에 있을 때 학제를 연구하면서 일찍이 『고시제의협의 검토』를 쓴 바 있다. 또 『학업성적 검토모임 계획』 1편을 쓰기도 했다. 이는 성도의 신문에 발표하면서 사천교육청의 심의를 거쳐 출판했다. 당시 나는 이런 억설이 아직 발표하기 전인 까닭에 글에서는 지금의 학제 문제점 등에 관해 그 이폐利弊(장단점)를 소상히 설명하는 것에 그쳤다. 내가 말하고자 하는 근본원리는 아직 구체적으로 제시되지 않았으나 제군은 그 두 편의 글과 이 『심리와 역학』편을 대조해 읽은 후 종합적인 가르침을 주면 더욱 고맙겠다. 나는 근일 『평민교육 확대계획』 1편을 써서 함께 가르침을 받고자 한다.

나는 1903년 이래 하나의 의문점을 계속 탐구해 왔다. 공맹의 도리가 이미 시대에 맞지 않는다면 진정한 도리는 결국 어디에 있는가 하는 것이다. 이 의문을 마음 속에 품고 민국 24년(1935)까지 꾸준히 탐구해 비로소 하나의 답을 찾아냈으니 참으로 우매함의 극치라 할 만하다. 나는 거듭 이 의문을 해석하는 과정에서 독자들이 올바른 길을 가르쳐 주기를 진심으로 바란다.

나는 절대 내가 옳다고 감히 말하지 않을 것이니 반박이 엄하면 엄할수록 더욱 감격해할 것이다. 만일 나의 주장이 잘못됐고 다른 사람의 말이 옳다면 나의 주장을 포기하고 그의 주장을 좇을 것이다. 제군은 가르침을 내려줄 때 신문지상에 발표하는 방식으로 해주기 바란다. 가능하면 성도의 '국민공보사' 사장 이징파 선생이나 성도의 '신사천일간사' 사장 주안상 선생을 통해 하면 더욱 좋을 것이다.

나는 전에 쓴 『후흑학』과 『나의 성인에 대한 회의』 원고를 어디에 내던져두었는지 알 길이 없다. 나는 기본취지를 써서 뒤에 부기하는 방식으로 나의 사상이 이뤄진 과정을 밝혀두었다. 무릇 매사에 파괴가 있어야 건설이 있게 마련이다. 이들 두 편의 글은 일종의 파괴에 해당한다. 그 목적은 나 스스로의 사상적 독립을 위한 것이다. 글 중에는 편향되고 과격한 논점이 제법 많다.

우리는 거듭 진리를 추구하는 과정에서 이미 죽은 옛 사람들과 쟁론을 벌일 일이 없다. 하물며 우리가 하나의 이치를 연구하는 과정에서 고인들이 제시한 무수한 자료에 전적으로 기대는 마당에 응당 고인에게 크게 감사해야 할 것이다. 그러니 입으로 바람을 불어가며 작은 허물을 찾아낼 필요는 없다. 이 두 편의 글에 드러난 잘못은 나 자신도 알고 있으니 제군이 굳이 질정하지 않을지라도 가하다.

민국 27년(1938) 1월 15일 성도에서

이세해(李世楷 : 이종오)

나의 성인에 대한 회의

세상에서 가장 이상한 일은 '성인聖人'에 관한 것이다. 하夏·은殷·주周 3대까지는 많은 성인들이 거듭 배출되어 대부분의 성인이 이 때 나왔으나 3대 이후로는 씨가 말라 단 한 명도 출현하지 않았다. 진한秦漢시대 이후 성인들을 본받고자 하는 자가 수천 수백만 명에 달해 그 수를 헤아릴 수 없을 정도였지만 결국은 한 명도 성인이 되지 못했다. 그 중 가장 뛰어난 자가 기껏 '현인賢人'의 위치에 오른 것이 고작이다.

도대체 성인이 어떻게 돼먹은 것일까? 만약 일반인들이 성인이 될 수 있는 것이라면 진한시대 이후 그렇게 많은 사람들이 열심히 공부했으니 적어도 한 명쯤은 나왔어야 옳다. 만약 될 수 없는 것이라면 우리는 무엇 때문에 매일 밤낮으로 그들의 책에 매달려 필사적으로 공부한단 말인가?

3대까지는 성인이 있는데 3대 이후로는 성인이 없다는 것이야말로 고금을 통틀어 가장 해괴한 일이 아닐 수 없다. 우리가 흔히 성인으로 칭하는 사람들은 요堯, 순舜, 우禹, 탕蕩, 문왕文王, 무왕武王, 주공周公, 공자孔子 등이다.[1] 그들을 한번 살펴보면 오직 공자 한 사람만이 평민 출신이고 나머지 성인들은 모두 개국을 한 제왕일 뿐만 아니라 후세 학파의 시조이다. 여기에서 그 사기성이 드러난다. 원래 선진先秦시대의 여러 사상가들은 제각각 자신들의 학설을 주장하면서 스스로 진리를 발견했다고 여겼다. 이들은 왕과 제후들이 자신들의 이론을 실행하기만 하면 나라를 구하고 백성들을 구할 수 있다고 확신했다.

그러나 유감스럽게도 지위가 낮으면 그 사람의 의견도 무시되기 마련이다. 아무도 그들의 주장을 믿고 따라주지 않았던 것이다. 사람들은 모두 권세를 동경하고 두려워한다. 대부분의 사람들은 권력을 쥐고 있는 자의 말에 복종한다. 이 세상에서 권세가 큰 자로는 제왕을 들 수 있다. 그중에서도 특히 나라를 세운 제왕만한 자는 없을 것이다. 게다가 그 당시의 서적들은 죽간으로 만들어졌기 때문에 책을 구해볼 수 있는 자는 아주 극소수였다.

1. 요·순·우·탕 등은 유가에서 숭배하는 고대의 성인이다. 요는 상고시대의 제왕으로 국호를 당(唐)이라 했다. 그는 왕위를 둘째 사위인 순(舜)에게 물려주었다. 순은 원래 평민 출신으로 극진한 효자로 이름이 높았다. 그는 왕위에 오른 뒤 국호를 우(虞)라 했다. 그가 다스리던 시절 홍수가 많아 곤(鯤)을 시켜 치수를 담당하게 했으나 실패했다. 순은 그 책임을 물어 곤을 사형에 처하고 그의 아들 우(禹)를 보내 치수토록 했다. 우가 치수에 성공하자 순은 왕위를 그에게 물려주었다. 우는 국호를 하(夏)라 했다. 우의 자리는 이전과 달리 그의 아들인 계(啓)가 이어받았다. 이 때부터 왕위의 부자세습이 이뤄졌다. 하나라는 걸(桀)의 시대에 이르러 폭정으로 인해 멸망하게 되었다. 당시 상(商) 땅의 제후였던 탕(湯)이 의병을 일으켜 하나라를 멸하고 은(殷)나라를 세웠다. 이것이 중국 역사상 최초로 등장한 역성혁명이었다. 은나라도 주(紂)의 시대에 이르러 폭정으로 인해 멸망하게 되었다. 당시 서방의 한 제후가 연합군을 이끌고 은나라를 멸한 뒤 주(周)나라를 세웠다. 그가 바로 주나라 건국 군주였던 무왕(武王)이다. 그는 건국 이전에 죽은 자신의 부친을 문왕(文王)으로 추숭하고 조부 이상의 조상도 추존했다. 이로 인해 문왕과 무왕은 늘 한데 합쳐 부르게 되었다. 무왕의 사후 그의 아들인 성왕(成王)이 왕위를 이었으나 나이가 어렸기 때문에 숙부인 주공(周公)이 섭정을 했다. 주공은 인정(仁政)을 베풀어 왕실을 튼튼히 하고 천하를 잘 다스렸기 때문에 훗날 공자에 의해 성인으로 떠받들어지게 되었다. 흔히 3황5제(三皇五帝)로 불리는 전설상 상고시대의 마지막 왕인 요순을 비롯해 하나라의 걸왕에 이르는 시기는 고고학적인 출토가 전혀 없어 전설시대로 분류되고 있다. 하나라의 경우는 주나라의 무왕이 자신의 역성혁명을 정당화하기 위해 가공적으로 만들어냈다는 주장이 유력하다.

새로운 학설을 발명한 자들은 모두 "나의 주장은 바로 어느 책에 씌어 있는데 그것은 나라를 세운 제왕 아무개가 전해준 것이다"라고 말했다. 예컨대 도가는 황제黃帝에게 의존했다.[2] 이에 대해 묵가는 우禹임금에게 의존했다.[3] 농경을 병행하자고 제창한 자는 신농神農에게 의탁했다.[4] 본초학을 저술한 자도 신농에게 의존했다.[5] 병서를 저술한 자는 황제에게

2. '황제(黃帝)'는 중국인들이 전설적인 시조로 숭앙하는 인물이다. 이는 한국인들이 단군을 떠받드는 것과 같다. 전설에 따르면 그는 동이족의 우두머리인 치우(蚩尤)와의 싸움에서 승리해 중원의 패자가 되었다고 한다. 그는 여러 현인들을 지도해 역법과 문자, 음악, 산술, 의술 등을 창조하고 양잠과 의복, 궁실 등을 만들었다고 한다. 황제는 흔히 3황5제 중 5제로 불리는 소호(少昊), 전욱(顓頊), 제곡(帝嚳), 요(堯), 순(舜) 중 소호 대신에 삽입된 인물이다. 이는 전적으로 사마천에 의한 것이다. 사마천은 『사기』의 맨 첫머리에 '황제본기'를 둠으로써 '황제'를 중국인들의 시조로 새롭게 만들어냈다. 중국인들의 강한 민족의식은 사마천의 『사기』를 계기로 확립되었다고 해도 과언이 아니다. 이는 우리 민족이 고려조에 들어와서야 일연선사의 『삼국유사』 및 이승휴의 『제왕운기』 등을 통해 단군을 민족 고유의 조상으로 인식하게 된 것과 무려 1천여 년 이상의 차이가 있는 것이다. 김부식의 『삼국사기』는 '신라본기'로부터 시작하고 있다.
3. 묵가는 겸애(兼愛)를 내세우며 전국시대에 유가를 압도할 정도로 유행했던 제자백가 중 한 학파였다. 이들은 현대 가톨릭의 수도원 등과 같이 인류 전체에 대한 박애와 침략 반대, 최저의 생활 등을 내세우며 거대한 집단생활을 유지했다. 이들이 온갖 비난을 무릅쓰고 정강이의 털이 빠질 정도로 치수에 힘썼던 우(禹)를 숭배한 것은 당연한 일이었을 것이다.
4. 신농씨는 전설적인 3황의 한 사람이다. 3황은 천황(天皇), 지황(地皇), 인황(人皇) 또는 수인(燧人), 복희(伏羲), 신농(神農) 등 여러 이설이 있다. 사마천이 3황의 한 사람으로 거론되기도 한 황제(黃帝)를 실존인물인 양 규정하고 나선 것은 강한 민족의식의 발로로 볼 수 있다. 일본인들이 『일본서기』에서 아마테라스 오오미카미(天照大神)를 자신들의 조상으로 삼은 것도 사마천이 '황제'를 중국인의 조상으로 삼은 것을 흉내낸 것으로 보인다.
5. 『본초경』은 한방의 약재를 설명한 책으로 대대로 증보·수정되어 후세에 전해진 책이다. 가장 오래된 것이 전설상의 신농씨가 저술한 『본초경』이라고 하나 이는 한나라 초기 어간에 나온 위서(僞書)이다.

의존했다.[6]

이 외에도 제자백가의 기타 기술과 각종 발명 중 건국 제왕들에게 의존하지 않은 것이 하나도 없다. 공자 역시 바로 그 기간에 태어났기 때문에 예외가 아니다. 그가 의존했던 사람은 더욱 많았다. 요, 순, 우, 탕, 문왕, 무왕 이외에도 노나라를 세운 주공 등이 있었다. 공자는 성인을 집대성한 사람이라고 할 수 있다.

선진시대의 제자백가들은 각자 이런 방법으로 훌륭한 말과 덕행 등을 예로 들면서 고대 제왕들을 끌어들였다. 이에 따라 고대 제왕들은 모두 가만히 앉아서 남이 이뤄준 명성을 누리며 후세 학파의 시조가 되었다. 선진시대의 제자들은 각자 자신들의 학설을 발표한 뒤 문하생들을 모아놓고 강의를 했는데, 각각의 문하생들은 모두 자신들의 스승이 성인이라고 주장했다.

본래 성인이라는 두 글자는 예전에는 그다지 고귀한 것이 아니었다. 『장자』「천하」편에는 성인 위에 다시 천인天人과 신인神人, 지인至人 등의 명칭이 나온다. 성인은 네 번째 등급에 불과할 뿐이다. 성聖자의 뜻은 본래 단지 듣는 대로 다 알고 통달하지 않은 것이 없다는 의미를 지닌 것에 불과하다. 따라서 총명하고 이치에 밝은 사람은 모두 성인으로 불릴 수 있는 것이다. 이는 예전에 짐朕자를 일반 사람들이 모두 1인칭으로 사용

6. 중국인들에게 전설상의 조상인 '황제'가 위대한 인물로 숭앙되는 가장 큰 이유는 바로 동이족의 조상으로 간주된 '치우'를 물리쳤기 때문이다. 수천 년 동안 동이족 및 북방 유목민에게 시달림을 받은 역사를 가지고 있는 중국인들에게 전쟁의 영웅으로까지 숭배된 '치우'를 물리친 '황제'는 자신들의 조상으로 모시기에 가장 적당한 인물이었을 것으로 짐작된다. 사마천도 이런 의도를 가지고 '황제'를 중국인의 조상으로 창출해냈을 공산이 크다. '황제'와 '치우'의 싸움은 신화학 및 고고학의 관점에서 볼 때 상고시대에 중원의 패자는 동이족이었음을 시사하고 있다.

할 수 있었던 것과 마찬가지이다.[7]

그러나 이후에 '짐朕'과 '성聖'자를 제왕이 사용하는 전용어로 정하고 일반 백성들의 사용을 금하게 되자 두 글자가 고귀해지기 시작했다. 공자의 제자는 공자를 성인이라 하고, 맹자의 제자는 맹자를 성인이라고 부른다. 노자와 장자, 양자, 묵자 등도 원래는 일반 사람들로부터 성인으로 불렸다. 그러다가 한나라 무제武帝 때에 이르러 유가의 6경만을 드높이고 기타 제자백가들은 배척되는 일이 일어났다.[8] 선진시대의 제자백가 가운데 공자 한 사람만을 선택해 성인으로 인정하고 다른 이들의 성인 칭호는 일제히 박탈해 버렸던 것이다.

공자는 곧 황은을 입은 성인으로 추앙되었다. 공자가 성인이 된 이상 그가 우러러 받든 요, 순, 우, 탕, 문왕, 무왕, 주공 등도 당연히 성인이 되었다. 중국의 성인 중 오직 공자 한 사람만이 평민이고 나머지 사람들 모두 나라를 세운 제왕이 된 이유가 바로 여기에 있다.

7. 고대시대에 사용된 '짐(朕)'은 현대 중국어의 1인칭인 '아(我)'와 같은 뜻으로 쓰인 말이었다는 데 이견이 없는 상황이다. '짐'자는 파자(破字) 풀이를 하면 몸을 뜻하는 '육(月)'과 사람 '인(人)', 하늘 '천(天)'으로 구성되어 있다. 이는 하늘의 뜻이 육화(肉化)되어 나타난 인물로 해석될 여지가 많다. 천자(天子)의 의미로 사용되던 '왕(王)' 대신 지존무상의 호칭으로 '황제(皇帝)'라는 용어를 만들어냈던 진시황의 주변 인물들이 이런 글자의 사용을 방치했을 리가 없다. 진시황의 천하통일 이후 일반인들은 물론 제후조차 이를 사용하는 것이 금지된 것도 이런 파자 풀이와 무관한 것이 아니었을 듯싶다.
8. 한무제는 동중서의 건의를 받아들여 유가사상을 제국의 유일한 통치사상으로 선포하기에 이른다. 이를 '독존유술(獨尊儒術)'이라고 한다. 그러나 한나라 황실은 비록 유가사상을 표면적인 통치사상으로 내세우기는 했으나 내부적으로는 법가사상을 혼용하는 소위 '유법잡용(儒法雜用)'의 전통을 이어나갔다. 이후 역대 왕조 모두 이런 전통에서 결코 벗어나지 않았다. 성리학을 내세운 조선조가 왜란과 호란을 잇달아 당한 후에도 당쟁을 거듭하며 국력을 극도로 소진시킨 것도 이런 이치를 간과한 사실과 무관치 않을 것이다.

선진시대의 여러 사상가들이 자신의 학설을 고대 제왕에게 의존한 것은 부득이한 일이었다. 남북조시대에 장천간張天簡이라는 사람이 있었다.[9] 그는 자신의 글을 우눌虞訥에게 보여주었다가 심하게 비판만 당했다. 그 뒤 장천간은 그 글을 조금 손보고 나서 당시 문학 및 사학으로 이름이 높았던 조정 대신 심약沈約의 이름을 빌려 그 글을 다시 우눌에게 보여주니 그는 한 구절 한 구절 읽을 때마다 입에 침이 마르게 칭찬했다.

청나라 때 진수원陳修園이라는 사람은 『의학삼자경醫學三字經』을 저술했는데, 처음에는 '엽천사葉天士'라는 이름으로 사칭하다가 그 책이 유행하자 비로소 자기 이름으로 바꾸었다.[10] 이는 진수원의 책 서문을 보면 알 수 있다.

이상의 두 가지 예를 통해 알 수 있듯이 만약 선진시대의 제자들이 건국 제왕에게 의존하지 않았다면 아마 우리의 학설들은 이미 자취를 감췄을 것이다. 그렇지 않고서야 그 학설들이 어떻게 오늘날까지 전해올 수 있었겠는가? 선진시대의 제자백가들은 오직 세상을 구하는 데에만 뜻을 두었을 뿐이다. 이들의 학설은 이로 인해 후대에까지 전해질 수 있었던 것이다. 후세 사람들은 적잖이 그들의 은혜를 입었으므로 우리 모두 그들에게 감사해야 한다. 그러나 단 진실을 알아내기 위해서는 그들의 내막을 들춰내지 않을 수 없다.

9. 조조가 세운 삼국시대의 위나라를 시작으로 이후 삼국을 통일한 사마염의 진나라와 이적의 공격을 피해 남쪽으로 피난한 동진(東晋) 및 뒤를 이은 송(宋)·제(齊)·양(梁)·진(陳) 등을 합쳐 흔히 '6조(六朝)'라고 한다. 동진 이후 북방에서 명멸한 북위(北魏), 북제(北齊), 북주(北周)를 포함해 말할 때에는 흔히 '위진남북조' 내지 '남북조'라고 한다. 근 3백 년 가까이 남북으로 분열된 중국을 다시 통일된 왕조는 수(隋)나라였다.

10. 진수원은 청나라 때 엽천사 다음으로 손꼽힌 명의였다. 당시 엽천사는 신묘한 의술로 인해 사람들로부터 '신의(神醫)' 및 '천의성(天醫星)' 등으로 불렸다.

공자 이후 평민 가운데서 성인 한 사람이 나타났다. 그가 바로 누구나 다 아는 관우關羽이다. 일반 사람들은 죽으면 그의 업적도 끝이 나게 마련이다. 그러나 관우는 죽은 후에 오히려 더 많은 업적을 이뤄놓았다. 그는 놀랍게도 성인의 칭호를 얻었고, 또 『도원경桃源經』과 『각세진경覺世眞經』 등의 책을 저술해 세상에 널리 전한 것으로 알려졌다. 공자 이전의 성인들이 이룬 사업과 저술은 아마 관우의 경우와 거의 비슷할 것이다.[11]

오늘날 한 벽촌에 부귀영화를 누리고 있는 사람이 있다고 하자. 그것을 보고 인과응보를 믿는 자는 그가 남몰래 덕을 많이 쌓았다고 말할 것이다. 풍수지리를 믿는 자는 조상의 묘자리가 좋기 때문이라고 할 것이고, 관상을 중시하는 자는 그의 얼굴 생김새가 좋아 보통 사람들과 다르다고 할 것이다.

나는 옛 사람들의 마음 씀씀이가 오늘날과 거의 비슷했을 것으로 본다. 인과응보를 믿는 자들은 나라의 기틀을 마련한 제왕을 보면 그의 품행이 얼마나 좋고 그의 도덕심이 얼마나 훌륭한지 한결같이 입을 모아 떠들어댈 것이다. 이런 설법은 후대에 그대로 전해졌다. 선진시대의 여러 사상가들은 바로 사람들의 이런 사고방식을 교묘하게 이용하여 자신들의 학설이 마치 건국 제왕으로부터 나온 것처럼 만들었던 것이다.

게다가 사람들은 대개 선입견이 있어서 눈에 비치는 것을 선입견에

11. 관우는 비극적인 죽음으로 인해 중국인들에게 송나라 때의 악비와 더불어 최고의 무인으로 인정받고 있다. 악비가 우리나라의 이순신 장군에 해당한다면 관우는 고려 말의 최영 장군 이미지에 가깝다고 할 수 있다. 흔히 '무성(武聖)'으로 추앙받고 있는 그는 최영 장군이 무속신앙에서 중요한 신이 되어 있듯이 중국의 민간 전설에서 도가의 신선에 해당하는 '천제(天帝)' 또는 '관성제군(關聖帝君)'로 떠받들어지고 있다. 『도원경』과 『각세진경』 등은 민간에서 부적이나 점복의 경전으로 통용되고 있다.

맞게 곧바로 변형시키곤 한다. 녹색 안경을 낀 사람 눈에는 보이는 것마다 모두 녹색이고 노란색 안경을 낀 사람 눈에는 모두 노란색으로 보인다. 선진시대의 여러 사상가들은 모두 자신의 학설을 개창할 때 선조들의 모습을 자신들의 선입견에 맞춰 교묘히 바꾸었던 것이다. 이로 인해 선조들 모두 그들의 학설과 부합하게 되었을 뿐이다.

먼저 성인들 가운데 우임금의 경우를 들어 고찰해 보기로 하자. 그는 허벅지 살이 다 빠지고 정강이의 털이 다 뽑혀 나가도록 돌아다니며 백성을 위해 노력했다. 백성들에 대한 염려가 지나쳐 안색마저 새까맣게 변했다. 그는 온몸이 다 닳도록 수고하는 박애자의 모습을 띠었다. 그런데 한비자는 이를 두고 이같이 말하고 있다.

"우임금은 회계會稽에서 제후들을 모이게 했을 때 방풍씨防風氏가 자신보다 늦게 도착하자 그를 베었다."

한비자의 눈에 우임금은 산처럼 무겁게 법을 집행하는 법의 대가였다. 그러나 공자는 이같이 우임금을 평가했다.

"우임금은 내가 칭찬할 것이 많다. 자신은 변변치 못한 음식을 먹더라도 조상의 제사를 극진히 떠받들었고, 평소 초라한 의복을 입어도 상복은 훌륭히 차려 입었으며, 누추한 궁궐에 거처하면서도 치수에 온 힘을 기울였다."

공자의 시각에서 볼 때 우임금은 정말 예를 아는 유학자의 면모와 근면하기 그지없는 기상을 지녔다고 하겠다. 위진남북조시대 이후의 선양문禪讓文을 읽다보면 우임금의 행동이 조비曹丕와 유유劉裕 등의 인물과 비슷함을 알 수 있다.[12] 송유들이 모든 정신을 한 곳에 집중하는 그의 자세를 부각시킴으로써 우임금은 또한 털끝만큼 작은 이치까지도 따지고 드는 도학자가 되었다. 잡서는 그가 도산씨塗山氏라는 여우 같은 여자와 결혼했는데 마치 『요재지이聊齋志異』에 나오는 부잣집 도령과 비슷한 모습이었다고 기록하고 있다.[13] 잡서는 우임금이 도산씨를 위해 얼굴에 바르는 분을 만들었으니 또한 부인의 눈썹을 그려준 풍류객 장창과 같다고 기록했다. 잡서는 또 치수사업을 할 때 악마의 신을 뜻대로 부리는 모양이 마치 『서유기』의 손오공 같고 『봉신방封神榜』의 강자아姜子牙 같다고 말하고 있다.[14] 그러나 나의 안목으로 보자면 그는 처음에 친부모를 잊고 원수를 섬기다가 그의 천하를 빼앗은 뒤 결국 원수를 창오의 들녘으로 몰아 죽였으니 그야말로 후흑학의 주요 인물이 아닐 수 없다.

이처럼 우임금은 보는 시각에 따라 완전히 달라지는 도무지 종잡을 수 없는 인물이다. 다른 성인들도 우임금과 별 차이가 없다. 따라서 우리가 좀더 깊이 생각해 보면 성인의 내막을 확실히 알 수 있다. 성인은 후세 사람들의 환상으로 이뤄진 인물이고 각자의 환상은 다르기 때문에 그 각각의 형상 역시 다르다는 것이 바로 그 내막이라고 할 수 있다.

내가 저술한 후흑학은 진한시대로 거슬러 올라가 추론해 봐도 맞고 춘추시대로 올라가 추론해 보아도 역시 맞아떨어진다. 이로 미루어 춘추

12. 조비는 한나라의 헌제(獻帝)를 협박해 제위를 양위받았다. 유유는 동진의 안제(安帝)를 살해하고 공제(恭帝)를 즉위시킨 뒤 다시 공제를 협박해 제위를 양위받아 남조 송나라의 무제가 되었다. 두 사람 모두 힘으로 군주를 몰아낸 뒤 제위에 올랐음에도 겉으로는 선양의 모습을 갖췄다.
13. 명말청초의 서생인 포송령(蒲宋齡)은 천하를 돌아다니며 들은 기문전기(奇聞傳記)를 묶어 『요재지이』라는 책을 펴냈다. 이 책은 여우의 정령과 죽은 영혼이 산 사람과 만나는 등 다양한 내용으로 꾸며져 인과응보의 이치를 보여주고 있다.
14. 『봉신방』은 중국 전래의 신화를 토대로 한 괴기소설이다. 이 책에는 주나라의 무왕이 은나라에 대한 토벌에 나섰을 때 양쪽 진영 내에서 다양한 신장(神將)과 마신(魔神)이 나와 온갖 비술을 통해 자웅을 겨루는 모습이 박진감 넘치게 그려져 있다. 강자아는 무왕을 도와 주나라의 건국에 결정적인 공헌을 한 태공망 여상(呂尙)을 말한다. 그는 이 책에서 마신들을 통솔하는 마왕과 같이 눈부신 활약을 벌여 승리하는 신적인 인물로 묘사되어 있다.

전국시대로부터 지금에 이르기까지 사람들의 심리는 모두 같다는 것을 알 수 있다.

그러나 다시 요, 순, 우, 탕, 문왕, 무왕, 주공 등으로 올라가 보면 그들의 심리는 신묘하기 그지없어 사람의 지식으로는 도저히 종잡을 수 없다는 생각이 든다. 후흑학으로도 어쩔 수 없는 것이 있다.

모두들 3대 이후의 사람들의 인심은 옛날과는 다르다며 마치 3대 사람들의 인심과 3대 이후의 인심이 두 동강 난 듯이 말한다. 이 어찌 해괴한 일이 아니겠는가? 그러나 사실 이상할 것도 없다. 만약 한나라 문제와 경제의 시대에 무제가 한 것처럼 다른 제자백가들을 배척하고 오직 노자 한 사람만 남겨두고 그를 성인으로 추앙했다고 가정해 보자. 그러면 물론 노자가 숭배하는 황제黃帝 역시 성인이 된다. 평민 가운데 오직 노자 한 사람만 성인이고 건국 제왕 중 오직 '황제' 한 사람만이 성인이 되는 셈이다.

그러면 후세에 노자의 마음은 '신묘하고 심오하기 그지없어 도무지 짐작할 수 없다'고 말해질 것이고 '황제'의 마음 역시 그같이 말해질 것이다. 또 그 정치는 제대로 하는 것 같지 않은데도 백성들은 순박하기만 했다고 후세에 전해지고 '황제' 이후 사람들의 마음이 예전 같지 않다고 말할 것이다.

요임금은 형의 천하를 빼앗았고 순임금은 장인의 천하를 빼앗았다. 우임금은 원수의 천하를 빼앗았다. 탕왕과 문왕, 무왕은 신하의 몸으로 임금을 배반했고 주공은 형을 죽였다. 여기서 알 수 있듯이 내 후흑학은 인용할 수 있는 한계가 멀리 요순시대까지 거슬러 올라갈 수 있다. 따라서 3대까지의 사람 마음과 3대 이후의 사람 마음이 똑같다고 할 수 있다. 그러나 3대를 넘어 '황제'시대로 거슬러 올라가면 당시의 인심이 역시 3대 이후의 인심과는 다를 것이다.

만약 노자가 과연 공자와 같은 그런 기회를 만났다면 틀림없이 황은을 입은 성인으로 추앙되었을 것이다. 내가 생각하기에 맹자의 아성이란 칭호도 분명 장자에게 빼앗겼을 것이다. 그리되면 우리가 읽는 4서도 분명 『노자』, 『장자』, 『열자』, 『관윤자』로 바뀔 것이다.[15] 경서 또한 『영추소문靈樞素問』이 되었을 것이다.[16] 공자와 맹자, 관중, 상앙, 신불해, 한비자 등의 책들은 모두 이단으로 몰려 다락에 묶인 채로 처박혔을 것이다. 그러다가 우연하게 호기심 많은 사람이 간혹 펼쳐보더라도 『대학』, 『중용』, 『예기』 안에 왕제王制와 월령月令 등이 똑같이 기록되어 있는 것을 발견하고는 이들 책 속에는 그다지 오묘하고 깊은 이치가 담겨 있다고 여기지 않을 것이다.[17]

이후 도학을 논하는 후세 사람들은 틀림없이 『도덕경』을 가까이 하고 노자의 심오한 학문에 깊이 몰두해 그 주요 단어를 각종 명사 뒤에 붙여 이 말 저 말을 만들고 이런저런 구절을 따다가 서로 토론하고 연구할 것이다. 내 생각에 의하면 성인의 본색은 원래 이런 모습에 불과할 따름

15. 일명 『도덕경』으로 불리는 『노자』를 비롯해 『장자』, 『열자』, 『관윤자』 등은 모두 도가의 서적이다. 노담(老聃)과 장주(莊周), 열어구(列禦寇), 윤희(尹喜) 등이 저자로 알려져 있다.
16. 사마천에 따르면 '황제(黃帝)'의 성은 '공손(公孫)'이고 이름은 '헌원(軒轅)'이라고 한다. 그가 신하인 기백(岐伯)과 창공(蒼公), 뇌공(雷公) 등과 함께 인체의 비밀과 질병의 치료 등에 관해 문답을 나눈 내용을 모은 것이 바로 『영추』 9권과 『소문(素問)』 9권이라고 한다. 그러나 유향의 고증에 의해 전한시대에 '황제'의 이름을 가탁해 만들어진 위작으로 판명되었다.
17. 『예기』는 131편으로 되어 있다. 편제에 따라 크게 『대대례기(大戴禮記)』와 『소대례기(小戴禮記)』 등 2종으로 나뉜다. 『중용』과 『대학』은 원래 『예기』에 있던 것이나 정이천과 주희에 의해 그 중요성이 인정됨에 따라 별도로 추출되어 『논어』 및 『맹자』와 더불어 4서로 편제되었다. 「왕제」와 「월령」은 『예기』에 수록되어 있는 것으로 각각 고대 중국의 통치제도와 절기에 따른 각종 행사 등에 관한 내용을 담고 있다.

이다. 유가의 학설은 인의를 토대로 하여 한 가지 원칙을 정했다.

"인의를 행하는 자는 번영하고 인의를 행하지 않는 자는 망한다."

유학자들은 고금의 흥망사에서 이 대원칙에 맞는 것만을 인용해 증거로 제시하고 이 원칙에 맞지 않는 것은 내버려둔 채 언급조차 하지 않았다. 비근한 예를 들어보기로 하자. 사마천은 『사기』「은본기」에 이같이 적고 있다

"서백西伯(주문왕)은 자신의 영토로 돌아와 남몰래 덕을 닦고 선을 행했다."

같은 책「주본기」에도 이같이 기록해 놓았다.

"서백에 임명된 창昌은 남몰래 선을 행했다."

우리는 여기서 연이어 쓴 '남몰래陰'라는 단어의 역할을 대략 짐작할 수 있다. 사마천은「제세가齊世家」에서 '남몰래'의 의미가 어떤 것인지를 단도직입적으로 풀이해 놓았다.

"서백은 여상呂尙(강태공)과 남몰래 짜고 백성들에게 덕을 쌓은 뒤 은나라를 무너뜨리려 했다. 거기에는 힘을 동원한 권모술수와 기이한 계략이 많았다."

이 기록이 보여주듯이 문왕이 행한 도의는 일종의 권모술수로 그가 진심으로 백성을 위해 덕을 베풀었다고 볼 수는 없는 것이다. 그런데 유가에서는 그 속임수는 보지 않고 결과만을 보고 문왕을 대단한 성인으로 떠받든다. 문왕이 활약하던 당시 서徐나라의 언왕偃王이 인의를 실행하자 제후들이 모두 그를 따랐다. 거의 36개국에 달하는 나라가 그에게 복속했다. 이에 문왕은 이를 그대로 방치하면 자신에게 해가 돌아올 것을 염려해 군사를 일으켜 서나라를 멸망시켰다.[18]

이것은 바로 인의를 실행했다가 실패한 경우이다. 따라서 유학자들은 이 일을 절대 입에 올리지 않는다. 이런 태도는 인과응보를 믿는 무지

한 사람과 완전히 똑같다. 일반인들은 흔히 부귀한 사람을 보면 음덕을 쌓은 자라고 말하고 벼락을 맞아 죽은 사람을 보면 불효자라고 말할 것이다. 그러나 누군가 사실을 들추어 비판하고 나서면 그들은 권선징악의 취지로 그렇게 말한 것이라고 변명할 것이다. 사실 진리란 절대 그런 것이 아니다.

옛 성인들은 참으로 이상하기 짝이 없다. 고대 사람들은 성인의 땅을 한번 밟으면 당장 얼굴과 마음이 새롭게 되는 '세심혁면洗心革面'의 효과가 있다고 생각했다. 성인의 감화력은 이처럼 신묘한 것으로 간주되었다. 그러나 나는 관숙과 채숙의 경우 부모형제가 모두 성인이고, 그들 주변 또한 온통 성인들로 채워져 있는데도 왜 악인으로 몰려 죽게 되었는지 도무지 해석할 길이 없다.[19]

명나라 말엽 반적의 두목 이자성조차 북경에 진입하자마자 목을 매 자살한 숭정제崇禎帝의 시신을 찾아내 버드나무 관에 입관한 뒤 동화문東華門에 모셔놓고 추모제를 지냈다. 그러나 성인이라는 무왕은 은나라 주왕을 사지로 내몰아 활을 3번 쏘아 죽인 뒤 황월黃鉞로 머리를 찍어내 은나라 깃발 위에 매달았다. 무왕은 주왕 아래에서 신하노릇을 하던 자이다. 그는 패역한 짓을 벌였음에도 불구하고 공공연하게 최고의 성인으로 불리고 있으니 참으로 기이한 노릇이다. 만약 애인 진원원陳圓圓을 이자성에게 빼앗긴 원한으로 청나라에 항복한 오삼계吳三桂가 이 사건 없이 당초

18. 서언왕은 주목왕 때의 제후로 인의로 나라를 다스렸기 때문에 한수(漢水) 이동의 36개국의 제후가 조공을 받쳤다고 한다. 이를 질투한 문왕이 병사를 이끌고 쳐들어오자 서언왕은 백성을 전화로 고통받게 할 수 없다며 싸우지 않고 자멸했다.
19. 주나라의 무왕이 죽은 뒤 그의 동생인 주공이 섭정이 되어 나라를 다스렸다. 주공의 형인 관숙과 동생인 채숙은 은나라 주왕의 아들 무후(武侯)를 선동해 반란을 일으켰다가 주공에게 모두 살해되었다.

계획대로 이자성에 투항했다면 이자성이 어찌 새 제국의 초대 황제가 되어 성인의 자리에 오르지 않았겠는가?[20]

사실 태왕太王이 은나라를 거역하기 시작한 이래 그의 자손인 왕계王季와 문왕文王이 뒤를 이어 은나라를 멸망시키는 역할을 수행했다. 공자는 무왕武王이 태왕과 왕계, 문왕의 위업을 계승했다고 칭찬했다. 그러나 사실 그의 소행은 사마염司馬炎이 사마의司馬懿와 사마사司馬師, 사마소司馬昭의 뒤를 이어 위나라를 찬탈한 소행과 무엇이 다르겠는가? 한쪽은 공자 이전에 태어나 대대로 성인의 명성을 누렸고 또 한쪽은 공자 이후에 태어나 대대로 역신의 오명을 뒤집어썼다는 점만이 다를 뿐이다.

후세 사람들은 성인이 부도덕한 일을 한 사실을 알게 되면 온갖 수단을 동원해 그에게 모면할 길을 열어준다. 그러나 증거가 확실해 피할 길이 없을 때는 그 사실들은 나중 사람들이 터무니없이 갖다 붙인 것이라고 둘러댄다. 이러한 전례는 바로 맹자에서 시작된 것이다. 맹자는 유혈사태로 얼룩진 은나라의 멸망과정을 놓고 "지극히 어진 사람이 지극히 어질지 못한 자를 정벌하는데 무슨 유혈사태가 있을 수 있겠는가"라며 무왕을 옹호하고 나선 바 있다.[21]

20. 이자성이 북경을 공략했을 때 명나라의 대군은 산해관에서 청나라의 대군과 대치하고 있었다. 명군의 총수인 오삼계는 내심 이자성에게 항복할 심산이었으나 애첩인 진원원이 이자성의 수중에 떨어진 것에 대노해 청군에 항복했다. 청군은 그의 향도를 받아 산해관을 넘어 중원으로 밀려들어와 드디어 이자성을 격파하고 패권을 장악했다. 이자성은 섬서로 패주한 뒤 사세가 불리하다고 느껴 자살하고 말았다. 오삼계는 청나라가 북경을 장악한 뒤 공을 인정받아 번왕(藩王)에 임명되었으나 후에 소위 '삼번(三藩)의 난'을 일으켰다가 토벌되었다.

21. 무왕이 은나라 주왕을 정벌할 때 주왕의 군대 내에서 무왕에게 내통하는 자가 나타나 앞에 서 있던 군사들이 뒤따라오는 아군에게 공격을 가해 혈해시산을 이루고 그 핏물 위로 깃대가 떠 흘러내려 갔다고 『서경』에 기록되어 있다.

그러나 『서경』의 "은나라 백성이 세 번 반란을 일으키자 다방多方(여러 나라)에 크게 훈계했다"는 구절에 비춰 당시 피가 흘러 강이 되고, 깃대가 그 위에 둥둥 떠서 흘러내려 갔다는 얘기가 거짓이 아님을 짐작할 수 있다. 맹자의 언급은 거짓이라고 생각할 수밖에 없는 것이다. 자공은 나름대로 진실을 파악한 듯 이같이 언급한 바 있다.

"주왕의 포악함이 그처럼 심하지는 않았다. 군자는 강의 하류에 머무는 것을 두려워한다. 천하의 모든 악이 아래로 쓸려내려 오기 때문이다."

자공의 말에 의거해 나 또한 성인을 이같이 정의하고자 한다.

"요, 순, 우, 탕, 문왕, 무왕, 주공 등의 선함이 그처럼 심하지는 않았다. 군자는 상류에 머무는 것을 좋아한다. 천하의 모든 아름다운 명예가 위로 다 올라오기 때문이다."

만일 자공이 말한 '하류'를 '실패'로 바꾸고 내가 말한 '상류'를 '성공'으로 바꾼다면 그 뜻을 더욱 확실하게 깨달을 수 있을 것이다. 옛날 사람들은 귀신이나 미신 따위를 만들어 인민들을 우롱했다. 제사지낼 때 한 사람을 시동尸童으로 정한 뒤 그를 가리켜 이같이 미화했다.

"이분은 바로 제사를 받을 신령이시니라."

그러면 사람들은 곧 그를 향해 머리를 조아리며 절을 했다. 마찬가지로 당시 사람들은 성인을 만들어 놓고 인민들에게 이같이 말했다.

"내 학설은 성인이 전해주신 것이다."

그러자 어떤 사람이 이같이 물었다.

"무엇이 성인입니까?"

그러면 그들은 요, 순, 우, 탕, 문왕, 무왕, 주공 등을 거침 없이 가리키며 "이분들이 바로 성인이시다"라고 말한다. 그러면 사람들은 마치 시동을 대하듯이 머리를 조아리고 절을 했다. 후에 인민들이 개화되어 각성하게 되자 제사 때의 시동을 폐지했다. 그러나 오직 성인에 대한 환상만은 그대로 남아 수천 년 동안 유지되고 있다. 요, 순, 우, 탕, 문왕, 무왕, 주공 등은 여전히 성인의 자리를 차지한 채 인민들로부터 숭배되고 있는 것이다.

인과응보를 믿는 사람은 염라대왕이 있다고 주장한다. "염라대왕이 도대체 어디에 있느냐"고 물으면 그는 이같이 대답한다.

"땅 속 지하에 계신다."

성리학을 논하는 사람은 많은 성인들이 있다고 말한다. "성인이 도대체 어디에 있느냐"라고 물으면 그는 이같이 대답한다.

"옛날에 계셨었지!"

도대체 성인이라는 이 괴물은 마음 속으로 상상할 수만 있을 뿐 눈으로 직접 보거나 실증해 보일 방법이 없다. 그러나 오히려 이로 인해 그가 말한 것은 더욱 심오해 보이고, 이에 따라 더욱 믿고 따르는 자가 많아지게 된다. 원래 이러한 이론을 만든 것은 사람들에게 선행을 권유하기 위해 만들어진 것으로 그 취지만큼은 높이 평가할 만한 것이다. 그러나 그 내용은 유감스럽게도 진실이 아니기 때문에 적잖은 폐단이 생기게 된다. 인과응보에 따른 폐단은 의화단으로 흘러들어 갔다.[22] 성인에 대한 맹신은 진리의 출현을 막았다.

한무제가 공자를 성인으로 추앙한 이후 천하의 모든 언론들은 공자

22. 의화단은 원래 중국 전통무술을 연마하던 사람들이 주축이 된 집단을 말한다. 이들은 1899년 인민들에게 인과응보를 믿으면 부적에 의해 총포에 저항해도 죽지 않는다며 서양 오랑캐의 축출을 역설했다. 청조 정부의 지원을 받은 이들은 '부청멸양(扶淸滅洋)'을 내세우고 서양 선교사 등을 살해함으로써 영국과 독일, 프랑스, 일본 등 8개국의 간섭을 초래했다. 결국 이로 인해 북경이 함락되는 일이 벌어졌고 청나라는 패망의 길로 접어들게 되었다.

에게 굽실대고 감히 그를 거역하지 못했다. 공융孔融은 부모자식 간의 관계에 대해 이설을 제기했다가 조조에게 죽임을 당했다.[23] 혜강嵇康은 탕왕과 무왕을 낮게 평가했다가 사마소에 의해 죽임을 당했다.[24]

유교는 조조나 사마소와 같은 사람이 지녔던 막강한 힘을 행사할 수 있다. 이후 과거를 실시해 인재를 채용했는데, 만약 선비가 유가경전을 공부하지 않는다면 입신출세의 길이 막히게 된다. 죽은 공자는 왼손에는 관직과 작위를 쥐고 오른손에는 천하를 움켜쥐고 있으니 어찌 만대의 사표가 되지 않을 수 있겠는가?

송원대와 명청대의 학자들은 모두 성인인 공자의 말발굽 아래 있던 자들이다. 성인에 대해 주눅이 든 그들이 어찌 억지 사례를 인용해서라도 성인을 미화시키지 않을 수 있었겠는가? 말을 빙빙 돌리다 보니 그들이 말하는 문맥 또한 어렵게 꼬이지 않을 수 없었다. 이처럼 중국의 성인들은 매우 독단적이기 짝이 없는 존재다. 그가 하지 않은 말은 후세 사람들은 하지 말아야지 감히 입 밖으로 내뱉었다가는 사람들에게 이단으로 몰려 공격당하기 십상이다.

주희는 독창적인 학설을 세우고도 감히 자기가 발명했다고 하지 못

23. 공자의 20세손이었던 위나라의 공융은 『삼국연의』에 따르면 건안 13년(208) 조조가 남정(南征)을 하려고 하자 이에 반대함으로써 조조의 노여움을 사 퇴청할 때 조조를 비난한 독백이 조조에게 전해져 죽임을 당한 것으로 나온다. 그러나 『삼국지』의 배송지 주(注)에는 전혀 다른 내용이 나온다. 이에 따르면 공융은 불궤(不軌)를 꾀하고 예형과 더불어 함부로 방탕한 말을 하고 다니다가 죽임을 당한 것으로 되어 있다. 일설에는 공융이 "부모와 자식은 마치 병과 병 속의 물건과 같은 것으로 물건이 병 속에 있는 동안에는 두 개가 한몸이지만 물건이 밖으로 뽑혀 나오면 병과 물건이 각각 별개가 된다"는 이설을 내세웠다가 변을 당한 것으로 되어 있다.

24. '죽림7현'의 일원인 혜강은 은나라의 탕왕과 주나라의 무왕을 낮게 평가했다가 사마소에게 살해되었다.

하고 부득이하게 유가의 '격물치지格物致知'를 재해석한 것에 불과하다고 강조하면서 자신이 공자의 적통임을 주장했다. 사실 그런 연후에야 겨우 그를 믿고 따르는 자가 생겼다.

왕양명 역시 자신의 학설을 발명하고도 격물치지를 재해석한 것에 불과하다고 강조했다. 그는 후에 자신의 학설을 억지로 갖다붙인 뒤 주희의 주장이 틀렸고 자신이야말로 공자의 적통이라고 주장했다. 원래 주희와 왕양명의 학설은 충분히 독자적인 기치를 내세울 만한 것이어서 공자에게 의존할 필요가 없는 것이었다.

그러나 그들 역시 공자의 영향권 안에 놓여 있었기 때문에 어쩔 수 없이 공자에 의존하지 않고서는 절대 자신들의 학설을 보급시킬 수가 없었다. 그래서 두 사람은 있는 힘을 다해 공자에게 의존하려 했지만 당시 사람들은 여전히 위학僞學이라 여겨 그들을 심하게 공격했다. 성인의 횡포가 이 지경에까지 이르렀는데 어떻게 진리를 밝혀내 후세에 전달할 수 있겠는가? 이와 관련해 『한비자』「외저설 좌상」편에 이런 우화가 소개돼 있다.

"초나라의 수도인 영郢의 사람이 연나라 재상에게 편지를 보내려 했다. 마침 편지를 쓸 때 날이 어두워지자 하인들에게 초를 들라는 뜻으로 '거촉擧燭'이라고 외친 뒤 부지불식간에 이 말을 편지에 써넣었다. 편지를 받아본 연나라 재상은 그 글을 들여다 보면서 한참 동안 생각한 뒤 '거촉은 밝은 것을 숭상한다는 뜻이니 이는 현인을 등용하라는 뜻임에 틀림없다'고 생각했다. 그는 자신의 뜻을 연나라 왕에게 전달했다. 연나라 왕이 그의 말을 받아들임에 따라 결국 나라가 태평하게 되었다. 그러나 비록 이런 효과를 거두긴 했지만 '거촉'의 의미는 본래 이것은 아니었다."

이를 두고 한비자는 이렇게 꼬집어 말했다.

"선왕이 '영 땅의 편지'와 같이 글을 남겨놓으면 후세 사람들은 연나라 재상의 해석과 같이 그럴 듯한 말로 둘러댄다."

도대체 '격물치지'라는 네 글자를 어떻게 해석하는 것이 좋을까? 아마 직접 『대학』을 따로 편집해낸 주희만이 알 것이다. 주희와 왕양명 중 적어도 한 사람은 아무래도 영 땅의 편지를 연나라 재상처럼 해석한 '영서연설郢書燕說'의 비난을 면키는 어려울 듯싶다. 이런 사례가 어찌 '격물치지'에 그치겠는가? 『13경 주소注疏』를 비롯해 송원대와 명청대의 이론 중에는 모르긴 몰라도 '영서연설'의 비난을 받을 만한 것이 적지 않을 것이다.

학술상의 흑막은 정치판의 그것과 똑같다. 성인과 제왕은 마치 쌍둥이 형제처럼 도처에서 궁지에 빠질 때마다 서로 의지한다. 성인들은 왕의 힘을 빌리지 않으면 그렇게 숭배받을 수가 없다. 왕 자신도 성인들의 학설에 의존하지 않았다면 그같이 창궐할 수가 없다.

제왕들은 자신의 칭호를 성인에게 나누어 주었다. 성인들이 왕호를 갖게 된 것은 바로 이 때문이었다. 성인 또한 그의 칭호를 왕에게 나누어 주었다. 왕은 백성들의 행동을 억압하고 성인은 그들의 사상을 제약한다. 왕이 일단 명령을 내리면 백성들은 모두 그 명령을 받들어 따라야 한다. 만일 이를 어기는 사람이 있으면 그는 대역부도한 죄인으로 간주되어 법률상 용납되지 않는다. 또한 성인이 내키는 대로 의견을 제시하면 학자들은 무조건 이를 믿고 따라야 한다. 만약 반박하는 자가 있으면 성인을 비난하는 무도한 자로 간주되어 사대부의 청의淸議에 의해 용납되지 않는 것이다. 중국의 백성들은 수천 년 동안 왕의 박해와 억압을 받아오면서 자신들의 의견을 드러낼 수가 없었다. 정치가 문란해진 것은 당연한 일이었다.

마찬가지로 중국의 학자들은 수천 년 동안 성인들의 박해와 억압을 받아오면서 독자적인 사상을 확립할 수가 없었다. 학술이 침체된 것 또한 불가피한 일이었다. 정치학설이 잘못되면 정치 또한 암담해지기 마련이다. 따라서 군주의 명령권은 마땅히 변혁되어야 하고 성인의 가르침은 더더욱 시급히 변혁되어야만 한다.

물론 나는 공자의 인격이 높지 않다거나 그의 학설이 틀렸다고 주장하는 것은 아니다. 단지 공자 이외의 사람에게도 인격과 독창적인 학설을 만들어낼 자격이 있다는 사실을 말하는 것뿐이다. 공자 자신이 우리를 억압하거나 우리에게 다른 학설을 만들지 말하고 말한 적은 없다. 그러나 유감스럽게도 후세의 위정자들이 한사코 공자를 앞세우며 모든 것을 억압하고 학자들의 견해가 감히 공자의 범위를 벗어나는 것을 용납지 않았던 것이다. 이에 따라 학자들의 마음 속은 이미 공자에게 점거당한 지 오래되었다. 마땅히 그것을 밀어내야만 비로소 사상을 독립시킬 수 있고 우주의 진리를 연구할 수 있다.

최근 일부 사람들의 경우 공자의 학설이 밀려나간 자리에 다윈의 학설 등이 그 틈을 비집고 들어와 자리 잡고 있는 게 사실이다. 천하의 언론 역시 다윈의 학설 등에 그다지 비판적이지 않다. 그러나 다윈의 학설 등은 공자를 밀어내자마자 공자를 대신해 성인의 직무를 수행하기에 이르렀다. 오늘날 다윈의 학설 등에 대한 공격은 대역부도로 간주되어 신문과 잡지 등에 의해 집중적인 공격 대상이 될 수밖에 없다. 시간이 흘러 다윈 등이 떠나 또 다시 어떤 자가 나타나 성인의 임무를 수행하게 된다면 그의 학설 역시 사람들의 반박을 용납지 않을 것이다.

학술은 천하의 공무公務이기 때문에 당연히 사람들의 비평을 귀담아들어야 한다고 나는 생각한다. 내 주장이 틀렸을 경우 남의 학설을 차용할지라도 나에게 아무런 해가 없다. 그럼에도 불구하고 하필 군벌들의 태도를 취해 사람들의 비평을 금할 이유가 어디에 있는지 묻지 않을 수 없다.

모든 일은 평등을 기본으로 삼는다. 왕이 결국 인민에게 공평하지 못했기 때문에 정치상의 분규가 생기는 것이다. 또한 성인이 학자들에 대해 공평하지 못했기 때문에 학술상의 분쟁이 발생하는 것이다. 나는 공자를 다시 끌어내려 선진시대의 여러 사상가들과 나란히 놓을 것을 주장한다. 나와 독자 여러분 모두 참가해 그들과 자리를 나란히 한 가운데 다윈과 같은 사람들까지 초청해 대등한 입장에서 토론을 벌여보자.

각자 의견을 발표할 경우 모두 동등한 입장에서 토론해야 한다. 공자와 다윈 같은 사람이라고 해서 우리보다 상석에 앉아 토론을 주도해서는 안 된다. 물론 우리 역시 그들의 위에서 토론을 주도할 수 없다. 각자의 생각은 모두 독립적일 때만이 비로소 진리를 밝혀낼 수 있는 것이다.

나는 이미 성인들에 대해 회의를 품고 있었기 때문에 매번 성인의 저서를 읽을 때마다 매우 의심이 갔다. 그래서 나는 독서하는 세 가지 비법인 '독서3결讀書三訣'을 마련했다. 이는 스스로를 위한 공부단계를 말한 것이다. 그 내용은 아래와 같다.

제1단계 : 고서를 적으로 간주하라. 옛 사람의 책을 읽을 때는 먼저 나의 강적으로 규정한다. 그가 존재하면 나는 존재하지 못하기 때문에 반드시 그와 한바탕 혈전을 벌이지 않을 수 없다. 도처에서 그의 빈틈을 찾아보고 틈이 보이면 당장 쳐들어간다.

동시에 옛 사람들의 입장이 되어 공격을 막아내는 대책을 강구한다. 전투가 진행될수록 더욱 격렬해지고 공격을 막아낼수록 더욱 깊게 파고들게 된다. 반드시 이같이 해야만 비로소 독서가 이치를 깨닫는 단계에까지 나아갈 수 있다.

제2단계 : 고서를 벗으로 여겨라. 만약 자신이 책을 읽다가 어떤 견해가 생기면 곧바로 하나의 이론을 만들어 옛 사람의 주장에 대항해 본다.

동시에 옛 사람을 좋은 친구로 여기고 서로 절차탁마하는 자세로 의견을 교환한다. 내 이론이 잘못되었을 경우 서슴없이 옛 사람의 견해를 따른다. 반대의 경우는 자신의 주장을 견지한 가운데 더 깊이 연구해 나아간다.

제3단계 : 고서를 제자로 여겨라. 책을 쓸 정도의 옛 사람들이라면 대부분 높은 식견과 학식을 갖고 있다고 보아야 한다. 만일 자신의 실력이 그들보다 높다는 자신이 있으면 그들에 대해 비평을 가하는 것이 별 문제가 될 것이 없다. 마치 학생의 답안지를 채점하듯이 만일 그들이 옳게 말한 것이 있으면 동그라미를 주고 틀리게 말한 것이 있으면 가위표를 그어준다.

세상의 속담이나 속어 가운데에는 묘미를 느낄 만한 것이 적지 않은데 하물며 옛 사람들의 책 속에야 더 많은 명언들이 가득 담겨 있지 않겠는가? 비평이 많을수록 지식도 자연히 높아진다. 이것이 바로 흔히 말하는 '가르침을 통해 배움을 넓힌다'는 '교학상장敎學相長'의 논리이기도 하다.[25]

만약 나와 지식 수준이 비슷한 옛 사람을 만난다면 그를 초청해 오랜 벗을 대하듯이 대접한다. 마치 주회암朱晦菴(주희)이 채원정蔡元定을 대하

25. '교학상장'은 『예기』「학기」편에 나오는 구절로 "스승은 학생에게 가르침으로써 성장하고, 제자는 배움으로써 진보한다"는 뜻이다. 스승은 부족한 곳을 더 공부하여 제자에게 익히게 하고 제자는 스승의 가르침을 남김 없이 받아 더욱 학식이 풍부한 인재로 성장하는 것을 표현한 것이다. 『논어』「자한」편의 '후생가외(後生可畏)'와 맥이 통하는 구절이다. 『서경』「열명 하」편에 나오는 은나라 고종 때의 재상 부열(傅說)이 언급한 '효학반(斅學半 : 가르치는 것은 배움의 반이다)'도 '교학상장'과 동일한 뜻으로 사용된 것이다.

듯이 하면 된다.[26] 그러나 만약 나보다 지식 수준이 높은 사람을 만나면 나는 그를 강적으로 여기고 그와 맞붙을 수 있는 실력을 닦기 위해 평생 동안 노력하는 자세를 보여야만 한다.

내가 비록 3단계를 설정했지만 이를 실행에 옮기지 못해 매우 한스럽게 생각한다. 나는 지금 제1단계 공부를 하는 중이다. 조만간 제2단계로 나아갈 생각이지만 아직 이에 도달하지는 못했다. 3단계는 내 자신의 역량을 감안할 때 평생 도달할 날이 오기 힘들 것이라고 생각한다. 이는 인생행로와 유사하기 때문에 비록 더듬어 나아가는 길은 알 것 같으면서도 여정이 너무 아득하고 험한 상황에 비유할 수 있다. 나는 다리에 힘이 남아 있는 한 계속 앞으로 나아가기 위해 노력하겠지만 부득이 행로를 단축할 수밖에 없을 것이라는 생각이 든다.

26. 『송사』「유림열전」에 따르면 채원정은 주희의 문생이기는 하나 사실상 면학의 친구에 가까웠다. 그는 처음에 독학으로 공부하다가 후에 주희에게 배우게 되었다. 주희는 한번 그와 대화를 나눈 뒤 그의 박식함에 놀라 "이 사람은 나의 노우(老友)이니 제자의 자리에 둘 수 없다"며 면학의 친구로 대했다. 주희는 채원정과 경서의 깊은 뜻을 강론할 때면 매번 밤 깊은 줄을 몰랐다. 사방에서 찾아와 글을 배우고자 하는 사람이 있으면 반드시 먼저 채원정에게 묻거나 따져서 글을 고치거나 배우게 했다.

후흑학

항우는 역발산기개세의 영웅이다. 그가 실패한 원인은 한신이 말한 바와 같이 '필부지용' 과 '부인지인' 밖에 갖지 못한 데 있다. 필부의 용기는 모욕을 참지 못하는 것이다. 이는 '면후' 가 이뤄지지 못한 데 있다. '부인지인' 은 마음 속에 잔인하지 못한 면이 있음을 말한다. 이는 '심흑' 이 제대로 이뤄지지 않은 데 있다. 내가 후흑학을 말하는 것은 순전히 '불후불흑' 을 경계로 삼기 위함이다.

'불후불흑' 은 완전히 후흑이 아닌 경우를 말하는 것이 아니라 불완전한 후흑을 의미한다. 만일 후흑을 거꾸로 이용해 '면후' 여야 할 때 '심흑' 을 사용하거나 '심흑' 이어야 할 때 '면후' 를 쓰면 틀림없이 실패하게 된다.

03장 | 후흑총화

자서

독자 제위에게

[제1절] 후흑사관

[제2절] 후흑발명사

[제3절] 후흑철학

[제4절] 후흑변증법

[제5절] 후흑학의 응용

[제6절] 후흑학 재연구

厚黑學

후흑학

厚黑學

자서

민국 16년(1927)에 나는 그간 써온 것을 모아 한 권의 책으로 펴냈다. 서명은 『종오억담』이다. 내용은 1) 후흑학, 2) 나의 성인에 대한 회의, 3) 심리와 역학, 4) 고시제의 협의 검토, 5) 사회문제 해결에 관한 나의 견해 등이었다. 민국 17년(1928)에 나는 '사회문제 해결에 관한 나의 견해'를 보충해 단행본으로 펴냈다. 제목은 『사회문제의 협의 검토』였다. 나는 제6장에서 이같이 말했다.

"나는 이 문제를 토론하면서 그 근거를 들었으니 손중산孫中山(손문)에 의지하지 않고 이내 그 얻은 결과에 대해 중산 선생은 이미 나에 앞서 밀한 바 있다. 진리가 있는 곳은 나 또한 감히 달리 사립할 수 없나. 이에 나의 연구결과를 손중산의 학설자료로 천발闡發(드러내 밝힘)하는 것으로 한다."

이 책은 남경까지 흘러들어가 석청양과 유공잠이 보게 되었다. 이들은 곧 사천성 정부의 유자건 주석에게 전보를 보내 속히 남경으로 와 당의黨義(국민당 당강)를 연구토록 했다. 나는 일이 있어 가지 못했다. 올해 내가 중경에 도착하자 지인 오심언이 나에게 이같이 말했다.

"당신이 쓴 『사회문제의 협의 검토』는 이미 남경의 《민생보》에 실렸네. 많은 사람은 당신이 손중산 학설에 대해 독자적인 견해를 표명한 것으로 말하고 있네. 당신이 다시 한 번 정리해 발표함으로써 많은 사람들이 이를 토론할 수 있게 해주게."

이에 나는 원작을 재정리해 책으로 펴냈다. 제목은 『중국 개혁에 관한 나의 견해』이다. 『사회문제의 협의 검토』는 이론은 많으나 해법이 적다. 나는 현재 필요로 하는 것은 방법이지 이론이 아니라고 생각한다. 이에 원래의 글을 크게 첨삭해 방법에 중점을 두었다. 경제부문에 치우친 까닭에 정치와 외교를 끼워넣으면서 정치조직은 경제조직에 기초해 있고 정치경제 방식에 기초해 외교방식이 만들어진다고 주장했다.

바꿔 말하면 민생에서 민권과 민족이 나오고, 이들 3자는 하나로 연결돼 있으며, 삼민주의는 바로 이들 모두를 합친 것이다. 이 책은 사천성 당부黨部에서 호소민과 유백통 두 사람의 비평을 받았다. 두 사람의 말이다.

"이 책은 사상적으로 삼민주의와 완전히 합치하고 있다. 다만 방법론적으로 여러 점에서 손중산이 아직 이같이 말하지 않았을 뿐이다. 만일 발표를 하게 되면 천박한 자들이 크게 오해할까 두려우니 발표하지 않는 게 가할 듯하다."

이에 나는 원고를 수장收藏(거둬들여 쌓아둠)했다. 나는 후흑학을 발명한 사람으로서 다시 나의 후흑학을 강의하는 게 나았다. 이에 『후흑총화』를 쓰게 된 것이다.

나는 평소에 내건 기치가 있다. 그것은 '사상독립' 4자이다. '사상독립' 덕분에 나는 24사와 사서오경, 송·원·명·청의 학안學案 모두 파탄나지 않는 게 없다는 것을 깨닫게 되었다. 『후흑학』은 24사의 흑막을 파헤친 것이고, 『나의 성인에 대한 회의』는 송·원·명·청 학안의 흑막을 파헤친 것이다. 마르크스 사상이 유물사관 위에 서 있듯이 나의 사상 역시 가히 후흑사관 위에 서 있다고 할 수 있다.

나의 사상은 후흑사관을 기반으로 하고 있기에 인성에 대해 불가불 후흑의 관점에서 분석할 수밖에 없다. 정치와 경제, 외교 등의 개혁에 대해서도 불가불 이런 방법에 의거할 수밖에 없다. 지금 삼민주의를 연구하는 사람들은 삼민주의에 기초해 자구 하나하나를 연구하고 있다. 나는 중국의 사서오경과 24사, 송·원·명·청의 학안을 위시해 외국의 아담 스미스, 다윈, 루소, 크로포트킨, 몽테스키외 등을 모두 소탕했다. 별도로 혜경蹊徑(지름길의 방도)을 찾아내 독자적으로 연구한 결과 삼민주의 정신과 서로 합치되는 내용이라는 것이 밝혀졌다. 이에 손중산의 학설은 진리에 부합한다는 사실이 증명되었다. 손중산은 일찍이 이같이 말했다.

"주의主義는 바꿀 수 없으나 정책은 시세를 좇아 바꿀 수 있다."

주의를 지닌 자가 정신이라면 정책자는 방법이다. 우리는 정신적으로 삼민주의와 서로 부합하는 것을 추구할 수 있다. 다만 방법론상 많은 사람들이 공개토론 방식을 제기할 수 있을 것이다. 방법은 이론에서 나오고 나의 이론은 후흑학에 기초해 있으니 후흑학에 입각해 말하도록 하겠다.

이번에 쓴 『후흑총화』는 내가 전에 쓴 것에 최근에 느낀 바를 종합해 쓴 것이다. 나는 최근 『중국 학술의 추세』를 쓰고 있다. 일찍이 친구 서실과 관몽란 두 사람에게 이를 보여주자 두 사람 모두 발표할 만하다고 했다. 나도 첨삭을 하여 모든 작품을 하나로 녹임으로써 사상적인 일관성을 견지코자 했다. 그간 언급한 여러 설법이 이미 후흑학의 범위를 넘어서고 있음에도 여전히 『후흑총화』라고 한 것은 이들 설법 모두 후흑학에서 나왔기 때문이다. 비유하면 나무 위에 가지와 꽃, 열매 모두 나무줄기에서 나온 것과 같다. '후흑'이라는 2자는 근본을 잊을 수 없음을 뜻한다.

나는 이 『후흑총화』를 민국 24년(1935) 8월 1일에 쓰기 시작하면서 매일 성도의 《화서일보》에 발표했다. 날마다 한두 꼭지씩 쓰자 매 2달마다 1권의 책을 간행하게 되었다. 독자들의 질정을 바란다. 전에 쓴 『종오억담』과 『사회문제의 협의 검토』 두 권은 성도 도서관에 보냈다. 독자들은 편리할 때 찾아가 열람할 수 있을 것이다. 잘못된 곳이 있으면 곧바로 지적해 주기 바란다. 지적한 바대로 즉시 고치도록 하겠다.

민국 24년(1935) 10월 18일 성도에서

이종오

독자 제위에게

민국 24년(1935) 11월 10일《성도쾌보成都快報》에 게재된 두침원 선생의 「'후흑총화'와 '후흑학의 기초는 어디에 있나'를 읽고」에 이런 글이 나온다.

"『후흑총화』는 이종오 선생이 자신의 의견을 종지로 하여 쓴 것이다. 『후흑학의 기초는 어디에 있나』는 객진客塵(객지의 고생을 뜻하는 말로 여기서는 필명) 선생의 후흑학에 대한 비평을 실은 것이다. 나는 담장 위에 서서 바라보는 입장에 있기에 무슨 말을 하기보다는 누가 맞고 틀리는지를 판정하는 게 좋을 듯하다. 다만 나는 노중련魯仲連과 같을 수는 없다.[1] 내 생각에는 두 선생의 글을 청해 월 단위로 단행본을 찍어내 서점에 배포함으로써 독자들로 하여금 논쟁의 전모를 살펴보고 이를 깊이 토론케 했으

1. 노중련은 『사기』의 「노중련추양열전(魯仲連鄒陽列傳)」에 나오는 인물로 전국시대의 전란이 이어지는 상황에서 선비의 본분을 지킨 인물이다. 제나라 출신인 그는 무도한 진(秦)나라가 천하를 차지한다면 "나는 동해로 걸어들어가 죽겠다(連有踏東海而死耳)"고 맹세한 바 있다. 그의 유세 덕분에 위기를 벗어나게 된 제나라 왕이 벼슬을 내리려고 하자 그는 이를 거부하고 바닷가로 도망쳐 숨어 살았다. 권세 및 부귀와 타협하지 않고 고귀한 성품을 지켜나간 까닭에 그는 후세인들로부터 커다란 칭송을 받았다.

면 한다. 나의 미욱한 생각은 이러하나 두 선생의 생각이 어떠한지 모르겠다."

두침원 선생의 이런 주장에 전적으로 찬성하는 바이다. 나의 경우 매 2달마다 1권을 찍기로 결정되어 이미 8월 1일부터 9월 30일자까지 성도의 《화서일보》에 발표한 『후흑총화』는 이미 정리돼 인쇄소에 넘겨졌다. 이는 조만간 출판될 것이고 나머지도 계속 나올 것이다.

당일 《성도쾌보》에 게재된 객진 선생의 「두침원 선생에 답하며 독자의 가르침을 청함」에 이런 글이 나온다.

"단행본을 내는 것은 그런 생각에 합당치 않다. 가장 큰 이유는 바로 낭공여세囊空如洗(주머니가 씻은 듯이 텅 비어 있음) 때문이니 설령 단 한 푼일지라도 더 말할 나위가 없다. 글 또한 임의로 쓰게 되어 일이 질질 끌게 될 것이니 운운."

객진 선생이 이미 스스로 단행본을 낼 수 없다고 하니 내가 대신 일정한 두께의 『후흑총화의 비평』 1권을 편찬하여 출간코자 한다. 부수는 비평자의 숫자를 봐서 결정하면 될 것이다.

《성도쾌보》의 11월 10일자에 실린 두침원 선생과 객진 선생의 두 글은 이미 싣기로 결정되었다. 또한 성도의 《신사천일보》 10월 13일자에 실린 자건 선생의 「건재쇄록健齋瑣錄」 역시 후흑학에 대한 비평에 해당하니 이 또한 응당 포함될 것이다. 객진 선생이 쓴 『후흑학의 기초는 어디 있나』와 관련해 나는 객진 선생이 이를 간단명료하게 정리해 지상에 다시 새롭게 발표한 뒤 간행했으면 한다. 시일이 많이 소요된다고 생각되면 객진 선생이 직접 자비를 들여 단행본을 펴내는 수밖에 없다.

객진 선생은 《성도쾌보》를 통해 나를 향해 총공격할 필요가 있다고 선언했다. 소위 '총공격'은 공격치 못할 곳이 없다는 뜻이다. 객진 선생이 장문의 글로 단지 나의 '후흑구국' 4자를 공격한다면 나의 졸작 중에는 이 4자를 닮은 게 매우 많으니 청컨대 이를 낱낱이 파헤쳐 잘못된 점이 어디에 있는지 가르쳐 주기 바란다. 객진 선생은 매 글마다 하나의 제목을 달아 공격 포인트를 선명히 드러내고, 글 또한 수백 자 이내로 요약해 하루에 모두 게재함으로써 독자들이 일목요연하게 파악할 수 있도록 해주었으면 한다. 『후흑학의 기초는 어디에 있나』처럼 큰 제목을 달아놓고 매번 1천-2천 자를 쓰는 바람에 몇 주에 걸쳐 실을지라도 다 싣지 못해 질질 끌게 되는 폐단이 없기를 바란다. 객진 선생은 내 제안이 그럴 듯하다고 생각지 않는가? 여타 비평자들도 이처럼 해주었으면 한다.

나의 이 『후흑총화』는 쉬지 않고 매일 《화서일보》에 발표하고 있으나 장차 얼마나 길게, 언제까지 쓸지에 대해서는 나 또한 정해놓은 계획이 없다. 별 탈이 없다면 기분이 내키는 한 오랫동안 써내려 갈 것이다. 무릇 비평문은 신문 잡지에 발표해야만 한다. 찬성과 반대를 모두 실어야 하는 것은 말할 것도 없다. 반대가 격렬할수록 더욱 환영한다.

나는 '사상독립'을 주장하며 늘 다른 사람을 공격하는 것을 즐겨하는 까닭에 다른 사람이 나를 공격하는 것 또한 환영한다. 능히 나를 통쾌히 공격할 수만 있다면 나는 응당 그를 나의 동지로 여기며 크게 환영할 것이다. 다만 글이 쓸데없이 길거나 그 뜻이 난삽한 경우는 싣지 않을 것이다. 직접 나에게 부치거나 신문과 잡지에 게제하지 않은 채 발표하는 것 또한 그렇다.

나는 평소 딱히 할 일이 없어 몇 가지 문제를 깊이 연구해 왔다. 연구 결과가 과연 합당한지 여부를 스스로 알 길이 없는 경우는 특별히 대서해 놓았으니 부디 독자들이 옳게 가르쳐 주기 바란다. 이들 문제에 대한 연구는 이미 크게 혼란스러워 마치 방황하다 좌절한 사람과 같은 상태이다. 곁에서 지켜보는 제군들은 내가 이들 문제에 대한 연구를 재차 제대로 할 수 있도록 부디 나의 갈 길을 가르쳐 주기 바란다.

진리를 곧바로 찾아낼 수만 있다면 가장 좋으나 이는 반드시 내가 찾아낼 필요는 없다. 마치 구국구민救國救民 등의 사업과 같은 것이다. 인민들의 고통도 즉시 해소되면 가장 좋으나 반드시 내가 이를 해내야 할 필요가 없는 것과 같다. 나는 오직 나의 의견 발표에 몰두하면서 득실과 상관 없이 독자들의 비평에 일임하는 까닭에 스스로 단 한 자도 변명할 수 있는 입장이 아니다. 내가 말한 것이 틀렸다면 마땅히 제군들의 의견을 좇아 고치고 감히 내 견해를 고집하지 않을 것이다.

나의 이 『후흑총화』는 평소 써온 글과 중경의 《신촉보新蜀報》에 발표한 「수록隨錄」, 《제천보濟川報》에 발표한 「급심재잡록汲心齋雜錄」, 근일에 새롭게 느낀 생각 등을 합쳐 쓴 것이다. 토론 대상이 된 문제는 대개 '후흑' 2자의 범위에서 벗어난 것이다. 제군이 이 '후흑총화' 4자를 편명으로 삼는 것은 가하다. 그러나 『용재수필』이나 『북몽쇄언』 등은 나의 많은 설법이 모두 여러 글로 되어 있는 까닭에 제목으로는 적당치 않다.

제군이 비평한 글은 일단 신문잡지상 발표한 후 한 부를 보내주기 바란다. 《화서일보》의 부속 간행물 부서 전교轉交로 해주면 더 없이 고맙겠다.

민국 24년(1935) 11월 15일

이종오

제1절

후흑사관

나는 청나라 말기에 후흑학을 발명했다. 24사에 나오는 영웅호걸의 성공비결은 '면후심흑面厚心黑' 이라는 네 글자 이외에는 없다는 것을 역사적 사실을 인용해 실증했다. 나는 이런 연구결과를 민국 원년(1912) 성도의《공론일보》에 게재했다. 당시 그 글은 장난으로 쓴 것이었다. 이후 '후흑학' 이라는 세 글자는 마침내 사천성 내에 널리 퍼져 하나의 보통명사가 되었다. 매번 서로 모르는 친구를 만날 경우 옆사람은 나를 소개하면서 반드시 "이 사람이 바로 후흑학을 만든 이종오이다"라고 말하곤 했다. 이종오라는 이름 석 자는 거의 '후흑학' 3자와 동일한 것이 되었다. 이는 석가와 불교가 합쳐져 하나가 되고 공사와 유교가 합쳐져 하나가 된 것과 같다.

한번은 연회석상에서 어떤 사람이 많은 사람들을 향해 "이분의 성은 '이' 이고 이름은 '종오' 로 후흑학을 만든 선배이다"라고 말한 적이 있다. 그래서 나는 급히 그의 말을 이같이 정정했다.

"당신의 말은 틀렸소. 나는 후흑학의 조사祖師입니다. 당신들이야말로 후흑학의 선배들이오. 나의 위치는 불교의 석가나 유교의 공자와 같으니 당연히 조사가 될 만하다고 생각하오. 당신들은 석가 문하의 12원각十二圓覺 내지 공자 문하의 4과10철四科十哲과 같소.[2] 일반인에게는 당연히 선배라고 할 만하오."

후흑학은 수천 년 동안 전해지지 않은 '천고부전千古不傳의 비결'이다. 나는 후흑학을 발명한 이래 그 공이 가히 우禹임금 바로 밑에 놓을 만하다고 생각했다. 매번 내가 가는 곳마다 사람들은 나에게 후흑학을 가르쳐달라고 졸랐다. 오묘한 학문을 갖고 있지만 이를 혼자만 갖고 있을 수 없어 성실하게 가르쳐 줄 수밖에 없었다. 가는 곳마다 기록해 놓았던 것을 묶어놓은 것이 바로 '후흑총화'이다.

누가 나의 도를 이같이 논박했다.

"낯가죽이 두껍고 속마음이 시꺼먼 사람이 예로부터 지금까지 어찌 한둘이겠는가? 이는 본래 통상 있는 일이다. 당신은 어째서 창시자라는 이름을 도용했는가?"

나는 이같이 반박했다.

"소위 창시자란 광물학자가 모종의 철광을 발견하는 것과 같다. 그러나 광물학자가 철광석을 캐러 갱 속에 들어가는 것은 아니다. 땅 속에는 원래 석탄과 철광이 있어 광물학자가 위에 있는 토석을 제거하면 철광석은 저절로 나오게 되어 있다. 이를 곧 발명이라 하는 것이다."

후흑은 본래 사람 모두에게 있는 것이다. 단지 사서오경과 송유들의

2. '12원각'은 『원각경』에 등장하는 불가의 대표적인 12보살로 문수보살, 보현보살, 보안보살, 금강장보살, 미륵보살, 청정혜보살, 위덕자재보살, 변음보살, 정제업보살, 보각보살, 원각보살, 현선수보살을 말한다. '4과10철'은 각 분야에 뛰어났던 공자의 제자들을 4종류로 분류한 것으로 『논어』「선진」편에 나오는 다음 대목을 기준으로 한 것이다. "실천이 독실해 덕행에 능한 제자로는 안연(顔淵)·민자건(閔子騫)·염백우(冉伯牛)·중궁(仲弓), 언변에 능해 응대사령에 뛰어난 제자로는 재아(宰我)·자공(子貢), 재주가 많아 정사에 능한 제자로는 염유(冉有)·계로(季路), 박학하여 문학에 능한 제자로는 자유(子游)·자하(子夏) 등이 있었다." 여기서 덕행, 언어, 정사, 문학을 흔히 '공문4과(孔門四科)'로 부르게 되었다.

어록, 『감응편感應篇』, 『음즐편陰騭篇』, 『각세진경覺世眞經』 등에 의해 가려져 있을 뿐이다. 내가 그것을 쓸어버리면 후흑이 적나라하게 나타나게 된다. 이를 일컬어 발명이라 하는 것이다.

뉴턴은 만유인력을 발명했다. 만유인력은 뉴턴이 가져온 것이 아니다. 개벽 이래 땅 속에 인력이 있었으나 오랜 동안 이를 몰랐다가 뉴턴이 나온 후 겨우 발견한 것이다. 후흑이라는 학문도 고대로부터 지금까지 모든 사람들이 만들어 온 것이다. 그러나 행하면서도 몰랐고 배우면서도 알아차리지 못했기 때문에 이종오가 나온 뒤에야 밝혀지게 된 것이다. 뉴턴을 만유인력의 발명가라고 칭한다면 당연히 이종오를 후흑학의 발명가라고 불러야만 할 것이다. 어떤 사람이 나에게 이같이 물었다.

"중국은 해마다 내란이 그치지 않으니 이들 모두 후흑학을 배워 이같이 시끄럽게 만들었음에 틀림없다. 현재 강대국이 중국을 압박해 망할 지경에 이르렀는데 어찌 후흑학을 떠들고 다니는 것인가?"

나는 이같이 반박했다.

"망국지경에 이르렀기 때문에 더욱 더 후흑학을 외치고 다니는 것이다. 능히 이 학문을 연구한 후에야 국내의 분란상황도 평정할 수 있고 대외적으로도 강대국과 대적할 수 있는 것이나."

후흑은 일을 처리하는 기술이다. 이는 마치 사람을 치는 권법과 같은 것이다. 여러분들은 이런 사실을 잘 알고 있을 것이다. "무릇 권법가는 문을 닫고 수년 동안 연습을 한 후에야 비로소 세상에 나와 사람들과 악수를 한다."

신해혁명 이래 지금까지 계속되고 있는 소요는 모두 나의 제자들이거나 나를 사숙한 제자들이 실제로 연습한 결과이다. 그들 사형사제와 서로 절차탁마하여 공력을 닦은 지 24년이나 되니 연습은 이제 끝났다고 할 만하다. 이제 이들은 속세로 하산해 사람들과 악수를 나눌 수 있을 것이다. 이를 두고 이같이 말할 수 있다.

"후흑으로 적을 제압하니 어떤 적인들 제압하지 못할 리 없고, 후흑으로 공을 세우고자 하니 어떤 큰 공인들 이루지 못할 리 있겠는가?"

나는 이런 견해에 기초해 이런 구호 한 마디를 특별히 제시하고자 한다.

"후흑구국厚黑救國(후흑으로 나라를 구함)!"

오늘날과 같은 상황에서 열강에 저항하려면 후흑학을 배제하고 무슨 뾰족한 방법이 있을 수 있겠는가? '후흑총화'를 부득불 쓰지 않을 수 없는 이유가 바로 여기에 있다. 열강에 저항하려면 역량이 있어야 한다. 인민들이 후흑학을 열심히 연마하면 역량이 있다고 할 만하다. 활을 쏘는 것에 비유하면 종전에는 성문을 닫고 모든 사람들이 나를 향해 활을 쏘고 나도 활을 쏴 대응했다. 그러나 이제는 서구 열강이 우리 모두의 표적이 되어 있는 만큼 우리 모두 그 표적을 향해 활을 쏴야 한다. 내가 말한 '후흑구국'은 오직 이 의미뿐이다.

'후흑구국'은 예전에 이미 행한 자가 있다. 월왕 구천勾踐이 바로 그 사람이다. 그는 회계싸움에서 진 뒤 스스로 오왕 부차夫差의 신하가 되었다. 그의 처는 부차의 첩이 되었다. 이것이 바로 '면후面厚'의 비결이다. 그는 후에 거병하여 오나라를 깨뜨렸다. 부차는 사람을 보내 통곡하며 자신은 신하가 되고 부인은 첩이 되겠다고 빌었으나 구천은 조금도 고삐를 늦추지 않았다. 당시 그의 입장에서는 후환을 없애기 위해서라도 부차를 죽음으로 몰아가지 않으면 안 되었다. 이것이 바로 '심흑心黑'의 비결이다. 여기서 알 수 있듯이 '후흑구국'의 취지를 살리기 위해서는 우선 '면후'가 먼저 나온 뒤 '심흑'이 뒤따라야 한다. 구천의 행적이 우리들에게 좋은 참고가 될 것이다.

항우項羽는 역발산기개세力拔山氣蓋世의 영웅이다. 그가 실패한 원인은 한신이 말한 바와 같이 '필부지용匹夫之勇'과 '부인지인婦人之仁' 밖에 갖지 못한 데 있다. 필부의 용기는 모욕을 참지 못하는 것이다. 이는 '면후'가 이뤄지지 못한 데 있다. '부인지인'은 마음 속에 잔인하지 못한 면이 있음을 말한다. 이는 '심흑'이 제대로 이뤄지지 않은 데 있다. 내가 후흑학을 말하는 것은 순전히 '불후불흑不厚不黑'을 경계로 삼기 위함이다.

'불후불흑'은 완전히 후흑이 아닌 경우를 말하는 것이 아니라 불완전한 후흑을 의미한다. 만일 후흑을 거꾸로 이용해 '면후'여야 할 때 '심흑'을 사용하거나 '심흑'이어야 할 때 '면후'를 쓰면 틀림없이 실패하게 된다.

명나라의 경우를 예로 들면 스스로 역량을 키우지도 않은 채 만주에 대해 가벼이 작전한 것은 '필부지용'에 불과하다. 이자성을 위시한 도적들에 대해 도적의 야욕을 길들이기 어렵다는 사실을 모르고 줄곧 온건한 대책으로 나간 것은 '부인지인'에 불과하다. 명나라는 이 때문에 망한 것이다. 이는 '면후'와 '후흑'을 거꾸로 사용한 데 기인한 것이다. 이것이 구국지사들이 이를 세밀히 연구하지 않으면 안 되는 이유이다.

중국은 현재 내우외환의 위기에 처해 있다. 그 모습은 명나라 말기의 모습과 흡사하다. 다만 진행되는 순서가 정반대로 진개되고 있을 뿐이다. 강한 이웃이 압박을 가하는 상황에서는 반드시 심사숙고해 경솔히 다투는 일이 없어야만 한다. 열강과 대적하기 위해서는 '필부지용'을 경계로 삼아야 한다. 국내의 비적들에 대해서는 고식적인 방법을 버리고 강력히 대처해 '부인지인'과 반대방향으로 힘쓰고 있으니 이는 대단히 칭찬할 만한 일이다.

명나라 말기 외환은 점점 급박해지고 내부의 당쟁은 더욱 격렬해졌다. 숭정제는 이미 매산煤山에서 목매달아 죽은 뒤였다. 복왕福王이 남경에서 새로 나라를 세웠지만 소위 '지사志士'라는 자들은 그 때까지도 당쟁을 그치지 않았다. 복왕이 청나라에 의해 산 채로 잡혀간 뒤에도 당왕唐王과 계왕桂王, 노왕魯王을 옹립한 지사들은 당쟁을 멈추지 않았다.

요즘 중국은 과거와 다른 모습을 보여주고 있어 다행이다. 외환이 급박해질수록 내부의 당쟁은 점차 소멸되어 많은 병사들은 적대적인 관계를 청산하고 기꺼이 한 집에 모이는 모습을 보여주고 있다.

명나라의 당인黨人은 참을성이 없었으나 현재의 당인은 참을성이 있다. 전개과정이 명나라 때와 상반되는 것이다. 이는 기쁜 일이다. 이종오는 말한다.

"명나라가 망한 이유를 아는 것은 곧 공화국이 흥하는 이치를 아는 것이다."

구국지사들은 내가 만들어낸 '후흑사관'을 한번 자세히 연구해 주길 바란다. 어제 집에 도착하니 객실에 잘 아는 친구가 와 기다리고 있었다. 그는 나를 보자마자 이같이 말했다.

"자네는 무슨 심사로 신문에 후흑학을 연재하는 것인가? 현재의 인심이 험악하고 사특한 데다가 큰 난이 그치지 않고 있으니 마땅히 도덕을 강의해 이를 구할 생각을 해야 하네. 자네는 이같이 괴이한 이론이 인심을 더욱 나쁘게 만들고 있다고 생각지 않는 것인가?"

나는 이같이 응답했다.

"자네도 걱정이 너무 지나치군."

나는 그에게 내가 생각하는 후흑학의 모든 것을 세세히 설명해 주었다. 그는 늦은 밤이 되어서야 자리를 털고 일어서면서 매우 기쁜 표정으로 이같이 말했다.

"이같이 말하는 것을 보니 자네는 틀림없이 공자 신도일세. 후흑은 한 마디로 말해 세상을 구하고 인심을 계도하는 명약이 아닐 수 없네. 이후 나는 후흑 교주의 이름 밑에 있는 한 신도가 되겠네."

양계초梁啓超는 일찍이 이같이 말한 바 있다.

"가령 내가 불행히 죽게 되면 이는 학계의 큰 손실이다."

그는 56세에 죽었다. 이로 인한 학술계의 손실은 참으로 적지 않았다. 정명도程明道와 육상산陸象山 등과 같이 저명한 학자는 54세에 죽었다. 한퇴지韓退之와 주렴계周濂溪, 왕양명王陽明은 모두 57세에 죽었다.

비천한 나도 후흑학에 관한 한 이들의 아래에 있을 생각이 없다는 것을 자신한다. 나이로 말한다면 이미 57세가 되었으니 양계초나 정명도 등보다도 오래 산 셈이다. 그러나 내가 염려하는 것은 만일 내가 갑자기 죽게 되면 조조, 유비 등과 같은 성인이 전수한 비법이 이로 인해 끊어질까 하는 점이다. 그 경우 후흑학계의 손실이 어느 정도일지 생각이나 할 수 있겠는가? 내가 급히 글을 남겨두려고 하는 것도 이 때문이다. 나라고 어찌 후흑을 강의하는 것만을 좋아했겠는가? 부득이했기 때문이다.

마르크스는 유물사관을 발명했다. 나는 후흑사관을 발명했다. 후흑사관을 이용해 24사를 읽으면 역대 왕조의 흥망성쇠의 배경 등을 손바닥 보듯 쉽게 알 수 있다. 우리는 후흑사관을 이용해 다윈의 '적자생존' 법칙을 공격하고 무력을 맹신하는 자들로 하여금 이론적인 기반을 잃도록 할 수 있다. 나는 독자들이 인내심을 갖고 읽어내려가 주기 바란다. 이런 선입견은 절대 사절이다.

"후흑학은 사람을 현혹하는 것이다."

이런 선입견도 절대 사절이다.

"마르크스와 다윈은 서양의 성인이고 이종오는 중국의 형편 없는 사람이다. 예로부터 지금까지 결단코 중국인의 이론이 서양인의 이론을 넘어선 적이 없다."

만일 이런 생각을 갖고 있는 독자라면 매일《화서일보》의 간지를 읽을 때마다 '후흑총화' 칼럼을 읽어주길 부탁한다. 만일 이를 읽지 않는다면 당신을 현혹했다는 누명을 벗는 셈이다.

어느 날 한 친구가 나를 찾아왔다. 그는 송학을 가르치는 선생님이었다. 그는 나를 보자마자 더 이상 후흑학을 가르치지 말라고 주문했다. 나는 그로 인해 유학을 오도하는 '우유迂儒'가 되었다. 깊은 얘기를 나누지는 않았지만 그와 같은 지적에 정중히 사례를 표했다. 그러자 그는 말을 할수록 더욱 신이 났다. 한 마디로 말해 훈계조의 말을 계속한 것이다. 나는 그를 화나게 할 요량으로 이같이 말했다.

"당신은 유학자를 자처하는데 내가 볼 때는 오직 공자의 노예에 불과하기 때문에 공자의 도를 논할 자격도 없소. 왜 그런가 하니, 성리학을 가르친다는 당신들은 신주에 '천지군친지위天地君親之位' 라고 쓰고 있소. 당신은 이미 공자를 스승으로 삼았고 스승과 제자는 부자지간과 같다고 할 수 있으니 곧 군신관계로 해석할 수 있을 듯하오. 옛 말에 이런 말이 있소. '부모를 섬기면서 몇 차례나 간했는가事父母幾諫.' 또 이런 말도 있소. '주군을 섬기면서 잘못함이 보이거든 가리지 않고 간한다事君有犯而無隱.'

그런데 당신은 왜 부모와 군주를 모시듯 공자를 섬기지 않는 것이오. 공자의 학설은 여러 면에서 오늘날 적용하는 데 문제점을 드러내고 있소. 그럼에도 감히 고치려고 하지 않는 것은 신하와 자식을 참칭한 소행이 아니고 무엇이겠소. 이것이 공자의 노예가 아니고 무엇이오? 고금을 통틀어 공자의 제자를 자처한 자가 많았으나 사실 제자라고 말할 수 있는 사람은 맹자 한 사람뿐이오. 공자는 일찍이 '나는 싸우면 반드시 이긴다' 라고 말한 바 있소. 이에 대해 맹자는 말하기를 '싸움을 잘하는 자는 형벌에 굴복한다' 고 했소. 맹자의 말이 맞다면 공자는 극형에 처해져야 하지 않겠소?

맹자는 일찍이 이같이 말한 바 있소. '공자를 배우는 자 중에는 제환공과 같은 자를 거론한 적이 없다.' 그는 관중에 대해서도 그같이 언급했소. 그러나 『논어』에는 분명히 이같이 기록되어 있소. '제환공은 바르면서도 휼계譎計(사술)가 없었다.' 또한 이런 기록도 나오고 있소. '환공이 9번이나 제후를 결속시킬 때 군사를 동원하지 않은 것은 관중의 공이다. 관중과 같이 어진 사람이 있다면 바랄 나위가 있겠는가!'

공자는 또 관중에 대해 이같이 말했소. '관중은 환공의 신하로 있으면서 천하를 통솔했다. 한번에 천하를 바로 잡으니 지금도 백성들이 그의 은덕을 입고 있다. 관중이 없었다면 나는 머리를 올리고 오랑캐 옷을 입었을 것이다!' 맹자의 말이 어찌 공자의 말과 어긋난 것이 아니겠소. 공자가 『춘추』를 편수할 때 주나라 천자를 왕으로 삼아 주왕을 '천왕天王'이라고 했소.

그러나 맹자는 제후들에게 유세하면서 이같이 말한 적이 있소. '땅이 사방 1백 리이면 가히 왕이라 할 만하다!' 그는 이어 이같이 말했소. '대국은 5년이고 소국은 7년이면 반드시 천하에 좋은 정치를 펼칠 수 있다!' 그러니 맹자는 주나라 왕을 어디에 두어야 할지 몰랐다고 할 수밖에 없지 않소? 이 어찌 공자에게 반기를 든 것이 아니겠소?

그러면서도 맹자는 스스로 이같이 말했소. '내가 바라는 바는 공자를 배우는 것이다!' 맹자의 공자에 대한 태도는 노예근성을 벗어던진 데에 그 특징이 있는 것이오. 그래서 가히 공자의 문도라고 할 만한 것이오. 그러나 한나라와 송나라의 모든 유학자들은 모두 공자의 노예에 불과할 뿐이오. 당신도 입만 열면 정이천과 주희를 얘기하고 있소. 송유들이 명백히 잘못을 저질렀다는 것을 알고도 고치려 들기는커녕 오히려 이를 덮으려고만 하니 이는 노예의 노예가 아니겠소? 그래서 '공자의 노예'라고 한 것이오. 이 또한 사실은 과분한 칭호라고 할 수 있소."

나의 말이 끝나자 그는 크게 화를 내며 나갔다. 독자들은 이 점을 반드시 알아야만 한다. "세상의 주인들은 말을 잘한다. 노예는 말을 잘 못한다. 노예의 노예는 더더욱 못하는 것은 물론 설득하기가 어렵다. 중국에 소요가 그치지 않는 것은 공자의 노예들과 노예의 노예들이 그같이 만들고 있기 때문이다." 그러니 그들이 주인과 더불어 무슨 말을 할 수 있겠는가.

나는 공자학설이 있다는 사실을 잘 모른다. 마르크스와 다윈의 학설이 있다는 것은 더더욱 모른다. 다만 후흑학이 있는 사실만 알 뿐이다. "후흑학을 어디에 쓸 것이냐"고 묻는다면 "열강에 저항하는 데 쓴다"고 말할 수 있다. 나는 감히 후흑 교주의 자격으로 4억의 중국인에게 이같이 선언한다.

"구천은 어떤 사람인가? 나는 어떤 사람인가? 모든 나의 동지는 하루 빨리 후흑으로 일어나라! 누가 동지인가? 마음과 힘과 재주를 다해 열강에 저항하는 자가 동지이다. 누가 다른 당인가? 마음과 힘과 재주를 중국인을 무너뜨리는 데 쓰는 자이다."

일찍이 장헌충張獻忠은 재동梓潼에 있는 문창제군文昌帝君(신격화된 북두칠성의 제1성인 문창성)에게 제사를 올리며 이같이 말했다.[3]

3. '장헌충'은 명대 말기에 이자성과 함께 반란군의 지도자로 활약하면서 청군이 북경에 입성하는 1644년에 사천성을 근거지로 '대서(大西)'를 세워 황제가 된 인물이다. 2년 뒤인 1646년에 청의 군대에게 패배해 전사했다. 1627-1628년에 섬서성 일대에 가뭄이 들자 가혹한 세금에 시달리던 농민들이 곳곳에서 일어났다. 병사 출신인 장헌충도 민란 지도자인 왕가윤 밑으로 들어갔다. 1631년에 왕가윤이 죽자 고영상 휘하로 들어간 그는 점차 독립해 호남과 강서, 사천 일대로 진출했다. 그의 군사는 한때 60만 명에 달할 정도로 세력을 떨쳤다. 1641년에 호북성을 공격해 양왕 주익명을 죽인 후 1643년에는 무창에 둥지를 틀고 '대서왕(大西王)'을 칭했다. 이듬해에 사천성으로 진출한 그는 성도를 공격해 촉왕 주지주를 죽인 후 성도를 서경(西京)으로 고치고 스스로 '대서황제(大西皇帝)'에 올랐다. 1646년에 숙친왕 호거(豪格)가 이끄는 청군이 진격해 오자 성도에서 격전을 벌이던 중 봉황산에서 화살을 맞고 전사했다. 그의 잔당들은 1659년에 중경이 함락될 때까지 저항했다. 당시 장헌충은 임산부와 어린애까지 마구잡이로 죽이는 등 무자비한 살육과 약탈을 저질러 소위 '도부(屠夫)'의 악명을 얻었다. 사천성은 장헌충에

"당신의 성도 장 씨, 늙은 나의 성도 장 씨, 우리 서로 종씨로 맺어봅시다."

내 생각에는 공자가 만일 하늘에서 나의 선언을 들었다면 틀림없이 이렇게 말했을 것이다.

"나는 중화인은 힘을 합쳐 이적에 대항하자고 애기했고 당신은 중국인들이 힘을 합쳐 열강과 대적하자고 애기했으니 우리 연합합시다."

전에 양계초 선생은 이같이 말한 바 있다.

"『춘추』를 읽는 것은 『초사』를 읽는 것과 같다. 단어 자체는 미인과 향초를 읊은 것이지만 사실은 군왕의 인의를 가리키는 것이다. 문장 자체는 제환공과 진문공을 말하는 것이지만 실은 옛 성왕의 문무제도를 말하는 것이다."

슬프다! 문장의 깊은 뜻을 아는 자는 가히 후흑학을 읽었다 할 만하다. 후흑학의 단어는 조조와 유비를 말하지만 본래 뜻은 10년간 칼을 간 월나라의 구천과 8년간의 독립전쟁을 치른 워싱턴을 말한다. 조조와 유비를 스승으로 삼는 것은 후흑의 기술을 배우고자 하는 것이니 그들의 목적이 어디에 있는 것인지 캐물을 필요는 없다. 양계초 선생이 구천에서 살아 돌아와 더불어 도론하지 못하는 것을 한스럽게 여길 뿐이다.

나는 후흑학을 지었다. 순전히 '춘추필법'을 사용해 선과 악을 표현하는 데 거리낌이 없다. 사안에 따라 선악을 그대로 직필直筆했을 뿐이다. 같은 후흑이라도 개인의 사리私利를 위해 쓰면 극히 비열한 행위가 된다. 그러나 인민의 공리公利를 위해 사용하면 지극히 높고 고상한 도덕이 된

게 도륙당한 데 이어 그를 진압하러 들어온 청군들에 의해 다시 한 번 도륙당했다. 그의 '도부' 행각은 과장된 측면이 있기는 하나 상당부분 사실이다. 청군과 격전을 벌인 성도는 도시 전체가 파괴되어 무인지경이 되었다.

다. 따라서 춘추필법을 모르는 자는 후흑학을 이해할 수가 없는 것이다.

1917년 성도의 국민공보사에서 후흑학을 단행본으로 엮어 출판했다. 의빈宜賓 당척풍唐倜風이 서문을 쓰고 중강中江 사수청謝綬靑이 발문跋文을 썼다. 사수청은 발문에서 이같이 밝혔다.

"후흑학은 날이 잘 선 예리한 칼과 같다. 반역자를 치는 데 쓰면 좋고 양민을 죽이는 데 쓰면 나쁘다. 선과 악은 칼을 어떻게 사용하느냐에 달려 있는 것이다. 따라서 후흑으로 선을 삼으면 선인이 되고, 후흑으로 악을 삼으면 악인이 된다."

사수청의 이 말은 매우 정확한 것이다. 이는 내가 앞서 언급한 춘추필법의 취지와 동일한 것이다. 이와 관련해 당척풍은 이같이 말했다.

"이종오의 이 저서는 단순히 천고의 일대 간웅과 일대 사기꾼을 한 곳에 모두 모았을 뿐만 아니라 그들의 죄를 일일이 논죄論罪한 것이다. 나는 이 책을 열심히 읽고 후흑학에 나오는 인물은 거의 모두가 자연의 이치를 세상에 응용한 사람이라는 사실을 알게 되었다."

당척풍의 이 말은 진실로 옳은 것으로 사수청이 말한 것보다는 큰 틀에서 후흑학을 언급한 것이라고 할 수 있다. 장자는 이같이 말한 바 있다.

"동상을 막는 약의 효용은 동일하지만 쓰기에 따라서는 사람을 제후로 만들 수도 있고 평생 솜 빠는 일을 못 면하게 할 수도 있다."[4]

4. 이는 『장자』 「소요유」편에 나오는 일화에서 따온 것이다. 송나라에 손 안 트는 약을 잘 만드는 사람이 있었다. 그는 그 약을 손에 바르고 대대로 솜을 물에 빠는 일을 가업으로 삼았다. 한 나그네가 그 소문을 듣고 약 만드는 방법을 백금을 주고 사겠다고 하자 그는 친척들을 모아 이같이 말했다. "우리는 솜 빠는 일을 대대로 해오고 있지만 수입은 불과 몇 푼에 불과하오. 이 기술을 팔면 단번에 백금이 들어오니 팔도록 합시다." 나그네는 그 약 만드는 방법을 가지고 오나라 왕을 찾아가 설득했다. 월나라가 오나라에 쳐들어 오자 오왕은 그 사람을 장군으로 썼다. 오나라는 겨울에 월나라 군사와 수전(水戰)을 해 크게 이겼다. 오왕은 그 공적을 치하

슬프다! 장자와 같은 자라면 얼마든지 후흑을 같이 더불어 논할 수 있으련만. 똑같은 선양禪讓이지만 순임금과 우임금은 이로 인해 만고의 성인이 되었고, 조승상曹丞相(조조)과 유유劉裕(남북조 때 동진의 공제로부터 선양을 받은 송나라 창업주)는 이로 인해 만고의 역신이 되었다. 이종오는 말한다.

"순임금과 우임금의 일은 만일 후흑을 기준으로 말하면 옳은 것일까 틀린 것일까? 나는 의구심이 들지 않을 수 없다."

당척풍은『장자』를 볼 때 이 대목을 읽으면서 책을 손에서 놓지 않았다고 했으나 후흑에 대해서는 거의 근처까지 가기는 했지만 완전히 꿰는 수준까지는 이르지 못했다. 애석한 일이 아닐 수 없다. 당척풍은 만년에 불교학의 대가인 구양경무歐陽竟無로부터 유식학唯識學을 전수받은 뒤 성도로 돌아왔으나 가난과 병으로 이내 죽고 말았다. 나는 그를 위해 이런 만가輓歌 한 수를 지었다.

"돈이 있으면 책을 사고 그렇지 않으면 쌀을 사라."

만일 당척풍이 후흑학 한 권을 사고 나머지 돈으로 쌀을 살 수만 있었다면 지금까지 살아 있었을 것이다. 당척풍은 이를 미처 깨닫지 못했던 것이다. 슬픈 장부여, 슬픈 장부여 ….

나는 후흑학을 선전하고 다닌다. 여기에는 두 가지 종류가 있다.

갑 : 당척풍이 말한 바와 같이 천고의 일대 간흉과 일대 사기꾼을 한

해 땅을 나눠주고 제후로 삼았다. 손을 트지 않게 한 것은 마찬가지였으나 한쪽은 제후가 되고 한쪽은 솜 빠는 일에서 벗어나지 못했다. 이는 약의 사용법이 다르기 때문이었다. 이 우화는 거대담론이 얘기만 화려할 뿐 쓸모가 없다는 혜시(惠施)의 지적에 장자가 반론을 제기하기 위해 예로 든 것이다.

곳에 모아 일일이 그 죄를 논죄하는 것이다. 1911년 발표한 '후흑학'을 포함해 '후흑전습록'에서 수록된 '구관6자진언'과 '주관6자진언', '판사2묘법' 등이 여기에 속한다.

을 : 사수청이 말한 바와 같이 후흑을 이용해 선을 행하는 것이다. '후흑총화'에서 말하는 '후흑구국' 등이 바로 여기에 속한다.

독자 여러분은 나의 학문에 대해 잘 연구하면 이후 어떤 사람이 당신에게 후흑학을 행사할 경우 한눈에 그 전모를 곧바로 알아차릴 수 있을 것이다. 이 경우 당신은 그에게 이같이 말할 수 있을 것이다.

"당신은 이종오의 갑반甲班(우등반) 학생이고 나 또한 당신과 같은 반을 졸업했다. 당신이 그것을 갖고 논다면 조금만 사용하시게!"

이 때문에 동문들은 서로 마음을 열고 친교를 맺을 수 있다. 천하도 자연스레 태평해질 것이다. 이는 곧 후흑학의 공이 아닐 수 없다. 어떤 사람이 이같이 말했다.

"노자가 말하길 '국가에 이익이 되는 도구는 사람들에게 보여줄 수 없다'고 했다. 네가 후흑학을 공개적으로 말할 때 만일 매국노가 후흑학을 영어, 불어, 독어, 러시아어 등 외국어로 번역해 세계에 퍼뜨리게 되면 열강도 이런 비결을 얻게 될 것이다. 만일 이들이 이를 과학적으로 정리해 오히려 우리들에게 사용하려 들 경우 마치 우리가 발명한 화약을 개량해 우리에게 사용한 전철을 밟을 소지가 크다. 이를 어찌 할 것인가?"

나는 이같이 반박했다.

"나는 오히려 번역되지 않을까 걱정한다. 번역이 많이 되면 될수록 더욱 좋다."

송나라는 사마광을 재상으로 삼았다. 그러자 요나라 사람들이 이 소식을 듣고 변방의 관리들에게 이같이 경계시켰다.

"중국이 사마광을 재상으로 삼았으니 다시는 사단을 일으키지 말라."

우리는 오히려 중국이 후흑 교주를 냈다는 얘기를 듣는 순간 열강의 간담이 서늘해졌다는 풍문을 들을 수 있지 않겠는가? 공자는 이같이 말했다.

"말에는 신뢰가 있어야 하고 행함에는 돈독함이 있어야 한다. 그리하면 비록 오랑캐의 나라일지라도 능히 도가 행해질 수 있다."

중국의 대외정책은 유사 이래 줄곧 '성誠'이라는 굳건한 기반 위에 구축돼 왔다. 지금 공자에게 이같이 명명백백하게 말할 수 있다.

"중국은 현재 널리 후흑 학교를 세우고 있다. 모든 학교가 '대성지성선사 월왕 구천勾踐'의 신위를 모시고 있다. 후흑 교주는 하나의 통신교육학교를 열었다. 매일 신문지상에 강연원고를 싣는 것은 10년 만에 오나라를 멸할 계획을 세우는 것에 비유할 수 있다. 이 10년 동안 당신이 무슨 조건을 제시하든 우리는 그 조건에 따라준다. 그렇게 해서 10년이 지난 뒤 장부를 정리하면 되는 것이다."

우리가 이를 염불처럼 되뇌면서 일을 만들어낼 경우 절대 그들에게 큰소리치는 것이 아니라는 사실이 드러날 것이다. 다만 외국어로 번역하는 자들에게 정중하게 부탁하고자 한다. 후흑학을 번역할 때 한 마디 구절을 꼭 덧붙여 주기 바란다.

"구천은 처음에 오왕의 신하가 되고 그의 마누라는 첩이 되었다. 후에 오왕 부차가 자신도 똑같은 일을 하겠다며 용서를 구했으나 구천은 이를 용납지 않았다. 만일 그를 죽음으로 몰아가지 않았다면 몇 배의 배상금을 물어야만 했을 것이다. 이는 우리의 위대한 스승인 구천이 가르쳐 준 교훈이다. 열강은 머리 값 말고도 속죄를 위해 많은 돈을 준비해 두지 않으면 안 될 것이다."

예전 송나라 때 왕덕용王德用이 변경을 지키고 있을 때의 일이다. 거란이 사신을 보내 송나라를 정탐토록 하자 많은 장군과 군사들이 사신을 체포할 것을 청했다. 그러자 왕덕용이 이같이 말했다.

"불초不肖한 짓이다."

그리고는 크게 열병하며 사신이 보도록 했다. 사신이 돌아가 보고하자 거란은 곧 사람을 보내 화의를 청했다. 만일 외국인이 중국의 조야가 상하를 가리지 않고 모두 일치단결해 후흑학을 연구하고 있다는 사실을 알면 도저히 대적할 수 없다는 사실을 깨닫고 야심을 거두어들일 것이다.

10년 후에 이런 살생계를 어기지 않을 경우 후흑학은 인류에게 커다란 복을 만들어 준 셈이 된다. 과연 이보다 더한 것이 있을 수 있을까? 이는 매국노가 후흑학을 번역한 공로가 될 것이다. 인의도덕을 찾으며 고담준론을 즐기는 자들이 어찌 이런 이치를 알 리 있겠는가? 경전에는 이런 말이 나온다.

"불은 맹렬하기 때문에 사람들이 이를 보고 두려워한다. 그래서 타 죽는 자가 적다. 물은 유약해 보이기 때문에 사람들이 이를 친하게 여겨 그 속에서 놀기를 좋아한다. 그래서 죽는 자가 많다."[5]

5. 이는『춘추좌전』「노소공 20년」조에 나오는 일화이다. 기원전 6세기 중엽의 춘추시대 당시 정(鄭)나라 재상 자산(子産)은 탁월한 통치술로 칭송이 자자했다. 자산은 임종 전에 후임자인 유길(游吉)에게 이같이 당부한 바 있다. "오직 덕이 있는 자만이 관정(寬政)으로 백성을 복종시킬 수 있소. 그렇지 못한 사람은 맹정(猛政)으로 다스리느니만 못하오. 무릇 불은 맹렬하기 때문에 백성들이 이를 두려워하므로 불에 타 죽는 사람이 많지 않소. 그러나 물은 유약하기 때문에 백성들이 친근하게 여겨 쉽게 가지고 놀다가 이로 인해 매우 많은 사람이 물에 빠져 죽게 되오. 그래서 관정을 펴기가 매우 어려운 것이오." 자산 사후 유길은 차마 맹정을 펴지 못하고 관정으로 일관했다. 그러자 정나라에서는 도둑이 기승을 부렸다. 유길이 크게 후회했다. "자산의 말을 들었더라면 이 지경에 이르지는 않았을 것이다." 그리고는 곧 병사들을 출동시켜 도둑들을 토벌했다. 이를 두고 자산을 존경했던 공

후흑 선생은 부처 여래의 화신이 모여서 만들어진 자이다. 나의 한 친구는 사람을 놀라게 할 만한 매우 정치한 하나의 이론을 만들어냈다. 그는 이같이 말했다.

"세상의 일이란 크게 2가지로 나눌 수 있다. 하나는 할 수는 있으나 말할 수는 없는 것이고, 또 하나는 말할 수는 있으나 할 수는 없는 일이다. 예컨대 부부 간의 일을 사랑방의 많은 사람들에게 얘기하면 웃음거리가 된다. 이것이 할 수는 있으나 말할 수 없는 것이다. 또한 두 친구가 서로 가벼이 농담을 하면서 다른 사람의 어머니나 누이 등에 대해 욕을 하더라도 이를 크게 이상하게 생각지는 않을 것이다. 그러나 만일 이를 실제로 할 경우 많은 사람들은 이를 이상하게 생각할 것이다. 이것이 바로 말할 수는 있어도 할 수는 없는 것이다."

민심에 관한 이런 주장은 정치계뿐만 아니라 학계의 사람들 모두 좌우명으로 삼지 않으면 안 될 명언이다. 후흑학은 할 수는 있어도 말할 수는 없는 것이다. 독자들은 이 사실을 반드시 명심하지 않으면 안 된다.

"할 수는 있어도 말할 수는 없다"는 이 구절은 『논어』에 나오는 "백성은 우리의 기준을 좇아가도록 할 수는 있어도 그 연유를 말해줄 수는 없다"는 구절의 각주와 같다. "말할 수는 있어도 할 수는 없다"는 구절은 『맹자』의 정전장井田章과 『주례』에 나오는 각주와 같은 것이다. 가령 왕망과 왕안석이 민심을 살피는 고등관이 되었다면 결코 천하를 이토록 시끄

자는 이같이 평했다. "정치가 관대해지면 백성이 태만해진다. 태만해지면 엄히 다스려 바르게 고쳐놓아야 한다. 정치가 엄하면 백성이 상해를 입게 된다. 상해를 입게 되면 관대함으로 이를 어루만져야 한다. 정치의 요체는 관이제맹(寬以濟猛 : 관대함으로 백성이 상처입는 것을 막음)과 맹이제관(猛以濟寬 : 엄정함으로 백성들의 태만함을 고침)으로 조화를 이루는 데 있다." 『논어』에도 공자가 자산을 높이 평가한 대목이 4곳에 걸쳐 나온다.

럽게 놓아두지는 않았을 것이다.

1911년 10월 18일에 성도에서 병란이 일어났다. 전 도시의 질서가 혼란 속에 빠졌다. 양신우楊莘友가 나와 순경총독의 역할을 맡았다. 치안을 문란케 한 자를 잡고 법대로 처리하겠다는 포고를 내렸다. 장헌충이 소위 '7살비七殺碑'를 세운 논법을 모방한 것이다. 그는 범법자를 연달아 법대로 처리했다. 일반인들로부터 대단한 환영을 받은 것은 당연한 일이었다. 전 도시의 남녀노소가 총독의 이름을 외치면서 칭송해 마지않았다. 후에 질서가 좀 안정되자 그는 이같이 한 편의 「양신우의 선언」을 발표했다.

"이제부터 개명전제開明專制를 실시한다!"

이에 물의가 비등해졌다. 신문도 그를 비난하기 시작했다. 성 의회도 그를 규탄했다. 그러나 그는 이같이 말했다.

"지금은 민주시대이다. 어찌 다시 전제적 수단을 쓰겠는가?"

사람들은 양신우가 쓴 종전의 방법이 순전히 야만적인 전제였지만 후에 사용한 것은 개명전제라는 사실을 전혀 알지 못했다. 양신우가 말한 개명전제는 통상적인 의미의 전제와는 분명 다른 것이었다. 그러나 그는 단지 '전제'라는 두 글자를 밝혔기 때문에 커다란 물의를 일으킨 것이다.

양신우의 사례는 "천하의 일에는 할 수는 있어도 말할 수 없는 것이 있다"는 주장의 좋은 실례가 아닐 수 없다. 공자가 말한 것이 바로 여기에 해당한다고 할 수 있다. 나는 이런 원칙 하나를 제시하고자 한다.

"후흑학을 이용해 일개 개인의 사리를 도모하면 비루한 행동이다. 그러나 인민의 공리를 도모하면 지고무상至高無上한 도덕이 된다."

양신우가 구사한 야만적인 전제는 그 마음이 시꺼먼 것이다. 그러나 인민들은 오히려 칭송해 마지않았다. 왜 그랬을까? 바로 공리를 도모했기 때문이었다.

'후흑구국'이라는 이 말은 할 수도 있고 말할 수도 있다. 다만 학식이 짧은 사람은 그것을 제대로 말할 수가 없다. 내가 차제에 후흑학을 완전히 공개하는 것은 하나의 과학으로 만들었기 때문이다. 태평천국의 난 당시 호림익胡林翼은 이같이 말했다.

"국가를 위해 유리한 일이라면 아무리 후안무치한 일일지라도 나는 모두 할 것이다."

호림익이 호북순무湖北巡撫가 되었을 때의 일이다. 당시 총독은 만주족 출신인 관문官文이었다. 총독 부인의 생일이 되자 관원으로 있는 번대藩臺가 찾아가 축하인사를 드렸다. 명함은 이미 전달되어 있었다. 그러나 곧 정실부인이 아닌 첩의 생일이라는 사실을 알고는 명함을 찾아가 버렸다. 그러자 그 밖의 관원들도 발길을 돌려버렸다. 얼마 안 돼 호림익이 그 얘기를 보고받고는 엄지손가락을 치켜들며 이같이 말했다.

"잘 했어, 번대! 잘했어!"

말을 끝내자마자 명함을 전하게 한 뒤 황궁 조례 복장으로 갈아입고 곧바로 찾아가 축수했다. 관원들은 순무가 왔다는 얘기를 듣고 모두 다시 와서 축하를 드렸다. 다음날 총독의 첩이 순무의 아문에 와 사죄했다. 호림익은 자신의 어머니까지 불러 그녀를 후히 내접토록 했다. 그러자 총독의 첩이 호림익의 어머니 무릎 아래 꿇어앉아 수양딸이 되었다. 호림익은 그녀의 수양오빠가 되었다. 차후 호광 총독과 더불어 논의해야 할 군사상 중요한 일이 생기면 수양동생을 통해 그 소식을 전하게 했다. 호광 총독이 조금이라도 꺼리는 모습을 보이면 그녀는 총독의 귀에다 대고 이같이 속삭였다.

"당신의 일은 어떤 경우이든 호형胡兄이 하는 일 위에 있는 것이니 일단 그가 하는 말을 좇아 한 뒤 하면 되는 것입니다!"

이로 인해 호림익이 하는 일은 모든 게 대단히 순조로웠다. 호림익의 이런 행동은 그 낯가죽이 매우 두껍다고 할 수 있다. 많은 사람들은 그를 보고 비루하다고 말하기는커녕 오히려 미담으로 인용하곤 했다. 왜 그랬을까? 바로 마음이 국가에 있었기 때문이었다.[6]

엄세번嚴世蕃은 명나라 때의 유명한 간신이었다.[7] 이는 모든 사람이

6. 호림익은 한림 출신의 당대의 인물로 귀주지부(貴州知府)로 있을 때 비적을 토벌하는 공을 세웠다. 태평천국의 난이 일어났을 때는 지방의용군인 향용(鄕勇)을 조직해 태평군과 교전했다. 그는 태평천국의 난을 평정할 당시 큰 공을 세웠음에도 증국번(曾國藩) 및 좌종당(左宗棠)보다 못한 것으로 알려졌다. 여기에는 일찍 전사한데다 젊었을 때 북경에서 풍류를 즐긴 것이 적잖이 작용했다. 그는 젊었을 때 동료인 주수창(周壽昌)과 함께 홍루를 찾았다. 당시 『대청률』에 의하면 관원이 매춘에 나설 경우 장 60대를 맞아야 했다. 강등 내지 파면의 처분까지 받기도 했다. 마침 관원이 나타나자 주수창은 즉시 주방으로 달려가 일꾼의 옷으로 갈아입고 난관을 넘겼으나 호림익은 침대 밑으로 들어갔다가 이내 적발돼 곤욕을 치렀다. 호림익은 끝까지 한림인 사실을 부인해 겨우 한림원에 통보하지 않는 선에서 사태를 마무리지었으나 이후 주수창과 절교했다. 그는 1854년에 호북순무가 된 후 재정자립을 위해 전부(田賦) 등을 줄이는 등 민생안정에 애썼다. 당시 그가 가장 먼저 해결해야 할 것은 호광총독과의 관계개선이었다. 직급으로 따지면 총독이 순무보다 높았으나 권한으로 따지면 별 차이가 없었다. 여기의 일화는 당시 호림익이 '양보'와 '화친'이라는 비상수단을 써서 이를 해결한 것을 언급한 것이다. 이후 그는 태평군을 격파해 무창 등을 수복한 공로로 '태자태보(太子太保)'에 제수되었으나 이내 병사했다.
7. 엄세번은 가정 21년(1542)부터 20여 년 간 내각수보의 자리에 있던 부친 엄숭(嚴嵩)의 위세를 배경으로 언로를 통제하는 등 전횡을 일삼은 인물이다. 당시 도교의 불로장생에 미혹된 가정제는 청사(靑詞 : 도교의 신에 대한 기원문) 작성에 능한 자들과 함께 자금성의 내밀한 곳에서 기도를 드리며 본업인 치평(治平)을 방치하는 암군의 행보를 보였다. 이는 시문으로 명성을 떨치던 진사 출신 엄숭에게 출세의 결정적인 계기로 작용했다. 그는 '대례지의' 과정에서 가정제에게 영합해 예부상서 등의 요직을 두루 거쳤다. 불로장생을 기원하는 청사(靑詞)에 탁월한 재주를 보인 그는 마침내 내각의 수반이 되었다. 당시 엄세번은 부친의 위세를 믿고 불법행위를 일삼았다. 세론이 들끓는데도 엄숭은 자신을 비호하며 뇌물로 관직을 사고파는 '뇌물정치'를 주도했다. 이는 뇌물수수 이외에는 아무 능력도 없는 자들이 고위 관직을 대거 차지케 만드는 폐해를 낳았다. 명나라는 이 때부터 제국을

알고 있다. 후에 황제가 그를 감옥에 집어넣었을 때 중신들은 상주문에 양초산楊椒山과 심련沈鍊 등을 죽인 일 등과 같이 그가 그간 저지른 죄상을 낱낱이 써내려 갔다. 상주문 초고를 재상인 서계徐階에게 보여주자 서계가 이같이 말했다.

"당신들은 기어코 그를 죽이려 하는 것이오, 아니면 살리려 하는 것이오?"

중신들이 말했다.

"당연히 죽이려 하는 것이오!"

서계가 말했다.

"이 상주문이 황제에게 올라가면 황제는 그를 즉시 풀어줄 것이오. 왜 그런가 하니 엄세번이 이런 사람들을 죽였으면 모두 황제의 뜻에 맞는 것이었소. 이 상주문을 올리게 되면 황제는 '이런 자들을 죽인 것은 명백히 내 뜻이었는데 어찌 엄세번을 이토록 무고할 수가 있는가' 라고 말할 것이오. 이 어찌 그를 석방시키려는 행동이 아니겠소?"

중신들이 경악해 어찌 할지를 묻자 서계가 이같이 말했다.

"황제는 왜구에 대해 가장 큰 원한을 품고 있소. 그가 왜구와 사통했다고 하면 그뿐이오."

서계는 문을 닫고 상주문을 고친 뒤 이를 황제에게 올렸다. 엄세번이 옥중에서 중신들이 쓴 상주문의 내용을 전해듣고 가까운 사람에게 이같이 말했다.

"너희들은 걱정할 필요가 없다. 며칠 안 돼 나는 곧 나간다."

그러나 왜구와 사통했다는 상주문 내용이 발표되자 그는 대경실색

하면서 이같이 말했다.

"끝났다, 끝났어!"

과연 그는 죽임을 당했다. 엄세번의 죄는 극악무도했기 때문에 그 자체로 죽임을 당할 만했다. 그러나 그가 왜구와 사통했다는 죄목이 없었다면 그는 죽임을 당하지 않았을 가능성이 높았다. 서계가 만들어낸 이 독계毒計는 과연 그 마음이 시꺼멓다는 것을 증명하는 것이 아닐 수 없다.

그러나 후에 모든 사람들은 그의 음험한 독계는 거론치 않고 그를 지모가 뛰어난 사람이라고 칭송했다. 왜 그랬을까? 바로 국가를 위해 해악을 제거했기 때문이다.

이차청李次靑은 증국번이 총애하는 문하생이었다. 증국번의 군대가 정항靖港과 기문祁門 등지에서 패할 때 그와 이차청은 환난患難을 함께 했다. 후에 이차청의 군대가 대패하여 수복한 땅을 빼앗기자 증국번은 제갈량의 읍참마속泣斬馬謖을 따를 생각으로 막료들에게 그를 엄벌하는 주절奏折(상주문)을 쓰도록 했다. 사람들이 이를 쓰려고 하지 않자 이홍장에게 대신 쓰게 했다. 이홍장이 반대했다.

"스승님은 이차청을 처벌코자 하나 문하생들은 그를 쫓아내는 처분으로 그치기를 원하기에 그를 대신해 이처럼 청원하는 것입니다."

증국번이 잘라 말했다.

"그대가 여기를 떠나고자 하면 떠나가도 좋다. 내가 직접 쓰면 된다."

다음날 사람을 시켜 이홍장에게 4백 냥의 은銀을 갖다주면서 이같이 전하도록 했다.

"이 돈을 마음대로 쓰십시오."

이홍장은 군영 안에서 수년간에 걸쳐 커다란 공적을 여러 차례 세웠음에도 이 일로 인해 쫓겨나고 말았다. 상주문이 올라가자 이차청은 중한 처벌을 받았다. 이홍장은 군영 밖으로 나간 후 할 일이 없자 이내 중간에 사람을 넣어 마침내 다시 증국번 군영으로 돌아올 수 있었다. 증국번이 당시 동원한 수단은 엄하기로 소문났다. 단 하나의 '흑黑' 자도 빠져나갈 수 없었다.

그러나 이차청은 오히려 지우지은知遇之恩(알아주는 사람의 은혜)을 입게 된 것에 감격해했다. 증국번이 죽자 그는 조시弔詩를 쓰고 슬피 애곡哀哭하는 등 그 모습이 참으로 간절했다. 이홍장은 만년에 작위를 받고 재상의 반열에 올랐다. 그는 얘기를 하다가 스승인 증국번에 관한 얘기만 나오면 감패感佩(감격해하며 흠모함)하는 모습을 감추지 못했다. 이는 무슨 연유일까? 조금도 사심이 없었던 데 있었다.

위에 언급한 세 사람이 만일 사리를 도모하는 데 후흑을 이용했다면 어찌 비루한 행위가 아니겠는가? 공리를 위해 사용했기 때문에 최고의 고상한 도덕이 된 것이다. 이상 검토한 바와 같이 큰 인물이 취한 비결을 찾아낼 수 있다면 구국의 책략 또한 쉽게 찾아낼 수 있다.

지금은 천하대란이다. 많은 사람들이 장차 수습국면이 도래할 것이라고 말하고 있다. 증국번이나 호림익은 일류인임에 틀림없다. 그러나 증국번과 호림익을 배우려면 어디서부터 손을 써야 하는 것일까? 설마 두 사람의 전기를 세밀히 독파해야 하는 것은 아닐 것이나. 반느시 그리할 필요도 없다. 매우 간단한 방법이 있다.

모든 정신을 열강에 대한 저항에 집중시켜 곁에 눈길을 주지도 않고 듣지도 않고 오직 '후흑'이라는 두 글자를 품에 안고 일을 만들어 나가면 된다. 그 효과는 증국번과 호림익에 뒤지지 않을 것이다. 만일 후흑이라는 글자를 듣기 싫어하면 표면상 후흑이라는 두 글자를 바꿔놓으면 된다. 양신우가 '전제'라는 두 글자를 사용한 전철을 밟아서는 안 된다. 당신이 담력이 있다면 호림익을 배워라. 적나라하게 말하면 이같이 말할 수 있다.

"나는 후안무치이다."

열강이 나를 어찌 할 것인가? 이를 일컬어 후흑구국이라고 하는 것이다. 나는 다년간 세계 외교사를 연구한 끝에 열강의 대외정책상의 비결을 찾아냈다. 그 방식은 다음과 같은 2가지 종류에서 벗어나지 않는다. 하나는 불한당처럼 남의 것을 빼앗는 이른바 '겁적식劫賊式'이고, 다른 하나는 손님을 유혹해 물건을 빼앗는 이른바 '창기식娼妓式'이다.

수시로 옆으로 움직이면서 사리를 따르지 않고 힘을 동원해 물건을 약탈하는 것은 강도들이 횃불을 들고 다니면서 물건을 빼앗는 것과 같다. 이를 '겁적식 외교'라고 한다. 수시로 달콤한 감언이설로 사람의 환심을 사는 것은 창기가 손님을 끄는 것과 같다. 이 때문에 모든 맹약은 아무 쓸모가 없다. 이는 창기가 하늘을 두고 맹세한 것에 비유할 수 있다. 이를 '창기식 외교'라고 한다.

사람들은 흔히 어떻게 나라를 세우게 되었는지 묻곤 한다. 그 대답은 '후흑입국厚黑立國'일 뿐이다. 창기의 얼굴은 가장 두껍다. 강도의 마음은 가장 검다. 대개 일본 군벌의 거동은 겁적식이다. 외교관의 언변은 창기식이다. 겁적식의 뒤에는 창기식이 뒤따르고 다시 창기식의 뒤에는 겁적식이 이어진다. 양자는 잔을 돌리며 서로 작용한다. 중국은 이미 적잖이 당한 상태이다.

창기의 얼굴은 두껍다. 맹세를 저버리는 것은 '후' 속에 '흑'이 있는 것이다. 겁적의 마음은 시꺼멓다. 욕먹는 것을 괘념치 않기 때문에 '흑' 속에 '후'가 있다. 일면 무력을 써 중국을 약탈하고 일면 고담준론을 논하며 중일친선을 얘기하니 창기와 강도가 하나로 합쳐진 것이다. 일본은 이를 '야마토 다마시이大和魂'라고 한다.

사람들이 '중국은 무엇으로 구할 수 있는가'라고 물으면 답은 오직 '후흑구국' 하나만이 있을 뿐이다. 일본이 '후'자로 나오면 우리는 '흑'

자로 대응한다. 일본이 '흑' 자로 나오면 우리는 '후' 자로 대응한다. 창기가 요염하게 차려입고 오면 문을 열고 맞아들인다. 그러나 화대는 조금도 없다. 만일 향응을 제대로 못 하면 옷과 장식을 빼앗고 문 밖으로 쫓아내 버린다. 이는 '흑' 자로 '후' 자를 대응한다고 하는 것이다.

일본이 제멋대로 의리에 기대지 않고 무력으로 압박하면 우리는 장량張良의 병법으로 그들을 대한다. 장량은 흙다리 위에서 천고의 병서를 전해받았다. 노인이 장량을 두고 시험한 것은 오직 장량의 얼굴을 두껍게 하기 위한 것 이외의 아무것도 아니었다.

초한전이 벌어졌을 때 한고조 유방은 장량의 계책을 썼다. 수수睢水의 싸움에서 패하자 병력을 정비해 다시 싸웠다. 형양滎陽과 성고成皐에서 지자 다시 병력을 정비해 쳐들어감으로써 마침내 항우를 오강烏江까지 압박해 들어가 죽였다. 우리가 이런 방법을 동원해 일본에 대항한다면 가히 '후' 자로 '흑' 자를 깨뜨린 경우에 해당한다고 할 수 있다. 후흑과 구국을 하나로 합쳐 흔히 '중국혼'이라고 말한다.

『사기』를 보면 항우가 유방에게 이같이 말하는 대목이 나온다.

"천하가 오랜 동안 흉흉한 것은 한낱 우리 두 사람 때문이다. 원컨대 당신과 더불어 자웅을 겨루고자 한다."

유방이 웃으며 이같이 회답했다.

"나는 지혜를 다툴 뿐 힘을 다투지 않소."

웃으며 사례한다는 '소사笑謝'라는 두 글자는 낯가죽이 두껍다는 것이 아니고 무엇이겠는가? 후에 홍구鴻溝(회하 상류에서 황하로 연결된 수로)로 영역을 획정하고 두 나라가 강화를 맺었다. 항우가 태공太公(유방의 부친)과 여후呂后(유방의 부인 여 씨)를 송환하고 병력을 이끌고 동쪽으로 갔다. 이 때 유방이 갑자기 약속을 깨고 대병을 몰아 그 뒤를 좇았다. 결국 항우는 오강에서 궁지에 몰려 죽고 말았다. 이것이 속마음이 시꺼먼 것이 아니고 무엇인가? '후흑구국'이 나라를 구할 수 있는 유일한 묘책이다. 여기에는 월왕 구천과 한고조 유방의 선례가 있다.

어떤 사람이 나에게 물었다.

"당신의 후흑학은 어떻게 실행되었기에 도처에서 실패했는가?"

내가 반문했다.

"당신은 내가 쓴 『후흑총화』를 본 적이 있는가?"

그가 '없다'고 말해 나는 다시 『후흑학』 단행본을 읽어본 적이 있는지 물었다. 그는 '없다'고 말했다. 나는 내 말을 듣는 사람들에게 늘 이렇게 말하곤 한다.

"일을 만드는 것은 낯가죽이 두껍고 속마음이 시꺼먼 것을 벗어날 수 없다."

나는 이 말대로 행할 뿐이다. 이종오는 말한다.

"당신의 담력이 참으로 크고 후흑학 3자를 들었다면 그대로 가서 실행해 보라. 거의 실패할 것이다. 아직 생명을 보전해 돌아올 수 있다면 이는 하늘의 조화로 볼 수밖에 없다."

내가 쓴 『후흑학』은 후흑이라는 두 글자를 이용한 것이다. 24사二十四史(중국의 전 역사를 상징)를 하나로 꿴 것이 바로 '후흑사관'이다. 나는 '심리와 역학'에서 하나의 원칙을 찾아냈다.

"심리변화는 역학공식을 좇아 일어난다."

이는 바꿔 말해 이같이 풀이할 수 있다.

"후흑철학은 후흑학에 기초한 것이다. 이를 토대로 정치·외교·경제·학제 등을 개량한 것이 바로 후흑철학의 응용이다."

당신이 책을 아직 못 읽었다면 즉시 가서 읽어보라. 후흑학이라는 학문은 권법을 배우는 것과 같다. 배우려거든 제대로 배울 필요가 있다. 그렇지 못할 경우 아예 안 배우느니만 못하다. 분수에 만족하면서 자신을 지키면 얻어맞는 것은 면할 수 있다.

만약 겨우 양손을 쓰는 정도만을 배운 뒤 권법 선생에 인사도 하지 않은 채 밖으로 나와 멀리 권법을 배우는 자들을 찾아가 손과 발을 뻗어 사람을 치려고 할 경우 어찌 흠씬 두들겨 맞지 않을 수 있겠는가? 당신도 한번 생각해 봐라. 항우는 항복한 군사 20만 명을 땅에 묻어버렸다. 그 속마음이 심히 시꺼멓다고 할 수 있다. 그러나 그는 내가 책에서 언급한 바와 같이 '흑' 자를 제대로 연구하지 않아 실패했다.

여후는 심이기審食其와 사통했다. 유방은 이를 짐짓 모른 척했다. 여후의 사람이 이런 시를 지어 그를 칭송했다.

"과연 공의 그릇은 크도다. 마치 벽양후辟陽侯(심이기)를 담을 만하네!"

뻔뻔하기가 이 정도가 되었어도 아직 '후' 자를 제대로 연구했다고 할 수 없다. 한신이 제나라 왕이 되고자 할 때 유방은 장량이 옆에서 지적해 주지 않았다면 대업을 놓쳤을 것이다. 후흑학은 이처럼 깊고 자세히 배우지 않으면 안 된다. 겨우 후흑이라는 말만 듣고 이를 실행에 옮기려 할 경우 후흑을 쓰면 쓸수록 실패할 수밖에 없다는 사실을 자신 있게 말할 수 있다. 어떤 사람이 물었다.

"어떻게 해야만 실패하지 않을 수 있는 것이오?"

나는 그에게 우선 반드시 '후흑사관'과 '후흑철학', '후흑철리의 응용' 등을 철저히 이해한 뒤 이를 응용하라고 얘기해 주었다. 그러면 가히 실패를 면할 수 있을 것이다. 병법에 이런 구절이 나온다.

"불패不敗의 땅을 우선 확보하라."

또 이런 구절도 나온다.

"우선 적이 나를 이길 수 없도록 만든 뒤 적을 이길 수 있을 때까지 기다려라."

후흑학의 이치 역시 이러하다. 손자도 이같이 말했다.

"전세의 흐름은 적을 막아내는 '정병正兵'과 적을 제압하는 '기병奇兵'을 섞어 쓰는 '기정奇正'의 운용에 불과하다. '기정'의 변화를 제대로 사용하면 승리는 무궁무진하다."

세상에 대처하는 것은 결코 후흑과 무관한 것이 아니다. 후흑의 변화는 무궁무진하다. 용병의 요체는 '기' 중에 '정'이 있고 '정' 속에 '기'가 있는 데 있다. '기'와 '정'은 상생하는 것으로 끝없이 순환한다. 처세 또한 '후' 속에 '흑'이 있고 '흑' 속에 '후'가 있는 것이다. '후'와 '흑'은 상생하는 것으로 끝없이 순환한다.

후흑학은 『손자』 13편에서 말하듯이 '이이일二而一(둘이면서 하나임), 일이이一而二'(하나이면서 둘임)라고 할 수 있다. 병법을 모르면서 용병을 하게 되면 패하는 것은 물론 나라마저 망국의 지경으로 이끌 수밖에 없다. 후흑철학을 모른 채 후흑을 실행하면 패가敗家하는 것은 물론 몸까지 망치게 된다. 내 얘기를 듣던 어떤 사람이 물었다.

"당신이 말하는 후흑학은 대단히 정심精深하다. 간단히 깨우칠 방법은 없는가?"

나는 이같이 대답했다.

"있다. 내가 2가지 원칙을 찾아냈으니 반드시 가서 실행해 보라. 후흑사관과 후흑철학을 연구하지 않아도 영웅도 되고 성현도 될 수 있다. 그러나 후흑학 박사학위를 받고자 한다면 내가 지은 작품을 오랜 세월 연구하지 않으면 안 된다."

인격과 관련해 말할 경우 우리는 이와 같은 하나의 원칙을 우선 주지할 필요가 있다.

"후흑을 이용해 사리를 도모할 경우 후흑을 사용하면 할수록 인격은 더욱 비루해진다. 후흑을 이용해 인민의 공리를 도모할 경우 후흑을 사용하면 할수록 인격은 더욱 고매해진다."

일의 성패와 관련해 말할 경우 우리는 우선 이와 같은 하나의 원칙을 주지할 필요가 있다.

"후흑학을 이용해 사리를 도모할 경우 후흑을 사용하면 할수록 더욱 실패할 가능성이 높아진다. 후흑을 이용해 인민의 공리를 도모할 경우 후흑을 사용하면 할수록 성공할 가능성은 더욱 높아진다."

왜 그럴까? 무릇 사람이란 모두 자신을 기본으로 삼는다. 이런 '위아지심爲我之心'은 곧 천성에 기초한 것이다. 후흑을 이용해 개인의 사리私利를 도모할 경우 반드시 다른 사람의 사리를 방해하기 마련이다. 따라서 후흑을 사용하면 할수록 방해받는 사람이 많아진다. 한 사람의 몸으로 수천만 명의 사람을 적으로 삼는 것이니 이 어찌 실패하지 않을 수 있겠는가?

사람마다 사리를 중히 여긴다. 따라서 내가 공리公利를 도모할 경우 수천만 명을 대신해 후흑을 행사하는 것이다. 당연히 수천만 명의 지원을 얻을 수밖에 없다. 이러고도 성공하지 못하는 것이 이상한 것이다.

나는 많은 사람들 중 한 사람에 불과하다. 많은 사람이 이익을 얻으면 나 또한 당연히 이익을 얻는다. 사리를 말하지 않더라도 그 안에 사리가 있는 것이다. 증국번과 호림익의 경우를 예로 들어 말하면 이들 모두 후흑을 이용해 국가의 공리를 도모했다. 추호도 사리를 도모한 흔적이 없다. 후에 큰 성공을 거두게 되자 커다란 이름을 남기게 되었고 두터운 상을 받게 되었다. 아마도 이를 두고 개인이 거둔 사리보다 적다고 말하는 사람은 없을 것이다.

후흑으로 국가의 이익을 도모하면 그 성공의 보답은 자못 크다. 설령 실패하더라도 그 이름을 남길 수 있다. 단지 소견이 좁은 자들이 이런 이치를 알지 못하는 것이 애석할 뿐이다.

이를 도덕적인 측면에서 말하면 타인의 사리를 약탈하는 것은 절도 행위에 해당하는 것이다. 후흑을 쓰면 쓸수록 인격은 더욱 비루해진다. 후흑을 이용해 인민의 공리를 도모하면 할수록 나의 얼굴과 마음을 희생해 세상의 인민을 구제하는 것이다. 다른 사람이 기아의 상태에 있는 것을 보는 것은 곧 내가 기아에 있는 것을 보는 것과 같다. 다른 사람이 물에 빠진 것을 보는 것은 곧 내가 물에 빠진 것을 보는 것과 같다. 소위 '내가 지옥에 들어가지 않으면 누가 지옥에 들어가리'라고 하는 것은 이를 두고 말한 것이다. 이 경우 후흑을 쓰면 쓸수록 인격이 더욱 고상해진다. 사람들이 이런 질문을 하곤 한다.

"세상의 많은 사람들이 뜻밖에도 후흑을 이용해 사리를 도모해서 성공하는 모습을 쉽게 볼 수 있다. 이는 어찌 된 일인가?"

나는 이를 두고 그것은 바로 "세상에는 영웅이 없다. 단지 어린 동자에게 이름을 갖도록 한 것에 불과하다"고 응답했다. 그와 대적한 자는 다음의 2가지 종류의 인간 중 한 종류일 것이다.

한 종류는 사리를 도모하여 후흑술이 다른 사람과 같지 않은 사람이다. 그래서 그는 이길 수 있었을 것이다. 만일 공리를 도모하는 사람을 만나 후흑술을 놓고 서로 겨룰 경우 반드시 패할 게 확실하다. 옛 사람의 말 중에 이런 말이 있다.

"1천만 명의 사람이 손가락질하는 사람은 병이 없더라도 죽게 되어 있다."

1천만 명의 사리를 방해했기 때문에 1천만 명 중 단 1명이라도 그가 허점을 보일 경우 그 허를 틈타 그를 치게 되어 있다. 이는 예컨대 항우가 유방을 향해 "천하가 오랜 동안 소란스러운 것은 우리 두 사람 때문이다"라고 말한 것에 비유할 수 있다. 당시 백성들은 모두 두 사람 중 한 사람이 사라져 주기를 원했다. 그래서 항우가 실족한 것이다. 항우가 쫓기면서 밭을 가는 농부에게 어느 길로 갈 것인지 묻자 농부가 그를 속여 왼편을 가리켰다. 왼편은 커다란 늪이었다. 그래서 항우는 끝내 늪 쪽으로 갔다가 추격을 허용한 나머지 죽임을 당하고 만 것이다.

가령 그가 백성을 도탄에서 구하기 위해 거병했다면 농부가 그를 보호하기 위해 여념이 없었을 것이다. 어느 여가에 그를 속이려 들 수 있었겠는가? 우리는 후흑학을 제창해 구국을 배우려 한다. 이는 후흑을 이용해 4억 5천만 인민의 사리를 보위하는 것이다. 당연히 4억 5천만 명의 지원을 받을 터이니 성공할 수밖에 없다.

옛 사람이 말하길 '문장보국文章報國'이라고 했다. 문장은 내가 아는 바가 아니다. 내가 아는 것은 후흑일 뿐이다. 오늘 이후 후흑으로 보국할 것을 요청한다. 『후흑경』에 이런 말이 나온다.

"나는 후흑의 도가 아니면 사람들 앞에 감히 말하지 않는다. 고로 많은 사람들이 내가 애국하는 수준을 좇을 수가 없는 것이다."

나로 하여금 후흑을 말하지 못하게 하는 것은 마치 공맹으로 하여금 인의도덕을 설하지 못하게 하는 것과 같다. 나는 스스로에게 이같이 물었다.

"내가 평생 동안 세상에 공을 세운 것은 전부 후흑학을 발명한 데 있다. 이런 절세의 학문을 알고도 세상에 공평치 못한 것은 보물을 품에 넣고도 세상에 손해를 끼치는 것이 아닌가? 어찌 불인不仁이 심하다고 하지 않을 수 있겠는가?"

이종오는 말한다.

"미천한 내가 후흑을 발명했다. 하늘이 어찌 중국이 외세로부터 해방되는 것을 원치 않을 리 있겠는가? 중국의 부흥을 원하면서 나를 제외하고 그 누가 이를 이룰 수 있겠는가? 그러니 내가 어찌 후흑을 강론하지 않을 수 있겠는가?"

옛 사람의 시에 이런 구절이 있다.

"하루 종일 밭에 나가 김을 매고 땀으로 땅에 물을 주니 그 누가 밥상 위의 밥알마다 서린 농부의 피땀을 알랴!"

모든 사람이 밥을 먹으면서 맛있다고 말하지만 누가 경작한 사람이 겪은 어려움을 알 수 있을까? 모든 사람이 후흑이 타당하다고 말하지만 누가 그것을 발명한 사람이 겪은 어려움을 알 수 있을까? 내가 만든 후흑학은 글자마다 신고辛苦가 서려 있다고 해도 과언이 아니다.

후흑학은 훗날 하나의 전문 학문이 될 것임을 확신한다. 전문대학을 만들어 이를 연구할지도 모를 일이다. 내가 발명의 과정과 나와 함께 연구한 사람들을 기록해 두면 후세인들이 마치 송원대 및 명대의 학안과 같이 명실상부한 후흑학을 만들 때 커다란 도움을 받을 것이다. '후흑묘'를 세울 때 이를 바탕으로 배향되는 인물들이 나올지도 모를 일이다. 나의 오랜 친구 황경림黃敬臨이 성도의 거리에서 만나게 되자 나에게 이같이 말했다.

"오랫동안 못 만났군. 후흑묘를 세운다는 얘기를 들었는데 나는 10년 전부터 문하에 들었으니 나도 끼워주어 배향을 받을 수 있도록 해주게."

나는 이같이 말했다.

"자네는 『논어』에 나오는 임방林放을 알지 않는가? 그는 공자를 보고 오직 '예의 근본'이 무엇인지 물었을 뿐이네. 그러나 그는 이로 인해 공자묘에 배향되어 지금까지 차가운 돼지고기 제사상을 받고 있지 않은가? 자네가 만일 후흑에 뜻을 두었다면 이 한 마디 얘기로 배향이 되고도 남음이 있을 것이네."

황경림이 또 이같이 말했다.

"나는 이미 62세이나 자네의 학문을 존경해 마지않은 나머지 문하에 들어가는 것을 꺼리지 않았네!"

내가 말했다.

"설마 내 나이가 자네보다 적기 때문에 자네의 선생이 될 수 없다고 생각하는 것은 아니겠지? 내가 이미 자네를 문하의 반열에 올려놓았으니 자네의 더없는 행복이 될 것일세. 훗날 자네가 만드는 족보 위에 '나의 스승은 이종오였다' 고 한 줄만 써주게. 그것이 '전 청나라 고봉誥封 모모 대부' 라고 쓰는 것보다 훨씬 영광이 될 것일세."

옛날 같은 현에 살던 나백강羅伯康은 나에게 이같이 말한 바 있다.

"수많은 사람들이 당신이 후흑학을 떠들고 다닌다고 말하더군. 내가 사람을 만날 때마다 '이종오는 낯가죽이 두껍지도 않고 속마음도 시꺼멓지 않다' 고 변명하곤 했네."

내가 말했다.

"나는 후흑학을 발명했네. 나를 사숙한 제자가 천하에 널려 있네. 나를 지칭하여 '후흑 선생' 이라고 부르지. 나에게 편지를 보낼 때 이를 내 이름으로 썼기에 나도 회신을 보낼 때 이를 내 별호로 사용했네. 나는 이 칭호가 '문성공' 이나 '문정공' 보다 더 값진 호칭이라는 것을 깨달았지. 나는 천고를 살펴보더라도 이보다 더 나은 칭호가 없다는 것을 알고 대단히 자부심을 느끼네. 자네가 사람을 볼 때마다 나를 두고 '불후불흑' 이라고 할 줄은 상상도 못했네! 내가 과연 자네에게 무슨 죄를 지었기에 나에게 이같이 보복하려 드는가? 슬프다, 나백강이여. 서로 안 지 오랜 시간이 흘렀음에도 자네는 무슨 이유로 공자의 친구 원양原壤을 닮으려 하는 것인가? 자네의 종아리를 늘 조심하여 공자의 무리로부터 매맞지 않도록 주의하게나."[8]

8. 『논어』「헌문」편에 따르면 '원양' 은 공자의 오랜 친구였다. 그는 뚜렷한 견해를 지니고서 공자를 반대했다. 공자는 일찍이 거만하게 걸터앉아 자신을 기다리는 모습을 보고 나무라기를 "어려서는 공손하지 못하고, 자라서는 덕행을 쌓지 못하

최근 많은 사람들이 후흑학을 말할 필요가 없다고 말한다. 슬프다! 도도한 천하 속에 왜 이리 '원양'의 무리가 많은 것인가?

이전에 발표한 '후흑학전습록'은 나와 여러 사람과의 대화를 기록한 것이다. 여기의 '후흑총화'는 '전습록'을 확대한 것이다. 나는 전에 글과 사람들을 그리 많이 본 적이 없다. 지금 그것을 전부 분류해서 새로운 감각으로 종합해 쓰는 것이다.

여기의 '후흑총화'는 수필체로 쓴 것이다. 내용은 5개 논문을 포함한 것이다. 1) 후흑사관, 2) 후흑철학, 3) 후흑학의 응용, 4) 후흑변증법, 5) 후흑발명사가 그것이다.[9] 이 순서는 단지 생각난 대로 쓴 것으로 아직 분류하지 않았을 뿐이다. 이를 두고 어떤 사람이 물었다.

"만일 그렇다면 당신은 왜 분류해서 쓰지 않고 하필 이같이 난잡하게 쓰는 것인가?"

나는 이같이 대답했다.

"책을 쓰는 체제는 크게 두 가지이다. 하나는 교과서체이고 다른 하나는 어록체이다. 무릇 모든 학문이 나타나는 최초의 체제는 어록체이다. 공자의 『논어』와 석가의 '불경', 육조의 '단경壇經', 송명대 유학자의 어록 등이 모두 문하의 제자들이 스승의 말씀을 적어놓은 것이다. 노자가 직접 쓴 『도덕경』도 자전적 어록라고 할 수 있다. 단지 후세의 연구자들이 그의 어록을 정리해 부문별로 분류하는 식의 교과서체로 만들었을 뿐이다. 후흑학은 새로운 전문 학문이기 때문에 당연히 어록체를 이용한 것이다."

고, 늙어서도 죽지 않으니 이는 바로 사람을 해하는 자이다"라며 지팡이로 그의 종아리를 때렸다.

9. 여기에 '후흑변증법'이 하나 더 첨가되어 5개로 분류하는 것이 옳다. 그러나 한문 원본에는 본래 4종류로 나오고 있다. 이종오가 죽기 전에 하나를 더 삽입한 듯하다.

송유들은 스스로 "입에 가득 찬 것은 측은惻隱이다"라고 했다. 나는 "입에 가득 찬 것은 후흑이다"라고 말할 수 있다. 나는 말하고자 할 때 어디서부터 말할지 잘 모른다. 단지 연기법에 따라 무슨 생각이 나면 그대로 말하고 입 안에 떠도는 것이 있으면 그대로 글로 옮긴다. 혹은 고사를 얘기하기도 하고 때로는 시국과 학술, 일상생활의 작은 일 등을 얘기한다.

기분이 좋을 때는 곧바로 쓰고 그렇지 않을 때는 아예 쓰지 않는다. 어떤 때는 장문의 글을 쓰는가 하면 어떤 때는 매우 짧은 몇 구절만을 쓰기도 한다. 혹은 개괄적으로 말하기도 하고 혹은 구체적으로 말하기도 한다. 한 마디로 기분이 닿는 대로 어떤 구속도 없이 나의 모든 사상을 써내려 가는 것이다.

우리가 후흑사관을 이용해 사회를 보면 사회는 하나의 투명체에 해당한다. 사회진상을 알아내고 개량사회를 만드는 방법을 생각해낼 수 있다. 나는 경제와 정치, 외교, 대학제도 등에 대해서도 여러 주장을 내놓은 바 있다. 이런 주장은 모두 나의 후흑철학에 기초한 것이다. 나의 '후흑총화'는 잡다하기 그지없다. 마치 곤충과 새, 초목, 토석 등이 극히 불규칙하게 나열돼 있는 하나의 거대한 산과 같다. 다만 그 불규칙은 천연 그대로의 모습이다.

만일 이를 논리 정연하게 정리해낼 수 있다면 공원의 모습이 될 수 있을 것이다. 그것도 좋기는 하지만 인공을 가미할 경우 산의 본래 모습은 찾기가 힘들다. 나는 나의 마음 속에 있는 생각을 있는 그대로 드러내 산의 전체 모습을 그대로 표현코자 했다. 산에 길을 내는 것과 같이 이를 정리하고 부족한 것은 보충하며 쓸데없는 것은 잘라내고 잘못된 것은 고치면 되는 것이다. 그러면 하나의 근사한 공원이 형성될 것이다.

산 위에서 나무와 돌을 가져다가 별도로 하나의 건물을 지어도 좋을 것이다. 그도 아니면 새 몇 마리를 잡거나 화초를 가져다가 집에서 완상하는 것도 좋을 것이다. 대규모 광물채집을 할 수만 있다면 더 좋을 것이다. 그렇지 못하면 산에서 약초를 캐다가 병을 고치거나 소나 개똥을 가져다 비료로 주거나 하는 것도 더없이 좋은 일이 될 것이다.

내가 후흑학을 발명한 것은 와트가 증기기관을 만든 것에 비유할 수 있다. 후세 사람이 방적과 방직기계를 만들어도 좋다. 화륜선이나 증기기관차를 운전하는 것도 좋다. 어떤 공정에 사용해도 좋은 것이다. 내가 말하는 후흑철학은 쓰지 못할 곳이 없다. 식견이 높은 자가 보면 깊고, 얕은 자가 보면 얕은 것이다. 나와 일체가 되어 끌어다 쓸 수 있을 정도가 되면 가히 하나의 학파가 될 만하다. 유가는 많은 분파로 갈리었다. 불교도 마찬가지였다. 훗날 나의 후흑교도 이같이 많은 파가 나올 것이다.

글을 쓰는 것은 모두 흥취에서 비롯되는 것이다. 흥취가 일어나는 것은 토끼가 움직이자 새매가 활강하는 것과 같다. 잠시 머뭇거리면 곧바로 잃어버리게 된다. 내가 글을 쓸 때 어떤 일과 이론을 인용하고 그에 적합한 사례를 찾을 수 없을 경우 소동파의 '상당연이想當然耳'의 방법을 동원해 황홀하게 써내려 가는 것은 흥취를 죽이지 않기 위해서이다.[10]

글을 써내려 갈 때마다 근거로 제시하는 것도 다르다. 이는 심중에 있는 어떤 견해가 처음에는 백지상태여서 말을 하지 않다가 어떤 사물에

10. 소동파는 '당송팔대가' 중 한 사람으로 원래 이름은 식(軾)이고 자는 자첨(子瞻), 호는 동파(東坡)였다. 사천 미산(眉山) 출신이다. 22세 때 진사에 합격해 벼슬길로 들어섰으나 이후 왕안석과 대립해 주로 지방관을 전전했다. 이후 반대파들의 참소로 체포되어 죽기 직전까지 갔다가 황주로 유배갔다. 이 때 최고 걸작 중 걸작인 「적벽부」를 썼다. 이후에도 부침이 심해 한때 내직에도 있었으나 대부분 외직으로 떠돌다가 66세로 생을 마쳤다. 도가와 불가에 밝았고 시문과 서화, 음악에도 정통했다.

의탁해 말을 하기 시작하는 것에 비유할 수 있다. 어떤 사실이나 학설을 인용하는 것은 망치와 같은 연장을 사용하는 것과 같다. 다른 사람이 인용한 것을 재인용하는 것은 물론 전고가 없는 것도 이용하고 정확히 인용되지 못한 것도 끌어다 쓰지 못할 이유가 없는 것이다.

장자의 우언寓言을 예로 들면 그는 머릿속에 어떤 생각이 있으면 곤鯤·붕鵬·야마野馬는 물론 어부와 도척 등을 인용해 이를 표현했다. 곤붕과 야마 같은 것이 과연 있는 것일까? 어부와 도척과 같은 사람이 과연 있는 것일까? 이 모두 물을 바가 못 된다. 마음 속에 어떤 생각을 가지고 있는 자가 바로 주인이다. 곤붕과 야마, 어부와 도척 모두 우언에 불과하다. 맹자는 이같이 말한 바 있다.

"시를 읽은 자는 글자에 매달려 문장의 뜻을 잃어버려서는 안 된다. 문장의 뜻에 얽매여 시의 본의를 놓쳐서도 안 된다. 자신의 체험 등을 기초로 시인의 마음을 헤아리는 것이 바로 읽는 것이다."

시를 읽으려면 반드시 이와 같아야 한다. 장자를 읽고 후흑학을 읽는 것 역시 마찬가지인 것이다. 옛 사람이 이같이 말한 바 있다.

"문왕과 주공이 공동으로 『주역』을 해석했다. 상사象辭와 효사爻辭 중 상사를 먼저 취한다. 우연히 괘상卦象을 만날 경우 그리 해야만 괘상이 변하는 것도 적을 뿐 아니라 상사의 변화 역시 조금밖에 일어나지 않는 것이다."

참으로 달통한 얘기가 아닐 수 없다. 전국시대의 책사 중 가령 소진과 같은 인물은 평소 인심과 세상의 물정에 대해 깊이 통달했다. 그들은 제후들을 만나 유세를 펼 경우 대개 옛 고사를 인용하거나 비유를 들곤 했다. 이들의 이런 모습은 장자의 우언이나 『주역』의 상사를 취하는 것과 비교해 아무런 차이가 없는 것이다.

송유들이 처음에 유학에 관한 책을 읽고 이어 노장사상과 불교세계에 드나들면서 관련 서적을 깊이 파고들 경우 그들의 사상은 이미 하나의 계통을 이룬 것이다. 그 후 공자의 책에 주석을 달면서 자신들이 흉중에 품었던 이론들을 천명할 경우 공자의 책은 곧 곤봉과 야마, 어부와 도척이 되는 것이다. 청대의 고증학자들은 훈고를 토대로 글자마다 이를 기록했기 때문에 당연히 이들이 해석한 것은 옳았다. 송유들이 말한 도리 역시 틀린 것은 아니다.

구방고九方皐는 말을 잘 보았다.[11] 그는 암수와 색깔 등의 겉모습 대신 그 말의 본모습을 알아보았다. 모서하毛西河 등과 같은 인물들이 주희의 『사서집주』를 읽으면서도 전혀 깨닫지 못한 것과는 차이가 있었다.[12] 슬프다! 후흑학의 세계에는 왜 구방고는 그리 적고 모서하와 같은 자만 그리 많은가?

송학을 연구하는 사람은 송유들의 어록을 읽지 않으면 안 된다. 그러

11. '구방고'는 천리마를 잘 알아보는 '백락(伯樂)'의 친구로 그 또한 말의 관상에 일가견이 있었다. 하루는 구방고가 백락의 천거로 진목공을 만나게 되었다. 진목공이 천리마를 구해오게 하자 3달 뒤 황색의 암말 한 마리를 끌고 왔다. "이는 보기 드문 명마입니다." 진목공이 아무리 보아도 평범한 밤색의 수말이었다. 그가 암수조차 구별하지 못하는 구방고를 내치고려고 하자 백락이 만류했다. "이는 말의 내면을 보고 한 말입니다. 외관은 중요하지 않습니다." 과연 자세히 보니 명마 중의 명마였다. 여기서 나온 성어가 '수시구방고(誰是九方皐)'이다. 누가 과연 천리마를 알아줄 것인지를 묻는 것이다. 이는 백락이 말을 한번 쳐다볼 때마다 말의 값이 뛰어오른다는 고사에서 나온 '백락일고(伯樂一顧)'와 더불어 인재도 알아주는 사람을 만나지 못하면 재능을 발휘할 수 없다는 뜻의 성어로 통용되고 있다.
12. 청대 초기의 고증학자 모기령(毛奇齡)을 말한다. '서하'는 자이다. 『명사(明史)』 편찬에 참여한 한림 출신으로 양명학 영향을 받았으나 고증학을 좋아해 경학(經學)과 역사, 지리 등에 관한 많은 저술을 남겼다. 주희를 비판한 『사서개착(四書改錯)』을 비롯해 같은 고증학자인 염약거(閻若璩)의 『고문상서소증(古文尙書疏證)』을 반박한 『고문상서원사(古文尙書寃詞)』 등을 저술했으나 이 또한 한 쪽에 치우쳤다는 지적을 받고 있다.

나 어록은 자신의 문인이 기록한 것이기 때문에 왕왕 근거가 없거나 선인이 이미 얘기한 것일 경우가 많다. 명나라 때 양명학은 대단히 성했지만 왕양명이 지은 책은 많지 않았다. 양명학을 배우려면 『전습록』과 그의 제자가 지은 책들을 읽지 않으면 안 된다. 그러나 '천천증도일석화天泉證道一夕話' 는 양명학 내에서 일대 논쟁이 되어 있다.[13] 만일 왕양명이 친히 글을 썼다면 어찌 허다한 논쟁이 일어날 리 있겠는가?

『대학』에 나오는 '격물치지' 를 놓고 수십 가지 해석이 나와 있다. 만일 증자가 공자의 말을 기록하면서 이 4자 아래에 한두 구절의 해석을 덧붙였다면 이처럼 수십 가지 해석이 나오지는 않았을 것이다. 나아가 주희학과 양명학이 다투는 일도 전혀 일어나지 않았을 것이다. 나는 중경重慶에 있다. 왕 씨 친구 하나가 나에게 이같이 말했다.

"당신이 말하는 것은 대단히 묘한 맛이 있다. 내가 다음날 몇몇 친구를 불러와 같이 애기하면서 당시의 말을 기록해 두겠다."

나는 이 말을 듣고 깜짝 놀랐다. 이같이 하면 어찌 송명대 유학자들의 어록이 되지 않겠는가? 만일 우리 문하에서 증자曾子 같은 인물이 나온다면 『대학』과 같은 필법으로 극히 간단하게 표현해낼 것이다. 앞으로 '후흑학안厚黑學案' (학안은 학실을 실명한 논문집) 중에 허다한 논쟁이 나오지 말란 법이 있는가? 나는 우리 담대공聃大公(노자를 지칭, '聃' 은 그의 이름)의 방법을 좇아 직접 어록을 써서 '후흑총화' 라고 이름을 붙인 것이다. 사사로이 애기하는 것을 사절함으로써 무사無私의 뜻을 분명히 밝히고자 한

13. 왕양명이 56세 되던 1527년 9월 8일 전덕홍 등은 왕양명이 다음날 황명을 받들고 출정에 나설 것을 알고 왕양명을 찾아가 4무설(四無說) 등에 대해 질문했다. 이들은 논란이 길어지자 천천교(天泉橋)로 자리를 옮겨 토론을 하게 되었다. 여기서 단 하루 저녁에 도를 증명하게 되었다는 뜻을 지닌 '천천증도일석화' 의 일화가 나오게 되었다.

것이다. 장래 어떤 사람이 이같이 말할지도 모르겠다.

"나는 후흑 교주가 어떻게 말했는지를 직접 들었다!"

당신들은 절대 그 말을 믿지 말라. 나를 빙자한 이런 주장은 절대로 '천천증도' 와 같이 논쟁적인 이론이 될 수 없다. 나는 매일 하나의 이치를 말한다. 한 마디로 반복해서 해설하는 것이다. 간략함을 허용하느니 오히려 중복을 허용할 것이다. 후세 사람들은 '격물치지' 라는 네 글자가 허다하게 기이한 해석을 낳았다는 사실을 알지 못한다. 나의 후흑학은 '오직 마음을 다할 뿐이다' 라고 할 수 있다. 슬프다! 하나뿐인 의발을 과연 누구에게 전해줄 것인가?

제2절

후흑발명사

어떤 사람이 이같이 물었다.

"당신이 말하는 '후흑총화'는 후흑사관과 후흑철학 등을 포함하고 있는데 이를 분류하지 않은 것은 이를 연구하는 사람으로 하여금 어찌 혼란스럽고 많은 정력을 낭비토록 만드는 것이 아니겠소?"

나는 이같이 대답했다.

"이 학문을 배우려는 사람은 당연히 전심으로 연구해야 한다. 중국의 13경과 24사를 두루두루 읽어나갈 때와 어찌 같지 않겠는가?[14] 진정한 학자라면 혼란스런 가운데서도 두서를 찾아낼 것이다. 만일 마음 쓰는 것을 꺼린다면 이 학문에 선념하시 못하는 것이 아니겠는가? 나는 다만 원칙과 큰 줄거리만을 제시했을 뿐이다. 만일 이를 정리하고 싶은 자가 있으면 우선 시작을 하고 다음으로 편찬을 한 뒤 교과서로 만들면 될 것이다. 따라서 분야별로 하나하나 정리하는 것은 후흑 문하의 제자들과 사숙한 제자들의 임무일 뿐 나의 임무는 아니다."

14. 13경은 『시경』, 『서경』, 『주역』, 『주례』, 『의례』, 『춘추공양전』, 『춘추곡량전』, 『춘추좌씨전』, 『예기』, 『효경』, 『이아』, 『논어』, 『맹자』를 말한다. 이에 대한 주소를 달은 것이 송대 때 출간된 『13경주소』이다.

나의 마음 속에는 여러 생각이 있다. 궁극적으로 그와 같은 생각이 맞는지 여부는 모르겠다. 독자들이 지적해 줄 것을 당부하는 바이다. 지적이 엄할수록 더욱 환영한다. 나는 내 마음의 의문점을 푸는 데 중점을 두었을 뿐 이설異說을 독창적으로 만들 생각은 전혀 없다. 제군이 지적한 글이 신문지상에 발표되면 나는 꼼꼼히 연구한 뒤 그 내용이 타당하면 즉시 나의 견해를 고치면 되고 틀리다고 생각되면 답변을 하지 않으면 되는 것이다. 발전을 배제한 고식적인 자세는 학문을 하는 태도가 아니다.

나는 사상의 독립을 주장하는 사람이다. 나의 마음 속에는 절대로 다른 어떤 사람의 압제도 받지 않을 자세가 되어 있다. 물론 다른 사람의 생각이 독립적이라는 것을 존중할 자세 또한 되어 있다. 따라서 나를 논박하는 글에는 답변할 수 없다. 내가 창도한 후흑사관과 후흑철학이 다른 사람에 의해 뒤집히게 되면 내가 가지고 있는 후흑 교주의 자리를 그에게 양보하고 그의 문하에서 제자가 될 것이다. 왜냐하면 진리에 복종해야 하기 때문이다.

우주의 진리는 분명히 내 앞에 있고 우리가 스스로 직접 연구할 수 있다. 다른 사람이 나를 대신해 연구해 주어야 할 필요가 없는 것이다. 고금의 철학가를 비롯해 내가 말하고자 한 바를 중간에서 잘못 전달할 경우 진리를 제대로 파악할 수 없게 된다. 응당 그들이 소개하는 것을 떠나 직접 부딪혀 연구할 필요가 있는 것이다. 나의 글을 읽은 한 친구가 이같이 말했다.

"이와 같은 문제는 동서양의 철학가들이 숱하게 토론한 바 있다. 그러나 당신의 글에는 그에 대한 인용도 없고 나아가 학술적인 전문용어도 거의 없다. 당신이 평소 이 이론에 대해 그다지 깊게 연구한 것이 아니라는 것을 알 수 있다."

나는 이 말을 듣고 오히려 내 글에 나타난 철학가의 이름과 학술적인 전문용어를 완전히 없애버렸다. 만일 사용하려는 용어가 내가 표현하고자 하는 바를 전달하는 데 부족하다고 생각될 경우에는 내가 스스로 만들어 썼다. 내가 생각하는 것을 그대로 썼기 때문에 어떤 주석을 인용하는 것에 구애받지 않았다. 이따금 고금의 학설을 인용하는 것은 나의 잣대로 그의 학설을 평가하려는 것이지 그의 잣대로 나의 학설을 평가하려 한 것이 아니다. 바꿔 말해 내가 고금 철학가들의 심판관이 되는 것이지 그들이 나의 심판관이 되는 것이 아닌 것이다.

중국의 예전 독서인들은 입만 열면 시서와 공맹을 거론했다. 무술정변 이후에는 입만 열면 다윈과 루소, 듀이 등을 떠들었다. 순전히 다른 사람의 사상을 자기 사상으로 삼은 것이다. 우주의 진리가 이 모양이었으니 스스로 고찰할 수가 없어 결국 나태에 빠지지 않을 수 없었던 것이다. 만일 나를 공박하는 사람이 공자가 말한 구절을 인용하면 공자가 심판관이 되는 것으로 사서오경을 새로운 형법으로 삼아 이종오를 심판하는 것이다.

다윈과 같은 자들을 인용하는 자들은 곧 다윈과 같은 자들을 심판관으로 삼고 그들의 작품을 새로운 형률로 삼아 이종오를 심판하는 것이다. 이런 모양의 심판이 이뤄지게 되면 나는 절내 제대로 평가받을 수 없다. 어떤 사람이 나에게 "그렇다면 누가 당신을 능히 심판할 수 있겠소"라고 묻는다면 나는 이같이 말할 것이다.

"당신이 바로 나를 심판할 수 있소. 당신의 마음을 심판관으로 삼고 눈앞의 사실을 새로운 형률로 삼는 것이오."

물론 이같이 물을 수도 있을 것이다.

"이종오, 당신의 주장에 따르면 어째서 내가 어제 본 사람의 행동이 오늘 다르게 나타나는 것이오. 당신이 말하는 도리가 확실치 않음을 이를 통해 알 수 있소."

만일 이런 판단이 가능하다면 나는 어떠한 입지도 있을 수 없다. 뉴턴과 아인슈타인의 학설은 어떤 사람이 회의하고 공격하고 사람들을 신도가 되도록 강압한 적이 없어도 결과는 오히려 이를 믿지 않는 신도가 없게 되었다. 『태상감응편』에 나오는 이런 구절에 주의할 필요가 있다.

"이 글을 믿지 않는 사람이 있으면 반드시 여러 악보惡報를 받으리라."

관성제군關聖帝君(관우)의 『각세진경』에는 이런 글이 나온다.

"나의 교를 믿지 않는 자는 나의 힘을 시험해 보라."

이는 이 두 책이 주장하는 이론을 뒷받침하기 위해서는 오직 위협하는 길 하나밖에 없기 때문에 빚어진 것이다. 나의 후흑계 내 위치는 과학계의 뉴턴이나 아인슈타인과 대등한 것이다. 사람들로 하여금 회의하지 못하게 하거나 공격을 인정치 않을 경우 이론에 아무 이상이 없을 것이다. 그러나 내가 창안한 후흑학을 태상로군太上老君(노자)의 『태상감응편』과 관성제군의 『각세진경』과 같은 것으로 만드는 것이 어찌 나 스스로를 욕되게 만드는 것이 아니겠는가?[15] 어떤 사람이 이같이 말했다.

"만일 사람마다 사상이 독립되어 있다면 각자 하나의 학설을 만들 것이니 사상계가 혼란한 상황이 되지 않겠는가?"

나는 이같이 대답했다.

"그렇지 않다. 세상의 진리는 오직 하나이다. 만일 두 개 혹은 여러 개의 학설이 서로 배치될 경우 당신은 하나를 억제할 필요가 없다. 그것

15. 노자가 '태상노군'으로 숭상된 것은 당대(唐代) 이후이다. 당제국은 노자의 성이 같은 '이(李)'라는 점에 주목해 황실의 조상으로 받들었다. 도교의 각 교파 역시 많은 신화를 만들어 자파(自派)에 권위를 부여코자 했다. 도교의 기본경전으로 통하는 『태상감응편(太上感應篇)』이 나오게 된 배경이 여기에 있다. 삼국시대의 관우를 신격화시켜 노자에 준하는 인물로 받든 것도 같은 맥락에서 이해할 수 있다.

들을 철저히 연구하다 보면 자연스럽게 진리가 발견된다. 진리가 있는 곳에는 어떤 사람도 반대할 수가 없는 것이다."

옷 입고 밥 먹는 일을 예로 들면 모든 사람들이 밥 먹는 것과 같이 각자 독자적으로 연구하지만 그 얻은 결과는 모두 배가 고프면 밥을 먹고 추우면 옷을 입는다는 한 가지 사실로 귀착된다. 무릇 충돌하는 것은 모두 상호 억제하는 데서 비롯되는 것이다.

만일 각종 학설이 각각 독립해 있어 마치 숲속의 나무와 같을 경우 각자의 뿌리는 독립해 있는데 어찌 충돌이 있을 수 있겠는가? 나무는 숲속에서 자란다. 그러나 어느 나무를 선택하는가 하는 문제는 나무꾼에게 달려 있다. 내가 말하는 이론에 대한 채택 여부도 듣는 사람에 달려 있는 것이다. 내가 무슨 여가가 있어 다른 사람들과 필전筆戰을 벌일 것인가?

만일 천하의 사람들에게 자신의 학설을 따르도록 강요할 경우 이는 스스로 번잡스러운 일을 초래할 뿐만 아니라 그에 따른 충돌이 뒤따를 수밖에 없다. 정이천과 소동파의 견해는 여기까지 가지는 않았다. 낙당洛黨과 촉당蜀黨의 분당으로 가기는 했어도 송나라 정국을 그렇게 시끄럽게 만들지는 않았다. 그러나 주희와 육상산의 경우는 여기까지 가지는 않았으나 그들을 추종하는 두 파는 한 파는 『송원학안』이 되고 다른 하나는 『명유학안』이 되어 설전을 벌이게 되었다.

그러나 나는 그렇지 않다. 독자들이 후흑학을 배우려 할 경우 나는 가르치기에 인색치 않다. 만일 다른 것을 배워 나를 반대할 경우 나는 이를 달게 받고 스스로에 대해 탄식할 뿐이다.

졸저 『종오억담』이 북경으로 흘러들어 가자 지난 해에 어떤 사람이 후흑학을 번역·출판하겠다며 나의 조카에게 동의를 구하며 이렇게 말했다.

"당신의 백부는 팔고문을 고집한다. 지금은 모든 것이 온통 서구화에 대해 애기할 뿐이니 그분의 필묵筆墨은 모두 시의에 적합지 않다. 우리와 함께 그를 설득하다가 그가 고집을 꺾지 않을 경우 새 문체로 쓰면 될 것이다."

나는 이 말을 듣고 항공우편을 보내 이같이 말했다.

"공자가 손수 지은 『춘추』를 옆에 있는 사람이 한 자라도 고쳤던가? 그들은 나의 글이 팔고문을 닮았다는 것만 알지 후흑학의 사상적 경로와 내용의 구성을 전혀 모르니 이것이야말로 팔고문의 방식이 아닌가? 팔고문을 연구하지 않은 사람은 알아낼 수 없다. 사람들은 송대의 성리학이 문천상文天祥과 육수부陸秀夫 등을 낳은 결과 생색을 낼 수 있었다고 말한다. 명청대는 팔고문을 통해 인재를 뽑았다. 팔고문도 한 명의 후흑 교주를 배출한 결과 가히 생색을 낼 수 있게 되었다고 할 수 있다. 나의 후흑철학은 완전히 팔고문에서 나온 것이다. 한 마디로 진정한 국수國粹라고 할 수 있다. 나는 '국수'를 보존할 것을 희망한다. 나의 후흑학은 간신히 필묵에서 팔고문의 기운을 띠고 있을 뿐이어서 독자들이 이를 용납지 못할 이유가 없다. 번역을 하고자 할 경우 원문과 대조해 한 자도 고칠 수 없다. 그렇지 않으면 번역·출판할 이유가 없다."

그러나 북경에서 내용이 약간 고쳐진 채 출판될 줄 어찌 알았겠는가? 북경에서 출간된 후흑학은 가짜다. 후학들에게 나쁜 영향을 미칠 우려가 있다는 점을 여기서 분명히 밝힌다.

무릇 모든 전문 학문에는 그에 부합하는 독특한 전문적인 문체가 있기 마련이다. 그래서 『논어』의 문체와 『춘추』의 문체가 같지 않은 것이다. 노자의 문체는 『논어』와 같을 수가 없다. 불경의 문체와 노자의 문체도 같을 수가 없다. 마음 속의 사상은 종이 위의 글로 나타난다. 전문 학문을 창안하는 자는 그 사상이 일반인들과 같을 수가 없는 것이다. 후흑학은 전문 학문인 까닭에 당연히 그 독특한 문체가 있어야만 한다. 이를 듣던 사람이 이같이 말했다.

"이종오는 자만하지 말라. 당신의 글은 누구라도 쓸 수 있는 것이다."

나는 이같이 응답했다.

"물론이다. 그것이 바로 내 후흑학이 존재하는 이유다. 어떤 사람도 모두 창안할 수 있기에 말이다."

나는 글을 쓸 때 3가지 요건을 마련해 놓고 있다. '볼 수 있고, 쓸 수 있고, 읽어서 알 수 있다見得到 寫得出 看得懂'가 그것이다. 이 3가지 요건만 구비할 수 있다면 그것으로 충분하다. 나는 집필할 때 나의 흉중에 있는 의견을 써낸다. 나는 문법을 모른다. 문어체와 백화문의 차이는 더더욱 모른다. 갈 '지之' 자도 '호乎' 자와 '마嗎' 자를 편의에 따라 섞어 쓴다. 1927년에 나온 『종오억담』과 1929년에 나온 『사회문제의 검토』도 모두 이와 같다.

어떤 사람이 이를 두고 무슨 문체냐고 물었다. 나는 그것이 바로 '후흑학의 문체'라고 말했다. 최근 많은 명사들의 글이 정도의 차이는 있으나 후흑학의 문체를 사용하고 있다. 이는 중국이 조만간 흥기할 조짐이 아니겠는가? 어떤 사람이 물었다.

"당신을 대신해 후흑학을 서양어로 번역하고 싶소. 조조와 유비 같은 전고를 서양 고전으로 바꿔줄 수 있소? 그들이 알아볼 수 있도록."

"나의 후흑학은 절대로 서양어로 번역할 수 없다. 서양의 전고로 고치는 것은 더더욱 불가능하다. 서양인이 이를 배우고자 한다면 중국 책과 중국 역사서를 한 번이라도 읽지 않으면 안 된다. 이는 우리가 서양 과학을 배울 때 영어나 독일어를 배우지 않으면 안 되는 것과 같다."

북경에서 출간된 가짜 후흑학은 몇 군데에 걸쳐 나의 팔고문 문체를 서구식 문체로 바꾸었다. 이는 사실 그다지 중요하지 않을 수 있다. 그러나 원문의 정신을 잃어버렸기에 이같이 두 가지 사항을 밝히지 않을 수 없다.

1. 나는 후흑학을 창안했다. 중국 안팎의 고금사를 통해 일일이 검증한 결과 그 이치가 하나도 틀린 바가 없음을 깨달았다. 사람들이 알고 있는 조조와 유비, 손권 등 몇 사람을 예로 들었다. 또한 더 거슬러 올라가 유방과 항우를 예로 들어 독자로 하여금 하나를 통해 세 개를 알도록 했다. 삼국시대와 초한시대의 원칙에 입각해 24사를 하나로 관통했다. 나는 원문에서 이같이 밝혀놓은 바 있다.

"유방과 항우가 다투던 시절 한 사람이 있었다. 뻔뻔하기는 했으나 음흉하지 못해 실패한 사람이 바로 한신이다. 같은 시절 음흉하기는 했으나 뻔뻔하지 못해 역시 실패한 사람이 있었으니 그가 바로 범증이다."

북경의 후흑학 책에는 이 구절이 삭제되어 있다. 한신은 '불흑' 으로 인해 실패했고 범증은 '불후' 로 인해 실패했다고 기록해 놓았다. 독자들은 생각해 보시라. 24사에 나오는 인물치고 '불후불흑' 해서 실패한 자가 어디 한둘이겠는가! 내가 어찌 한신과 범증 두 사람만 거론할 리 있겠는가? 북경판 가짜 책은 나의 본의를 잃었다고 할 수 있다.

2. 후흑전습록 중에 나오는 구관6자진언은 우선 다음과 같은 한 마디로 종합할 수 있다. "쿵空 · 꿍貢 · 충沖 · 뻥捧 · 쿵恐 · 쑹送" 이 6자는 모두 측성仄聲이다. 주관6자진언의 "쿵空 · 꿍恭 · 뻥捧 · 슝凶 · 룽聾 · 눙弄" 이 6자는 모두 평성平聲이다. 이하 글자별로 나눠 검토해 보면 매 6자는 모두 첩운이다. 음운을 쟁쟁하게 암송할 필요가 있다. 관리가 되고자 하는 사람은 밤낮으로 이를 읊을 필요가 있다. 이는 불가에서 말하는 '옴마니반메훔' 내지 '나무아미타불' 의 6자와 같은 것이다. 이를 경건히 지송하게 되면 가히 극락세계에 갈 수 있을 것이다. 이처럼 좋은 주문呪文이 없다. 이를 지송하는 자는 반드시 내세를 기다려 성불할 수 있을 것이다.

이는 원래 내가 세상을 구하고자 하는 충심에서 만든 것이다. 북경판 가짜 책에는 이를 생략해 버리고 곧바로 글자해석만 해놓았다. 이로 인해 독자들은 머리를 싸매고 공부해야 한다는 사실만 알 뿐 6자진언이 하나의 염불이라는 사실을 알 수 없게 된다. 이는 북경판 가짜 책이 책임지지 않으면 안 되는 것이다.

나는 3단계 공부방법을 제시한 바 있다. 제1단계는 '후여성장厚如城墻, 흑여매탄黑如煤炭'이다. 제2단계는 '후이경厚而硬, 흑이량黑而亮'이다. 제3단계는 '후이무형厚而無形, 흑이무색黑而無色'이다. 이는 불가에서 말하는 3승三乘이라고 할 수 있다.[16] 나는 때에 따라 '3승'을 고루 쓴다. 따라서 듣는 사람은 왕왕 나의 말에 모순이 있는 듯이 생각할 경우가 많다. 그러나 사실은 시종 하나일 뿐이다. 말하는 방법을 크게 셋으로 나눈 것에 불과하다는 사실을 알게 되면 아무런 모순도 느끼지 않을 것이다. 『금강경』에 이런 말이 나온다.

"얼굴을 통해 나를 찾거나 소리를 통해 나를 찾으려 하는 것은 사도를 행하는 것이니 여래를 볼 수 없을 것이다."

후흑학을 배우려는 자는 우선 불문에 들어가 이런 심법을 터득한 뒤 나의 강의를 들어야 할 것이다. 1911년 후흑학을 발표할 때 나는 매우 성실하면서도 자세하게 강의했음에도 이를 알아듣는 사람이 매우 적었다. 후에 『논어』와 『맹자』 등을 열독한 뒤 선종에서는 설파說破하는 것을 크게 경계하고 있다는 사실을 알았다. 공자 또한 이같이 말한 바 있다.

16. '3승'은 『묘법연화경』에 등장하는 말로 윤회를 벗어나기 위해 들어서야 하는 3가지 단계를 말한다. 성문(聲聞)과 독각(獨覺), 보살(菩薩)이 그것이다. 여기의 '승'은 실어 나르는 것으로 방편을 뜻한다. 대승불교에서는 성문승과 독각승을 소승(小乘)이라 해서 격하하기도 한다. 성문승을 소승, 독각승을 중승(中乘), 보살승을 대승(大乘)으로 보기도 한다.

"동서남북 중 한쪽 방향을 가리켜 나머지 3개 방향을 추론하지 못할 경우 다시 가르칠 필요가 없다."

맹자도 이같이 말한 바 있다.

"남을 가르치는 것은 마치 활을 쏘는 모습에 비유할 수 있다. 활을 힘껏 당긴 뒤 화살을 쏘지 않는 것과 같은 것이니 마치 막 쏘려는 듯한 모습이 이와 같다."

선종과 공맹의 학설이 성행한 것도 다 이유가 있다. 나는 뒤늦게 나의 교수법이 잘못됐음을 깨달았다. 그래서 1927년에 발간한 『종오억담』에서는 후흑학에 대해 그 대의만을 간략히 실었다. 나는 그간 간략할수록 더욱 많은 사람의 주목을 받는다는 사실을 몰랐던 것이다.

아, 그래서 부처는 "더 이상 심오할 수 없는 법은 수억 겁이 지나서도 만나기 어렵다"고 한 모양이다. 석가는 49년간을 설법했다. 후흑학은 내성외왕內聖外王(안으로 성인의 수도를 하고 밖으로 왕도를 행함)의 학문으로 나 역시 이미 24년간 설법해 왔다. 다시 설법하기 시작한 26을 더하면 족히 50년이 되어 오히려 석가보다는 1년이 더 많다. 어떤 사람이 이같이 말했다.

"당신의 이상한 이론을 좀 적게 말하시오. 밖에서 많은 사람들이 당신을 책망하고 있소. 당신도 응당 명예를 생각해야 하오."

나는 "나에게는 이같이 스스로 경계하는 말이 있다"라고 말했다.

"나는 명예를 사랑한다. 그러나 진리를 더욱 사랑한다."

말에 설득력이 있는지는 내 마음 속에서 판단하는 것이다. 나는 글을 쓰기 전에 반복해서 신중히 생각한 적이 없다. 내 글이 신문에 발표되면 많은 사람이 나를 공격한다. 그러나 나는 이에 대해 일일이 대꾸할 필요가 없다고 생각한다. 다만 공격자의 말이 옳은지 여부에 대해서는 세밀히 검토한다. 나의 마음을 꺾을 정도의 설득력이 있는 공격은 즉시 받아들여 나의 이론을 수정한다.

중국 땅은 넓다. 남북의 기후도 달라 생산되는 물산도 다르다. 이로 인해 인민들의 성품도 다르고 문화학술도 남북의 차이가 있다. 예컨대 북에는 공맹이 있고 남에는 노장이 있다. 두 파는 완전히 다르다. 곡曲(희곡)도 남곡南曲과 북곡北曲이 다르다. 글씨만 하더라도 남쪽은 첩帖이고 북쪽은 비碑이다. 권법도 남북 양파가 있고, 선종도 남종南宗에는 혜능慧能이 있고 북종北宗에는 신수神秀가 있다.[17] 모든 것이 이와 같다.

후흑학도 일종의 커다란 학문이기 때문에 당연히 남북 양파로 나뉠 수 있다. 문인들이 "어떻게 남북 양파를 나눌 수 있느냐"고 묻는다면 나는 이같이 말할 수 있다.

"생사를 걸고 모든 것을 하나로 생각하는 것이 '북방 후흑학'의 특징이다. 나라를 팔아먹은 군벌들이 다수 북쪽을 점거하고 있는 이유가 여기에 있다. 혁명 이후 나타난 바와 같이 원래의 궤도를 따르지 않는 것이 '남방 후흑학'의 특징이다. 일확천금을 노리는 투기분자가 남방에 많은 것도 이 때문이다."

어떤 사람이 "후흑학에서는 남북 양파 중 어느 쪽이 나은 것인가"라고 묻는다면 나는 이같이 대답할 것이다.

"당신은 어찌 그리도 어리석은가? 남파에 대해 말할 때에는 남파를

17. 중국 선종의 법통은 달마(達磨)-혜가(慧可)-승찬(僧璨)-도신(道信)-홍인(弘忍)-혜능(慧能)으로 전해진 것으로 알려져 있다. 『속고승전』에는 '승찬'의 이름이 기록돼 있지 않다. 5조인 홍인 밑에 혜능과 신수가 있었다. 훗날 남쪽 선종은 혜능을 우두머리로 삼았고 북쪽 선종은 신수가 법통을 이은 것으로 주장했다. 그러나 북방 선종이 쇠멸함에 따라 선종의 법통을 자연히 남방 선종이 갖게 되었다. 중국만이 지니고 있는 선종의 독특한 교의는 엄밀한 의미에서 볼 때 혜능을 기점으로 시작되었다고 하는 것이 정설이다.

말하는 것이고 북파를 말하게 될 때에는 북파를 말하는 것이다. 말로는 북파이면서 실제로는 남파일 수 있고, 말로는 남파이면서 실제로는 얼마든지 북파일 수도 있는 것이다.

공화국 성립 이래의 인물을 보면 남파에서 나와 북파로 나아간 사람이 있는가 하면 북파에서 나와 남파로 나아간 사람도 있다. 또 다시 남파에서 북파로 나아간 것은 물론 북파에서 남파로 나아간 경우도 부지기수다. 당신이 갈림길에 서서 다른 사람에게 양파 중 어디가 좋은지 물으면 나는 어떻게 대답해야 할지 모르겠다."

나는 세상에 있는 허다한 학문을 강의하지 않는다. 오직 후흑학만을 말할 뿐이다. 이를 두고 많은 사람들은 모두 의아하게 생각한다. 그 이유를 설명하면 다음과 같다.

나는 본래 공자 신도이다. 어렸을 때 부친이 내 이름을 지어주셨다. 나는 그 이름이 싫어 『예기』에 나오는 구절을 인용해 '후세의 모범이 된다'는 의미에서 스스로 이름짓기를 '세해世楷'라고 하고 '유학을 종지로 삼는다'는 의미에서 자를 '종유宗儒'라고 했다. 이는 말할 것도 없이 공자의 신도임을 자처하기 위함이었다.

광서 계묘년 겨울, 사천성 고등학당이 개학하면서 나는 자류정에서 성도로 나왔다. 나는 친구 뇌섭雷讋과 함께 매일 1백 리를 걸어서 학교에 다녔다. 우리 둘은 당시 도중에 별일이 없으면 시사문제에 대한 견해를 격의 없이 나눴다. 경사서에 대한 문제를 토론 대상으로 삼고자 친구는 자신의 자字를 '철애鐵崖'로 고쳤다.

나는 유교가 나의 마음을 충족시킬 수 없음을 깨달았다. 마음 속으로 공자를 추종하기보다는 나 자신을 추종하는 것이 낫다고 생각했다. 그래서 이름을 다시 '종오宗吾'로 고친 것이다. 이 이름은 나의 사상이 독립했음을 상징하는 것이다. 올해가 을해년乙亥年(1935)이니 지금까지 나의 사상을 내세우기 시작한 지 이미 32년이 넘은 셈이다. 이름을 '종오'로 개명한 후 모든 경사서를 독파해 나갔다. 그 결과 유학의 적잖은 문제점을 발견하게 되었다. 이것이 바로 후흑학이 나타나게 된 배경이다.

고등학당에 도착하여 제일 먼저 강당으로 갔다. 당시 일본인 교사 이케나가池永 선생은 이런 강의를 하고 있었다.

"학문을 공부하는 것은 전적으로 자신에게 달려 있는 것이지 선생에게 매달려서는 안 된다. '교육'이라는 두 글자는 영어로 '에두케이션'(education)이라고 한다. 이는 원래 '끄집어내다'라는 의미를 지닌 말이다. 세상의 모든 학문은 자신의 머릿속에 있는 것을 끄집어낸 것이다. 교사는 단지 끄집어내는 것을 도와주는 데 불과할 뿐, 결코 선생이 어떤 학문을 학생의 머릿속에 집어넣어 줄 수 있는 것이 아니다.

만일 학문이 교사가 학생에게 줄 수 있는 것이라면 이는 이 통에 있는 물을 저 통에 붓는 것이 된다. 결국 옮겨 부을 때마다 그 양이 적어지니 학생은 결코 선생보다 나아질 수가 없는 것이다. 학생이 매번 선생보다 나을 수 있는 것은 바로 학문이 각자의 머릿속에서 나온 것이기 때문이다. 머릿속에는 하나의 주머니가 있다. 그 가운데에는 숱한 물건을 담고 있다. 선생이 그 주머니의 입을 벌려주면 학생 스스로 손을 뻗어 물건을 그 주머니 속에 담아야 하는 것이다."

그의 이와 같은 연설은 '종오'라는 이름과 서로 합치되는 것이다. 그가 나에게 준 인상은 대단히 깊었다. 그의 주장은 주희가 말한 "배움은 가르칠 때 효과가 있다"는 말보다 훨씬 의미가 깊다는 것을 깨닫게 만들었다. 후에 나는 영어를 배우면서 어원을 찾아보니 과연 틀림이 없었다. 이케나가 선생의 이 연설은 내가 후흑학을 창안하는 데에 지대한 영향을 미쳤다.

나는 근래 신문을 읽으면서 '일본'이라는 두 글자를 볼 때 눈이 시리고 일본인의 이름을 볼 때마다 구역질이 난다. 다만 '이케나가' 선생만큼은 존경해 마지않는다. 그의 화기애애하면서도 친절한 모습은 지금까지도 나의 머릿속에 존재하고 있다.

학창 시절 교사가 말하는 것을 공책에 빠짐 없이 적었다. 공책 표면에는 '고낭固囊' 이라는 글자가 크게 쓰여 있었다. 많은 동문들이 무슨 뜻인지 몰라 물을 때마다 나는 무슨 뜻이 있는 것이 아니라 그냥 편의에 따라 쓴 것이라고 대답했다. 나는 이 두 글자의 유래를 설명할 수가 없었다. 후세의 고고학자들이 이를 1백 년 동안 연구해도 결국 고증해내지 못할 것이다.

"소위 '고낭' 이라 함은 머릿속에 있는 하나의 주머니를 말하는 것으로 공책에 쓰는 것은 모두 머릿속에 있는 고유한 것들이다."

'고낭' 이라는 두 글자는 일시 좌우명座右銘으로 삼은 것이다. '이케나가' 선생은 물리와 화학, 수학 등을 가르쳤다. 그는 수소와 산소를 내용으로 강의를 시작했다. 나는 '이케나가' 선생이 가르쳐 준 '인출引出' 의 방법을 사용했다. 길을 갈 때나 밥을 먹을 때, 그리고 잠을 잘 때까지도 온통 새로운 물건을 인출할 수 있을 것인지 머릿속을 뒤지고 다녔다. 이후 '이케나가' 선생이 말한 것들을 만날 수 있었다. 나는 모든 것을 이런 방법을 통해 사유했다. 그러나 이것이 어찌 왕양명이 오랜 동안 연구를 거듭해도 결코 아무런 소득도 없었던 것과 같은 것임을 알 수 있었겠는가?

이로 인해 지친 나머지 원래의 길로 되돌아갈 것을 생각해 보기도 했다. 나는 장탄식을 하며 이같이 말했다.

"금생은 이미 많이 지나갔으니 내생에 다시 인연을 맺으리라."

나는 이전에 오랫동안 팔고문 형식에 얽매여 있었다. 과거가 폐지되고 학당이 세워진다는 얘기를 듣고 대단히 기뻤다. 집안에 있던 사서오경과 시문집 등을 모두 불살라 버렸다. 학당에 머무른 지가 제법 되자 커다란 실망을 느끼게 되었다. 한번은 어느 일요일 날 성도成都의 학도가에서 한 권의 『장자』를 사보게 되었다. 친구가 이를 보고 매우 기이하다는 듯이 나에게 "이런 책을 사서 무엇하려는 것이냐"고 물어 나는 이같이 대답했다.

"너는 오늘날 과학이라는 것에 무슨 희망이 있다고 생각하니. 그것은 망망대해 같아. 자신의 마음 속에서 많은 도리를 생각해내지만 기계를 통해 시험해 볼 수는 없지 않니. 이는 공상에 불과한 것이 아니야. 학당에서 공부하는 것은 책 속에서 어떤 지식을 얻는 것에 불과해. 무슨 도움이 되는 것이 있겠니. 단지 자식과 손자 등이 다시 연구해 주길 바랄 뿐이지. 너와 내 삶은 이미 끝났어. 이 때문에 나는 중국 고전에서 하나의 활로를 찾고자 하는 것이야."

그는 이 말을 듣고 탄식했다. 나는 고등학당 시절 많은 고향 친구들과 함께 동맹회에 가입했다. 장열오張列五라는 친구가 나에게 "앞으로 우리들이 거사를 하게 되면 너에게 일개 부대를 인솔토록 하겠다"고 말했다. 나는 이 말을 듣고 대단히 기뻤다. 마음 속으로는 고래의 영웅호걸들은 당연히 하나의 비결이 있을 것으로 생각했다. 이로 인해 역사상의 일들을 모으기 시작했다. 귀납법을 써서 그 비결을 얻고자 했다. 그러나 매우 오랜 시간이 지났음에도 불구하고 망망하기만 해 아무런 수확도 얻을 수가 없었다.

선통宣統 2년(1910), 나는 부순富順 중학당의 교장이 되었다. 어느 날 저녁 교장실에서 잠을 자다가 우연히 조조와 유비, 손권 등을 떠올리게 되었다. 견딜 수가 없어 침상을 치고 일어나면서 이같이 말했다.

"생각해냈다, 생각해냈어. 고대의 영웅호걸들은 뻔뻔하고 음흉한 자들에 불과했다는 사실을."

후흑은 모든 것을 관통하는 것이다. 24사 역시 후흑을 이용해 하나로 관통할 수 있다. 그날 저녁 나는 내내 잠을 잘 수가 없었다. 마음은 대단히 유쾌했다. 당시 나의 모습은 마치 왕양명이 용장역龍場驛에서 크게 깨달아 격물치지格物致知의 도리를 발견했을 때의 모습과 흡사했다.

나는 후흑학을 창안했다. 스스로는 이것이 맞는 것인지 그렇지 않은 것인지 알 수가 없었다. 나의 고향 동창 중에서 일을 처리하는 재능으로 말하면 왕간항王簡恒을 당할 사람이 없었다. 뇌섭雷聾은 일찍이 그를 일컬어 '대수완가'라고 칭한 바 있다. 왕간항을 부순성에서 만났을 때 나는 그에게 후흑의 도리를 발견했다는 사실을 들려주었다. 비평을 구하자 그는 이같이 말했다.

"이종오, 자네가 말한 도리는 조금도 손색이 없네. 다만 하나 충고하자면 이는 말로 할 수도 없고 더더욱 글로 쓸 수 없는 것일세. 자네는 자네가 발명한 도리를 토대로 연구를 거듭해 나갈 수 있을 뿐이네. 자네를 포함해 그 누구도 이런 일을 하게 되면 하나의 위인이 되는 것이지. 만일 말 또는 글로 표현하게 되면 단지 종신토록 아무런 성과를 거둘 수 없는 것은 물론 오히려 여러 면에서 불리할 것일세."

나는 친구의 이런 충고를 듣지 않았다. 결국 내가 주장한 대로 이를 그대로 발표했다. 그 결과 왕간항이 생각했던 상황은 나타나지 않았다. 독자제위는 『후흑학』을 읽으면서 반드시 왕간항이 말한 경계를 기억하지 않으면 안 된다.

나는 종전에 의기가 매우 호쾌했으나 후흑학을 창안한 이래 마음이 차분해졌다. 다시는 영웅호걸이 되겠다는 생각을 품지 않게 되었던 것이다. 구관6자진언과 주관6자진언, 판사2묘법 등은 1912년의 글이다. 후에 많은 친구들이 나의 이런 퇴폐적인 모습을 보고 전과 크게 달라진 것에 대해 매우 의아하게 생각했다. 나 또한 그 미묘함을 설명하기가 어려웠다. 만일 내가 후흑학을 강의하지 않았다면 나의 세계는 현재와 사뭇 달랐을 것이다. 후흑학이 나를 왜곡한 것인지 아니면 내가 후흑학을 왜곡한 것인지 잘 모르겠다.

후흑학이라는 책을 읽고 탄식하는 사람이 있는가 하면 비분강개하는 사람도 있을 것이다. 내가 후흑학을 창안한 것이 과연 공인가 아니면 죄인가? 단지 염라대왕에게 가서 재판을 받을 수밖에 없을 것 같다. 결국 나는 발표하지 않을 수 없었다. 이 때 영웅호걸이 되겠다는 희망을 단념했다. 독자들이 후흑학의 적용만 알았지 내가 영웅호걸이 되겠다는 생각을 버린 대가라는 것을 어찌 알겠는가? 그러니 그 대가가 크지 않으면 안 된다.

나는 후흑학을 비장해서 독창적인 보물로 만들었다. 그러나 그로 인해 영웅호걸이 되지는 못했다. 어디서 이를 증명할까? 신해혁명 때 왕간항은 성도에 도착했다. 장열오는 그를 어떤 현의 지사에 임명했다. 그러나 그는 가지 않고 다시 자류정으로 돌아왔다.

1914년 원세개 세력을 물리친 후 웅양熊揚이 중경에서 독립을 선언했다. 부순현이 호응했고 자류정은 왕간항을 행정책임자로 선출했다. 일이 실패하자 왕간항은 티베트로 도주했다. 낮에는 숨고 밤에만 도망가 비를 맞는 바람에 병을 얻어 2년 뒤 죽었다. 후흑학을 읽은 사람은 후흑학을 창안한 사람의 지적을 명심해 자만하는 일이 없어야 할 것이다.

1912년 나는 성도에 도착했다. 《공론일보》 내에서 요서초廖緒初 및 사수청謝綬靑 등의 친구들과 함께 살았다. 친구들은 나보고 책을 출판할 것을 종용했다. 요서초는 내가 책을 출판할 경우 서문을 써주겠다고 했다. 요서초는 성리학을 전공한 사람으로 친구들은 그를 '대성인'이라고 불렀다. 나는 매일 글을 써나갔다. 내가 사용한 별호는 '독존獨尊'이었다. 『후흑학』이 발표된 이후 '이후흑'이라는 별호를 갖게 되었다. 1919년 요서초는 사천성의 교육과장이 되었다. 교육과장은 교장과 현교육국장에 대한 임명권을 가지고 있었다. 당시 나는 부과장의 자리에 있었다. 내심 이같이 생각했다.

"후흑학은 절대 입 속에서 강의할 것이 아니다."

나는 독자 제위를 진정 사랑한다. 그래서 성의를 가지고 보고하는 것이다. 성인이나 후흑이나 사실은 하나의 사물에 대한 두 가지 측면에 불과한 것이다. 장자는 "성인은 죽지 않고 대도大盜尊는 그치지 않는다"고 말했다. 성인과 대도의 진상을 장자가 명확히 밝힌 셈이다. 도척의 문인들이 도척에게 "훔치는 데에도 도가 있습니까"라고 묻자 도척은 이같이 말했다.

"당연히 있다. 대도는 집안의 어디에 물건이 있는지 보지 않고도 안다. 이를 '성聖'이라고 한다. 물건을 훔칠 때 앞장서는 것을 '용勇'이라 한다. 훔친 뒤 가장 나중에 집을 나오는 것을 '의義'라고 한다. 상황을 파악해 실행에 옮길 것인지를 판단하는 것을 '지智'라고 한다. 훔친 물건을 고르게 나누는 것을 '인仁'이라고 한다. 이 5가지 도덕을 겸비하지 않고 대도가 되려는 자는 천하에 한 사람도 없다."

성·용·의·지·인이라는 5가지 자질은 본래 성인이 만든 것이다. 도척도 이를 능히 구사할 줄 알았기 때문에 대도가 되었다. '후흑'이라는 두 글자도 원래는 천하의 일대 간흉과 일대 사기꾼이 만든 것이다. 일반인이 이를 잘 활용할 줄 안다면 위대한 대성현이 될 수 있다. 앞서 언급한 바와 같이 호림익은 이를 잘 활용해서 위대한 명신이 되었다.

왕간항과 요서초는 모두 내가 탄복하는 사람들이다. 요서초는 초기에 성의회 의원 일을 맡았다. 그는 오직 '판공辦公'이라는 두 글자만 알았다. 이는 호림익의 무지할 정도로 뻔뻔한 모습을 닮았다. 왕간항은 일을 할 때 모든 것을 혼자서 판단하고 처리했다. 이는 호림익의 독단적인 모습을 닮아 있었다. 어느 날 나는 두 사람 앞에서 이같이 말한 바 있다.

"요서초는 '후' 자의 궁극에 도달했다. 왕간항은 '흑' 자의 궁극에 도달했다. 가히 후흑당의 용장이라고 할 만하다."

나는 일일이 여러 정황을 예로 들어 이를 증명해 보였다. 두 사람은 매우 기뻐하며 이같이 말했다.

"네 말을 들으니 우리 두 사람은 각기 성인의 일부분을 얻은 듯하구나."

나는 이같이 말했다.

"1백 년 후에 나를 위해 후흑묘를 세우는 사람이 있으면 너희 두 사람 모두 배향되기를 바란다."

1912년 나는 성도의《공론일보》에 후흑학을 연재했다. 어느 날 요서초가 내 집에 왔다가 책상 위에 놓여 있는 유방과 항우, 한신과 범증 등에 관한 원고를 보았다. 그는 한신에 관한 부분을 반복해서 본 뒤 아무 말 없이 장탄식을 한 뒤 돌아갔다. 한신은 '후'의 이치는 터득했지만 '흑'을 구사할 줄 몰라 유방에게 죽임을 당한 인물이다. 나는 곰곰이 생각한 끝에 그가 왜 한신에 관한 부분을 반복해 보았는지 알게 되었다. 그는 한신과 같이 '후'는 터득했지만 '흑'이 부족한 사람이었다. 그는 참을성은 많았지만 승냥이의 마음을 갖고 일할 것을 부탁하면 이를 할 수 없는 사람이었다. 한증寒症에 걸린 사람은 뜨거운 물을 마시고 푹 쉬어야만 한다. 열증熱症에 걸린 사람은 차가운 물을 마시고 푹 쉬어야만 한다. 요서초는 '흑' 자 한 자가 부족한 사람이었다. 한신에 관한 구절이 그에게는 좋은 약이 되었을 것이고, 자신도 모르는 사이에 커다란 감명을 받았음에 틀림없다.

사수청은 광서 33년(1907) 사천고등학당을 나와 함께 졸업한 인물이다. 그 때 왕간항은 부순중학교 교장이 되어 사수청과 나를 교사로 초빙했다. 광서 34년 후반기 요서초는 부순중학교 장학관이 되었다. 그는 왕간항에게 이같이 말했다.

"이종오는 이곳 사람이니 1백 냥을 감액하고 사수청은 외지인이니 월급을 그대로 주어야 한다."

그는 내가 절대 반대할 수 없을 것이라는 것을 알고 있었다. 이 때문에 나는 흔히 사람들에게 "요서초는 절대로 같이 사귈 만한 사람이 아니다"라고 말하곤 했다.

그 때 현립고등소학교 교장인 강선신姜選臣이 어떤 일로 사직했다. 현의 지사는 왕간항에게 그 자리를 겸직케 했다. 어느 날 왕간항이 나를 보고 웃으면서 이같이 말했다.

"나는 최근 옷을 사고 싶었는데 고등소학교 교장 월급이 나오게 되었으니 가능하게 되었네."

일찍이 나는 친구 뇌섭에게 이같이 말했다.

"친구들 중에서 천성이 '후' 자로 편향된 인물이 대단히 많지. 그 중 요서초가 제일이야. 그러나 '흑' 자를 터득한 사람으로는 오직 왕간항 한 사람뿐이지."

요즘 흔히 나에게 이같이 말하는 사람이 있다.

"당신은 나보고 뻔뻔하다고 한다. 나도 그렇다고 생각한다. 그러나 '흑' 자는 아직 터득하지 못했다. 나는 결코 성공할 수가 없을 것이다."

그래서 나는 이같이 응답해 주었다.

"나는 오직 당신이 '후' 자를 제대로 터득하지 못할까 걱정한다. 철저히 터득하게 되면 앞으로 나아가지 못하거나 실패할 염려는 전혀 없다. 당신이 보듯이 요서초의 '후'는 능히 왕간항의 '흑'을 깨부술 수 있지 않았는가? 세상에는 '후' 자로 편향된 사람이 많지만 절대 자포자기할 필요가 없다."

흔히 사람들은 사람의 목에 칼이 나가는 길이 있다고 한다. 망나니가 칼을 휘두를 때 바로 이 칼이 나가는 길을 따라 사람의 목을 벤다고 한다.

그래서 망나니가 별다른 일이 없어 다른 사람과 앉아 한담을 즐길 때 사람의 목에 칼이 나가는 길을 유심히 관찰한다고 한다. 나는 후흑학을 만들었을 때 나의 친구들의 사례를 실험 대상으로 삼아 망나니가 칼이 나가는 길을 찾아내듯이 연구했다. 결국 세상의 모든 일은 후흑학이 적용되지 않는 일이 없다는 중요한 이치를 깨닫게 되었다.

독자 제위는 친구들과 사귈 때 내가 말한 방법에 따라 연구해 주기 바란다. 무한한 흥미를 불러일으킬 것이라는 것을 보증할 수 있다. 사서오경이나 24사를 읽을 때보다 훨씬 유익한 점이 많을 것이다. 노자는 이같이 말한 바 있다.

"나라를 다스리는 비밀의 오묘함은 가벼이 다른 사람에게 보여줄 수 없는 것이다."

나는 이미 늙었다. 다시 무슨 커다란 조화가 있을 것으로 생각지 않는다. 그렇지 않으면 이 방법을 사람들에게 전수할 수 없을 것이다. 나는 내 이름 하에 후흑학을 행사하는 사람을 만나게 되면 말하기를 그치지 않는다. 이어 눈을 크게 뜨고 그를 바라보면서 아무런 얘기도 하지 않는다. 그러면 그는 얼굴을 붉히면서 크게 웃고는 이같이 말한다.

"실재로 신생님을 속이시 않았습니다. 학생이 되어 실재로 어쩔 수가 없습니다. 단지 선생님의 이름 하에 후흑학을 좀 구사할 뿐입니다."

나는 이같이 말했다.

"됐네! 내가 완전히 자네가 된 것으로 그뿐일세."

속어에 '내행불발화內行不發貨'(동업자 간의 일로는 돈이 생기지 않음)라는 말이 있다. 사람들에게 사기를 치는 사람도 동업자들 앞에서는 유독 감히 가짜를 팔 수 없는 것이다. 나는 사람들에게 후흑학을 연구하라고 열심히 권하고 있다. 이는 많은 사람들이 동업자가 될 것을 바라기 때문이다. 만일 누가 후흑을 구사하려 할 경우 우선 이에 대해 설명을 하고 다시 하도록 하면 하는 사람이나 받는 사람이나 모두 심리가 순리에 맞게 안정된다.

나는 후흑학을 발명한 이후 사람들의 정과 모든 은원恩怨을 전적으로 그들 자신에게 맡겨두었다. 어떤 사람이 나에게 "누가 당신에게 미안한 일을 했는데 그는 여차여차하다"고 말하면 나는 이같이 말한다.

"그 친구는 당연히 그같이 해야지. 만일 그렇지 않을 경우 내 후흑학을 더 강의해야 한단 말이 되네. 내가 발명한 것은 인류의 대원칙이네. 그 친구는 당연히 이 원칙에서 벗어날 수가 없지."

1911년 10월, 장열오는 중경에서 독립을 선언했고, 촉군정부 도독에 임명되었다. 성유합成渝合은 사천성 부도독에 임명된 뒤 민정청장이 되었다. 그는 심계원審計院을 만들어 요서초를 원장으로 삼으려 했다. 요서초가 고사하자 결국 윤중석尹仲錫이 원장이 되었고 요서초는 부원장, 나는 제3과 과장이 되었다. 당시는 공화국이 막 성립하던 때여서 나는 새로운 학설이 나올 것으로 생각하고 내가 창안한 후흑학을 발표했다. 내가 과장이 되자 일반인들이 이같이 말했다.

"후흑학이 과연 효용이 있다. 이종오가 공공연히 과장이 되지 않았나!"

잘 아는 친구들이 나에게 다시 나아갈 필요가 없다고 말했다. 나도 곧 나아가지 않았다. 그러자 많은 사람들이 또 이같이 말했다.

"이종오는 한 번 과장이 되었을 뿐이다. 후흑학은 큰 효용이 없다."

나는 사람들에게 이같이 말했다.

"너희들은 내가 관원이 된 것을 선망했을 뿐이다. 내가 관가 주변을 부지런히 돌아다닌 이유를 알아야만 한다. 이것이 비밀이다."

나는 '구관6자진언'을 비롯해 '주관6자진언'을 만들었다. 매번 친구를 만날 때마다 진심으로 전수하기 바빴다. 그러나 그들의 자질이 부족한 것을 어쩔 수가 없었다. 운용이 제대로 되지 않으면 관운 역시 통할 수 없는 것이다. 오히려 옆에서 관찰하고 간접적으로 듣는 것이 나을 수 있다.

심계원에 있을 때 요서초의 침실과 나의 침실이 붙어 있었다. 어느 날 오후 요서초가 책상을 치며 꾸짖는 소리를 들었다. 그 소리가 너무 커 지붕이 들썩거릴 정도였다. 내가 방문을 열고 나와 보니 어떤 사람이 황망히 사라지고 있었고, 요서초가 연신 그를 좇으며 욕을 해대고 있었다. 그는 문 앞까지 갔다가 멈춰섰다. 요서초는 나를 본 뒤 나를 좇아 방에 들어와 앉았다. 그는 분이 풀리지 않은 듯 이같이 말했다.

"그 자식이 그럴 수가 있어?"

내가 어떤 일이냐고 묻자 그는 이같이 말했다.

"그가 나에게 와서 말하길 '누가 지사가 될 만하니 나에게 장열오를 소개해 주시오' 라고 하는 것이야. 내가 탐탁지 않게 말했더니 그가 '그러면 일이 된 것으로 알고 선생에게 4백 냥을 보내도록 하겠소' 하는 것이야. 내가 책상을 치며 말하길 '미친 소리! 이런 얘기를 어떻게 나에게 하는 것이야' 라고 했지. 그랬더니 일어나 나가면서 '됐다. 됐다. 더 이상 말하지 말게' 하는 것이야. 그래서 화가 나 그를 좇아가면서 욕을 해댄 것이지."

내가 '네가 그를 대신해 말하면 그뿐 아닌가? 하필 이같이 화를 낼 일이 무엇인가?' 라고 하자 그는 이같이 말했다.

"이런 놈은 체면을 구겨놓지 않으면 훗날 무슨 일을 저지를지 알 수가 없어. 내가 장열오에게 말하지 않으면 안 될 상황이 될지도 몰라. 이런 놈은 좇아내 사람을 해하지 못하게 하는 게 낫지."

이는 비록 작은 일에 불과하나 후흑학의 관점에서 볼 때 매우 깊은 뜻을 지닌 것이다. 나는 평소 요서초가 '후'는 넘치나 '흑'이 부족하다고 비평해 왔다. 그런데 그는 결국 '흑' 자 범주에 들어서게 된 것이다. 이게 어찌 된 것일까? 나는 반복해 연구한 끝에 이런 하나의 원칙을 발견해냈다.

"후흑이라는 두 글자는 한 물체의 두 면과 같다. '흑'이 극에 달하면 '후'가 아닌 것이 없다. '후' 또한 극에 달하면 '흑'이 아닌 것이 없다."

예를 들어 말하면 조조의 마음은 매우 시꺼멓다. 당시 진림陳琳은 그를 성토하는 「토조조격문討曹操檄文」을 썼다. 그러나 그는 진림을 관용했다. 이 어찌 뻔뻔하다고 말하지 않을 수 있겠는가? 유비의 낯가죽은 매우 두껍다. 유장劉璋이 정성을 다해 그를 대해주었다. 그러나 그는 갑자기 병력을 동원해 유장을 없애버렸다. 이 어찌 속마음이 시꺼멓다고 말하지 않을 수 있겠는가? 우리는 '후' 자를 얘기하면서 요서초가 '후' 자의 이치를 터득했다고 말한 바 있다. 그 역시 이런 원칙을 찾아내지 못했던 것이다. 옛 사람이 이같이 말한 바 있다.

"소위 도라고 하는 것은 하나로 꿰는 것이다."

후흑이라는 두 글자는 본래 서로 관통하는 것이다. '후' 자가 변한 것이 '흑' 자이고 '흑' 자가 변한 것이 바로 '후' 자인 것이다. 예전에 한 권신權臣이 있었다. 죄를 얻어 도망가게 되자 수종들이 이같이 말했다.

"모 씨某氏는 당신의 좋은 친구가 아니오? 그는 평소 당신을 좋아했소. 왜 그를 찾아가 몸을 의탁하지 않는 것이오?"

그러자 그는 이같이 대답했다.

"물론 그는 나에게 매우 잘해주었지. 내가 음악을 좋아하자 그는 거문고를 내게 보내주었지. 내가 패옥을 좋아하자 옥으로 만든 잔을 보내주었지. 그는 평소 좋아하던 물건으로 나의 비위를 맞췄으니 지금은 반드시 나를 잡아 다른 사람의 비위를 맞추고자 할 것이다. 내가 그를 찾아가게 되면 나를 잡아 왕에게 보낼 것이 틀림없다."

과연 그자는 사람을 보내 추격해 와 수종 몇 명을 잡아가 상을 요구했다. 이것이 바로 뻔뻔함이 음흉함으로 변한 좋은 증거다. 어떤 사람이 "세상에는 음흉함이 뻔뻔함으로 변한 경우는 없는 것이오?"라고 물어 나는 이같이 답했다.

"있다. 『요재지이』의 '마개보馬介甫'에 나오는 양만석의 부인 윤 씨가 바로 그 사람이다."[18]

요서초의 이 사건은 몇 사람에게 물어보았더니 모두 들어본 적이 없다고 말했다. 나를 제외하고는 아무도 모르는 일이었다. 후에 그와 함께 10여 년을 같이 근무하게 되었지만 이 일에 관해 알고 있는 사람이 있다는 애기를 듣지 못했다. 그의 소행을 후흑학의 입장에서 보면 다음과 같은 또 하나의 원칙을 얻어낼 수 있다.

"흑자에 뛰어난 자에게 흑자는 항상 있는 자질이고 후자는 잠시 존재한 자질에 불과하다. 후자에 뛰어난 자에게는 후자는 항상 있는 자질이고 흑자는 잠시 존재한 자질에 불과하다."

요서초는 후자에 뛰어난 인물이다. 그가 흑자와 관련한 모습을 보여준 것은 일시적인 현상에 불과했다. 그 일이 있은 후 그는 후자로 다시 돌아왔다.

18. 『요재지이』 권10에 나오는 '마개보'는 천하의 공처가 양만석과 포악하기 그지없는 부인 윤 씨에 관한 애기이다. 본래 신선인 '마개보'는 양만석과 의형제를 맺어 윤 씨의 포악한 행패를 고치기 위해 무진 애를 썼으나 실패했다. 결국 양씨 집안이 풍비박산이 난 후 윤 씨는 백정에게 팔려가 거지가 되었고 양만석도 거지로 전전하다가 조카 집에 얹혀 살게 되었다. 이 애기는 극단적인 공처가와 악처를 예로 들어 내세에 보다 좋은 인연을 맺도록 권하는 권선징앙의 성격을 강하게 띠고 있다. 이종오가 윤 씨를 두고 '심흑'이 '면후'로 변한 전형적인 사례로 거론한 것은 대략 윤 씨가 '마개보'에게 혼이 날 때마다 회개하는 빛을 보이다가 시간이 얼마 안 지나 또 다시 악처의 모습을 재현한 것을 두고 말한 듯하다.

요서초가 세상을 떠난 지 벌써 10여 년이 넘었다. 평생 품행이 뛰어나 아무런 하자도 남기지 않았다. 그의 친구와 제자들은 지금도 그를 애기할 때면 탄복하지 않는 사람이 없다. 작년에 나는 『요장일사廖張軼事』라는 책을 지었다. 이는 요서초와 장열오 두 사람에 관한 사적을 서술한 것으로 이미 《화서일보》에 연재한 바 있다. 요서초는 국민당에 충실한 당원이었다. 그의 개인품성으로 말하면 칭찬을 그칠 수 없다. 나는 그 책에서 그와 같은 일들을 열거했다. 훗날 내가 '후흑총화'를 모두 쓰게 되면 그에 대해 다시 쓸 생각이다.

일반인들은 그를 '대성인'이라고 부른다. 내가 보기에 그는 '후'자 한 자에 모든 것을 기울였다고 할 수 있다. 나는 일찍이 이같이 말한 바 있다.

"후흑학을 이용해 공리를 도모하는 자는 후흑을 구사하면 할수록 인격이 더욱 고매해진다."

요서초의 인격은 매우 고상하다. 이는 우리 친구들이 모두 인정하는 바이다. 그의 친구와 제자들이 나의 말이 틀림없다는 사실을 증명하고 있다. 이는 내가 말한 원칙이 틀림없다는 것을 증명하는 것이기도 하다.

세상의 일 중에는 이해하기는 곤란해도 실천하기는 용이한 일이 있고 이해하기는 쉬워도 실천하기는 어려운 일이 있다. 단지 후흑학만은 특별해 이해도 곤란하고 실천하기도 곤란하다. 후흑학의 현묘玄妙함은 신선이 되기 위해 외우는 주문과 같다. 예로부터 비밀리에 전수돼 온 것으로 황석노인黃石老人은 장량에게 신선이 될 기질이 있다고 보고 야삼경에 그 비결을 전수해 주었다. 장량은 노인의 말을 듣자마자 곧바로 깨달았다. 노인은 그가 황제의 군사軍師가 될 것을 믿어 의심치 않았던 것이다. 이 학문이 너무 깊고 오묘해 사마천도 『사기』에 이같이 기록해 놓았다.

"장량이 다른 사람에게 병법을 말해도 그들은 이를 이해할 수 없는 데 오직 유방만이 그를 제대로 이해했다. 장량은 이에 탄복해 '과연 패공沛公(유방)만이 하늘의 뜻을 보여주고 전해줄 수 있는 사람이다'라고 말했다."

이 학문은 이를 이해할 수 있는 고명한 선생을 만나기도 어렵지만, 설령 만난다 할지라도 이해하기가 힘들다. 소동파는 이같이 말한 바 있다.

"항우는 백전백승했다. 그러나 자신의 예기를 너무 쉽게 사용한 나머지 유방은 능히 견딜 수 있게 되었다. 유방이 힘을 길러 항우의 예기를 꺾고 마침내 그를 패퇴시킬 수 있었던 것은 전적으로 장량이 가르쳐 준 바가 있었기 때문이었다."

학문의 적통은 명백히 고증할 수 있다. 나는 『후흑학사승기厚黑學師承記』를 쓰려고 한다. 이는 이 학문의 전수관계를 밝혀 사람들로 하여금 이 학문을 제대로 이해하도록 만들기 위해서이다. 황석공과 같은 사람만이 능히 전수할 수 있고, 장량 및 유방과 같은 사람만이 능히 깨달을 수 있다. 나는 최근 '후흑구국'의 설법을 제창하고 있다. 많은 사람들이 잘 모른다고 말하는 것도 크게 이상할 것이 없다. 이를 두고 이해하기가 어렵다고 하는 것이다.

유방은 능히 부친을 삶은 한 그릇의 국을 달라고 했고, 자식을 수레에서 밀어낼 줄 알았다. 그의 속마음이 시꺼멓지 않았다면 한신이 제나라 왕에 봉해줄 것을 요청했을 때 크게 소리쳐 화를 냈을 것이다. 그는 당시 장량이 옆에서 눈짓으로 이를 가르쳐 주자 그 뜻을 단박에 알아챘다.

구천은 부차의 신하가 되고 자신의 마누라는 그의 첩이 되었다. 그의 낯가죽이 두껍지 않았다면 오나라와의 전투에서 부차가 눈물을 흘리며 목숨을 구걸할 때 이를 받아들였을 것이다. 그는 당시 범리가 결코 이를 받아들여서는 안 된다고 진언했을 때 이를 받아들여 부차를 죽음으로 몰아넣었다.

유방 및 구천과 같은 인물들은 군사軍師로 하여금 전장에 임해 직접 지휘 감독케 했기 때문에 성공할 수 있었던 것이다. 이를 두고 바로 실천이 어렵다고 하는 것이다.

소동파의 『유후론留侯論』은 전편을 통해 '후' 자 하나로 이론을 세운 것이다. 그의 문장 중 오월 간의 전쟁을 언급한 부분이 있다. 소동파는 범리의 계책에 전적으로 찬동했다. 이는 '흑' 자로 이론을 세운 것이라고 할 수 있다. 독자 제위는 이 두 글자를 세밀히 연구하면 내가 한 말이 틀림없다는 사실을 알게 될 것이다. 사람들은 소동파를 두고 '파선坡仙'이라고 한다. 그는 하늘의 신선이 인간 세상에 내려온 것에 비유할 수 있다. 오늘 내 얘기를 듣는 사람들은 신선과 인연이 있다고 할 수 있을 것이다.

아, 민족이 외환外患의 위기에 몰려 있는 이 때 나야말로 황석노인이 아닐까 생각해 본다. 독자 제현 스스로가 장량이 되어 판단해 주길 바란다.

제3절

후흑철학

어떤 사람이 『후흑경』에 나오는 "밖으로부터 오는 인의를 저버리고 자신이 본래 가지고 있던 것을 확충하는 것이 후흑이다"라는 대목을 읽고 나에게 물었다.

"이종오, 당신의 이런 주장은 틀린 게 아닌가? 맹자는 '인의예지는 외부 사람이 주는 것이 아니라 인간이 본래 가지고 있는 것이다' 라고 했는데 당신은 어째서 후흑을 인간이 본래 가지고 있는 것이라고 하고 인의를 외부의 유혹이라고 하는 것인가?"

나는 이같이 대답했다.

"나는 결코 틀리지 않았다. 맹자가 틀렸을 뿐이나."

맹자는 부모를 사랑하는 것은 가르치지 않아도 아는 것이라고 애기했다. 맹자의 정의에 따르면 이 모든 것은 소위 '양지양능良知良能' 이 된다. 맹자는 바로 이 '양지양능' 을 확충시킬 것을 주문했다.

현재 많은 관리들은 인민들의 재산을 착취하고 있다. 이는 어린애가 어머니 입 속에 있는 떡을 빼앗아 먹는 '양지양능' 을 확충한 것에 지나지 않는다. 많은 지사들이 충실한 동지를 배제하기 위해 수단방법을 가리지 않는 것도 어린애가 젖을 먹거나 떡을 먹을 때 형을 밀어내거나 때리는 '양지양능' 을 확충한 것에 불과하다. 맹자는 이같이 말한 바 있다.

"커다란 인물이란 바로 어린애의 마음을 잃지 않은 사람을 말한다."

현대의 위인은 어린애의 그와 같은 마음을 조금도 잃지 않은 사람을 의미한다. 현재 중국이 이토록 시끄러운 것도 바로 맹자를 믿는 자들이 만든 것이지 나의 후흑 신도들이 만든 것이 아니다.

나는 1912년 『후흑학』을 발표하면서 조조와 유비, 손권, 유방 등 몇 사람을 모델로 삼은 바 있다. 지금까지 이미 24년이 흘렀건만 이들을 제대로 배운 사람을 보지 못했다. 만일 유비를 닮은 사람이 있다면 어째서 사천지방이 지금과 같은 마귀 소굴이 되었겠는가? 만일 손권과 같은 인물이 있었다면 광서와 광동지방이 어째서 지금과 같이 찢어진 모습이 되었겠는가? 만일 조조와 같은 인물이 있었다면 일본의 조종을 받는 허수아비 만주국이 어째서 나타날 수 있었겠는가? 만일 유방과 같은 인물이 있었다면 중국이 어째서 지금과 같이 사분오열된 모습이 되었겠는가? 나는 일찍이 이같이 말한 바 있다.

"유방과 같은 인물을 볼 수는 없으나 조조와 같은 인물은 가능하다. 그러나 지금은 조조와 같은 인물을 보기도 힘든 상황이다. 유비와 같은 인물을 보게 되면 손권과 같은 인물도 가능할 것이다. 중국이 이토록 시끄러운 것은 나의 후흑 신도들이 만든 것이 아니다."

한고조 유방이 한 그릇의 국을 나눠먹고자 한 것은 어린애가 어머니 입 속에 있는 떡을 빼앗는 '양지양능'을 확충한 데서 비롯된 것이다. 당태종이 형제인 건성과 원길을 죽인 것은 어린애가 떡을 먹을 때 형을 밀치고 때리는 양지양능을 확충한 것이다. 이것이 바로 『후흑경』에서 말한 "본래 가지고 있는 후흑을 확충한다"는 취지에 부합한다. 한고조는 소위 인륜과 예의염치를 깨끗이 소탕했다. 이는 후흑경에서 말하는 "외계로부터의 유혹인 인의를 떨쳐버린다"는 취지에 부합한다. 어떤 사람이 나에게 물었다.

"맹자는 '측은지심은 모든 사람이 가지고 있는 것이다' 라고 말했다. 당신의 말에 따르면 어찌 '측은지심은 모든 사람이 가지고 있는 것이 아니다' 라고 고치지 않을 수 있겠는가?"

나는 이같이 대답했다.

"맹자는 '지금 갑자기 어린애가 우물에 들어가려는 것을 보면 모두 출척측은지심怵惕惻隱之心을 갖는다' 고 말했다. 그는 분명히 '출척측은' 이라는 말을 썼다. 그러나 갑자기 다음 구절에서 '측은지심이 없으면 사람이 아니다' 라며 '측은지심이 인仁의 출발이다' 라고 했다. '출척' 이라는 두 글자를 제거해 버리면 이것이 무슨 도리인지 묻지 않을 수 없다.

만일 내가 어린애와 함께 우물에 들어가려고 할 경우 마음이 어떤 상태인지 맹자에게 묻고 싶다. 이 때 제일 먼저 떠오르는 것은 결국 '출척' 일까 아니면 '측은' 일까? 이 짧은 순간에 나타나는 것은 '출척' 이지 '측은' 이 아니다. 오직 나의 죽음만을 생각하기 때문에 어린애의 죽음을 고려할 여지가 없다. 어린애를 사랑하지 않는 것이 아닐지라도 일이 창졸간에 일어나면 바로 이런 양상이 나타나게 된다. 마음을 가라앉히면 그 때서야 비로소 어린애를 생각해 측은지심이 일어나기 시작한다."

우리들의 이런 연구방법을 동원해야만 인성의 진상을 찾아낼 수 있다. '출척' 은 '위아爲我' 에서 나온 것이고 '측은' 은 '위인爲人' 에서 나온 것이다. 맹자는 "측은지심이 인仁의 시작이다"라고 했다. 그러나 이종오는 이같이 얘기하고자 한다.

"출척지심은 후흑의 시작이다. 맹자는 인의를 얘기하면서 측은으로 출발점을 삼았다. 나는 후흑을 말하면서 출척을 출발점으로 삼고자 한다. 먼저 나타나는 것이 출척이고 뒤에 나타나는 것이 측은이다. 맹자의 학설은 두 번째 것을 말한 것이고 내 학설은 첫 번째 것을 말한 것이다."

성도에 있는 한 현에 증曾 씨 성을 가진 사람이 있었다. 그는 평시 성리학을 공부했다. 품행이 단정하고 학식이 깊어 도를 닦은 모습이 완연했다. 그래서 사람들은 그를 가리켜 '대성인'이라고 했다. 나이는 이미 70세를 넘었고 현에 있는 중고소학교의 교장을 맡고 있었다. 내가 학교를 찾아가 물었다.

"선생님께서는 요즘도 책을 보고 계십니까?"

"요즘 송대 유학자들의 어록을 찬집하고 있는 중일세."

내가 다시 물었다.

"맹자는 '어린애가 우물에 들어가려 할 경우 모두 출척측은지심을 갖는다'고 한 뒤 왜 뒤에서는 '측은지심이 없으면 사람이 아니다'라며 '측은지심은 인의 시작이다'라고 한 것입니까? 출척이라는 두 글자를 언급하지 않은 뜻은 어디에 있는 것입니까?"

그는 이 말을 들은 뒤 깊은 생각에 빠졌다. 나는 다시 물었다.

"어린애가 우물에 빠지려 할 경우 제일 먼저 나타나는 것은 출척입니까 아니면 측은입니까?"

그는 신념에 찬 말로 "그야 측은이지"라고 답했다. 나는 이 말을 듣고 아무 말도 하지 않았다. 그 역시 아무 말도 하지 않았다. 나는 원래 이같이 말하려고 했다.

"첫 번째 나타나는 것이 측은이라면 맹자는 왜 '측은출척'이라고 하지 않고 '출척측은'이라고 했습니까?"

증 선생이 이미 연세가 많았기 때문에 더 이상 깊이 질문하지 않았다. 다만 이같이 말했다.

"송대 유학자들의 책은 제가 별로 읽지 못했습니다. 단지 그들이 극력으로 측은이라는 두 자에 대해서만 논했을 뿐 출척에 대해서는 몰랐던 것이 아닌가 합니다. 출척이라는 두 글자를 합쳐 해석할 수 없겠습니까?"

증 선생이 "잘 모르겠소"라고 대답했다. 나는 다시 더 질문하지 않고 화제를 다른 데로 돌렸다. 『맹자』에 나오는 '어린애의 부모에 대한 사랑'과 '우물에 빠지려 할 때의 측은지심'은 맹자의 성선설을 증명하는 결정적인 근거가 되고 있다. 송유의 학설은 모두 이 두 개의 증거를 기초로 하여 나온 것이다. 나는 이 두 개의 증거에 대해 근본적으로 회의적인 입장이다. 그래서 후흑학을 얘기할 때마다 송유들에 대해 비판적인 평을 가하곤 한다.

나는 회의하는 것을 대단히 좋아한다. 고금의 여러 사람들의 설법에 대해 회의할 뿐만 아니라 나 자신의 주장에 대해서도 회의하길 좋아한다. 나는 후흑학을 강의하면서 내 이론에 대해 비록 무리 없이 해석하고는 있으나 맹자의 설법이 아무런 근거가 없다고 말할 수는 없다. 그렇다면 인성의 진정한 모습은 과연 어떤 것일까? 맹자가 말한 아이의 부모에 대한 사랑과 측은지심은 어디에서 나온 것일까? 나는 계속 연구해 나갈 것이다.

중국에서 인성을 논한 사람은 모두 5명이다. 맹자는 '성선설', 순자는 '성악설', 고자는 '무선무불선설', 한나라 때의 양웅揚雄은 '선악혼잡설'을 각각 주장했다.[19] 당나라 때의 한유韓愈는 특이하게도 '성3품설'을 주장했다.[20] 이 5가지 설은 병존하면서 결국은 하나로 절충되지 못했다.

19. 양웅은 전한시대 말기의 대학자로 『주역』에 비견되는 『태현경』을 짓고 『논어』를 모방해 『법언(法言)』을 지을 정도로 당대 최고의 학식을 자랑했다. 그는 『맹자』에 대한 주석도 했다고 하나 전해지지는 않는다. 인성에는 선악이 뒤섞여 있다는 '선악혼잡설'은 『맹자』에 대한 주석에서 나온 것이다.

20. 한유는 비록 맹자의 학문을 이어받았다고 자처했으나 그의 '성3품설'은 철학적인 사변이 결여된 상식 수준의 논의로 평가받고 있다. 사실 한유는 맹자와 순자, 양웅의 인성론을 비판하면서 '성'을 인·의·예·지·신 등 5상(五常)으로 보고 '정'을 희·노·애·락·애·오·욕 등 7정(七情)으로 나눈 뒤 능력의 차이에 따라 3단계의 '성'과 '정'이 발현된다고 주장했다. 그의 주장은 단지 현상의 정도를 기

현대의 정치가들이 인성에 대해 명쾌하게 연구하지 않는 것은 마치 의사가 약의 특성 등에 대해 깊이 연구하지 않는 것에 비유할 수 있다. 의사가 약의 성분 등을 제대로 알지 못하면 병을 치료할 수 없다. 정치가가 인성을 제대로 이해하지 못하고 어떻게 나라를 다스릴 수 있다는 것일까? 현재 천하의 대란은 사실 정치가들이 제대로 대응하지 못한 데 따른 것이다. 이는 사실 인성에 대한 정밀한 분석이 결여된 데서 비롯된 것이다.

중국의 학자들이 인성에 대해 정밀한 탐사를 결여한 데 반해 서양 학자들의 이에 대한 연구는 더욱 더 소루하다고 할 수 있다. 지금 청년들은 오직 송유들이 "부인이 굶어죽는 것은 작은 일이나 정절을 잃는 것은 큰 일이다"라고 말한 사실만 알고 있다. 이는 논리적으로 잘 안 통하는 것이다. 이 역시 인성에 대한 정밀한 탐사를 결여한 데 따른 것이라고 할 수 있다. 학설이 제대로 통할 수 없으니 이런 학설에 기초한 모든 조치 또한 하나로 통할 수가 없는 것이다. 그러니 세계에 일대 대란이 일어난 것도 무리가 아닌 셈이다.

나는 신문과 잡지 등에서 적잖은 사람들이 "중국의 예교는 사람을 잡아먹는 괴물"이라고 언급한 사실을 종종 접하게 된다. 서양 학문에 대해 전혀 모르면서 어떻게 사람을 잡아먹는 괴물이라고 할 수 있는 것일까? 에티오피아의 아비시냐 지방은 무솔리니에 의해 점령되었다. 이는 다윈의 학설에 영향을 받은 것이다. 우리는 세계평화가 유지되길 바란다. 그러기 위해서는 이런 학설을 일거에 청소하지 않으면 안 된다. 인성에 대해 철저히 연구하지 않으면 안 되는 것은 이 때문이다.

정치적인 조치와 국제적인 움직임 등은 인류의 보편성에 적합해야

준으로 한 것으로 인성론의 본질을 벗어났다는 지적을 면키 어렵다.

만 한다. 그래야 세계평화 또한 유지될 수 있다. 나는 인성에 대한 연구를 철저히 할 것을 주장해 왔다. 종종 친구들과 이야기할 때 친구들은 "요즘 서양에서 많은 심리학 서적을 내고 있으니 네가 비록 외국어를 모른다 할지라도 번역본을 사서 볼 수 있을 것이다"라고 말해 나는 이같이 말했다.

"자네의 그 말은 이상하기 그지없네. 내가 우스갯소리 하나 들려주지. 전에 장학관이 모 학교를 시찰하면서 교장에게 '이 학교는 햇볕이 부족하다' 고 지적했네. 그러자 교장은 '이미 상해에 사람을 보내 사오도록 했다' 고 말했네. 사람마다 모두 각자 나름의 마음이 있네. 이는 그 스스로만이 연구할 수 있는 것이네. 몸 역시 하나의 표본에 지나지 않네. 어느 때 어느 곳에서든지 이를 실험할 수 있네. 조석으로 나와 왕래하는 사람이 바로 나의 실험 대상이네. 자네는 나더러 외국 사람이 지은 심리학 책을 사보라고 하는데 이 어찌 상해에 가서 빛을 사오겠다고 말하는 것과 다를 바가 있겠는가?"

내가 1912년에 저술한 『후흑학』은 원래 일종의 우스갯소리로 지은 것이다. 이를 발표할 생각은 전혀 없었다. 결국 일반인들의 환영을 받으면서 후흑학이라는 세 글자는 사천성 내에서 하나의 보통명사가 되고 말았다. 나는 이런 방법이 사람들로부터 환영을 받는 것은 반드시 인성과 관련이 있을 것으로 생각하고 계속 연구해 나갔다.

1921년에 이르러 나는 인성문제를 해결할 수 있는 하나의 독특한 이론을 찾아냈다. 그로 인해 쓴 것이 바로 『심리와 역학』이다. 이는 내가 『종오억담』에 실었다. 나의 이 이론은 반드시 진리에 부합한다고 말할 수는 없다. 그러나 학술 연구의 차원에서 보면 이를 공개해 토론에 부치더라도 별 문제가 없다고 생각한다.

서양인이 물리학을 연구하는 것은 매우 철저하다. 하나의 결론을 내기 위해 5대주에 있는 모든 나라들로부터 동의를 얻어야 한다. 단 심리학에 관한 한 아직도 철저히 연구된 바가 없다. 그래서 도출된 결론은 많은 공격을 받을 수밖에 없다. 이는 어떤 연유일까?

물리학을 연구하는 것은 사람을 연구 대상으로 삼아 몸을 국외에 놓고 냉철한 시각에서 객관적으로 관찰하는 것이다. 진상을 정확히 볼 수 있기 위해 선입견이 있어서는 안 된다. 따라서 이런 과정을 거친 뒤 나온 최종적인 판단은 정확한 것이다. 심리학 연구에서도 연구자는 물론 연구 대상 역시 사람이다. 부지불식간에 선입견이 개입될 여지가 있다. 이런 상황에서 나온 결론은 공평할 수가 없다. 옛 사람은 이같이 말한 바 있다.

"여산의 진면목을 볼 수 없는 것은 내 몸이 산 속에 있기 때문이다."

심리학을 연구할 때는 마땅히 다른 방법을 통해 연구해야만 한다. 과학자들이 물리학을 연구할 때는 조금도 선입견이 개입되지 않아야만 소기의 성과를 거둘 수 있다. 우리는 이같이 말할 수 있다.

"사람은 만물의 하나이다. 물리와 인사는 서로 통한다. 물리상의 원칙을 인사에 적용할 수 있다."

물리학의 원리에 따라 인사를 판단하면 사람은 무슨 비밀이 있을 수 없다. 소리와 빛, 전자장의 원리는 5대주의 모든 나라로부터 동의를 얻는다. 사람의 감정도 전자장과 유사하다. 전자장을 연구할 때 역학의 공식에서 벗어날 수 없다. 우리는 역학의 법칙을 이용해 사람의 심리를 연구할 수 있다.

1921년 나는 집에서 1년을 보내면서 이 일에 매달렸다. 역학의 법칙을 이용해 심리학을 연구하면서 많은 문제가 한꺼번에 풀리는 것을 깨달았다. 이로 인해 이런 공식 하나를 얻었다.

"심리의 변화는 역학의 법칙에 따라 이뤄진다."

옛 사람의 행적이나 현대 정치, 일상적인 작은 일들, 자신의 마음 속, 물리와 화학 및 수학, 중국의 고전, 서양의 학설 등 모든 부문에서 이런 원칙이 적용될 수 있다는 것을 얼마든지 증명할 수 있다. 이런 원칙은 인사상의 모든 원칙에 하나의 강령이 있을 뿐만 아니라 정치와 경제 등에 대한 개혁도 일정한 궤도를 그리고 있다는 것을 보여준다.

의심하는 것은 나의 마음 속에서 스스로 의심하는 것이다. 이는 사람들이 모두 그렇다는 것은 아니다. 해결자 역시 스스로 해결을 믿는 것으로 이런 문제가 그에 의해 해결될 것을 뜻하는 것은 아니다. 이는 내가 이미 언급한 바 있다. 본래 심리학은 대단히 깊고 오묘한 것이다. 내가 후흑학을 강의하면서 이 학문을 얘기하게 된 것은 어떤 연유일까? 나는 이같이 대답코자 한다.

"심리변화는 역학의 법칙에 따라 이뤄진다."

이는 "물결의 움직임은 역학의 법칙에 따라 이뤄진다"고 말하는 것과 같다. 과학자의 눈으로 보면 물의 성질과 현상은 연구할 대상을 숱하게 제공한다. 파동은 여러 현상 중 하나에 불과하다. 내가 말하는 심리 역시 대단히 작은 일부분을 언급한 것에 지나지 않는다. 그 나머지는 내가 알지 못하기 때문에 함부로 얘기할 수가 없다.

나의 후흑학은 본래 왕양명이 말한 '치양지致良知'에 비견할 수 있을 정도로 기치가 있는 것이다. 왜 왕양명은 일반인들로부터 추앙을 받으면서 나만 유독 비난을 받아야 하는 것인가? 고금을 통틀어 사회에는 일종의 공공公共의 흑막이 있다. 이 흑막은 피차의 마음을 통해 서로 은밀히 아는 것으로 대중 앞에 폭로할 수가 없다. 폭로하게 되면 사회적 제재를 받게 되어 있다. 이것이 하나의 원칙이다.

나는 사람들에게 후흑학을 강의할 때 3시간 가까이 소비한 적도 있다. 듣는 사람이 너무 흥미진진하게 들어 나는 이같이 말했다.

"나는 평소 이같이 생각했지만 드러내 놓고 말한 적은 없다."

마음 속에 이런 생각이 있다면 왜 이를 드러내 놓고 말할 수 없다는 것일까? 이는 은밀히 이런 원칙의 지배를 받은 데 따른 것이다. 내가 적나라하게 그 흑막을 폭로할 경우 이는 원칙을 위반한 것으로 당연히 사회의 제재를 받을 수밖에 없다. 사회에는 왜 이런 원칙이 나타나게 된 것일까? 속담에 이런 말이 있다.

"사람을 만나면 나이를 줄여주고 물건을 만나면 돈을 얹어준다."

이는 독자 제위가 모두 알고 있는 말일 것이다. 당신이 만일 길에서 우연히 한 사람을 만났다고 하자. 당신이 그의 나이를 물었을 때 그가 '50살' 이라고 대답하면 당신은 이같이 말할 것이다.

"선생의 얼굴을 보니 꼭 30대의 얼굴이군요. 아무리 많이 봐도 40세 정도로밖에 안 보입니다."

그러면 그는 틀림없이 매우 기분 좋은 표정을 지을 것이다. 또한 만일 친구 집에 가서 탁자를 보고 그에게 얼마를 주고 샀는지 물을 때 그가 '4원' 이라고 말하면 당신은 이같이 말할 것이다.

"이 탁자는 보통 8원 나가는데 다시 사려고 해도 최소한 6원은 주어야 할거야. 자네 참 횡재했네!"

그러면 그는 반드시 매우 기뻐할 것이다. 사람의 습성은 이와 같다. 그래서 자연히 이런 원칙이 생겨나게 된 것이다. 성선설을 주장하는 자들은 이같이 말한다.

"세상 사람들은 모두 좋은 사람들이다. 당신은 물론 나도 좋은 사람이다."

그러나 이 말을 하는 사람은 왜 환영받지 못하는 것일까? 성악설을 주장하는 사람들은 모두 이렇게 말할 것이다.

"세상 사람들은 모두 나쁜 놈들이다. 너는 물론 나도 나쁜 놈이다."

그러나 이런 말을 하는 사람들이 왜 배척되지 않는 것일까? 순자는 원래 공자묘에 배향되었다. 후에 그는 성악설을 주장했다는 이유로 쫓겨났다. 이는 곧 사회의 이런 원칙이 적용된 결과가 아닐 수 없다. 이로 인해 정이천과 주희학파의 사람들만이 공자묘에 높이 앉아 제사상을 받게 된 것이다. 『맹자』에 이런 구절이 나온다.

"팔면이 영롱한 빛을 내고 사방이 비위를 맞춘다."

이 한 마디는 송명대의 유학자들이 지은 죄를 함축하고 있다. 동시에 맹자 자신이 무슨 죄를 저질렀는지 보여주고 있는 것이기도 하다. 왜 그럴까? 성악설은 세상 사람들을 경계하고자 한 것이고 성선설은 세상 사람들에게 아부하기 위한 것이기 때문이다. 성선설을 주장하는 사람들은 "너도 좋은 사람이고 나도 좋은 사람이다"라고 말할 것이다. 이는 첩들이 남편의 비위를 맞출 때 쓰는 말이기도 하다.

이에 반해 성악설을 주장하는 사람들은 "너도 나쁜 놈이고 나도 나쁜 놈이다"라고 말할 것이다. 이는 우국지사들이 서로를 경계할 때 쓰는 말이다. 세상에는 첩과 같은 인간들은 많고 지사는 적은 법이다. 세상 사람들은 사람을 경계하는 말을 싫어해 듣지 않으려고 한다. 순자가 공자묘에서 쫓겨난 것도 다 이유가 있는 것이다. 아, 이종오, 너는 유가 전래의 도덕관념에서 볼 때 죄인임에 틀림없구나!

최근 장유교蔣維喬가 지은 『중국철학1백년사』를 보면 순자는 성악설을 주장함으로써 후대의 유학자들로부터 매도되었음을 확인할 수 있다. 당시 순자 편을 들어준 사람은 단 한 사람도 없었다. 1천9백여 년이 흐른 뒤 청대의 유곡원兪曲園이 홀로 의연하면서도 당당하게 순자의 관점에 동조하고 나섰다. 중국에서 성악설을 주장한 사람은 순자와 유곡원 단 두 사람뿐이었다고 해도 과언이 아니다.

유곡원은 원래 경서에 해박한 사람이었다. 일반인들은 흔히 그의 경학에 대해서만 연구하고 있다. 그가 지은 『성설性說』 상하편이 보존돼 있는지 아니면 사라졌는지 알 길이 없다. 중국에서 성악설을 담은 책으로는 오직 순자의 저서 이외에는 없다고 해도 과언이 아니다. 경계하는 말은 사람들이 싫어해 듣지 않으려고 하기 때문에 감히 성악설을 직설적으로 말하려는 사람은 거의 없다고 할 수 있다.

천하에 모두 꺼리고 시기하는 사람뿐이니 성악을 감히 얘기하는 것은 특별히 용감한 사람이 아니면 할 수 없다. 일정부분 희생을 각오해야만 한다. 순자는 공자묘에서 쫓겨나는 희생을 당했지만 거리낌 없이 성악性惡을 말했다. 이종오는 영웅호걸이 되는 것을 희생하고 거리낌 없이 후흑을 말하는 것이다.

훗날 후흑묘가 세워지게 되면 사당 뒤쪽에 반드시 순자를 위한 '계성전啓聖殿'을 세워 매년 춘추 두 차례에 걸쳐 제사상을 받도록 할 생각이다. 흔히 사람들이 나에게 "당신이 말하는 설법은 너무 편중되고 과격하다"고 말하곤 한다. 그러면 나는 이같이 응답하곤 한다.

"과연 그렇다. 그 내용이 편격偏激하기 때문에 병을 고치는 데 오히려 좋을 수가 있다. 망초대황과 강계부편 등은 약성이 매우 '편격'하다. 명의는 병자를 기사회생시키고자 할 때 모두 이 약을 쓴다. 약성에 편격성이 가장 약한 것이 감초이다. 세상의 큰 병을 고치는데 어찌 감초로 할 수 있겠는가? 맹자 이후 성선설이 천하를 뒤엎는 바람에 세상에 가렵지도 아프지도 않은 커다란 부종浮腫이 생겼다. 커다란 대침으로 찌르고 강력한 쑥뜸을 하지 않으면 안 되는 것이다. 한증寒症에는 열약熱藥을 쓰고 열증熱症에는 한약寒藥을 쓰는 것이다."

그래서 나의 후흑학을 듣는 사람들은 종종 "당신의 말은 통쾌하다"고 말하는 것이다. 몸이 마비되어 감각이 없는 병을 치료하기 위해서는 침과 뜸을 써야 통증을 느끼게 된다. 침구치료가 끝나면 몸이 상쾌해졌음을 느끼게 된다. 이것이 바로 통쾌한 느낌을 얻는 것이다. 어떤 사람이 『후흑총화』를 읽고 "당신은 하필 이같이 귀신 씨 나락 까먹는 소리를 하는가"라고 물었다. 나는 이같이 대답했다.

"나는 사람을 만나면 사람 얘기를 하고 귀신을 만나면 귀신 얘기를 한다. 오늘날과 같은 세상에서 귀신 얘기를 하지 않고 무엇을 얘기할 것인가? 나의 책을 사람이 보면 사람 얘기이고 귀신이 보면 귀신 얘기일 뿐이다."

나는 내가 공자와 어떤 전생의 업이 있는 것인지도 모른다고 생각한다. 그는 자신의 인의를 얘기하다가 공교롭게도 후흑을 말하는 나를 만난 것이고, 나 또한 후흑을 얘기하다가 우연히도 인의를 말하는 그를 만나게 된 것이다. 우리 두 사람이 말하는 이론은 극단적으로 상반된다. 영원히 충돌할지도 모른다. 나는 "원수지간은 반드시 풀어야지 묶어둘 수는 없다"고 생각한다. 나와 공자가 화해하면 더없이 좋을 것이다. 나는 절충방법을 생각했다. 그것은 이런 두 개의 구호이다.

"후흑을 속으로 한다. 인의를 겉으로 한다."

이는 바꿔 말하면 침상에는 『후흑학』을 두고 책상에는 『논어』와 같은 사서오경을 두는 것을 말한다. 마음 속에는 '대성지성선사 이종오'의 신위를 두고 벽에는 '대성지성선사 공자'의 신위를 두는 것을 말한다. 나의 신도가 곧 공자의 신도이고 공자의 신도가 나의 신도인 것이다. 이렇게 되면 우리 두 사람의 학설은 영원히 충돌할 일이 없게 된다. 수백 년 후 어떤 사람이 나와 『공자·이종오 통합전기』를 쓰게 되면 반드시 이같이 말할 것이다.

"인仁은 후厚에 가깝고 의義는 흑黑에 가깝다. 이종오는 새로운 기준을 통해 사물을 판단했다. 인의에 따른 병폐는 마침내 온몸을 마비시키는 지경에 이르게 되었다. 이종오의 견해는 이토록 심원했던 것이다."

병을 싫어하고 의사를 꺼리는 것은 병자들의 통례이다. 이것이 의학계에서는 하나의 원칙으로 통용된다. 순자는 병자에게 대략 침을 한 방씩

놓고 약을 주었다. 이종오가 와서 후흑학을 말하고는 사람들로 하여금 옷을 홀딱 벗게 한 뒤 수술칼과 침 등으로 치료를 했다. 이는 순자 이후 2천여 년 동안 전혀 사용되지 않은 치료법이다. 이것이 바로 이종오가 미친 놈이라는 소리를 듣게 된 원인이다.

어제 나를 내방한 사람이 있었다. 그는 내 책상 위에 있는 『송원학안』과 『명유학안』 등을 보고 기이하다는 듯 "당신은 어째서 이런 책을 보시오"라고 물었다. 나는 왜 그와 같은 책을 보면 안 되는지 반문했다.

어느 나라에 한 우물이 있었다. 그 물을 먹은 사람은 곧바로 미치는 우물이었다. 전국의 모든 사람이 이 물을 먹고 미치게 되었으나 단 한 사람이 홀로 다른 우물을 파서 그 물을 먹었다. 그래서 그는 미치지 않을 수 있었다. 그러나 전국의 모든 사람은 그가 미쳤다고 말하고 그에게 침과 뜸을 놓았다. 이 사람은 그 고통을 참을 수 없어 다른 사람들과 함께 그 물을 마시고 미쳤다. 그러자 전국의 모든 사람이 기뻐하면서 "이제 우리나라는 단 한 명의 미치광이가 없다"고 말했다. 나는 누가 광증을 치료해 주겠다면서 나에게 침구를 시술할까 염려된다. 책상 위에 송명대의 유생들이 쓴 그와 같은 책들을 놓고 스스로 치료하는 수밖에 없었던 것이다.

인성은 완전한 것으로 나눌 수가 없는 것이다. 이는 한 커다란 도시에 왕양명이 동쪽 문을 공격하고 나는 서쪽 문을 공격하는 것에 비유할 수 있다. 진공이 끝난 뒤 성안의 모습을 보는 것은 피차 마찬가지인 것이다. 인성은 고자가 말한 바와 같이 선한 것도 선하지 않은 것도 아니다. 이는 만고의 진리이다.

왕양명은 '양지良知'의 학설을 내세웠다. 이는 성선설에 입각한 것이다. 그는 사람들에게 "선악이 없다고 하는 것은 마음의 본체를 말한 것이고, 선악이 있다고 하는 것은 생각이 움직이는 것을 말한 것이다"라고 가르쳤다. 그의 이런 논지는 고자가 말한 것과 어떤 차이가 있는 것인지 묻고 싶다. 나는 1912년에 『후흑학』을 발표하면서 성악설을 인성의 일면만을 얘기한 것이라고 밝혔다. 1920년에는 하나의 원칙을 만들어냈다.

"심리변화는 역학의 법칙에 따라 이뤄진다."

이런 주장은 고자의 주장이기도 하다. 고자는 "인성은 단수湍水의 흐름을 닮았다"고 설파한 바 있다. 이 말은 곧 "심리변화는 역학의 법칙에 따라 이뤄진다"는 말과 동일한 것이기도 하다. 어떤 사람이 이같이 물었다.

"고자는 '성은 선한 것도 선하지 않은 것도 아니다' 라고 얘기했고 왕양명은 '무선무악이 마음의 본체' 라고 말했다. 한 사람은 성을 얘기했고 한 사람은 마음의 본체를 얘기한 것이다. 어떻게 하나로 만들 수 있단 말인가? 당신이 말한 '심리변화' 는 두 사람의 말을 인용한 것으로 실체에 도달할 수가 없다."

나는 이같이 답변했다.

"내 말이 믿기 어려우면 왕양명을 보라. 왕양명은 '마음은 성정을 통하니 마음이 곧 체體이고 정情은 마음의 용用이다' 라고 했다. 체와 용은 하나의 근원에서 나온 것이니 체의 존재이유가 곧 용임을 아는 것은 용의 존재근기가 바로 체임을 아는 것과 같다."

심체心體가 곧 성이다. 이는 왕양명이 정의한 것이다. 나는 "왕양명의 이론은 고자의 주장과 같다"고 말한 바 있다. 내가 어찌 왕양명을 함부로 왜곡하겠는가? 고자는 일찍이 "물은 단수湍水와 같다"고 말한 바 있다. 동쪽으로 놓아두면 동쪽으로 흐르고 서쪽으로 놓아두면 서쪽으로 흐른다. 동류와 서류는 역학의 법칙에서 벗어날 수 있는 것일까?

나는 말한다.

"고자가 '성은 단수와 같다' 고 말한 것은 바꿔 말해 심리변화를 의미하는 것이다. 즉 역학의 법칙에 따라 움직인다는 것이다. 이는 결코 견강부회한 애기가 아니다."

왕양명은 "성은 심체이고 정은 심용心用이다"라고 말했다. 인성론을 말하는 세상 사람들은 체體를 볼 수 없기 때문에 용用의 예를 들어 말할 뿐이다. 성性 또한 볼 수 없기 때문에 정情의 예를 들어 설명하는 것일 뿐이다. 맹자가 말한 '어린애의 부모에 대한 사랑'과 '출척측은지심'은 모두 정情과 용用을 가지고 말한 것이다.

이를 통해 우리는 맹자가 '성선'을 말한 것은 '정情의 선善에 근거해 성性의 선善을 단정한 것'이라는 사실을 알 수 있다. 과연 사람의 감정이라는 것이 순전히 선만 있고 악은 없다고 말할 수 있는 것일까? 그래서 맹자의 말은 문제가 있을 수밖에 없는 것이다. 따라서 왕양명이 "선과 악은 의意의 움직임이다"라고 주장한 것은 의意의 움직임이 곧 정情의 움직임이라는 것을 지적한 것이다. 왕양명의 역학은 맹자에 비해 매우 심오하다. 그래서 그의 이론은 맹자에 비해 훨씬 원만하다고 할 수 있는 것이다.

왕양명은 성선을 가지고 깨달음을 얻었다면 나 이종오는 성악을 가지고 깨달음에 들어갔다고 할 수 있다. 양자는 모두 무선무악에서 멈춘다. 내가 사람들에게 후흑학을 가르치는 것은 손가락으로 달을 가리키는 것과 같다. 사람들이 손이 가리키는 방향을 따라가면 능히 하늘에 있는 달을 볼 수 있다. 후흑학을 좇아 열심히 공부하다 보면 인성의 진상을 확인할 수 있을 것이다. '후흑'이라는 두 글자에 집착하는 것은 내 손가락 위에서 달을 찾는 것과 같다. 세상에서 가장 어리석은 사람이 바로 이런 사람이다. 나의 후흑학이 이런 사람들에게 읽히는 것은 참으로 커다란 죄과가 아닐 수 없다.

제4절

후흑변증법

두려움과 측은함은 하나다. 천리와 인욕 역시 같은 것이다. 밥 지을 때 쓰는 불이나 집을 태우는 불이나 같다. 송명대의 유생들은 이런 이치를 제대로 알지 못했다. 이들은 천리와 인욕을 서로 완전히 절연된 전혀 다른 것으로 여겼다. 그래서 인욕을 완전히 없앨 것을 주장할 수 있었던 것이다. 그 폐해는 결국 천리를 해하는 결과를 낳았다. 왕양명의 『전습록』에는 이런 구절이 나온다.

"별다른 일이 없을 때 호색好色과 호화好貨, 호명好名 등의 사심에 대해 깊이 연구해 들어가서 반드시 그 근원을 없앨 필요가 있다. 영원히 다시 나오지 않게 되면 이는 통쾌한 일이라고 할 수 있다. 흔히 고양이가 쥐를 잡을 때 눈으로는 쥐를 보면서 귀로는 소리를 듣다가 갑자기 하나의 생각이 떠오르면 곧바로 낚아채는 것에 비유할 수 있다. 이는 단호하게 결단을 내리는 것을 말한다. 결코 고식적으로 조용히 있거나 단순히 편의를 제공하는 것이 아닌 것이다. 은닉할 수 없고 출로를 열어주지 않을 때 비로소 진정한 공부라고 할 수 있고, 비로소 사람의 정情 속에 있는 악욕惡欲을 제거했다고 할 수 있다."

이는 주희의 주장과 별반 다를 바가 없다. 왕양명의 이런 설법은 불이 집을 태우는 것을 보고는 별 속에 있는 불씨까지 모두 없애야 비로소 마음을 통쾌하게 할 수 있다고 주장하는 것과 같다.

맹자와 순자 두 사람은 모두 인성의 절반만을 얘기했을 뿐이다. 두 사람의 이론을 합쳐야만 이론상 아무런 모순이 없게 된다. 이는 곧 고자의 '무선무불선설'이나 마찬가지이다. 어떤 사람이 "맹자의 학설이 어떻게 순자의 주장과 합쳐질 수 있는가"라고 묻는다면 나는 이렇게 말할 수 있다.

"맹자는 '사람이 어렸을 때에는 부모를 사랑하지만 여자를 좋아할 줄 알게 되면 젊은 여자를 찾게 마련이다' 라고 했다. 순자는 '여자를 얻게 되면 부모에 대한 사랑이 줄어든다' 고 했다. 두 사람의 이런 얘기가 결국 같은 얘기가 아니겠는가? 맹자는 이같이 말한 바 있다. '가장 효성스런 자식은 종신토록 부모를 사랑하는 자이다. 50세가 되어 아직도 부모를 사랑하게 되면 위대한 순임금을 보는 셈이다.' 인성의 진상은 과연 어떤 것일까? 맹자와 순자의 이론이 서로 결합할 수 없는 것인지 묻지 않을 수 없다."

성선과 성악은 하나로 합쳐질 수 있는 것이다. 마찬가지로 왕양명의 '치양지致良知' 와 나의 '후흑학' 도 하나로 합쳐질 수 있는 것이다. 만일 어떤 사람이 양자를 어떻게 결합할 수 있는 것인지 묻는다면 나는 이같이 대답할 것이다.

"맹자는 '종신토록 부모를 사랑하는 사람이 가장 효성스럽다' 고 했다. 『후흑경』에는 '종신토록 젊은 여자를 생각하는 사람이 가장 호색한 사람이다' 라고 쓰여 있다. 부모를 사랑하는 것은 가르쳐 주지 않아도 할 수 있는 것이다. 색을 밝히는 것 또한 마찬가지이다. 배우지 않고도 할 수 있고 머리를 쓰지 않고도 알 수 있는 것이 '치양지' 의 방법이다. 어릴 때 부모를 사랑하는 천성을 확장하면 종신토록 부모를 사랑할 수 있다. 젊었을 때 색을 밝히는 천성을 확장하면 종신토록 젊고 예쁜 여자를 사랑할 수 있다."

송대 유생들의 견해에 따르면 어릴 때 부모를 사랑하는 것은 성명性命의 정도正道이고 젊을 때 색을 밝히는 것은 형기形氣의 일종에 해당한다. 그러나 이런 설명은 사실 견강부회에 불과한 것이다. 어린애가 부모를 사랑하는 것은 진실로 부모를 사랑하는 것이 아니라 부모가 그에게 먹을 것을 주는 것을 사랑하는 것이다. 어린애를 즉시 유모에게 맡기면 그 아이는 곧 유모를 사랑하게 될 뿐 생모를 사랑하지는 않는다.

유모를 사랑하는 것은 젊은 여자와 처자를 그리는 등의 심리활동과 같은 것이다. 모두 '위아爲我'에 지나지 않는다. '위아'는 인류의 자연스런 현상이다. 우리는 그것이 착하다거나 악하다고 말할 수 없다. 그래서 고자의 '무선무불선설'이 가장 합리적이라고 하는 것이다. 고자는 일찍이 이같이 말한 바 있다.

"음식을 먹거나 미색을 탐하는 것은 인간의 본성이다."

어린애가 부모를 좋아하는 것은 먹을 것을 구하기 때문이고, 젊은이가 젊고 예쁜 여자를 그리는 것은 미색을 사랑하기 때문이다. 음식과 미색은 인류 생존의 필수조건이다. 생존을 구하는 것은 인간의 천성이다. 그래서 고자는 "생존이 곧 인간의 본성이다"라고 주장했던 것이다. 고자가 이미 인성을 이같이 파악하고 있었다면 과연 인성의 표출은 어떻게 파악했던 것일까? 이에 대해 그는 이런 비유를 들었다.

"인성은 급류의 흐름과 같다. 동쪽을 트면 동쪽으로 가고 서쪽을 트면 서쪽으로 간다."

또 이런 비유도 들었다.

"인성은 버드나무와 같다. 인의는 나무를 구부려 만든 술잔인 '배권桮棬'과 같다. 인성이 곧 인의라고 말하는 것은 버드나무를 보고 '배권'이라고 말하는 것과 같다."

고자의 이런 주장은 매우 옳은 것이다. 인성은 무선무악이다. 깊은 연못의 물에 비유하면 평시에는 물결이 전혀 일지 않지만 사실은 우리가 물밑의 움직임을 보지 못할 뿐이다. 동쪽으로 둑을 터주면 논밭에 물을 댈 수 있고 서쪽으로 트면 집을 삼키고 사람과 가축을 죽일 수 있다. 나무로 비유하자면 몽둥이로 잘 다듬어 사람을 때릴 수도 있고 그릇으로 만들어 음식물을 담을 수도 있는 것이다. 이런 논리는 결국 맹자와 순자의 이론을 하나로 합칠 수 있다는 것을 말해주는 것이다.

『맹자』에는 고자가 인성을 논하기 위해 거론한 5가지 비유가 실려 있다. 버드나무와 배권, 급류와 인성, 생존과 인성, 식색食色과 인성, 무선무불선설 등 5가지 비유는 모두 하나로 일관된 것이다. 주희는 식색에 대해 이같이 주석한 바 있다.

"고자의 변론은 실패했다고 할 수 있다. 계속 논리를 바꿔 억지로 이기려 했기 때문이다."

그러나 현대의 관점에서 보면 고자의 논리는 시종 아무런 변화가 없었다. 맹자가 끝내 그를 설복시키지 못한 이유가 바로 여기에 있다. 주희는 또 버드나무의 비유에 대해서도 이런 주석을 덧붙여 놓았다.

"기질은 모든 것을 갖추고 있다. 비록 선하지 않다 하더라도 인성이 본래 선하다는 것을 해하지는 않는다. 인성이 비록 본래 선하다 할지라도 교유矯揉의 작용을 소홀히 하는 것은 아니다."

여기서 갑자기 나온 '교유'라는 말은 자기 자신의 주장을 바꾸는 것은 아닌지 묻지 않을 수 없다. 주희는 "생이 곧 성이다"라는 고자의 주장에 대해서도 이런 주석을 달아놓았다.

"버드나무와 급류의 비유는 식색의 본질이 '무선무불선'이라는 주장을 담고 있다. 이는 종횡으로 변화하여 착오가 매우 많다."

주희는 고자의 5가지 비유가 논리적으로 일관된 것이라는 사실을 전혀 모르고 있는 것이다. "생이 곧 성이다"라는 주장에 나오는 '생'을 '생존'으로 바꾸어 설명해 보기로 하자. 생존은 인류가 존재하는 가장 기본적인 요건이다. 이는 세계의 모든 학자들이 인정한 바 있다. 고자가 말한 인성은 곧 생존개념에서 출발한 것이다. 여기서 바로 "식색이 성이다"라는 주장과 '무선무불선' 주장, 버드나무와 급류의 비유 등이 나오게 된 것이다.

송유宋儒들은 유가를 지나치게 숭봉한 나머지 석가와 도가의 이론을 극력 배척했다. 그들은 『서경』에 나오는 "인심은 욕심으로 인해 늘 불안하기만 하고 도심은 미약하기만 하니 오직 정신을 하나로 모아 성실한 마음으로 중정中正의 도리를 지킨다"라는 구절을 금과옥조로 삼았다. 훗날 청나라의 염백시閻百時(염약거)가 이 구절은 가짜 『고문상서』에서 나온 것임을 밝혀냈다. 그의 이 주장은 경학세계에서 불변의 진리로 통용되고 있다.

송유는 공자를 이용해 도가를 배척하고 맹자를 이용해 순자를 배척했다. 이로 인해 송유의 이론은 지리멸렬한 데다가 견강부회를 면하기 어렵게 되었다. 주희는 '교유' 등과 같은 구차한 용어를 동원해 인성을 억지 해석했다. 고자가 인용한 '생존'이라는 용어를 동하면 간단히 밝힐 수 있는 것을 이토록 복잡하게 만든 것이다.

고자가 어떤 사람인지는 알 길이 없다. 왕용계王龍溪(왕양명)는 공자의 문도門徒였다. 공자는 "천지의 가장 큰 덕은 생이다"라고 말한 바 있다. 고자가 '생'자로 인성을 말한 것은 그가 공자의 문도였음을 증명한다. 맹자는 비록 고자와 약간의 차이가 있음에도 불구하고 '생'자를 도처에서 사용하고 있다. 그는 이같이 말한 바 있다.

"백성들이 굶지 않고 춥지 않게 되고도 왕이 되지 못한 자는 존재하지 않았다."

그는 또 이같이 말하기도 했다.

"안으로는 원녀怨女(남편이 없어 원망하는 여인)가 없고 밖으로는 광부曠夫(아내가 없어 외로운 사내)가 없다면 왕에게 무엇이 더 필요할까?"

맹자 역시 '식색' 두 글자로 자신의 이론을 세운 것이다. 나는 맹자와 고자의 인성론에 관한 차이는 자하子夏와 자장子張 간의 차이에 불과하다고 생각한다. 그 대의는 결코 공자의 이론에서 벗어나지 않았던 것이다. 맹자와 고자의 우의도 자하와 자장의 그것에 못지 않았을 것으로 보인다.

송유들은 '도통道統'이라는 두 글자를 가슴에 품고 살았다. 일방적으로 맹자의 편을 들어 고자를 이단으로 폄척하고 '생'자를 제거한 뒤 자신들의 이론을 만들었다. 그 결과 부인에게는 절개를 지키기 위해 굶어죽으라고 하고 신하들에게는 충성을 위해 죄 없이도 죽으라고 강요한 것이다. 맹자가 이를 알았다면 당연히 고자를 인용해 정이천과 주희의 무리를 이단으로 배척했을 것이다. 맹자는 이같이 말한 바 있다.

"사람은 어렸을 때 부모를 사랑하고 여색을 알게 되면 젊고 예쁜 여자를 그린다. 처자가 있으면 부인에게 빠지고 관료가 되면 군주의 비위를 맞추게 된다."

목표를 향해 달려갈 때 여타의 사물은 고려의 대상이 될 수 없다. 목표가 곧 공명功名일 경우를 보자. 오기吳起가 부인을 죽이고, 한고조 유방이 부친의 살로 만든 고깃국을 나눠먹겠다고 대꾸하고, 악양자樂羊子가 자식의 살로 만든 국을 먹은 것은 이 때문이다.[21] 목표가 부모일 경우를 보

21. 한고조 유방은 항우가 포로로 잡고 있는 유방의 부친을 삶아 죽이겠다고 하자 고깃국을 자신에게도 나눠달라고 응수했다. 그러나 전국시대 초기에 위나라 장수 악양이 중산국(中山國)을 칠 당시 중산국 군주는 실제로 악양의 군사를 뒤로 물

자. 곽거郭巨가 아이를 매장하고, 강시姜詩가 처자를 내쫓고, 오자서伍子胥가 초평왕의 시신을 때린 것은 이 때문이다. 목표가 색욕일 경우를 보자. 제양공齊襄公이 자신의 여동생과 간음하고, 위선공衛宣公이 그의 며느리를 취하고, 진헌공晉獻公이 부친의 애첩을 취한 것은 이 때문이다.

사람의 천성은 이런 것이다. 성선과 성악의 문제를 놓고 더 이상 다툴 이유가 없는 것이다. 전 인민을 이끌어야 할 책임을 진 사람은 목표를 확정해야 한다. 전 인민의 목표 또한 마찬가지이다. 중국의 최대 우환은 열강의 압박에 있다. 따라서 당연히 열강의 축출을 목표로 삼아야 한다. 전 인민의 역량을 한데로 집결시켜 열강에 대항해야 한다는 얘기다.

오기와 한고조, 악양자, 곽거, 강시, 오자서, 제양공, 위선공, 진헌공 등은 오직 한 가지 목표만을 위해 앞으로 매진한 인물들이다. 구국의 방법은 이 길뿐이다. 전국의 4억 인민이 있으니 4억 개의 역선力線이 작용할 것이다. 이런 방법은 가히 '합력주의合力主義'라고 할 만하다. 그 요점은 곧 사상적 독립에서 시작되는 것이다. 어떤 사람이 나에게 물었다.

"당신은 후흑 교주를 자처하고 있는 만큼 통하지 않는 것이 없고 알지 못하는 것이 없을 것이다. 그런데 당신은 외국어도 모른다. 누가 당신에게 서양의 심리학 번역본을 보라고 권하는데도 이를 좇지 않았다고 들었다. 이같이 고루하고 짧은 식견으로 어찌 교주를 칭할 수 있겠는가?"

나는 이같이 응답했다.

"당신들의 공자는 서양 번역서를 읽어보지 못했을 뿐만 아니라 서양 말 자체도 들어본 적이 없다. 그런데도 어째서 '지성선사'라는 칭호를 얻게 되었는가? 당신은 당장 문묘에 가서 그의 위패를 불살라 버려라. 그러

릴 생각으로 악양의 자식을 삶은 국을 보냈다. 악양은 눈 하나 까딱하지 않고 이를 들이킨 후 마침내 중산국을 함몰시켰다.

면 나도 후흑 교주의 명칭을 당장 취소하겠다. 고대 그리스에는 3대 성현이 있었다. 그들 역시 현대 서양 철학가인 칸트 등의 책을 한 권도 읽어보지 못한 것은 물론 현대의 영어와 불어, 독어 등에 대해 한 자도 모른다. 그런데도 왜 서양의 성인이라는 칭송을 듣게 되었는가?

더욱 해괴한 것은 석가이다. 그는 중국 문자는 물론 서양 문자에 대해서도 전혀 알지 못한 것은 물론 중국인의 이름이나 서양인의 이름을 들어본 일조차 없었다. 그의 고루함과 짧은 식견은 나보다도 만 배나 더하다. 그런데도 5대주에서 가장 위대한 성인으로 불리고 있다. 이 또한 어찌된 일인가? 아, 당신 같은 군자들이여, 그만 됐소! 나는 후흑학을 창안해 후흑철학을 만들었소. 더 이상 당신들과 쓸데없는 얘기로 시간을 보낼 여유가 없소."

나는 팔고八股학교의 학생이다. 평생 아는 것이라고는 팔고문뿐이다. 흔히 사람들이 나에게 이같이 말한다. "당신이 과학을 모른다고 하니 매우 애석한 일이다. 당신의 다양한 이론은 과학적 법칙에 맞지 않는 것임에 틀림없다."

나는 이같이 반박했다.

"나는 팔고문을 강의하고 있다. 당신은 어째서 나에게 과학을 강의하지 않는 것인가? 나는 정말로 서양의 과학자들이 팔고문을 모르고 있는 것이 한이다. 모든 저작이 완전히 팔고문법에 부합하지 않고 있다. 다윈의 『종의 기원』을 비롯해 아담 스미스의 『국부론』, 몽테스키외의 『법의 정신』 등은 팔고문 방식을 통해 평가하면 모두 '불합격'이다. 그 이유는 나의 『후흑총화』를 모두 읽게 되면 자연스레 알게 될 것이다."

현재 세계가 소란스러운 것도 전혀 통하지 않는 문장이 횡행하고 있는 것과 무관치 않다. 다윈과 아담 스미스의 저술이 통하지 않는 것이 그 실례이다. 세계는 이미 제1차 세계대전을 겪고 다시 제2차 세계대전의 위기 속에 빠져 있다. 이는 몽테스키외의 글이 제대로 통하지 않고 있다는 증거다. 중국은 공화국 24년이 지나는 동안 사분오열되어 있다. 중앙정부의 조직 또한 불완전하다. 어떤 사람이 "이 책도 안 되고 저 책도 안 되면 과연 어떤 책이면 가능하겠는가"라고 묻는다면 나는 이같이 말하고자 한다.

"오직 후흑학이 있을 뿐이다. 크게 통할 뿐만 아니라 특효가 있을 것이다."

참으로 행운이 아니겠는가? 내가 팔고문만 알고 과학을 모른다는 것이. 만일 내가 과학을 알았다면 아직도 정부에 남아 매일 떠들 수 없었을 것이 아닌가? 다윈은 성인이다. 아담 스미스도 성인이고 몽테스키외도 성인이다. 무솔리니와 히틀러 역시 성인이다. 그러나 그들이 어떻게 『후흑총화』와 같은 책을 쓸 수 있겠는가? 만일 세계평화를 원한다면 나의 후흑총화를 새로운 형률로 삼아 다윈과 아담 스미스, 몽테스키외, 요즘의 무솔리니와 히틀러 등을 처형해야 한다. 그런 연후에야 국제적·경제적·정치적 서광이 있을 수 있을 것이다.

중국의 팔고문을 연구하는 것은 진부하기 그지없는 고집쟁이가 되는 것에 불과하다. 나 이종오와 같은 인물이 그렇다. 그러나 만일 서양 과학자인 다윈과 아담 스미스 등을 좇게 되면 시체의 뼈다귀가 산을 이루고 그 핏물이 강을 이룰 것이다. 중국 성인에 대한 얘기를 마친 뒤 다시 서양의 성인에 대한 검토를 하기로 하자.

내가 후흑 교주가 된 것은 책을 읽은 데서 비롯된 것이 아니다. 나는 서양의 번역본을 읽는 것을 싫어한다. 중국책 역시 읽고 싶지 않다. 나를 잘 아는 친구들 모두 나의 이런 버릇을 잘 안다. 물론 어떤 책이든 손에 잡히면 우선 서문을 읽는다. 혹은 앞 대목 몇 장을 읽거나 책의 결론부문을 읽기도 한다. 그도 아니면 임의로 책의 중간을 읽어보거나 몇 장을 뛰어넘어 읽거나 한다. 저자가 말하고자 하는 요지를 파악하면 그뿐인 것이다.

만일 의미 있는 몇 개의 구절이 나올 경우 나는 곰곰이 이를 되씹어 본다. 이는 깊이 있는 철학서나 가볍게 읽을 만한 희곡소설에 이르기까지 하등 차이가 없다. 모두 똑같은 독서방법을 적용하는 것이다.

나는 세상에 존재하는 모든 책은 크게 3가지로 분류할 수 있다고 생각한다. 하나는 우주와 자연에 관한 책이다. 또 하나는 자신의 고유한 사상을 기록한 책이다. 세 번째는 고금의 명저이다. 우리는 첫 번째와 두 번째 종류를 종합해 읽을 필요가 있다. 세 번째 경우는 나의 머릿속에 감춰져 있는 이론을 끌어낼 때 이를 증명하는 도구에 불과할 뿐이다. 중국의 책은 이미 나의 사상에 충분히 이용되었지만 아직도 활용의 여지가 남아 있다. 이런 상황에서 서양의 책을 탐독할 이유가 있겠는가?

나의 독서비결은 달리는 말 위에서 꽃을 보는 이른바 '포마관화跑馬觀花'에 있다. 어떤 때는 말을 타고 달리지만 꽃을 보지 않는 경우도 있다. 중국의 경우는 나의 말이 아직 모두 달리지도 않았다. 그런데 언제 외국을 얘기할 시간이 있을까? 어떤 사람이 물었다.

"당시의 독서법이 이미 '포마관화'였다면 왜 당신의 『후흑총화』에 나오는 미세한 얘기들이 재미있는 것인가?"

내가 대답했다.

"작은 일화들은 내가 한번 접하자마자 깨달은 것들이다. 나는 말을 타고 질주할 때 한 떨기 예쁜 꽃을 보면 곧 말에서 내려 자세히 관찰했다. 어떤 때는 겨자씨처럼 매우 작은 꽃도 보았고 어떤 때는 사람의 머리통보다 큰 모란꽃을 보기도 했다. 그래서 여러 얘기들이 『후흑총화』에 삽입된 것이다."

나는 게으른 사람이다. 게으르면 열심히 책을 읽으려 하지 않는다. 그러나 나 나름대로 '게으른 사람의 철학'이 있다. 고금을 통틀어 항우보다 병사를 잘 부린 사람은 없었다. 항우는 70여 회의 전투에서 이기지 못한 적이 없었다. 오강烏江에 도착했을 때 오직 28명의 기병만이 남아 있었다. 그럼에도 3번 싸워 3번 모두 이겼다. 그는 병서를 읽을 때 그 대략의 뜻을 알면 그뿐이라고 생각했다. 흔히 고금의 정치가 중 제갈량을 최고로 친다.[22] 그 역시 책을 볼 때 그 대의만을 읽었다. 도연명은 시의 세계에서 일류에 속한다. 그 역시 책읽기를 좋아했지만 깊이 천착하는 것을 탐하지 않았다.

오히려 병서를 숙독한 사람으로 조괄趙括보다 더한 사람이 없었을 것이다. 그러나 그는 장평長平에서 벌어진 단 한 번의 싸움에서 참패해 일패도지一敗塗地했다. 책을 가장 많이 읽은 사람으로 유흠劉歆보다 더한 사람은 없었을 것이다. 그러나 그는 왕망을 보좌해 『주례』로써 천하를 다스리려 하다가 천인공노의 분노를 샀다. 소명태자의 『문선文選』을 주석한 이선李善은 책상자의 뜻을 지닌 '서록書簏'이라는 칭호를 받았지만 그의 글은 통하지 않았다.

책이란 마치 음식물과 같은 것이다. 음식은 기아를 치유하는 의료용인 것이다. 책 역시 정신적인 기아를 치유하는 도구이다. 음식을 많이 먹으면 소화가 안 돼 병이 생기듯이 책도 너무 많이 읽으면 소화가 안 돼 사람을 미치게 만들 수도 있다. 그래서 책은 많이 읽으면 읽을수록 더욱 굼뜨게 되는 것이다. 고금의 저명한 책들이라는 것이 멍청하기가 모두 이와

22. 소동파는 「제갈량론」에서 한나라는 비록 사력(詐力)으로 천하를 차지했지만 인의로써 이를 지킨 데 반해 제갈량은 인의와 사력을 함께 이용해 천하를 얻으려 했기 때문에 실패했다고 평한 바 있다. 이에 대해 서울대 명예교수 최명은 『삼국지 속의 삼국지』에서 인의로 천하를 얻기도 어렵고 천하를 다스리기 위해서는 권모술수가 필요한 게 사실인 만큼 소동파의 제갈량에 대한 평가는 정당치 못하다고 지적했다.

같다.

왕안석은 책을 제대로 소화하지 못해 그가 시도한 신법新法은 제대로 통용되지 못했다. 정이천 역시 제대로 소화시키지 못해 낙당洛黨과 촉당蜀黨의 논쟁을 일으켰다. 주희 역시 제대로 소화하지 못해 경원당안慶元黨案을 일으켰고 육상산과의 논쟁을 낳았다.[23] 중국이 현재 이토록 시끄러운 것도 모두 서양의 '따이즈呆子'(머저리) 때문에 빚어진 것이다.

세계는 진화한다. 종전의 독서인들은 머리를 싸매고 독서에 열중했다. 항우와 제갈량의 단계에 이르면 책의 대의大意를 약관略觀(총체적으로 관찰함) 할 수 있는 독서방법이 필요하다. "약관대의'란 저자가 말하고자

23. '경원당안'은 주자학을 위학(僞學), 주희를 위군자(僞君子)로 낙인찍는 결정적인 배경이 된 사건을 말한다. 주희는 영종(寧宗) 경원 6년(1200)에 '위군자'의 오명 속에 세상을 떠났다. 이는 경원 2년(1196) 12월에 빚어진 소위 '경원당안'에서 비롯된 것이었다. 『송사』는 이같이 기록해 놓았다. "감찰어사 심계조가 주희를 탄핵했다. '군왕에 불경하고, 나라에 불충하고, 조정을 갖고 놀며 모욕하고, 풍기와 교육을 해치고, 사사로이 사람과 재물을 쓰고 있다'는 등의 내용이었다. 그 중 비구니 2명을 유인해 첩으로 삼았다는 내용도 있다." 이것이 '경원당안'이다. 이는 외척인 한택주가 주희의 친구이자 재상을 지낸 조여우 등을 제거하기 위한 꾸민 것이었다. 당시 경원당안으로 인해 '위학역당(僞學逆黨)'으로 몰린 자들은 모두 59명이나 되었다. 주희가 '위학역당'의 괴수였다. 원래 주희는 영종의 스승이었다. 그는 효종 때 6번 상소를 올려 부정부패한 태주지부 당중우를 탄핵해 권력자의 미움을 받은 바 있다. 이후 영종이 즉위하자 재상 조여우가 그를 추천해 영종의 시강(侍講)을 맡게 되었다. 당시 그는 65세였다. 이 때 그는 『대학』을 강의하면서 수시로 상소를 올려 간하거나 '극기' 등을 역설했다. 영종은 겉으로 정중하게 대했으나 속으로는 크게 꺼려했다. 마침 한택주의 사주를 받은 심계조가 주희를 탄핵하고 나서자 이를 곧바로 받아들여 주희의 직위를 박탈한 것이다. 당시 주희는 글을 올려 '사람과 재물을 사사로이 쓰고 비구니를 첩으로 삼았다는' 등의 죄목을 인정하며 용서를 구했다. '비구니 첩' 문제는 이후에도 그를 '위군자'로 공격하는 논거가 되었다. '경원당안'은 당쟁의 일환으로 빚어진 것이기는 하나 그 자신에게도 일정한 책임이 있었다고 볼 수밖에 없다.

하는 의도를 충분히 이해하는 것을 말한다. 도연명의 단계는 책읽기를 좋아하지만 깊이 천착하는 것을 추구하지 않는 것을 말한다. 그렇게 되면 대의 역시 제대로 파악할 필요가 없는 것이다.

후흑 교주인 이종오의 단계에 이르면 깊이 천착하지 않는 것은 물론 책 읽는 것 자체를 좋아하지 않게 된다. 앞으로 더욱 발전하면 책을 한 권도 읽지 않고 글자 한 자 모르게 되어 누가 어떤 얘기를 해도 전혀 이해하지 못하는 단계에 접어들게 될지도 모를 일이다. 아, 세상에 돈오頓悟는 없다. 이 말을 어떻게 증명할 것인가?

나는 『후흑총화』를 쓰면서 내가 접한 전고典故를 충분히 인용하지 않았다. 누가 '왜 그처럼 했는가' 라고 묻기에 나는 이같이 답한 바 있다.

"우주가 존재한 이래 그에 응해 이런 전고가 나온 것이다. 결국 이런 전고가 나오지 못한 것은 우주의 잘못이다. 나는 하나의 책을 만들어 그 빈틈을 메우고자 한 것이다."

어떤 사람이 말했다.

"이런 전고는 원래 옛 사람이 쓴 책 속에 있는 것이다. 당신은 책을 조금밖에 읽지 못해 이를 찾아내지 못했을 뿐이다."

나는 이같이 대답했다.

"이는 전고의 죄이지 나의 죄가 아니다. 전고 중에 가장 오래된 것으로 하늘의 태양과 달에 비할 것이 없다. 늦은 밤에 책을 앞에다 놓고 눈으로 볼 수 있으니 좋은 전고가 아니고 무엇이랴. 그렇다면 내가 『후흑총화』를 쓸 때 전고에서 빠져나오지 못할 이유가 무엇인가? 빠져나올 수 없다면 이는 이미 죽은 전고에 불과한 것이다. 이런 죽은 전고에서 무슨 용도를 찾을 수 있겠는가?"

최근 어떤 사람이 나에게 "당신은 사상적인 독립을 여기저기 다니며 주장하고 있으나 시종 공자의 범주에서 벗어나지 못하고 있는 것이 아닌가"라고 물었다. 나는 대답했다.

"어디 공자 한 사람뿐이겠는가? 나는 후흑학을 창안했다. 아직 순자가 말한 '성악설'의 범주에서 벗어나지 못했다. 내가 말한 '심리변화는 역학의 법칙에 따라 이뤄진다'는 주장 역시 고자가 말한 범위에서 벗어나지 않는다. 내가 쓴 『중국 학술의 추세』 역시 노자의 범위에서 벗어나지 못했다."

우주의 진리는 명백히 내 앞에 있다. 누가 능히 세밀히 이를 관찰할지라도 나온 결과는 모두 같은 것이다. 나는 사상적인 독립을 주장하면서 '종오宗吾'를 그 상징으로 내세웠다. 모든 이론은 나의 세심한 고려를 거쳐 나온 것이다. 맞는다고 생각되면 다른 사람이 이미 이를 얘기했는지 여부는 괘념치 않는다. 만일 내가 이미 옳다고 판단했으면 그것으로 족하다. 옛 사람이 이미 말했다는 이유로 내가 별도로 새로운 이론을 만들고 옛 사람의 범주를 벗어났다고 주장하는 것은 스스로 나 자신을 배반하는 것이다. 이는 결코 '종오'라고 할 수 없다.

공자는 물론 순자, 고자, 석가, 맹자, 심지어 항간의 속어에 이르기까지 모든 것을 하나의 용광로 속에 녹여 어떤 문파에 구애되지 않고 하나하나 스스로의 잣대에 의해 평가할 수 있을 때 비로소 '종오'라고 할 수 있다.

'종오'는 주견이 있다. 옳다고 판단되면 이를 긍정한다. 틀렸다고 판단되면 이를 부정한다. 전에 옳다고 생각되던 것이 지금 틀리다고 생각되면 '오늘의 나'가 기준이 된다. 만일 전날의 나를 가린다면 곧 오늘의 나를 전날의 나의 노복으로 만드는 것이다. 이는 노복의 견해지 주관 있는 자의 견해가 아니다. 이는 결코 '종오'로 부를 수가 없는 것이다. 노자는 이같이 말한 바 있다.

"상등의 선비는 '도'의 의미를 깨닫고 능히 이를 실행코자 한다. 중

등의 선비는 '도'의 의미를 있는 듯 없는 듯 느낀다. 하등의 선비는 '도'의 의미를 껄껄거리며 웃는 것으로 이해한다. 만일 그가 조소하지 않는다면 '도'는 '도'라 불릴 만한 것이 된다."

천하에 가득 찬 것은 모두 정이천과 주희의 신도들이거나 다윈의 신도들뿐이다. 후흑학이라는 얘기를 들으면 온통 욕설뿐이다. 나는 노자의 말을 인용해 한 마디 하고자 한다.

"하등의 선비는 '도'를 들으면 곧 입을 열어 '도'를 욕한다. 만일 그들이 욕을 하지 않는다면 후흑학은 '도'라고 불릴 만한 것이 못 되는 것이다."

최근 며칠 간 나는 모 씨와 더불어 얘기를 나누면서 공자의 말 몇 마디를 인용했다. 모 씨가 묻기를 "당신은 후흑학을 말하는 사람으로 어째서 공자의 학설을 말하는 것인가"라고 했다. 나는 이같이 대답했다.

"전에 공자가 수레를 타고 밖에 나갈 때 말이 농부가 심은 곡식을 먹었다. 화가 난 농부가 말을 잡아두자 공자가 자공을 보내 설득케 했다. 자공의 말이 끝났는데도 농부는 말을 돌려주려 하지 않았다. 공자가 이번에는 마부를 보냈다. 마부가 가서 몇 마디 하자 농부가 대단히 기뻐하면서 즉시 말을 돌려주었다. 공자의 제자 중에서 자공은 가장 언변이 뛰어난 사람이다. 제나라가 노나라를 쳐들어 오려고 할 때 공자의 명을 받은 자공이 가서 유세를 한 덕분에 전쟁을 막은 것은 물론 후한 상까지 받았다.

그러나 이같이 언변이 좋은 사람도 오직 농부에 대해서만큼은 어쩔 도리가 없었던 것이다. 이는 비록 자공의 재능과 지혜, 식견이 높을지라도 그의 말이 농민의 귀에 들어오지 않았기 때문이다. 마부의 재능과 지혜, 식견 등은 농부와 대등했기 때문에 단 한 마디에 박수를 치게 된 것이다.

관세음보살은 말하길 '관원의 신분으로 도를 구하는 자에게는 곧 관원의 형상으로 나타나 설법을 하고 힌두교의 신분으로 도를 구하면 힌두교에 나타나는 천신의 모습으로 나타나 설법을 한다'고 했다. 당신이 청장을 지낸 까닭에 나는 청장의 모습으로 나타나 설법을 하는 것이다. 당신이 만일 공자의 말을 인용하면 나 역시 공자의 모습으로 나타나 설법을 한다.

일반인들은 흔히 '요즘 사람은 삼대 이전의 사람과 너무나 다르다'고 말하곤 한다. 이 말은 조금도 틀림이 없다. 나는 비록 재주는 없지만 공자의 마부가 될 수 있는지 스스로 묻곤 한다. 공화국시대의 청장은 공자시대의 농민과 같을 수가 없는 것이다."

한번은 내가 친구인 모 씨와 얘기를 나눌 때였다. 옆에 있던 한 사람이 친구에게 이같이 경고했다. "당신은 이종오와 조금만 얘기하게. 그래야 『후흑총화』에 당신의 얘기가 실리지 않을 수 있을 것일세." 그래서 나는 이같이 말했다.

"안심해도 좋네. 나의 『후흑총화』에 나오는 사람은 앞으로 후흑묘에 배향될 것을 준비하는 사람들일세. 당신들은 무슨 공덕이 있어 배향되길 바라는 것인지 스스로 물어보게나. 당신들은 내가 당신들을 『후흑총화』에 실을까 걱정이지만 나는 당신들이 후흑묘에 섞여 들어올까 걱정일세!"

내가 이 얘기를 쓰면서 그들의 이름을 익명으로 처리한 이유가 바로 여기에 있다. 나는 나의 후흑묘에 온갖 사람이 뚫고 들어와 공자묘와 같은 모습이 될까 걱정스럽다. 내가 쓴 『경림요리책서문』에 이런 의사를 표명한 바 있다. 자세한 내용은 그 글을 참조하기 바란다.

최근 모 씨가 월간지를 발행했다. 나보고 자신을 위해 글 한 편을 써달라고 해서 이같이 말했다. "내가 쓰기는 쓰겠지만 한 가지 조건이 있네. 나는 후흑학을 강의하는 사람으로 단 세 구절이라도 본래의 문장에서 벗어나질 않지. 문장이 된 후 반드시 내 이름을 쓰니 이를 간행하지 않으면 안 될 것일세." 그는 매우 황공해하면서 완곡한 말로 사절했다. 나는 결코 그를 대신해 글을 쓸 수가 없는 것이다.

독자들은 내가 후흑학을 강의하는 것만 알지 여러 종류의 글을 쓰고 있다는 사실을 전혀 모르고 있다. 독자 제위가 만일 조상의 은덕을 기릴 생각으로 묘지명 등의 글을 나에게 와 부탁을 하면 구천에 계신 조상들이 안심할 것이다. 당나라 때 한유가 묘지명을 쓸 때 고인에 대해 온통 좋은 얘기만 쓰는 것을 꺼리는 것과 같은 일은 절대 없을 것이다. 축수를 하는 글 역시 생애를 관장하는 수성노인壽星老人이 보면 예정된 삶을 약간 더 늘려줄 정도로 써줄 것이다. 독자 제위가 이를 믿지 않는다면 내가 사혜생謝慧生의 생일날에 써준 이런 축수문이 좋은 증거가 될 것이다. 그 내용은 다음과 같다.

사혜생 형이 60 환갑의 기쁜 날을 맞았다.

사혜생과 나는 동향 사람이다. 그가 이전에 저지른 과실은 내가 능히 바로 잡은 바 있다. 만일 그가 연년익수(延年益壽)를 하고자 한다면 나에게 묘법이 있다. 특별히 아래와 같은 글을 써 그에게 바치는 바이다. 1912년 2-3월 나는 성도의 신문에 후흑학을 발표했나. 당시 상열오는 사천성의 부총독으로 있었다. 어느 날 그는 나를 보고 이같이 말했다.

"당신 미쳤어. 후흑인지 뭔지를 매일 신문에 싣는 바람에 성도 일대가 모두 미친 바람에 휩싸였단 말일세. 순경총독 양췌우(楊萃友), 성도부지사 단노강(但怒剛), 그 밖의 여석경(盧錫卿), 방탁장(方琢章) 등이 하루는 밤늦게 찾아와 나에게 시비를 걸지 않았겠나. 나는 앞으로 정신병원을 하나 세워 미친 자들을 일제히 소탕할 생각이네! 당신처럼 미친 소리 하는 사람 역시 병원에 입원하지 않으면 안 될 것일세."

나는 이같이 대답했다.

"아니, 나는 인민의 고난을 구해주는 대보살인데 당신은 나를 한낱 미친놈으로밖에 보지 않는구려. 내가 당신의 밥그릇을 대신 걱정해 주도록 하지!"

후에 장열오는 민정청장이 되었다. 원세개는 그를 북경으로 불러 관인을 주었다. 다음날 그는 나를 보고 말하기를 "어제밤 사혜생이 말하길 '자세히 생각해 보니 이종오의 말이 과연 쓸 만하더군' 이라고 했네"라고 했다. 나는 탁자를 치며 이같이 말했다.

"어리석기는, 내가 미친놈의 얘기를 어찌 잊을 수 있겠는가? 좋은 것은 어찌되었든 좋은 것이나 밥그릇은 이미 날라가 버렸네! 오늘 특별히 '과거의 일은 이미 권계(勸戒)가 될 수 없고 앞으로의 일은 오히려 잘 준비할 만하다' 는 두 마디 말을 선물로 바치겠네!"

나의 이론에 대한 그의 믿음이 경건치 못하다는 사실을 어찌 알 수 있었겠는가? 그는 후에 천진에서 원세개의 황제등극을 반대하다가 붙잡혀 북경에서 죽임을 당하고 말았다. 그는 북경의 감옥에서 몇 달간 지낼 때 꿈을 꾸면서 사천성의 미친놈 이종오의 말을 떠올렸는지도 모를 일이다. 사형선고를 받을 때 장열오의 신색은 매우 태연했고 뒷짐을 진 채 미소짓는 모습까지 보여주었다고 한다. 당시 사형선고를 받은 모 씨가 소리를 치며 욕을 하자 장열오가 그를 향해 이같이 말했다. "모 씨, 더 이상 떠들지 말게. 오늘의 일이 당신에게는 아직 꿈속에 일이구려." 이 때 장열오는 꿈을 깼다. 오늘의 일이 이종오의 학설을 위반함으로써 빚어진 것이라는 사실을 그는 깨달았을 것이다.

나의 친구 '뇌섭' 은 일본에 유학 가서 책 읽는 것으로 낙을 삼았다. 청조 말에 서호(西湖)의 백운사로 들어가 스님이 되었다. 혁명이 일어나자 손문 총통의 비서가 되었으나 얼마 안 돼 사직했다. 당시 이런 시 한 수를 남겼다.

"한번 웃고 표연히 떠나니 풍상의 차가움이 뼈속 깊이 파고드는구나. 8년을 혁명당에 있었고 8개월간 비서관으로 있었네. 직하(稷下)의 깃발장대는 바야흐로 넘치는데 한단(邯鄲)의 꿈은 이미 사라졌노라. 서호의 산색이 좋으니 노승이 보지 못하면 좋으련만!"

그는 시국에 대해 매우 불만이 많았다. 상해에 있을 때 모 씨에게 이같이 말했다.

"너는 돌아가서 이종오에게 말해라. 후흑학에 대해 크게 떠들지 말라고."

그는 얼마 안 되어 미치광이 증세를 보여 매일 술병을 끼고 살았다. 사람들을 만나면 함부로 지껄이는 바람에 늘 혼자 지낼 수밖에 없게 되었다. 길에 쓰러져 잠을 자기 일쑤여서 인사불성이 되고 말았다. 경찰이 그를 발견하고 집에 데려다 주기는 했으나 발작이 수시로 일어났다. 결국 1920년에 그는 죽고 말았다. 나의 학설이 그의 이런 병을 치유하는 데 가장 적절히 치료할 수 있는 묘약이었다. 그러나 그는 나의 처방약을 먹지 않았을 뿐 아니라 오히려 의사를 욕했다. 그의 죽음은 당연한 것이었다.

장열오와 뇌섭은 모두 사혜생의 좋은 친구였다. 그들 두 사람은 나의 이론을 반대했다. 그리나 그 결과는 이같이 참담했다. 난지 사혜생만이 미친 이종오의 이론이 쓸 만하다는 사실을 알았다. 그는 60세까지 살았다. 만일 내가 제시한 길로 갔다면 다시 60년을 더 살았을지도 모를 일이다.

내가 후흑학을 발명한 지 벌써 20여 년이 넘었다. 나의 제자들이 천하에 이미 가득 찼고 경천동지할 만한 숱한 일들을 만들어냈다. 나에게서 강의를 받은 몇몇 친구 중 장열오와 뇌섭을 제외하고 요서초와 양택부, 왕간항, 사수청, 장협단 등은 내 학설에 대해 그저 망연한 모습으로 일관해 별다른 소득도 얻지 못하고 초췌한 모습으로 죽어갔다. 사혜생은 내 이론에 대해 잘 이해하는 것 같았다. 단지 왜 강호에 은거하는지 이해할 수 없다.

입을 다물고 소식을 끊은 것이 결코 내 학설 때문이 아니라면 후흑학의 진정한 오의(奧義)를 파악한 것이 없다는 것인가? 그는 다만 내 학설에 대해 약간 알고 있었기 때문에 그나마 이 정도로 오래 살 수 있었다고 할 수 있다. 이는 내 학설이 위대하고 그 효용이 절묘하다는 것을 증명하는 것이다.

나아가면 경천동지할 만한 일을 만들고 들어오면 사람들로 하여금 연년익수할 수 있게 만드니 이 아니 위대하지 않은가? 우리들이 서로 수천 리를 격해 있어 자리에 나아가 축수할 수는 없어 이 글을 바쳐 사혜생의 환갑을 축하한다. 사혜생 형이 이 글을 읽고 크게 웃을 것으로 믿는다. 몇 잔의 술을 가득 채워 통음코자 한다.

1935년 1월 동생 이종오 삼가 받들어 쓰노라.

후에 중경에서 우연히 사혜생의 조카인 사우화를 만났다. 그는 방금 상해에서 돌아왔다며 이같이 말했다.

"숙부는 그 글을 본 후 대단히 기뻐하면서 '이종오가 아직 나보고 60년은 더 산다고 했으니 너희들은 그 때면 모두 80-90세가 될 텐데 너희들이 나보다 일찍 죽을까 염려스럽구나' 라고 했습니다."

내가 주장하는 학설은 연년익수를 가능케 하는 것이니 모든 독자 제위는 책 한 권을 사서 읽고 또 읽어보시라. 붉은 색 환약이나 녹용이 들어간 환약 등을 먹는 것보다 수만 배나 높을 터이니.

1913년에 원세개를 토벌하는 일이 실패로 돌아간 뒤 나는 성도에서 한 사람을 만났다. 매우 마르고 키가 큰 인물이었다. 그의 이름은 융사현의 황용구黃容九였다. 그는 크게 놀란 기색으로 물었다.

"당신이 바로 후흑학을 말한 이종오란 말이오?"

나는 그렇다고 대답하고 어찌 알게 되었는지 물었다. 그러자 그는

"북경에서 장열오가 말하는 것을 들었다"고 했다.

장열오는 북경에서 나의 학설을 널리 떠들고 다니는 것이 틀림없었고, 깊이 연구한 뒤 가슴 속 깊이 새겨넣었음에 틀림없었다. 나는 마음 속으로 그에게 깊이 감사했다. 1914년 하반기에 내가 있는 성립제2중학교로 장열오가 한 통의 편지를 보내왔다. 그는 황제체제 반대 입장을 포함해 최근의 상황을 소상하게 전해주었다. 현재의 시국이 그에게 얼마나 위험한지도 말했다. 나는 대경실색했다.

"아, 장열오가 죽을 때가 임박했구나. 나의 후흑학을 이해하면서 실행하지 않았으니 이를 어쩌란 말인가? 어쩌란 말인가?"

얼마 안 되어 그가 체포되어 북경에 압송되었다는 소식을 들었다. 그의 편지는 내가 이미 글 잘 쓰는 사람에게 서문을 부탁해 조그마한 두루마리로 표구해 두었다. 이는 나의 학설을 가벼이 여기는 사람들에게 경계를 삼기 위해서였다.

장열오는 1915년 1월 7일에 천진에서 체포되어 3월 4일 북경에서 총살당했다. 지금 그가 죽은 지 벌써 21년이 지났다. '펑즈瘋子'(미치광이)라는 '휘호徽號'는 사실 그가 나에게 처음으로 만들어 준 것이다. 독자 제위는 평론을 제대로 해주기 바란다.

"과연 이종오가 미치광이인가 아니면 장열오가 미치광이인가?"

송나라 때의 미불米芾은 당시 사람들로부터 '미전米癲'이라는 소리를 들었다. 하루는 소동파가 손님들을 불렀다. 술이 거나하게 취할 즈음에 미불이 벌떡 일어나 이같이 말했다.

"모든 사람이 나를 보고 '미치광이'라고 하는데 소동파 당신이 과연 내가 미치광이인지 판결을 내려주시게."

소동파가 웃으면서 말하길 "나는 사람들의 평가에 찬동하네"라고 했다.

만일 내가 독자 제위에게 판단을 요청한다면 나는 과연 미치광이일까 아닐까? 독자 제위는 틀림없이 "우리는 사람들의 평가에 찬동합니다"라고 말할 것이다. 만일 정말 이렇다면 나는 당신들이야말로 위험하다고 말하지 않을 수 없다. 아니 공화국을 대신해 그렇다고 할 수밖에 없다. 왜냐고 묻는다면 이같이 대답할 수밖에 없다.

"장열오의 경우가 바로 그 선례이다. 공화국 24년의 역사 역시 바로 그 선례가 아닐 수 없다."

제5절

후흑학의 응용

1935년 원단에《화서보》의 원단 특집은 내가 쓴 하나의 휘호를 실었다. 제목은 '원단 예언'이었다. 내용인즉 '중국필흥中國必興, 일본필망日本必亡'이라는 8자였다. 이는 나의 후흑사관에 기초해 추론해낸 필연적인 결과이기도 했다. 단지 글 중에 후흑학이라는 글자를 거론하지 않았을 뿐이다.

올해《화서보》의 편집국장은 원단 특집을 내면서 특집을 내기 며칠 전에 나에게 글을 보내줄 것을 요청했다. 나는 "쓰기는 쓰겠지만 반드시 게재해 주어야 한다"고 요청했다. 제목은 '후흑년厚黑年'이라는 3글자였다. 그는 이 말을 들은 후 아무 말도 하시 않았다. 그래서 1935년의 특집에는 모든 명사들의 휘호가 실렸지만 유독 후흑 교주의 글만은 게재되지 않았다.

나는 1936년은 중국의 '후흑년'이라고 생각한다. 동시에 이 해는 전 세계의 후흑년이기도 하다. 독자 제위는 만일 믿어지지 않으면 이런 사실을 세밀히 고찰해봐 주기 바란다. 전에 어떤 사람이 이같이 말했다.

"대장부는 그 향내를 백 세 동안 남길 수 없지만 그 악취만큼은 만 년 동안 남긴다."

내가 1912년에 후흑학을 발표한 이래 지금까지 25년이 흘렀다. 나는 사천성 내에서 악취를 만 년에 걸쳐 남길 작업을 했으니 겨우 4백분의 1의 시간이 지났을 뿐이다. 역사를 되돌아볼 때마다 이로써 자부심을 삼기도 한다.

그래서 1936년은 나에게만큼은 하나의 후흑년이라고 말할 수 있다. 마땅히 대대적인 경축연을 열 만한 일이다. 나의 신도들은 장래 예수교의 성탄절을 본떠 '후흑기년厚黑紀年'을 만들 것이다. 매 25년마다 한 차례씩 대대적인 경축연을 열어 399번을 열게 되면 공화국 만 년이 될 것이다. 그러면 큰 소리로 이같이 외치지 않을 수가 없다.

"후흑학 만세!"

어떤 사람이 후흑학이라는 3글자를 듣고 '이종오는 나쁜 사람'이라고 매도했다. 나는 즉각 그에게 "당신은 송대의 유생일 뿐이다"라고 비판했다. 나쁜 것으로 말하면 이종오와 송대의 유생 모두 나쁜 사람이다. 좋은 것으로 말하면 이종오와 송대의 유생 모두 좋은 사람이다. 송학의 기준에서 보면 송대의 유생은 성인이고 이종오는 나쁜 사람이 된다. 후흑학의 기준에서 보면 이종오는 성인이고 송대의 유생은 나쁜 사람이 된다. 그래서 나를 욕하는 사람은 나쁜 사람이 되는 것이다. 왜냐하면 그는 송대의 유생이기 때문이다.

내가 가장 이해하지 못하는 것은 송대의 유생들이 사사로움을 제거한다는 의미로 사용한 '거사去私'의 의미이다. 정이천은 낙당洛黨의 영수가 되어 촉당蜀黨과의 당쟁을 촉발시킴으로써 나라를 남쪽으로 옮기게 만드는 화근을 낳았다. 나는 과연 그가 '거사'를 제대로 했는지 묻지 않을 수 없다.

송유들은 성선설을 말했지만 그 말류가 바로 낙당이 된 것이다. 그들의 눈으로 보면 인성은 모두 선량한 것이었다. 낙당은 모두 착한 사람이 되지만 반대당의 소동파는 본성이 일반인과 다르기 때문에 나쁜 사람이 될 수밖에 없었다.

왕양명은 '치양지致良知'를 주장했다. 그의 눈에는 거리가 온통 성인으로 가득 차 있었다. 그의 주장이 일변해 동림당東林黨이 되었다. 우리 당은 모두 좋은 사람이지만 온 힘을 다해 청나라와 싸운 웅정필熊廷弼 만큼은 나쁜 사람이 될 수밖에 없었다. 그래서 반드시 그를 잡아 머리를 베어야만 했다. 청나라의 황제는 웅정필이 평소 명나라 황제에게 올린 상소문을 펼쳐보면서 놀랄 수밖에 없었다. 만일 그대로 시행됐다면 만주족은 북경으로 들어올 수 없었기 때문이다. 청나라 황제는 그에게 연민의 정을 표하면서 조서를 내려 그의 후예를 찾아 두터운 은혜를 베풀도록 조치했다.

당시 웅정필을 가장 배척하고 죽이려 했던 사람은 다른 사람이 아니라 바로 지금까지 충신의사로 알려져 있는 양련楊漣과 좌광두左光斗 등이었다. 이 어찌 된 도리란 말인가?

"가련하구나, 낙당이여! 가련하구나, 동림당이여!"

나는 왜 하느님이 '당黨'이라는 글자를 만들어 정이천과 양련, 좌광두와 같은 현인군자에게 주어 이같이 쓰도록 했는지 모르겠다. 독자 제군은 송학이나 양명학을 연구하기보다 후흑학을 절실히 연구하는 것이 나을 것이다. 후흑학을 연구하는 것은 나라와 인민을 이롭게 만들기 때문이다.

후흑이라는 두 글자는 '사私'라는 한 글자에서 나온 것으로 이를 말하지 않는 것이 좋으나 이를 말하지 못하는 것도 나쁘다. 이는 나의 동창이자 친구인 사수청이 『후흑학』 발문에 쓴 다음과 같은 내용과 맥을 같이 하는 것이기도 하다.

"후흑은 날카로운 칼과 같아 도적을 베면 선한 것이고 양민을 죽이는 데 쓰면 악한 것이다. 선과 악이 칼과 무슨 관련이 있겠는가? 후흑을 이용해 선을 행하면 선한 사람이고 악을 행하면 악인인 것이다."

내가 후흑 등을 발명한 것은 와트가 증기를 발견한 것과 같다. 쓰이지 않는 곳이 없는 것이다. 증기를 이용해 기차를 만든 뒤 이를 운전하는 방법을 터득하면 하루에 천 리를 갈 수 있다. 그러나 이를 운전할 줄 모르게 되면 바위와 부딪히고 만다. 나는 '후흑구국'이라는 구호를 내세웠다. 이는 운전사가 기차를 몰아 열강을 향해 나아가 주길 바랐기 때문이다. 결코 앞에 있는 암벽을 향해 나아가거나 거리로 탈선해 좌충우돌하면서 인민을 쳐 죽여서는 안 되는 것이다.

중국에는 4억의 인민이 있다. 하나로 합칠 수만 있다면 능히 서구의 10여 개 국가들을 연합한 것과 대등한 실력을 발휘할 수 있다. 우리는 지금 일본의 압박을 받고 있다. 질질 짜면서 무릎꿇고 국가연합 및 영미 등 서구의 원조를 바라기보다는 차라리 국민들에게 모든 갈등을 불식하고 일치단결해 일본부터 쫓아내자고 읍소하는 것이 낫다. 국내의 다양한 의견을 어떻게 해소할 것인지 묻는다면 나는 이같이 말할 것이다.

"후흑학을 널리 선전해 일반인들로 하여금 후흑의 정신과 후흑학의 사용법을 익히게 한다. 그러면 자연스럽게 이룰 수 있다."

나는 후흑학을 창안했다. 그러나 일반인은 오히려 반대로 사용하고 있다. 열강에게는 '후' 자를 사용하여 꼬리를 치면서 동정을 구하려고 모든 수단을 동원하고 있다. 중국의 인민에게는 '흑' 자를 사용해 서로 갈등하고 배척하기 위해 모든 수단을 동원하고 있다. 중국이 이토록 혼란스러운 이유이다.

나는 이를 뒤집어 사용할 것을 주장해 왔다. 중국의 인민에게는 '후' 자를 사용해 사안마다 서로 양보해 어떠한 모욕이든 이를 참아내고 어떤 빚이든 모두 청산해야만 한다. 서구 열강에 대해서는 '흑' 자를 사용해 제국주의 야욕을 부숴야만 된다. 극단적인 수단까지 모두 동원해야만 한다.

한 치의 양보도 있을 수 없고 조그마한 굴욕도 참아서는 안 된다. 단 한 푼의 빚도 철저히 받아내야만 한다.

이런 얘기는 결코 헛소리로 만들어낸 것이 아니다. 그 구체적인 방법은 내부의 의견을 조정해 4억 명의 '역선'을 한데로 모아 제국주의자에게 직공을 퍼붓는 것이다. 이것이 바로 내가 말하는 '후흑구국'인 것이다.

어떤 사람이 외적을 어떻게 할 것인지 묻는다면 나는 이같이 대답할 것이다.

"나는 주장이라는 것이 없다. 일본은 원래 허락도 없이 집에 들어온 늑대다. 러시아는 문앞에 있는 호랑이다. 구미 열강은 집의 좌우에 있는 사자와 표범이다. 독자 제위여, 이런 상황에서 주인이 무슨 주장을 할 필요가 있겠는가?"

제2차 세계대전이 눈앞에 닥쳤다. 영미와 연합해 일본에 대항하자는 주장과 일본과 연합해 러시아에 대항하자는 주장 등 숱한 얘기가 나오고 있다. 후흑철학의 관점에서 보면 이런 주장은 모두 잘못된 것이다. 내가 쓴 『후흑총화』를 보면 '후흑국厚黑國'이라는 표현이 나온다. 외교가 요즘처럼 급박하게 돌아가는 상황에서는 하루 속히 '후흑국'을 만들 필요가 있다. 후흑 교주가 후흑국의 왕이 되어 후흑 헌법을 흠정으로 반포해야만 한다. 이 때 일본이 어떤 물새 외교나 딱따구리 외교를 할 것인지 나는 우선 후흑 외교를 놓고 후흑 제자와 토론을 벌여보고자 한다.

우리는 물리와 화학을 배웠다. 우선 강의실에서 시험해 보기로 하자. 국가라는 것은 물론 강의실에서 시험할 수 있는 것은 아니다. 그러나 내 생각에 따르면 충분히 시험할 수 있다. 현재 5대주에는 여러 나라가 있다. 그 중 강대국들은 서로 힘을 겨루며 다투고 있다. 이는 춘추전국시대의 모습과 유사한 것이다.

춘추전국시대에 현인과 재사들이 가장 많이 배출되었다. 그들이 연구해낸 여러 정책은 우리의 좋은 참고가 될 것이다. 당시에 쏟아져 나온 숱한 정책은 크게 보아 둘로 대별할 수 있다. 하나는 춘추시대에 관중이 내세운 '존주양이尊周攘夷'의 정책이다. 다른 하나는 전국시대에 소진이 내세운 바와 같이 6국이 연합해 진나라에 대항하는 '연6국항진連六國抗秦'의 정책이다.

'존주양이'의 정책은 제나라가 일어나 춘추5패의 우두머리가 된 데 따른 것이다. 후에 진문공이 5패霸의 우두머리를 칭했지만 그 또한 제환공을 답습한 데 불과했다. 훗날 공자가 『춘추』를 편수하면서 '존주양이'를 그대로 둔 이유가 여기에 있다. 이 정책은 우리들이 연구할 만한 가치가 있다.

전국시대에는 소진이 나와 '연6국항진'의 정책을 추진했다. 그의 정책이 성공했기 때문에 진나라는 15년 동안 감히 함곡관을 나올 수가 없었다. 이 정책은 더욱 철저한 연구를 요한다. 우리의 현재 상황은 춘추전국시대와 닮아 있다. 나는 관중과 소진의 방법을 하나로 묶어 이른바 후흑국의 외교정책으로 삼길 주장했다. 관중의 정책은 완벽하게 성공했다. 소진의 정책은 처음에는 성공했지만 후에는 실패했다. 그렇다면 성공의 요체는 어디에 있고 실패의 원인은 어디에 있는 것일까? 자세히 검토해 보기로 하자.

춘추 때에는 주나라의 천자가 제후에 대한 통어능력을 상실했다. 제후들이 상쟁을 일삼자 주변의 이적들이 이 틈을 노려 침입해 왔다. 약소국가는 이들에게 곧바로 유린되었다. 이는 현재의 모습과 유사하다. 초나라는 한수 이남에 있는 희 씨姬氏 성의 소국을 합병한 뒤 중원을 점령하고자 했다. 일본이 조선을 합병한 뒤 만주를 점거하여 중국을 병탄하려고 하는 모습과 닮아 있다.

당시 일반인들은 출로를 찾지 못하고 있었다. 이 때 돌연히 한 명의 후흑 전문가가 출현했다. 그의 이름이 바로 관중이었다. 그는 벽력과 같은 소리로 '주나라 왕실을 보호하고 오랑캐를 몰아내자' 며 '존주양이' 의 기치를 높이 내걸었다. 주나라 천자의 이름을 빌려 이적의 침입을 물리치고 약소민족의 영토를 보존하자는 그의 주장은 천하의 인민들로부터 열렬한 지지를 받았다.

그가 추진한 방안은 우선 제후들을 규합하는 것이었다. 이후 우선 약소민족의 힘을 집중시켜 외적에게 타격을 가했다. 그는 산융山戎을 토벌해 연나라를 구해냈다. 나아가 이적을 물리쳐 위衛나라를 구해냈다. 이는 일종의 '합력合力' 정책이라고 할 수 있다. 이민족을 차례로 각개격파하는 것을 말한다.

당시의 국제정세로 말하면 초나라가 가장 강했다. 제나라는 비록 대국이기는 했지만 제양공齊襄公의 황음무도로 인해 국내에 커다란 난이 일어났다. 제환공이 권좌에 오를 당시만 하더라도 제나라는 노나라와 같은 약소국과 다툴 정도로 국력이 피폐한 상황이었다.

소릉의 싸움에서 초나라의 항복을 받아냄으로써 제나라는 명실상부한 패권국이 되었다. 이는 진적으로 관중이 실시한 모든 정책이 당시의 현실과 맞아떨어진 데 기인한 것이었다. 중국은 현재 세계 약소국가에 속한다. 다만 약하기는 하되 나라만큼은 작지가 않다. 이는 춘추시대의 제나라를 닮아 있다. 당연히 맹주의 자격이 있다.

현대에 관중이 재생할 수만 있다면 그는 "중앙정부를 옹호하고 전 인민의 역량을 집중시킨 다음 약소민족을 연합해 전 세계의 역량을 총집결시킴으로써 제국주의를 타도한다"고 말할 것이다. 이런 연구에 기초할 경우 중국이 만주의 '9·18사변' 이후 조기에 후흑학을 사용해 국제연맹을 축출하고 '세계약소민족연맹' 을 만들었어야 했다. 그래서 그 조직을 토대로 국제연맹과 대립구도를 이루어야만 했다. 중국의 최고통치권자는 제환공과 같은 인물이어야 한다. 그래야만 전 세계의 피압박민족을 대표해 제국주의와 투쟁할 수 있다.

전국시대에 들어오면서 국제정세가 또 변했다. 제·초·연·조·한·위·진 등 7웅이 병립하면서 주나라의 천자는 종이호랑이가 되어 아무 쓸모가 없게 되었다. '존주尊周' 라는 두 글자도 더 이상 거론되지 않았다. 진나라와 초나라는 춘추시대만 하더라도 이민족이 세운 국가였다. 이 때가 되면 이들 두 나라에 대해 '외이外夷' 라는 말이 사용되지 않았다. 7국 중 진나라가 가장 강했다. 호시탐탐 6국을 병탄하고자 했다. 이 때 후흑에 정통한 제2의 전문가가 나타났다. 그가 바로 소진蘇秦이었다.

그는 6국을 연합해 진나라에 대항할 것을 주창했다. 많은 약소국을 연합해 하나의 강국을 공격하자는 것이 골자였다. 이는 일종의 '합력' 정책으로 관중의 후흑정책을 변형시킨 것이기도 했다. 이런 분석에 기초해 우리는 세계 제국주의를 하나의 강력한 진나라로 보고 세계 약소민족 국가를 나머지 6국으로 간주할 수 있다. 이론적으로 볼 때 당연히 '약소민족연맹' 을 구성해 제국주의에 맞서야만 한다.

독자 제위는 소진이 추진한 책략을 과소평가해서는 안 된다. 그의 책략은 각고의 노력으로 학업을 거듭한 뒤 수년간에 걸친 연구 끝에 만들어낸 것으로 실제로 매우 심오한 이론을 내포하고 있다. 그가 읽은 책은 강태공이 지은 『음부陰符』이다. '음부' 는 도가의 책이다. 그러나 옛 '음부' 는 전해져 내려오고 있지 않다. 현재의 '음부' 는 위서이다.

우리는 이미 이 책이 도가의 책이라는 것을 알고 있기 때문에 노자의 『도덕경』을 이용해 이를 설명할 수 있다. 『도덕경』은 대단히 깊은 후흑학의 원리를 내장하고 있다. 전국시대 후흑의 대가인 문종과 범리를 비롯해 한나라 초기 후흑학의 대가인 장량과 진평 등이 모두 도가에서 나온 사람들이다. 관중의 책을 『한서』「예문지」는 도가의 책으로 분류해 놓고 있다. 관중의 내정과 외교는 은연중 후흑이라는 두 글자를 그 근거로 삼고 있는 것이다.

못난 내가 후흑학을 창시했다. 나는 보다 더 연구한 끝에 "심리변화는 역학의 법칙에 따라 이뤄진다"는 공식을 만들어냈다. 노자의 책도 역학의 공식을 이용해 쉽게 이해할 수 있다. 이는 앞으로 내가 '중국 학술'을 논할 때 다시 한 번 설명하기로 하자. 지금 후흑 외교를 논하면서 소진까지 얘기했다. 나는 소진이 후흑에 입각해 펼친 정책은 노자의 학설 및 역학의 원칙과 상호 부합한다는 사실을 확언할 수 있다. 노자는 이같이 말한 바 있다.

"천도天道는 활시위를 당겨 과녁을 맞추는 것에 비유할 수 있지 않나. 활시위가 높으면 약간 낮추면 되고 활시위가 낮으면 약간 높이면 되는 것이다. 논밭이 남아돌면 줄이면 되고 모자라면 보충하면 되는 것이다."

이는 한 마디로 말해 고르게 한다는 뜻의 '평平' 자로 귀결된다. 역학의 법칙에 따르면 양쪽의 힘이 평형을 이뤄야 상태가 안정된다. 물이 수평을 이루지 못하면 움직이고 사람이 평형을 이루지 못하면 소리치게 되어 있다. 소진은 바로 이런 원리를 깨우쳤던 것이다. 그가 6국을 돌아다니면서 힘의 평형을 이룰 것을 유세한 것도 이 때문이었다. 최근 손문의 주장도 이와 유사하다.

소진은 6국에 유세할 때 통상 "소꼬리가 되느니 닭의 머리가 되겠다"는 말과 "동방을 평정해 제왕의 궁전을 짓고 제왕의 모자와 허리띠 등을 찬 후 죽은 뒤에는 춘추로 제사를 받겠다"는 말로 사람들을 격동시켰다. 손문도 조선과 베트남 등 망국의 인민들이 모두 '식민지' 상태에 놓인 것과 마찬가지로 중국인 역시 '준식민지' 상태에 놓여 있다고 주장했다. 이런 논조 역시 사람들의 불만을 격동시키는 것에 다름 아니다.

소진이 구사한 방안은 '진나라가 6국 중 한 나라를 치면 나머지 5국이 힘을 합쳐 이를 구한다'는 것이었다. 이 방안은 크로포트킨이 말한 '상호원조'의 이론과 부합하는 것이다. 진나라가 비록 강대하지만 6국이 연합할 경우 그 역량이 진나라보다 컸다. 이는 다윈의 '약육강식' 이론과 부합하는 것이기도 하다. 소진은 자신의 정책을 '합종合縱'이라고 명명했다.

진나라를 제외한 6국은 6국의 '역선'을 가로 방향으로 합쳐 진나라에 대항했다. 이는 분명히 역학상의 '합력'원칙에 부합한다. 그의 이 방안은 관중의 그것에 비해 훨씬 심오한 것이다. 그래서 오랜 연구 끝에 이를 찾아낼 수 있었다. 그는 한번 연구해낸 뒤 스스로 확신이 가득 찬 어조로 이같이 말했다. "이 확신으로 가히 6국의 군주들을 설복할 수 있다." 과연 한 번 유세에 나서자 곧바로 성공했다. 6국의 군주 모두 이론의 여지없이 그의 주장을 받아들였다. 『전국책』에는 이런 구절이 나온다.

"당시 하늘 아래의 많은 인민들과 위풍당당한 왕후장상, 실권을 장악한 권신 등 그 누구를 막론하고 모두 소진의 정책에 복종했다."

또한 이런 구절도 나온다.

"소진이 6국의 군주들에게 유세하자 군주 수하의 사람들이 입을 다물었다. 천하의 그 누가 그를 능히 상대할 수 있겠는가?"

전국시대는 백가쟁명의 시대였다. 학술이 가장 발달한 시대이기도 했다. 소진이 후흑에 입각해 펼친 정책이 당시 천하를 풍미했다. 진리가 통용된 것이 이를 두고 말하는 것이 아니겠는가?

관중과 소진이라는 두 명의 후흑 대가가 시행한 외교정책은 비록 형식은 달랐지만 그 본질은 같다. 모두 여러 약소국의 힘을 모아 강국과 맞서는 것이었다. 그러나 관중의 정책은 성공했고 소진의 그것은 결국 실패로 끝났다. 그 원인은 어디에 있는 것일까?

두 사람이 사용한 것은 모두 군대를 연합하는 것으로 연합군을 통솔하는 최고책임자가 있어야만 하는 것이었다. 당나라의 9절도사가 서로 다툴 때 곽자의郭子儀와 이광필李光弼 등이 남았지만 끝내 실패했다. 이는 최고책임자가 없었기 때문이다.

춘추시대 당시 제나라는 연합군의 핵심 역할을 했다. 제나라가 전쟁의 책임을 짊어지고 여타 국은 옆에서 돕는 입장이었다. 그러나 6국의 경우는 각 나라가 서로 대등한 관계였다. 중심이 없었기 때문에 서로 통제할 길이 없었던 것이다. 물론 소진 자신이 6국 합종책의 중심이었지만 그는 그럴 마음이 없었다. 당초 그는 부인이 베틀에서 내려오지도 않고 형수가 밥을 주지 않는 데 격분해 책을 읽었기 때문에 6국의 최고 재상자리에 오르자마자 부모와 처자, 형수 등을 가벼이 보고 득의에 찬 나머지 더 이상의 노력을 기울이지 않았던 것이다. 6국 합종의 수령이 된 자가 이 모양이었으니 합종책이 어떻게 성공할 수 있었겠는가? 만일 관중이 합종의 수령이 되었다면 필히 성공했을 것이다.

소진의 정책은 분명 학리적인 연구의 소산이었다. 그러나 오히려 실패했다. 이는 무슨 연고일까? 2천여 년 전에 태어난 나머지 이종오의 학설을 듣지 못했기 때문이라고 할 수 있다. 비록 방 안에 진열한 책이 수십 상자가 넘었을지언정 『후흑총화』와 같은 책이 빠져 있었던 것이다. 그는 '후흑을 핵심으로 삼고 인의로 포장을 한다'는 비법을 몰랐던 것이다.

그는 6국에 유세를 다니며 순전히 각국의 이해관계만으로 이론을 구성했다. 한 마디로 말해 적나라하게 후흑을 겉으로 드러낸 것이다. 그는 인의로 이를 포장해야 한다는 것을 잊었다. 그래서 그의 학설은 사론邪論이 된 것이다. 이로 인해 그를 연구하는 사람이 그치게 되었으니 참으로 애석한 일이 아닐 수 없다.

우리가 후흑사관의 이론을 토대로 그를 분석하면 그의 학식은 오히려 남음이 있었으나 실천이 부족했다고 말할 수밖에 없다. 그의 평생 행적은 크게 전후 두 시기로 나눠 분석할 수 있다. 전력을 다해 면학을 한 후 합종책의 수령이 된 것이 전기의 모습이다. 이는 학리상의 성공이 아닐 수 없다. 그러나 합종책의 수령이 된 이후의 모습은 실행상의 실패로 평가하지 않을 수 없다. 그의 전기 행적은 우리들이 하나의 모범으로 삼을 수 있으나 후기의 행적은 경계로 삼지 않으면 안 된다.

우리는 춘추전국시대의 외교정책에 대해 비교적 소상하게 검토한 셈이다. 다시 한 번 삼국시대의 외교정책을 가지고 연구해 보기로 하자. 3국 중 위나라가 가장 강했다. 오나라와 촉나라는 이에 비해 약소국이었다. 제갈량이 융중隆中에서 '천하3분지계'를 밝혔다. 이는 동쪽으로 손권과 연합하여 북쪽의 조조에게 맞서는 것이었다. 두 약소국이 힘을 합해 하나의 강대국을 치는 것은 소진의 방략과 닮았다.

사서의 기록에 따르면 제갈량은 일찍이 자신을 관중과 악의樂毅에 비유한 바 있다. 제갈량이 촉나라를 다스린 것은 대체로 관중이 제나라를 다스린 모습과 닮아 있다. 그가 자신을 관중에 비유한 것은 그렇다 치더라도 그가 평생 세운 공적은 악의와 비교할 때 조금도 닮아 있지 않다. 그런데도 자신을 악의에 비유한 것은 도대체 어쩐 일일까? 이는 연구해 볼만한 가치가 있다. 그의 주장을 『전국책』을 통해 고증해 보기로 하자.

전국시대 말기 연소왕燕昭王은 제나라를 토벌하고자 했다. 그래서 5개국의 부대를 연합한 뒤 악의를 상장군으로 삼았다. 그가 연합군의 총사령관이 된 것은 마치 춘추시대에 관중이 제환공을 보좌하면서 여타 제후국의 군대로 이뤄진 연합군의 총사령관이 되어 초나라를 친 것에 비유할 수 있다. 연소왕이 제나라를 치려고 생각하던 때의 얘기이다. 당시 악의는 이런 계책을 진언했다.

"제나라는 일찍이 천하의 패권국을 자처하여 매우 신속하게 승리를 거두었습니다. 병사들은 무예가 뛰어나고 공격에 익숙해 있습니다. 대왕께서 제나라를 치려 하신다면 반드시 천하의 힘을 모은 뒤에야 가능할 것입니다."

악의는 조·초·위·송 등 4개국과 연합해 동시에 제나라를 치는 방안을 제시했다. 제갈량은 융중에서 유비에게 이같이 말했다.

"조조는 이미 1백여 만의 군사를 보유하고 있고 천자를 낀 채 제후를 호령하고 있으니 그와 선봉을 다투지 않을 수 없습니다."

제갈량은 서쪽 변방에서 서융西戎 등의 소수민족과 결합한 뒤 남쪽의 월나라 등을 위무정책을 취해 끌어들이고, 동쪽의 손권과 연합한 후 북쪽으로 올라가 조조의 위나라를 치는 계책을 진언했다. 이는 악의의 계책과 완전히 일치하는 것이다. 악의는 연소왕의 명령을 받고 직접 조나라에 가서 연맹조약을 맺었고 초나라와 위나라, 송나라 등의 군대를 연합해 제나라를 패퇴시켰다.

제갈량은 유비의 명을 받아 오나라로 가서 손권과 연합하는 데 성공한 뒤 함께 적벽에서 조조를 격파했다. 이 또한 악의와 닮은 것이었다. 제갈량이 자신을 악의에 비유한 것은 바로 이 때문이었다. 관중도 여러 약소국을 규합해 최대강국인 초나라를 쳤다. 이는 제갈량의 정책과 동일한 것이다. 이를 통해 제갈량이 취한 계책이 관중과 악의의 계책을 본받은 것임을 알 수 있다.

후한은 말기에 이르러 천하를 통치할 능력을 상실했다. 군웅이 일제히 일어나는 상황이 춘추전국시대와 닮아 있었다. 제갈량이 남양南陽에 은거하고 있을 때 여러 명사들이 천하대사를 논하고 있었다. 조조의 세력이 가장 강력했다. 천하의 힘을 모두 모으지 않고는 그를 제압할 수가 없었다. 그로 인해 춘추시대의 관중과 전국시대의 악의가 출현하기를 기대하는 기운이 높았다. 제갈량은 관중과 악의의 업적을 잘 알고 있었다. 그는 군웅들의 힘을 모아 조조를 치려고 했다. 그가 스스로를 관중 및 악의에 비유한 이유가 바로 여기에 있었다.

옛 사서를 보면 이에 관한 기록이 매우 소략하다. 단지 "스스로 관중 및 악의에 비유했다"라는 구절뿐이다. 그가 여러 명사와 논의한 내용이 삭제돼 버린 것이다. 유비의 삼고초려가 있을 때까지 원소와 원술, 여포, 유표 등이 하나하나 소멸되어 겨우 손권만이 남아 있었다. 융중에서 정한 정책이 동으로 손권과 손을 잡고 북쪽의 조조를 치는 것으로 나온 배경이 바로 여기에 있다. 이런 정책은 많은 명사들과 자세히 검토한 것으로 제갈량은 평생 이런 토론내용에 입각해 정책을 펴나갔다.

여러 약소국의 힘을 합해 강대국을 치는 정책은 소진이 오랜 기간 절차탁마해 만들어낸 것이다. 제갈량 역시 남양의 여러 명사들과의 토론과정을 통해 이런 정책을 만들어냈다. 이 정책은 하나의 절대적인 진리를 내포하고 있다. 사람들은 제갈량이 왕을 보필할 만한 재목이었다고 칭찬한다. 그러나 사람들은 제갈량이 조용히 있을 때 도가에 접근해 있었다는 사실을 모르고 있다. 그가 평생 읽은 것은 가장 초보적인 후흑학 교과서였다.

그 중 하나가 『한비자』였다. 제갈량의 치국술은 순전히 신불해와 한비자로부터 나온 것이었다. 제갈량은 일찍이 친필로 유선劉禪에게 신불해와 한비자의 통치술을 가르쳤다.[24] 신불해의 책은 실전되었으나 후흑 정치를 얘기할 때 다시 얘기하기로 하자. 그가 읽은 두 번째 책은 『전국책』

24. 제갈량은 유비가 죽은 후 유선을 모시고 촉나라를 잘 다스려 후대에 명재상이라는 칭송을 듣게 되었다. 그러나 그는 유선이 황태자였을 때 그에게 『한비자』를 읽으라고 여러 번 권한 바 있다. 이를 통해 제갈량은 제왕학의 최고 교재로 『한비자』를 생각했었다는 사실을 짐작할 수 있다. 유비도 유선에게 남긴 유조(遺詔)에서 『관자』와 『한비자』, 『상군서』, 『육도삼략』 등을 숙독할 것을 주문했다.

이었다. 제갈량의 외교정책은 전적으로 소진으로부터 비롯된 것이다. 『전국책』에는 소진이 한나라 왕에게 유세하는 다음과 같은 내용이 기록되어 있다.

"저는 속어에 '닭의 머리는 될지언정 소꼬리는 되지 말라'는 말이 있다는 얘기를 들었습니다. 보건대 대왕은 서쪽의 진나라와 수교하여 신하가 되고자 하는 모습을 취하고 있습니다. 이 어찌 소꼬리와 비교해 무엇이 다르겠습니까?"

한나라 왕이 화가 나 얼굴을 붉히며 팔을 뻗어 검을 잡은 뒤 하늘을 쳐다보며 노기 띤 어조로 이같이 말했다.

"내가 설령 죽을지언정 결코 진나라를 섬기는 일은 없을 것이다."

『삼국지』를 보면 제갈량이 손권을 만나 부하와 병기, 갑옷 등을 모아 북쪽에 있는 조조에게 신하를 칭하며 투항하라고 권하는 대목이 나온다. 그러자 손권이 대노하여 "오나라의 땅과 10여 만의 군사를 지닌 나는 절대로 다른 사람의 제재를 받지 않을 것이다"라고 선언한다. 이를 통해 알 수 있듯이 제갈량의 책략은 소진의 그것과 하등 다를 바 없는 것이었다.

여러 약소국의 힘을 합쳐 강대국에 대항하는 책략은 전반적으로 통일된 계획을 세우는 것이 아니다. 대국적인 시각에서 보면 아예 눈에 보이지 않는 것이기도 하다. 이 정책은 촉나라에서 유일하게 제갈량 한 사람만이 이해할 수 있었다. 오나라에서는 오직 노숙魯肅 한 사람만이 이를 이해했다. 노숙은 형주를 버리고 유비와 연합할 것을 주장했다. 그의 식견의 원대함은 거의 제갈량의 그것을 넘는 바가 있었다.[25]

25. 『삼국연의』 전편을 통해 노숙만큼 관인(寬仁)한 인품을 보여주는 인물을 없다. 최명은 『삼국지 속의 삼국지』에서 노숙은 오나라에서 주유처럼 화려하지도 않았고 형주를 관운장으로 빼앗은 여몽과 같은 공도 세우지 못했지만 당시 천하는 그의

촉나라의 관우와 동오의 주유와 여몽, 육손 등은 모두 영웅호걸로 불린다. 그러나 이들 모두 눈앞의 작은 이해관계만을 볼 수 있었던 인물에 지나지 않았다. 이런 정책에 대해서는 전혀 알 길이 없었던 것이다. 유비와 손권은 어느 정도 이해하고 있었다. 그러나 그다지 명확히 알고 있었던 것은 아니다. 때때로 연합했다가 대립하는 등의 갈등을 보인 것도 바로 이 때문이었다.

이를 가장 잘 알고 있었던 사람으로 조조만한 사람이 없었다. 그는 손권이 형주를 유비에게 빌려주고 연합하려 한다는 얘기를 들었을 때 마침 글을 쓰고 있었다. 보고를 받자마자 손에 들고 있던 붓을 바닥에 떨어뜨리고 말았다. 사실 유비와 손권의 연합은 소진이 써먹은 수법에 불과한 것이다. 만고의 간흉이었던 조조가 이처럼 간담을 떨었으니 이 방안이 얼마나 대단한 것인지 대략 짐작할 수 있다. 이상과 같은 연구를 통해 이런 하나의 결론을 얻을 수 있다.

"오늘날 제갈량이 다시 살아온다면 그의 정책은 국제연맹을 쫓아내고 세계의 약소국가를 조직해 제국주의 국가에 맞서는 것이 될 것이다."

우리가 '약소민족연맹'을 제창했다는 소리를 듣자 일부 인사들은 커다란 공포심을 드러냈다. 그들은 약소민족연맹이 강력한 무력을 가진 제국주의자들의 노기를 북돋워 멸망을 자초하는 것이나 아닌지 두려워하는 것이다. 사실 이런 의혹은 일반인들이 모두 가지고 있는 바이다. 과거 6국의 군주들 역시 이런 의혹을 지니고 있었다. 당시 장의張儀는 바로 6국의 군주들이 내심 겁을 먹고 있다는 사실을 간파하고 그들을 이같이 협박했다.

인물됨을 모두 숭앙했다고 평했다.

"너희들이 만일 이같이 하면 진나라는 반드시 여차여차하게 진공해 올 것이다. 나는 당신이 서쪽으로 방향을 틀어 진나라를 섬길 것을 권한다. 그러면 장차 여차여차하게 좋은 점이 있을 것이다."

6국의 군주는 모두 이 말을 듣고 하나로 연결돼 진나라를 섬겼다. 그 결과 차례로 진나라에 의해 멸망하고 말았다. 역사적 사실에 모두 있으니 독자 제위는 『전국책』을 통해 한 번 세밀히 검토해 주기 바란다. 그러면 장의가 6국의 군주에게 한 말이 현재 제국주의자들이 약소민족을 협박하는 것과 똑같다는 것을 확인할 수 있을 것이다. 6국은 장의의 말을 믿은 나머지 모두 멸망하고 말았다. 그렇다면 약소국의 입장에서는 어떤 태도를 취해야 할지 굳이 말하지 않아도 쉽게 알 수 있을 것이다.

공자와 맹자는 도덕을 얘기했다. 전국시대의 책사들은 오히려 이해관계를 얘기했다. 일반인들은 이해관계만 알 뿐 도덕이 있다는 사실을 모른다. 그래서 공자와 맹자는 평생 군주에게 중용되지 못했다. 그에 반해 책사들은 일장 유세를 통해 곧바로 제후 및 재상이 되는 영광을 누렸다. 소진이 주장한 6국 연맹은 이해관계를 토대로 만들어진 것이다. 그의 말은 흥미진진해 사람들의 귀를 기울이게 하는 마력이 있었다. 실제로 6국의 군주들은 그의 계책을 이론 없이 받아들였다. 장의가 6국 연맹을 깬 것도 이해관계를 토대로 만들어진 것이다. 그의 주장 역시 흥미진진해 사람들의 귀를 솔깃하게 만들었다. 6국의 군주가 그의 계책을 받아들인 것도 이 때문이다.

이해관계를 토대로 만들어진 두 개의 이론이 어째서 극단적으로 상반됨에도 불구하고 사람들의 귀를 솔깃하게 만들었던 것일까? 두 이론의 차이점은 우선 소진이 말한 이해관계는 크고 먼 데 있는 것인 데 반해 장의의 그것은 작고 가까운 것이었다는 점에 있다. 보통 사람들의 식견은 짧고 얕다. 오직 눈앞의 이해관계만을 따질 뿐이다. 관우와 주유, 여몽, 육손 등과 같이 재주와 식견이 있는 인물들조차 눈앞의 작은 이익의 미혹에서 벗어나지 못한 것도 이 때문이다. 하물며 6국의 어리석은 군주들이야 더 이상 말할 것도 없다. 장의의 주장이 곧바로 먹혀든 이유가 바로 여기에 있다.

이후의 사실을 통해 증명되었듯이 장의의 주장을 좇는 것은 곧 망국을 의미하는 것이었다. 이를 소진의 주장을 좇는 것이 옳았음을 통해 알 수 있다. 현재 열강의 심기를 거슬릴까 두려워하여 약소민족연맹을 만들지 못하게 되면 거의 장의의 길로 가는 것으로 해석할 수밖에 없다. 독자 제위가 진지하게 생각지 않으면 안 되는 것이다.

소진은 장의와 같이 배우면서 자신은 장의와 다르다는 것을 알았다. 후에 집에 돌아와 온 힘을 다해 면학에 힘썼다. 몇 년간의 절차탁마가 있은 뒤 스스로 연마한 피나는 공력이 보태지자 그의 식견은 장의를 뛰어넘게 되고 말 또한 힘과 조리가 있게 되었다. 맹자는 일찍이 제나라 선왕에게 이같이 말한 바 있다.

"현재 중국에는 땅이 사방 1천 리가 넘는 나라가 9개국이 있습니다. 제나라는 그 중의 하나에 불과합니다. 9분의 1의 힘으로 나머지 9분의 8을 적으로 삼으면 이는 조그마한 추鄒나라가 강대한 초나라와 대적하는 것과 무엇이 다르겠습니까?"

이는 소진의 합종책과 맥을 같이 하는 것이다. 맹자는 공손연公孫衍 및 장의 등이 주장한 올바른 방법을 첩의 계책에 불과하다고 비난했다. 다만 그는 소진에 대해서는 이런 화법으로 비난하지 않았다. 우리가 자세히 연구한 바에 따르면 공손연과 장의 등은 6국에 대해 진나라를 섬길 것을 가르쳤다. 이는 완전히 첩이 남편을 섬기는 것과 같은 것으로 순종으로써 올바른 방법으로 삼는 것이라고 할 수 있다. 소진과 같이 여러 약소국의 힘을 합쳐 진나라에 대항하는 것이야말로 맹자가 말한 '위협에도 굴하지 않는 대장부'의 길이라고 할 수 있다.

맹자의 학설은 독립성 면에서 볼 때 가장 뛰어나다고 할 수 있다. 만일 맹자가 오늘날 다시 살아난다면 그는 절대 열강의 뻔뻔한 짓을 묵과하지도 않으려니와 국권을 상실한 듯한 굴욕적인 조건을 받아들이지 않았을 것이다.

우주의 진리를 철저히 연구하게 되면 그 연구결과는 거의 유사할 것이다. 그래서 관중의 '존주양이'의 정책을 공자의 『춘추』에 입각해 평가하더라도 옳게 되는 것이다. 소진의 정책 역시 맹자의 학설을 기초로 판단할지라도 타당한 것이다. 사마광도 『자치통감』에서 합종책이 6국에 도움이 되는 것이었다며 소진의 정책이 옳았음을 증명했다.

나는 후흑학을 강의하면서 '후흑을 핵심으로 삼고 인의로 외피를 두른다'는 비결을 제시했다. 나는 독자 제위에게 "소진의 6국 연합 방안은 약소민족연맹을 조직하는 것이다"라고 단언할 수 있다. 일반인들은 필경 의아해하며 이같이 물을 것이다.

"소진이 후흑을 이용해 결국 망했다. 이종오의 말을 그대로 믿었다가는 나라가 망하게 된다."

우리가 이를 이같이 고쳐서 말하면 청중들은 매우 흔쾌히 받아들일 것이다.

"이는 공자와 맹자가 남겨준 희망이고 제갈량의 정책이다. 이는 사마광의 주장이기도 하다."

대장부는 닭의 머리는 될지언정 소꼬리는 될 수 없다. 나아가 옥쇄玉碎는 할지언정 와전瓦全(온전한 개와)으로 구차하게 남을 수는 없는 것이다. 중국은 4억 인민의 대국이다. 그럼에도 불구하고 국제연맹에서 이사국의 자리 하나 차지하지 못하고 있다. 사안마다 매번 열강의 눈치를 보고 있으니 망국의 위험이 코앞에 닥친 것이다. 앉아서 멸망을 당하느니 모두 떨쳐 일어나 대항하는 것이 낫다. 국제연맹에서 열강의 눈치나 보며 그들의 제재를 받느니 차라리 국제연맹을 빠져나와 약소민족의 맹주가 되어 열강과 대등하게 맞서는 것이 낫다. 춘추전국시대의 관점에서 볼 때 설령 싸워 지더라도 이것이 더 영광스런 일이다. 그러나 절대 실패할 리가 없다.

진대晉代의 이특래李特來는 사천성에 와서 산천의 형세를 한번 살펴본 뒤 이같이 탄식했다.

"유선劉禪은 이런 강산을 가지고도 오히려 투항을 했으니 범용한 인물에 불과한 것이 아닌가?"

중국과 같이 방대한 영토와 인민을 가지고 있는 나라가 일본과 같이 조그마한 나라의 압제를 받아들인다면 천만 년이 지나도 역사책을 읽는 사람들에게 어떻게 설명할 것인가? 나 또한 어디서 후흑을 강의하는 보람을 찾을 것인가? 나는 후흑강의를 그만 둘 수밖에 없다.

"중국의 4억 동포여, 하루 빨리 후흑으로 일어서서 열강에 맞서라! 전 세계의 피압박 민족이여, 하루 빨리 후흑으로 일어나 제국주의에 맞서라!"

손문의 연설집에는 한 편의 고사가 실려 있다. 러일전쟁 당시 러시아는 발틱 함대를 아프리카를 돌아 일본의 대마도로 가게 했다가 일본의 공격으로 전군이 전멸하는 참패를 당했다. 이 소식을 접할 당시 손문은 마침 수에즈 운하를 건너고 있었다. 이집트의 많은 인사들이 손문이 황인종인 것을 보고 대단히 기쁜 표정으로 "당신은 일본인입니까"라고 물었다. 손문이 "나는 중국인인데 당신들은 왜 이처럼 기뻐하는 것이오"라고 되물었다. 그러자 그들은 이같이 대답했다.

"우리는 동방민족이오. 서방민족에게 압박을 받아 많은 고통을 받고 있소. 이번에 일본이 러시아를 깨뜨린 것은 마치 우리가 이긴 것과 같은 것이오. 이는 당연히 기쁜 일로 우리가 이처럼 기뻐하는 것도 이 때문이오."

일본이 러시아를 깨뜨린 것과 수에즈 운하 주변 사람들과 도대체 무슨 관련이 있는 것일까? 일본은 그들의 고통을 덜어주겠다고 말한 적도 없었다. 그들의 이런 모습이 바로 세계 약소민족의 심리에서 비롯된 것임을 알 수 있다. 우리는 약소민족연맹을 만들 때 '민족자결'의 원칙 외에 '약소민족 상호원조'의 구호를 덧붙여야만 한다. 대내적으로는 '자결'하고 대외적으로는 '상호원조'해야 한다는 원칙을 내세우면 당연히 환영을 받을 것이다. 미국의 윌슨 대통령은 단지 구호만을 외쳤을 뿐이다. 우리는 약소민족연맹을 만든 뒤 특별기관으로 하여금 이를 영도케 한다면 반드시 쉽게 성공할 수 있을 것이다.

윌슨의 '민족자결주의'는 성공할 수 없다. 본질적으로 모순이기 때문이다. 약소민족은 피압박민족인데 윌슨은 미국을 대표하고 미국은 열강의 하나이다. 결국 그는 압제자의 입장에 설 수밖에 없는 것이다. 비록 윌슨이 이런 주장을 내놓았지만 어찌 미국의 입장과 다를 수 있겠는가? 중국과 약소민족은 같은 입장에 있다. 중국이 민족자결을 제창하면서 약소민족연맹을 조직하여 상호원조의 원칙을 내세우면 성공할 수밖에 없는 것이다.

평화회의에서 윌슨이 실패한 데에는 바로 그가 교수 출신이어서 서생의 한계를 벗어나지 못한 데다 후흑학을 전혀 접하지 못한 것도 한 이유가 되었다고 할 수 있다. 미국은 참전 초기 14개 원칙을 내세우면서 민족자결주의를 내세웠다. 파리강화회의 초기 전 세계의 약소민족은 윌슨을 구세주처럼 생각하고 자신들의 고통이 평화회의를 통해 해소될 것으로 기대했다. 어찌 영국의 로이드 조지와 프랑스의 클레망소가 모두 후흑학을 깊이 연구한 사람인 줄 알 수 있었겠는가? 특히 클레망소는 '어미호랑이' 라는 별명을 갖고 있는 데서 알 수 있듯이 음흉하기 그지없는 인물이다.

그는 처음에 윌슨을 대단한 인물로 여겼다. 그러나 금방 '목소리만 내지르는 나귀 수준의 하찮은 재주' 에 불과한 '검려지기黔驢之技' 를 지닌 사실을 알게 되었다.[26] 그는 때때로 윌슨을 심한 말로 조롱하며 심지어는 이같이 말하기도 했다.

"하나님은 10계명을 얘기했고 당신은 14개조를 제출했소. 당신의 제안이 하나님보다 4개조나 많으니 천국에 가서 행사하는 것이 어떠하겠소!"

윌슨은 참을 수밖에 없었다. 후에 이탈리아의 전권대표가 귀국하고 일본의 전권대표마저 귀국하려 했다. 이는 윌슨을 위협하려는 행동이었다. 결국 그는 머리를 숙여 그들의 요구를 들어주지 않을 수 없게 되었다. 이로써 '민족자결' 이라는 4글자는 한낱 물거품이 되고 만 것이다.

만일 후흑 교주인 내가 윌슨이라면 나는 마치 바보인 척하여 그들이 어떻게 조롱하든 들어준 뒤 회의석상에서 한 마디도 하지 않을 것이다. 이탈리아와 일본이 귀국하려고 문을 나가자마자 나는 벌떡 일어나 손뼉을 치면서 이같이 말할 것이다.

"당신들이 하려고 하는 것이 이것이었소? 나는 14개조의 원칙을 제

26. 옛날 중국의 귀주성(貴州省)에는 나귀(驢)가 없었다. 어떤 사람이 나귀를 가져와 산에 풀어놓고 길렀다. 그런데 그 고장의 호랑이는 나귀가 몸집이 크고 소리 또한 우렁차서 처음에는 겁을 내고 피했으나 나중에는 점차 접근하기 시작했다. 그러나 나귀는 단지 호랑이를 발로 찰 뿐이었다. 호랑이는 나귀가 발로 차는 재주 외에 별다른 재주가 없는 것을 알아보고 잡아먹어 버렸다. 이로 인해 보잘것없는 꾀나 재주를 일컬어 '검려지기(黔驢之技)' 또는 '검려무기(黔驢無技)로 부르게 되었다. 이 고사는 당나라 때의 문장가 유종원(柳宗元)의 「삼계(三戒)」에 실려 있는 것이다.

시하면서 민족자결을 주창했소. 당신들이 이를 승인했기 때문에 미국도 참전한 것이오. 이제 당신들이 이같이 한다면 나는 미국 인민들의 신뢰를 잃는 것은 물론 전 세계 약소민족의 기대를 저버리는 셈이 되오. 이제부터 나는 전 세계 약소민족을 영도하여 당신들 영국과 프랑스, 이탈리아, 일본 등 4개국과 일전을 벌일 생각이오. 훗날 세상 사람들이 나를 이해해 줄 것으로 믿소. 클레망소 당신은 나보고 14개조를 천국에서나 시행하라고 했지만 두고 보시오. 나는 1주일 내에 붉은 피로 온 세계를 붉게 물들일 터이니. 이 피바다 속에 하나의 천국이 나타나면 그것을 클레망소 당신에게 선사하겠소!"

이 말을 마친 후 자리를 박차고 나오면 되는 것이다. 이는 내가 앞서 말한 '고과법敲鍋法'을 이용한 것으로 솥을 두드려 금이 더 가게 만든 뒤 땜질하는 방안을 의미한다. 30분 내에 전 세계에 이 소식이 타전되어 약소민족이 일치단결해 열강과 대치하고 이어 미국이 작전을 지휘하면 되는 것이다. 이런 상황이 되면 영국과 프랑스 등이 감히 싸움을 벌일 수 있을까?

제1차 세계대전이 일어날 당시의 상황은 명백했다. 독일의 전투력은 거의 손상받지 않았다. 가장 어려웠던 것은 식료품 등이 열강에 의해 봉쇄된 점이다. 식량문제만 해결할 수 있었다면 독일 혼자서도 영국과 프랑스를 당해낼 만했다.

제1차 세계대전이 일어나자 영국과 프랑스는 식민지에 많은 권리를 주었다. 약소민족 역시 옛날의 원한을 벗어던지고 일치단결하여 도와주었다. 인도의 간디가 자신을 추종하는 무리와 함께 영국을 도와준 것은 전승 후 자신들을 독립시켜 줄 것을 기대했기 때문이다. 열강이 어찌 평화회의 석상에서 식언을 할 줄이야 생각조차 했겠는가? 약소민족은 분을 참지 못해 하늘을 향해 피를 토할 일이었다.

윌슨이 만약 이같이 주장했다면 미국이 어찌 전쟁을 하지 않고도 이길 수 있지 않았겠는가? 그리되면 미국의 군사력은 더욱 강해지고 국가의 부 역시 더욱 커졌을 것이다. 영국과 프랑스의 힘은 더욱 고갈돼 만일 전쟁이 벌어지게 되면 1주일 이내에 영국과 프랑스는 추풍낙엽처럼 떨어졌을 것이다. 이런 전쟁을 영국과 프랑스가 감히 할 수 있었을까?

만일 미국과 싸우지도 않고 14개조 원칙 또한 지키려 하지 않을 경우는 2개조를 더 얹으면 된다. 왜냐하면 영국과 프랑스 등은 평소에 신의를 지키지 않고 명백히 승인된 조건들을 모두 뒤엎으려 했으니 14개조 이외에도 2개 조항을 덧붙여 보장을 받지 않으면 안 되었기 때문이다. 윌슨이 이같이 했다면 어찌 민족자결의 주장이 실행되지 않을 수 있었겠는가?

그러나 그는 이탈리아와 일본의 대표가 회의석상을 박차고 귀국할 때 '거전법鋸箭法'을 사용했다. 이로 인해 천재일우의 기회를 놓쳤으니 이 얼마나 애석한 일이 아니겠는가? 곧 화살촉이 살 속에서 계속 문제를 일으켰다. 실제로 이미 중국의 동북 4성이 무단히 침탈되고 알제리가 무단히 이탈리아의 침략을 받게 되었다. 바야흐로 제2차 세계대전이 터지려고 하니 이 모든 것이 윌슨이 평화회의 석상에서 제대로 대처하지 못한 데 기인하는 것이다. 후흑학을 강의하지 않으면 안 되는 이유를 이를 통해 알 수 있다.

이상과 같은 검토를 통해 윌슨의 학식으로 보아 그가 과연 후흑을 몰랐다고 할 수 있을까? 만일 윌슨이 책상물림이어서 후흑학을 모른다고 치더라도 윌슨과 함께 회의에 참석한 그 많은 전문가들과 외교관들이 모두 이같이 초보적인 후흑술조차 모르는 사람들뿐이었다고 말할 수는 없을 것이다.

그들은 이미 알 것은 알고 있었다. 단지 그렇게 하려고 하지 않았던 것이다. 이는 바로 약소민족은 피압박민족인 데 반해 미국은 압제자들의 일원이었던 데 기인하는 것이다. 기본적으로 이런 모순이 있는데 어떻게 미국이 그같이 할 수 있었겠는가?

윌슨은 '민족자결'을 내세웠다. 이는 미국의 기본입장과 배치되는 것이었다. 일본은 후흑학을 정밀히 연구했다. 그래서 그들은 윌슨의 약점을 알아채고 회의석상에서 '인종평등'을 내세워 미국의 약점을 공격했던 것이다. 이는 분명 '당신은 높은 이상을 제시했으나 우리가 제시한 이상이 훨씬 높은 것이다'라는 생각을 깔고 있는 것이었다.

이는 분명 후흑학의 이치를 교묘히 이용한 것이었다. 그러나 윌슨은 총명한 인물이었음에 틀림없다. 그는 후흑학 번역본을 읽어본 적이 없었음에도 불구하고 후흑의 원리를 알고 있었다. 그는 민족자결의 주장이 본국에서 인정되지 않을 것을 알고 큰 소리로 이를 외치고 나섬으로써 세상을 떠들썩하게 만들었던 것이다. 이는 내가 '판사2묘법'에서 언급한 '깨진 솥을 두드려 금을 더 가게 만든 뒤 땜질하는' 소위 '고과법'을 쓴 것이다. 솥의 금이 더욱 커지게 되면 그 때 비로소 바람처럼 나타나면 되는 것이다.

이탈리아와 일본의 전권대표가 회의장을 박차고 귀국할 때 그는 별다른 대책도 내놓지 않고 대충 일을 처리했다. 이는 내가 '판사2묘법'에서 언급한 '화살대만 톱으로 자르고 화살촉은 그대로 남겨두는' 소위 '거전법鋸箭法'을 이용한 것이다. 윌슨은 곧 세계를 향해 분명한 어조로 이같이 말했다.

"민족자결의 원칙이 제대로 관철될 수 없는 것은 내가 힘을 다하지 않았기 때문이 아니라 상황이 어쩔 수 없었기 때문이었소. 영국과 프랑스, 이탈리아, 일본 등이 이를 인정치 않으니 어쩔 도리가 없었소."

이는 외과의사가 다른 사람들을 향해 이같이 말하는 것과 똑같은 것이었다.

"내가 화살대만 톱으로 잘라내고 화살촉을 뽑아내지 않은 것은 외과의사로서의 노력을 다하지 않았기 때문이 아니라 내과의사가 수수방관하고 있는 상황에서 어쩔 도리가 없었기 때문이오."

아, 윌슨은 참으로 후흑학의 성인이 아니고 무엇이겠는가! 중국의 팔고 선생八股先生인 이종오는 말한다.

"동해에 성인이 있고 서해에도 성인이 있다. 두 사람의 마음은 서로 같은 것이다. 그 이치 또한 같은 것이다."

나는 '고과법'과 '거전법' 등을 발명했다. 이는 동방의 선각자가 이뤄낸 위업이 아닐 수 없다. 윌슨은 '고과법'과 '거전법'을 실행에 옮겼다. 부지불식간에 나와 모의하지도 않고 합치되었으니 비록 서양의 성인이 될 생각을 하지 않았을지라도 그를 어찌 서양의 성인이라 부르지 않을 수 있겠는가?

나는 최근 커다란 회의에 빠지지 않을 수 없었다. 윌슨을 일개 서생 출신으로 세상일을 모르는 책상물림으로 알았다. 그런 그가 어떻게 '고과법'과 '거전법'을 알 수 있었단 말인가? 후에 내가 다방면으로 고찰한 결과 그의 배후에 한 사람의 군사軍師가 있었다는 사실을 알아냈다. 그가 바로 후스 대령이다. 그는 유명한 음모가로 윌슨의 오른팔이기도 하다. 윌슨이 대통령이 될 때 그의 공이 가장 컸다.

윌슨 정부의 각료 중 절반 이상이 그가 추천한 인물이다. 미국이 세계대전에 참전한 것은 물론 산동문제에 개입한 것도 모두 이 사람의 머리에서 나왔다. 그는 무대 뒤에서 배우들을 조종하는 명수이다. 윌슨은 무대 위에 등장한 인형에 불과했다. 윌슨이 이 사람의 애기를 철석같이 믿는 것이 마치 유방이 장량을 대한 것과 같았다. 우리들이 이미 유방을 후흑 성인이라고 했으니 윌슨 또한 후흑 성인이라고 해도 결코 지나친 것이 아닐 것이다.

일반인들은 모두 파리강화회의는 윌슨의 후흑학이 실패한 것으로 생각하고 있다. 그러나 윌슨의 실패는 곧 윌슨의 성공이라는 사실을 모르고 있다. 그는 미국의 28대 대통령이다. 이전의 27명의 대통령 중 독자 제위는 과연 몇 사람이나 알고 있는가? 대략 워싱턴과 링컨 두 사람을 제외하고는 윌슨밖에 없을 것으로 생각한다.

다른 사람이 그를 어떻게 평가하든 그는 역사상 유명한 인물이 되었다. 그는 도대체 어디서 '고과법'과 '거전법'을 그토록 잘 적용하는 법을 배웠던 것일까? 만일 그가 후흑학을 몰랐다면 그의 이름은 단지 이전의 27명의 대통령 중 대다수의 대통령들과 마찬가지로 있는 듯 없는 듯 했을 것이다. 그러나 그는 이런 비법을 구사해 '윌슨'이라는 이름을 사람들의 뇌리에 뚜렷이 새겨넣을 수 있었다. 이를 통해 우리는 이런 사실을 알 수 있다.

"후흑학의 쓸모가 과연 얼마나 큰 것인가? 성공하면 천고에 남을 만한 위업을 쌓고 설령 실패할지라도 우주의 한가운데에 그 이름을 남길 수 있으니!"

독자 제위는 빨리 나에게 절을 하라. 오직 낯가죽을 두껍게 하고 속마음을 시꺼멓게 하여 국제무대로 나아가라. 그리하여 당신의 이름을 우주에 드리우고 제국주의를 타도하여 그들이 갑옷과 무기를 놓고 줄행랑을 치도록 만들라!

파리강화회의는 세계의 후흑 대가들을 한 곳에 모은 것이었다. 그들은 서로 우승을 차지하기 위해 무술시합에 출전한 권법가들을 닮아 있었다. 우리는 무대 아래에서 그들의 권법을 자세히 볼 수 있었던 셈이다. 혹자가 어떤 권법을 써서 이기면 무대 위의 사람들은 제대로 파악하지 못할지라도 우리는 한눈에 그 권법이 어떤 것인지 뚜렷이 알 수 있다.

당초 윌슨의 '민족자결' 주장은 약소민족에게 대대적인 환영을 받았으나 영국과 프랑스 등으로부터는 불만의 대상이었다. 왜냐하면 '민족자결'이란 바로 열강의 약점을 지적한 것이기 때문이었다. 이는 이후 일본이 제기한 '인종평등' 주장이 윌슨의 입을 막아버린 것에 비유할 수 있다. 이로 인해 '민족자결' 주장은 소리도 없이 사라지게 되었다. 이로써 '인종평등' 주장이 구미 제국의 약점을 지적하고 있음을 알 수 있다. 중국이 만일 '약소민족연맹'을 제창하게 되면 이는 윌슨의 '민족자결' 주장과 일본의 '인종평등' 주장을 용광로에 집어넣어 하나의 주장으로 만들어낸 셈이 된다. 이 어찌 이들 모두의 약점을 통렬히 지적한 것이 아닐 수 있겠는가?

미국과 일본은 압제자의 입장에 서 있다. 윌슨이 주장한 '민족자결'과 일본이 주장한 '인종평등'은 구두상의 구호에 불과한 것으로 전혀 실현가능성이 없는 것이었다. 그럼에도 불구하고 세계를 진동시키고 열강을 경악케 만들었다. 중국이 피압박민족의 입장에 서서 구호로써만이 아니라 실제로 맹렬한 기세로 이같이 움직일 경우 엄청난 효과를 거둘 수 있을 것이다.

전쟁을 예로 들면 먼저 정탐을 하여 적의 강점과 약점이 어디에 있는지를 파악한 뒤 그 약점을 맹공하는 것에 비유할 수 있다. 삼국시대 당시 동오의 육손陸遜이 유비의 군사를 대파한 것도 바로 이 방법을 사용했기 때문에 가능한 것이었다. 유비는 군영을 7백 리에 걸쳐 설치했다. 육손은 우선 하나의 영을 치는 것이 불리하다고 생각해 군사들에게 이같이 말했다.

"적의 허실을 내가 이미 모두 알고 있기 때문에 그들을 깨부술 비책이 나에게 있다."

그는 결국 화공법을 써서 유비의 군사들을 모두 궤멸시켰다. 윌슨이 '민족자결' 원칙을 내세워 세상을 진동시켰다. 이는 약소민족을 대신해 열강의 허실을 정탐한 경우에 해당한다. 일본이 제시한 '인종평등'은 윌슨을 꼼짝 못 하게 만들었다. 이는 열강의 취약한 지점에 공격을 퍼부은 것에 해당한다. 후흑을 공부한 우리들이 이들의 약점을 모두 파악해 이를 집중 공격할 경우 당연히 제국주의자들을 일거에 궤멸시킬 수 있다.

유비의 실패는 군영을 7백 리에 걸쳐 세운 데 있었다. 육손은 군사들에게 각기 할당된 군영 앞으로 나아가 일시에 불화살을 쏘도록 명했다. 유비의 군사는 결국 선봉과 후미가 전혀 통할 길이 없게 되어 무참히 패주할 수밖에 없었다.

열강의 식민지는 대단히 방대하다. 이는 유비의 군사가 7백 리에 걸쳐 막사를 세운 것에 비유할 수 있다. 중국이 세계의 약소민족과 함께 동시에 행동할 수 있다면 이는 육손이 화공으로 유비의 군영을 일거에 불태운 것과 유사한 결과를 낳을 수 있다. 천지가 온통 불바다이니 열강들은 선봉과 후미가 서로 연결이 안 되어 자연히 궤멸할 수밖에 없는 것이다. 영국인들은 흔히 스스로를 자랑하여 이같이 말하곤 한다.

"지구 가운데 무릇 태양이 떠 있는 곳에는 모두 영국의 국기가 펄럭이고 있다."

우리가 만일 '국제약소민족연맹'을 조직해낼 수만 있나면 우리 역시 이같이 말할 수 있을 것이다.

"지구 가운데 무릇 태양이 떠 있는 곳에는 영국인은 모두 얻어맞고 쫓겨날 것이다."

유비는 숱한 전투를 치렀음에도 불구하고 교만함이 지나쳤다. 육손을 한낱 어린 소년으로 무시하고 안중에도 두지 않았으며, 유비는 육손이 능히 굴욕을 참아내고 큰 짐을 짊어질 만한 인물이라는 사실을 전혀 몰랐던 것이다. 육손은 바로 유비가 전혀 눈치채지 못하는 사이에 맹렬한 기세로 그 허를 찔러 후흑학의 대가인 유비를 패퇴시킨 것이다.

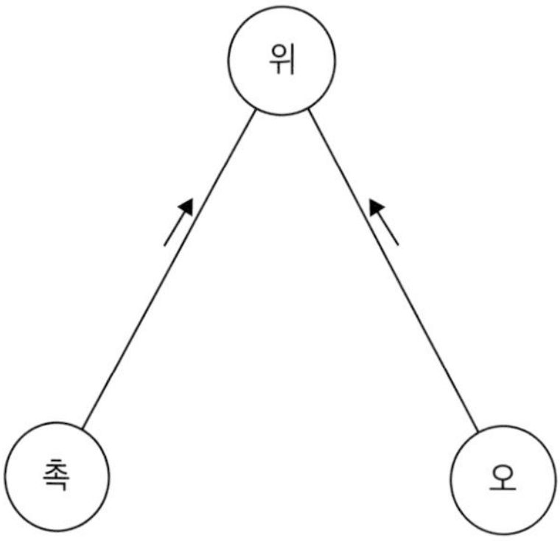

촉오연합항위도(蜀吳聯合抗魏圖)

촉오쟁형주도(蜀吳爭荊州圖)

제국주의자들은 자신들의 군세가 날카롭다는 것만 믿고 중국을 안중에도 두고 있지 않다. 그 교만함이 극에 달해 있는 것이다. 중국은 능히 굴욕을 참아내고 일마다 양보를 할 준비가 되어 있다. 굴욕을 참고 무거운 짐을 짊어지는 것이 충분하다고 판단될 때 육손의 예를 좇아 일거에 일어나 맹렬한 기세로 제국주의자들을 쳐야 한다.

어떤 사람은 “약소민족은 뿔뿔이 흩어져 있기 때문에 연합하는 것이 쉽지 않다”고 말한다. 그러나 이 또한 염려할 필요가 없다. 진나라 말기에 천하는 진나라의 학정으로 신음하고 있었다. 당시 진섭陳涉이 주먹을 쥐고 떨쳐 일어나자 산동의 호걸들이 일시에 호응했다. 얼만 안 돼 진나라는 망하고 말았다. 이는 무슨 이치일까?

당시 사람들은 모두 진나라의 학정에 원한을 품은 지 이미 오래 되었다. 사람마다 모두 이를 뒤엎고자 한 것이다. 마음 속에서 나오는 ‘역선力線’이 같은 방향으로 합치게 되어 하나의 거대한 ‘합력선合力線’을 형성한 것이다. 진섭이 반기를 들자마자 전혀 연락을 취하지 않았던 산동의 호걸들이 일치해 일어난 것도 바로 이 때문이었다.

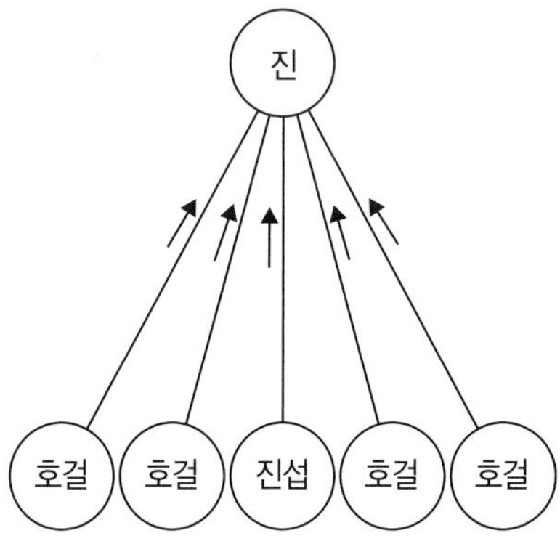

진섭기의호걸향응도(陳涉起義豪傑響應圖)

현재 열강의 약소민족에 대한 압박은 가혹하기 그지없다. 이는 진나라 때에 비교하면 더하면 더했지 결코 덜한 것이 아니다. 진나라가 망하게 된 조건을 열강 또한 모두 구비하고 있다. 만일 중국이 기치를 내세우고 진섭의 역할을 수행하게 되면 세계의 모든 약소민족들이 일치해 이에 응할 것이다.

중국은 현재 내란이 그치지 않고 있다. 이는 사람들의 시선이 오직 국내의 일에 쏠려 있는 데 따른 것이다. 서로의 '역선'이 횡적으로 늘어서게 될 경우 충돌은 불가피하다. 우리는 마땅히 제갈량의 전례를 좇아 국내 문제와 다른 하나의 목표를 정해 '역선'을 종적으로 결합시킬 필요가 있다. 그러면 충돌을 피할 수 있고 충돌 자체도 자연히 소멸될 것이다. '어떤 목표를 세우는가'라고 묻는다면 그 해답은 다음과 같다.

"약소민족연맹을 조직하는 주장을 내세운 후 전국이 일치단결해 이런 작업에 매진한다. 이는 마치 활을 쏘는 것에 비유할 수 있다. 열강을 과녁으로 삼아 4억의 인민이 4억 개의 화살로 동일한 과녁을 향해 일거에 화살을 날리는 것이다. 같은 방향의 '합력선'이 형성되면 화살이 서로 부덮힐 염려가 없다. 안이 평안해지니 좋고 이적을 몰아낼 수 있으니 더욱 좋다. 이를 두고 일석이조라고 하는 것이다."

독자 제위가 만일 구국지사가 되고자 한다면 나의 후흑학을 연구하지 않으면 안 되는 이유가 바로 여기에 있다. 일본의 후흑가들은 나를 향해 이같이 말할 수 있을 것이다.

"당신의 말에 따르면 오나라와 촉나라는 원수지간이 되었지만 제갈량이 북벌을 주장하면서 위나라를 목표로 정하자 다시 화약을 맺게 되었다. 지금 중국이 일본을 원수로 생각하지만 일본이 '중일연합을 통한 대러시아 항쟁'을 주장해 러시아를 목표로 정하게 되면 이 어찌 제갈량이 오나라와 연합해 위나라를 치는 것과 다를 바가 있겠는가. 후흑 교주인 당신이 어째서 아직도 일본을 치자고 주장하는 것인가?"

이에 대해 나는 이같이 대답할 것이다.

"당신의 그와 같은 주장은 참으로 황당하기 그지없다. 형주는 원래 손권의 땅으로 잠시 유비에게 빌려준 것이다. 손권이 형주를 취한 것은 원래의 주인이 자신의 땅을 되찾은 것에 불과하다. 오·촉 두 나라는 대등한 위치에 서 있었기 때문에 서로 연합해 위나라를 치자는 얘기가 가능했던 것이다. 그러나 일본은 현재 만주를 점거하고 북경과 천진까지 훔치려 하고 있다. 이는 도적의 행위로 세상에 어디 도적과 손을 잡는 법이 있는가? 반드시 '9·18 만주사변' 이전의 상황이 회복되어야만 한다. 형주가 손권에게 돌아온 뒤 연합문제가 거론된 것과 같이 이 문제가 해결되어야만 비로소 '중일연합'을 통한 대러시아 항쟁도 가능할 것이다."

일본은 방 안에 들어온 늑대이고 러시아는 문 밖에 누워 있는 호랑이이며 구미 열강은 집의 좌우에 늘어서 있는 사자와 표범이다. 우선 방 안에 들어온 늑대부터 쫓아낸 뒤 문 밖에 있는 호랑이와 집의 좌우에 늘어서 있는 사자와 표범을 논할 수 있는 것이다.

제6절
후흑학 재연구

나는 팔고문八股文 학교의 생도이다. 중국의 팔고문은 박대정심博大精深(크고 깊음)한 까닭에 실로 '종묘의 아름다움'과 '백관百官의 부유함'으로 불릴 만하다. 나는 수십 년 동안 침궤寢饋(자고 먹음)하면서 오직 열심히 수업했다고 말할 수밖에 없다. 감히 졸업했다는 표현을 쓸 수 없다. 내가 팔고문을 지을 때 두 가지 비결이 있다. 하나는 고본古本을 표절하는 것이고, 다른 하나는 내용을 번안翻案(기본 줄거리를 그대로 빌려 세부사항을 자기식으로 바꾸는 것)하는 것이다.

선생이 제목을 내면 유사한 제목의 글을 찾은 후 대략 숫자를 바꾸면서 손을 씻고 경건히 글을 베끼는 식으로 써내려 가는 것이 바로 고본을 표절하는 것이다. 나는 약소민족연맹을 주장했다. 이는 관중과 소진, 제갈량 3인의 고본에서 나온 것이다.

사람들은 동과冬瓜(호박 비슷한 타원형의 과육으로 우리말에서는 '동아'로 변함)로는 시루를 만들 수 없다고 한다. 나는 정반대로 동과는 시루를 만들 수 있을 뿐만 아니라 동과로 만든 시루는 세상의 그 어떤 시루보다 훨씬 낫다고 말한다. 왜 그럴까? 세상의 시루는 단지 그 내부에 있는 찐 음식만을 먹을 뿐이다. 시루는 먹을 수 없다. 그러나 동과로 시루를 만들 경우 시루까지 통째로 먹을 수 있다. 이 방법이 바로 번안한 것에 해당한다. 나는 말한다.

"후흑으로 가히 구국할 수 있다. 이는 동과로 시루를 만드는 것과 같다. 나의 학설은 실용에 가장 적합하다. 가히 동과 시루를 먹는 셈이다."

표절하여 말하는 것은 작문에서 가장 꺼리는 바이다. 비스마르크는 철혈주의鐵血主義를 제창해 갈채를 받았다. 독일 황제 빌헬름 2세는 이를 답습했다가 일패도지一敗塗地하고 말았다. 일본이 이를 본받아 다시 답습코자 하니 장차 틀림없이 일패도지하고 말 것이다. 제군들은 믿지 않겠지만 눈을 씻고 그 이후의 상황을 살펴보기 바란다.

고본을 표절하는 것은 매우 고명한 방법이다. 제갈량은 치국의 방략에 대해서는 신불해와 한비자에게서 배우고, 외교의 방략은 소진에게서 배웠다. 종횡학과 패도의 학문을 배운 게 명백함에도 후인들은 오히려 그에게 유자儒者의 기상이 있다고 하고, 패좌지재覇佐之才(패자를 보좌할 만한 재간)가 있음에도 오히려 왕좌지재王佐之才(왕자를 보좌할 만한 재간)가 있다고 말한다. 제갈량은 가히 고본을 표절하는 데 명수라고 할 수 있다.

남의 글을 표절해 쓰는 사람은 매양 중국식 문장으로 표절해 쓰는 것을 즐기면서도 낙권落卷(과거 낙방 답안지)을 어떻게 표절해 써야 하는지 모른다. '철혈주의' 4자는 비스마르크주의의 중국식 표현이다. 우리는 이를 절대 표절해 쓸 수 없다. '민족자결' 4자는 윌슨의 '낙권'이다. '인종평등' 4자는 일본의 '낙권'이다. '9·18 만주사변' 같은 일은 국제연맹 또는 영미에 제소하기보다는 차라리 아프리카나 오세아니아 등의 야만인에게 제소하거나 한국이나 대만 등의 망국민에게 제소하느니만 못하다. 겉으로 볼 때는 글자를 번안한 것이나 실재로는 윌슨이나 일본의 '낙권'을 표절하는 것이나 같다.

사천에서 새 길을 닦기 전에 나는 매번 길을 걸으면서 마차를 몰고, 가마를 타고, 당나귀를 몰고, 짐을 부리는 사람들이 이리저리 오고가는 것을 보았다. 마치 개미떼처럼 평탄한 곳은 잘 가지만 일단 좁은 길에 들어서면 서로 큰 소리로 욕을 하며 네가 옳으니 내가 옳으니 다툰다. 나는 내심 누가 옳고 그른가 하는 것을 떠나 바로 길이 좁기 때문에 빚어진 일이라고 생각했다. 중국의 조직과 정권은 위에 집중돼 있다. 당신이 어떤 포부를 지닐지라도 정권을 잡지 못하면 그 뜻을 펼 길이 없다. 이에 대해 당신은 내 말이 틀렸다고 하고 나는 당신이 틀렸다고 말하는 것도 마찬가지이다. 사실 이는 맞고 틀리는 문제가 아니라 정치무대에서 자리는 한정돼 있어 많은 사람을 수용할 수 없기 때문이다. 마치 길을 걷는 사람이 좁은 길에 들어서는 것과 같다. 전국의 모든 지사들이 쉼 없이 시끄럽게 떠드는 것도 이상할 게 없는 것이다.

외교적으로 말하면 우리가 극히 넓은 길을 달릴 경우 그 책임을 당국자 몇 사람에게 지울 수 없다. 어떤 것이 넓은 길일까? 약소민족연맹에 관한 주장은 극히 넓은 길에 해당한다. 무대도 극히 크고 책임을 맡은 사람도 약간 명에 지나지 않아 모두 수용할 수 있다. 국외의 상인과 유학생, 여행자는 가히 직접 약소민족을 향해 운동할 수 있을 것이다. 국내적으로는 재조와 재야를 막론하고 모두 여러 작업을 맡을 수 있을 것이다. 4억 인의 목표는 약소민족연맹 하나에 집중돼 있다. 서로 충돌하지 않을 뿐만 아니라 합작을 말하지 않고도 자연스레 합작이 이뤄진다. 이런 평탄한 대로는 가히 걸을 만하다. 정치무대는 그 작은 일부분에 지나지 않는다. 정권을 잡지 않고도 구국의 공작은 가능하다. 야당과 조당朝黨(여당) 모두 분분히 싸울 필요가 없는 것이다.

민주국가에서 인민은 황제에 해당하니 우리나라 4억 인을 어찌할 것인가? 그러나 영명한 황제가 아니라고 생각하는 모든 사람은 스스로 아두阿斗(유비의 아들 유선)를 자처하며 제갈량이 나오기를 기다릴 것이다. 일본과 열강을 타도하는 문제와 관련해 4억 인의 아두가 앉아서 일이 이뤄지기만을 기다릴 것이다. 나는 큰 소리로 말하지 않을 수 없다.

"폐하가 잘못입니다. 아두는 망국의 군주입니다. 아두가 있으면 곧 황호黃皓(유선의 총애를 받은 간신 내시)가 있습니다. 제갈량은 천 년 만에 한 번 나오기 힘들고 반드시 삼고초려 후에나 나올 것입니다. 그러나 황호는 천지에 널려 있으니 청하지 않을지라도 스스로 찾아올 것입니다."

우리나라가 위망의 상황에 처하게 된 것은 실로 전국의 인민이 아두를 자처한 데서 비롯된 것이다. 나는 『출사표』에 나오는 한 구절을 인용코자 한다.

"폐하는 응당 망자비박妄自菲薄(공연히 스스로 덕을 낮춤)해서는 안 됩니다."

우리는 무슨 일이 있더라도 스스로 제갈량이 되고 유비가 되어야 한다. 나 후흑 교주는 죽음을 두려워하지 않으니 스스로를 제갈량의 등장으로 생각한다. 내가 쓴 『후흑총화』가 곧 나의 '융중대隆中對'(제갈량이 유비에게 천하삼분지계를 언급한 만남)에 해당하는 셈이다.

나는 독자 제군 모두 제갈량이 되어 각자 주견을 가짐으로써 4억 인이 4억 편의 '융중대'를 쓰기를 기대한다. 동시에 우리 모두 유비의 후신이 되어 4억의 유비가 나타나 4억 편의 '융중대'를 선택하기 바란다. 만일 나의 '약소민족연맹'을 선택한다면 우리들 4억의 유비는 곧 친정에 나서 오나라와 연합해 위나라를 토벌하는 일을 하게 되는 셈이다. 이런 방략을 생각하면 아프리카와 오세아니아의 야만국을 포함해 한국과 대만, 베트남, 미얀마 등의 망국민과 하나가 되어 서구 열강을 향해 진공해야 할 것이다.

중국의 독립을 원한다면 반드시 먼저 4억 인이 능히 독립할 수 있어야 한다. 4억 인의 역선力線이 똑바로 선 후 열강을 향해 그대로 분사되어야만 한다. 이런 상황에서조차 나라가 독립하지 못하면 어쩔 수 없는 일이다.

문 : 4억 인의 역선이 어떻게 능히 독립을 이룰 수 있는가?

답 : 우선 '사상독립'을 꾀하라. 독립 후 합작해야 한다. 중국의 4억 인이 합작하지 못하는 것은 4억 인이 독립을 이루지 못했기 때문이다. 독립을 이루지 못하면 노예가 될 수밖에 없다. 노예는 남의 부림을 받게 될 뿐이다. 그런 상황에서 무슨 독립과 합작이 있겠는가?

야심가들이 일을 할 때는 반드시 도맡아 독차지한다. 일반인들을 노예로 보는 까닭에 그들이 말하는 소위 '항일'은 일반 노예들을 이끌고 항일하는 것이다. 일본은 동아시아에서 도맡아 독차지하고 있다. 중국인을 노예로 삼은 까닭에 그들이 말하는 소위 '항아抗俄'(대러시아 저항)는 중국인 노예를 이끌고 하는 것이다. 이미 독립할 능력이 없으니 어디서 저항할 능력이 생기겠는가?

그래서 우리가 항일, 반제反帝를 하고자 하면 응당 인민들의 독립성을 배양해야 하고, 그들의 노예성을 가중시켜서는 안 된다. 나는 『후흑총화』를 쓰면서 많은 얘기를 했으나 이는 한 마디로 사람들에게 '사상독립'을 가르치는 것에 불과할 뿐이다. 후흑을 구사하는 나라의 외교는 독립외교, 정책은 합력合力정책이 되는 이유가 여기에 있다. 군사와 경제, 정치, 학문 등 각계의 후흑가들은 평소 일을 할 때 일본을 향해 곧바로 후흑을 구사해야 한다. 이것이 내가 말하는 '후흑구국'이다.

공자는 자하子夏에게 이같이 말했다.

"너는 군자유君子儒(군자와 같은 유자)가 되어야지 소인유小人儒가 되어서는 안 된다."

나는 제자들에게 이같이 말하고자 한다.

"너는 대후흑大厚黑이 되어야지 '소후흑'이 되어서는 안 된다."

대소후흑에 무슨 차이가 있는 것일까? 전국시대 말기 종횡가인 장의張儀는 6국을 교사해 서로 싸우게 했다. 이것이 '소후흑'이다. 삼국시대 당시 손권은 형주를 놓고 유비와 다투었다. 이 또한 '소후흑'이다. 그러나 관중과 소진의 책략을 쓰는 것은 가히 '대후흑'이라고 할 만하다.

일본은 동북4성東北四省(흑룡강성, 요녕성, 길림성, 열하성)을 침공해 평진平津(북평과 텐진)을 점거하고 있다. 이는 '소후흑'이다. 구미 열강이 식민지를 약탈하는 것도 '소후흑'이다. 나는 전 세계 약소민족을 동원해 항일과 반제에 나설 것을 주장한다. 이것이야말로 '대후흑'이라고 할 수 있다. 맹자는 이같이 말한 바 있다.

"소국은 본래 대국을 상대로 싸울 수 없다."

우리의 '대후흑'이 성공하면 일본과 제국주의의 '소후흑'은 당연히 실패하고 말 것이다.

우리 중국은 세계의 약소민족연맹을 조직하는 것을 외교정책으로 삼아야 한다. 정부와 인민이 한편이 되고, 전국이 일치단결하여 일을 벌이고, 온 나라가 눈을 부릅뜨고 나라 밖을 주시하고, 역선을 같은 방향으로 합치시키면 된다. 그러면 내부분쟁도 그칠 수 있고 항일과 반제도 여유 있게 펼칠 수 있다. 개전開戰도 가하고 반대의 경우도 가하다. 다만 제갈량이 이미 고인이 된 까닭에 이런 사람을 지하에서 청해 세세한 것을 협의할 수 없는 게 원통할 뿐이다.

우리가 시종 약소민족연맹과 반제 등에 관해서만 얘기하니까 청자 중 이에 대해 회의적인 생각을 품은 사람이 물었다.

"열강은 저토록 막강한 무력을 보유하고 있는데 약소민족이 어떻게 그들을 대적할 수 있다는 것인가?"

그러나 이는 전쟁의 다양한 방식을 모르고 하는 말이다. 무력만으로는 단지 작은 지역만을 점령할 뿐이다. 전쟁의 역사적인 진화과정을 보면 최초에는 오직 창과 방패, 궁시弓矢뿐이었다. 후에 진화해 총탄이 나왔으나 이 또한 구식 전쟁이 되었다. 또 다시 진화한 결과 공습이 등장했다. 일본이 송호淞滬(상해 일대를 흐르는 강) 전투에서 승리하고 무솔리니가 에티오피아 전투에서 승리를 거둔 것은 이 때문이다. 이제 전쟁은 다시 진화해 화학전쟁으로 치닫고 있다. 독가스와 세균폭탄, 살인광선 등이 등장했다. 이는 제2차 세계대전에서 일반인이 크게 두려워하는 것이기도 하다. 여기서 다시 진화한 것이 바로 '경제전쟁'이다. 영국이 이탈리아에 대해 행한 제재가 바로 이런 전술에 해당한다. 어떤 사람이 물었다.

"경제전쟁 다음에 또 무슨 전쟁이 있습니까?"

내가 대답했다.

"또 있다. 더 진화한 게 '심리전쟁'이다."

삼국시대 당시 마속은 이같이 말한 바 있다.

"용병의 이치로 말하면 공심攻心(마음을 공략함)이 위이고 공성攻城(성을 공격함)은 아래에 있으니 심전心戰(심리전)이 상책이고 병전兵戰(무력전)은 하책이다."

이게 바로 '심리전생'을 언급한 것이다. 심리전쟁에 관한 학설은 우리 중국이 가장 먼저 발명한 것이다. 전국시대 당시 맹자가 말했다.

"천시天時는 지리地利만 못하고 지리는 인화人和만 못하다."

이는 심리전을 언급한 것이다. 그는 또 이같이 말했다.

"백성을 잘 보살피면 인국鄰國의 백성들도 그 군주를 마치 부모처럼 우러러 볼 것이다. 그 자제들을 거느리고 그 부모를 공격하는 것은 생민生民(사람이 생겨남) 이래 성공한 적이 없다. 이같이 하면 천하에 대적할 사람이 없게 될 것이다."

이 또한 심리전을 말한 것이다. 우리는 겉만 보고 이런 설법은 극히 세상물정에 어두운 황당한 얘기로 치부하기 십상이다. 그러나 이는 전술 중 가장 정심精深한 학설로 일반인은 생각지도 못하는 것이다.

지금 열강이 대립해 있는 모습을 보면 춘추전국시대와 사뭇 닮아 있다. 춘추전국시대는 중국 역사상 학술이 가장 발달한 시기로 현인과 재사가 가장 많았던 시기이기도 했다. 여러 학자들이 내세운 학설은 모두 이런 시대적 배경 하에서 고심을 거듭한 연구 끝에 나온 것이다. 실제의 시국을 타개하려는 취지에서 나온 것인 까닭에 공리공담이 있을 수 없었다. 그들의 학설은 요즘의 우리들이 참고로 삼을 만한 것들이다.

전쟁에 관해 볼 경우 춘추시대 때 전쟁이 격렬해지면서 손자의 학설이 생겨났다. 그는 손수 13편의 병서를 저술했다. 내용 또한 군사상 가장 깊이 있는 이론으로 구성돼 있다. 이는 안팎의 모든 군사전문가들이 공인하는 것이다. 전국시대에 이르러 전쟁의 양상이 더욱 격렬해지자 손자의 학설은 이미 상식이 되어버렸다. 이에 맹자의 학설이 등장하게 되었다. 심리전쟁의 원리를 발명한 그는 이같이 주장했다.

"어진 정사를 펼치면 가히 백성들로 하여금 몽둥이를 들고도 진초秦楚의 견갑이병堅甲利兵(견고한 갑옷과 예리한 무기)에 맞서게 할 수 있다."

그러나 이런 이론은 그 수준이 너무 높고 깊어 일반인이 이해할 수 없었다. 그러니 세상에 어찌 이런 일이 일어날 수 있겠는가! 맹자 사후 1백 년도 채 안 돼 진섭陳涉이 반란의 기치를 들고 일어서 진나라를 뒤엎고 말았다. 맹자의 설법이 그대로 실현된 것이다. 이 어찌 기괴한 일이 아니겠는가?

현재 세계 각지에서 전쟁이 그치지 않고 있다. 지식인들은 세계가 대동을 이루지 못한 까닭에 인민들이 안정될 수 없다는 데 동의하고 있다. 전국시대 상황도 이와 같았다. 당시 양양왕梁襄王은 맹자에게 이같이 물었다.

"천하가 어찌 정해질 것 같소?"

맹자가 대답했다.

"하나로 정해질 것입니다."

이 또한 전국시대 상황을 반영한 것이다. 통일이 되지 못하면 안정될 수 없는 것이다. 그렇다면 어떻게 통일을 이룰 수 있는 것일까? 현재 사람들은 하나 같이 무력통일을 주장하고 있다. 이는 맹자의 학설과 상반되는 것이다. 양양왕은 맹자에게 이같이 물은 바 있다.

"누가 통일을 이룰 것 같소?"

맹자가 대답했다.

"불기살인자不嗜殺人者(사람 죽이기를 좋아하지 않는 사람)만이 능히 할 것입니다."

무력통일을 주장하는 것은 바로 '살殺'자를 통해 통일하자는 것이다. 양양왕의 입장에서 볼 때 맹자의 학설이야말로 세상물정을 모르는 황당한 얘기가 아닐 수 있겠는가? 훗날 진시황이 6국을 병탄한 것은 무력으로 천하를 통일한 것이다.

그러나 한고조 유방은 입관入關(함양이 소재한 관중 땅으로 들어감)하면서 진나라의 가정苛政(가혹한 정치)을 제거하고 '법3장'을 약속했다. 그는 '불기살不嗜殺' 3자로 진나라의 천하를 빼앗은 것이다. 맹자의 학설이 문득 실현된 셈이다. 이 어찌 더욱 기괴한 일이 아니겠는가?

초패왕 항우는 항복한 진나라 군사 20여 만 명을 신안성新安城 남쪽에 생매장한 뒤 함양을 도륙하고 궁실을 불태웠다. 이 때 궁실을 불태운 불이 3달 동안이나 꺼지지 않았다. 그 수단의 잔혹함이 어찌 '송호' 전투 당시 일본군이 비행기를 이용해 폭탄을 마구 투하하고 무솔리니가 에티오피아에서 저지른 만행보다 덜했을 리 있겠는가?

그러나 항우의 무력통일에 대한 미몽은 결국 실패로 끝나고 천하는 한고조 유방의 손에 쥐어졌다. 이는 무슨 이치인가? 유방의 모신인 장량과 진평 때문이다. 두 사람은 후흑학을 깊이 연구한 사람이다. 심리전쟁의 이치를 깨닫고 최고의 전술을 구사함으로써 항우를 죽음으로 몰아간 것이다. 이는 엄연한 역사적 사실인 만큼 우리의 후흑학 연구에 좋은 자료가 된다.

진시황과 초패왕 항우는 순전히 무력에 의존했으나 '살' 자로 통일한 셈이다. 한고조 유방은 사람 죽이기를 좋아하지 않았으니 '생生' 자로 통일한 셈이다. '생' 과 '살' 은 극단적으로 상반된다. 그렇다면 양자 모두 통일을 이룰 수 있게 된 것은 무슨 까닭인가?

무릇 사람은 죽음을 두려워하기 마련이다. 네가 나에게 복종하지 않으면 곧 너를 죽일 것이라고 한 까닭에 '살' 자로 통일을 이룰 수 있었던 것이다. 무릇 사람은 삶을 탐하기 마련이다. 네가 나를 옹호하면 내가 너를 위해 활로를 찾아줄 것이라고 한 까닭에 '생' 자로 통일을 이룰 수 있었던 것이다. 맹자가 말한 것이 이것이다. '불기살인자' 만이 능히 천하를 통일할 수 있다고 한 것은 전적으로 '이해利害' 두 글자 위에 서 있는 것이다. 나의 후흑학 관점에서 볼 때 이는 매사에 두루 통용될 수 있는 논리이다. 그의 학설이 주효한 이유가 여기에 있다.

전 세계에 걸쳐 전운이 감도는 현재 약소국 인민들은 막다른 길로 몰리며 언제 어디서 죽을지조차 모르고 있다. 이 때 홀연히 한 나라가 나타나 대정大政의 방침을 밝히고 그 방침을 좇아 행동하여 이것이 유일한 활로가 될 경우, 이것이 어찌 부모가 자식을 위해 활로를 찾아주는 것과 다를 리 있겠는가? 맹자는 말했다.

"백성을 잘 보살피면 인국鄰國의 백성들도 그 군주를 마치 부모처럼 우러러 볼 것이다. 그 자제들을 거느리고 그 부모를 공격하는 것은 생민生民 이래 성공한 적이 없다."

이는 바로 이런 원칙에서 나온 것이다. 다만 나의 이런 설법은 도학 선생들이 인정치 않고 있다. 그들은 이같이 말한다.

"맹자의 학설은 순전히 도덕으로 사람을 가르치는 것이다. 만일 '이해' 2자의 관점에서 보면 맹자 학설의 가치는 떨어질 수밖에 없다."

이런 설법에 대해 나는 심도 있게 논변할 수 없다. 나의 문하에 있는 제자를 포함해 나를 사숙私淑하는 제자들이 깊이 연구하고 또 연구해야 할 사안이다.

진시황과 초패왕 항우는 '살' 자를 가지고 인민을 두렵게 만들었다. 한고조 유방은 '생' 자를 가지고 인민을 감동시켰다. 사람의 천성은 삶을 좋아하고 죽음을 싫어한다. 진시황과 항우가 인민들의 염기厭棄(꺼려 멀리함)를 받고 한고조가 인민들의 옹대擁戴(옹호하여 추대함)를 받은 이유이다. 진시황과 항우의 패배와 한고조의 승리는 모두 천하의 세勢에 따른 것이니 이치가 그리 만든 것이다. 이로써 '살' 자 정책은 '생' 자 정책을 당할 수 없다는 것을 알 수 있다.

일본과 열강은 군비를 극도로 확충하며 무력으로 식민지를 진압하고 있다. 이는 진시황과 항우가 걸은 길이다. 세계대전이 폭발하려고 하는 현재 전 세계 약소민족은 바로 막다른 길로 몰리고 있다. 우리는 이런 때를 틈타 약소민족연맹을 기치로 내걸고 이같이 외쳐야 한다.

"이것이 유일한 활로이니 소위 '민족자결'이 그것이다. 이는 인종의 평등을 추구하는 것으로 제국주의 청산을 의미한다. 오직 이 길만이 활로를 찾을 수 있다. 만일 당신들이 열강의 뒤를 좇아간다면 장차 세계대전이 일어나게 되어 제1차 세계대전 때와 비교할 수 없을 정도로 당신들의 고통은 더욱 커질 것이다."

우리가 이런 논조를 피력하는데도 약소민족이 환영하지 않을까? 우리가 약소민족의 동정을 얻어 약소민족연맹을 조직할 수 있다면 이후에 사용할 수 있는 수단은 참으로 많다. 우선 외교방면에서 자유롭게 행동할 수 있다.

초한전 당시 항우는 백전백승했다. 그 힘이 가장 막강했을 때였다. 이에 반해 한고조 유방은 백전백패했다. 그 힘이 가장 약했을 때였다. 그러나 유방은 끝내 항우를 패퇴시켰다. 당시 유방은 이런 명언을 남겼다.

"나는 투지鬪智(지혜를 다툼) 할 뿐 투력鬪力(힘을 다툼) 하지 않는다."

이것이 초한전의 성패를 가른 관건이다. 한고조 유방은 후흑의 달인이었다. 우리는 그의 가르침을 자세히 연구할 필요가 있다.

일본과 구미 열강은 군비를 극도로 확충하고 있다. 이는 '투력'이다. 우리는 세계 약소민족연맹을 조직하면서 경제전쟁과 심리전쟁을 채용한다. 이는 '투지'이다. 그렇다고 우리가 무력을 폐기해 사용치 않는 것은 아니다. 단지 경제전쟁과 심리전쟁의 방략을 깊이 연구해 미약한 무력을 보완한다는 취지일 뿐이다. 이같이 하면 제국주의를 타도하고도 남음이 있다.

문 : 한고조의 '투지'는 결국 어떤 수단을 사용한 것인가? 그는 팽성彭城 싸움에서 대패해 회군하고 있었다. 이 때 군신들을 향해 어떤 책략이 있는지를 물었다. 장량은 관동 이동의 땅을 한신과 팽월 및 경포에게 떼어주어 한신은 제왕, 팽월은 양왕, 경포는 구강왕에 봉할 것을 권했다. 이에 유방은 그들과 손을 잡고 일종의 연합군을 결성했다. 유방은 주력을 이끌고 형양성滎陽城에서 항우와 대치하면서 한신 및 팽월 등에게 사자를 보내 다른 방면에서 진공할 것을 주문했다. 이에 항우는 겹겹이 포위를 당하고 말았다.

홍구鴻溝의 화의가 성립한 후 항우가 병사를 이끌고 동쪽으로 철군할 때 유방은 곧바로 그 뒤를 추격했다. 항우가 환격還擊하자 유방은 대패하고 말았다. 곧 장량의 계책을 이용해 수양睢陽(하남성 상구시 남쪽) 이북의 땅을 팽월, 진陳 땅의 동쪽을 한신에게 떼어주었다. 이로써 제후 연합군이 만들어져 해하垓下에서 항우를 죽음으로 몰아넣을 수 있었다. 이를 통해 다음과 같은 사실을 알 수 있다.

"한고조 유방의 '투지'는 관중과 소진이 구사한 후흑의 지혜를 습용襲用(답습해 활용함)해 연합군을 구성한 것에 지나지 않는다."

우리는 역사 연구를 통해 다음과 같이 하나의 공식을 만들어낼 수 있다.

"무릇 열국이 다툴 때 약소국이 살아남는 유일한 길은 여러 약소국을 규합해 강국을 치는 길뿐이다."

관중 및 제갈량 등과 같은 최고 수준의 정치가를 비롯해 장량 및 진평 등과 같은 최고 수준의 책사 모두 이 길을 걸어 성공을 거두었다. 그러나 이런 방략을 사용할지라도 실패하는 경우가 있다. 그 원인은 무엇일까? 이에 대해 우리는 재차 깊이 연구할 필요가 있다.

우리는 앞서 언급한 내용에서 다음과 같이 5가지 실례를 찾아낼 수 있다. 1) 관중은 제후를 규합한 후 융적戎狄과 초나라를 쳐 성공을 거둔 바 있다. 2) 악의는 5국의 군사를 이끌고 제나라를 쳐 성공한 바 있다. 3) 소진은 6국을 연합시켜 진나라를 공격했으나 결국 6국 모두 진나라에 의해 멸망하고 말았으니 이는 실패한 것이다. 4) 한고조 유방은 제후들의 군사와 합세해 항우를 공격했으니 이는 성공한 경우에 해당한다. 5) 제갈량은 오나라와 연맹하는 계책을 구사했다. 그와 손권이 살아 있을 때는 능히 위나라에 대적할 수 있었으나 죽은 후에는 이들의 유책遺策을 좇는 자가 없었다. 이에 촉과 오 모두 사마씨에 의해 멸망하고 말았다. 이는 실패한 것으로 보아야 한다.

우리는 이들 5가지 실례에서 성패의 원인을 분석해 하나의 공식을 만들어낼 수 있다.

"각국이 연맹할 때는 그 중 한 나라가 일을 주관하고 나머지 나라는 협조자가 되어야만 성공할 수 있다. 각국이 대등한 위치에 서게 되면 통솔이 이뤄지지 않아 실패하게 된다."

춘추시대 당시 제나라가 패자霸者를 칭할 때 제나라 군주가 일을 주관하고 나머지 제후가 협조했다. 전국시대 당시 연나라가 제나라를 칠 때 연나라 군주가 일을 주관하고 나머지 네 나라가 협조했다. 한나라가 초나라를 멸할 때 유방이 일을 주관하고 나머지 제후가 협조함으로써 성공할 수 있었다. 그러나 6국의 연맹 당시 통솔자가 없었다. 오촉의 연맹도 두 나라 모두 서로 통솔하는 입장에 서 있지 않은 까닭에 사마씨에게 멸망하고 만 것이다. 우리가 약소국연맹을 조직할 때도 우리나라가 당연히 일을 주관해야만 성공을 기할 수 있다.

지금 국제정세는 이미 춘추전국시대를 방불케 하고 있다. 우리는 응당 춘추시대 관중이 구사한 후흑과 전국시대 소진이 구사한 후흑의 방략을 하나로 통합해 사용해야 한다. 관중의 정책은 '존왕양이尊王攘夷'이다. 먼저 '존왕'의 기치를 내걸어 주나라 왕실을 옹호했다. 전국의 모든 역량을 결집한 연후에 비로소 외이外夷에 타격을 가했다. 융적과 초나라를 차례로 토벌한 배경이 여기에 있다.

소진의 정책은 6국의 힘을 합쳐 강대한 진나라를 치는 것이었다. 우리는 전 세계 약소민족을 전국시대의 6국으로 보고 영·불·독·미·이·러·일 등을 하나로 합쳐 강대한 진나라로 간주할 수 있다. 먼저 관중의 책략을 이용해 전국의 역량을 결집해 중앙정부를 옹호하고, 이어 중국과 전 세계의 약소민족을 연합해 하나의 연맹을 조직해야 한다. 이 연맹조직이 성공할 때까지 정정당당한 자세로 열강을 향해 일치단결해 진공해야 한다. 그러면 자유주의든 공산주의든 이들 제국주의 열강은 자연히 붕괴하고 말 것이다. 어떤 사람이 나에게 물었다.

"중국은 내부상황이 이처럼 환산渙散(혼란)한데 어떻게 전국의 역량을 하나로 결집한단 말이오?"

내가 대답했다.

"내가 말하는 것은 '사상의 집중'이다. 전 국민의 마음을 한 방향으로 모을 수만 있다면 그 형식은 어떤 것이든 상관 없다."

예컨대 이풍자李瘋子('이 씨 미치광이'로 이종오 자신을 지칭)가 제안한 '약소민족연맹' 주장을 두고 어떤 사람은 옳다고 하고 어떤 사람은 틀렸다고 한다. 많은 사람이 신문과 잡지에 기고문을 보내 하나같이 틀렸다고 한다. 그러나 일반인은 정반대로 옳다고 하고 정부 또한 옳다고 하니 우리는 이를 실행해 나가면 된다. 이같이 하면 중앙정부를 옹호하지 않을지라도 자연히 중앙정부의 정책을 옹호하는 게 되고, 전국 역량의 집중을 얘기하지 않을지라도 자연히 그리된다. 그래서 전국을 통일하기에 앞서 전 국민의 사상이 먼저 통일돼야 한다. 사상의 통일은 전 인민의 생각을 어떤 하나의 이념노선으로 몰아가는 게 아니라 개개인의 사상적 독립을 의미한다. 학리學理와 사세事勢의 관점에서 철저한 연구를 거친 후 모든 사람이 공인할 만한 어떤 길로 나아가자는 것이다. 이같이 해야만 가히 '사상통일'이라고 할 수 있다. 어떤 사람이 나에게 따져 물었다.

"당신은 후흑학을 얘기하면서 약소민족을 연합해 열강에 대항해야 한다고 한다. 그러나 열강이라고 해서 어찌 후흑학을 연구치 않겠는가? 만일 열강이 연합군을 만들어 약소민족을 향해 진공하면 어찌할 것인가?"

내가 대답했다.

"그것은 우려할 만한 게 아니다. 과거의 역사가 증명하듯이 그들의 연합은 성공할 수 없다."

전국시대 당시 6국이 연맹하자 어떤 사람이 이를 두고 "닭은 일제히 날 수 없다"고 비난했다. 6국의 실패는 바로 이 때문이었다. 만일 열강이 연합해 약소민족에 대항코자 하면 이는 마치 닭이 일제히 날고자 하는 것과 같다. 속담에 이런 말이 있다.

"뱀은 머리가 없으면 가지 못한다."

열강은 서로가 서로를 통솔할 수 없기에 우두머리를 낼 수 없다. 이는 '머리가 없는 뱀'과 같다. 우리가 약소민족연맹을 조직하면 우리나라는 자연스레 우두머리가 된다. 이는 '머리가 있는 뱀'이라고 할 만하다. 열강과 열강은 이해가 충돌하고 모순되는 게 많아 결단코 보조를 맞출 수가 없다. 연합하고자 해도 이뤄질 수 없는 것이다. 약소민족은 이해를 같이 하는 까닭에 작은 충돌조차 일어나지 않는다. 일단 연합하기만 하면 그 단체는 더욱 견고해질 것이다.

제1차 세계대전 당시 열강은 식민국에 많은 권리를 허용했다. 그러나 전후에 이는 식언으로 드러났다. 허용했던 이익을 얻을 수도 없었을 뿐만 아니라 오히려 더 많은 고통이 가해졌다. 식민지가 원한을 품고 있는 까닭에 만일 다시 세계대전이 빚어진다면 단연코 식민지의 도움을 받을 수 없게 된다. 이를 틈타 독립을 꾀하게 되고, 이는 열강에 커다란 부담이 될 것이다.

일본은 후흑학을 깊이 연구한 까닭에 이를 간파하고 있었다. '9·18 만주사변'을 밀어붙이면서 제2차 세계대전을 위협하자 열강은 서로의 얼굴만 바라보며 당황하는 모습을 보였다. 영국 식민지의 상황이 심각하게 돌아가자 국제연합은 우리의 만주를 희생양으로 삼아 일본이 하고 싶은 대로 놓아둔 것이다. 독일도 이를 눈치채고 기회를 틈타 화약을 폐기했음에도 영국과 프랑스는 손도 대지 못하고 있다. 무솔리니도 이를 눈치채고 무력으로 에티오피아를 압박했으나 영국은 이를 어찌하지 못하고 있다. 이들이 구사한 유일한 방법은 제2차 세계대전에 관한 위협뿐이었다. 이 모든 것이 후흑학 아닌 게 없다.

세계 열강 모두 후흑학을 깊이 연구하면서 이런 추세를 간취한 만큼 제2차 세계대전은 면할 길이 없다. 전쟁의 결과 누가 승리하고 패하는지에 상관 없이 약소민족은 결국 그들의 희생물이 될 수밖에 없다. 우리는 응당 후흑의 철리哲理(철학적 이치)를 응용해 세계대전이 일어나는 전후의 시기를 틈타 약소민족연맹의 조직을 완결해야 한다. 열강을 위협하는 기회에 올라타면 이번 세계대전에서는 열강이 주도하고 약소민족이 피동적인 위치에 서게 되는 게 아니라 약소민족이 주도하고 열강이 피동적인 위치에 서게 된다. 이 때는 열강을 향해 분명히 이같이 고할 수 있다.

"너희들이 우리 약소민족의 요구를 받아들이지 않았기에 우리는 제2차 세계대전을 너희들과 함께 일으키게 된 것이다."

세계의 약소민족을 향해 과연 누가 이런 말을 할 수 있는지 물어보라. 아마도 우리 중국을 빼고는 없을 것이다. 중국 내부를 향해 어떻게 감히 이런 강경발언을 할 수 있는지 물어보라. 세계 약소민족을 연합한 후가 아니면 불가능한 얘기다.

일찍이 진섭은 거사를 일으킬 당시 이같이 말한 바 있다.

"달아나도 죽고 거사해도 죽는다. 한 번 죽는 것은 매한가지이니 거사를 하느니만 못하다."

약소민족이 처한 오늘날의 상황은 과거 진섭의 처지와 같다. 대전이 우물쭈물하며 미뤄지는 것은 열강이 내부적으로 아직 준비를 마치지 못했기 때문이다. 앉아서 재할宰割(일을 주장하여 처리함)을 당하느니 먼저 떨쳐 일어나 상대방을 제압하는 게 낫다. 전 세계 약소민족을 결집시키는 것이 죽을 고비에서 삶을 찾는 길이다. 그렇지 못할 경우 설령 우리의 준비가 끝난 상황에서 대전이 빚어질지라도 약소민족은 영원히 몸을 일으킬 기회를 얻지 못할 것이다.

전 세계는 이미 양대 전선을 형성하고 있다. 하나는 압박자, 다른 하나는 피압박자이다. 손문은 민족주의를 역설할 당시 이미 제2차 세계대전은 압박자와 피압박자 간의 싸움이 될 것이라고 단정했다. 이는 12억 5천만 피압박자와 2억 5천만 압박자의 싸움이다. 우리는 응당 손문의 유교遺教를 좇아 10억 4천만 명의 피압박민족을 결속시켜야 한다. 적색과 백색의 두 제국주의 세력을 모두 합치면 4억 1천만이 된다. 이들과 싸울 경우 이는 진화의 추세를 좇은 것이기도 하다.

현재 이들 강도집단은 서로 싸움질을 하고 있다. 이는 전 세계 피압박민족이 동시에 떨쳐 일어날 수 있는 절호의 기회이다. 우리가 평소 연마한 후흑을 구사하면 이는 '대후흑'으로 '소후흑'을 깨뜨리는 것이다. 그렇지 못하면 제2차 세계대전은 여전히 열강 대 열강의 싸움으로 그치고, 약소민족은 열강이 벌이는 싸움의 소용돌이 속에 휘말려 무의미한 희생만 당하게 될 것이다. 이 어찌 손문 선생의 유훈을 저버리고 진화의 법칙을 거스르는 길이 아니겠는가?

나는 후흑학을 연구하면서 3단계 방안을 찾아냈는데 제군들은 이를 생각지도 못했을 것이다. 1단계는 얼굴이 두꺼우니 그 두꺼움이 마치 성벽 같고, 마음이 시꺼머니 그 시꺼먼 것이 마치 석탄 같은 단계이다. 2단계는 얼굴이 시꺼멓고 단단하며 마음이 시꺼멓고 빛이 나는 단계이다. 3단계는 얼굴이 두꺼우면서도 형체가 없고 마음이 시꺼먼데도 색깔이 없는 단계이다.

일본은 우리 중국에 대해 때로는 '겁적식劫賊式'을 구사해 무력으로 침탈하고, 때로는 '창기식娼妓式'을 구사해 친선을 들먹이며 이리의 속셈으로 여우의 간교한 추파를 보낸다. 두 방식을 모두 구비하고 있는 셈이다. 일본의 후흑술은 이미 1단계를 뛰어넘었다. 얼굴이 두껍고 단단한 2단계의 절반은 도달했다. 그러나 마음이 시꺼먼데도 투명하게 빛나는 수준에는 이르지 못했다.

조조는 그 마음이 크게 시꺼먼데도 투명하게 빛났다. 천하의 호걸이 그의 문하에 모여들고, 천하의 간웅임에도 불구하고 도처에서 존중을 받으며 사람들을 패복佩服(마음 속 깊이 느껴 복종함) 시킨 이유이다. 그러나 일본은 마음이 시꺼먼 것이 그대로 검게 드러난 경우에 속한다. 세계의 공적公敵이 된 것이 마치 뱀의 신세와 같다. 사람들이 이를 볼 때마다 '죽여, 죽여' 라고 외치는 이유이다. 일본의 후흑이 연구가 깊어지면 깊어질수록 더욱 큰 실패로 드러나는 이유는 무엇인가? 바로 시꺼먼 흑심을 투명하게 빛나도록 만드는 단계에 이르지 못했기 때문이다. 그들은 후흑학의 하책만 알 뿐 상책을 모르고 있는 것이다. 그들은 그간 후흑학을 모르는 자와 손을 잡았기에 매번 승리를 거뒀으나 만일 후흑학의 대가와 맞닥뜨릴 경우 일패도지하고 말 것이다.

내가 후흑학을 설명하면서 거전법鋸箭法과 고과법敲鍋法을 언급하지 않았던가? 우리는 약소민족을 조직할 때 고과법을 응용해 손에 망치를 들고 그들 나라를 향해 이같이 말해야 한다.

"믿든 안 믿든 일단 내가 망치로 한 번 두드려 보아야 한다. 당신을 시키면 이 솥은 곧바로 깨지고 말 것이니 그리되면 고치려고 해도 고칠 수 없게 된다."

만일 열강이 크게 눈을 돌릴 여유가 없을 경우는 대략 망치로 한 번 두드려 그 틈을 더 벌려놓아야 한다. 또 다시 눈을 돌리지 않으면 다시 한 번 두드려야 한다.

일본이 다른 열강과 거꾸로 갈 경우 약소민족을 희생물로 내놓아 그들의 욕망을 채워준 뒤 우리는 다시 한 번 망치로 두르려야 한다. 벌어진 틈이 무한히 크게 되었을 때 전 세계 피압박민족을 결집시켜 일제히 행동한다. 12억 5천 만의 피압박자와 2억 5천 만의 압박자가 싸우면 손문 선생의 주장이 실행되는 것이다. 다만 우리는 우선 약소민족연맹을 조직해야만 한다. 약소민족연맹이 조직된 연후에 손에 있는 망치를 자유자재로 써먹을 수 있는 것이다. 그래야 국제적으로도 비로소 평등한 자유를 얻을 수 있다.

고과법을 구사하려면 예술의 경지에 이르러야 한다. 너무 가벼이 두드려도 안 되고 너무 세게 두드려도 안 된다. 너무 가벼이 두드리면 솥의 갈라진 틈이 더 벌어지지 않으니 무익하고, 너무 세게 두드려 틈이 너무 벌어지게 되면 보수할 길이 없기 때문이다. 경중輕重을 적절히 하기 위해서는 후흑학을 깊이 연마하지 않으면 안 된다.

희극 중에 '보항補缸' (항아리 땜질)이 있다. 여기서는 망치를 한 번 내리쳐 항아리가 산산조각이 나는 장면이 나온다. 이는 고명한 수법이 될 수 없다. 우리들이 국제무대에서 이처럼 한다면 실로 '미치광이 외교'가 되고 말 것이니 후흑학을 언급할 여지조차 없다.

외교적으로는 본래 '거전법'과 '고과법'을 호용互用해야 한다. 이는 마치 수레의 두 바퀴 및 새의 양 날개가 한쪽으로 치우칠 수 없는 것과 같다. 중국 외교의 실패 원인은 근본적으로 전적으로 '거전법'만 구사하는 데 있다. 5개 항구를 개항해 열강과 통상을 시작한 이래 외교책략에서 '거전법'을 구사하지 않은 적이 없다. 이런 현상은 '9·18 만주사변' 이후 더욱 현저해졌다. 응당 '고과법'을 더해 혼용해야만 한다. 우리가 약소민족연맹을 조직코자 하는 것은 '고과법' 이론에서 산출된 것이다.

지금 일본이 구사하는 술수는 더욱 다양해져 중국의 저항을 무력화하고 있는 데다 딱히 반격할 힘도 없는 까닭에 더 이상 버텨내기가 쉽지 않다. 우리는 응당 '약소민족연맹'의 기치로 반격을 가해야 한다. 저들이 말하는 '대아시아주의'는 중국을 집어삼키고 아시아 각국을 침략한 후 전 세계를 노리는 것이다. 이에 맞서 우리는 '약소민족연맹'을 내세워 중국이 주도하는 가운데 말레이시아, 한국, 미얀마, 태국, 인도, 오세아니아 및 아프리카 약소민족을 모두 연합해야만 한다. 일본이 '대아시아주의'를 소리 높여 외치면 우리는 '약소민족연맹'을 더욱 소리 높여 외쳐야 한다. 그래야 기고旗鼓(여기서는 선전)가 서로 맞섬으로써 '고과법'을 최고로 활용할 수 있게 된다.

1913년에 내가 모 기관에 근무할 당시 직원감원이 있게 되어 나는 동향 출신 진건인에게 50원元을 빌려 귀향할 생각이었다. 그러자 그가 이같이 회신했다.

"나는 현재 한 푼도 없네. 수일 내로 아는 사람을 통해 50원을 융통한 뒤 곧바로 보내주도록 하겠네."

그러고는 편지 끝에 이런 시 한 수를 덧붙여 놓았다.

"50원은 많지 않은 액수이나 여기저기서 꾸어 마련했다네. 지금 사람을 통해 보낼 터이니 그 때 별도로 시 한 수 다시 보내려네."

나도 시흥이 일어나 곧바로 답신을 보냈다.

"뛰어난 시 잘 읽었네. 귀향하려던 참에 시흥을 자극하니 나도 운을 맞춰 시 한 수로 화답토록 하겠네. 단지 뜻만을 전하고자 하니 운율 등은 고려치 않겠네. 당신이 나를 믿지 못하면 이 시를 증거로 삼도록 하게. 시 가운데 이런 구절이 있군. '후흑 선생은 재주가 많으니 어찌 밥그릇이 언덕 아래로 굴러 떨어질까 걱정하리. 동냥하는 자는 유랑 연예인이니 나는 소나 방목하며 노래나 부르려네.' 시를 쓴 뒤 여흥이 남아 다시 한 수를 썼네. '큰 바람이 일어나니 밥그릇이 언덕 아래로 굴러 떨어지네. 행장을 챙겨 옛 집으로 돌아갈거나. 어디서 용사를 만나 동냥밥그릇 지킬 것인가?' 내가 동쪽 문을 빠져나와 배 시간을 맞춰 석교에 이른 후 강물이 도도히 흐르는 것을 보니 시흥이 또 일어 다시 한 수를 썼네. '바람이 소슬하니 강물은 차구나. 동냥밥그릇 한번 떠나더니 다시 올 줄 모르네.'"

예나 지금이나 밥그릇을 잃은 사람은 이런 노래를 들으면 틀림없이 나와 함께 방성통곡을 할 것이다. 근래 군정軍政 하에 있는 각 기관마다 계속 감원의 큰 바람이 일어나는 바람에 동냥밥그릇이 뭉텅뭉텅 언덕 아래로 굴러 떨어지고 있다. 많은 친구들이 나를 보고 탄식하며 묻는다.

"어디서 용사를 만나 동냥밥그릇을 지킬 것인가?"

내가 대답했다.

"나의 학문은 지금 장족의 발전을 하고 있네. 동냥밥그릇을 지킬 필요도, 용사를 만날 필요도 없네. 다만 너의 지팡이로 상대방 동냥밥그릇을 한번 두드리면 그들의 밥그릇은 깨지고 말 것이니 그러면 너의 동냥밥그릇만 오롯이 독존獨存하게 될 것이네."

상대방의 동냥밥그릇을 두드려서 깨지 않으면 자신의 동냥밥그릇도 단연코 보존할 수 없다.

동북4성과 기타 지역이 일본에 의해 점거되었다. 사람들 모두 "동냥밥그릇이 한번 떠나더니 다시 올 줄 모르네"라는 감상을 갖게 될 것이다. 일본이 화북과 화남에서 행한 미치광이 침략행위를 보면서 이구동성으로 이같이 말하고 있다.

"어디서 용사를 만나 동냥밥그릇을 지킬 것인가?"

이는 내가 수년 전에 밝힌 견해로 응당 바로 잡아야 한다. 밥그릇과 동냥밥그릇은 동일한 사물을 두 개의 이름으로 부르는 것이다. 일본인은 우리 밥그릇을 깨버리면 그 안에 있는 밥을 자신의 밥그릇으로 옮겨담을 수 있다고 생각한다. 중국인은 두 손으로 자신의 밥그릇을 가릴 줄만 안다. 이는 참으로 어리석은 짓이다. 우리나라에는 4억의 인구가 있다. 각자 개를 잡는 몽둥이를 하나씩 집고 일본의 동냥밥그릇을 두드리면 기막힌 일이 빚어진다.

문 : 개를 잡는 몽둥이로 어떻게 두드린다는 것이오.

답 : 약소민족연맹을 조직하면 된다.

우리는 일본에 대해 수세를 취해서는 안 되고 반드시 공세를 취해야 한다. 열강에 대해서도 응당 위협하는 방식을 택해야지 걸식하는 가련한 방식을 택해서는 안 된다. 우리가 약소민족연맹을 조직하는 것은 곧 일본에 대해 공세를 취하는 것이고, 열강에 대해서는 위협하는 방식을 택하는 것이다.

일본이 우리를 침략하고 열강이 이를 감싸며 불평하는 것은 우리를 동정하는 것이니 이 어찌 진정 호의와 공리公理의 입장에서 나온 것이겠는가? 일본은 독점, 열강은 공동 관리를 원하고 있으니 방식은 비록 다르나 그들이 구사하는 후흑은 다를 바가 없는 것이다.

나라의 앞날을 생각할 때 응당 세계 약소민족을 적극 결집시켜 세계대전을 재촉해야 한다. 피압박자와 압박자가 전쟁을 벌이면 전 세계 약소민족은 공동작전을 펼쳐 제국주의 열강을 타도할 것이다. 이같이 하면 열강의 동냥밥그릇을 깨뜨리고 약소민족의 밥그릇을 능히 지킬 수 있다.

나는 두 가지 병을 앓고 있다. 하나는 '풍병瘋病'(미치광이 병)이고 다른 하나는 '팔고병八股病'(팔고문을 애호하는 병)이다. 나의 '풍병'은 '팔고병'에서 나온 것이다. 팔고문을 즐겨 사용하는 사람들은 긴 제목과 앞뒤가 번잡한 경우를 만나면 몇 개의 문장을 하나의 제목으로 삼곤 한다. 왕왕 제목 중의 한 글자나 한 구절, 한 문장을 주제로 삼아 전체의 제목으로 삼기도 한다.

일찍이 팔고문의 대가 증국번은 팔고문 작문법을 논하면서 이같이 말했다.

"수많은 산이 방박磅礴(가득함) 할지라도 반드시 주봉主峰이 있다. 제왕의 곤룡포가 구장九章(9가지 무늬) 으로 이뤄졌을지라도 오직 일령一領(옷깃으로 가장 중요한 곳) 으로 통합돼 있다."

이 말은 치국에 그대로 통하고 후흑학에도 활용된다. 우리 중국의 내정외교는 곳곳에서 어려움에 봉착해 있고 재정과 군정은 어지럽기 짝이 없다. 이는 마치 팔고문을 짓는 사람이 긴 제목과 앞뒤가 번잡한 경우를 만나 글을 짓지 못하는 것에 비유할 만하다.

만일 지엽에 초점을 맞추면 노력만 들 뿐 아무 성과가 없다. 우리가 시국을 해결하는 것도 팔고문의 경우를 응용해야 한다. 문제의 핵심을 파악해 전력으로 이를 해결코자 하면 복잡하게 뒤엉킨 시국도 자연스럽게 해결의 실마리를 찾을 수 있다. 우리도 응당 '항일' 2자를 핵심으로 삼아 이를 기반으로 한 내정외교의 해법을 찾아내야 한다. 내정외교의 방침이 정해지면 모든 조치는 이에 부합하는 쪽으로 취해져야 한다. 이후의 글은 모두 이런 주장에 입각해 있다.

다만 나는 청조 말에 공직에 있으면서 '구관6자진언'과 '주관6자진언'을 발명했음에도 팔고문을 오랫동안 사용치 않아 제대로 통하지 않을 수 있다. 팔고문을 잘 아는 동지들이 이를 제대로 바로 잡아주기 바란다.

과거를 보던 시절의 규칙에서 보면 팔고문을 쓸 경우 반드시 주희의 주석을 기본으로 삼아야 했다. 시험장에는 쪽지를 끼고 들어갈 수 없었다. 응시생은 오직 주희의 『사서집주』를 외우는 수밖에 없었다. 주희가 '팔고문의 조종'으로 불린 이유이다. 그의 시국 해결 방안은 팔고문 작법과 닮았다.

그는 남송 대에 태어나 가장 먼저 효종孝宗을 배견할 때 이같이 말했다.

"지금은 먼저 다음과 같은 사실을 인정해야 합니다. 금나라는 불공대천의 적입니다. 그러니 먼저 화의和議를 끊고 사신을 소환해야 합니다. 이것이 결정되어야만 모든 일의 해법이 나올 수 있습니다. 회의적인 사람들은 모두 근본이 아직 확고하지 않고 두루 준비되지 않은 까닭에 전진할지라도 실지회복을 꾀할 수 없고, 후퇴할지라도 방어를 꾀할 수 없으니 부득불 잠시 금나라와 강화해야 한다고 합니다. 여기서 바로 '강화'의 주장이 나오는 것입니다. 그러나 '강화'의 얘기가 한 번 나오면 전진할지라도 결사決死의 마음이 없게 되고, 후퇴하면 천연遷延(늦춤)의 계책만 나오게 되니 그 기세가 먼저 마르고 인심 또한 사방으로 흩어지게 됩니다. '강화'의 얘기를 파하지 않으면 천하대사는 하나도 이룰 수가 없습니다. 지금 계책으로 말하면 반드시 문을 닫고 화의를 끊어야 합니다. 그래야 가히 충용한 기운을 격발시킬 수 있고 실지회복을 언급할 수 있습니다."

이는 주희가 융흥隆興 원년(1163)에 효종에게 말한 것이다. 그의 이 발언은 현 시국에 꼭 부합하는 만큼 이를 그대로 인용할 만하다. 우선 일본이 우리의 원수라는 것을 인정하고 이를 전 인민에게 공동의 목표로 삼게 한 후에야 비로소 '대내단결, 대외저항'을 얘기할 수 있다. 우리 중국인은 '항일'에 대해 이미 최대 결심을 한 만큼 외교상례를 좇아 입으로 부득불 친선과 조정 등을 말하는 것은 그 뜻을 제대로 모르는 것이다. 이는 서양의 팔고문 화법에 해당한다. 중국에 대해서는 전혀 적용할 수 없는 것이니 그로 인한 폐해는 주희가 말한 것처럼 명백하다.

사람들은 나라가 날로 위험해지는 모습을 보며 국수國粹 보전과 독경讀經을 주장하고 있다. 이는 근본적인 치료에 해당한다. 팔고문은 '국수'의 결정체이고 우리의 후흑학은 팔고문에서 나온 것이니 근본의 근본에 해당한다. 나는 각급 학교의 국어 선생이 주희가 송효종에게 말한 이 대목을 먼저 학생들에게 가르치기를 희망한다. 그래야 중국의 팔고문 지식을 배양해 서양의 팔고문을 타도할 수 있다.

중국의 팔고문은 그 역사가 매우 깊어 중국의 문인은 마치 물고기가 물을 만나듯 팔고문에 깊이 젖어 있다. 그래서 오늘날 사람들의 문장은 코로 냄새를 맡으면 대부분 팔고문의 기미를 내뿜으며 시큼시큼한 것이다. 장태염章太炎의 문장은 한창려韓昌黎(당송8대가 중 한 사람인 한유), 엄복嚴復의 문장은 관도산管韜山, 강유위康有爲의 문장은 '18과위묵十八科闈墨', 양계초梁啓超의 문장은 '강한병령江漢炳靈' 의 팔고문과 닮아 있다. 나의 문장은 작은 사교장에서 써낸 것과 같은 수준이다.

당대의 문호들은 『요재지이』의 가봉치賈奉雉가 신선이 된 듯 우뚝 솟은 팔고문에 해당한다.

"제군은 팔고문이 낡았다고 웃지 마소. 팔고문은 구식과 혁명의 차원을 뛰어넘고 있소."

황흥黃興과 채송파蔡松坡는 수재秀才(縣試 합격자), 오치휘吳稚暉와 우우임于右任은 거인擧人(省試 합격자), 담연개譚延闓와 채원배蔡元培는 진사進士(會試 합격자) 출신이다. 내가 아는 동향 출신 동학同學 중 몇 사람은 혁명가이니 요서초는 거인 출신이다. 뇌질애, 장열오, 사혜생은 수재 출신이다. 아, 참으로 성대하구나! 팔고문의 공용功用이 참으로 크구나!

청조 말년에 한 팔고문 선생이 떨치고 일어나 혁명을 외치니 나는 오늘의 애국지사가 불을 놓아 서양의 팔고문을 불사르고, 머리를 돌려 중국의 팔고문을 깊이 연구하기를 간절히 바란다. 그래야 비로소 우리의 원수 일본과 끝까지 싸울 수 있다.

당송8대가 중 내가 가장 좋아하는 사람은 3소三蘇(소순, 소식, 소철)이다. 이들 소 씨 부자는 모두 후흑학을 알고 있기 때문이다. 노천老泉(소순)의 학설은 신불해와 한비자에서 나왔다. 신불해의 저술은 후대에 전해 내려오지 않고 있다. 노천의 『가우집嘉佑集』에 나오는 논의는 한비자의 주장과 거의 같다. 문필의 서리犀利(예리함)가 심각한 것도 닮았다. 노천은 병법에 조예가 깊었으며, 『손자병법』을 깊이 연구했다.

동파東坡(소식)의 학설은 전국시대 종횡가와 닮았다. 인정세태와 이해관계에 밝았다. 변재辯才(변론하는 재주)가 뛰어나 희소노매嬉笑怒罵(즐기고 웃고 노하고 욕함) 자체가 그대로 문장이 되었다. 그의 글에 나오는 해학과 휼궤譎詭(속임수)는 거침이 없어 『전국책』의 문체와 사뭇 닮아 있다.

자유子由(소철)는 노자를 깊이 연구했다. 저술 중에 『노자해老子解』가 있다. 명말의 이탁오李卓吾는 이런 말을 한 적이 있다.

"그간 노자를 주석한 사람은 매우 많다. 그러나 자유의 업적이 가장 뛰어나다."

자유의 글은 왕양담박汪洋淡泊(넓고 산뜻함)해 당송8대가 중 가장 평이한 문장에 속한다. 노자와 장자에 대한 연구가 그만큼 깊었다. 이들의 문장이 이처럼 큰 성과를 거둔 이유이다.

『손자』와 『한비자』와 『전국책』은 가히 고대 후흑학의 3부작 교과서라고 이를 말한다. 『노자』가 내포하고 있는 후흑학 철리는 굉대하고도 풍부하다. 제군들이 공자의 학설을 연구코자 하면 공자가 연마한 『시경』과 『서경』, 『역경』을 숙독하지 않으면 안 된다. 후흑학을 연구코자 하면 반드시 내 작품을 읽어야 한다. 그러나 이는 공자의 『논어』를 읽는 것에 지나지 않는다. 반드시 『노자』와 『손자』, 『한비자』, 『전국책』 등을 읽어야만 한다. 이는 유가에서 『시경』과 『서경』, 『역경』을 읽는 것에 비유할 수 있다. 이들 책을 숙독한 후 24사를 참조해 지금 빚어지고 있는 동서양의 여러 사변을 하나로 꿸 수 있다. 그래야만 비로소 후흑학 박사가 될 수 있는 것이다.

어떤 사람이 물었다.

"과연 '후흑학' 3자는 어떤 글자로 비유하는 게 적당합니까?"

내가 대답했다.

"이는 '도덕경' 3자에 대칭된다. 노자의 『도덕경』과 나의 『후흑학』은 단지 글자뿐만 아니라 실질적으로도 원래 같은 것이다."

무엇으로 이를 증명할 수 있는가? 주희의 얘기가 그 증거다. 그는 『주자전서』에서 "노자의 학설은 인忍 1자로 집약할 수 있다"고 했다. 그는 한가할 때 보면 마치 허무虛無, 비미卑微(비천), 유약柔弱한 사람과 같았다. 그러나 긴박한 사건이 터져나오면 마치 장량 등의 책사처럼 당신이 감당할 수 없을 정도로 빨랐다.

장량이 배운 것은 노자의 학술이다. 예컨대 요관嶢關의 전투 당시 진나라와 화의하는 듯한 모습을 보이다가 홀연히 진나라 군사가 해이해진 틈을 타 습격을 가했다.[27] 홍구鴻溝의 약정 당시에는 항우와 강화를 했다가 홀연히 부대를 이끌고 가 항우의 군사를 쳤다. 이는 비미하고 유약한 모습을 보이다가 일시에 힘을 폭발시킨 것이다. 얼마나 무서운 일인가!

장량의 계책은 반드시 자주 구사할 필요도 없었다. 이처럼 두세 가지 경우에만 적용했음에도 한고조 유방은 능히 제업帝業을 이룰 수 있었다. 주희의 학설을 좇을 경우 노자의 『도덕경』이 어찌 '후흑학'의 서적이 아

27. 기원전 207년 자영(子嬰)이 재궁(齋宮)에서 조고를 찔러 죽이고 그의 삼족을 멸한 뒤 군사를 보내 효관(峭關 : 섬서성 남전현 동남쪽)에서 제후들의 진공을 막게 했다. 유방이 이를 치려고 하자 장량이 만류했다. "진나라 군사는 아직도 강하니 가벼이 볼 수 없습니다. 원컨대 먼저 사람을 보내 산 위에 기치를 벌여놓아 의병(疑兵 : 군사가 있는 것처럼 가장함)하고, 역이기(酈食其)와 육가(陸賈)를 시켜 진나라 장수들에게 항복을 권하면서 이익으로 그들을 유인케 하십시오." 진나라 장수들이 강화할 움직임을 보이자 유방이 이를 받아들이려고 했다. 장량이 반대했다. "이는 오직 그 장수들만이 반기를 드는 것이니 그 사졸들이 좇지 않을까 두렵습니다. 진나라 군사가 해이해지는 틈을 타 공격하느니만 못합니다." 이에 유방이 군사를 이끌고 요관(嶢關 : 섬서성 상현 서북쪽)을 우회해 괴산(蕢山 : 섬서성 남전현 남쪽)을 넘어간 뒤 진나라 군사를 남전(藍田 : 섬서성 남전현)의 남쪽에서 대파했다. 여기서 말하는 '요관'의 전투는 바로 이를 언급한 것이다.

닐 수 있겠는가? 나는 『후흑총화』 권 2의 말미에서 이같이 말한 바 있다.

"소동파의 「유후론留侯論」(장량론)은 전편을 통해 오직 '후厚' 1자에 입론해 있다."

주희는 장량의 '흑黑' 자를 직접 거론한 바 있다. 그 근원을 찾으면 이는 노자에서 나온 것이다. 이런 논단은 정벽주전精辟周全(상세하고 완벽함)한 것이다. 주희는 '요관' 및 '홍구'와 같은 한심사狠心事(매우 악독한 사안)는 비미하고 유약한 사람이 폭발했을 때 취하는 것임을 인정하고 있었다. 족히 '후흑' 2자를 알고 있다고 할 만하다. 두 글자는 원래 하나로 통하는 것이다.

'후'와 '흑'은 1개 물체의 2개 측면을 뜻한다. 얼굴이 두꺼운 사람은 가히 마음이 시꺼먼 사람으로 변하고, 마음이 시꺼먼 사람은 얼굴이 두꺼운 사람으로 변한다. 주희는 "노자의 학설은 인忍 1자로 집약할 수 있다"고 했다. 그는 '인' 1자로 '후흑' 2자를 종합한 것이다. '인' 자를 자신에게 적용하면 가히 '얼굴이 두껍다'고 할 수 있고, 다른 사람에게 적용하면 가히 '마음이 시꺼멓다'고 할 수 있는 것이다. '인' 자를 자신에게 적용했기에 한가할 때 허무하고 나약한 모습을 보이는 것이다. '인' 자를 다른 사람에게 적용했기에 당신이 삼낭할 수 없을 정도의 힘을 드러낸 것이다.

장량이 노인을 대신해 신발을 주운 후 무릎을 꿇고 신발을 신겨준 것은 '인' 자를 자신에게 적용한 것이다. '요관홍구'에서 맹약을 저버리며 상대방을 사지로 몰아넣은 것은 '인' 자를 다른 사람에게 적용한 것이다. 이로써 보면 '후'와 '흑'은 같은 원천에서 나온 것으로 상호 전변轉變할 수 있음을 알 수 있다.

나는 특별히 독자들에게 말하고 싶은 게 있다. 만일 어떤 사람이 당신의 면전에서 비위를 맞추기 위해 아양을 떨면서 매양 칭송할 경우 당신은 그가 문득 '심흑'으로 변하는 것에 대비해야만 한다. 당신이 하루 아침에 홀연히 실세失勢케 되면 가장 먼저 우물 안에 돌을 집어던질 사람은 바로 그자이다. 또한 어떤 사람이 당신의 면전에서 마구 욕을 하며 정나미가 떨어지게 굴 경우 당신은 원한을 품어서는 안 된다. 당신이 하루 아침에 홀연히 득지得志하면 그는 자연히 '면후'로 변해 당신의 면전에서 칭송을 늘어놓을 것이다. 역사상 이런 일은 부지기수로 많았다. 독자 제위는 스스로 이를 고증하기 바란다.

나는 후흑학을 발명한 후 연구를 거듭하면서 하나의 정리定理를 찾아냈다. 심리변화는 역학의 공리公理를 좇아 운행한다는 게 그것이다. 이 정리는 후흑학의 철학적인 근거에 해당한다. 물의 변화는 순수하게 역학의 공리를 좇아 변화한다. 어떤 때는 완만히 흐르다가 앞에 어떤 물건이 가로놓여 있으면 이를 돌아 나간다. 한 마디로 말해 밑으로 흐르는 것이다. 그러니 세상에 존재하는 것 중 비미하고 유약한 것으로 물과 같은 게 없다고 할 만하다.

그러나 물은 때로 미친 듯이 흐르는 분류奔流처럼 마치 산을 삼키고 바다를 뒤집을 듯한 기세를 보인다. 그 어떤 것도 이를 당해내지 못하니 이를 막고자 하면 이내 무너질 수밖에 없다. 그러니 세상에 존재하는 것 중 흉포한 것으로 물과 같은 게 없다고 할 만하다. 노자의 학설은 바로 이런 이치에서 나온 것이다. 일찍이 그는 이같이 말했다.

"천하의 사물 중 물보다 유약한 것은 없다. 그러나 능히 견고한 물체를 무너뜨리는 것으로 물을 당할 수 있는 것 또한 없다."

만일 제군들이 이 이치를 꿴다면 노자의 『도덕경』과 소생의 『후흑학』 간에 아무 차이가 없다는 것을 알 수 있을 것이다.

'인' 자를 자신에게 적용하는 것을 '면후', 다른 사람에게 적용하는 것을 '심흑'이라고 한다. 사람에 대해 이같이 말할 수 있는 것은 물의 경우와 같다. 완만히 흐르면서 앞에 있는 물체를 돌아서 나아가는 것은 '인'

자를 자신에게 적용한 경우이다. 대노한 듯 앞으로 분류하면서 사람이나 물체가 이를 막고자 하면 곧바로 무너뜨리는 것은 '인' 자를 다른 사람에게 적용하는 것에 해당한다. 물체를 돌아서 나아가는 동시에 이를 무너뜨리는 것은 비록 겉으로는 다른 모습으로 나타나고 있으나 실제로는 같은 이치인 것이다.

인사人事와 물리物理는 서로 통하는 것이다. 심리心理와 역학力學 또한 같다. 이런 이치를 깨달은 연후에 비로소 노자의 『도덕경』을 읽을 수 있고, 그 연후에 가히 나의 『후흑학』을 읽을 수 있다.

노자의 학설은 순전히 물의 공능功能에서 나온 것이다. 『도덕경』에서 물을 언급한 곳은 한두 곳이 아니다. 예컨대 그는 이같이 말했다.

"최상의 선은 물과 같다. 물은 능히 만물을 이롭게 하면서도 공을 다투지 않으니 중인衆人이 싫어하는 곳에 머문다. 그래서 거의 도에 가까운 것이다."

또 이같이 말하기도 했다.

"강해江海가 능히 백곡百谷(뭇 계곡물)의 '왕'이 될 수 있는 것은 자신을 잘 낮추기 때문이다. 그래서 능히 '백곡왕'이 된 것이다."

물이 역학의 공리를 좇아 변화하며 운행하는 것을 보고 노자는 깊이 깨달은 바가 있었다. 그의 학설이 역학의 공리로 분석할 때 하나도 틀리지 않는 이유이다. 이처럼 우주의 삼라만상은 노자 학설의 범주에서 벗어날 수 없고 동시에 '후흑학'의 범주에서 벗어날 수 없는 것이다. 노자는 말했다.

"나의 말은 매우 알아듣기 쉽고 행하기도 쉽다. 그러나 천하인 중 아무도 이를 알아듣지 못하니 실행할 줄도 모르는 것이다."

이는 바로 노자가 후흑학을 지칭해 언급한 찬사에 해당한다. '면후심흑'으로 무엇을 알지 못하고 무엇을 하지 못하겠는가? 이것이 "매우 알아듣기 쉽고 행하기도 쉽다"고 말한 뜻이다. 그러나 '후흑학' 3자는 내가 나타날 때까지 문헌에서 찾아볼 수 없었으니 이 어찌 "천하인 중 아무도 이를 알아듣지 못한다"는 대목을 명백히 증명한 게 아니겠는가? 우리 중국은 일본과 열강으로부터 모멸을 받고 있다. 관중과 소진의 후흑이 모두 있는데도 감히 이를 실행하지 않고 있다. 후흑의 달인 구천과 유방이 적들을 대적한 전례가 있는데도 이에 대한 연구를 하지 않고 있다. 이 어찌 "천하인 중 아무도 이를 실행할 줄도 모른다"는 대목을 명백히 증명한 게 아니겠는가?

내가 발명한 후흑학은 일종의 독립된 과학이다. 제자백가의 학설과 결코 같은 게 아니다. 다만 하나로 융합해 관통하고 있는 점에서 볼 때 제자백가의 학설은 후흑학과 서로 통하지 않는 게 없다고 이를 만하다. 내가 말하는 모든 도리는 다른 사람이 말하지 않은 적이 없다. 내가 새로운 발명을 한 게 아니다. 나의 후흑학 내 위치는 유학의 공자에 비유할 수 있다.

공자는 요순을 배우고자 했다. 그의 입장에서 말하면 그는 주문왕과 주무왕을 닮고자 한 까닭에 술이부작述而不作(서술은 하되 창작하지는 않음)하고 신이호고信而好古(신실한 자세로 옛 것을 좋아함) 했다. 그 역시 무슨 새로운 발명을 한 게 아니다. 나의 후흑학 역시 그러하다. 공자는 말했다.

"나를 알아주는 것도 오직 『춘추』이고 나를 죄주는 것도 오직 『춘추』일 것이다."

나도 이같이 말하고자 한다.

"나를 알아주는 것도 오직 『후흑학』이고 나를 죄주는 것도 오직 『후흑학』일 것이다."

노자 역시 '술이부작'과 '신이호고'를 한 사람이다. 그는 『도덕경』에서 '건언유지建言有之'(비웃음을 당하지 않으면 도가 되기에 부족하기에 이런 말이 나왔음), '용병유언用兵有言' (감히 주인이 되지 않고 객이 되고자 한다는 용병의 격언이 있음), '고지소위古之所謂' (옛말에 이르기를) 등을 언급했다. 이는 그가 고서를 인용했음을 분명히 드러내는 것이다. 주희의 논법을 좇을 경우 『도덕경』은 확실히 『후흑학』 서적에 해당한다. 실제로 노자의 학설은 옛 사람들로부터 유전遺傳해 내려온 것이다. 내가 발명한 후흑학은 실로 고금을 관통하고 있다. 설령 귀신 앞에서 질문을 받을지라도 추호의 의문점이 있을 수 없고, 1백 년 후에 성인이 나올지라도 조금도 곤혹스러울 게 없다.

학자들의 고증에 따르면 선진시대 제자백가의 학설 중 노자의 학설에서 연원하지 않은 것은 하나도 없다. 이는 후흑학의 취지를 담지 않은 학설이 전무했음을 뜻한다. 제자백가의 학설은 응당 노자를 대표로 하는 것이니 노자의 전대에는 이윤伊尹, 태공太公, 관자管子 등이 있었을 뿐이다. 『한서』「예문지」는 이들을 모두 도가로 분류했다. 노자 이전은 물론 이후에 이르기까지 모두 노자의 범주에서 벗어나지 못하는 이유이다.

선진시대 제자백가 중 최후의 인물은 한비자이다. 한비자의 약간 후대에 비록 『여씨춘추』가 있기는 하나 이는 여불위의 식객들이 편찬한 것으로 일종의 문적文摘(요약본) 성격을 띤 것이다. 『여씨춘추』는 딱히 작자의 이름을 찾을 수 없는 까닭에 한비자는 응당 선진시대의 제자백가 중 최후의 인물로 간주해야 할 것이다.

한비자의 글 중 「해로解老」와 「유로喩老」편이 있다. 이는 『도덕경』의 구절을 하나하나 풀이하면서 노자를 성인으로 칭송해 놓은 것이다. 그의 학문은 노자를 직접 승계한 것에 해당한다. 다음 구절이 이를 뒷받침한다.

"형가刑家와 명가名家는 원래 노자의 『도덕경』에서 나온 것이다."

이로써 선진시대 제자백가 모두 시종 후흑학의 원리에서 나왔고, '후흑학' 이라는 말 자체가 발명이 아닌 것임을 알 수 있다.

『한비자』는 제자백가의 학설을 평해놓고 있다. 각 학파의 학설을 일일이 검토한 후 독창적으로 하나의 학설을 세웠음을 알 수 있다. 상앙商鞅은 변법, 신불해申不害는 권술權術을 말했다. 한비자는 변법과 권술을 하나로 합쳐 선진시대의 법가사상을 집대성했다. 비록 당시에 '후흑학'이라는 명칭이 존재하지는 않았으나 그는 선진시대에 후흑학을 집대성한 셈이다. 그럼에도 평론가들은 그의 학설이 참혹慘酷하고 각박소은刻薄少恩(각박하여 은혜가 적음)할 뿐이라고 말하고 있다.

노자는 선진시대 제자백가 중 마치 곤륜산과 같은 존재이다. 모든 산맥이 여기서 뻗어났기 때문이다. 한비자는 동해와 같다. 수많은 강물이 모두 이곳에 모였다. 노자가 말한 것은 후흑학의 기본법칙이고, 한비자가 말한 것은 후흑학의 운용이다. 여타 제자백가는 개개의 강하江河 내지 산맥에 해당한다. 후흑학의 철리는 모두 여기서 나온 것이다.

도가와 법가의 학설은 원래 서로 통하는 것이다. 이를 수렴하면 노자의 청정무위清靜無爲가 되고 폭발시키면 한비자의 '각박소은'이 된다. 그 관건을 대다수 사람들이 찾아내지 못한 것이다. 주희는 학문을 좋아하고 깊이 사고한 사람이다. 그는 이를 간파했다. 그가 장량의 비미卑微하고 유약柔弱한 술책 속에 가히 사람들을 두렵게 만드는 것이 있다며 그 핵심을 짚어낸 게 그 증거다. '비미유약'은 도가와 법가의 학설을 수렴했을 때의 모습으로 우리가 말하는 '면후'가 이에 해당한다. 사람을 두렵게 만드는 것은 폭발했을 때의 모습으로 우리가 말하는 '심흑'이 이에 해당한다. '후'와 '흑'은 본래 두 개의 사안으로 나눌 수 없는 것이다.

도가와 법가의 학설은 이처럼 하나의 원칙이 관통하고 있다. 그래서 사마천은 『사기』를 저술하면서 노자와 장자, 신불해, 한비자를 모두 하나의 열전에 포함시킨 것이다. 후대의 유생들은 오직 공자밖에 모른 까닭에 제자백가의 학설이 나오게 된 원류를 전혀 이해하지 못했다. 심지어 일부

유생들은 노자와 한비자가 같은 열전에 나오는 것을 두고 사마천이 제대로 알지 못했기 때문이라며 실질을 모르고 꿈 같은 얘기를 지껄이고 있다고 매도했다.

사마천과 그의 부친 사마담은 원래 도가 일파의 학자이다. 그가 찬술한 「6가지요六家指要」가 그 증거다. 그들은 큰 도리를 언급할 때 노자를 전면에 내세우고 있다. 노자는 사마천이 가장 숭배한 사람이었다. 그가 노자와 한비자를 같은 열전에 배치한 것이 어찌 아무 이유가 없는 것이겠는가? 오히려 제대로 이해해 줄 후대인이 나타나 노자를 대신해 부당하게 학대받는 약자의 편을 들어주기를 기다린 게 아니겠는가? 이들 유생들은 노자와 한비자의 관계를 전혀 이해하지 못하고 있으니 어찌 후흑학을 말할 수 있겠는가? 내가 사람들에게 '이풍자李瘋子'(이씨 미치광이)라는 말을 듣는 것도 이상한 일이 아니다.

'후흑'이라는 말은 물론 고대에는 없었다. 그러나 그 이치만큼은 고금동서를 막론하고 모든 사람이 알고 있었다. 단지 그 전모를 아는가 아니면 일부분만 아는가, 명확히 아는가 아니면 희미하게 아는가의 차이만 있었다. 사람들이 파악한 모습이 각기 달랐던 까닭에 그 명칭 또한 천차만별이었다. 노자는 '도덕道德', 공자는 '인의仁義', 손자는 '묘산廟算'(백성을 다스리는 방법), 한비자는 '법술法術', 다윈은 '경쟁競爭', 비스마르크는 '철혈鐵血', 마르크스는 '유물唯物', 마르크스를 숭배한 윌리엄 모리스는 '생존生存'으로 명명했다. 여타 철학자들은 각기 자신의 견해를 좇아 이름을 붙였다. 가히 소동파가 「제서림벽題西林壁」에서 이같이 읊은 것에 비유할 만하다.[28]

28. 「제서림벽」의 서림은 여산의 7고개 서쪽에 위치한 절을 말한다. 간결한 문체의 7언절구로 이 시는 도가와 불가에서 말하는 '도'의 본체와 작용을 아는 게 쉽지 않

가로로 보면 산마루 옆에서 보면 봉우리	橫看成嶺側成峰
원근고저 보는 곳 따라 하나도 같지 않네	遠近高低各不同
나는 여산의 진면목을 전혀 알 수 없으니	不識廬山眞面目
단지 몸이 이 산 속에 있기 때문이라네	只緣身在此山中

선진시대 제자백가 중 후흑학을 연구하지 않은 사람은 한 사람도 없으나 오직 노자의 견해만이 가장 깊고, 그가 말한 것만이 가장 현묘하다. 만일 주희가 호학심사好學深思하는 인물이 아니었다면 노자의 학문을 알아채지 못했을 것이다. 장자방張子房(장량) 같은 선골仙骨이 아니면 노자의 학문을 자유자재로 운용치도 못했을 것이다.

선진시대 제자백가는 겉으로 백가쟁명百家爭鳴을 했으나 그 골자는 모두 후흑의 철리를 연구하는 것이었다. 이들 제자백가의 학설을 적용할 수 있는지 여부는 후흑학의 요소를 얼마나 내포하고 있는지 여부에 따라 판정할 수 있다. 『도덕경』과 『한비자』는 시종 후흑학을 논한 것이다. 한문제漢文帝가 노자의 학설을 좇아 국태민안國泰民安을 삼대三代(하·은·주) 이래 최상의 정책으로 삼은 이유가 여기에 있다.

제갈량은 신불해와 한비자의 법가원리를 좇아 나라를 다스렸다. 그의 승상 업무는 고금의 많은 사람들로부터 칭송을 받았다. 손무孫武와 오기吳起, 소진蘇秦, 장의張儀는 후흑학 철리에 대해 깊이 연구한 까닭에 각자 소기의 성과를 거뒀다. 손무와 오기가 이끄는 군대가 싸우면 반드시 이기고 공격하면 반드시 취한 이유이다. 소진과 장의가 드러내 놓고 유세하면

음을 얘기하고 있다. 송대에 유행한 전형적인 '설리시(說理詩)'에 해당한다.

서 천하를 풍미한 배경도 이를 통해 능히 짐작할 수 있다.

무릇 모든 학설은 후흑학 철리를 포함하고 있는 까닭에 한번 실시되면 사회적으로 커다란 영향을 미칠 수밖에 없다. 이에 유가는 '인의仁義'를 고창했다. '인'은 '면후', '의'는 '심흑'에 가깝다. 이들이 공부하고 터득한 후흑을 진정한 후흑과 비교하면 약간의 차이밖에 없다. 그러나 유가 학설에 입각해 나라를 다스리면 가렵거나 아프지 않게 된다. 이는 사회적으로 커다란 종양을 키우는 것과 같다. 이에 대해 유가는 열심히 이같이 해명하고 있다.

"왕도를 추행推行(추진해 나아감)하면 단기적인 공효功效(공을 이루는 효과)를 기대할 수는 없다."

그렇다면 한번 물어보자. 한문제는 불과 20-30년밖에 재위하지 않았고 제갈량이 촉한을 다스린 것은 겨우 20년에 불과했다. 그런데도 커다란 공효를 거두었다. 이는 어찌 된 일인가? 이 어찌 한문제가 패술覇術(패도의 통치술)을 구사하고 제갈량이 후대의 유생들이 칭찬하듯이 군왕을 보좌해 왕도를 추진할 재능을 구비한 인물이라는 뜻이겠는가? 이는 도대체 어떤 이치인가? 유가에게 한번 물어보도록 하자.

후흑은 본래 사람의 천성天性 중에 있는 것이다. 선진시대 제자백가 중 이를 알지 못한 사람은 한 사람도 없었다. 유가가 이를 전혀 눈치 채지 못했다고 말할 수는 없으나 애석하게도 그런 사람은 매우 적었다. 이는 유가학설이 두루 넓게 언급하고 있음에도 요체를 다룬 게 적고 노력은 많이 드는데도 공은 적은 데 따른 것이다. 유가학설이 크게 진부한 데다 인정세태를 해결하는 데 오히려 부작용을 일으키고 있는 것은 바로 이 때문이다.

노자와 신불해, 한비자는 후흑학의 적통에 해당한다. 공자와 맹자는 이에 대한 반대파에 속한다. 우리 중국은 2천여 년 동안 한문제와 한경제,

촉한의 제갈량, 명제국의 장강릉張江陵(장거정)을 제외하고는 대부분 후흑학과 반대되는 자들이 집권했다. 평온한 적이 극히 적은 데 반해 동란이 빚어진 때가 훨씬 많았던 것도 이상할 게 없다.

내가 가장 한스럽게 생각하는 것은 후흑학이 제대로 드러나지 못해 중국 대륙을 지금처럼 혼란스럽기 그지없는 지경으로 만든 점이다. 사람들이 떨쳐 일어나 큰 소리로 외치며 인민을 각성시키기를 기대한다. 매일 신문지상에 '후흑총화'에 관한 얘기를 한두 꼭지씩 쓰면서 후흑학을 전수할 수 있는 학교가 개설되기를 기다린다. 나의 이런 노력은 점차 효과를 나타내고 있다. 많은 사람들이 나에게 이같이 묻고 있다.

"내가 당신이 말한 것을 여러 사안에 직접 검증해 보았더니 과연 틀림없었다."

또 몇 명의 친구는 이같이 말했다.

"자네가 말한 원칙을 좇아 『자치통감』 몇 권을 읽으면서 곳곳에서 그 원칙이 부합하고 있음을 깨달았네!"

나는 이런 얘기를 들으면서 적잖은 사람들이 이미 후흑학에 관한 상식을 알고 있고, 그 수준이 점차 높아지고 있음을 알았다. 내가 말하는 후흑의 이치는 더 이상 첨가할 게 없다. 내가 발명한 후흑학을 24사에 대한 검증을 통해 확인할 수 있듯이 선진시대 제자백가의 학설 역시 나의 후흑학과 조금도 어긋남이 없다. 독자들 중 관심이 있는 사람은 이를 자세히 연구하기 바란다.

학생을 가르치는 방법으로 계발식啓發式, 자수식自修式 등이 있다. 가장 나쁜 것은 주입식注入式이다. 나는 1912년에 「후흑학」을 발표하면서 단지 조조와 유비, 손권, 유방, 사마의 등 몇 사람만을 예로 들었다. 나머지는 독자 스스로 찾아보기 바란다. 나의 「후흑경」과 「후흑전습록」 역시 기본요강만 간략히 제시하면서 상세한 예를 생략했다. 이는 주입식으로 변질돼 독자들의 자수自修능력이 훼손될까 우려했기 때문이다. 이번에 내가 선진시대 제자백가의 학설 모두 후흑학의 철리를 내포하고 있다고 하면서 그 대강만을 언급한 것도 독자 스스로 진일보한 연구를 하도록 돕기 위한 것이다.

『시경』과 『서경』, 『역경』, 『주례』, 『의례』 등은 유가의 경전으로 유학을 공부하고자 하는 사람은 이들 경전을 숙독하지 않으면 안 된다. 선진시대의 제자백가 문헌은 후흑학의 경전이다. 만일 이들 전부를 읽기가 어려우면 우선 『도덕경』과 『한비자』 두 권만이라도 읽어야 한다. 후흑학의 실체와 운용을 안 후 제자백가의 문헌을 다시 읽으면 자연히 그 도에 통하게 될 것이다. 통상 유학을 공부하는 사람은 입만 열면 '시왈詩曰, 서왈書曰' 한다. 내가 후흑 철리를 언급하면서 수시로 '노자왈, 한비자왈' 하는 것도 이와 같다.

사서오경은 비록 후흑학 밖에 있는 책이나 후흑학의 학설과 융합한 정확한 안목으로 이를 읽게 되면 그 가운데서 많은 후흑학 철리를 발견해 낼 수 있다. 『맹자』에서 '해제애친孩提愛親'(갓난아이는 어버이를 사랑함)을 언급한 「진심 상」편과 '유자입정孺子入井'(어린애가 우물 쪽으로 들어가려 함)을 언급한 「등문공 상」편의 해당 대목이 어찌 유가학설에 기초한 것이 아니겠는가? 나는 이 두 대목에 기초해 깊이 연구한 끝에 몇 가지 도식을 통해 후흑학의 철학적 기초를 만들어냈다. 만일 제군들이 뜻을 두고 있다면 이런 식으로 연구해도 무방할 것이다.

후 흑 학

지구는 현존하는 물체다. 따라서 지표면 위에 존재하는 모든 사물은 서로 잡아당기고 있다. 마음도 현존하는 물체다. 그래서 6진(색 · 성 · 향 · 미 · 촉 · 법이 존재하는 속세)의 모든 인연은 서로 잡아당기고 있다. 갓난애는 생존본능이 있기에 몸 밖의 어떤 물체를 보면 이내 입으로 가져간다. 인류도 생존본능이 있기에 자신에게 유리한 일을 보면 이내 가까이 다가가게 된다. 자연계의 모든 현상이 이와 같다. 지구도, 마음도, 갓난아이도, 인류도 똑같다.

만일 인력보다 척력이 더 크게 작용하게 되면 모든 것은 이내 사라지고 말 것이다. 그러나 아직 그런 시기가 도래하지 않았다. 지금은 서로를 끌어당기는 힘이 작용하고 있는 것이다. 이는 없앨 수 없다. 그럼에도 송유들은 '거사'를 떠든 것이다. 과연 이게 가능한 일인가!

04장 | 후흑원리

후흑학

厚黑學

자서 1

민국 원년(1912)에 나는 성도의 《공론일보》에 『후흑학』이라는 이름으로 글을 발표했다. 고금의 성공한 영웅 중 '면후심흑'이 아닌 자가 없다는 게 골자였다. 이는 본래 장난으로 쓴 글이었기에 이후 '후흑학' 3자가 사천성 내에 널리 퍼져 하나의 보통명사가 되리라고는 생각지도 못했다. 나 자신도 이름을 짓기가 어려웠던 까닭에 내심 이런 식의 얘기가 일반인의 환영을 받는다면 틀림없이 심리학과 관련이 있을 것으로 생각했다.

계속 연구해 나가면서 처음으로 후흑학이 성악설에 연원이 있고, 학리상의 근거가 있음을 알게 되었다. 그러나 개인적으로는 의심을 완전히 풀지 못했다. 국내외의 심리학 서적을 두루 읽던 중 의문을 해소할 길이 없어 이내 고금의 많은 사람이 얘기한 설법을 버리고 따로 물리학의 법칙을 이용해 심리학을 연구하면서 인심의 변화도 역학법칙을 좇고 있다는 사실을 깨닫게 되었다.

옛 사람의 사적事迹과 오늘날의 정치, 일상의 작은 일, 자신의 마음속, 이학과 화학 및 수학, 중국 고전, 서양 학설 등 모든 면에서 이를 검증하자 두루 통했다. 이에 "심리는 역학법칙을 좇아 변화한다"는 하나의 억설을 만들어냈다. 민국 9년(1920)에 「심리와 역학」이라는 글을 쓴 뒤 상자 속에 넣어두고 감히 발표하지 않다가 민국 16년(1927)에 『종오억담』을 출간하면서 여기에 끼워넣었다. 이번에 특별히 이를 다시 정리하고 확대해 단행본으로 펴내게 되었다.

나의 이 『심리와 역학』은 민국 9년(1920)에 쓰기 시작해 지금 민국 27년(1938)이 되었으니 꼭 18년의 시간이 지났다. 이 역시 『후흑학』에서 나온 것이다. 나의 후흑학 연구는 청조 말기에 시작되었다. 결국 이 책이 나오기까지 30년 이상이 걸린 셈이다. 당나라 때 가도賈島는 "홀로 걷는 연못 밑의 그림자, 매번 쉬어가는 나무 그늘 속의 이내 몸獨行潭底影, 數息樹邊身"이라고 했다. 그는 스스로 비판하기를 "두 구절을 얻는 데 3년이 걸렸으니 한번 읊을 때마다 두 줄기 눈물이 흐르네二句三年得, 一吟雙淚流"라고 했다. 나는 오늘 이 책을 발표하면서 당시 그가 느낀 감상感想과 같은 느낌이다.

나의 사상은 한 그루 나무에 비유할 수 있다. 후흑학은 사상의 출발점으로 나무뿌리에 해당한다. 후흑학에서 "심리는 역학의 법칙을 좇아 변한다"는 억설이 나왔다. 이는 나무 몸체에 해당한다. 그 밖의 「사회문제의 협의 검토」와 「고시제도의 협의 검토」, 「중국 학술의 추세」, 최근에 쓴 「제헌과 항일」 등은 모두 "심리는 역학법칙을 좇아 변한다"는 억설에 기초한 것이다. 이는 나무에서 뻗어나온 지엽과 화과花果에 해당한다. 그래서 내가 쓰는 글은 비록 여러 유형으로 나타나고 있으나 관통하는 이치는 오직 하나이다.

작년에 사천대 교수로 있는 복건성 출신 강초서江超西 선생을 만났다. 물리를 전공하는 그는 역학易學 연구를 좋아하며 국내외의 소식을 두루 꿰고 있었다. 나는 그와 함께 원고를 훑어보면서 의문점을 거론하며 가르침을 청했다. 일일이 가르침을 받으면서 나의 설법이 능히 통할 수 있음을 알았다. 게다가 서문 1편까지 보내주어 크게 감격했다. 그러나 나는 끝내 자신이 없어 독자들에게 염치 없이 가르침을 청하고자 한다.

내가 이 문제를 연구한 이래 이미 눈이 어지러울 정도로 혼란스럽다. 글 중의 여러 설법이 옳고 그른지 여부를 스스로 알 길이 없다. 나는 거듭 심중의 의문점을 풀고자 하니 독자들이 더욱 엄중히 가르쳐 주면 더욱 감격해할 것이다. 제군들이 가르쳐 준 내용은 어떤 종류의 신문과 잡지이든 먼저 발표한 뒤 해당 글 한 부를 보내주기 바란다. 성도《화서일보》전교轉交로 보내주면 곧 개정토록 하겠다.

민국 27년(1938) 1월 13일 성도에서

이종오

자서 2

나는 이 책을 발표한 후 적잖은 비평을 받았다. 이는 나에게 획익비천獲益匪淺(이익을 얻는 게 적지 않았음)이었다. 대단히 고맙게 생각한다. 전적으로 찬성하는 자와 반대하는 자를 제외하면 나머지 대부분은 큰 차이가 없었다고 생각한다. 몇 가지 사항은 응당 고쳐야 했기에 이미 수정했다. 그러나 어떤 것은 비록 가르침을 받기는 했으나 좀더 검토할 필요가 있다고 생각해 일시 예전처럼 펴냈다. 독자들이 거듭 바르게 가르쳐 주기 바란다. 가르침을 내리는 글을 중경의《국민공보》전교로 보내주면 곧 수정토록 하겠다.

독자들은 이같이 비판한다.

"사람의 심리는 그 변화를 예측하기가 어려운 법인데 어떻게 법칙을 만들 수 있단 말인가?"

나는 이같이 대답한다.

"물리 역시 그 변화를 예측하기가 어렵다. 그런데도 어떻게 법칙을 만드는 것일까? 지금의 과학자들은 물리를 연구하면서 극히 정밀한 수준에 도달했다."

우리가 시험삼아 도자기 잔을 얻어 땅 위에 놓고 손에 망치를 들고 물어보자.

"이 망치를 떨어뜨리면 잔은 약간만 깨질까? 그 깨진 모습은 과연 어떠할까?"

전 세계의 학자들을 모아 연구할지라도 한 사람도 이를 능히 예측할 수 없을 것이다. 우리가 알 수 있는 것은 망치가 떨어지면 이 잔은 필히 깨질 것이라는 사실뿐이다. 이는 무엇을 말하는 것인가? 잔의 내부 분자구조는 추측할 도리가 없다. 그렇다고 우리가 이런 이유 때문에 물리변화는 법칙이 없다고 말할 수는 없는 일이다.

사람은 마음을 갖고 있다. 이는 예측하기가 어렵다. 도자기 잔의 분자와 같은 것이다. 심리변화는 마치 구슬이 쟁반 위를 가듯이 횡사곡직橫斜曲直하니 알 길이 없다. 알 수 있는 것은 반드시 이 쟁반 위를 벗어나지 않는다는 것뿐이다. 사람이 활과 화살을 들었을 때 동쪽을 향해 쏠지 서쪽을 향해 쏠지 예측하기가 어렵다. 다만 한번 화살을 쏘면 그 화살은 반드시 포물선을 그리며 진행하게 된다. 이것이 바로 역학의 법칙이다. 내가 심리변화도 법칙을 좇는다고 말하는 것 역시 이와 같다.

내가 말하는 "심리는 역학법칙을 좇아 변한다"는 것은 일종의 억설로 공례公例라고 말할 수는 없다. 공례는 하나의 예외도 없는 경우를 말한다. 당초 뉴턴이 만유인력을 발명했을 때 3가지 공례를 만들어냈다. 많은 사람들이 이를 인정치 않았으나 훗날 차례로 증명되었다. 점차 승인을 받게 되면서 마지막으로는 우주의 각종 현상이 모두 뉴턴법칙에 부합하고 오직 천왕성만이 부합치 않는다는 것을 알게 되었다. 이런 예외가 있으면 공례가 될 수 없다.

1846년 당시 어떤 천문학자가 천왕성이 뉴턴법칙에 맞는지 여부를 놓고 합치하지 않는 부분을 좀더 연구해 천왕성 밖에 또 다른 행성이 있다고 단정하면서 그 형상과 위치 등을 감안해 이 별의 인력을 대입하자 천왕성 역시 뉴턴법칙에 맞게 되었다. 발표 이후 많은 천문학자가 그의 설을 좇아 조사하면서 마침내 해왕성을 찾아냈다. 과연 조금도 오차가 없었다. 뉴턴의 학설은 이내 공례가 되었다.

심리변화는 물리와 비교하면 훨씬 복잡하고 기묘하다. 나의 설법은 일반인이 인정할 수 있는 수준이 아니다. 예외적인 일이 너무 많기 때문이다. 나는 나의 억설에 잘못이 있다고 생각지 않는다. 사람의 마음 속에 해왕성이 너무 많다고 생각한다. 우리는 대원칙을 통해 각 사람의 심중에 있는 해왕성을 찾는 것뿐이다.

어떤 사람이 말했다.

"당신은 인사와 물리를 하나로 통일코자 한다. 전에 수많은 사람이 그런 작업을 시도했으나 결국 아무 성과도 없었다."

내가 대답했다.

"수에즈 운하를 두고 전에 많은 사람들이 개통이 불가능하다고 했으나 결국 개통되었다. 파나마 운하 역시 많은 사람이 그같이 말했으나 결국 개통되었다. 나는 자연계 모두 동일한 원칙 하에 사람과 사물을 만들고, 물리상의 원칙도 반드시 인사에 적용할 수 있다고 생각한다. 단지 사람의 학식이 아직 충분치 못해 이를 하나로 통합시키지 못하고 있을 뿐이다. 학술은 세계의 공통된 자산인 까닭에 응당 전 세계가 하나로 합치해 연구해야 한다. 결코 한 사람의 힘으로 이뤄낼 수 있는 게 아니다. 독자 제군과 함께 연구할 수 있기를 기대한다. 만일 나의 이 방식이 통하지 않는다면 독자들이 다른 방법을 사용해 이를 이뤄주길 바란다. 내가 이 문제를 연구하는 것은 마치 오리무중을 헤매는 것과 같다. 제군들이 어찌 나의 어리석음을 가련히 여겨 가르침을 내리지 않겠는가!

물리가 극히 복잡함에도 뉴턴은 법칙을 찾아내면서 복잡한 물리가 정연해지고 이로 인해 과학은 커다란 진보를 거두게 되었다. 세계가 극히 혼란함에도 우리가 인사문제에서 능히 법칙을 찾아낼 수 있다면 가히 세상의 분규를 방지하고 문명 또한 커다란 진보를 이룰 수 있을 것이다. 저자가 바라는 바는 바로 독자 제군이 공동연구자가 되는 것이다.

민국 31년(1942) 10월 8일

이종오

제1절

인성과 전자기

* 이종오의 또 다른 연구 대상 중 하나는 바로 '인성과 전자기(電磁氣)'의 문제이다. 이는 『심리와 역학』에 대한 연구의 연속으로 그가 이룬 사상적 발전의 극치라고 할 수 있다. 그는 성악설 쪽으로 기울어져 대담하게 후흑학을 제창한 후 더 나아가 인성론에 대한 연구를 계속 진행시켰다. 연구가 진행되면서 기존의 성선설은 물론 성악설도 부인했다. 나아가 '유선유악설(有善有惡說)' 은 물론 '성삼품설(性三品說)' 까지도 모두 부정했다.

인간의 본성은 선하거나 악하다는 개념으로 판별할 수 없다고 생각한 그는 인간의 본성에는 오히려 어떤 '힘' 이 작용하고 있다는 사실을 알아냈다. 이 힘은 밀고 당기는 힘인데 물리적 현상과도 다르지 않다. 그가 『심리와 역학』이라는 책을 쓰게 된 이유가 여기에 있었다. 이제 그는 또 다시 "인간의 영혼은 지구의 전자기로부터 변화해 왔다"는 가설을 세웠다. 이와 관련해 그는 이같이 말했다.

"만약 이런 가설이 앞으로 적절한 증명으로 뒷받침된다면 과학과 형이상학의 논쟁, 유물론과 관념론의 논쟁은 부질없는 일이 될 것이다."

그러나 그는 학문의 깊이나 나이에 한계가 있기 때문에 이 가설을 적절하게 증명할 수 없었다. 이는 그로서도 어쩔 수 없는 일이었다. 그는 예전에 이런 말을 한 적이 있다.

"나는 다만 응당 그럴 것이라고 여기는 다소 막연한 견해만을 가지고 「영혼과 전자」라는 글을 썼는데 이후 학자들이 이 학설을 뒤집거나 아니면 더욱 명확하게 증명해 주길 바랄 뿐이다."

그는 물질도 소멸되지 않고 힘도 소멸되지 않는데 이것이 바로 과학의 법칙이라고 생각했다. 이러한 이치에 따르면 우리가 죽으면 신체는 곧 지구상의 흙으로 변하고 동시에 영혼은 지구 주위를 떠도는 전자기로 변해 버린다. 만약 그렇다면 육체와 정신은 태어나고 죽는 과정을 되풀이하게 된다. 물질과 힘은 영원히 소멸되지 않는다는 그의 학설은 나름대로 상당한 일리가 있는 설명이라고 할 수 있다. 사람이 신선이 되고 부처가 될 수 있다고 말하는 것은 혹시 수양을 통해 전자기를 응집시킬 수 있다는 사실을 지적한 것이 아닌지 모르겠다.

또한 '원귀는 사라지지 않는다' 고 말하는 것은 바로 앙심을 품으면 전자기를 응집시킬 수 있다는 것을 말한다고 할 수 있다. 반면 원수를 갚게 되면 원한이 사라져 버려 전자기도 분산되고 이에 따라 그 원귀도 소멸되어 버린다고 해석할 수 있을 것이다. '영혼은 전자기로부터 변화해 왔다' 는 가설을 통해 우리는 영혼의 존재와 소멸에 관한 문제도 거뜬히 해결할 수 있을 것이다. 그는 '영혼과 전자기' 에 관한 가설을 이같이 정리했다.

과학에는 많은 정리定理가 있다. 처음에는 가설의 단계였으나 이를 토대로 여러 시험을 거쳐 사물에 부합하게 되면 곧 '정리' 가 된다. 예컨대 지구는 개벽 이래 줄곧 존재해 오면서 수억 년의 시간이 흘렀다. 사람들이 그 위에 살기 시작한 것은 보는 바와 같으나 다만 지구의 구성과 관련해 깊이 이해하려 하지 않았기에 불과 200-300년 전에 비로소 뉴턴이 나타나 만유인력을 발견하게 되었다. 그는 이같이 말했다.

"지구 중심에는 인력이 존재한다. 이로써 진흙과 모래, 돌 등을 끌어당겨 하나의 덩어리를 만들고 마침내 지구를 형성하게 되었다."

지구 중심에 인력이 있는지 여부는 인간의 눈에 보이지 않는다. 뉴턴의 이런 설법은 본래 하나의 가설이다. 다만 그의 설법을 좇아 어떤 실험을 할지라도 모두 부합한다면 그의 가설은 곧 '정리'가 되고 이로써 일반인 또한 모두 알게 된다. 무릇 유형유체有形有體(형체를 지니고 있는 물체)는 모두 인력을 받게 된다. 아인슈타인이 나타나 상대성 이론을 발명하면서 뉴턴의 학설은 더욱 확대되었다. 그는 이같이 말했다.

"우주공간에 있는 별이 내보내는 빛은 여러 별을 지나면서 그 인력을 받는다. 이에 우주공간에 있는 뭇 별들은 서로 끌어당기는 까닭에 직선으로 진행하는 빛은 이내 구부러진 모습을 하게 된다."

이 또한 일종의 가설이었으나 실험을 통해 증명되면서 '정리'가 되고 일반인들 또한 이를 알게 되었다. 유형무체有形無體(모습만 있고 실체가 없음)의 빛 역시 인력을 받는다. 우리는 심리학을 연구하면서 아인슈타인의 학설을 확대해 사용해도 무방할 것이다. 대략 이같이 말할 수 있을 것이다.

"우리들 마음 속에는 일종의 인력이 작용하고 있다. 귀로 듣고 눈으로 보는 무형무체無形無體의 물체를 끌어당겨 마음을 이루는 까닭에 마음은 지구와 그 구성원리가 닮아 있다."

우리들의 이런 가설은 뉴턴의 법칙과 아인슈타인의 상대성 이론을 가히 심리학 방면에도 적용할 수 있음을 뜻한다. 인사상의 일체 변화 역시 역학법칙에 따라 고찰할 수 있을 것이다.

통상 마음이라고 부르는 것은 일종의 힘에 해당한다. 몸의 5관五官을 거쳐 밖으로 드러난다. 외부의 사물을 견인해 하나로 집적되기도 한다. 예컨대 하나의 물체가 나의 면전에 있을 때 나는 그것을 주의해 본다. 이는 일종의 힘이 눈을 통해 빠져나가 다른 물체와 연결되는 것에 해당한다.

내가 눈을 감을지라도 능히 그 물체의 형상을 기억할 수 있는 것은 그 힘이 물체를 끌어당겨 비끄러맸기 때문이다. 이런 방식으로 사람은 귀로 듣고 눈으로 보는 것을 몸이 경험한 사실과 일일이 하나로 결합시켜 마음을 형성하는 것이다. 그래서 마음은 지구와 그 구성 면에서 완전히 닮아 있다고 말할 수 있는 것이다.

일반인들은 모두 이같이 말한다.

"자신에게 하나의 마음이 있는 것을 불가에서는 극력 반박하고 있다. 불가에서는 말하기를 '사람에게는 마음이 없다. 통상 마음이라고 부르는 것은 거짓된 것이다' 라고 한다."

마음은 6진六塵의 그림자에 불과하다는 것이다.[1] 『원각경』에서 이같이 말하고 있다.

"일체 중생은 시작도 없이 왔음에도 전도顚倒된 모습을 키워 헛되이 4대四大(집착에서 오는 我癡, 我見, 我慢, 我愛의 4가지 번뇌)를 진실로 여긴다. 이에 자신의 몸으로 상相을 만들고, 6진의 영향을 받은 자신의 마음으로 상을 만든다."

만일 마음 속에 인력이 없다면 6진의 그림자는 마치 기러기가 하늘을 날아갈 때 그림자가 호수에 잠시 비치는 것처럼 찰나에 지나지 않는다. 그러나 기러기가 날아가는 것을 보면서 그 영상을 기억하는 것처럼 마음

1. 불가에서는 고뇌는 '버리지 못하는 것' 에서 온다고 본다. 6근(六根), 6진(六塵), 6식(六識) 등 몸과 마음에 있는 모든 제약을 버리고 놓아버려야 한다고 강조하는 이유이다. '6근' 은 접촉이 일어나는 우리 몸의 장소로 안(眼)·이(耳)·비(鼻)·설(舌)·신(身)·의(意)를 뜻한다. 6경(六境)으로도 불리는 '6진' 은 6근을 통해 접촉하는 바깥의 대상으로 색(色)·성(聲)·향(香)·미(味)·촉(觸)·법(法)을 말한다. '6식' 은 6근이 6진을 감수함으로써 생기는 6가지 인식으로 안식, 이식, 비식, 설식, 신식, 의식을 말한다.

속에는 일종의 인력이 작용하고 있다. 우리가 기러기 그림자를 마음 속에 비끄러매는 이유이다.

불가에서는 "6진의 그림자는 8식八識의 한가운데로 떨어져 이내 씨앗이 되고 영원히 떨어지지 않는다"고 했다.[2] 우리가 마음 속의 인식에 대해 그 연원을 세밀히 고찰하면 곧 외부에서 오지 않은 게 없고 그 경로 역시 안眼·이耳·비鼻·설舌·신身·의意의 6근을 벗어나지 않음을 알 수 있다. 비록 사람은 능히 새로운 이론을 발명할 수 있다고 할지라도 여전히 외부에서 거둬들인 지식을 기초로 삼는다. 예컨대 집을 수리할 경우 반드시 외장재인 벽돌과 목재 등을 구매해야만 새 집을 지을 수 있는 것과 같다. 우리들은 심중에 각종 지식의 근원을 갖고 있다. 눈을 통해 들어온 것은 여전히 눈을 통해 나가고, 귀를 통해 들어온 것은 귀를 통해 나간다. 여타의 것 역시 들어온 길로 나간다. 이런 마음은 곧 '공空'으로 무소유를 뜻한다. 사람의 마음은 과연 능히 비워 무소유로 만들 수 있을까? 외물에 대해 탐련貪戀(애틋하게 탐함), 진한嗔恨(화를 내며 한을 품은)이 없는 것은 호수에 비친 기러기 그림자와 같다. 지나가며 머물지 않는 것은 불가에서

2. 『아함경』은 인간의 정신현상을 심(心)·의(意)·식(識)으로 표현했다. 외부의 자극에 의해 형성되는 까닭에 무상한 것으로 여겼다. '심'은 집기(集起), '의'는 사량(思量), '식'은 요별(了別)을 뜻한다. 종래의 6식설(六識說)에 아라야식(阿賴耶識)과 마나식(末那識)을 결합한 게 8식설(八識說)이다. 이는 윤회의 주체는 아라야식, 번뇌와 아집의 주체는 마나식으로 간주한 결과이다. 8식 중 안식(眼識), 이식(耳識), 비식(鼻識), 설식(舌識), 신식(身識)은 묶어서 전오식(前五識)이라고 했다. 각각 대상을 요별하는 기능이다. 의근(意根)에 의지해 인식작용을 일으키는 의식은 '전오식'과 함께 일어나 같은 대상을 인식하거나 꿈이나 망상 등과 같이 독단적으로 일어나기도 한다. 아치(我痴), 아견(我見), 아만(我慢), 아애(我愛)의 4종 번뇌와 같이하는 것은 제6식보다는 깊고 제8식보다는 얕은 제7식인 마나식이 작동한 결과이다. 이를 통상 '자아의식'이라고 한다. 중생은 마나식으로 인해 업을 지어 윤회한다.

말하는 것이니 이는 나의 본래 모습을 돌려주는 것이기도 하다.

지구의 구성은 인력에서 비롯된 것이고, 의식의 구성은 종자種子에서 나온 것이다. 시험삼아 인력을 통해 다시 한 걸음 나아가 보자. 천지가 존재하지 않던 혼돈의 시기에 종자보다 더 앞서 부모가 태어나기 이전의 '적막' 상황에서 지구와 의식은 하나로 회귀한다. 인력이 나오고 연후에 지구와 만물이 등장했다. 적막에서 종자가 나고, 연후에 의식이 있고 사람이 등장하게 되었다. 이 연구를 통해 마음의 구성은 지구의 구성과 닮아 있고, 물리법칙은 인사에 적용할 수 있음을 깨달을 수 있다.

우리가 물체를 분석하면 원자에 이르고 원자를 분석하면 전자에 이른다. 전자는 일종의 힘이다. 이는 과학자들이 이미 증명한 것이다. 사람은 만물 중 하나이다. 우리의 신체는 전자가 모여 이뤄진 것이니 몸과 마음은 본래 하나이다. 그래서 우리의 심리는 전자기의 법칙에서 벗어날 수 없고 역학의 법칙에서 빠져나올 수 없는 것이다.

마음의 현상과 전자기 현상은 서로 사뭇 닮았다. 사람에게 7정七情이 있다. 이를 대별하면 크게 호오好惡 두 가지로 요약할 수 있다. 마음이 끌리는 것은 곧 가까이 당기고 꺼리는 것은 곧 멀리 한다. 이런 현상이 어찌 전자기와 서로 닮은 게 아니겠는가?

사람의 마음은 지知 · 정情 · 의意 3종으로 나눌 수 있다. '의'는 '지'와 '정'이 결합한 것이다. 기본 구성요소는 오직 '지'와 '정' 두 가지일 뿐이다. 전자기도 같은 자성磁性을 가진 것은 서로 밀치고 다른 자성을 가진 것은 서로 당긴다. 밀고 당기는 것은 우리들의 '정'과 같다. 그래서 능히 동성과 이성을 판별함으로써 '지'가 밝게 드러나게 된다. 전자기는 '지'와 '정'을 갖고 있어 사람의 심리와 서로 같다.

양전기는 음전기를 요하는 까닭에 한 개의 양전기가 있으면 반드시 대칭되는 음전기를 요하게 된다. 응당 밀고 당기는 역할을 하는 이유이다. 이는 어린아이가 젖이나 떡을 먹을 때를 생각하면 된다. 형이 오는 것을 보면 손으로 밀쳐내는 것은 동성을 밀어내는 것과 같다. 심지어 전자기의 이성이 서로 당기는 것이 남녀가 서로 사랑하는 것과 같은 것은 더 이상 말할 게 없다. 이로써 전자기 현상과 심리현상은 완전히 일치한다는 것을 알 수 있다.

불가에서는 "부처와 법신法身은 사물의 형상을 내보이고 비춘다"고 한다. 이는 전자기 감응현상을 드러낸 것이다. 또 "성령은 본래 하나로 섞여 있고 법계法界에 두루 존재한다"고 한다. 이는 전자기의 중화현상을 말한 것이다. 또 "나지도 죽지도, 늘어나지도 줄지도 않는다"고 한다. 이는 물리학에서 말하는 '에너지 불변의 법칙'을 말한 것이다. 이로써 우리는 역학법칙을 이용해 인성을 정확히 고찰할 수 있다.

물질은 사라지지 않고 에너지는 불변한다. 이는 과학의 기본법칙이다. 우리 몸의 물질도 지구의 물질이 변한 것이다. 몸이 죽어 땅에 묻히면 물질은 지구로 돌아간다. 질량불변의 법칙을 이해했을 터이니 단지 우리의 성령 또한 일종의 에너지가 된다. 한번 물어보자. 이 에너지는 도대체 어디서 오고 어디로 사라지는 것인가? 다음과 같은 하나의 가설을 세울 수 있다.

"사람의 성령은 지구의 전자기에서 변전된 것이다."

우리는 한번 죽으면 몸은 지구의 흙이 되고 동시에 성령은 지구의 전자기가 된다. 이는 성령이 우리의 생사와 더불어 스스로 왔다 가는 것이니 에너지 불변의 법칙과 서로 통하는 것이다. 흔히 세상 사람들은 신선과 성불을 얘기한다. 이 또한 일종의 수양력을 통해 전자기를 응축시키는 것일 뿐이라고 할 수 있다. 속언에 이르기를 "원혼은 흩어지지 않는다"고 한다. 분한 마음은 전자기가 응축된 것이고, 복수를 통해 해원을 하여 분한 마음이 없어지면 전자기는 응축될 이유가 없어지므로 그 혼이 갈 곳으로 가 흩어지는 것이다.

"성령은 전자기에서 변전된 것이다"라는 가설은 영혼의 생멸문제로 해석할 수 있다. 우리가 일단 죽게 되면 신체상의 물질은 지구로 돌아가고 영혼 또한 전자기로 바뀌면서 곧 소멸한다. 그러나 비록 우리 몸이 죽을지라도 그 물질은 항상 존재하고 전자기도 항상 존재하므로 영혼 또한 항상 존재한다고 말할 수 있다. 따라서 장자가 "천지와 나는 함께 생겨나고 만물과 나는 하나이다"라고 말한 것도 아마 이러한 이치일 것이다.

선가에서 가장 중시하는 것은 영원불변의 진리를 터득한다는 뜻을 지닌 '요요상지了了常知'라는 네 글자이다. 일반인들의 경우는 고요함 속에서 분명한 통찰력을 갖게 되지만 어수선한 가운데서는 마음이 곧 산만해지고 종국에 가서는 흔적도 없이 사라져 버린다. 그러나 참선에 능통한 자는 어수선한 틈바구니에서도 아무런 차이가 없는데, 이를 움직임 속에서나 정지상태에 있을 때나 마음이 흔들리지 않는 '동정여일動靜如一'의 경지라고 말한다.

일반인들은 대낮에는 비록 이럴 수 있더라도 한밤중에 꿈속에서는 다시 혼미해진다. 그러나 참선에 능통한 사람은 꿈속에서도 전혀 변함이 없다. 이를 두고 자나 깨나 한결같은 '오매여일寤寐如一'의 경지라고 한다. 더욱이 참선의 높은 경지에 이른 사람은 죽어서도 변함이 없기에 살아 있을 때나 죽은 뒤에나 그 마음은 항상 똑같다고 말한다. 과연 죽은 후에도 변함이 없다면 곧 영혼이 영원히 존재한다고 주장해도 이를 부인하기가 어려울 것이다. 『능엄경』에 이런 구절이 나온다.

"여래 가슴의 만卍자로부터 진귀한 빛이 솟구쳐 나오는데 그 빛은 수백 수천 가지 빛을 띠고 있다. 그 빛은 티끌로 가득한 사바세계를 순식간에 불국토로 뒤바꿀 수 있다."

이러한 진귀한 빛이 곧 전자기의 빛이다. 아난존자가 부처에게 이같이 말한 바 있다.

"내가 여래를 보니 32상이 매우 아름답고 아주 특이했습니다. 그리고 형체가 마치 유리처럼 빛났습니다. 여러 모로 깊이 생각해 본즉 이 상은 애욕의 소생이 아니었습니다. 왜 그런가 하면 욕망의 기운이 좀먹듯 하고 비린내가 서로 엉켜 피고름이 난무한 가운데서는 아름답고 깨끗하며 미묘하고 밝은 것이 생겨날 수 없고 자금색紫金色의 빛 또한 모일 수 없기 때문입니다."

이는 석가의 수양이 깊어 피와 살로 이뤄진 신체가 전자기의 응집체로 변하고 이에 따라 진귀한 빛을 발해 온 세계에 두루 비출 수 있음을 말한 것이다. 불자들에게는 천안통天眼通과 천이통天耳通에 대한 일설이 있는데 현재 무선전기의 발명으로 이미 이러한 이치가 증명되었다고 할 수 있다. 석가 자신이 곧 하나의 무선전자기 방송국인 셈이다.

앞으로 전기학이 발전하면 불경에 나온 말이 하나도 허언이 아니라는 사실을 증명할 수 있을지도 모르겠다. 그리고 "영혼은 전자기로부터 변화해 왔다"는 가설 또한 사실로 증명될 수 있을지 모른다.

노자는 도를 얘기할 때 여러 차례 물을 예로 들어 비유한 바 있다. 불교에서도 설법을 할 때 항상 물을 비유로 든다. 우리는 공기로 비유를 들지는 않지만 이른바 불생불멸不生不滅과 불구부정不垢不淨, 무고금無古今, 무변제無邊際, 무내외無內外 등의 현상들은 공기가 지니고 있는 특성들이다. 더 나아가 전자기가 중화된 상태를 비유로 들면 더욱 확실해질 것이다.

만약 "인간의 영혼이 전자기로부터 변화해 왔다"는 가정 하에 석가모니와 노자의 저서를 읽으면 모든 문제가 명쾌하게 풀리는 느낌을 받을 것이다. 우리는 스스로 만물의 영장이라고 여기는데, 이는 인간 스스로 자신을 과장한 말에 불과하다. 실제로 인간과 사물은 똑같이 지구상으로부터 나온 것이며, 신체의 원소 가운데 지구상의 물질이 아닌 것이 없다. 지구의 입장에서 보면 인간과 사물 사이에는 아무런 차이가 없다. 이는 마치 부모가 두 자식을 낳았는데 장남은 인간이라고 부르고 차남은 사물이라고 부르지 않는 것과 같다. 단지 장남은 총명하고 차남은 반신불수에 걸린 농아라는 차이가 있을 뿐이다.

인간의 신체를 이루는 물질과 지구의 물질은 모두 전자기에 의해 구성된 것이다. 우리들이 영혼을 지니고 있듯이 지구도 영혼을 가지고 있다. 지구의 영혼이 바로 전자기이다. 일반적으로 말하는 중력이라는 것도 바로 이 전자기가 끌어당기는 힘을 표현한 것에 지나지 않는다.

지구의 물질은 식물로 변화하며 동시에 지구의 전자기도 곧 식물의 생명기제로 변화한다. 우리가 식물을 섭취하면 물질은 곧 우리 몸의 모발과 골육으로 변화하고 전자기도 우리의 영혼으로 변화한다. 진흙과 모래, 돌 등이 식물로 변하고 식물은 다시 변하여 동물의 뼈와 살이 되는데, 변화가 거듭될수록 더욱 고등한 생물의 일부가 된다. 그러나 비록 여러 차례에 걸쳐 변화하지만 본래의 성질이 변하는 것은 아니다.

그래서 우리 몸의 원소와 지구의 원소는 서로 같고 심리의 감응과 지구의 지기감응이 서로 같은 것이다. 그러나 이미 누차 변화한 만큼 우리 몸의 모발과 골육은 지구의 진흙과 모래, 돌 등과 다르지 않을 수 없는 것이다. 나아가 우리의 영혼과 지구의 전자기 사이에도 차이점이 없을 수 없다. 왜냐하면 지구상의 죽은 물체가 우리 몸에서는 살아 있는 물체로 바뀌기 때문이다. 따라서 역학의 법칙으로 세상만사를 살필 때는 반드시 살아 있는 모습으로 활용해야만 한다. 이와 관련해 노자는 이같이 말한 바 있다.

"혼돈으로 이뤄진 것이 있으니 그것은 하늘과 땅보다 먼저 생겼다. 적막하고도 쓸쓸하구나. 홀로 우뚝 서서 함부로 변하지 않고 두루 행하면서도 위태롭지 않으니 만물의 어머니로 불릴 만하구나. 나는 그 이름을 알지 못해 그것을 글자로 나타내 '도道'라 하고 이름을 붙여 '대大'라 한다."

노자가 말한 '도'는 곧 석가가 말하는 '진여眞如'이다. 석가는 이를 두고 이같이 말한 바 있다.

"산하대지와 일월성신, 신체기관 등 이 모든 것이 진여가 스스로의 성질을 고수하지 않고 변화해 나온 것이다."

이 말은 노자가 한 말과 정확히 일치한다. 진여에는 이른바 '유有'가 없다. 실제로 공허하지도 않고 그렇다고 공허하지 않은 것도 아니다. 노자가 말하는 도라는 것도 바로 이와 같다. 갑자기 진여는 스스로의 성질을 고수하지 않고 변하여 중화된 전자기가 되고, 이것이 다시 변화해 기체가 되며, 우주의 태공太空으로 돌아가 몇 차례 변전을 거듭한 뒤 산하대지와 일월성신 등이 나타나는 것이다. 이로부터 식물이 생겨나고 이어 동물과 인류가 차례로 생겨나는 것이다.

불교에서 말하는 '아라야식阿賴耶識'의 경지는 전자기가 중화된 상태와 가장 비슷하다.[3] 이 상태에서는 모두 충돌함이 없이 무료하고, 삼라

3. 불가에서 말하는 8식(八識)은 눈, 귀, 코, 혀, 몸, 뜻, 마나(末那), 아라야(阿賴耶)의 8가지 식을 말한다. 소위 안이비설신의(眼耳鼻舌身意)로 대표되는 6식은 초기불교부터 있어온 것이었다. 앞의 5식은 5가지 감각능력을 의미한다. 제6식인 의식은 심리활동을 말한다. 제7식은 흔히 의념(意念)으로 번역된다. 이는 흔히 아집을 낳는 의식활동으로 해석되고 있다. 제8식인 아라야식은 '없어지지 않는다'는 뜻을 가진 것으로 몰아(沒我) 또는 장식(藏識) 등으로 의역된다. 유식론의 가장 중요한 개념이 바로 제8식인 아라야식이다. 아라야식은 개체 생명이 죽은 후 태어나기 전에 존재하는 식으로서 일종의 '종자'를 가진다고 해석되고 있다. 아라야식을 꼭 붙들고 자아로 여기는 아집이 바로 제7식인 마나식이 된다는 것이다. 유식론의 해석 중 섭론종(攝論宗)은 아라야식을 넘어 해탈의 경지에 오르려면 제9식인 아마라식(阿摩羅識)으로 나아가야 한다고 주장한다. 아마라식은 흔히 '진여

만상이 적막하고 고요하다. 고요함 속에서 느낌을 통해 모든 사물이 서로 통하게 된다. 따라서 우리는 진여가 변하면 전자기가 중화된 상태로 되고, 인간의 아라야식 상태로도 존재한다고 할 수 있다.

마찬가지로 물질도 지구상의 진흙과 모래, 돌 등으로 존재하는가 하면 인간의 모발과 골육 등으로도 존재한다. 오늘날 대부분의 사람들은 인간의 영혼은 전자기와는 전혀 다르다고 말한다. 이는 과학적 지식이 없는 사람이 모발과 골육을 보고 곧 진흙과 모래, 돌 등과 전혀 다르다고 말하는 것과 같다.

중화된 전자기는 진여가 최초로 변화한 상태인데 진여는 눈으로 볼 수 없다. 우리는 석가와 노자의 저서를 읽을 때 '도'와 '진여'의 개념을 통해 모든 것을 두루 이해할 수 있다. 우리가 "인간의 영혼은 전자기로부터 변화해 왔다"고 가정할 경우 부처의 설법이나 송나라 유학자들이 "물속에 있는 물고기와 같이 몸 밖의 물이 곧 뱃속에 있는 물이고 다른 고기의 뱃속에 있는 물과 잉어의 뱃속에 있는 물은 똑같은 것이다"라고 말한 것이나 명나라 유학자들이 "천지를 가득 채운 것은 모두 마음이다"라고 말한 취지를 아무 어려움 없이 이해할 수 있는 것이다.

『중용』에서는 "희로애락을 드러내지 않은 것을 일컬어 중中이라 한다"고 규정했다. 6조선사 혜능은 "선도 생각하지 말고 악도 생각하지 말

(眞如)'로 번역되는 것으로 '때가 끼지 않았다'는 뜻을 지녔다. '청정무구(淸淨無垢)'가 바로 '진여'의 별칭이기도 한 것이다. 그러나 아라야식 자체를 청정한 것으로 간주해 '진식(眞識)' 또는 '여래장(如來藏)'으로 해석하는 지론종(地論宗)의 견해도 있다. 당나라 때의 삼장을 포함해 중국의 전통적인 유식론은 절충설을 취해 아라야식은 '불구부정(不垢不淨)'의 중립적인 것으로 인식한다. 이종오의 '진여' 및 '아라야식'에 대한 견해 역시 중국 전래의 '불구부정설'에 입각해 있다고 볼 수 있다.

라. 이러한 때에 그대의 진면목眞面目은 무엇인가"라고 했다.[4] 또 광성자廣成子는 "지극한 도의 정수는 확실히 심오하고 지극한 도의 극치는 어둡고 잠잠하다"고 했다.[5] 장자는 "마음이 근심하지도 기뻐하지도 않는 것이 덕의 극치이고 하나같이 변하지 않는 것은 고요함의 극치이다"라고 말했다. 이 모두는 '아라야식'의 현상이며 또한 중화된 전자기의 현상이다. 중화된 전자기가 발동해 서로 밀고 당기는 작용을 함으로써 모든 만물이 생겨난다. 따라서 인간만사의 변화를 연구하려면 먼저 이런 하나의 가설을 만들어낼 필요가 있다.

"인간의 영혼은 전자기가 변화해 나타난 것이다."

전자기를 연구하려면 역학을 빼놓을 수 없기 때문에 다음과 같은 또

4. 이에 관한 일화가 있다. 6조 혜능은 일개 나무꾼으로서 행자가 된 지 8개월 만에 5조 홍인선사로부터 의발교법(衣鉢敎法)을 은밀하게 전수받았다. 그러나 시기하는 사람이 많아 이내 스승의 명을 좇아 남쪽으로 내려가게 되었다. 이튿날 이 사실을 안 대중들이 그를 잡기 위해 앞을 다투어 사방으로 흩어져 달려갔다. 6조의 뒤를 가장 앞서 쫓아간 인물이 혜명이다. 원래 무장출신인 그는 1천 명의 대중 가운데 제일 날쌔고 힘이 셌다. 그는 6조의 뒷모습을 멀리서 보고 "조사의 의발을 거기 놓아라"라고 소리쳤다. 6조는 곧 의발을 큰 바위에 얹어놓고 몸을 숨긴 채 말했다. "이 의발은 석가세존으로부터 전해진 전법의 신표인데 어찌 힘으로 뺏을 것인가? 그대가 힘으로 가져 갈 수 있거든 원대로 가져가라"고 했다. 혜명이 있는 힘을 다했으나 허사였다. 그는 마침내 무릎을 꿇고 합장하며 불법 전수를 간청했다. 6조가 마침내 몸을 드러낸 뒤 "선도 생각하지 말고 악도 생각하지 말라(不思善不思惡). 이러한 때에 그대의 진면목은 무엇인가?"라고 했다. 혜명이 "예로부터 전해오는 밀어밀의(密語密意) 외에 또 다른 의지(意旨)가 더 있습니까?"라고 하자 6조가 대답하기를 "내가 지금 설한 것은 결코 밀의가 아니니고, 밀의는 그대 스스로의 면목을 마음으로 밝혀 보는 바로 그곳에 있다"고 했다. 불법의 요체는 태어나기 전부터 있는 본래의 실상인 마음을 밝혀보는 데 있음을 깨달은 혜명은 법명을 도명으로 바꿨다.

5. 『장자』「재유」편에 나오는 말이다. 광성자는 황제(黃帝)에게 지도(至道)를 설파한 전설상의 도인이다.

하나의 가설을 만들어내야만 한다.

"심리는 역학의 법칙에 따라 변화한다."

이와 같은 가설에 입각해야만 모든 사물이 정상적인 궤도에 따라 순환할 수 있고 세상의 무수한 학설도 하나로 합쳐질 수 있다. 마찬가지로 중국과 서양, 인도의 3가지 학설도 가히 하나로 합쳐질 수 있다. 부처는 말하기를 "산하대지와 인간세상의 모든 사물은 환상이다"라고 했다. 뉴턴이 발견한 3가지 법칙으로 물리상의 환상을 연구할 수 있다. 마찬가지로 우리가 찾아낸 2가지 가설로 인간세상의 모든 환상을 연구할 수 있다.

제2절

맹자와 순자의 인성논쟁

* 우리는 1920년이 이종오의 사상 발전과정에서 하나의 신기원을 이룬 기념비적인 해임을 결코 잊어서는 안 된다. 그의 후흑학은 사실상 순자의 성악설에서 연유한다. 학문상 이론적 근거가 없다고 말할 수는 없지만 당시 그 자신도 자신의 이론이 근거가 좀 부족하다고 느끼고 있었던 듯하다. 어느 날 그가 동창인 증성첨(曾聖瞻)과 함께 찻집에서 한담을 나누고 있을 때였다. 증성첨이 이종오에게 이같이 물었다.

"친구들 가운데 자네 사상이 가장 뛰어나다고 생각해. 그런데 하필이면 자네는 늘 농담조로 써먹고 있는 것인가? 마땅히 충분한 연구를 통해 하나의 학문적 이론으로 만들어야만 한다네! 만약 자네가 이에 성공한다면 이 또한 친구인 우리들의 영광일세."

그는 이 말에 깊이 감동해 다시 후흑학에서 한 걸음 더 나아가 연구하기 시작했다. 그는 후흑학이 심리학과 관련이 있다는 생각에서 심리학 서적을 찾아 읽어나갔다. 그러나 시간이 꽤 오래 흘렀는데도 별다른 소득이 없었다. 그는 모든 것이 막연하게 여겨져 도대체 누구의 말을 믿어야 좋을지 모를 상태에 빠졌다. 그래서 그는 고금의 이론을 검토하는 방법을 버리고 물리학의 법칙을 이용해 심리학을 연구해 나가는 방법을 선택했다.

어느 날 그는 길을 걷다가 문득 인간의 본성은 자기 자신을 중심으로 삼는다는 생각이 들었다. 눈앞에 있는 많은 원들이 마치 자기장의 경우와 같이 자신을 둘러싸고 겹겹으로 확대되어 있는 것과 같다는 생각이 든 것이다. 그는 고금의 발자취를 비롯해 오늘날의 정치와 자질구레한 일상사, 자신의 속마음, 물리, 화학, 수학, 서양학설 등을 통해 이 이론을 검증해 보고 싶은 생각이 불현듯 들었다. 스스로 마치 선종에서 말하는 돈오(頓悟)의 광경과 흡사하다는 생각이 들었다. 당시 아인슈타인의 상대성 이론이 이미 중국에까지 전해져 있었다. 그는 아인슈타인의 학설과 뉴턴의 학설을 심리학에 응용해 이런 하나의 가설을 만들고자 했다.

"심리는 역학의 법칙에 따라 변화한다."

그는 그 해 안으로 이에 관한 전문적인 논문을 쓰고 『심리와 역학』이라는 제목을 달았다. 이는 모든 세상사의 변화를 역학과 수학을 통해 해석한 것이다. 이후 십여 년에 걸친 연구를 통해 보충정리를 거친 뒤 비로소 하나의 전문서적으로 나오게 된 것이다. 이 책은 그의 사상의 핵심을 담았다고 할 수 있다.

맹자의 성선설과 순자의 성악설은 중국 학술사에서 아직도 해결하지 못한 최대 현안 중의 하나이다. 양설의 대치는 이미 2천 년 이상 계속되고 있다. 맹자는 "인성은 모두 선하다"라는 생각 아래 인의로써 백성을 교화할 것을 주장했다. 송유宋儒들이 이를 그대로 이어받아 성리학을 만들어냈다. 그러나 이는 적잖은 논리적 모순을 지니고 있는 것이었다.

순자는 맹자 뒤에 태어났다. 그는 성선설을 반대하고 오히려 "인성은 모두 악하다"라고 말하면서 예제禮制를 통해 백성을 다스릴 것을 주장했다. 그의 제자는 한비자였다. 한비자는 예제의 힘은 미약해 소기의 성과를 거둘 수 없다며 법률에 의한 강력한 제재력을 발동할 것을 주장했다. 여기서 소위 형명학刑名學이 나오게 되었다.[6] 형명학의 폐단은 각박하여 은혜가 적다는 데 있다.

이로써 유법儒法 양가는 상호 배척하게 되었고 학설 및 실물정치에서 숱한 충돌을 빚었다. 결국 맹자와 순자의 두 설은 누가 옳고 누가 그른 것일까? 우리들은 그들을 철저히 연구해내지 않으면 안 된다.

맹자는 말하기를 "어린아이는 그 부모를 사랑할 줄 모르는 경우가 없고, 커서는 그 형을 공경할 줄 모르는 경우가 없다"고 했다. 이는 논리적 파탄을 면키 어렵다. 어머니가 자신이 낳은 아이를 껴안고 밥을 먹일 때 아이는 어머니 손 안에 있는 그릇을 보고 손을 뻗어 잡아당기게 된다. 만약 이를 막지 못하면 밥그릇이 나뒹굴어 깨질 것이다. 이런 현상이 과연 부모를 사랑하는 것인지 묻고 싶다. 또 어머니가 손에 떡을 들고 있다가 입 속에 넣으면 어린아이는 곧 손을 뻗어 어머니 입 속에 있는 떡을 꺼내 자신의 입으로 가져갈 것이다. 이런 현상이 과연 부모를 사랑하는 것인지 묻고 싶다.

어린아이가 어머니의 품에서 젖을 먹거나 또는 떡을 먹을 때 형이 다가오게 되면 그를 밀치거나 때리려 할 것이다. 이런 현상이 과연 형을 공경하는 것인지 묻고 싶다. 5대주 만국의 모든 어린아이들 중 이러지 않는 애는 단 한 명도 없다. 이런 현상을 보면 어찌 맹자의 성선설이 명백히 파

6. '형명'이란 신상필벌의 원칙에 의해 권력을 행사하는 것을 말한다. 부하의 신고에 의해 일을 할당하고 신고의 내용과 그 결과가 일치한 자에게는 상을 주고 그렇지 못한 자에게는 벌을 주는 것을 말하는 것이다. 엄격한 법치를 주장한 법가사상을 흔히 '형명학'이라고 한 것도 이 때문이다. 한비자는 이를 '형명참동(刑名參同)'이라고 표현했다. 한비자는 신고한 내용에 못 미치는 성과를 얻은 경우에도 벌을 받아야 하지만 그 이상의 성과를 얻은 경우 또한 벌을 내려야 한다고 주장했다. 영(令)을 바로 세우기 위해서는 신하들로 하여금 직분을 지키도록 하는 게 필요하다고 본 것이다. 설령 신고한 내용 이상의 성과를 얻었을지라도 이는 영을 어긴 것에 비하면 아무것도 아니라는 것이 그의 확고한 생각이었다.

(도표 1) 맹자의 성선도

탄난 것이 아니겠는가? 실제로 성선설에 기초한 의론과 법제 모두 그 폐해가 결코 적지 않다.

그렇다면 냉사의 이런 주장은 과연 어디서 나온 것일까? 물리학의 연구방법을 동원해 해석할 수밖에 없다. 무릇 사람의 천성은 나를 본위로 한다. 아이는 어머니와 상대할 때 오직 자신만 안다. 그래서 어머니 입 안의 떡을 빼앗아 먹는 것이다. 어머니는 나에게 젖을 먹이는 사람이지만 형은 젖과 떡을 나눠먹는 사람이다. 어머니와 형을 대할 때 아이는 어머니를 더 좋아하며 형을 배척한다. 성장해서 밖으로 나가 이웃집 사람과 만나게 되면 아이는 이웃집 사람보다 형을 좋아하게 된다. 다른 마을로 가면 다른 지역 사람보다 이웃집 사람을 더 좋아하게 된다. 다른 성省으로 가면 자신의 성 사람을 다른 성 사람보다 좋아하게 된다. 외국에 나가면 외국 사람보다 본국 사람을 좋아하게 된다. 우리는 이를 통해 맹자가 말한 '애친경형愛親敬兄' 은 우리의 마음에서 나오는 것임을 알 수 있다.

이를 그림으로 그리면 앞의 도표 1과 같다.

제1원은 나, 제2원은 부모, 제3원은 형, 제4원은 이웃집 사람, 제5원은 본성인, 제6원은 본국인, 제7원은 외국인이다. 여기서 하나의 법칙을 찾아낼 수 있다.

"나로부터 가까우면 애정이 더욱 돈독해진다. 애정과 거리는 서로 반비례한다."

앞의 도표 1은 사람의 심리현상을 보여주고 있다. 이는 마치 물리학에서 말하는 자기장이나 지구의 중력법칙과 같다. 사람의 심리는 자기장이나 중력과 같기 때문에 뉴턴이 발명한 법칙을 얼마든지 심리학에 전용할 수 있다.

그러나 앞의 도표의 정확성 여부는 반드시 검증해 보아야 한다. 가령 춘삼월에 우리가 두세 명의 친구를 불러 함께 야외로 나가 느긋하게 거닐면서 산수가 화려한 경치를 둘러보면 마음이 무척 유쾌해질 것이다. 그러다 경치가 좋지 않은 곳에 이르면 아무래도 좀 기분이 상하게 된다. 이는 무슨 까닭일까? 산수도 물체이고 나 또한 물체로서 양자 모두 본래 물아일체物我一體이기 때문에 생기는 현상이다. 따라서 물체의 종류가 좋으면 나의 마음도 유쾌하고 물체의 종류가 나쁘면 나의 마음도 즐겁지 않은 것이다.

또 다른 곳에 이르러 바닥에 수많은 쇄석碎石(쓸모 없는 돌)이 깔려 있고 그 위로 꽃잎이 바람에 흩날려 떨어지는 것을 보면 마음 속에 떨어진 꽃잎에 대한 비감한 생각이 일지 않을 수 없게 된다. 그러나 쇄석에 대해서는 이런 생각이 들지 않는다. 이는 무슨 까닭일까?

돌은 생명이 없고 꽃은 우리처럼 생명이 있는 물체이기 때문에 일어나는 현상이다. 따라서 종종 '낙화시落花詩'나 '낙화부落花賦'를 짓는 사람은 있어도 '쇄석가碎石歌'나 '쇄석행碎石行'을 짓는 사람은 없는 것이다. 고금을 통틀어 낙화를 읊은 손꼽히는 시문 중 인생을 묘사하지 않은 것이 없다.

만약 떨어진 꽃잎 위에 막 죽어가는 개가 누워 이리저리 몸을 뒤척이며 구슬프게 울부짖을 경우 우리는 그 울음소리를 듣고 깜짝 놀라 떨어진 꽃잎을 애달파하던 마음이 금방 사라질 것이다. 이는 무슨 까닭일까?

이는 꽃은 식물이고 개는 우리와 같은 동물이기 때문에 일어나는 현상이다. 따라서 자기도 모르게 개에 대해 동정심을 나타내게 되는 것이다. 그러나 도중에 보기 흉하게 생긴 사나운 개가 사람을 가로막고 미친 듯이 물어뜯고 사람이 지팡이로 마구 개를 때리는 장면을 보게 되면 어떻게 될까? 우리는 개하고 사람이 뒤엉켜 싸우고 있는 틈바구니에서 그 사람을 돕느라고 바쁠 뿐 개를 도우려고 생각지는 않을 것이다. 이는 무슨 까닭일까?

개는 동물이고 나와 그 사람은 똑같은 인간이기 때문에 일어나는 현상이다. 자기도 모르게 그 사람에게 동정을 표시하게 되는 것이다. 내가 친구와 헤어져 막 집으로 들어서던 참에 어떤 사람이 급히 뛰어와 "조금 전 당신의 친구가 길을 가다가 어떤 사람과 맞붙어 싸우고 있는데 도대체 말릴 수가 없어요"라고 말한다.

나는 그 말을 듣자마자 당장 친구를 구하러 달려간다. 본래 사람들이 싸우게 되면 의리상 친구를 구할 수밖에 없다. 이윽고 나는 친구를 내 서재로 데려와 싸운 이유를 묻고 그로부터 자초지종을 귀담아 들을 것이다. 그 때 갑자기 집이 무너져내리면 나는 우선 급히 문 밖으로 뛰쳐나올 수밖에 없다. 그런 뒤엔 나는 고개를 돌려 친구를 향해 '자네 아직도 뛰어나오지 않았나'라고 외친다. 집이 무너져내릴 때 왜 먼저 친구보고 뛰쳐

나가라고 소리치지 않고 기어코 자기 혼자만 밖으로 몸을 피신한 후 겨우 고개를 돌려 친구를 부르는 것일까?

인간의 본성은 '나'를 기반으로 한 것이다. 어머니와 상대할 때 어린아이는 자기 자신만 알기 때문에 어머니 입 속에서 떡을 꺼내 자기 입 속에 털어넣는 것이다. 어머니는 자신에게 젖을 먹여주는 사람이고 형은 나에게 먹을 것을 나눠주는 사람에 불과할 뿐이다.

어머니와 형을 비교하면 어머니가 나에게 더 가깝고 소중하다고 생각하기 때문에 어린아이는 어머니를 더 사랑한다. 조금 커서 이웃 사람과 만날 때 곧 그들과 형을 비교하고 형이 자신과 더 가깝다고 느끼기 때문에 당연히 형을 더 사랑하는 것이다.

여기서 좀더 범위를 확장해 다른 지역으로 갔을 때를 상정해 보기로 하자. 타향에 가면 이웃 사람을 더 사랑하고 외국에 가면 자기 나라 사람들을 더 사랑하게 된다. 여기에는 일정한 법칙이 작용하고 있다. 그 법칙은 대상이 나와 거리가 가까우면 가까울수록 애정이 더 돈독해진다는 것이다. 대상에 대한 애정의 농도는 자신으로부터의 원근에 반비례하는 셈이다.

이를 통해 부모를 사랑하고 형을 공경한다는 맹자의 말은 사실 내면에 '나'를 숨긴 채 이를 설명하지 않았을 뿐이라는 사실을 알 수 있다. '나'를 보충해 도표(맹자의 성선도)를 그려보면 이를 쉽게 확인할 수 있다.

제1원은 나, 제2원은 친구, 제3원은 타인, 제4원은 개, 제5원은 꽃, 제6원은 돌이다. 즉 나에게서 거리가 멀어질수록 애정은 더욱 감소되며 애정과 거리는 반비례한다는 것이다. 이 도표는 앞의 도표와 같은 것이다. 이 도표가 설정한 경계는 앞의 도표의 경우와 완전히 똑같지는 않지만 얻어낸 결과는 마찬가지이다. 이는 분명히 자연의 이치를 증명하고 있는 것이다.

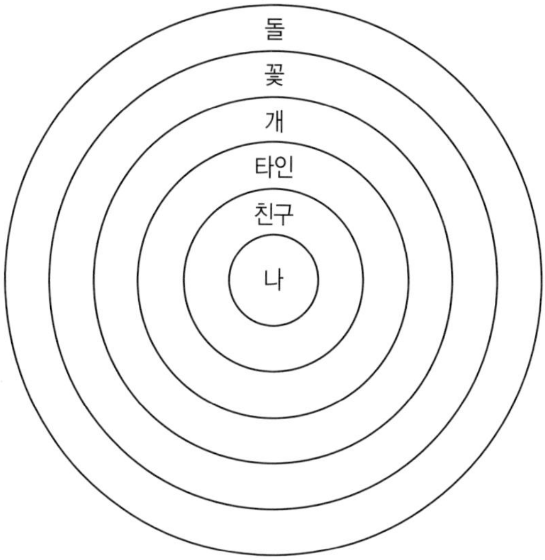

(도표 2) 순자의 성악도

무릇 우리 앞에 두 사람을 동시에 제시하면 우리는 망설일 것도 없이 당연히 나를 중심으로 하여 나와의 거리를 따져보고 애정의 정도를 결정하게 된다. 중력 내지 전자기력과 비교해 아무런 차이가 없는 것이다.

힘에는 구심력과 원심력 두 가지가 있다. 도표 1은 밖으로 발전하는 것이기에 원심력이 작용한다. 도표 2는 안으로 수축하는 것이기에 구심력이 작용한다. 맹자는 도표 1처럼 안에서 밖을 보면서 사람의 천성을 읽은 것이다. 어린아이는 부모를 사랑하고, 동생은 형을 경애하고, 다시 이웃집 사람, 본성인, 본국인으로 확장한 것이다. 이같이 확장하면 인류와 삼라만상을 사랑하는 데 이르게 된다. 그래서 인성은 '성선'이라고 한 것이다. 그는 이같이 말했다.

"집안의 어른을 공경하는 데서 시작해 다른 어른에게 미치게 하고, 내 아이를 사랑하는 데서 시작해 남의 아이에게 미치게 한다."

또 이같이 말했다.

"이 마음을 가지고 다른 것에 적용한다."

결국 이런 고유한 '성선'을 더 널리 확충하라고 한 것이다. 맹자는 '시'를 말하기를 좋아했다. '시'는 사람의 마음을 선도한다. 무릇 사람은 시를 배우면 자연히 이를 발휘하게 된다는 것이다. 맹자 '성선설'의 요지이다. 도표 1은 바로 이를 나타낸 것이다.

이에 반해 순자는 도표 2처럼 바깥에서 안을 보면서 사람의 천성을 읽었다. 꽃을 보면 돌을 잊고, 개를 보면 꽃을 잊고, 사람을 보면 개를 잊고, 친구를 보면 다른 사람을 잊는다. 점차 축소되어 마침내 적나라하게 자신만 남게 된다. 가까운 친구조차 모두 잊게 된다. 그래서 인성은 '성악'이라고 한 것이다. 그는 이같이 말했다.

"처자가 생기면 부모에 대한 효가 약해지고, 얻고 싶은 것을 얻으면 친구에 대한 믿음이 쇠해지고, 작록이 차면 군주에 대한 충성이 쇠한다."

또 이같이 말했다.

"굽은 나무는 은괄檃栝(나무의 모양을 바로잡는 도지개)을 기다려 찌고 다듬은 후에 바르게 되고, 쇠는 갈고 닦은 연후에 날카로워진다."

결국 이런 고유한 악성을 억제하라고 주문한 것이다. 순자는 즐겨 '예'를 말했다. '예'는 사람의 행동을 규정한다. '예'를 잘 배워야 이런 악성이 드러나지 않게 된다. 이것이 순자가 말하고자 한 것이다. 도표 2는 이를 그림으로 나타낸 것이다.

도표 1과 2는 본래 하나이다. 맹자와 순자는 이를 '성선'과 '성악'이라고 보았으니 극단적으로 상반되는 이 두 가지 논리가 어찌 기이한 일이 아니겠는가? 어떤 때는 같은 사안을 놓고 맹자는 '선', 순자는 '악'으로 보았으니 더욱 기이하지 않은가? 예컨대 내 친구가 다른 사람과 싸우고 있다는 얘기를 들었을 때 나는 내 친구가 이기기를 바란다. 과연 이런 심

리는 '선'과 '악' 중 어느 것인지 묻고 싶다.

우리가 순자에게 이를 묻는다면 순자는 반드시 "이는 분명 성악의 표현인데 뭘 묻는가"라고 할 것이다. 당신의 친구도 사람이고 그와 싸운 사람도 사람이다. 당신이 다른 사람을 돕지 않고 친구를 돕는 것은 사사로운 마음이다. 부지불식간에 천성에서 자연스럽게 흘러나온 것이다. 빌헬름 2세는 제1차 세계대전을 일으켰고 독일과 이탈리아, 일본은 제2차 세계대전을 야기했다. 이는 오직 사사로움에서 비롯된 것일 뿐이다. 그래서 사사로움은 반드시 억제되어야만 하는 것이다.

그렇다면 동일한 사안에 대해 극단적으로 상반된 견해가 지금까지 지속되는 이유는 무엇일까? 다음 도표 3을 보면 우리는 그 해답을 쉽게 찾아낼 수 있다.

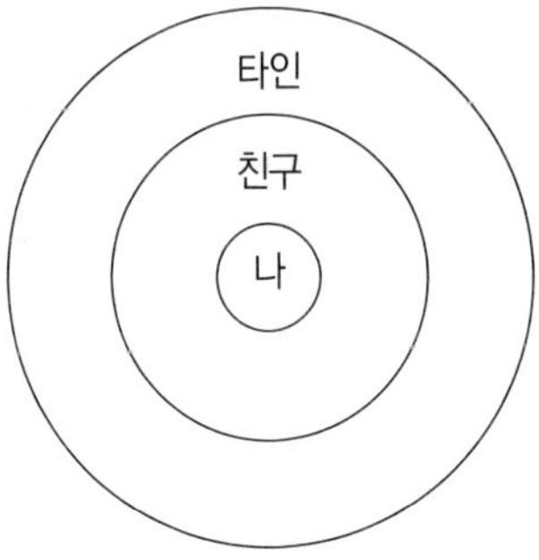

(도표 3) 맹순쟁론도(孟荀爭論圖)

제1원은 나, 제2원은 친구, 제3원은 타인이다. 제2원은 큰가, 작은가? 맹자는 여기에 서서 작은 제1원과 비교하며 크다고 했다. 순자는 제2원 밖에 서서 제2원과 비교하며 작다고 했다. 두 사람에게 그 이유를 물으면 맹자는 "제2원은 제1원 밖에 있는 것이니 어찌 크지 않겠는가"라고 할 것이다. 안에서 밖으로 확충해 나간 결과이다. 순자에게 물으면 순자는 "제2원은 제3원의 안에 있는 것이니 어찌 작지 않겠는가"라고 할 것이다. 밖에서 안으로 수렴해 들어간 결과이다. 맹자와 순자의 다툼은 모두 이와 같다.

친구를 구한 사례를 통해 알 수 있듯이 맹자는 제1원을 기준으로 제2

원과 비교해 '성선'이라고 한 것이고, 순자는 제3원을 기준으로 제2원과 비교해 '성악'이라고 한 것이다. 그러나 그림을 통해 알 수 있듯이 제2원은 그저 하나의 원에 불과한 까닭에 이를 두고 크다 또는 작다 말할 수 없다. 친구를 구한 사례의 경우도 그저 하나의 천성이라고 말할 수 있을 뿐이지 이를 두고 선하다 또는 악하다 말할 수 없는 것이다. 맹자의 '성선'과 순자의 '성악'은 하나의 궤변에 지나지 않는다. 두 사람은 모두 전국시대에 살았던 까닭에 책사들의 궤변풍습을 은연중 익힌 것이다. 우리는 이를 정확히 알지 않으면 안 된다.

순자 이후 '성악'을 주장하는 자는 매우 적었다. 그러나 맹자의 '성선'을 주장하는 사람은 커다란 세력을 형성했다. 그의 학설을 자세히 검토할 필요가 있다. 그는 이같이 말한 바 있다.

"지금 어떤 사람이 막 우물로 들어가려는 어린아이를 발견한다면 그에게는 당연히 출척측은怵惕惻隱(두렵고도 측은함)의 마음이 일 것이다."

그의 이런 주장에 숨겨진 논리적 모순은 바로 문장 자체에 나타나 있다. 그는 이 문장에서 분명히 두렵고도 측은하다는 뜻의 '출척측은'이라는 네 글자를 사용했다. 그럼에도 불구하고 그는 왜 이 다음 문장에서 두려움을 뜻하는 '출척'은 언급도 하지 않은 채 오직 '측은'만을 말하고 있는 것일까? 여기에 바로 성선설의 모순이 있는 것이다.

'출척'은 두려운 마음이다. 예컨대 사람들이 둘러앉아 얘기를 나누고 있을 때 문득 어떤 사람이 시퍼런 칼을 들고 나타나 한 사람을 찌르면 우리는 크게 놀라 사방으로 달아나고자 할 것이다. 이게 '출척'이다. 이는 모든 사람이 죽음을 두려워하는 천성이 있기 때문이다. 칼을 보면 마치 나를 죽이려는 것으로 알고 도주하려는 마음이 생기는 까닭에 '출척'이 나타나는 것이다. 이 때 죽이려는 사람이 자신이 아니라는 것을 알게 되면 곧 죽음에 대한 두려운 마음이 사라지고 죽은 사람과 같은 심경이 되어 동정심을 일으키게 된다. 이것이 '측은'이다.

이로써 '측은'은 '출척'이 해소된 형태임을 알 수 있다. 어린아이가 막 우물로 들어가려는 것을 발견했을 당시에는 모두 세 가지 사물이 공존하게 된다. 즉 '나'와 '어린아이', '우물'이 바로 그것이다. 이를 도표로 그리면 다음과 같다.

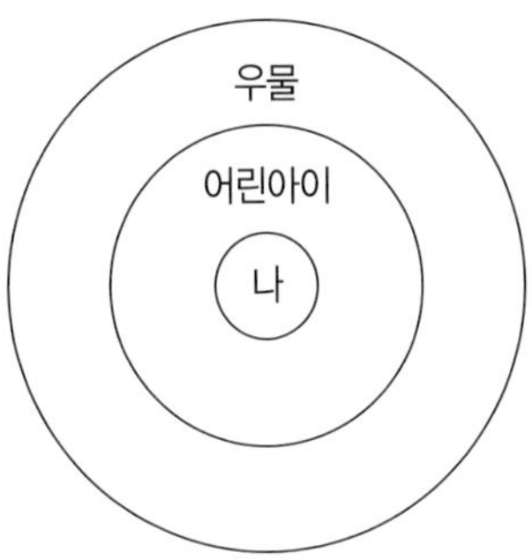

(도표 4) 유자입정도(孺子入井圖)

제1원은 나, 제2원은 어린아이, 제3원은 우물이다. 나와 어린아이는 사람, 우물은 무생물이다. 어린아이가 우물에 들어가려는 것은 '죽음'이 우리 눈앞에 펼쳐지는 것과 같다. 그래서 '출척'이 생긴다. 정신을 차려 어린아이에게 동정을 표하며 '측은'이 생긴 뒤 아이를 구하러 갈 생각을 하게 된다. 그래서 맹자는 "측은지심은 인仁의 단서이다"라고 했다.

'출척'은 자신의 '죽음'을 두려워하는 마음을 뜻한다. '측은'은 다른 사람의 '죽음'을 동정하는 것이다. 그래서 '측은'은 '인'이라고 할 수 있으나 '출척'은 '인'이라고 할 수 없다. 맹자가 '출척' 두 글자를 뺀 이유이다.

그러나 문제가 남는다. 만일 내가 어린아이와 함께 우물에 들어가는 상황에서는 자신의 '죽음'만 생각할 뿐 어린아이를 생각할 여유가 없다. 이는 어린아이를 사랑하지 않기 때문이 아니라 생각할 여유가 없기 때문이다. 내가 위험에서 빠져나온 후에야 정신을 차려 '측은'이 가능할 수 있는 것이다. 맹자가 이를 제대로 파악치 못한 것은 애석한 일이다. 이로 인해 후대에 성리학과 같은 잘못된 학파가 나타나 많은 오류를 범하게 되었다.

맹자가 말하는 '애친경형愛親敬兄'과 '출척측은'은 모두 제1원인 '나'를 전제로 하고 있다. 다만 그는 제2원에서 제1원을 바라본 까닭에 이를 말하지 않았을 뿐이다. 양주楊朱('나'를 극도로 중시한 사상가)는 제1원을 극명하게 드러낸 경우이다.[7] 그는 오직 제1원만을 생각했다. 제2원 이상은 아예 고려 대상이 아니었다.

이에 반해 묵자는 마정방종摩頂放踵(분골쇄신)하여 일하는 것을 숭상한 까닭에 제1원을 포기했다. 그는 사랑에 차등이 있을 수 없다고 생각했다. 제1원과 제2원을 구별치 않고 하나의 큰 원 안에 모든 것을 집어넣었다. 양주에게는 작은 원만 있기에 큰 원은 괘념치 않았고, 묵자에게는 큰 원만 존재했기에 작은 원을 신경 쓰지 않았다. 이들 두 사람은 천지만물이 모두 작은 원이 층층이 쌓여 큰 원이 되었다는 사실을 몰랐다. 맹자와 순자 두 사람은 이를 알기는 했으나 제대로 파악치 못했다. 맹자는 층층이 쌓여 계속 확충된다고 말했고, 순자는 층층이 축소된다고 말했다. 한쪽으로 치우쳤다는 지적을 면키 어렵다. 우리는 양주의 '나'를 중심으로 하여 그 밖에 차등 있는 '사랑'의 원을 차례로 더해 나감으로써 천지만물의 현상과 서로 합치할 수 있다.

맹자와 순자의 주장을 하나로 합쳐 이같이 결론지을 수 있다. "맹자

7. '양주'는 천하를 줄지라도 몸의 터럭과 바꿀 수 없다고 주장한 일로 인해 '이타주의'를 실행한 묵가와 대비되는 '이기주의'를 주창한 것으로 알려져 있으나 이는 사실과 다르다. 그가 이런 말을 한 것은 자아를 중심으로 천하를 바라볼 것을 권한 데서 나온 것이다. 양주에 관한 일화는 유일하게 『열자』「양주」편에 나온다. 양주의 사상은 '허(虛)'를 중시한 열자보다 '무(無)'를 중시한 장자에게 더 큰 영향을 미쳤다.

가 말한 '애친경형' 은 전제에 착오가 있는 까닭에 이를 '성선' 의 근거로 삼을 수 없다. 단지 사람의 인성이 천성과 같다고 말할 수 있을 뿐이다. 순자가 말한 것도 착오가 있는 까닭에 '성악' 의 근거로 삼을 수 없다. 이 또한 인성이 천성과 같다고 말할 수 있을 뿐이다."

결국 맹자와 순자가 말한 '성선' 과 '성악' 은 하나로 합쳐야만 현실에 적용할 수 있다. 그래서 나는 인성에 관해 "심리는 역학법칙에 따라 변화한다"는 공식을 제안하고자 한다. 이는 뉴턴의 만유인력 법칙과 아인슈타인의 상대성 원리를 심리학에 적용한 것이다. 심리와 물리를 하나로 합쳐 연구하는 것이 어찌 간명하지 않겠는가? 왜 쓸데없이 '성선' 과 '성악' 의 용어를 동원해 소모적인 논쟁을 계속하는 것인가?

제3절

송유의 인성론 오류

전국시대는 중국의 학술이 가장 발달한 시기였다. 당시는 유세가가 극성했고, 유세로 인해 하루 아침에 재상이 되는 사례가 빈번했다. 각국의 군주에게 유세하는 것은 마치 훗날 제왕이 친림한 가운데 시험을 보는 것과 같았다. 다만 필기시험이 아니라 구두시험이라는 것만이 달랐을 뿐이다.

일반 책사들은 다른 사람의 의도를 헤아리는 이른바 '췌마지술揣摩之術'을 배웠다. 일반 공부를 통해 우선 사물의 이치에 대해 깊이 연구한 뒤 나가서 유세하기 시작했다. 한 마디로 말해 진리의 반쪽만을 연구했기 때문에 반쪽만을 얘기할 수밖에 없었다. 이로 인해 한쪽으로 극히 기운 이론이 되었다. 한쪽으로 기울면 기울수록 보다 신기했다. 과장되고 놀라운 얘기를 통해 사람들을 깜짝 놀라게 만들기에 충분했던 것이다.

소진은 '합종책'을 설파했다. 그의 이론은 일세를 풍미했다. 장의는 정반대로 '연횡책'을 주장했다. 그의 이론 역시 일세를 풍미했다. 맹자와 순자는 그 당시 태어났다. 그들도 은연중 이런 기풍에 물들 수밖에 없었다.

본래 사람의 인성은 선한 것도 그렇다고 악한 것도 아니다. 맹자는 사람이 가지고 있는 인성의 특성 중 반쪽만을 떼어내 '성선설'이라는 이론을 만들었다. 그 설은 신기한 것이었다. 그는 이로 인해 학술계에서 하나의 깃발을 내세울 수 있게 되었다. 순자는 맹자가 말하지 않은 인성의 반쪽을 언급하면서 '성악설'이라는 이론을 만들어냈다. 이 또한 신기한 이론이었다. 그는 맹자와 마찬가지로 학술계에 또 하나의 기치를 내걸 수 있게 되었다. 이로 인해 성선설과 성악설은 마침내 대립되는 이론으로 남게 되었다. 송유는 독실하게 맹자의 학설을 좇았다. 그러나 맹자는 송유처럼 심한 오류를 범하지는 않았다. 송유들이 인성을 논한 것은 완전히 맹자의 학설과 위반되는 것이다.

우선 맹자가 말한 내용을 크게 '애친愛親'과 '측은惻隱'으로 나눠 이들 송유와 맹자의 학설이 어떻게 완전히 상반되고 있는지 설명해 나가기로 하자.

어린아이와 어머니 관계는 3가지 경우를 생각할 수 있다. 첫째 한 명의 어린아이, 한 명의 어머니, 한 명의 외부인이 같은 장소에 있을 경우이다. 어린아이는 어머니를 특별히 친애한다. 이 경우 어린아이는 어머니를 좋아한다고 할 수 있다. 둘째 한 명의 어린아이, 한 명의 어머니가 같은 장소에 있을 경우이다. 이 때도 어린아이는 어머니를 여전히 좋아한다. 셋째 한 명의 어린아이, 한 명의 어머니가 같은 장소에 있지만 이해관계가 충돌하는 경우이다. 어머니가 떡 한 개를 입 안에 털어넣고 아이는 먹지 못하는 상황이다. 이 때는 결단코 어린아이가 어머니를 사랑한다고 말할 수 없다.

맹자는 성선설을 언급하면서 세 번째 경우를 빼버렸다. 순자는 성악설을 언급하면서 앞의 두 경우를 빼고 세 번째 경우만 얘기했다. 두 사람의 주장은 본래 충돌할 이유가 없는 것이다. 그럼에도 송유는 앞의 두 경우와 세 번째 경우를 하나로 묶어 얘기하면서 이를 하나로 꿰지 못했다. 이론 자체 내에서 충돌을 면할 길이 없는 것이다.

맹자의 주장을 맹신한 송유는 이 모순을 해설하기 위해 마침내 소위 '기질지성氣質之性'이라는 신조어를 만들어 복잡한 설명을 시도했다. 예컨대 어떤 사람이 "어린아이는 어찌해서 그 부모를 친애하는가"라고 물으면 '의리지성義理之性' 때문이라고 대답하고, "그럼 왜 어머니의 입 안에 있는 떡을 빼앗아 먹는가"라고 물으면 '기질지성' 때문이라고 대답하는 식이다. 사람의 인성을 아무 근거도 없이 두 개로 나눈 결과이다. 이로 인해 송학은 무수한 오류를 떠안게 되었다. 주희는 『맹자』를 주석하면서 '천생증민天生蒸民'(하늘이 뭇 백성을 냄) 구절을 두고 이같이 주장했다.

"정이천의 학설은 맹자와 더불어 빼어나다. 사리를 따진 점에서 보면 정이천이 더 정밀하다."

성리학자들 모두 이런 식의 설명을 했으니 이 어찌 맹자의 주장을 명백히 위반한 증거가 아니겠는가?

맹자는 사람들이 죽음을 두려워한다는 사실을 잘 알고 있었다. 갓난애가 우물로 들어가는 것을 보고 '출척怵惕'이 생기고, 이에 기초해 다시 '측은惻隱'이 생긴다고 말한 게 그 증거다. 그는 이 이론을 근거로 이런 마음을 확충하면 '측은'이 사해의 모든 인류에게 미칠 수 있다고 주장했다. 이것이 맹자가 성선설을 주장한 근본배경이다. 그러나 '출척'은 스스로 죽음을 두려워하는 것으로 '인仁'이라고 부를 수 없는 것이다. 다른 사람의 죽음을 연민하는 '측은'이 '인'인 것과 대비된다. 이로 인해 맹자는 '출척' 두 자를 슬쩍 빼버리고 "측은지심이 인의 발단이다"라고 말한 것이다.

맹자의 말은 본래 틀린 게 아니다. 단지 "측은은 출척을 확대한 데서 나온 것이다"라는 구절을 생략한 것일 뿐이다. 송유는 이를 이해하지 못하고 오직 "측은지심은 인의 발단이다"라는 구절에 얽매여 천성이 '측은'에서 나온다는 식으로 잘못 해석한 것이다. '출척' 두 자를 망각하는 바람에 모든 사람이 죽음을 두려워한다는 천성을 말살한 꼴이다. 이것이 그들이 범한 가장 큰 오류다.

그럼에도 송유는 호학심사好學深思한 사람들이다. 이들은 어린아이가 어머니의 입 안에 들어 있는 떡을 빼앗아 먹는 것을 해석하기 위해『예기』「악기」에 나오는 다음 구절을 찾아냈다.

"사람이 태어나 조용한 것은 하늘의 '성'이다. 외물에 감응해 움직이는 것은 '성'의 욕심이다."

이들은 여기서 황홀히 깨달은 바가 있어 곧 떡은 '외물', 어머니 입 안에서 떡을 꺼내는 것은 '외물에 대한 감응'으로 간주했다. 이들이 '거물욕去物欲'(물욕을 제거함)을 역설한 이유이다.

이들 송유는 갓난애가 우물에 들어가려 할 때 발휘되는 '측은'을 제대로 해석하기 위한 연구를 계속해 나갔다. '외물'이 존재하지 않은 까닭에 이와 유사한 것을 찾아내고자 고심한 것이다. 이들이 '물욕'을 포괄하는 소위 '인욕人欲'이라는 두 글자를 만들어낸 배경이 여기에 있다. 이들은 제자들에게 이같이 말했다.

"사람의 천성은 '측은'에서 출발한다. 요순과 공맹 등이 모두 그러했다. 가슴에 가득 찬 것이 '측은'이다. 그렇지 않은 경우는 존재하지 않는다. 우리들이 갓난애와 함께 우물에 들어가게 될 때는 죽음을 두려워하는 마음이 '측은'에 앞서기는 하나 이는 '기질지성' 때문이다. 인욕이 천성인 '의리지성'을 덮은 결과이다. 너희들이 '거인욕去人欲'과 '존천리存天理'(의리지성을 굳건히 지킴)를 열심히 행해야 하는 이유이다. 그리하면 곧 요순과 공맹이 될 수 있다. '천리'가 무엇인가? 측은지심이다. 이것이 이른바 '인'인 것이다."

이것이 모든 성리학설의 기본논지다.

정이천 문하에서 최고의 고족제자로 알려진 사상채謝上蔡는 이런 논지에 입각해 매일 위험스런 계단 위에서 뛰다시피 오르내렸다. 맹자가 말한 '부동심不動心'(외부의 유혹 및 변화에 동요되지 않는 확고한 마음가짐)을 스스로 죽음을 두려워하지 않는 마음으로 간주한 그는 이런 노력 끝에 마침내 '인욕'을 제거해 '천리'가 자연스레 흐르게 됐다고 생각했다.

그러나 사상채의 '거인욕, 존천리'는 사실 '거출척, 존측은'에 해당한다. '측은'은 '출척'이 확대한 것이고, 갓난애는 내가 확대한 것이다. '출척'이 없는데 어떻게 '측은'이 존재할 수 있을까? 내 몸이 없는데 갓난애가 어떻게 존재할 수 있을까? 내가 이미 죽음을 두려워하지 않게 되었는데 어떻게 갓난애가 우물에 들어가는 것을 보고 나 자신에게 '측은'을 느끼도록 만들 수 있는 것일까?

오로지 '거인욕'에 매몰된 정이천의 문인들은 사실 '거출척'의 공부만 한 셈이다. 정이천의 문인 중 여원명呂原明이라는 자가 있었다. 그는 가마에 올라타 강을 건너다 물에 빠지게 되었다. 종자들이 모두 익사했다. 그러나 그는 가마 위에서 미동도 하지 않았다. 그는 '거출척'을 이룬 사람이다. 종자들이 물에 빠져 죽는 것을 보고 '측은'이 일어나지 않았기 때문이다.

정이천의 학설이 남송에 그대로 전해지자 주희의 막역한 친구인 장남헌張南軒과 그의 부친 장위공張魏公은 부리符離의 싸움에서 17만 명을 잃었다.[8] 그런데도 장준은 천둥같이 코를 골고 잤다. 아들 장남헌은 주희의

8. 장위공은 남송 초기 고종 때 활약한 장군인 장준(張浚)을 말한다. 4세 때 고아가 되었으나 행동이 바르고 단정했다. 북송 말기에 태상부에 근무하다가 고종이 남쪽에서 즉위했다는 소식을 듣고 남경으로 내려와 추밀원 편수관 등을 역임했다. 융흥 원년(1163) 5월 건강 등 4개 지역의 도독이 된 그는 금나라가 쳐들어오자 이현충(李顯忠)과 소굉연(邵宏淵)을 보내 금나라가 점거하고 있는 영벽(靈壁 : 안휘성 영벽현) 등지를 탈환했다. 그러나 이현충과 소굉연은 서로 뜻이 맞지 않아 대

권유를 받고 자신의 부친이 심학心學에 정통했다고 자랑했다. 장준은 '거출척'을 이뤘다고 할 만하다. 죽은 사람을 대마大痲(삼대) 정도로 여기고 측은한 마음을 갖지 않았기 때문이다.

『맹자』「이루 하」편에 이런 말이 나온다.

"한 집안의 사람들이 싸우는 것을 말릴 경우에는 비록 피발영관被髮纓冠(머리를 풀어 헤치고 갓끈만 겨우 맴) 한 채 말릴지라도 가하다."

여원명의 종자와 장위공의 병사가 어찌 '한 집안의 사람'이 아니겠는가? 또 이들의 행위가 어찌 맹자의 말을 거스른 게 아니겠는가? 무릇 '거출척'을 한 사람은 반드시 잔인한 인물이 되기 마련이다. 살인을 하고도 눈 하나 꿈쩍하지 않는 사람이 왕왕 형장으로 끌려가면서도 담소하며 태연자약한 게 그 증거다. 정이천도 '거출척'을 한 사람이다. 그는 이같이 언급한 바 있다.

"아녀자가 굶어죽는 일은 사소한 일이나 정절을 잃는 것은 큰일이다."

이들 두고 대동원戴東源이 "송유들은 이理로써 사람을 죽였다"라고 비난한 것도 결코 이상한 말이 아니다.[9]

렵했고 금나라는 이 틈을 타 부리(符離 : 강소성 숙현)에서 송군을 대파했다. 다행히 금나라 군사는 남경으로 다시 공격해 오지 않아 국면은 더 이상 악화되지 않았다. 주화파가 장준을 공격하자 송효종은 부득이 장준의 관직을 거둘 수밖에 없었다. 이듬해 송나라는 사신을 보내 금나라와 강화했다. 그러나 송효종이 이내 후회하는 뜻을 보이자 금나라는 다시 군사를 보내 회수를 건너 요충지를 함락시켰다.

9. 청대의 고증학자로 여러 분야에 통달했다. 본명은 '진(震)'으로 동원(東原)은 자이다. 대표 저서로 『맹자자의소증(孟子字義疏證)』을 들 수 있다. 그는 여기서 '천리'의 폐해를 이같이 지적했다. "사람이 법을 어겨 죽으면 오히려 불쌍하게 여기는 사람이 있지만 '리(理)'에 걸려 죽으면 그 누가 불쌍하게 여기겠는가? 오호(嗚呼), 노자와 불가의 말을 섞어 가지고 말하는 화(禍)가 신불해와 한비자보다 심한 것이 이와 같다." 대진은 양명학에 대해서도 '천리' 개념의 폐해를 가중시키는 데

어떤 사람이 물었다.

"'출척'을 없애지 않으면 큰 환란을 맞았을 때 단지 죽음을 두려워하는 마음만 가질 뿐이다. 어찌 능히 나라와 국민을 구하는 큰일을 할 수 있겠는가?"

나는 이렇게 대답했다.

"그렇지 않다. 『맹자』에 그 해답이 있다. 단 두 글자이다. 평시에 '의義'를 실천하고 진리를 보았을 때 '독篤'을 행하는 게 그것이다. 일단 큰 일을 맞게 되면 '의'가 발동해 자연히 몸을 돌보지 않고 분투하게 된다. 그래서 『맹자』「고자 상」편에서 '생生도 내가 원하는 것이고 의義도 내가 원하는 것이나 두 가지를 모두 취할 수 없다면 나는 생을 버리고 의를 택할 것이다'라고 말한 것이다."

맹자는 평시 '의'에 집중하며 이처럼 지강至剛한 호연지기를 길렀다. 이는 송유가 '거인욕'을 행한 것과 대비된다. 송유는 평시 위험한 계단을 뛰어내리는 것을 일삼으며 죽음을 두려워하는 마음을 말끔히 없앤 것이다. 맹자와 송유 모두 '부동심'을 역설했다. 그러나 맹자의 '부동심'은 '의'를 적극적으로 모은 것이고, 송유의 '부동심'은 '거인욕'을 소극적으로 취한 것이다. 가는 길이 완전 상반된 셈이다.

맹자가 말한 '애친경형愛親敬兄'과 '출척측은怵惕惻隱'은 모두 그 안에 '나'를 내장하고 있다. 그는 이같이 말했다.

"집안의 어른을 공경하는 데서 시작해 다른 어른에게 미치게 하고, 내 아이를 사랑하는 데서 시작해 남의 아이에게 미치게 한다."

일조했다고 비판했다. 그는 탁월한 고증학자인 왕염손(王念孫)과 단옥재(段玉裁) 등의 스승이기도 하다. 이들 학파를 환파(皖派)라고 한다. '환'은 안휘성의 별칭이다.

또 그는 「이루 상」편에서 이같이 말하기도 했다.

"모든 사람이 각기 그 어버이를 친히 하고 어른을 어른으로 대하면 천하가 평안해질 것이다."

그가 말한 모든 것의 중심에 '나'가 있다. 그가 군주는 가벼우나 백성은 귀하다고 말한 소위 '귀민경군貴民輕君'도 여기서 나온 것이다. 그는 「이루 하」편에서 이같이 말했다.

"군주가 신하를 토개土芥(흙덩이와 지푸라기)처럼 천하게 여기면 신하는 군주를 구수寇讎(원수)처럼 여길 것이다."

그러나 정이천이 제창한 '거인욕'의 학설은 '나'를 제거해 놓았다. 그래서 "아녀자가 굶어죽는 일은 사소한 일이나 정절을 잃는 것은 큰일이다"라는 식으로 말한 것이다. 맹자는 「양혜왕 하」편에서 이같이 말했다.

"인을 해치는 자를 '적賊', 의를 해치는 자를 '잔殘'이라고 한다. 이들을 '일부一夫'(일개 사내)라고 한다. 나는 '일부'를 주벌誅罰했다는 애기는 들었어도 '시군弑君' 했다는 애기는 듣지 못했다."

이는 맹자가 이미 일찍이 판정을 내린 사안이다. 그럼에도 정이천은 공공연히 맹자의 정의를 뒤집었으니 이 어찌 맹자의 반적叛賊이 아니겠는가? 그러면서도 그들은 스스로 맹자의 도통을 이었다고 주장했다. 아무리 생각해도 이해할 수 없는 일이다.

한 마디로 말해 맹자도 '성선'을 말하고 송유도 '성선'을 말했다. 그러나 송유의 '성선'은 맹자의 주장과 완전히 상반된다. 맹자는 '나'를 조금도 훼손하지 않은 데 반해 송유는 '나'를 극도로 훼손했기 때문이다. 송유의 '거인욕'을 좇을 경우 결국 '나'는 무엇이 되는가? '나'를 없애면 어떤 일이 빚어지는가? 이를 깊이 연구하지 않으면 안 된다. 다시 도표를 통해 이를 살펴보자.

맹자는 앞서 나온 도표 1의 중심에 서서 바깥쪽을 바라보면 인간의 천성은 어린아이가 친부모를 사랑하고, 자라서는 형을 사랑하며, 더 나아가 이웃 사람들과 자기 지역 사람들, 자기 나라 사람들을 사랑하는 식으로 점차 바깥으로 확대되어 간다고 생각했다. 만약 여기에서 더 확대된다면 인류와 만물을 사랑하는 데까지 나아갈 수 있을 것이다. 그는 인성은 본래 선하다고 단정했기 때문에 늘 사람들에게 이러한 고유의 선한 품성을 확충시켜 나갈 것을 요구했다.

반면 순자는 앞서 나온 도표 2의 외곽에 서서 안쪽을 바라보며 인간의 본성은 곧 꽃을 바라보면 돌을 잊고, 개를 보면 꽃을 잊고, 사람을 보면 개를 잊고, 친구를 보면 남을 잊어버린다는 식으로 점차 안으로 축소되어 간다고 생각했다. 집이 무너져내릴 상황에 다다르면 노골적으로 자기 자신만 생각하고 절친한 친구조차 잊어버리고 만다. 따라서 그는 인성은 악하다고 단정했기 때문에 늘 사람들에게 인간 고유의 악한 품성을 억제해 줄 것을 요구했다.

그러나 사실 엄밀히 따져보면 이런 현상은 성선실 및 성악설과는 무관한 것이다. 오로지 하나 가정할 수 있다면 "심리는 역학의 법칙에 따라 변한다"라는 한 구절뿐이다. 뉴턴의 만유인력설과 아인슈타인의 상대성 이론을 심리학에 응용해 심리와 물리를 함께 연구한다면 어찌 간편하고 명확하지 않겠는가? 무엇 때문에 성선이니 성악이니 하는 쓸데없는 개념을 동원해 쉴 새 없이 논쟁을 벌이는지 이해할 수가 없다.

다음의 도표 5를 통해 알 수 있듯이 맹자가 말한 '애친경형'과 '출척측은' 구절은 모두 그 내부에 '나'를 감추고 있다. 그러나 그는 언제나 제2원부터 설명하기 시작했을 뿐 제1원의 '나'에 대해서는 생략하고 넘어갔던 것이다.

이에 반해 양주楊朱는 언제나 자신을 위한다는 소위 '위아爲我' 개념을 내세움으로써 제1원의 존재를 분명히 밝혀놓았던 셈이다. 그러나 그

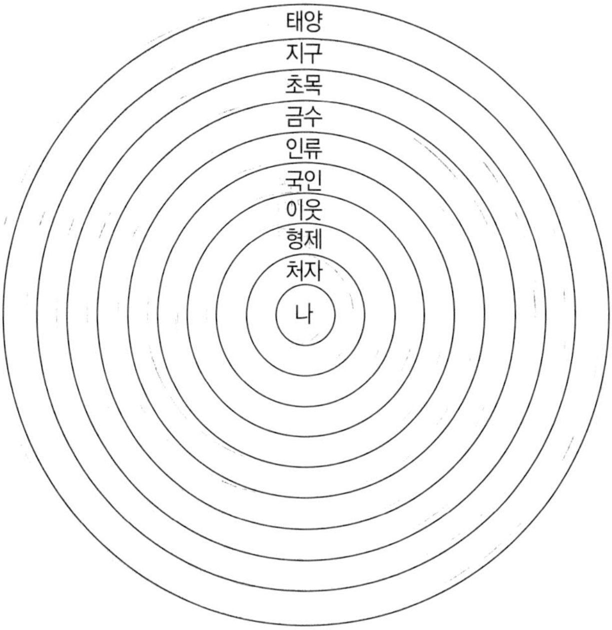

(도표 5) 개인과 우주의 관계도

는 제1원에만 신경을 썼을 뿐 제2원을 비롯한 여타 원에 대해서는 아랑곳하지 않았다.

묵자는 제1원의 '나'를 버리고 애정에는 차등이 없다고 주장했다. 이는 원의 순서를 무시한 것으로 오직 큰 원 하나만을 그리면 족하다고 주장한 것이나 마찬가지이다. 양자가 제1원 하나만 취하고 나머지 원들은 상관하지 않은 반면, 묵자는 외곽의 큰 원만 취한 채 나머지 작은 원은 전혀 상관하지 않은 셈이다. 이들 두 학파는 자연현상은 큰 원과 작은 원이 겹겹이 쌓여 만들어진 것이라는 사실을 알지 못했던 셈이다.

이에 대해 맹자와 순자 두 사람은 자연현상 자체가 각 원들이 겹겹이 둘러싸여 만들어진 것이라는 사실을 분명히 알고 있었다. 다만 맹자는 점차 제1원에서부터 점차 확대해 간다는 사실만을 말했고 순자는 점차적으로 축소해 간다는 사실만을 언급했을 뿐이다. 두 사람 모두 한쪽 면만을 강조했다는 비난을 면키 어려운 것이다. 그러나 내가 주장한 바와 같이 양주가 말한 '나'를 중심으로 삼고 그 바깥에 애정의 차등에 따라 겹겹이 원을 그려나간다면 자연현상과 서로 일치하게 될 것이다.

여기서 송유들이 '이기심을 버려라'라고 주장한 '거사去私'에 대해 마땅히 분석해 보고 넘어가지 않을 수 없다. '사私'와 '공公' 양자는 상대적인 것이지 절대적인 대립개념이 아니다. 가령 처자식을 돌보지 않고 오로지 나만을 둘러싼 원을 그린다면 아내는 틀림없이 나에게 '사私'를 중시하는 이기적인 사람이라고 비난할 것이다.

이 경우 나의 원을 치우고 처자식을 둘러싼 원을 그리게 되면 원 밖에 있는 형제들이 또 나에게 이기적이라고 말할 것이다. 그래서 다시 처자식의 원을 치워버리고 형제를 둘러싼 원을 그리면 이번에는 원 밖에 있는 이웃 사람들이 또 나에게 이기적이라고 말할 것이다. 그래서 형제의 원을 걷어치우고 이웃 사람들을 둘러싼 원을 그릴 경우 또 다시 원 밖에 있던 자기 나라 사람들이 나에게 이기적이라고 말할 것이다. 그래서 또 이웃 사람의 원을 치우고 자기 나라 사람들을 둘러싼 원을 그릴 경우 이번에는 전 인류가 나에게 이기적이라고 말할 것이다. 어쩔 수 없이 자기 나라 사람의 원을 치우고 전 인류를 둘러싼 커다란 원을 그려야만 비로소 '공公'이라는 개념을 붙일 수 있을 것이다.

그러나 이 또한 여전히 '공'이라고 말할 수 없다. 만약 전 세계의 동물과 식물, 광물 등이 모두 말을 할 줄 안다면 우선 동물들부터 이같이 말할 것이다.

"당신들은 왜 우리를 먹어치우려 하는가? 아무래도 너무 이기적인 것 같다."

그러면 초목은 동물들에게 이같이 물을 것이다.

"너희들은 왜 우리를 먹어치우려 하는가? 아무래도 너무 이기적인 것 같다."

그러자 이번에는 진흙과 모래, 자갈 등이 초목에게 이같이 따질 것이다.

"너희들은 왜 우리 몸에서 자양분을 흡수해 가는가? 아무래도 너무 이기적인 것 같다."

진흙과 모래, 자갈 등은 지구 중심을 향해 이같이 물을 것이다.

"너는 왜 우리를 네 쪽으로 끌어당기는 건인가? 아무래도 너무 이기적인 것 같다."

태양 역시 지구 중심을 향해 이같이 물을 수 있을 것이다.

"나는 너를 끌어당기고 있는데 너는 왜 다가오지 않고 자꾸 밖으로 도망칠 생각만 하는 것인가? 게다가 한술 더 떠 슬며시 나를 잡아당기고 있으니 정말 이기적이라고 말하지 않을 수 없다."

만약 태양이 더 이상 참지 못하고 지구가 이기심에 얽매인다고 비난하면서 아예 끌어당기지 않게 된다면 지구는 당장 소멸하고 말 것이다. 이같이 추론해 보면 이런 사실을 알 수 있다. 즉 전 세계를 온통 다 뒤져보아도 결코 절대불변의 객관적인 '공公'을 찾아낼 수 없다는 사실이다. 흔히 말하는 '공'은 범위가 미리 그어져 있는 것으로 범위 이내의 사람들에게만 공평한 것일 뿐 범위 밖의 사람들에게는 여전히 이기적일 수밖에 없다. 이를 통해 이런 사실을 분명히 알 수 있다.

"사람의 이기심은 만유인력과 같은 것이다."

인간의 이기심을 없애지 못하는 것은 만유인력을 제거하지 못하는 것과 같다. 만약 그것을 제거한다면 인류도 사라지고 세계도 사라질 것이다. 그러니 인간의 이기심을 버리라는 송유의 '거사' 주장이 어떻게 실현

될 수 있겠는가? 이기심을 제거하지 못하면 아무래도 남을 해치지 않을 수 없게 된다. 그렇다면 이 문제를 어떻게 처리하는 것이 좋을까? 이런 해결방법이 있다.

"기왕 사람의 이기심이 만유인력과 통하는 이상 우리가 만유인력을 다스리는 방법으로 사람의 이기심을 다스리면 된다."

여러 원들이 겹겹으로 둘러싸고 있는 도표 5는 완전히 지구 중심의 인력이 작용하는 모습을 닮아 있어 질서정연하기 그지없다. 우리는 이 방법을 사용해 세상의 모든 사물을 질서 있게 배열할 필요가 있다. 이는 마치 하늘의 수많은 별과 천체가 서로 일정한 관계를 유지하고 있는 것과 닮아 있다. 그리되면 이 세상은 서로 다툼 없이 화목하게 살아나갈 수 있다.

인류가 서로 쟁탈전을 벌이는 것은 '인심' 의 '사' 에서 나오는 것이고, 인류가 서로 친애하는 것도 '인심' 의 '사' 에서 출발하는 것이다. '사' 는 전자기의 성질과 같아 이를 제거하는 것 자체가 불가능하다.

물리학자가 전기를 사용해 사람을 죽였다는 이유로 전기를 없애면 전화와 전등을 어떻게 사용할 수 있겠는가? '사' 는 없앨 수 없는 것이다. 이는 마치 지구의 중력을 없앨 수 없는 것과 같다. 우리는 '사' 를 인정한 가운데 각 개인들로 하여금 서로 다른 사람의 '사' 를 방해하지 않도록 하는 수밖에 없다. 이것이 '사' 가 이를 수 있는 궁극이고 '공' 이 도달할 수 있는 궁극이다.

어떤 사람이 물었다.

"그렇다면 인성은 '선' 인가 '악' 인가?"

나는 이렇게 반문했다.

"그렇다면 지구의 중력은 '선' 인가 '악' 인가? 전기는 '선' 인가 '악' 인가? 이에 대해 해답을 제시한 후 다시 말하도록 하자."

맹자의 학설은 모두 '나'를 중심으로 한 얘기다. 이를 확충하면 친친親親(가까운 사람을 더욱 가까이 함)과 인민仁民(백성을 어질게 대함), 애물愛物(사물을 아낌)이 가능하다고 했다. 그는 결코 이기利己의 근원인 '사'를 없애라고 한 적이 없다.

그러나 송유는 정반대로 나아갔다. 자신의 '사'뿐만 아니라 다른 사람의 '사'까지도 일거에 제거코자 한 것이다. 인심의 '사'를 제거하는 일은 마치 지구의 중력을 제거하려는 시도와 같다. 천하가 분분해진 이유이다. 『맹자』를 읽을 때는 애연藹然(온화함)히 봄바람이 만물을 낳듯이 대하고, 송유들의 저서를 읽을 때는 늠연凜然(살을 엘 듯이 추움)히 가을 서리가 만물을 죽이듯이 대해야 한다. 송유의 학설은 맹자와 완전히 상반되기 때문이다.

제4절

고자의 인성론

인성은 본래 무선무악이다. 선할 수도 있고 악할 수도 있는 것이다. 고자告子의 설법은 어떤 방면에서 고찰하든 모두 인성에 부합한다. 그는 이같이 말했다.

"성은 소용돌이치며 급히 흐르는 단수湍水와 같다."

'단수'의 변화는 곧 힘의 변화이다. 우리는 이미 "심리는 곧 역학의 법치에 따라 변한다"고 말한 바 있다. 고자는 이미 2천여 년 전에 일찍이 "성은 단수와 같다"는 말로 이런 이치를 파악했던 것이다. 고자는 이같이 말했다.

"성은 단수와 같다. 동쪽의 둑이 무너지면 동쪽으로 흐르고 서쪽이 무너지면 서쪽으로 흐른다."

이를 인성에 비추어 말하면 선한 쪽으로 이끌면 선하게 되고 악한 쪽으로 이끌면 악하게 되는 것이다. 이런 설법은『대학』에 나오는 다음 구절과 통하는 것이기도 하다.

"요순이 인의를 창도하자 인민은 인의로 나아갔고, 걸桀과 주紂가 폭정을 이끌자 인민 역시 악해졌다."

맹자의 논박은 일종의 궤변이었다. 송유들은 맹자의 잘못을 알아채지 못하고 고자를 극력 폄척했다. 대학에 나오는 위 구절과 고자의 주장사이에 어떤 차이가 있는지 묻지 않을 수 없다. 『맹자』에는 이런 구절이 나온다.

"인민의 본질은 좋은 것을 좋아하는 품덕品德에 있다."

송유는 이를 도道라고 칭하고 성리학의 근거로 삼았다. 단 『대학』은 요순 시절의 몇 개의 얘기 밑에 오히려 이런 얘기를 덧붙여 놓았다.

"황제의 명령이 백성이 좋아하는 것과 달라지자 백성들은 이를 따르지 않으려 했다."

사람의 천성에 좋은 것을 좋아하는 품덕이 있다면 걸주가 폭정을 할 경우 인민은 당연히 좇지 않아야 한다. 만일 이를 좇았다면 이 어찌 "인민의 본질은 나쁜 것을 좋아하는 품덕이다"라는 얘기에 해당하는 것이 아니겠는가?

고자를 비판한 송유들이 『대학』에 나오는 구절을 오히려 고치려 하지 않고 어찌 사람들을 능히 설복시킬 수 있겠는가? 맹자의 모든 학설은 매우 뛰어나다. 그러나 오직 '성선性善'이라는 두 글자는 이론상 잘못된 것이다. 송유의 위대성은 중국의 학술과 인도의 학술을 하나로 묶어낸 데 있다. 석가의 설법을 이용해 마음을 연구하고 공자의 설법으로 사회를 연구함으로써 입세入世와 출세出世의 이치를 하나로 묶어낸 것이다. 이는 학술상 하나의 신기원을 이룬 것으로 천고에 변치 않을 공적이 아닐 수 없다.

송유들이 능히 이런 공적을 세울 만했다면 당연히 진리를 발견해야만 했다. 고자가 말한 것은 깨지지 않는 진리이다. 어째서 송유들은 오히려 고자를 그토록 극력 폄하했던 것일까? 그 근원은 바로 맹자를 맹신한 데 있었다. 송유들은 왜 맹자를 맹신하게 된 것일까? 이는 당나라 때의 한유韓愈에서 비롯된 것이었다.[10] 한유는 일찍이 이같이 말한 바 있다.

"요임금은 도道를 순에게 전해주었고 순임금은 이를 우에게 전했다.

우임금은 이를 탕에게 전했고 탕은 이를 문왕과 무왕, 주공에게 전했다. 이들은 도를 공자에게 전했고 공자는 이를 맹자에게 전했다. 그러나 맹자가 죽은 뒤 그 도가 끊어져 전해져 내려오지 않게 되었다."

이는 본래 근거가 없는 것으로 당나라 때 불교가 크게 성행할 당시 통용되던 '의발衣鉢'을 전수하는 불가의 설을 이용한 것에 불과할 뿐이다. 우리는 『오등회원五燈會元』을 통해 한유가 살던 시절 불교의 '의발전수'가 유행했고 그는 불교를 반대한 인물로서 이런 설법을 만들어냈음을 알 수 있다.[11] 이는 다음과 같이 말하는 것이나 다름없다.

"우리 유가 역시 의발을 전하는 전통이 있었다."

송유들은 이를 사실로 믿고 소위 '도통5설道統五說'을 만들어냈던 것이다. 그들은 도통이 맹자로 연결되었다고 생각했다. 이로 인해 고자와 순자의 주장은 맹자와 다르다는 이유 하나만으로 통렬한 비판을 당하게

10. 한유는 하남 회주(懷州) 수무현(修武縣) 출신으로 자는 퇴지(退之)이다. 조상의 적을 창려(昌黎)에 둔 까닭에 자칭 '창려한유(昌黎韓愈)'라고 했고, 세인들은 그를 '한창려(韓昌黎)'로 불렀다. 그는 유가의 사상을 존중하고 도교와 불교를 극도로 배척해 훗날 성리학의 선구자가 되었다. 817년 오원제의 반란 평정에 공을 세워 형부시랑이 되었으나 2년 뒤 당헌종이 불골(佛骨)을 모신 것을 간하다가 광동의 조주(潮州) 자사로 좌천됐다. 이듬해 헌종이 죽자 다시 복직해 이부시랑까지 올랐다. 종래의 대구를 중심으로 짓는 변문(騈文)에 반대하고 자유로운 형의 고문(古文)을 유종원(柳宗元) 등과 함께 주창해 그의 고문은 송대 이후 중국 산문문체의 표준이 되었다. 소동파는 그를 두고 "문장으로는 8대(후한 · 위 · 진 · 송 · 제 · 양 · 진 · 수)의 쇠락을 일으켰고, 도로는 천하가 허우적대는 데서 구해냈다"고 칭송했다.

11. 『오등회원』은 도원(道原)의 『경덕전등록』, 이준욱(李遵勖)의 『천성광등록(天聖廣燈錄)』, 불국유백(佛國惟白)의 『건중정국속등록(建重靖國續燈錄)』, 오명(悟明)의 『연등회요(聯燈會要)』, 정수(正受)의 『가태보등록(嘉泰普燈錄)』 등 송대에 나온 5가지 선종사서(禪宗史書)를 압축한 선종의 통사(通史)다. 150권이나 되는 것을 20권으로 축약해 선의 대의를 밝힌 입문서로 평가된다. 5가7종으로 분류되어 열람하기 쉬운 탓에 선종 승려들뿐만 아니라 사대부와 문인들에게도 널리 읽혔다.

된 것이다. 증자는 공자의 의발을 전수받은 사람으로 그는 공자의 의발을 자사子思에게 전하고 자사는 이를 맹자에게 전수했다는 식으로 맹신한 결과다. 이 때문에 『대학』에 나오는 구절은 고자의 주장과 같은 것임에도 불구하고 고쳐지지 않은 것이다.

한유는 글을 쓸 때 독창적인 이론을 좋아했다. 정이程頤(정이천)는 이 같이 말했다.

"한유가 '맹자가 죽은 뒤 그 도통이 전수되지 못했다'고 말한 것은 선인을 답습한 것도 아니려니와 맹랑하게 만들어낸 것은 아닐 것이다. 이는 분명 본 바가 있을 것이다."

'선인을 답습한 것이 아니다'라는 말은 황당한 것이다. '본 바가 있을 것이다'라고 한 것은 '대체로 그럴 것이다相當然耳'라는 뜻을 지니고 있다. 한유의 주장은 정이조차도 그 근거를 찾아내지 못한 것이다. 그렇다면 결국 송유들이 말하는 '도통'은 동요할 수밖에 없고 학설 자체가 파탄을 면치 못하게 된다.

정이는 처음에 "공자가 맹자에게 도를 전해주었다"는 한유의 주장에 대한 근거를 찾기 위해 유가의 모든 책을 뒤졌으나 아무런 소득도 없었다. 이어 불가와 도가의 서적들을 수십 년간 뒤졌으나 역시 아무런 소득도 얻을 수 없었다. 그러다가 결국 6경을 거듭 뒤지다가 홀연히 알게 되었다. 정이가 얻어낸 것이 과연 무엇이었을까? 우리는 이런 사실을 반드시 알아야만 한다.

"인심의 구성과 지구의 구성은 서로 닮아 있다. 지심地心은 인력引力을 통해 능히 흙과 모래, 자갈 등과 같이 형체가 있는 사물을 잡아당길 수 있기 때문에 하나의 지구를 만들 수 있는 것이다. 인심人心 역시 인력이 있다. 눈으로 보고 귀로 듣는 것과 같이 형체가 없는 사물을 잡아당길 수 있기 때문에 마음을 구성할 수 있는 것이다."

정이는 유·불·도 3교를 드나들었다. 자신도 모르는 사이에 3교의 원리를 흡수해 하나로 회통시킴으로써 하나의 이론을 만들어낼 수 있었던 것이다. 이는 3교의 결정체로 가히 보석과 같은 것이라고 할 수 있다. 정이는 자신이 만들어낸 것이 엄청난 보물이라는 사실을 몰랐다. 오히려 그 공을 공자에게 돌렸다. 6경에서 찾아낸 구절에 새로운 해석을 가할 때 자신이 발견한 새로운 이론을 삽입한 것이 송대 성리학이 나타나게 된 진상이라고 할 수 있다. 송유들의 최대 공적이 바로 여기에 있다. 그들이 가시밭길을 걷는 것과 같은 삶을 유지하게 된 이유이다.

맹자는 '성선'을 얘기하면서 많은 예를 들었다. 어린아이가 그 부모를 사랑한다거나 우물에 빠지려고 한다거나 또는 종鐘에 짐승의 피를 바르는 것을 참지 못한다거나 하는 등등의 예를 들었다. 송유들은 다른 데서 증거를 찾을 생각을 않고 오직 사서오경에 나오는 이런 예들을 통해 연구했다. 이로 인해 천리天理와 인욕人欲, 인심人心과 도심道心, 의리지성義理之性, 기질지성氣質之性 등의 얘기가 나오게 됐다. 이들은 이것이 사람들의 이목을 피곤하게 만드는 것이었음에도 그 연유를 몰랐다.

우리들은 송원대의 학안과 명대 유학자들의 학안을 볼 때 마땅히 모래 속에서 사금을 찾는 방법을 동원해야만 한다. 천리와 인욕 등의 말을 일거에 소탕하고 단순히 그 내용의 실체를 파악한 연후에 그 위대함과 잘못된 점 등을 찾아내야만 하는 것이다.

맹자의 성선설과 순자의 성악설은 합하여 하나로 만들어야 한다. 두 설을 합한 것이 바로 우주의 진리이다. 양설이 합쳐진 것이 바로 고자가 말한 '성무선무불선설性無善無不善說'이다. 사람들이 "어떻게 맹자의 설을 순자의 설과 합치는가"라고 묻는다면 나는 이같이 대답할 것이다.

"맹자는 '사람은 어렸을 때 부모를 사랑하고, 색을 알게 되면 여자를 사랑하고, 처자가 있게 되면 처자를 사랑한다'고 했다. 순자는 '처자가 있게 되면 부모에 대한 효도가 쇠퇴한다' 고 했다. 두 사람의 말이 같은 것이 아니고 무엇이겠는가? 맹자는 '커다란 효도는 종신토록 부모를 사랑하는 것으로 50세가 되도록 부모를 사랑하는 사람을 통해 나는 순임금의 모습을 본다' 고 했다. 맹자가 말한 바에 따르면 50세가 된 사람이 아직 부모를 사랑하게 되면 순임금과 다름없게 된다. 인성의 본질이 과연 무엇일까? 맹자와 순자의 설이 서로 합칠 수 없다고 말하지는 못할 것이다. 이로써 맹자와 순자의 논쟁점은 오직 '선' 과 '악' 이라는 두 개의 형용사에서 비롯되었음을 알 수 있다. 인성에 대한 두 사람의 생각이 결코 다른 것이 아니었던 것이다."

송유들의 해석에 따르면 어릴 때 부모를 사랑하는 것은 '인성의 본원性之正' 이라고 한다. 장성해서 색을 밝히게 되는 것은 '형기의 사사로움形氣之私' 라고 한다. 이런 설법은 깊은 검토를 요하는 것이 아닐 수 없다. 어린아이가 부모를 사랑하는 것은 애친愛親이 아니다. 그에게 젖을 주기 때문이다. 어린아이를 유모에게 맡겨 기를 경우 어린아이는 유모를 사랑할 뿐 생모를 사랑하게 되지 않는다. 이는 명백한 것이다. 유모와 소녀, 처자를 좋아하는 것은 심리를 일관되게 통하는 원칙으로 '위아爲我' 의 원칙에 다름 아닌 것이다.

'위아' 는 인류의 자연스런 본성이다. 따라서 '위아' 를 행하는 사람을 보고 선하다거나 악하다고 말할 수 없는 것이다. 고자는 '성무선무불선설' 을 주장했다. 이것이 바로 만물의 이치에 가장 잘 어울리는 것이다. 고자는 이같이 말한 바 있다.

"먹고 색을 밝히는 것이 곧 성이다."

어린아이가 부모를 사랑하는 것은 먹기 위함이다. 소녀와 처자를 좋아하는 것은 색을 밝히기 때문이다. 먹고 색을 밝히는 것은 인류생존의 필수요건이다. 생존을 구하는 것은 인간의 천성이다. 그래서 고자는 "생존하는 것이 곧 성이다"라고 말했던 것이다. 고자의 인생에 관한 관찰이 이와 같았다면 과연 인성에 대해서는 어떠했을까? 이를 두고 고자는 이런 비유를 들었다.

"성은 곧 '단수' 이다. 동쪽의 둑이 터지면 동쪽으로 흐르고 서쪽이 터지면 서쪽으로 흐른다."

그는 또 이같이 언급했다.

"인성은 버드나무에 비유할 수 있다. 인의는 버드나무로 만든 잔에 불과할 뿐이다. 인성이 곧 인의라고 말하는 것은 '버드나무를 말하는 것이 곧 버드나무로 만든 잔을 말하는 것과 같다' 고 잘못 주장하는 것과 같은 것이다."

고자의 이런 설법은 매우 타당한 것이다. 인성은 선한 것도 악한 것도 아니다. 선할 수도 있고 악할 수도 있는 것이다. 비유해 말하면 깊은 연못의 물은 평시에 수면이 조용하기 때문에 우리는 무슨 작용이 일어나고 있는지 모른다. 그러나 동쪽의 둑을 트면 논과 밭을 충분히 적시는 것은 물론 배를 탈 수 있으나 서쪽을 트면 논밭과 집을 삼키게 될 경우, 우리는 동쪽을 트는 것이 좋을 것이다. 또한 나무를 예로 들면 곤봉을 만들어 사람을 때릴 수도 있으나 그릇 등을 만들어 장식품으로 둘 수도 있을 경우, 그릇 등을 만드는 것이 좋을 것이다. 이런 설법은 맹자와 순자의 견해가 하나로 합쳐질 수 있음을 의미하는 것이다.

송유는 인심人心은 곧 인욕人欲을 의미한다고 주장했다. 이는 대개 먹는 것과 색을 밝히는 것을 뜻한다. 도심道心은 곧 천리天理를 의미하는 것으로 대개 부모형제를 사랑하고 존경하는 것을 뜻한다. 주희는 '중용장구서' 에서 이같이 말한 바 있다.

"사람은 모두 일정한 형체를 가지고 있기 때문에 성인이라 할지라도 인심을 갖지 않을 수 없다."

어린아이의 경우 공자도 어머니 입 속에 있는 떡을 빼앗아 먹었다. 나와 어린아이가 동시에 우물에 들어가려고 할 경우 공자도 오직 두려움만 있을 뿐 측은지심은 일지 않게 된다. 만일 이같지 않다면 어린아이는 세상에 태어났을 때 어머니의 젖을 먹을 수 없게 된다. 커서도 두려움도 없이 우물을 보고 뛰어들 경우 세상에 인류가 존재할 수 있었겠는가?

도리道理는 원래 옳은 것이다. 도리를 언급하면서 순자의 언급을 인용하지 않을 수가 없다. 또한 '사람은 살면서 조용하다' 고 한 것 역시 문자文子의 노자 인용을 하간헌왕河間獻王이 자신의 책에 집어넣은 것과 같다.[12] 『문자』는 위서僞書라는 얘기도 있지만 노장학파의 사람이 쓴 것만은 확실하다. 만일 송유가 공맹의 학설에 노자와 순자, 고자 등의 주장을 융합시켜 하나로 만들려고 했다면 우주의 진리를 찾아낼 수 있었을 것이다. 이들이 우주의 진리를 찾아내지 못한 것은 바로 노자와 순자, 고자를 극력 반대한 데 따른 것이다. 이들이 실질적으로 이 모든 주장을 하나로 합쳤다면 노자와 순자, 고자의 주장이 뛰어난 것은 물론 우주의 진리 역시 이와 같다는 것을 분명히 밝혀냈을 것이다. 주희의 「중용장구서」에는 이런 주장이 나온다.

"인仁을 주장하는 도심이 사람을 주재하게 되어야 인심은 비로소 도

12. '하간헌왕' 은 전한시대 한경제의 아들 유덕(劉德)으로 기원전 155년에 하간(河間)의 왕으로 봉해졌다. '헌' 은 시호이다. 동시대에 『회남자(淮南子)』를 편찬한 회남왕(淮南王) 유안(劉安)과 달리 실사구시(實事求是)의 학풍을 지닌 그는 생전에 학문을 즐겨 민간에서 많은 고전을 수집했다. 그가 수집한 문헌은 고문자(古文字)로 쓰인 분서(焚書) 이전의 구본(舊本)으로 『주관(周官)』과 『상서(尙書)』, 『노자』 등이 있다. '문자' 는 노자의 제자로 알려진 국경 검문소 소장인 관윤, 즉 관윤자(關尹子)를 말한다. 조나라 출신이기에 조문자(趙文子)로 불리기도 한다. 여기의 『문자』는 곧 현존하는 『관윤자』를 말한다. 이는 말할 것도 없이 후대인이 전설상의 인물인 관윤자를 가탁해 지은 '위서' 이다.

심에서 말하는 명命을 들을 수 있게 된다."

도심이 주主가 되고 인심이 종從이 되는 것이다. 도심은 성현의 마음이고 인심은 재물과 색을 좋아하는 마음인 것이다. 송유들은 우주의 진리와 인성의 진상을 제대로 파악하고 있었다. 다만 그들은 맹자의 도통설道統說 때문에 부득이 성선설을 옹호했던 것이다. 한쪽으로 진리를 생각해야 하고 한쪽으로 맹자를 생각해야만 했기 때문에 해석하면 할수록 더욱 꼬이게 된 것이다. 우리들은 송유들을 무척 사랑한다. 그들의 표면에 있는 이런 찌꺼기를 없애버릴 경우 이면의 정확한 의미가 자연스럽게 나올 수밖에 없다. 고자는 이같이 말했다.

"먹고 색을 생각하는 것이 성이다. '인仁'은 안에 있지 밖에 있는 것이 아니다. '의義'는 밖에 있는 것이지 안에 있는 것이 아니다."

두려움과 측은은 같은 것이다. 천리와 인욕 역시 동일한 것이다. 집을 태우는 불이나 밥을 짓는 불이나 동일한 불인 것이다. 송명대의 학자들은 이런 이치를 밝히지 않고 천리와 인욕을 완전히 절연된 전혀 다른 두 개의 개념으로 파악했다. 양명학 역시 지知와 행行이 하나이고, 명덕明德과 신민新民이 하나이고, 격물格物·치지致知와 성의誠意·정심正心·수양修身이라는 5가지 개념이 하나라는 사실은 파악했으나 유독 천리와 인욕만큼은 하나로 파악치 못했다. 이것이 이 학설의 최대 결점이다. 문인門人들이 이를 묻는 것은 가장 아픈 곳을 찌른 것으로 왕양명王陽明은 이런 질문을 받을 때마다 화를 내곤 했다.[13]

13. 왕양명은 명대 중엽에 '심학(心學)'을 주창해 학계의 큰 주목을 받았다. 양명동에 은거하면서 양명서원을 꾸렸기에 사람들은 그를 '양명 선생'이라고 불렀다. 그의 '심학'을 '양명학'으로 부르는 이유이다. 그는 11세 때 서당 공부를 하면서 경서에 남다른 흥취가 있었다. 18세 때 도학자 누량을 스승으로 모셨다. 누량은 왕양명에게 주희의 '격물지학(格物之學)'을 가르쳤다. 이는 사물의 원리를 추구해 지

살을 도려내면 상처가 난다는 '완육주창剜肉做瘡'이라는 4글자는 어떻게 해석해야만 할까? 살은 천리이고 상처는 인욕에 비유할 수 있다. '완육주창'은 천리를 제대로 추구하지 못하는 것이 인욕이고, 인욕을 버리지 못하면 상처가 천리에까지 미치게 된다는 취지에서 나온 것이다. 이와 관련해 왕양명의 문인들은 이같이 말하곤 했다.

"만일 우리가 별에서 나오는 불을 볼 때 그것을 박멸코자 하면 자연히 집을 태우는 일을 할 수 없게 된다. 그러면 무엇을 가지고 밥을 지어 먹을 것인지 묻지 않을 수 없다. 바꿔 말해 물욕을 뿌리부터 없앨 경우 사람은 밥도 지어 먹을 필요가 없게 되는데 그러면 어찌 굶어죽지 않겠는가? 색욕을 뿌리부터 없앨 경우 사람은 결혼할 필요가 없게 되는데 그러면 어찌 인류가 절멸되지 않을 수 있겠는가?"

이런 질문은 얼마나 통렬한 것인가? 왕양명은 이에 대해 제대로 대답

식을 얻는 것을 말한다. 그는 도처에서 주희의 저작을 구해 읽었다. 어느 날 그는 대나무를 종일 쳐다보며 '천리(天理)'를 알아내기 위해 고심했다. 그런데 7일 동안 아무리 고심해도 알 길이 없자 주희의 학설에 의심을 품기 시작했다. 그는 불교나 도교에서 수제치평(修齊治平)의 이치를 찾아내기 위해 애썼다. 28세에 진사에 급제한 그는 2년 동안 벼슬한 뒤 병을 핑계 삼아 귀향한 뒤 양명동의 동굴 속에 은거하며 공부했다. 이후 다시 조정에 들어갔으나 얼마 후 무종의 즉위를 계기로 환관 유근이 전횡하자 이내 그의 미움을 사 귀주성 용장역의 역승으로 강직되고 말았다. 용장역은 깊은 산 속에 있어 독충의 해가 극심하고 생활도 크게 불편했다. 의기소침한 그는 밤낮 가부좌를 틀고 '격물치지'를 생각했다. 어느 날 갑자기 그는 성인의 도리가 외부가 아닌 마음 속에 있다는 사실을 깨달았다. 이후 그는 이를 바탕으로 '심학'을 심화시켜 나갔다. 마음 속에 생래적으로 존재하는 '양지(良知)'로 시비를 밝힐 수 있고 선악을 분별할 수 있다는 게 '심학'의 요체이다. 이것이 바로 그가 생각해낸 소위 '치량지(致良知)'이다. 그는 '치량지'를 토대로 주희의 '선지후행(先知後行)'과 달리 '지행합일(知行合一)'을 주장했다. 마음 속에 일단 어떤 생각이 들면 그것이 바로 '행동의 시작'이 되는 까닭에 생각이 선하지 못하면 미리 잘라버려야 한다는 것이다. 크게 보아 양명학 역시 주자학과 마찬가지로 사물을 '천리'와 '인욕'으로 나눠보는 2분법의 시각에서 벗어나지 못했다.

할 길이 없었다. 오직 얼굴을 붉히면서 화를 낼 수밖에 없었던 이유가 바로 여기에 있었다. 이는 왕양명이 송유들의 설법을 그대로 답습해 고자를 극력 배제했기 때문에 빚어진 현상이라고 할 수 있다. 왕양명은 맹자와 순자의 학설을 연구했지만 철저하지 못했다. 『전습록』에는 왕양명의 이런 말이 실려 있다.

"맹자는 그 근원부터 말했는 데 반해 순자는 그 폐단부터 말한 것이다."

맹자가 말한 '출척측은怵惕惻隱' 이라는 4자를 가지고 검토해 보기로 하자. 출척에서 측은이 나온다. 출척은 '위아爲我' 에서 나오는 것이다. 측은은 '위인爲人' 에서 나오는 것이다. 위아를 확대하면 위인이 된다. 출척이 근원이라면 측은은 유출된 것이다. 순자의 학설은 '위아' 에서 출발한 것인 데 반해 맹자학설은 '위인' 에서 출발한 것이다. 순자의 말이 과연 그 폐단을 말한 것일까? 출척이라는 말 위에 더 근원적인 것이 있는 것일까? 맹자가 말한 '측은' 이라는 두 글자는 근원이 아니다. 왕양명이 이같이 말한 것은 맹자의 책을 읽으면서 '측은' 위에 '출척' 이라는 두 글자가 있다는 사실을 망각한 데 따른 것이다.

『전습록』은 왕양명이 이른 나이에 자신이 강학한 내용을 담은 어록이다. 만년에 이르러 그의 설법은 이전과 달랐다. 『용계어록龍溪語錄』에는 전서산錢緖山의 이런 말이 기록되어 있다.

"무선무악無善無惡이 마음의 근본이고, 유선유악有善有惡이 의지의 움직임이고, 지선지악知善知惡(선악을 앎)이 양지良知이고, 위선거악爲善去惡(선을 위해 악을 제거함)이 격물格物(사물의 이치에 맞음)이다."

이 네 구절이 양명학의 정설이 되었다. 왕용계王龍溪는 이같이 말한 바 있다.

"만일 깨닫게 되면 마음은 무선무악의 마음이고, 의지도 무선무악의

의지이며, 앎 역시 무선무악의 앎이고 사물 또한 무선무악의 사물이 된다."

전덕홍錢德洪은 5조 문하의 신수神秀, 왕용계는 5조 문하의 혜능慧能을 닮았다. 전덕홍이 말한 것은 신수가 "때때로 열심히 거울에 앉은 먼지를 닦는다"고 한 말과 닮아 있다. 이는 점수漸修를 말한 것이다. 왕용계가 말한 것은 혜능이 "본래 무일물無一物(하나의 물건이 아님)이다"라고 말한 것과 닮아 있다. 이는 돈오頓悟를 말한 것이다. 왕양명은 이같이 말한 바 있다.

"왕용계는 반드시 전덕홍의 공부를 이용해야 한다. 전덕홍 역시 왕용계의 본뜻을 꿰뚫어야만 한다. 두 사람의 견해는 서로 취할 만한 것이지 서로 해가 되는 것이 아니다."

이는 돈오점수의 의미이다. 왕용계의 어록에서 말하고 있는 도리는 육조선사 혜능이 『육조단경』에서 말한 것과 아무런 차이가 없다. 이는 심성心性의 설법이다. 왕양명의 제자들은 많이 불가에 귀의했다. 정이천의 고족제자들 중에도 사상채謝上蔡와 양구산楊龜山 같은 사람들은 뒤에 불가에 귀의했다. 불가에서 말하는 인성도 '무선무악'이다. 이는 고자가 말한 것과 같은 것이다. 우주의 진리는 철저히 연구할 필요가 있다. 외형상 비록 닮지 않았을지라도 결과는 닮아 있는 것이다.

왕양명은 비록 맹자의 성선설을 맹신했지만 마침내는 "무선무악이 마음의 본체이다"라는 얘기를 했다. 이는 고자가 말한 것과 같은 것이다. 유가는 문호를 지키기 위해 항상 "무선무악이 지선至善이다"라고 말했다. 이 또한 궤변이다. 우리는 어째서 일찍이 "무선무악이 지악至惡이다"라고 말할 수 없는 것인가?

어떤 사람이 나를 책망하면서 이같이 물었다.

"고자는 '성은 선도 아니고 악도 아니다'라고 했고 왕양명은 '무선무악이 마음의 본체이다'라고 했다. 하나는 사람의 성을 얘기한 것이고 하나는 마음의 본체에 대해 말한 것이다. 왜 두 개념이 하나로 섞여버린 것인가?"

나는 이같이 설명했다.

"성은 마음의 본체이다. 이는 왕양명이 말한 바와 같다."

왕양명은 이같이 말한 바 있다.

"마음은 성정을 하나로 통합한 것이다. 성은 마음의 본체이고 정은 마음의 작용이다. 본래 체와 용은 하나의 근원에서 나오는 것이다. 체의 소이가 용임을 아는 것은 용이 나오게 된 소이가 체임을 아는 것이다."

성은 마음의 본체이다. 이는 왕양명 스스로가 행한 해석이다. 그래서 나는 이같이 말하고자 한다.

"왕양명의 설법은 곧 고자의 설법이다."

중국에서 인성을 논하는 사람은 매우 많지만 고자가 말한 '무선무악설'이 가장 합리적이다. 병을 치료하는 것에 비유하면 '사는 것이 성性이다'와 '먹고 색을 밝히는 것이 성이다'라고 말하는 것은 병의 근원을 밝힌 것이다. 버드나무와 단수의 비유는 치료의 방법을 말한 것이다.

맹자와 순자, 양자, 묵자, 신불해, 한비자 등은 모두 병을 실제로 치료한 의사에 비유할 수 있다. 더운 기운의 약과 차가운 기운의 약, 따뜻하게 보호하는 약 등 그 처방은 비록 같지 않지만 그 쓰는 것은 모두 기생회생을 위한 것이라는 점에서는 동일한 것이다.

우리가 평소 병의 근원을 명백히 알 수 있으면 능히 치료할 수 있다. 병의 진행상황이 어떻게 변하는가에 따라 적절히 치료하면 되는 것이다.

치국을 하는 사람은 우선 인의로써 다스릴 필요가 있다. 이는 맹자의 방법을 사용하는 것이다. 일반인을 선이라는 원래의 천성으로 유인해내는 것을 말한다. 착한 마음이 일면 나쁜 마음이 사라진다. 이는 치수하는 사람이 물길을 원활하게 만들어 물을 하류로 유도하는 것과 같다. 이렇게 하면 물이 옆으로 넘치는 화를 자연스럽게 면할 수 있게 되는 것이다.

그러나 사람의 천성은 또한 악이 될 수 있다. 만일 감화시키려 해도 효과가 없을 때 오직 모든 것을 파괴하고 마는 것은 곧 신불해와 한비자 등이 언급한 법을 이용해 묶는 것과 같다. 이는 치수를 하는 사람이 제방을 쌓는 것과 같다. 치수는 물을 소통시키는 것과 둑을 쌓는 것 등 두 가지 방법이 있다. 고로 나라를 다스리는 사람은 인의와 법률 두 가지를 병용해야만 한다. 맹자가 성선을 말한 것은 선을 권장하기 위한 것이고 순자가 성악을 말한 것은 선을 위해 악을 제거하는 것이다. 원래 하나의 일이기 때문에 우리는 양자를 하나로 융합하는 것이 가능하다.

성선설을 지지하는 사람은 인의로 백성을 훈도할 것을 주장한다. 성악설을 지지하는 사람은 법률로 다스릴 것을 요구한다. 맹자는 본래 인의로 다스릴 것을 요구한 사람이다. 그러나 그는 이같이 말하기도 했다.

"오직 선만으로 백성을 통치할 수 없는 것은 법률이 완비되지 못한 데 따른 것이다."

인의와 법률을 병용한다는 차원에서 볼 때 그의 연구가 매우 철저했음을 알 수 있다. 그는 다만 강학을 할 때 하나의 기치만을 내세워 '성선'이라는 두 글자를 특별히 강조한 것에 불과했던 것이다. 맹자의 저서를 읽으면서 '성선'이라는 두 글자를 없애고 양자와 묵자를 짐승으로 몰아세운 점과 고자가 인성을 논한 몇 개의 장 등을 제거하면 그의 학설은 매우 부실해질 수밖에 없다.

세계의 학문은 크게 중국, 인도, 서양 등 3개 분야로 나눌 수 있다. 최초로 인도의 학술이 중국에 들어왔을 때 고유의 학술과 충돌했다. 1천 년 정도의 세월이 지난 뒤 정명도가 나타나 양자를 하나로 통합시켰다. 석가의 설법으로 마음을 연구하고 공자의 방법으로 사회를 연구해 하나의 새로운 학설을 만들어낸 것이다.

이런 학술은 하나로 성립하는 과정에서 폐단이 줄지어 일어나고 정호程顥가 죽었을 때 그의 학설이 둘로 갈라져 한 파는 정이와 주희의 흐름이 되었고 다른 하나는 육상산과 왕양명의 흐름이 되었다. 정호가 조기에 죽었으나 정이는 오랫동안 살았다. 송학 가운데 인정과 거리가 먼 많은 의논들은 대개 정이 일파에 속해 있다고 할 수 있다.

중국은 공자를 존숭한 나라이다. 주희가 하나의 '도리'를 발견했지만 이를 감히 자신이 만든 것이라고 얘기하지 못하고 오직 『대학』의 '격물치지'로 해석할 수밖에 없었다. 왕양명도 새로운 '도리'를 창안했지만 자신이 만든 것이라고 말하지 못하고 오직 '격물치지'를 새롭게 해석한 것에 불과하다고 말할 수밖에 없었다. 그는 이같이 말했다.

"주희의 해석은 틀렸고 내 해석이야말로 공자의 문도들이 진실로 전한 것이다."

송명대의 모든 유학자의 학설을 연구할 때 가장 좋은 방법은 그들이 사용한 명사와 일체의 술어를 소탕하고 오직 그 실질적인 내용만을 보는 방법이다. 마음의 바탕을 잘 닦은 뒤 반드시 매 움직임마다 스스로 고찰하여 좋은 생각만 남게 하고 나쁜 생각은 떨쳐버리는 것이 성인이 되는 길이다. 이런 일이 오랫동안 계속되면 마음 속에는 오직 선한 생각만 남게 된다.

송명대 유학자들의 설법이 모두 이와 같다. 정이천과 주희 학파는 이같이 말한다.

"당신이 평소 별일이 없을 때 매번 한 가지 일을 만날 때마다 세세히 연구한다. 도리를 하나로 관통하게 되면 이후 어떤 일을 만날지라도 그 시비선악을 헤아릴 수 있다."

육상산과 왕양명 학파는 이같이 말한다.

"그같이 번잡하게 할 필요가 없다. 당신이 평소 별일이 없을 때 자신의 마음을 깨끗이 비우면 된다. 명경과 같이 되어 단 하나의 찌꺼기도 없게 되면 이후 어떤 일을 만나더라도 자연히 그 시비선악이 구별된다."

이것이 두 파가 대립하는 쟁점이기도 하다. 우리들 기준에 따를 경우 내면의 마음을 깨끗이 비우고 동시에 외부의 일을 명쾌하게 연구해내는 것이 어찌 두 파의 견해를 하나로 합치는 게 아니겠는가? 그러나 두 파는 각각 자신들의 입장만을 고집해 서로 상대하려 하지 않았다. 이는 마치 맹자와 순자의 인성론이 서로 부딪친 모습과 유사하다. 도리를 얘기하면서 각자 반쪽만 가지고 입론立論을 한 것이다. 양파가 대립하는 것은 자신들의 견해만을 고집한 데 따른 것이다. 일찍이 손문 선생은 이같이 말했다.

"마르크스주의자들은 한 단계 나아가 '계급투쟁이 역사발전의 법칙이다' 라는 이론을 만들어냈다. 그러나 고자는 이미 2천여 년 이전에 '사는 것을 일컬어 성性이라고 한다' 라고 갈파한 바 있다. 이는 연구할 만한 가치가 있는 것이다. 다윈의 '적자생존의 법칙' 은 고자가 말한 것과 부합한다."

다윈의 학설은 본래 아무 잘못이 없다. 다만 생존경쟁으로 인해 '약육강식' 을 옹호함으로써 무한경쟁의 논리가 된 점은 문제라고 하겠다. 이미 생존이 가능하게 되었는데도 경쟁을 그치지 않는다는 주장은 서구 열강이 약소민족의 생존을 약탈하여 무한한 욕망을 채우는 이론으로 악용되었다.

니체는 다윈의 학설을 진일보시켜 '초인주의' 를 주창했다. 다른 사람을 사랑하는 것은 노예의 도덕이고 약자를 없애는 것은 강자의 천직이라고 말했다. 이는 독일 황제 빌헬름 2세로 하여금 제1차 세계대전을 일으키게 하는 이론적 배경이 되었다. 무솔리니와 히틀러와 일본 군벌이 제

2차 세계대전을 일으키게 된 것도 이와 무관치 않다. 이 모든 것이 따지고 보면 다윈이 인성에 대해 제대로 연구하지 못한 데 따른 것이라고 할 수 있다. 만일 다윈이 "경쟁은 생존점에서 멈춘다"라고 말했다면 어찌 이런 폐단이 생겨날 수 있었겠는가?

고자는 "먹고 색을 밝히는 것이 곧 성이다"라고 갈파한 바 있다. 이는 맹자와 순자 모두 인정한 바 있다. 순자는 그 한계를 주장했고 맹자는 '식食'에 대해 단지 '춥지 않고 배고프지 않은 수준'만을 말하면서 먹고 사는 데 유감이 없을 정도에서 그칠 것을 주장했다. 맹자는 '색色'에 대해 단지 결혼을 못해 원한을 품은 여인이나 사내가 없는 수준에서 멈출 것을 요구했다. 이는 결국 생존점에서 걸음을 멈출 것을 요구한 셈이다. 이들이 예의를 주창하고 "의식이 족해야 예의가 흥한다"라고 주장한 것도 이 때문이다. 이것이 중국의 전 역사를 관통하는 일관된 주장이다. 이로 인해 서양에서 나타나는 그와 같은 폐단이 일어나지 않은 것이다.

세계문명의 미래상은 서양의 현행 학설에서는 찾을 수 없고 중국 고유의 학설에서 찾을 수 있다. 중국의 정치경제와 일체의 제도에 대한 개혁은 절대로 구미 각국의 모델에서 찾아서는 안 된다. 헌법에 관해 얘기하면 미국의 헌법은 제도적으로 매우 좋은 것이다. 그러나 근본적으로 몇 가지 문제점을 안고 있다. 미국이 제헌을 할 당시 인성은 선한 것이기 때문에 중앙집권보다는 지방분권이 낫다는 주장과 인성은 완전히 좋을 수 없기 때문에 중앙집권이 필요하다는 주장이 맞섰다. 몇 년간의 논쟁 끝에 결국 중앙집권으로 결론이 났다. 자세한 내용은 손문 선생의 민권주의를 참조하면 된다.

그러나 이는 정쟁상의 승리일 뿐 학술상의 승리는 아니다. 이를 어찌 중국이 좇을 필요가 있겠는가? 내가 연구한 바에 따르면 인성은 '무선무악'이다. 마땅히 중앙집권과 지방분권을 하나로 융합하는 체제가 바람직하다. 제출된 헌법을 지방의 기준에서 보면 지방분권이고 중앙에서 보면 중앙집권인 것이다. 이는 혼연渾然한 인성을 맹자의 기준에서 보면 성선이고 순자의 입장에서 보면 성악인 경우에 해당한다.

동서고금을 막론하고 인성에 관한 논의는 분분하기만 해서 하나로 합칠 수 없는 듯이 보인다. 그러나 고자의 '성선성무선설'과 석가의 설법 등을 동원하면 합리적으로 해결할 수 있다. 고자의 주장은 다윈의 '적자생존설'과 비교해 보면 매우 합리적이다. 마르크스주의자들의 '계급투쟁설' 등과 비교할지라도 훨씬 합리적인 것임은 말할 것도 없다.

고자가 말한 '식색성야食色性也' 주장은 오직 '식'과 '색'이라는 두 글자에 매달려 광분하는 요즘의 모습을 볼 때 옳은 것임을 알 수 있다. 우리는 "심리는 역학법칙에 따라 변화한다"고 말했다. 고자는 "성은 단수와 같다"고 말했다. 물의 변화는 곧 힘의 변화이다. 우리의 이런 가설은 그가 말한 범주에서 벗어나지 않는다. 성선설과 성악설의 논쟁은 중국에서 2천여 년이 넘게 진행되어 온 미해결의 사안이다. 그러나 우리는 '고자의 이론이 합리적이다'라는 한 마디로 이를 정리할 수 있다.

제5절

역학법칙에 따른 심리변화

* 이종오는 하나의 가설을 제시하려 할 때마다 심사숙고하며 반복해서 연구했다. 그래서 반드시 스스로 확신을 갖게 된 후에야 비로소 자신의 가설을 세울 심산으로 글을 썼다. 나아가 그는 주위에서 수집할 수 있는 모든 증거를 입수해 긍정적이든 부정적이든 간에 모두 겸허하게 검토해 보고 나서 비판적으로 받아들일 것은 받아들이고 버릴 것은 버렸다. 그렇게 누차 보완을 한 다음에야 본격적으로 책을 저술했다. 그의 많은 저서는 모두 이런 과정을 거쳐 서서히 완성된 것이다.

『심리와 역학』은 그가 최초로 쓴 장문의 논문으로 1920년이 되어 허다한 보완을 거친 뒤 1927년이 되어서야 겨우 세상에 발표되었다. 그러나 전문서적으로 인쇄되어 일반인에게 배포된 것은 1938년이 되어서야 가능했다. 이 책이 출판되기 몇 년 전에 그는 연구성과로 3개의 장(章)을 추가했다. 그의 사후 2년 뒤인 1942년에는 또 다시 한 장이 추가되었다.

만약 그가 일찍 죽지만 않았더라면 아마 지금까지도 보충이 계속되었을 것이다. 그렇지만 결코 '마나님의 전족을 싸는 데 쓰이는 천은 길고 냄새 난다'는 식의 첨가는 이뤄지지 않았을 것이다. 그의 많은 언급은 단지 그의 가설이 제시한 대원칙, 즉 '심리변화는 역학의 법칙에 따라 변화한다'는 것을 증명하기 위해 동원된 것일 뿐이다. 그가 마지막으로 첨가한 장을 앞에서는 언급하지 않았다. 이제 그 문장을 아래와 같이 소개하고자 한다.

우주 안에는 원심력과 구심력의 두 힘이 작용해 다양한 모습의 만물을 생성한다. 겉으로 보면 참치착란參差錯亂(들쭉날쭉해 어지러움) 하나 사실은 일정불변한 궤도가 있다. 사람과 사물이 생성될 때 어떤 큰 힘에 의해 똑같은 모양으로 고주鼓鑄(풀무질하여 주조함) 되는 것을 보면 인사와 물리는 서로 통한다고 할 수 있다. 원심력과 구심력은 서로 작용하며 변한다. 세상의 모든 일이 그렇듯이 우리가 강제로 합치려 하면 오히려 떨어지고, 강제로 떨어뜨리려고 하면 오히려 스스로 달라붙는다. 미친 사람의 경우 가둬두려는 힘이 강하면 강할수록 달아나려는 마음이 더욱 커지는 것과 같다. 그를 가둬두지 않으려고 할 때 오히려 달아날 생각을 하지 않는다. 부형父兄이 자제子弟와 약속하고 관리가 백성과 약속할 때 반드시 이 이치를 통찰하고 있어야 한다.

진나라가 학정虐政을 펼치자 군도群盜가 일시에 일어났다. 문경지치文景之治(한문제와 한경제 때의 성세) 때 너그러운 정사를 펼치자 민풍이 소박해졌다. 우리가 진흙덩이를 손으로 반죽할 때 힘을 주어 구심력을 높일수록 단단해지나 일정한 한계를 넘어 더 힘을 주면 진흙덩이가 이내 부서지고 만다. 이는 구심력이 극에 달한 시점에 원심력이 작용한 결과이다.

물이 얼음을 만나면 수축한다. 이는 구심력이 작용한 결과이다. 차가워질수록 더 크게 수축된다. 그러나 섭씨 4도를 넘어 더욱 차가워지면 이내 원심력이 작용해 팽창하게 된다. 이로써 원심력과 구심력은 본래 하나의 힘이 두 가지로 나타난 현상임을 알 수 있다.

예컨대 우리가 바늘을 들고 종이에 다가가는 것은 구심력이 작용하는 것에 비유할 수 있다. 그러나 바늘이 종이를 뚫고 계속 앞으로 나아가면 이는 원심력의 작용에 해당한다. 이처럼 바늘의 진행방향이 바뀌지 않을 경우 두 가지 현상이 동시에 나타나게 된다. 모든 사물은 극한이 존재한다. 물은 섭씨 4도가 극한이고, 종이는 종이의 표면이 극한이다. 이 극한을 지나게 되면 반대현상이 나타난다. 부형이 자제와 약속하고 관리가 백성과 약속할 때 반드시 이 극한의 이치를 통찰하고 있어야 한다.

이상과 같은 논리에 입각해 지구의 생멸에 대해서도 능히 추론할 수 있다. 지구는 추워지면 추워질수록 수축하고 어느 극한점에 이르게 되면 정반대로 붕괴해 우주공간에 파편처럼 흩어진다는 게 그것이다. 이 때 인력이 작용하는 까닭에 어느 정도 시간이 지나면 다시 새로운 지구가 만들어질 수 있다. 이 때 우리 몸을 이루고 있는 물질도 새로운 지구로 옮겨갈 수 있을 것이다. 물질은 역학법칙을 좇아 끊임없이 변전한다. 마찬가지로 고금을 막론하고 인간의 심리 역시 역학법칙을 좇아 변전하기 마련이다.

만물에는 끌어당기는 인력引力과 밀쳐내는 척력斥力이 작용한다. 인력이 척력보다 세면 만물은 존재할 수 있고 척력이 인력보다 세면 만물은 소멸하게 된다. 눈앞에 존재하는 모든 사물은 인력이 척력을 넘어선 결과이다. 그래서 만유인력 이론이 나온 것이다. 만일 척력이 인력보다 세면 모든 사물은 소멸할 수밖에 없다. 이런 엄연한 사실을 주목하는 사람이 없다.

지구는 현존하는 물체다. 따라서 지표면 위에 존재하는 모든 사물은 서로 잡아당기고 있다. 마음도 현존하는 물체다. 그래서 6진六塵(색·성·향·미·촉·법이 존재하는 속세)의 모든 인연은 서로 잡아당기고 있다. 갓난애는 생존본능이 있기에 몸 밖의 어떤 물체를 보면 이내 입으로 가져간다. 인류도 생존본능이 있기에 자신에게 유리한 일을 보면 이내 가까이 다가가게 된다. 자연계의 모든 현상이 이와 같다. 지구도, 마음도, 갓난아이도, 인류도 똑같다.

만일 인력보다 척력이 더 크게 작용하게 되면 모든 것은 이내 사라지고 말 것이다. 그러나 아직 그런 시기가 도래하지 않았다. 지금은 서로를 끌어당기는 힘이 작용하고 있는 것이다. 이는 없앨 수 없다. 그럼에도 송유들은 '거사去私'를 떠든 것이다. 과연 이게 가능한 일인가!

인심에 작용하는 사사로움은 제거할 수 없는 만큼 우리는 먼저 이를 인정하고 들어갈 필요가 있다. 큰 틀에서 인류 전체를 하나의 커다란 원 안에 들어가 있는 무리로 볼 때 그들 각자가 생존을 위한 사사로움을 행할 수 있도록 허용해야 한다. 그래야 각자 생존이 가능하고 세상도 태평해진다. 만일 우리 인류가 한 마음으로 협력하며 인류의 원 밖에 있는 금수, 초목, 지구를 적으로 삼아 그들의 보물을 취한 뒤 공평히 나누면 이는 공公과 사私가 공히 극한에 이른 것에 해당한다. 그렇지 못하면 인류는 재화를 서로 차지하기 위해 다툴 것이고, 세상 또한 영원히 태평해지길 기대할 수 없게 된다.

심리의 변화도 물의 변화와 같다. 물은 수시로 운우雲雨와 상로霜露, 빙설氷雪, 강호江湖, 하해河海로 변한다. 어떤 때는 잔잔한 파도로 있다가도 갑자기 거센 팽배澎湃(물결이 맞부딪쳐 솟구침)로 변한다. 변화무쌍한 까닭에 거의 예측이 불가능하다. 그러나 과학자들은 역학법칙을 이용해 이를 정확히 파악할 수 있다. 모든 것이 이 궤도에서 벗어나는 일이 없다.

사람의 심리는 서로 당기고 미는 두 가지 작용에서 벗어나지 않는다. 자신에게 유리하다고 판단되면 가까이 다가가고 해가 된다고 생각하면 멀리 떨어지려고 한다. 인류는 이런 심리작용으로 인해 서로 친애하며 여러 복리福利를 만들어내는 동시에 서로 쟁탈하며 여러 참화慘禍를 빚어낸다. 정치와 교육을 담당하는 사람들은 응당 물의 소통원리를 활용해 두 개의 제방에 고여 있는 물이 서로 소통할 수 있도록 만들어야 한다. 그래야 배가 다니고 관개灌漑가 가능하게 된다. 그 이익이 무궁한 것은 말할 것도 없다. 물의 소통원리를 활용치 않으면 곧 거센 물살이 집과 인축人畜을 쓸어가듯이 그 폐해가 이루 말할 수 없게 된다.

송유는 이 원리를 제대로 규명치 못하고 오히려 의리지성義理之性과 기질지성氣質之性 등의 용어를 동원해 '천리인욕天理人欲'과 같은 이상한 이론들을 무수히 만들어냈다. 예컨대 배를 띄우고 관개를 가능하게 하는 것은 '천리'에서 나온 것이고, 집과 인축을 쓸어가는 것은 '인욕'에서 나왔다는 식이다. 나는 송·원·명·청 학안을 보면서 '천리'와 '인욕'이 과연 무엇을 말하는 것인지 전혀 알 길이 없었다.

우리 스스로 자신의 마음을 살펴보면 수시로 변하는 마음은 모두 역학법칙에 따르고 있다는 사실을 알 수 있다. 기쁠 때는 역선의 방향이 밖으로 뻗어나가고 두려울 때는 안으로 수축한다. 뜻밖의 일을 만나 동쪽으로 가고자 하면 동쪽에 장애물이 있고 서쪽으로 가고자 하면 서쪽에 장애물이 있을 때 역선은 갈 곳을 잃고 마음은 이내 황란慌亂(절박하고 어지러움) 상태에 빠지게 된다. 어떤 이론이나 학설을 접할 때 이를 수용하면 반드시 스스로 다가서게 되고, 정반대로 이를 반대하게 되면 반드시 스스로 멀어지게 된다. 만일 이치에 닿는 듯도 하고 그렇지도 않은 듯하면 이내 호의狐疑(매사에 지나치게 의심함)의 태도를 취하게 된다.

우리의 마음을 사물의 이치에 비유하면 예컨대 직선이 곧바로 앞으로 진행하다가 '갑'의 위치에서 통하지 않으면 '을'로 갔다가 '을'도 통하지 않으면 '병'으로 갈 경우 이는 마음의 곡절曲折에 해당한다. 마치 흐르는 물이 장애물을 만나면 옆으로 돌아나가는 것과 같다. 물은 본래 직선으로 진행한다. 비록 수백 번 휘돌지라도 앞으로 진행하는 역학법칙에서 벗어나지 않는다. 우리의 마음도 이와 같다. 그 밖의 수많은 현상 역시 세밀히 관찰하면 모두 밀고 당기는 두 가지 힘의 작용에서 벗어나지 않고 있음을 알 수 있다.

깊이 침잠해 정좌靜坐하며 모든 인연을 끊을 경우 밀고 당기는 게 없게 된다. 외부의 힘이 작용하지 않아 물결이 고요한 것과 같다. 이 때는 비록 어떤 작용을 밖으로 드러내지는 않고 있으나 사실 그 안에 수많은 작용을 내장하고 있다. 사람의 심리는 전자기의 움직임과 서로 통한다. 플러스와 마이너스가 균형을 이뤄 중화 상태에 있을 때는 아무런 작용이 일어나지 않으나 일단 균형이 깨져 한번 작용하기 시작하면 그 변화를 예측하기 어려운 것과 같다. 우리는 전자기의 이치를 통해 우리의 마음도 유사하게 움직이고 있다는 것을 알 수 있다.

물은 비록 직선방향으로 진행하지만 이를 그릇 안에 담으면 그릇의 모양에 따라 각기 다른 모습을 취하게 된다. 사람의 마음도 이와 같다. 사람은 각기 다양한 기욕嗜欲(좋아하고 즐기려는 욕심)을 갖고 있다. 그럼에도 이를 마구 드러내지 않는 것은 일종의 구속력이 작용하고 있기 때문이다. 구속력은 사람마다 다르다. 법률에 의한 구속, 청의淸議(공정한 언론)에 의한 구속, 금전에 의한 구속, 부모형제와 스승 및 친구에 의한 구속, 인과응보 및 성현의 학설에 의한 구속 등 그 종류가 매우 많다. 만일 마음에 작용하고 있는 이 구속력을 제거하면 사람들의 '기욕'은 이내 표출되기 시작한다. 이는 마치 물을 담아놓은 그릇에 틈이 생겨 물이 밖으로 흘러나오는 것과 같다.

탐재호색貪財好色(재물을 탐하고 색을 밝힘)하는 사람이 장차 커다란 화를 입으리라는 것은 옆에 있는 사람은 명확히 볼 수 있다. 그러나 당사자는 이를 전혀 눈치채지 못한다. 그의 생각과 감정이 마치 직선이 목표물을 향해 한눈 팔지 않고 계속 앞으로 쭉쭉 뻗어나가듯이 주변에 있는 것을 보지 못하기 때문이다. 이는 벼슬을 못 한 한사寒士가 마침내 관직에 오르게 되자 소관小官은 성에 차지 않아 열심히 노력한 결과 이내 대관大官이 되었으나 다시 여기서 더 나아가고자 욕심을 부리는 것과 같다. 원세개는 '대총통'의 자리에 올랐음에도 이내 '황제'가 되려고 욕심을 부리다 낭패를 당했다. 진시황과 한무제는 황제의 자리에 올라 가장 존귀한 인물이 되었음에도 이에 만족치 못해 마침내 군사를 일으켜 사방으로 정벌에 나서 그 뜻을 이뤘다. 그러나 이들은 여기에도 만족하지 못하고 마침내 신선이 되려고 하다가 낭패를 당했다. 이는 사람의 '기욕'이 직선의 진행과 닮았다는 명백한 증거가 아닐 수 없다.

기독교는 사람을 구하는 데 그 뜻을 두고 있다. 박애博愛가 요지다. 그들은 이같이 말한다.

"어떤 사람이 당신의 왼쪽 뺨을 때리면 오른쪽 뺨을 내줘라."

그러나 신교와 구교 사이에 전쟁이 일어나면서 이교도를 불에 태워 죽이는 등 참사를 빚었다. 이는 명백히 교리에 반하는 것이다. 그 이유는 무엇일까? 루소의 영향을 받은 프랑스혁명은 자유와 평등, 박애를 구호로 내세웠다. 그러나 결국 사람을 무수히 죽였다. 조금만 의심스런 형적이 있어도 가차 없이 주륙했다. 이 또한 그들이 내건 구호와 정반대되는 것이다. 그 이유는 무엇일까? 이를 알기 위해서는 역학법칙을 원용할 필요가 있다. 예수와 루소의 신도는 마음 속의 목표물을 찾기 위해 열정적이었다. 마치 열차가 전속력으로 질주한 것에 비유할 만했다. 열차의 진행에 방해되는 사람과 가축은 깔려 죽을 수밖에 없었다. 모든 주의主義는 대략 이와 같다.

무릇 매사에는 상례常例가 있는가 하면 예외적인 변례變例도 있기 마련이다. 외력이 작용하지 않는 경우를 '상례', 작용하는 경우를 '변례'로 규정할 수 있다. '변례'와 관련해 이런 말이 전해져 오고 있다.

"충신은 두 임금을 섬기지 않고 열녀는 두 지아비를 섬기지 않는다忠臣不事二君, 烈女不嫁二夫."

여기의 '충忠'과 '열烈'은 기꺼이 자신의 몸을 던지는 것을 말한다. 또 이런 말이 있다.

"강개慷慨(의기가 북받쳐 원통하고 슬픔)하여 죽는 것은 쉬운 일이나 종용從容(차분하고 침착함)하여 의를 행하는 것은 어려운 일이다."

'강개'는 동적이고 '종용'은 정적이다. 중일전쟁 과정에서 중국의 수많은 무명용사들이 전사했다. 일본군의 탱크가 오면 폭탄을 품에 안은 채 길 위에 누워 함께 산화하는 식이었다. 자신에게 불리한 것은 말할 것도 없고 명예도 드날릴 게 없는데도 이런 행동을 하는 이유는 무엇일까? 『맹자』「고자 상」편에 이런 말이 나온다.

"삶보다 더 간절히 원하는 것이 있기에 구차하게 삶을 얻으려 하지 않고, 죽음보다 더 싫어하는 것이 있기에 환난을 피하지 않는 것이다."

예수와 루소의 신도들은 목적을 이루기 위해 기본신념을 버렸다. 중국의 지사들은 목적을 이루기 위해 자신의 몸을 내던졌다. 이 양자 간에는 일정한 궤도가 있다. 그래서 노자는 『도덕경』 제74장에서 이같이 물은 것이다.

"백성들이 죽음을 두려워하지 않으면 어찌 죽음으로 백성을 두렵게 할 수 있겠는가?"

목적은 수시로 변하는 까닭에 겉으로 드러나는 구호는 매우 다양하지만 결국은 역학법칙에서 벗어나지 않는다. 우리가 이와 같은 이치를 깨달으면 가히 모든 '사변'을 적절히 처리할 수 있고 민중을 잘 가르칠 수 있다.

사람의 사상과 감정은 본래 직선처럼 앞으로 진행한다. 그러나 겉으로 드러나는 것은 기괴奇怪하고 만곡彎曲(활처럼 휨)된 모습이다. 그 원인은 군중에 있다. 역선이 서로 착종錯綜(뒤섞여 엉클어짐)해 밀고 당긴 결과이다. 또한 환경이 시시각각 변하는 까닭에 모든 사람은 각기 서 있는 입장과 시각이 다를 수밖에 없다. 직선으로 진행하는 역선이 이리저리 휘어져 곡선으로 나타나는 배경이 여기에 있다.

예컨대 우리들이 칠판 위에 백묵으로 직선을 그릴 때 칠판을 이리저리 옮길 경우 그 직선은 결국 곡선이 되고 만다. 아인슈타인의 상대성 원리를 인사에 적용할 경우 바로 이런 이치를 쉽게 깨달을 수 있다.

사람은 각기 하나의 마음을 갖고 있다. 즉 사람마다 하나의 역선을 지니고 있는 것이다. 이들 역선이 원하는 바대로 마구 밖으로 뻗어나갈 경우 곳곳에서 충돌할 수밖에 없다. 그렇다면 평시에 충돌현상이 그리 크게 드러나지 않는 이유는 무엇일까?

이는 역선의 모양이 각기 다르기 때문이다. 이 사람은 '갑', 저 사람은 '을'의 일을 행하기에 서로 충돌할 이유가 없는 것이다. 역선이 사라지는 경우도 있다. 예컨대 어떤 사람이 다른 사람을 해칠 생각을 하다가도 그가 하는 일이 중대하다고 판단해 그와 적이 되는 것을 두려워한 나머지 단념한 경우가 이에 해당한다. 어떤 경우는 가속이 붙을 수도 있다. 가마를 메고 가는 사람들이 발걸음을 맞춰 경쾌하게 앞으로 나아가는 경우가 그렇다. 역선이 서로를 요구하는 경우도 있다. 옷감을 파는 사람과 재봉사의 경우가 그렇다.

대력大力이 소력小力을 제압하는 경우도 있다. 예컨대 어린아이가 장난감을 갖고 흥겹게 놀고 있을 때 부모가 이를 제지하는 경우가 그렇다. 어린아이는 내심 이에 응하고 싶지 않으나 부득불 좇지 않을 수 없다. 부모의 힘이 그의 반발을 제압하고 있기 때문이다. 교분이 두터운 친구들이 사소한 갈등을 능히 넘어서는 것도 같은 경우이다. 응집력이 큰 까닭에 작은 갈등의 힘이 겉으로 드러나지 않는 것이다. 이처럼 사람과 사람이 접촉하면 역선이 서로 착종해 하나의 그물망을 형성한다. 충돌을 일으키지 않을 뿐만 아니라 오히려 서로를 필요로 하게 된다. 인류가 세상에 존재하게 된 이유가 바로 여기에 있다.

통상적인 경우 사람들의 힘은 서로 비등하고 각자 독립해 있다. 그러나 큰일을 하는 사람은 전후좌우에 포진한 사람의 힘을 흡수해 하나의 커다란 힘을 형성한 후 이 합력合力을 바탕으로 외부의 힘까지 끌어들임으로써 더 큰 세력을 형성해 마침내 천하에 널리 퍼지게 된다. 후한의 당인黨人, 명대 말기의 당인이 바로 이 경우에 속한다.

만일 어떤 사람이 이런 세력이 막강해 이에 흡수되지 않고 유사한 세력을 형성할 경우 이내 양당구도가 형성된다. 북송 말기에 등장한 왕안석의 신법당과 사마광의 구법당이 이 경우에 해당한다. 정이천이 이끈 낙당洛黨과 소동파가 이끈 촉당蜀黨도 같다. 현재 중국에 등장해 있는 여러 당의 대치도 마찬가지이다.

양당이 대치할 경우 그 역선의 궤도는 두 사람이 서로 대치한 경우와 같다. 당수는 내부 충돌을 해소하고 하나로 규합해 외부의 적과 대치하는 역할을 한다. 이를 제대로 수행치 못하면 그 단체는 해체될 수밖에 없다. 어떤 단체는 외부의 압박에 더욱 견고해지는가 하면 어떤 단체는 이내 해산되고 만다. 이는 그 단체를 이끄는 우두머리가 내부의 역선을 통합하는지 여부에 따른 것으로 결코 외부의 힘의 강약에 따른 게 아니다.

어떤 사람이 이같이 말했다.

"군중심리는 개인심리와 다르다. 개인이 홀로 있을 때는 늘 명료한 의식과 올바른 정감을 지닌다. 그러나 한 번 군중과 만나게 되면 이런 의식과 정감이 사라지고 군중심리를 좇아 움직인다. 이것이 평소 온량溫良하고 겸손한 사람조차 군중에 휩쓸리게 되면 돌연 광포하기 짝이 없는 폭도가 되는 이유이다. 평소 나약하고 비루한 모습을 보이던 사람이 군중에 휩쓸리면서 돌연 열렬히 공의公義를 부르짖으며 자신의 몸을 내던지는 지사가 되는 것도 같은 이치이다."

19세기 말 프랑스 심리학자 구스타브 르 봉은 『군중심리』에서 여러 사실을 예로 들어 "인간은 개인일 때와 집단일 때 전혀 다른 사람이 된다"

고 주장했다.[14] 그러나 사실 그렇지 않다. 역학법칙을 적용하면 그 이유를 쉽게 이해할 수 있다.

사람마다 각기 하나의 마음을 갖고 있다. 이는 곧 하나의 힘이고, 각 개인의 독력獨力은 뭇 사람의 중력衆力을 이기지 못한다. 군중의 행태를 받아들이게 되면 개인의 '독력'은 이내 군중의 '중력'의 제압을 받아 부지불식간에 부화뇌동하게 된다. 군중의 의식이 곧 개인의 의식이 되고 군중의 정감이 곧 개인의 정감이 되는 것이다. 개인은 완전히 독자적인 생각과 정감을 잃어버린다. 혁명단의 우두머리가 수많은 군중을 격동시켜 거사를 성사시키고 당수가 수많은 당원을 지휘해 살인과 방화 등의 폭거를 저지르는 이유가 여기에 있다.

개인이 홀로 살 때는 자신의 머리로 판단한다. 그러나 군중과 함께 움직일 때는 우두머리의 머리를 자신의 머리로 삼는다. 우두머리는 의지만 강하면 곧 뜻하는 바대로 무리를 지휘할 수 있다. 사가는 당나라 장수 이광필李光弼을 두고 이같이 묘사했다.[15]

14. 북유럽의 스칸디나비아반도에 살고 있는 작은 설치류인 '레밍쥐'는 3-4년마다 한번씩 수천마리씩 떼를 지어 바닷물이나 높은 벼랑으로 뛰어내려 자살을 하는 것으로 유명하다. 오랫동안 '레밍쥐'의 이런 행동에 대해 한정된 땅 안에 먹을거리가 부족해지면 종족의 보전을 위해 집단자살을 택하는 것으로 해석했다. 그러나 캐나다 브리티시 컬럼비아대학 생물학과 데니스 치티 교수는 1996년에 출간한 『레밍은 자살하는가』에서 소위 '레밍 딜레마'를 '군중심리에 따른 부화뇌동'으로 분석했다. 부족한 먹이를 찾아 우왕좌왕하던 중 벼랑에 다다랐을 때 어느 한 마리가 그만 미끄러지는 바람에 나머지 쥐들도 뒤따라 미끄러지며 떼죽음을 당한다는 게 그의 연구결과였다. 건물에 불이 났을 때 어느 한 사람이 한 방향으로 뛰어가면 나머지 사람들도 그곳이 탈출구가 아닌데도 불구하고 모두 그쪽으로 몰려 참변을 당하는 경우와 같다는 것이다. 구스타프 르 봉의 주장과 닮아 있다.
15. 이광필은 안사(安史)의 난을 평정한 당나라 중엽의 장수로 원래 거란 출신이다. 측천무후 때 부족장인 부친 이해락이 당에 복속하자 그의 사후 아들 이광필이 벼슬을 계승했다. 천보 14년(755) 안록산이 반란을 일으키자 그는 삭방절도사 곽자

"이광필이 군대에 들어가자 그의 한 번 호령으로 정기旌旗(황제의 명을 받은 장수의 깃발)의 색깔이 변했다."

이는 "용장 밑에 약졸弱卒 없다"는 속어와 같은 뜻이다.

물은 역학법칙에 따라 변화한다. 우리들의 심리변화도 마찬가지이다. 매번 회의 때마다 평온했으나 문득 한 사람이 나타나 연단에 올라가 강개慷慨한 연설을 하면 이내 장내의 모든 사람이 그 영향을 받는다. 이는 마치 저수지에 갇혀 있던 거대한 수량의 물이 제방의 붕괴로 일거에 용솟음치며 흘러내리는 것에 비유할 수 있다. 집과 사람, 가축이 일거에 휩쓸려 내려가는 것은 말할 것도 없다. 우리는 응당 군중의 폭력에 대처하는 방법을 알아야만 한다. 이는 수난水難을 대처하는 것과 같다. 크게 3가지 방법이 있다.

첫째 저수지 물의 경우이다. 이 때는 높은 곳으로 피신해 물이 모두 흘러갈 때까지 기다리면 된다. 그리하면 아무 일이 없게 된다. 둘째 계속 흘러드는 물의 경우이다. 이 때는 제방을 절개해 흘러내리게 하는 방법이 있다. 셋째 아래쪽으로 흐르도록 소통을 시켜 하류로 자연스레 흘려보내는 경우가 있다. 물의 움직임은 힘의 움직임과 같다. 물을 다스리는 방법으로 군중을 다루면 결단코 착오가 없다.

원심력과 구심력이 평형을 이루면 평온해진다. 만사가 그렇다. 물은

의(郭子儀)와 함께 방어선을 치고 반군의 배후를 위협했다. 이듬해에 곽자의 추천으로 하동절도사가 된 그는 상산에서 사사명이 이끈 반군을 크게 격파하고 하북 일대를 수복했다. 이 때 곽자의와 함께 소위 '이곽'으로 불리며 명성을 크게 떨쳤다. 758년 곽자의가 환관 어조은의 무함으로 소환되자 그를 대신해 삭방절도사와 '천하병마부원수'가 되었다. 760년 숙종의 명을 받아 무리하게 낙양을 공격하다 반군에 크게 패하였다. 762년 대종이 즉위한 뒤 환관 정원진의 견제를 받아 낙심하다 이내 병사했다.

평형 상태가 깨지면 흐름이 생기고 여타 사물은 평형 상태가 깨지면 소리를 낸다. 자본가 대 노동자, 제국주의 열강 대 약소민족의 불균형은 그 정도가 심각한 까닭에 끝내 실패할 수밖에 없다. 발산과 수렴의 두 힘이 평형을 이뤄야만 실패를 면할 수 있다. 이는 때가 찾아와 위에 앉게 된 사람이 겸손한 태도를 취하고, 상황이 궁해 아래에 처하게 된 사람이 지기志氣를 잃지 않는 경우를 말한다. 그렇지 못하면 곧 균형이 무너지게 된다.

위에 앉아 있는 사람이 목에 힘을 줄 경우 우리는 틀림없이 그가 교오驕傲하다고 말할 것이다. 또 아래에 있는 사람이 겸손한 모습을 보이면 우리는 틀림없이 그가 비루鄙陋하다고 말할 것이다. 우리의 마음은 하나의 힘이 뭉친 것이다. 마음을 평안히 가지면 모든 사물을 공평히 재는 잣대가 될 수 있다. 사람들은 이 사실을 제대로 알아채지 못하고 있을 뿐이다. 마음 속의 힘과 우주의 힘은 서로 통한다. 그래서 우리의 마음을 두고 가히 만물을 재는 척도라고 하는 것이다. 실제로 왕양명의 학설은 여기서 출발하고 있다.

제6절

인사변화의 궤도

우리는 이미 "심리는 역학법칙에 따라 변화한다"고 말한 바 있다. 힘의 변화를 수학을 이용해 설명할 수 있듯이 심리변화 역시 수학을 이용해 설명할 수 있다. 힘의 변화는 그림을 통해 그 궤적을 찾아볼 수도 있다.

24사史는 인류의 심리 상태를 그려놓은 흔적이다. 우리가 역사적 사실들을 가지고 역학의 법칙에 따라 도표로 그려보면 인간사가 복잡하게 얽혀 있긴 하지만 모두 일정한 궤도를 갖고 있다는 사실을 확인할 수 있다.

예컨대 마음 속으로 어떤 일을 생각하게 되면 곧 그 일을 일종의 물체로 삼는다. 그러면 마음 속에서 일종의 '역선力線'이 나오게 된다. 이를 연결할 경우 마음이 그것을 좋아하면 가까이 끌어당기고 싶어하고 그것을 싫어하면 멀리 밀어내려 한다. 이같이 서로 밀고 당기는 속에서 여러 궤도를 찾아낼 수 있다. 이와 관련해 손자孫子는 이같이 말한 바 있다.

"오나라 사람과 월나라 사람은 서로 상대방을 싫어했으나 같은 배를 타고 강을 건너다 풍랑을 만나게 되었다. 그러나 두 사람은 마치 왼손과 오른손처럼 서로를 도왔다."

원수지간인 두 나라의 사람들은 배가 침몰하려고 하자 배를 살리기 위해 서로 똑같이 힘을 합친 것이다. 따라서 평소의 원수 사이도 어려울 때는 서로 돕는 좋은 친구로 변할 수 있다. 대체로 역사상의 일들은 모두 이런 법칙에서 어긋나지 않았다. 이를 도표 6을 통해 확인해 볼 수 있다.

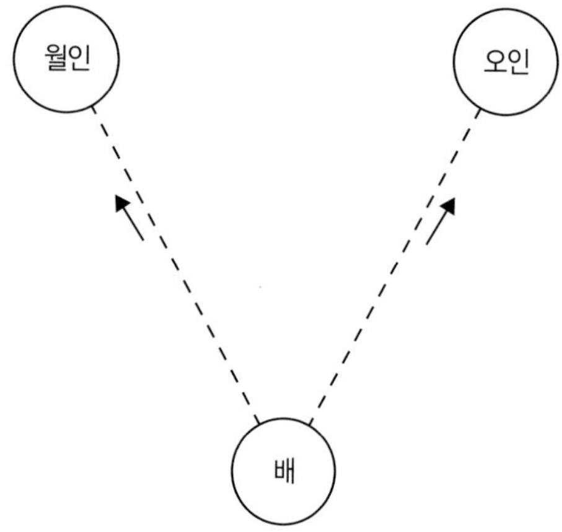

(도표 6) 오인월인상악도(吳人越人相惡圖)

한신韓信의 배수진은 자신을 사지에 몰아넣은 뒤 비로소 삶을 도모한 것이었다. 한나라 병사가 진여陳餘의 군사들에게 내몰렸을 때 앞에는 큰 강이 가로놓여 있는 막다른 길이었다. 오로지 몸을 되돌려 진여의 병사들을 물리쳐야만 비로소 활로를 찾을 수 있었다.

한나라 병사들은 저마다 모두 이런 생각을 갖고 똑같이 힘을 합쳤다. 이들의 힘을 합친 방향이 결국 한신의 생각과 일치되었기 때문에 한신은 가만히 앉아서 성공을 거둘 수 있었던 것이다.[16]

16. 한신은 전승을 거둔 뒤 장수들이 "병법에는 물이나 못은 앞이나 왼쪽에 둔다고 했는데 물을 뒤에 둔 이유가 무엇이냐"고 묻자 이같이 말했다. "병법에 '군사를 사

장이張耳와 진여는 문경지교刎頸之交(생사를 같이하는 절친한 친교)로 통했다. 후에 장이는 진秦나라 병사들에게 겹겹이 포위당하자 진여에게 도움을 요청했다. 그러나 진여는 진나라를 두려워한 나머지 이를 거절했다. 두 사람은 이로 인해 깊은 원한관계를 맺게 되었다. 이 때 장이는 진나라 병사를 진여 쪽으로 몰아내고 진여 또한 진나라 병사를 장이 쪽으로 밀어내어 힘의 방향이 서로 상반되었다. 이처럼 절친한 친구 사이도 원수로 변할 수 있는 것이다. 결국 장이는 한신을 도와 진여를 죽였다.[17]

진나라 말엽 온 천하가 학정에 시달리자 진섭陳涉이 군사를 일으켰다.[18] 그러자 산동의 호걸들이 모두 이에 호응했다. 중간에서 연락하는 이

지에 빠지게 한 뒤 살아남게 하고 망하는 장소에 밀어넣은 뒤 보존한다' 고 하지 않았는가? 이는 훈련된 정예군사가 아닌 오합지졸을 써먹는 묘책이다." 한신은 병법의 최고 원칙이 바로 '임기응변' 에 있다는 사실을 꿰뚫고 있었던 셈이다.

17. 한신과 장이는 조나라를 칠 때 정형산(井陘山) 어구에 병졸을 집결시켰다. 이 때 조나라 왕과 진여가 이를 방어하기 위해 나서자 진여의 작전참모 이좌거가 기병(奇兵)으로 양도(糧道)를 끊고 성을 굳게 지키는 계책을 진언했다. 그러나 진여는 고루한 유생인지라 기병이나 위계를 써서 승리하는 것을 달갑게 여기지 않았다. 이 사실을 안 한신은 날랜 병사 2천 명을 매복시킨 뒤 접전이 일어나 조나라 군사가 추격전에 나서면 그 틈을 타 재빨리 조나라 성에 들어가 한나라 깃발을 세울 것을 명령했다. 이어 한신은 배수진을 친 뒤 아침에 대장기를 세우고 정형산으로 나아갔다. 조나라 군사가 출동하자 거짓으로 북과 기 등을 버리고 도망갔다. 그 사이 배수진을 친 한나라 군사들이 죽기를 각오하고 싸우자 조나라 군사들은 황급히 도망쳐 성으로 돌아왔으나 이미 한나라 깃발이 나부끼는 것을 보고 혼비백산해 궤멸하고 말았다. 이로 인해 조나라 왕은 사로잡히고 진여는 베임을 당했다.

18. 진섭은 양성(陽城 : 하남성 등봉현) 사람으로 본명은 진승(陳勝)이고 섭(涉)은 자이다. 그는 젊어서 사람들과 함께 밭가는 품을 팔다가 언덕 위로 올라가 탄식한 뒤 같은 무리에게 "부귀하게 되거든 서로 잊지 말자"고 다짐했다. 품팔이 무리들이 웃으면서 "품을 파는 주제에 어찌 부귀를 말하는가"라고 비웃었다. 진여가 크게 한숨을 쉬며 "연작이 어찌 홍혹의 뜻을 알겠는가(燕雀安知鴻鵠之志哉)"라고 말했다. 여기의 홍혹(鴻鵠)은 봉황과 같은 전설상의 새를 말한다. 그가 큰 꿈을 품었던 인물이었음을 시사한다. 사마천이 『사기』에 그의 열전을 두어 그의 큰 꿈을 높이

가 없어도 자연히 하나로 결합되기 시작한 것이다. 이는 백성들이 오랫동안 진나라의 학정에 시달려 온 탓에 저마다 마음 속으로 진나라를 타도하고 싶어했기 때문에 빚어진 현상이다. 이처럼 이해관계가 같고 마음이 같기 때문에 모두 힘을 하나로 합칠 수 있었다. 따라서 이들 모든 세력은 굳이 연합을 위한 연락을 취할 필요도 없이 자연스럽게 하나로 연합하게 된 것이다.

유방劉邦과 항우項羽가 군사를 일으켰을 때 모두 진나라를 멸망시키는 데 뜻을 두고 있었기 때문에 서로 협력할 수 있었다. 따라서 성이 다른 사람들도 얼마든지 형제로 맺어질 수 있는 것이다. 그러나 이후 진나라를 멸망시켜 목표가 없어지고 눈앞에 천하의 모습이 드러나자 유방은 그것을 빼앗고 싶어했다. 이에 서로 힘의 방향이 상반되어 성이 다른 형제들 간에 곧 혈전이 벌어졌다.

항우가 패권을 잡았을 때 유방은 마음 속으로 항우를 없애기만 하면 된다고 생각했다. 한신과 팽월彭越 역시 항우를 죽이기만 하면 그만이라고 생각했다. 이처럼 그들의 생각이 똑같았기 때문에 항우를 대적하기 위해 자연스럽게 힘을 합칠 수 있었다. 마침내 이들은 해하垓下까지 추격해 항우를 죽였다.

그러나 항우가 죽자 그들은 더 이상 협력할 필요가 없었다. 서로들 권세와 이득을 좇기에 바빴다. 권세와 이득이라는 것은 상대방이 많이 차지하면 나는 조금밖에 차지할 수 없고 내가 많이 차지하면 상대방은 조금만 차지해야 하기 때문에 쟁탈대상이 되기 마련이다. 유방이 공신들을 죽인 이유다.

평가한 게 그 증거다.

당태종이 수나라를 얻고 명태조가 원나라를 얻기 위해 군사를 일으켰을 때도 한나라 때와 마찬가지였다. 일이 성사된 후 당나라는 형제들끼리 서로 죽이고 명나라는 공신 일가족이 몰살당하는 일이 일어났다.

대개 천하가 평정된 후에는 왕과 신하의 힘이 서로 충돌하게 된다. 이 때 왕이 신하를 제거하지 않으면 신하가 거꾸로 왕을 제거할 가능성이 크다. 두 힘의 크기에 따라 서로의 생사가 결정된다.

당제국 멸망 직후의 5대10국 당시 후당後唐의 2대 황제 명종明宗 이사원李嗣源은 1대 황제 장종莊宗 이존욱李存勗을 보필해 후량을 멸망시키고 거란족을 없앴다. 장종이 힘으로 그를 제지할 수 없게 되자 이사원은 곧 장종의 천하를 빼앗았다. 조광윤趙匡胤은 후주後周의 세종을 보필해 후한後漢(5대10국 당시의 '후한')을 쳐부수고 후당을 멸망시켰다. 그 뒤를 이은 왕이 그를 제지할 수 없게 되자 그 역시 주나라의 천하를 빼앗았다. 이것이 바로 유방이 한신과 팽월 등을 죽이지 않을 수 없었던 또 다른 배경이다.

후한을 세운 광무제光武帝는 천하를 평정하자 등우鄧禹와 경감耿龕 등은 광무제에게 통수권을 넘겨준 뒤 문을 걸어 잠그고 들어앉아 책이나 읽었다. 그들이 이같이 은둔생활에 들어간 것은 광무제의 노선이 어떤 것인지를 똑똑히 간파한 데 따른 것이다.[19]

19. 등우와 경감 모두 후한의 개국공신이다. 이들을 포함하여 건국에 공헌한 28명의 공신을 소위 '운대(雲臺) 28장(將)'이라고 불렀다. 이는 광무제의 뒤를 이은 넷째 아들 명제(明帝) 유장(劉莊)이 영평 3년(60)에 화가에게 명해 수도인 낙양에 위치한 남궁(南宮)의 운대에 28장의 초상화를 그리게 한 데서 나온 말이다. 등우는 '운대 28장'의 첫 번째 공신으로 흔히 '운대주수(雲臺主帥)'로 불린다. 그는 광무제를 처음 만났을 때 "그대의 위덕(威德)이 사해에 전해지는 데 제가 촌척(寸尺)의 도움을 드려서 공명을 죽백(竹帛)에 남기고자 할 뿐입니다"라며 충성서약을 해 핵심참모가 되었다. 그는 유수보다 8세 어렸으나 지감(知鑑)이 뛰어나 많은 인

송태조 조광윤은 자신이 걸어가야 할 길을 미리 분명히 밝혀 공신들이 스스로 통수권을 내놓고 물러나게 했다. 사실 후한의 광무제와 송태조의 마음은 한고조와 다를 바가 없다. 우리는 한고조의 성질이 잔인하다고 말할 수 없다. 또한 후한의 광무제와 송태조의 도량이 넓다고 말할 수도 없다. 오직 '역학의 법칙'이 작동한 결과라고 말할 수 있을 뿐이다.

악비岳飛는 중원 땅을 회복하고자 남쪽으로 사신을 보내려 한 반면 진회秦檜는 오히려 중원 땅을 양보하기 위해 북쪽으로 사신을 보내려 했다. 악비는 휘종徽宗과 흠종欽宗 두 황제를 맞이하기 위해 남쪽으로 사신을 보내고 싶어한 데 반해 고종高宗은 두 황제를 배제하고자 북쪽으로 사신을 보내고 싶어했다.

고종과 진회는 방향이 일치하자 즉각 협력했다. 그들의 협력방향은 악비와는 상반되는 것이었다. 악비 혼자의 힘으로는 고종과 진회의 협력을 당해낼 수 없는 것이다. 악비가 아무런 죄도 없으면서 결국 살해당할 수밖에 없었던 것도 바로 힘의 방향이 상치되었기 때문이다.

역사상 남의 앞길을 방해하는 사람치고 화를 입지 않은 자가 없다.

재를 천거했다. 경감도 광무제의 총애를 입었다. 광무제는 군신들이 모인 자리에서 그를 이같이 칭송한 바 있다. "옛날 한신과 지금의 장군은 모두 제(齊)의 서쪽 경계를 장악했으니 그 공이 서로 비견할 만하다. 그러나 한신은 이미 항복한 자를 습격한 것이고, 장군은 홀로 강한 적을 탈취한 것이니 그 공이 한신보다 훨씬 큰 것이다. 장군은 이전에 남양에서 큰 계책을 세웠으며 항상 뜻이 커서 세상 사람들이 이해하기 어려웠는데, 뜻이 있으면 일은 마침내 이루어지는 법이다." 여기서 인구에 회자하는 '유지경성(有志竟成 : 뜻이 있으면 일은 마침내 이루어짐)'의 성어가 나오게 되었다. 광무제는 관후한 모습으로 많은 인재를 휘하에 끌어들여 마침내 천하를 거머쥐었으나 이종오가 지적한 바와 같이 등우 등의 공신들이 조금이라도 발호할 기미를 보였다면 '토사구팽'을 행했을 것으로 보는 게 옳다. 실제로 그는 개국공신들이 황권을 위협할 것을 우려해 실권은 주지 않은 채 열후의 신분으로 정기적인 조회에 참석하는 것만 허락했다.

유비가 장유張裕를 죽이려 하자 제갈량은 그를 용서해 줄 것을 청원했다. 이에 유비는 이같이 대답했다.

"향기로운 난초라도 문 앞에 피어나면 제거하지 않을 수 없다!"

향기로운 난초가 무슨 죄가 있을까? 그 죄는 오직 하나, 있지 말아야 할 곳에 있었던 죄였다.[20] 송태조 조광윤이 강남지역을 공격할 때 서현徐鉉이 지원부대를 요청했다. 그러자 그는 이같이 말했다.

"침대 옆에 어찌 다른 사람이 코를 골며 자도록 내버려두겠는가?"

코 골며 자는 것이 무슨 죄란 말인가? 그 죄는 다만 자지 말아야 할 곳에서 잔 데 있다. 옛날에는 더 이상한 일도 있었다.

20. 『삼국지』「촉서 · 주군전」에 따르면 후부사마 장유는 재능이 뛰어난데다 점술에 밝았다. 유비가 촉에 들어온 후 이같이 간언했다. "조조와 한중을 다툴 수는 없습니다. 군세가 반드시 불리할 것입니다." 유비는 결국 장유의 의견을 듣지 않았다. 땅은 얻었으나 백성들은 얻지 못했다. 장유는 또 사사로이 다른 사람들에게 말하기를 "경자년(220)에 천하는 조내가 바뀌고 유씨의 제위는 이미 다할 것이다. 주공이 익주를 얻은 이후부터 9년 뒤 인년(222)과 묘년(223) 사이에 그것을 잃을 것이다"라고 했다. 민심을 선동한 셈이다. 당초 유비가 유장과 부현에서 만났을 때 장유는 유장의 종사로 곁에서 모시고 있었다. 그의 수염이 풍성한 것을 보고 유비가 조소하며 이렇게 말한 적이 있었다. "과거 내가 탁현에 살고 있을 때 모(毛)성을 가진 자가 특히 많아 동서남북 모두 '모'라는 집이 많았소. 탁현의 현령이 '수많은 털이 탁을 에워싸고 사는구나!' 라고 했소." 장유가 즉시 반격하기를 "과거 상당군 노현의 현장이 되었다가 탁현의 현령으로 승진한 자가 있었습니다. 그는 관직을 떠나 집으로 돌아갔는데, 그 당시 어떤 사람이 편지를 주었습니다. 거기에는 노현이라고 하면 탁현을 무시하는 일이 되고, 탁현이라고 하면 노현을 무시하는 것이 되므로 '노탁군'으로 쓴다고 되어 있었습니다"라고 했다. 유비는 늘 장유의 불손함을 미워하고 있었다. 게다가 그가 실언을 한 것에 분노했다. 그래서 장유의 한중 쟁탈에 관한 직언이 효험이 없었음을 문제 삼아 하옥시킨 뒤 사형에 처하려고 했다. 제갈량이 표를 올려 그의 죄를 용서해 줄 것을 요청하자 유비가 '향기 나는 난초' 운운하며 그를 베어버린 것이다. 「주군전」은 관상술에 밝았던 장유가 늘 거울을 들고 자신의 얼굴을 볼 때마다 이내 죽게 되리라는 것을 알고 땅에 거울을 던져 깨지 않은 적이 없었다고 기록해 놓았다.

은나라 말기에 광예狂裔와 화사華士 두 형제는 위로는 천자에게 신하 노릇을 하지 않고 아래로는 제후들과 사귀지 않으면서 밭을 갈아 끼니를 때우고 우물을 파서 마시며 살았다. 이들은 인적 없는 깊은 산골짜기에서 숨어 핀 난초이자 자기 침상에서 코를 골며 잔 사람들이다. 당연히 화를 면할 수 있어야 했다. 그러나 강태공이 영구營丘 땅에 이르자 제일 먼저 그들을 죽였다. 이는 도대체 무슨 경우일까? 강태공은 당시 벼슬과 녹봉으로 호걸들을 마음대로 부리고 싶어했다. 벼슬과 녹봉을 받지 않은 두 사람이 강태공의 앞길을 가로막고 서 있었던 것이다.

이들이 남의 앞길을 방해했으니 강태공이 어떻게 그들을 용납할 수 있겠는가? 강태공은 성인이고 광예와 화사는 지조 높은 선비이다. 지조 높은 선비가 길을 가로막으면 성인일지라도 그들을 용서할 수 없는 것이다. 이것이 일반적인 통례이다.

봉몽逢蒙이 예羿를 죽인 것은 스승이 제자의 길을 가로막았기 때문이다.[21] 오기吳起가 아내를 죽인 것은 아내가 남편의 길을 가로막았기 때문

21. 전설상의 '예'는 불사약과 아내를 잃고는 고통을 잊기 위해 오로지 제자들에게 활쏘기를 가르치는 일에 열중했다. 이 때 제자들 중 봉몽(逢蒙)은 특히 재주가 뛰어나 그의 총애를 받았다. 그러나 봉몽은 천하제일의 명궁이 될 생각으로 예가 사냥길에서 돌아올 때 길목에 숨어 있다가 복숭아나무로 만든 몽둥이로 예를 타살해 버렸다. 예가 죽자 백성들은 그를 악귀를 내쫓는 신으로 섬기게 되었다. 학자들은 예가 동이계 종족의 신이거나 군장이었을 것으로 추정하고 있다. 고구려 신화의 주몽(朱蒙)은 예와 마찬가지로 활쏘기의 명수였다. 더구나 고구려 고분 벽화에는 태양을 상징하는 '삼족오'가 그려져 있다. 오늘날 제사상을 차릴 때 복숭아를 올리지 않은 것도 예와 무관치 않다고 보아야 한다. 예와 관련된 삼족오(三足烏)신화와 명궁(名弓)신화는 동이계와 밀접한 관련이 있다. 요의 치세 때 천하명궁 예가 등장한 것은 청동기 시대에 들어오면서 동이계 종족과의 연합이 긴밀하게 이뤄졌음을 의미하는 것으로 보고 있다. 이는 한발(旱魃)의 재해가 전설 속에 용해된 것으로 풀이할 수 있다. 한발전설 역시 당시의 기준으로 볼 때 고대민족이 불가항력의 천연 재해를 겪은 기억을 반영한 것이다.

이다.[22] 유방이 초나라 병사에게 쫓길 때 수레에서 아들을 밀어낸 것은 아들이 아버지의 길을 가로막았기 때문이다. 주공이 동생인 관숙과 채숙을 죽이고 당태종이 건성과 원길을 죽인 것은 형제가 길을 가로막았기 때문이다.[23] 이로 미루어 서로의 노선이 틀리면 설사 부모와 형제, 부부 사이일지라도 살의가 생긴다는 것을 알 수 있다.

남북조 때 왕맹王猛은 환온桓溫을 만났지만 그의 제의를 거절하고 오히려 전진前秦에서 벼슬하면서 부견符堅을 도왔다.[24] 아마 은호殷浩는 이와

22. 『오자병법』의 저자 오기는 군명(君命)을 좇기 위해 부인을 죽인 후 여러 나라를 전전하다가 초도왕의 총애를 입어 최고의 지위에 오르면서 초나라 개혁을 주도했다. 그러나 초도왕이 죽자 곧바로 비참한 최후를 맞이했다.

23. '현무문지변(玄武門之變)'은 무덕(武德) 9년(626년) 7월 2일에 당고조 이연(李淵)의 후계자 자리를 놓고 장남 이건성(李建成)과 차남 이세민(李世民) 사이에 벌어진 정변을 말한다. 당초 이연은 장남 이건성을 황태자로 삼았으나 수나라 토벌의 전공을 세운 진왕(秦王) 이세민을 '천책상장(天策上將)'에 제수하고 동궁(東宮)에 필적하는 '홍의궁(弘義宮)'을 만들어 주었다. 위기를 느낀 이건성은 이세민의 모신(謀臣) 방현령(房玄齡)과 두여회(杜如晦), 울지경덕(尉遲敬德) 등을 중상모략으로 배제했다. 이후 위징(魏徵)과 이연의 4남인 제왕(齊王) 이원길(李元吉)의 계책을 좇아 이세민 암살을 시도했으나 모두 실패로 돌아갔다. 이건성이 이연의 후궁 윤덕비를 움직여 이세민에 대한 나쁜 소문을 퍼뜨리자 이연은 이세민을 크게 의심했다. 이세민은 마침내 처남 장손무기(長孫無忌)와 방현령, 두여회 등과 대책을 모의한 뒤 장안성 태극궁(太極宮)의 북문인 현무문(玄武門)의 수비대장인 상하(常何)를 매수해 정변을 일으켰다. 이날 현무문 안으로 들어선 이건성은 임하전(臨河殿) 앞에서 이세민이 쏜 화살에 맞아 즉사했다. 이연은 정변 3일 뒤인 7월 5일에 이세민을 황태자로 삼았다가 2달 뒤 양위했다. 이건성과 이원길의 일족은 몰살되었다. 이연은 635년에 죽을 때까지 거의 유폐된 채로 지냈고, 이세민에 대한 소문을 퍼뜨린 윤덕비도 처형당했다. 그러나 위징은 오히려 이세민에게 중용되어 승상의 자리에까지 오르게 되었다.

24. 왕맹(王猛 : 325-375)은 집안은 가난했지만 학문과 식견을 갖춘 스승 밑에서 열심히 공부해 큰 뜻을 품고 있었다. 사대부들이 모두 청담(淸談)을 즐기는 시절에 특히 병서(兵書)를 좋아했다. 354년 동진의 환온이 대군을 이끌고 관중(關中)에 이르러 패상에 주둔했다. 화음산(華陰山)에 은거하고 있던 그는 환온의 군대가 온

같은 이치를 잘 몰랐을 것이다.[25] 범리范蠡('蠡'는 사람 이름으로 쓰일 때 '려'가 아닌 '리'임)는 오나라를 멸망시킨 후 벼슬을 버리고 배를 타고 곳곳을 돌아다녔다. 그러나 문종文鍾은 이와 같은 이치를 잘 몰랐다. 그래서 은호와 문종 모두 실패했던 것이다.

것을 알고 낡은 누더기 옷을 걸친 채 동진의 진영에 찾아가 환온을 만났다. 왕맹은 천하의 형세에 대해 이야기하며 손으로 자신의 옷을 뒤집으며 이를 잡았다. 그의 모습에 동진의 장군들은 비웃었지만 그의 태도는 매우 침착해 마치 옆에 아무도 없는 듯했다. 여기서 '문슬이언(捫蝨而言)'이라는 성어가 나왔다. 주변의 평에 개의치 않고 소신껏 행보하는 것을 말한다. 환온이 물었다. "나는 10만 명의 정병을 이끌고 북벌을 나서 백성들의 해악을 제거하고자 한다. 관중의 호걸들이 나를 만나러 오지 않으니 이건 무슨 까닭인가?" 왕맹이 대답했다. "장안이 눈앞에 있는데도 쳐들어가지 않으니 백성들은 그 마음을 알지 못합니다. 그래서 아무도 맞아주는 이가 없는 것입니다." 북벌을 구실로 권력을 장악코자 한 환온은 속셈이 드러나자 더 이상 말하지 않았다. 환온은 철군하면서 함께 남쪽으로 가기를 청했다. 왕맹이 스승에게 의견을 묻자 스승이 이같이 말했다. "어찌하여 환온과 같은 사람과 함께 일을 하려는 것인가? 여기에 머물며 기회를 기다리도록 해라." 357년 부견이 대진(大秦)의 천왕(天王)에 올라 인재를 구했다. 왕맹을 접견한 부견은 그를 제갈량에 비유하며 유비의 심정을 알겠다고 말했다. 처음엔 중서시랑(中書侍郎)이었으나 연이어 승진을 거듭해 경조윤, 이부상서, 사례교위 등 중책을 맡았다. 왕맹의 중용에 귀족들이 문제를 일으키자 왕맹은 법으로 엄히 다스렸다. 부견의 전폭적인 지지로 이후 왕맹의 개혁에 뭐라고 하는 자가 없었다. 내정과 법제를 정비했다. 장안에서 각지에 이르는 도로를 정비하고 도로 양쪽에 수목을 심는 등 치안을 튼튼히 했다. 가장 광대한 영역을 지배한 이유이다. 366년 12월 농서의 이엄(李儼)이 전진에 반란을 일으키자 직접 군을 이끌고 가 이엄을 평정하고 동진을 격파했다. 369년 환온이 전연을 공격했으나 패했다. 370년 왕맹은 전연 정벌군 총사령관이 되어 직접 10만의 병력을 이끌고 전연을 멸망시켰다. 372년 장안으로 돌아와 승상이 되어 국가대사를 모두 관리했다. 375년 7월 병사하면서 부견에게 내치에 전념하라는 유언을 남겼으나 부견은 이를 무시하고 남정에 나섰다가 비수의 전투에서 대패했다.

25. 『진서(晉書)』「은호전」에 따르면 그는 성품이 온후하고 학문 또한 깊었다. 젊어서 『도덕경』과 『주역』을 즐겨 읽으며 벼슬이 싫어 조상의 무덤을 십여 년째 지켰다. 당시 간문제(簡文帝)가 조정에 나올 것을 간청했다. 결국 그는 건무장군(建武將

이 외에도 한비자가 진나라에 사신으로 갔다가 갇히고 오자서伍子胥가 칼로 자살하고 혜강嵇康이 피살되고 완적阮籍이 화를 모면한 등등의 사실들을 한번 살펴보라. 또 한비자를 독살한 이사李斯, 오자서에게 자살을 명한 부차夫差, 완적만 용서하고 혜강을 죽인 사마소 등의 속셈을 살펴보라. 그들의 노선을 살펴보면 때로는 충돌하고 때로는 그렇지 않은데, 그 사이에는 분명 움직일 수 없는 일정한 법칙이 존재한다는 사실을 확인할 수 있다.

왕안석은 이같이 말한 바 있다.

"하늘의 변동은 두려워할 필요가 없고, 남의 말 따위는 우려할 만한 것이 못 되며, 선조들은 본받기에 부족하다."

비록 내용은 옳지만 그는 당시 자신의 이 말 때문에 중상모략을 당했다. 우리가 지금 읽어보더라도 그의 태도는 매우 오만한 기세로 남을 깔보는 것처럼 느껴져 기분이 썩 좋을 수가 없다. 만약 우리가 그 당시에 태어났다면 그와 충돌하지 않았으리라고 장담할 수 없다. 이와 관련해 진굉모陳宏謀는 이같이 말한 바 있다.[26]

軍) 양주자사(揚州刺史)가 되어 조정에 나갔다. 이는 촉을 평정하고 돌아와 세력이 커지고 있던 환온을 견제하려던 간문제의 계책이었다. 결국 은호와 환온은 서로 반목하게 되었다. 당대의 명필 왕희지(王羲之)가 나서 화해를 주선했으나 은호가 거절했다. 이 때 후조(後趙)가 석계룡(石季龍)의 사망으로 내분이 일어나자 진나라는 이 기회를 이용해 중원을 회복하려 했다. 은호가 오주군사(五州軍事)로 출병했다. 그러나 그는 출병 도중 말에서 떨어지는 바람에 제대로 싸우지도 못하고 결국 패하여 돌아오고 말았다. 환온이 상소를 올려 그를 서인으로 만들어 변방으로 귀양 보냈다. 환온은 사람들에게 "나는 어릴 때 은호와 함께 죽마를 가지고 놀았는데, 내가 놀다가 버리면 반드시 그가 주워가졌다. 그러고 보면 그가 내 밑에 있는 게 당연하다"고 말했다. 은호는 귀양지에서 병사했다. 여기서 죽마지우(竹馬之友) 내지 죽마고우(竹馬故友), 기죽지교(騎竹之交), 죽마지호(竹馬之好) 등의 성어가 나왔다.

“시비를 가리는 것은 자신에게 달려 있고, 칭찬과 비난을 듣는 것은 남에게 있으며, 득실을 맞추는 것은 계산에 달려 있다.”

이 말의 의미는 본래 왕안석이 한 말과 대동소이하다. 그러나 우리는 이 글을 읽고 나면 이 사람이 더 상냥하고 친절한 듯한 생각이 든다. 이는 도대체 무슨 까닭일까? 왕안석의 말은 길 위에 누워서 ‘하늘’과 ‘다른 사람’, ‘선조’들이 길을 지나가는 것을 가로막고 되돌려보내는 것 같은 느낌을 준 데 따른 것이다. 반면에 진굉모는 ‘자신’과 ‘남’, ‘계산’ 등을 3개의 평행선 위에 서로 충돌하지 않도록 배치했다. 우리는 왕안석의 말을 들을 때 “남의 말 따위는 우려할 만한 것이 못 된다”고 한 구절에서 그 남 속에 자신도 포함되는 것이 아닌가 하는 생각을 은연중 갖지 않을 수 없다.

우리 마음 속의 ‘역선力線’은 남이 자기에게 양보하는 것을 좋아하지 남이 자신을 방해하는 것을 좋아하지 않는다. 왕안석과 진굉모 두 사람에 대한 감정이 자신도 모르게 다를 수밖에 없다. 이런 이치를 깨닫는다면 앞으로 일을 처리하고 남을 대할 때 틀림없이 무한한 도움을 얻게 될 것이다.

다음으로 역학 및 전자기학의 법칙에 따라 각종 심리적 궤도를 추적해 보기로 하자. 물체의 분자를 분해하면 원자를 얻게 되고 다시 원자를

26. 진굉모는 명대 여곤(呂坤)이 쓴『신음어』에 주석을 단 청대 중엽의 인물로 꽤 명성이 높았다. 서울의 창덕궁 태극정에 그가 읊은 칠언절구「소원(小園)」에서 따온 주련이 나온다. “꽃 속의 주렴 창 밖에 비 개자 제비 날고, 버들 곁의 누각엔 새벽녘 꾀꼬리 소리 들리네(花裏簾櫳晴放燕, 柳邊樓閣曉聞鶯).” 그러나 순무의 자리까지 오른 그는 편파적인 인사로 인해 건륭제로부터 “너는 부지런하고 능력은 뛰어나지만 좋지 못한 버릇이 있어 염려스럽다. 만일 이를 철저히 고치지 않는다면 날마다 짐의 얘기를 들은들 무슨 유익함이 있겠는가”라고 훈계를 들어야만 했다. 재주가 뛰어난 데 반해 덕이 박했던 것이다.

분해하면 전자를 얻게 된다. 전자는 일종의 힘이다. 이 사실은 이미 과학자들이 증명한 바 있다. 사람은 물체의 일종으로 우리 신체는 전자들의 집합으로 이뤄졌다고 할 수 있다. 몸과 마음은 본래 하나의 물체이다. 따라서 우리들의 심리는 역학의 법칙과 전자기학의 법칙을 벗어날 수 없는 것이다.

전자기의 작용은 서로 밀고 당기는 것이 특징이다. 사람의 심리도 이와 같다. 사람에게는 7정七情이 있는데 크게 나누면 '호好'와 '오惡' 두 가지로 나눌 수 있다. 마음이 좋아하는 것은 가까이 끌어당기고 마음이 싫어하는 것은 멀리 밀어내게 된다.

이 현상은 전자기도 마찬가지이다. 사람의 마음은 지知·정情·의意 3가지로 나뉘는데 '의'는 '지'와 '정'의 혼합물이다. 서로 밀고 당기는 작용이 '정'의 현상이다. 같은 성질인지 다른 성질인지 판별할 수 있으면 '지'의 작용을 포함하고 있다고 할 수 있다.

이로 미루어 전자기 역시 '지'와 '정'을 갖고 있음을 알 수 있다. 남녀가 서로 사랑하는 것은 다른 성질끼리 서로 끌어당기는 이치에 따른 것이다. 동업자끼리 서로 시기하는 것은 같은 성질끼리 서로 밀어내는 이치에 따른 것이다.

양전하가 음전하를 필요로 할 때 가령 또 하나의 양전하가 출현하게 되면 음전하를 나눠주어야 하기 때문에 당연히 양전하를 밀어내려고 할 것이다. 음전하가 음전하를 밀어내는 것도 마찬가지 이치이다. 마치 어린 아이가 무엇을 먹고 있을 때 형이 다가오는 것을 보고 손으로 그를 밀어내는 것과 같은 이치이다.

양전하와 음전하가 만나면 각자 바라던 바이기 때문에 자연스레 서로 잡아당기게 된다. 인성人性도 마찬가지이다. 형체가 있는 물체이건 형체가 없는 물체이건 우주의 모든 사물은 안쪽으로 잡아당기는 힘을 갖고 있다. 우리의 마음은 일종의 힘이 오관을 통해 외부의 사물을 끌어당겨 만들어낸 결과물이라고 할 수 있다.

예를 들어 우리 앞에 어떤 물체가 놓여 있다고 가정해 보자. 우리가 그것을 주시해 보면 곧 일종의 힘이 눈에서 튀어나와 그 물체와 연결된다. 우리가 눈을 감아도 그 물체의 형상을 기억해낼 수 있는 것은 이러한 힘이 물체를 끌어당겨 우리와 물체를 하나로 묶어놓았기 때문이다.

우리가 마음 속에 지닌 지식들의 근원을 일일이 살펴보면 외부로부터 들어오지 않은 것이 하나도 없음을 알 수 있다. 외부의 사물이 접속되는 기관은 바로 안眼 · 이耳 · 비鼻 · 설舌 · 신身밖에 없다. 비록 사람은 새로운 이론을 만들어낼 수 있다고 말하지만 그것은 외부에서 얻은 지식을 토대로 한 것이다. 마치 집을 지을 때 외부에서 구입한 벽돌과 기와, 목재, 돌 등에 의거하는 것과 같다. 만약 각종 지식의 근원을 조사하기 위해 눈으로 들어온 것을 하나하나 들어온 길로 다시 내보낸다면 우리의 마음 속은 곧 텅 비어버리고 오직 안개와 같은 힘의 기운만 남게 될 뿐이다.

우리가 자신의 마음을 자세히 들여다보면 모든 변화는 역학의 궤도에 따라 움직인다는 것을 알 수 있다. 미칠 듯이 기뻐할 때에는 '역선'이 밖으로 뻗어나온다. 반면에 두려워할 때 그것은 다시 안으로 수축한다.

사람의 마음은 사물의 이치를 추구한다. 즉 직선을 따라 곧장 앞으로 나아가 갑이라는 곳에 이르렀을 때 사리가 통하지 않으면 을이라는 곳으로 꺾이고, 또 다시 거기서도 통하지 않으면 병이라는 곳으로 꺾인다. 이처럼 마음은 여러 번 우여곡절을 겪게 되는데, 이는 마치 시냇물이 굽이굽이 흐르는 것과 같다.

물은 본래 직선으로 흐른다. 그러나 비록 백 번을 휘어져 흐를지라도 여전히 역학의 법칙에서 벗어나는 것은 아니다. 우리의 마음도 이와 같다. 이 밖에도 또 여러 가지 현상이 있으나 자세히 연구해 보면 결국 밀고 당기는 두 가지 작용밖에 없다는 사실을 확인할 수 있다.

때로는 마음을 가라앉히고 조용히 앉아 모든 인연을 끊어버리면 밀고 당기는 것도 없고 밀고 당겨지는 것도 없게 된다. 이는 마치 깊은 연못에 물결이 전혀 일지 않는 상황에서 고요한 수면 위로 밝은 달빛이 비치는 풍경과 흡사하다고 할 수 있다. 이 때의 마음은 비록 겉으로는 어떤 움직임도 드러내고 있지 않지만 사실 수천 수백 가지 작용을 그 속에 내장하고 있는 것이다.

사람들은 저마다 하나의 마음을 갖고 있다. 사람마다 일종의 '역선'을 가지고 있는 셈이다. 모든 '역선'은 밖으로 뻗어나가기 때문에 당연히 도처에서 충돌할 수밖에 없다. 그런데 어째서 평상시에는 충돌하는 모습이 그다지 눈에 띄지 않는 것일까? 이는 바로 '역선'의 작동에 여러 가지 변수가 작용하고 있기 때문이다.

자세히 고찰해 보면 사람과 사람 간의 만남은 서로의 '역선'이 그물처럼 복잡하게 얽혀 있다는 사실을 확인할 수 있다. 그 수많은 '역선'은 서로 충돌하지 않을 뿐만 아니라 서로를 필요로 한다. 인류가 유지되고 이 세상에 생존할 수 있는 것도 바로 이런 이치에서 비롯된 것이다.

이 세상의 모든 변화는 사람과 사람 간의 접촉으로 생긴 것이다. 나와 다른 어떤 사람과의 관계는 수학의 이원방정식에 나오는 X변수와 Y변수로 해석할 수 있다. 해석기하학에 따르면 지상에 존재하는 모든 선은 5종류의 선으로 표시할 수 있다. 직선과 원, 포물선, 타원, 쌍곡선이 그것이다.

인간사에 나타나는 천변만화는 비록 복잡다단하게 보일지라도 사람과 사람이 서로 접촉하는 유형에 불과할 뿐이다. 결코 이 5가지 선이 그리는 궤도를 벗어날 수 없다. 앞서 거론한 역사상의 예들은 모두 2개의 직선관계에 속한다. 나를 중심으로 그린 앞장의 도표 1 등은 일종의 원에 속한다고 할 수 있다.

포물선은 무엇인가? 우리가 돌멩이를 밖으로 던질 때 이 힘은 일종의 원심력이라고 할 수 있다. 반대로 지구 중심이 돌을 끌어당기는 힘은 구심력이라고 할 수 있다. 결국 돌의 원심력은 지구의 인력을 돌파하지 못하고 다시 아래로 떨어지게 된다. 이 때 돌이 그린 곡선이 바로 포물선이다.

약소민족들이 걸어갈 수밖에 없는 길이 바로 포물선의 길이다. 예를 들어 인도 민족은 독립하고 싶어한다. 이것은 영국에 대한 일종의 원심력이다. 그러나 영국은 강력한 힘으로 인도를 굴복시켜 자신의 세력범위를 벗어나지 못하게 한다. 이는 바로 돌을 던졌을 때 결국 중력을 벗어나지 못하고 다시 아래로 떨어지는 것과 유사하다.

지구가 태양 주위를 도는 궤도와 유사한 곡선을 타원이라고 한다. 이는 원심력과 구심력이 결합해 이뤄진다. 수학적으로 말하면 한 점에서 두 꼭짓점에 이르는 거리의 합이 항상 같을 때 이 점의 궤도를 타원이라고 한다. 거리의 합이 같다는 것은 결국 그 값이 같다는 것을 의미한다.

예를 들어 장사를 할 때 고객이 돈을 내면 상점 주인은 물건을 건네게 된다. 이 때 양자의 값이 똑같기 때문에 하나의 물체로 간주할 수 있다. 이는 고객이 돈을 던졌는데 상점 주인을 돌아서 다시 본래 제자리로 돌아오는 것에 비유할 수 있다. 또한 상점 주인 입장에서 보자면 물건을 던졌는데 고객 주위를 한 바퀴 돌아 다시 본래의 자리로 돌아오는 것에 비유할 수 있다. 따라서 타원형이 되면 거래한 양쪽 모두 매우 흡족해한다.

돈을 갖고 있는 고객은 반드시 어떤 상점에서 물건을 살 필요는 없다. 이것이 바로 원심력이다. 하지만 어떤 상점의 물건이 고객의 마음을 사로잡기에 충분할 정도로 흡인력을 갖고 있는 경우도 있다. 이 때 상품을 갖고 있는 상점 주인은 반드시 특별한 손님에게 이를 팔아야 할 필요는 없다. 이것이 원심력이다. 하지만 어떤 손님의 품안에 있는 돈은 상점 주인을 끌어당기는 힘을 갖는다. 그래서 원심력과 구심력이 결합할 때 고객은 돈을 내고 상점 주인은 물건을 건네주어 각자 바라던 바대로 거래가 이뤄지게 되는 것이다. 이것이 바로 타원 상태이다.

자유결혼을 예로 들자면 어떤 남자가 한 여인을 매료시키기에 충분할 경우 이 남자는 꼭 그녀와 결혼할 필요는 없다. 어떤 여자가 한 남자를 매료시키기에 충분할 경우 이 여자 또한 꼭 그 남자와 결혼할 필요는 없다. 이 때 만일 원심력과 구심력이 균형을 이룰 경우 이를 타원 상태라고 할 수 있다.

지구가 태양 주위를 돌 때 원심력과 구심력이 서로 팽팽하게 균형을 이루면서 타원 상태가 된다. 이 균형이 깨지지 않는다면 우주는 영원할 것이다. 사회의 모든 조직은 반드시 이 상태를 본떠야만 비로소 폐단이 생기지 않을 수 있다.

중국의 구식 혼인제도는 부모가 주관하기 때문에 일단 부부가 되면 평생 바꿀 수가 없다. 원심력이 결여되어 있는 것이다. 이 때문에 양쪽 모두 늘 심적 고통을 겪는다. 만일 원심력만 있고 구심력이 없는 지경에 이르면 이는 더더욱 안 된다.

상고시대에는 남녀가 혼교를 하는 바람에 자식들은 어머니만 알았지 아버지가 누구인지는 몰랐다. 구심력이 부족한 대표적인 경우이다. 중국의 각종 단체들은 마치 흩어진 모래알과 같은 모습을 보이고 있다. 이 역시 구심력이 부족한 탓이다. 따라서 정치가가 제도를 만들 때에는 원심력과 구심력의 균형을 맞추지 않으면 안 된다.

쌍곡선이란 무엇인가? 한 점에서 두 꼭짓점에 이르는 거리의 차가 항상 같을 때 이 점의 궤도를 쌍곡선이라 한다. 그 형태는 두 개의 활을 반대 방향으로 등지게 놓은 것과 비슷하다. 두 학설 혹은 두 행위가 서로 완전히 상반되면 쌍곡선의 궤도에 진입했다고 할 수 있다.

예컨대 성선설과 성악설이라는 두 학설은 정반대이다. 그러나 두 학설 모두 일정한 근거를 갖고 있고 말에 일리가 있기 때문에 말을 하면 할수록 더욱 차이가 벌어질 수밖에 없다. 마치 쌍곡선을 잡아당기면 당길수록 더 늘어나서 양자의 거리가 더욱 멀어지는 이치와 같다. 그러나 사실 성선설과 성악설의 차이는 항상 일정하다. '입세入世'와 '출세出世'의 방법도 이와 같다. '이기주의'와 '이타주의' 역시 동일하다. 이러한 모든 것이 쌍곡선의 경우에 해당한다고 할 수 있다.

우리는 각종 힘의 방향을 상세히 고찰해 보면 자신과 타인이 서로 다툼 없이 화목하게 지내는 방법에는 다음과 같이 4가지 종류가 있음을 알 수 있다.

(1) **평행선** : 자신과 타인의 목표가 다르고 노선이 다르면 각자의 목표를 향해 나아가기 때문에 피차 관련을 맺지 않게 된다. 즉 평행선은 영원히 서로 교차하지 않는다. 때로 평행하지 않는 경우가 있더라도 아직 서로 접촉하지 않았다면 역시 아무 관련이 없다.

(2) **합력선** : 자신과 타인의 이해관계가 서로 같기 때문에 동일한 목적을 향해 나아가는 것이다. 예를 들어 앞서 언급한 바와 같이 오나라와 월나라 사람이 같은 배를 타고 함께 강을 건너가는 경우가 그렇다.

(3) **원형** : 우주의 만물은 태어나면서부터 질서정연하게 배열된다. 나아가 무슨 일이든 모두 일정한 범위를 갖는다. 자신과 타인 사이에는 일정한 경계선이 있다. 만약 각자 그 경계선을 지켜 내가 너의 범위를 침범하지 않고 너 또한 나의 범위를 침범하지 않을 수 있다면 서로 화목하게 지낼 수 있을 것이다.

(4) **타원형** : 자유무역과 자유결혼 등이 여기에 속한다.

평행선은 이기적이기는 하지만 남에게 손해를 끼치지 않는다. 원형은 이타적이기는 하지만 자신에게 손해를 끼치지는 않는다. 합력선과 타원형은 자신과 타인에게 모두 이롭다. 우리가 매번 한 가지 일에 부딪힐 때마다 자신과 타인에게 모두 이로운 노선을 살펴보고 예컨대 타원형과 같은 길을 걸어간다면 자신과 타인은 절대 충돌하지 않을 것이다.

우리는 이를 이용해 제자백가와 각종 정책의 득실을 평가할 수 있다. 선인의 말 중 소위 "만물은 함께 생장하면서 서로 해치지 않고, 도는 함께 가면서 서로 어긋나지 않는다"고 한 것은 제1의 평행선에 해당한다. '통공합작通功合作'(기술을 교환하고 힘을 합침)은 제2의 합력선에 해당한다. 공자가 말한 '군군신신君君臣臣, 부부자자父父子子'는 제3의 원형에 해당한다. '통공역사通功易事'(기술을 교환하고 일을 나눔)는 제4의 타원형에 해당한다.

서구의 학자들은 "개인은 자유로우나 다른 사람의 자유에 의해 제한된다"고 한다. 이는 제3의 원형에 해당한다. 니체가 말한 초인주의는 남에게 손해를 끼치는 게 병폐이고 톨스토이의 무저항주의는 자신에게 손해를 끼치는 게 병폐이다.

평행선, 원, 포물선, 타원, 쌍곡선 등은 사람들이 서로 만나는 노선이다. 이들 선은 시종 유동적이어서 심리가 일변하면 즉시 변한다. 예컨대 오나라의 손권, 촉나라의 유비는 각기 형주를 취하고자 했다. 손권은 형주를 동쪽으로 끌어당기고 유비는 서쪽으로 당겼다. 역선이 상반된 것이다. 결국 처남매제 관계가 파탄나고, 부부가 헤어지고, 관우가 죽고, 7백 리에 달하는 영채가 불에 타게 되었다. 이로써 오와 촉 두 나라는 불공대천의 원수가 되었다.

이후 제갈량이 위나라를 목표로 함께 토벌에 나서기로 약정함에 따라 비로소 합력선이 나타나고 원한관계도 해소될 수 있었다. 훗날 사마소가 촉을 토벌할 때 오나라는 군사를 일으켜 이를 돕고자 했으나 유선이 투항하는 바람에 이내 파병罷兵했다. 이는 심리변화에 따라 역선도 곧바로 변한다는 것을 증명하고 있다.

중국은 전에 폐관자수閉關自守(관문을 굳게 닫고 스스로 지킴)하며 외국과 교통하지 않았다. 이는 평행선에 해당한다. 5개 항구를 개항한 후 제국주의 압박에서 벗어나고자 했으나 불가능했다. 이는 두 개의 중심이 서로 대치하는 쌍곡선에 해당한다. 우리들이 서구 열강에 침략당한 나라들과 연합해 함께 진공하면 이는 합력선을 이루는 것이다. 제국주의 국가들이 크게 당한 후 과거의 잘못을 깨달아 공업국과 농업국이 '통공역사'를 하게 되면 두 개의 중심이 서로를 향하는 타원의 상태가 된다.

여기서 한 발 더 나아가 세계가 대동大同하여 전 지구가 하나의 국가로 통합되면 하나의 원심을 중심으로 한 원형의 상태가 만들어진다. 이처럼 이들 역선의 궤도는 수시로 변한다. 이는 각 개인의 심리를 살펴보면 쉽게 알 수 있다.

성선설과 성악설은 서로 배치되고 있어 쌍곡선 상태에 해당한다. 그러나 인성은 혼연일체가 되어 있어 '선'과 '악'으로 나눠 말할 수 없다. 이는 원형 상태에 해당한다. '입세'와 '출세'는 서로 배치되고, '이기주의'와 '이타주의'도 서로 배치된다. 이는 쌍곡선 상태에 해당한다. 그러나 이를 하나로 관통해 '입세'와 '출세'가 원래 같은 이치이고 '이기주의'와 '이타주의'가 원래 같은 것이라는 것을 아는 것은 원형 상태에 해당한다.

우리는 모든 일을 할 때 국가가 제정한 법제도에 의거해 나아갈 방향을 명확히 알 수 있다. 또 원심력과 구심력이 균형을 이루는 덕분에 애로를 겪지 않는다. 세상의 모든 일과 법제도의 상호관계를 상고할 때 역학법칙을 이용해 검토하면 부조리 등으로 인해 여러 면에서 서로 합치하지 않고 있음을 알 수 있다. 세상이 온통 시끄럽고 대란이 그치지 않는 이유이다.

맹자는 말했다.

"규구規矩(컴퍼스와 자)는 방원方圓의 지극함이고 성인은 인륜人倫의 지극함이다."

첫 번째 구절은 맞으나 두 번째 구절은 틀린다. 우리는 '규規'로 원을 그리고 '구矩'로 네모를 그릴 수 있다. 그러나 5대주의 만국 인민을 하나로 모아놓고 보면 네모나지 않은 것도 아니고 둥글지 않은 것도 아니다. 오직 성인만이 예외이다. 공자와 석가, 예수, 마호메트는 모두 성인이다. 이들 성인이 정한 규율은 서로 다르다. 이쪽 성인의 규율로 저쪽 성인의 신도들을 묶으면 충돌이 일어난다. 그 까닭은 무엇일까?

무릇 성인의 규율은 길이를 재는 자이고, 양을 재는 말이며, 무게를 재는 저울이다. 원과 네모를 그리는 '규구'가 아닌 것이다. 모든 성인의 자와 말과 저울은 장단과 대소 및 경중이 다르다. 자신들의 영역에서만 통용되는 이유이다.

지금 세상은 널리 하나로 통합돼 마치 이웃이자 하나의 시에 사는 듯하다. 그러나 자와 말과 저울이 각기 달라 충돌이 그치지 않고 있다. 법제도가 한 성인의 가르침에 근거할 경우 세상에 널리 통용될 수 없는 이유이다. 역학법칙은 5대주의 만국 인민이 공히 인정하고 있다. 여기에서 얘기한 원 등의 5종류 선도 역학법칙에서 나온 것이다. 어디까지나 '규구'이지 자와 저울 등이 아닌 것이다. 이에 의거해 법제도를 만들면 틀림없이 5대주 만국에 두루 통할 수 있을 것이다.

제7절

세계 진화의 궤도

세상만사의 모든 변화는 인류의 행위가 있으면서부터 나타났다. 인류의 행위는 심리에서 비롯된 것이고 인간의 심리는 역학의 변화에 따른 것이다. 따라서 세계의 진화는 역학의 법칙에서 벗어날 수 없다.

세계의 진화는 하나의 힘이 하나의 구역에서 작동하면서 오랜 시간이 경과함으로써 빚어진 현상이다. 그 사이에는 대체로 3가지 요소가 작동한다. 힘과 공간과 시간이 바로 그것이다. 우리는 수학에서 말하는 3가지 공리를 안다. 그 중 가장 두드러진 것이 '파선식擺線式'과 '나선식螺旋式'이다. 옛 사람이 이같이 말했다.

"천도의 순환은 끝이 없으면서 가는 것도 없고 오는 것도 없다."

요즘 사람들은 이같이 말한다.

"인류의 역사는 영원히 반복되는 일이 없다."

세상 사람들은 사상뿐만 아니라 행위 면에서도 모두 역학의 법칙의 적용을 받는다. 설령 직선으로 진행할지라도 그 결과는 곡선으로 나타난다. 이는 어떤 연유일까?

앞으로 나아갈 경우에도 다른 힘의 견제를 받는다. 두 힘이 대등하면 하나의 원을 그리게 된다. 옛 사람이 천도를 두고 '순환무단循環無端'이라고 말한 것이 이에 해당한다. 우주에 존재하는 모든 사물의 변화는 시종 회전하면서 하나의 원을 그리는 것이다. 예를 들어 설명하면 다음과 같다.

우리가 만일 지구상의 임의의 한 지점에서 일직선으로 곧바로 나아가면 결국 다시 원점으로 돌아오게 된다. 우리가 서 있는 지면에 지구 중심의 인력이 작용하기 때문이다. 앞으로 걸어갈 경우 원심력에 의해 진행할지라도 지구 중심의 구심력 때문에 그 노선은 원을 그릴 수밖에 없는 것이다. 이를 두고 '순환무단'이라고 말하는 것이다. 그러나 세계의 진화는 원주의 모양이 아니고 파선식 또는 나선식의 모양을 하고 있다.

파선식이란 무엇을 말하는 것일까? 우리가 동전을 가지고 책상 위에서 돌릴 경우 그 원주가 만드는 선이 바로 파선식이다. 동전이 도는 것은 힘 때문이다. 동전이 도는 곳에는 하나의 공간이 생긴다. 쉬지 않고 돌게 되면 시간이 형성된다. 동전이 쉬지 않고 돌 경우 원점으로 와 다시 돌게 되어 '순환무단'이라는 얘기에 부합하게 된다. 그 노선은 한 번 일어났다 한 번 기울어지는 만큼 앞으로 쉬지 않고 가는 꼴이 되어 인류의 역사는 '영불중복永不重復'이라고 말할 수 있는 것이다.

우주만물의 변화는 모두 이와 같은 양상을 보이고 있다. 해가 지고 달이 뜨며, 겨울이 가고 여름이 오며, 천지의 바람이 쉬지 않고 부는 것 등은 바로 '순환무단'의 이치에 따른 것이다. 그러나 비록 순환무단이기는 하지만 실제로는 앞으로 나아가기를 멈추지 않는다. 이것이 바로 '파선식'의 진화인 것이다.

어떤 사람은 "인간의 의지는 물질의 지배를 받는다"고 주장한다. 또 어떤 사람은 "물질은 인간의 의지가 지배한다"고도 한다. 그러나 이들 모두 "물질과 의지는 상호 지배한다"는 사실을 모르고 있다. 유럽의 기계발명 이후 산업이 흥기했다. 인민의 생활양상이 이에 따라 변했다. 참으로 물질이 인간의 의지를 지배한다고 할 만한 일이다. 그러나 기계는 인간이 만든 것이다. 발명가가 머리를 짜내서 기계를 만들어냈으니 산업이 발달하게 된 것도 인간의 의지가 물질을 지배한 결과라고 할 만하다.

이와 같은 주장은 "영웅이 시대를 만들고 시대가 영웅을 만든다"는 논리와 같은 맥락의 것이다. 물리와 수학 등의 과학이 있은 뒤 뉴턴이 나오게 되었다. 뉴턴이 나온 뒤 물리와 수학 등의 과학도 대변화를 겪게 되었다. 함풍제咸豊帝와 동치제同治帝의 시대가 있었기에 증국번曾國藩과 좌종당左宗棠과 같은 인물이 나타나게 된 것이고,[27] 이들이 있었기에 새로운 시대가 온 것이다. 이는 닭이 계란을 낳고 계란이 닭은 낳는다는 논리와 같은 것이다. 서로 돌아가면서 낳으니 사실 쉬지 않고 전진하는 셈이다.

뒤에 나오는 계란은 앞의 계란과는 다른 것이다. 뒤에 나오는 닭은 앞에 나온 닭과 다른 것이다. 물질이 사람의 의지를 지배하지만 사람의 의지 또한 물질을 지배한다. 시대가 영웅을 만들지만 영웅 또한 시대를 만든다. 이로써 세계는 날마다 진화하는 것이다.

닭과 달걀, 마음과 물질은 하나의 물체의 두 가지 모습이라고 할 수 있다. 닭이 없으면 달걀이 있을 수 없고 달걀이 없으면 닭이 있을 수 없다. 마음이 없으면 물질도 없고 물질이 없으면 마음도 없는 것이다. 양자 간의 진화는 하나의 동전이 책상 위에서 돌아가면서 그리는 파선식의 진화와 닮아 있다.

우리들이 보다 세밀히 연구하면 해와 달의 변화를 비롯한 모든 변화는 파선식의 변화임을 알 수 있다. 일월, 한서, 닭과 달걀 등의 상태는 시종여일하다. 이는 동전의 모습이 시종 같은 것과 같다. 동전이 그리는 선

27. '증국번'과 '좌종당'은 1860년대 초에 태평천국을 제압하는 데 대공을 세운 인물이다. 증국번의 제자인 이홍장은 소위 회군(淮軍)을 이끌면서 증국번의 상군(湘軍)과 힘을 합쳐 태평천국의 반군을 격멸하는 데 지대한 공헌을 했다. 이들이 서양의 화기로 무장한 게 승리의 배경이 되었다. 프랑스군과의 혼성부대를 지휘한 좌종당은 항주 방면을 탈환하는 데 결정적인 역할을 수행했다.

역시 한 번 일어서고 한 번 기울어지니 시종여일하다고 할 수 있다. 다만 영웅이 만드는 시대가 영웅을 만드는 시대보다 훨씬 더 진보했다고 할 수 있다. 물질과 의지도 돌아가면서 서로 지배하지만 의지가 물질보다 훨씬 앞서 나가는 동인이 된다고 할 수 있다. 이 현상은 사회문명이 진보하면서 정치가와 과학자의 지능 또한 더욱 진보하는 것에 비유할 수 있다. 그 형식 및 파선식의 미세한 차이가 바로 나선식의 진화를 가져오게 한다.

무엇이 나선식인가? 우리가 손에 직각삼각판을 들고 장변을 축으로 해서 돌릴 경우 그 체적은 하나의 원추형을 이룬다. 만약 원추체의 송곳으로 이 나무를 뚫을 경우 이 송곳이 지나간 자리가 바로 나선이 된다. 수직방향이 깊을수록 수평방향은 더욱 길어진다. 세계는 바로 이런 방식으로 진화하는 것이다. 우리가 대나무 위에 송곳으로 가로로 선을 그을 경우 송곳은 직선으로 진행하지만 시종 이 원통형의 대나무 위에서 회전하기를 멈추지 않을 것이다. 이를 두고 '순환무단'이라고 하는 것이다. 만일 이 때 옆에 있는 사람이 살짝 대나무를 끌어당길 경우 송곳이 그리는 선은 절대로 겹치지 않게 된다. 이를 두고 '영무중복'이라고 하는 것이다.

송곳의 진행은 힘에 의한 것이다. 그림이 그려지는 것은 공간이다. 대나무를 살짝 잡아당기는 것은 시간이다. 다만 세계의 진화는 대나무 위에 선을 그리는 것과는 차이가 있다. 그러나 죽순을 무한히 잡아당길 수 있다고 가정할 경우 나선형의 선은 무한히 늘어날 것이고 그 회전하는 폭 또한 무한히 넓어질 것이다.

하나라의 우임금이 제후들을 도산塗山에 모았을 때 그 수가 1만 명에 달했다. 은나라 탕임금 때에는 3천여 나라의 제후가 모였다. 주나라의 무왕 때에는 1천8백 명이 모였고 춘추시대에는 240명이 모였다. 전국시대에 들어와서는 겨우 7나라만이 남았다가 결국 진시황 때에 천하가 하나로 통일되었다. 이 현상은 역사가 길면 길수록 나라의 수는 줄어들고 그 영토는 점점 커진다는 것을 보여주고 있다.

이는 수직방면이 깊으면 깊을수록 수평방면은 점점 길어진다는 것을 의미한다. 이것이 나선식 진화의 특징이다. 수직방면은 공간이고 수평방면은 시간이다. 현재 5대주의 만국 형세는 춘추전국시대를 방불하게 하고 있다. 진화의 추세에 비추어 볼 때 전 지구가 하나로 섞일 때에야 비로소 진행이 멈출 것이다. 다만 진시황의 통일 당시에는 황제가 홀로 만민의 위에 앉아 있었지만 현대의 민주시대에는 전 세계의 18억 인민이 공동으로 황제를 선출하는 것이 다를 뿐이다.

우주만물의 변화는 모두 원심력과 구심력의 상호작용에 의해 만들어진 것이다. 하나의 힘이 직선으로 진행할 경우 다른 힘이 이를 견제하기 때문에 부득불 회전하는 궤적을 그릴 수밖에 없다. 이는 파선식 또는 나선식 상태에 해당한다. 일월日月의 교체와 한서寒暑의 변화, 닭과 달걀의 전전상생輾轉相生 등이 인류의 의지와 상관 없이 진행되는 것이다. 이는 자연의 궤도에 따른 파선식 변화로 시종여일始終如一할 수밖에 없다.

기계와 시대는 인류의 의지가 개입된 것이다. 그러나 인류의 천성은 진보를 힘써 구하기 때문에 시대의 변화는 나선식 진화를 할 수밖에 없다. 역사가 오랠수록 그 노선도 확대된다. 국제적인 관계 역시 인류의 의지가 작용하기 때문에 나선식 진화를 할 수밖에 없다. 전 지구가 하나로 섞일 때에야 멈추게 될 것이다.

인류는 매일 진보를 원한다. 사회 역시 날마다 문명화된다. 전 지구가 하나로 섞이는 것은 인류문명 진화의 1막에 불과할 뿐이다. 전 지구가 하나가 된 후의 사회문명은 다시 나선식 진화방식에 의해 전개되어 나갈 것이다. 이는 끝이 없다. 그 변화양상은 일월의 교체 및 한서의 변화와 닮은 것으로 파선식 진화에 의해 끝없이 전개될 것이다.

인사상의 천변만화는 모두 원심력과 구심력이 만들어내는 것이다.

원심력은 밖을 향해 나아가려는 것이고 구심력은 안을 향해 수렴하는 것이다. 발전이 극점에 달하면 수렴하게 된다. 수렴이 극점에 달하면 다시 발전하게 된다. 이는 옛 사람이 말한 바와 같이 '영허소장盈虛消長'과 '순환무단'의 이치에 따른 것이다.

'허虛'를 기점으로 하여 발전하는 것은 '장長'이라고 할 수 있다. 발전이 극점에 도달한 것이 '영盈'이다. 극점에 도달한 뒤 수렴하기 시작하는 것이 '소消'이다. 수렴이 극점에 달하게 되면 다시 변하여 '허'가 된다. '허'가 '장'이 된 뒤 '영'과 '소'의 과정을 거쳐 다시 '허'가 되는 것을 '순환무단'이라고 한다. 춘하추동은 영허소장의 대표적인 현상이다. 춘은 '장'이고, 하는 '영'이고, 추는 '소'이며, 동은 '허'이다. 『주역』과 『도덕경』이 모두 이 이치를 논한 것이다. 이를 두고 사물이 극한에 달하게 되면 다시 원래의 모습으로 돌아간다는 뜻에서 소위 '물극필반物極必反'이라고 지칭하는 것이다.

우주에 존재하는 모든 사물은 '정正'과 '부負'의 두 가지 힘에 의해 이뤄져 있다. 이는 옛 사람이 나라를 다스릴 때 사용한 '일장일이一張一弛'의 원칙이기도 하다. 진나라가 학정을 펴자 한나라 초기에 도가사상을 통해 다스리고, 유장이 어리석은 모습을 보이자 제갈량이 법가사상으로 이를 다스렸던 것 역시 이런 추세에 순응한 것이다.

우리는 고금의 변화를 대략 크게 3시기로 나눌 수 있다. 혼인제도를 통해 관찰하면 상고시대에는 남녀가 혼교를 해 자녀들은 어머니만 알고 아비를 몰랐다. 이 때의 혼인제도는 원심력이 구심력을 능가했던 것이다. 이 때가 바로 제1시기이다.

후에 혼인제도가 정해지면서 자녀들의 혼인을 부모들이 주장하게 되었다. 한번 맺어지면 죽을 때까지 바꿀 수 없는 게 원칙이었다. 이 때는 구심력이 원심력을 압도했다. 이 때가 제2시기이다.

현재는 이미 제3시기에 접어들었다. 어느 여자이든 어떤 남자에게 시집갈 것을 정혼할 필요가 없게 된 것이다. 남자 역시 반드시 어떤 여자를 데려올 필요가 없게 되었다. 양쪽 모두 상대방에 얽매이지 않고 마음에 맞으면 데려오면 되는 것이다. 이는 원심력과 구심력이 서로 평형을 유지하는 상태라고 할 수 있다. 이것이 제3시기의 자유결혼제도의 특징이다. 이 제도는 본래 회전하는 양상을 지니고 있다. 그러나 많은 청년들이 이런 추세를 읽지 못하고 마땅히 상고시대의 혼교 상태를 회복하려고 하는 것은 커다란 잘못을 저지르는 셈이다.

인민의 자유 역시 3기로 구분할 수 있다. 상고시대의 인민들은 밖에서 혈거穴居생활을 했다. 이는 흩어져 있는 모래알과 같은 것으로 제1기라고 할 수 있다. 후에 군주의 압제에 의해 언론과 사상 등이 극히 부자유의 상태에 놓이게 되었다. 이를 제2기라고 할 수 있다. 혁명을 거쳐 정부가 간섭하는 힘과 인민의 자유를 구가하는 힘이 균형을 이룬 상태가 바로 제3기이다. 역학적으로 분석하면 제1기는 원심력이 우위에 있었다. 제2기에는 반대로 구심력이 원심력을 압도했다. 제3기에는 두 힘이 평형을 유지하게 되어 하나의 회전상태를 형성하게 된 것이다.

루소는 제2기 말엽에 나타나 이런 회전추세를 읽고도 이를 무리하게 제1기 상태로 회복시키려는 잘못을 저질렀다. 그래서 그의 학설은 완전히 제1기의 제도 위에 서 있게 되었다. 그가 원시적인 자연 상태를 주장한 이유가 여기에 있다. 그는 이같이 말한 바 있다.

"자연의 사물은 모두 선하다. 인류의 손이 미치게 되자 악하게 변했다."

그의 주장은 반만 진리이다. 그럼에도 당시 인민들에게 열렬한 지지를 받게 된 것은 반쪽이나마 진리를 포함하고 있었기 때문이다. 그러나 반쪽은 진리에 부합하지 않았기 때문에 그의 주장을 그대로 실행에 옮긴 프랑스 시민혁명은 엄청난 후유증을 수반했다. 그 결과 불가피하게 정부의 간섭이 뒤따르게 된 것이다. 정부의 간섭과 인민의 자유가 평형을 유지하게 되자 프랑스는 비로소 안정을 되찾게 되었다.

민주주의가 유행한 지 이미 오래 되었다. 파시즘 독재는 이 때문에 나타난 것이다. 이는 '정'과 '부'의 두 힘이 상호작용한 결과로 볼 수 있다. 무솔리니는 파시즘을 주창했다. 히틀러와 일본 군벌이 이를 모방했다. 이로 인해 제2차 세계대전이 발발하게 되었다. 파시즘 독재는 이미 시대적 요구를 벗어난 것이었다. 단언컨대 조만간 이런 독재는 무너지고 새로운 제도가 대신할 것이다. 새로운 제도는 민주주의와 독재주의를 결합한 것이 될 것이다.

인류가 재화를 분배하는 방법 역시 크게 3기로 나눌 수 있다. 상고시대의 인민들은 먹을 것을 얻기 위해 서로 끝없이 다투었다. 이는 어린아이가 사기치는 것은 물론 저축할 줄도 모르는 것에 비유할 수 있다. 오직 공공의 재화만이 있어 사적인 재화는 존재하지 않는 상황이다. 이를 제1기라고 할 수 있다.

이후 인류의 지식이 진보하면서 사리사욕이 표면으로 드러나기 시작했다. 공공의 재화를 모두 사유화하게 되었다. 이를 제2기리고 할 수 있다. 다시 시간이 지나 인류의 지식이 진보하게 되자 공사간에 한계가 보다 분명해졌다. 공공의 재화는 사회에 귀속시키고 사유의 재화는 개인에게 귀속시키게 된 것이다. 공과 사가 병행하면서 서로 방해하지 않는 단계가 바로 제3기이다.

우리가 현재 처해 있는 시기가 바로 제2기의 말엽과 제3기의 초엽에 해당한다고 할 수 있다. 경제 측면에서 말하면 공사의 경계가 보다 선명히 가려져 공은 공, 사는 사로 구분되어야만 사회도 비로소 안정될 수 있다고 할 수 있다.

중국은 고대 이래 지금까지 문물의 나라라고 자부해 왔다. 주공이 만든 제도와 공맹의 학설이 이미 최고점에 달했다고 판단했던 것이다. 서구의 문화를 낮추어 본 나머지 거론할 가치조차 없다고 생각해 제1기의 수준에 머물러 있는 것으로 간주했던 것이다. 그러나 갑오년甲午年(1894년의 청일전쟁)과 경자년庚子年(1900년의 의화단사변)의 두 번에 걸친 전쟁을 치르면서 갑자기 자신감을 잃고 서양의 제도와 학설을 흠잡을 데 없이 좋은 최고의 것으로 여기게 되었다. 이로 인해 오히려 중국 전래의 문물을 낮춰보고 거론할 가치조차 없다고 생각해 제2기의 수준에 머물러 있다고 간주했다.

지금은 제3기에 들어와 있다. 서양을 그다지 높게 평가하지도 않고 중국을 그렇게 낮게 보지도 않는 것이다. 객관적인 입장에서 관찰해 시시비비를 제대로 가릴 수 있는 제3기는 제1기와 제2기를 절충한 것이라고 할 수 있다.

중국은 서구와 처음 접했을 때 만연히 자대自大하는 모습을 보이면서 중국이 외국보다 우위에 있는 것으로 자부했다. 두 차례의 세계대전을 거치면서 마침내 머리를 숙이고 열강의 아래에 굴욕적으로 놓이게 되었다. 제3기에 이르러 중국은 열강과 평등한 입장에 서게 되었다. 이는 제1기와 제2기의 절충이기도 하다.

결론적으로 말해 세계의 진화는 '정'과 '부'의 두 힘이 상호작용해 만들어내는 것이다. 제1시기에는 자연의 각종 현상이 그대로 모두 일치했다. 하늘이 추우면 모든 곳이 추웠고 더우면 모든 곳이 더웠던 것이다. 현재 제국주의가 성행하면서 자본주의 역시 극성하고 있다. 상공업계만 하더라도 기차재벌, 석유재벌, 철강재벌, 은행재벌 등이 출현했다. 일본과 독일은 각각 야마토족大和族과 게르만족만이 가장 우수하다고 자랑하고 있다. 이 모든 것이 제2기의 잔재가 아닐 수 없다.

제3기에 들어서면 제국주의가 소멸하고 자본주의 역시 소멸할 것이다. 상공업계의 재벌과 최우수 민족이라는 말도 소멸될 것이다. 이는 필연적인 추세이다. 국가대계를 계획하는 자들은 반드시 세계의 추세를 잘 읽고 이런 조류에 순응해야 한다. 그렇지 못할 경우 자연의 법칙에 따라 도태될 수밖에 없다.

제8절

다윈 학설의 수정

나는 친구와 얘기를 하다 다윈에 대해 언급하게 됐다. 친구는 나에게 경계해 말했다.

"이종오, 자네의 '후흑학'은 훌륭하다. 그러나 결코 과학이 될 수는 없을 것이다. 다윈은 생물학 전문가다. 그의 『종의 기원』은 수십 년간의 실험을 통해 전 세계의 곤충과 조류, 식물, 동물 등에 대해 일일이 검토했다. 이처럼 증명이 된 후에 비로소 발표함으로써 과학적 근거를 갖게 되었다. 너는 과학자가 아니다. 아무리 잘해도 결코 그를 뛰어넘지 못할 것이다. 웃음거리를 면할 길이 없다."

친구의 말에 대해 나는 이렇게 반박했다.

"다윈은 가히 과학자라 할 만하다. 그러나 내가 어찌해서 과학자로 불릴 수 없다는 것인가? 한번 비교해 보자. 나의 학문은 다윈보다 윗길이다. 왜 그러냐고? 그의 『종의 기원』은 동물사회를 논한 것이지만 나의 '후흑학'은 인류사회의 모습을 논한 것이기 때문이다. 그는 동물을 연구하면서 그 옆에서 관찰했다. 자신은 동물이 되지 못한 상황에서 동물과 같이 거처했다. 그와 동물 사이에 차단막이 있었던 것이다. 그러나 나는 사람으로서 사람들과 함께 수십 년 동안 같이 있었으니 나의 학문이 그보다 나은 것이 아니겠는가? 다윈이 동물사회에서 하나의 법칙을 찾아내 이를 동물사회에 적용하는 건 우리가 관여할 바가 아니다. 그러나 지금 공공연히 이를 인간사회에 적용하고 있다. 이는 우리가 비판해야 한다. 인류사회에서는 다윈과 같은 과학자를 찾아낼 수 있으나 동물사회에서는 그런 과학자를 찾아낼 수 없다. 이는 두 사회가 확연히 다르다는 것을 충분히 증명한다. 다윈의 학설은 결코 인류사회에 적용할 수 없는 것이다."

지금 사람들은 걸핏하면 '과학자' 3자를 입에 올려 우리 같은 보통 사람들을 겁에 질리게 만든다. 그러나 이들은 유독 과학자가 일반인보다 백 배나 총명하지만 동시에 일반인보다 백 배나 어리석다는 사실을 모르고 있다. 뉴턴은 가히 독보적인 과학자라고 할 만하다. 그는 두 마리 크고 작은 고양이를 키운 적이 있다. 하루는 일꾼을 시켜 대문 위에 두 개의 크고 작은 구멍을 만들게 했다. 큰 고양이와 작은 고양이의 출입을 배려한 것이다. 이는 모든 사람이 생각할 수 있는 것이다. 그러나 그는 큰 구멍을 하나 만들면 크고 작은 고양이가 모두 다닐 수 있다는 사실을 모르고 있었던 것이다. 이게 그가 일반인보다 백 배나 어리석은 것이 아니겠는가?

뉴턴은 "지구의 중심에 중력이 있다"고 했다. 우리는 이를 아무 의심 없이 좇고 있다. 그러나 "큰 고양이는 큰 구멍, 작은 고양이는 작은 구멍으로 출입한다"고 한 말을 믿고 따를 수 있겠는가? 우리가 과학자의 학설을 접할 때 선택에 신중을 기해야 하는 이유이다. 그래야 그의 학설에 감춰져 있는 '고양이 구멍'을 막아낼 수 있는 것이다.

과학자는 보통 사람과 비교해 백 배나 어리석은 때가 있다. 전문가의 얘기가 왕왕 상식과 통하지 않는 이유가 여기에 있다. 예컨대 아담 스미스는 경제학자이지만 그의 학설은 잘 안 통한다. 아, 제군들이여 이제 그만 해라! 온 세상이 분분히 시끄러우니 모두 다윈과 스미스 등과 같은 과학자가 야기한 것이다.

다윈은 '생존경쟁'을 얘기하면서 시랑豺狼과 호표虎豹를 예로 들었고 나는 '후흑'을 언급하면서 '조조'와 '유비', '손권'을 예로 들었다. 조조와 유비 등은 천고의 인걸이건만 그 문명 정도가 '시랑' 및 '호표'보다 얼마나 높은지 알 수 없다. 다윈 역시 이를 언급하지 않았다. 그러나 내가 채택한 기준은 이미 다윈이 제시한 것보다 그 수준이 훨씬 높다. 다윈의 학설에 기초한 세계는 '호랑'의 세계이고 나의 학설에 기초한 세계는 가장 뛰어난 문명세계에 해당한다. 다윈이 과학자라면 나 또한 응당 과학자라고 칭할 만하다. 단지 다윈은 생물학 분야의 과학자이고 나는 '후흑학' 분야의 과학자인 게 다를 뿐이다.

다윈은 수십 년 동안 생물학을 연구했다. 전 세계의 곤충과 초목, 금수를 모두 연구했다. 그러나 고등동물에 대한 연구를 미처 하지 못한 까닭에 그의 학설은 적잖은 문제점을 안고 있다. 뭐가 고등동물인가? 바로 다름 아닌 다윈 자신이었다. 그는 인류사회를 생략하고 자신의 심리를 생략했다. 그래서 그의 학설은 파탄을 면할 수 없는 것이다.

다윈의 실험실에는 고등동물이 있었다. 그가 이를 연구치 못한 바에야 우리가 대신 연구해도 무방할 것이다. 다윈의 일생을 관찰 대상으로 삼아 곁에서 그를 관찰하면 곧 그의 학설이 서로 모순되어 있다는 것을 알 수 있다.

다윈이 어렸을 때 그에게 어머니의 젖을 먹지 못하게 하면 그는 곧바로 울음을 그치지 않았을 것이다. 우는 것으로 젖을 먹는 것은 생존경쟁이라 할 만하다. 다윈의 학설에 모순이 없다.

그가 커서 능히 음식을 먹을 수 있게 되었을 때 어머니의 손에 떡이 있으면 손을 뻗어 이를 가지려 했을 것이다. 이 때 이를 주지 않고 자신의 입 속에 넣으면 떡의 절반이 입 밖에 나와 있을 때 그는 곧바로 손을 뻗어 어머니의 입 속에 든 것까지 꺼내 자신의 입 속에 집어넣을 것이다. 어머니가 그를 껴안고 밥을 먹을 때 그는 손을 뻗어 어머니의 밥그릇을 잡아당길 것이다. 이를 막지 않으면 이내 그릇을 깨고 만다. 이런 현상도 생존경쟁이다. 여기까지도 다윈의 학설에 모순이 없다.

만일 그가 좀더 커서 밥 한 그릇을 먹을 수 있게 되었을 때를 생각해 보자. 그가 식탁에 앉아 어머니에게 밥을 달라고 했다. 한 그릇을 다 먹고 다시 달라고 했을 때 어머니가 면전에서 밥을 가득 채워주면 어렸을 때처럼 밥을 쟁탈하듯 빼앗을 이유가 없다. 생존경쟁의 현상이 급격히 줄어든 것이다. 이 어찌 이상한 일이 아니겠는가?

만일 그가 여기서 좀더 커서 스스로 솥으로 가서 밥을 퍼먹을 정도가 되었다고 하자. 이 때는 어머니에게 밥을 가득 퍼달라고 요구할 필요가 없다. 만일 솥 안에 음식이 많지 않아 배불리 먹지 못했을 경우 어머니가 자신의 밥을 반 정도 덜어주면 그는 이내 만족하게 된다. 그러나 어머니가 나눠주지 않으면 어찌할 도리가 없다. 좀더 커서 배불리 먹지 못했을 때 어머니가 자신의 밥그릇에 있는 밥을 주려 해도 그는 이를 원치 않는다. 수중에 있는 돈으로 거리에 나가 음식을 사 먹고 온다.

이 때가 되면 생존경쟁 양상은 조금도 없게 된다. 이 어찌 더욱 이상한 일이 아니겠는가? 어렸을 때는 어머니의 젖만 보고, 좀 커서는 어머니의 밥그릇에 있는 밥을 보고, 좀더 커서는 솥 안의 밥을 보고, 완전히 성장해서는 거리에서 파는 음식을 본 결과이다.

다윈이 커서 대학을 마치고 학문적 성과가 뛰어나 대학교수가 되었을 때 궁한 친구가 찾아와 돈을 빌려달라고 하자 개연慨然(안타까워함)히 빌려주었다. 후에 돈에 여유가 생겨 자선사업 내지 모종의 공익사업에 이를 사용했다. 이런 현상은 생존경쟁 양상과 완전히 상반된다. 이 어찌 이상하고 이상한 일이 아니겠는가? 여기서 우리는 제1의 법칙을 도출해낼 수 있다.

"같은 사람일지라도 지식이 많아지고 보는 바가 원대해지면 생존경쟁 양상이 줄어든다."

다윈의 저서는 어린아이가 어머니 젖을 먹고 어머니의 입 속에 있는 떡을 빼앗아 먹는 수준의 얘기를 사람들에게 한 것에 지나지 않는다. 그는 교수가 된 후 돈을 희사하고 자선사업을 한 일 등은 사람들에게 말하지 않았다. 이것이 다윈의 학설이 응당 수정돼야 할 첫째 이유이다.

다윈이 어린 시절 음식을 빼앗아 먹을 때 하나의 법칙이 있었다. 그것은 바로 '배고프면 빼앗고 배부르면 빼앗지 않는다'는 것이었다. 그러나 성장해서는 단지 빼앗지 않는 것에 그치지 않고 오히려 다른 사람에게 먹게 하면서 자신은 전혀 먹지 않았다. 단 하나의 예외가 있다. 맛있는 음식을 보면 어머니가 그에게 많이 먹지 말라고 하는데도 이를 듣지 않아 병이 생기고 말았다. 이로써 음식은 배불리 먹는 게 한도인 까닭에 지나치게 먹으면 오히려 해가 된다는 것을 알 수 있다. 여기서 제2의 법칙을 도출해낼 수 있다.

"생존경쟁은 생존수요에 적합한 것을 기준으로 삼는다. 이를 초과하면 오히려 해가 된다."

다윈은 어렸을 때 음식물을 빼앗아 먹는 수준이었으나 커서는 너무 비만해졌다. 그럼에도 그는 음식을 너무 많이 먹어 오히려 병이 났다는 얘기를 하지 않았다. 이로 인해 서구 사람들은 다윈의 생존경쟁을 적용의 한계가 없는 진리로 믿게 되었고, 세상 또한 분분히 시끄럽게 되었다. 이것이 다윈의 학설이 응당 수정돼야 할 두 번째 이유이다.

다윈은 이같이 말했다.

"만물은 모두 상호 생존경쟁을 한다. 다른 종류의 경우는 먹는 음식이 다르기 때문에 그다지 격렬하지 않다. 그러나 같은 종류의 경우는 유사성이 크면 클수록 경쟁이 치열해진다. 호랑이와 소의 경쟁은 호랑이 간의 경쟁만큼 격렬하지 못하다. 늑대와 양의 경쟁은 늑대 간의 경쟁만큼 격렬하지 못하다. 유럽인과 다른 대륙 사람 간의 경쟁은 유럽 각국 간의 경쟁만큼 격렬하지 못하다."

그의 이런 주장은 제1차 세계대전이 증명했다. 참으로 탁견이다. 그러나 그는 자신의 이 학설을 스스로 깨버렸다. 다윈의 전기에는 이같이 되어 있다.

"1858년, 다윈의 막역한 친구 해리스는 남미에서 논문 한 편을 보내 간행을 부탁했다. 다윈은 이 논문을 읽은 후 자신이 10년 동안 고심 끝에 얻어낸 결론과 완전히 같다는 것을 알고는 스스로에 대해 크게 실망했다. 다른 사람이었다면 자신의 명예와 질투심 등으로 인해 그의 원고를 인멸했을지도 모른다. 그러나 다윈은 그리하지 않았다. 직접 이 논문을 가까운 두 사람에게 넘겨 발표하게 했다. 두 사람은 다윈이 평소 이쪽 분야 연구를 해온 것을 알고 그간 연구해 온 것을 논문으로 발표하도록 권했다. 이에 1858년 7월 1일, 해리스의 논문과 함께 발표했다. 이에 전국의 학자들이 모두 용동聳動(크게 놀라 솟구침) 했다."

이는 그의 학설이 근본적으로 성립할 수 없음을 보여준다. 그와 해리스는 유럽인이고, 다른 대륙 사람에 비해 서로 가깝고 같은 영국인이다. 여타 유럽인과 비교할 때 훨씬 가깝다. 친구인 점을 감안하면 다른 영국인에 비해 훨씬 가깝다. 게다가 같이 생물학을 연구했으니 다른 친구에 비해 더 가깝다. 해리스의 저작은 출간되면 족히 다윈의 명성을 빼앗을 만했다. 그런데도 다윈은 오히려 그를 대신해 이를 출간했다. 이 어찌 가장 가까울수록 더욱 생존경쟁이 치열해진다는 주장이 성립되지 않는 증거가 아니겠는가? 다윈이 영국인일진대 같은 동류에 대해 이처럼 양보했는데 어찌하여 유럽전쟁 당시 영국인들은 생존경쟁이 그처럼 치열했던 것일까? 여기서 제3의 법칙을 도출해낼 수 있다.

"같은 나라 사람일지라도 도덕이 저열한 자는 동류에 대해 가까우면 가까울수록 생존경쟁이 더욱 치열해진다. 도덕이 고상한 사람은 동류에 대해 가까우면 가까울수록 생존경쟁이 약화된다."

다윈은 자신이 행한 도덕적인 행위를 사람들에게 보여주지 않고, 영국이 유럽의 다른 나라를 침탈한 행위를 편파적으로 보여준 것이다. 다윈의 학설이 수정돼야 할 세 번째 이유이다.

다윈은 이같이 말했다.

"생존경쟁이 치열해질수록 가장 잘 적응한 자만이 살아남는다."

이 또한 믿을 수 없다. 제1차 세계대전은 전례 없이 참혹했다. 다윈에게 묻고자 한다. 이 전쟁에서 과연 어느 나라가 가장 잘 적응한 것일까? 다윈은 해리스와 함께 논문을 발표한 후 연구를 계속했다. 마침내 1859년 11월 『종의 기원』을 발표했다. 이로써 그의 이름은 전 세계에 널리 알려지게 되었으나 해리스의 이름은 아무도 알지 못하게 됐다. 다윈이 스스로 분투해 해리스보다 더욱 깊이 연구한 결과이다. 여기서 제4의 법칙을 도출해낼 수 있다.

"경쟁의 길은 두 가지가 있다. 하나는 전진하면서 다른 사람을 공격함으로써 잦은 충돌로 인해 패하는 길이다. 다른 하나는 스스로 분투해 충돌을 일으키지 않으면서 승리하는 길이다."

다윈은 자신이 해리스에게 이긴 비결을 가르치지 않고 영국이 인도를 약탈한 방법을 편파적으로 세상에 알렸다. 다윈의 학설이 수정돼야 할 네 번째 이유이다.

어떤 사람이 나에게 물었다.

"내가 다른 사람과 경쟁하지 않는데도 어떤 사람이 나에게 강압적으로 경쟁의 책략을 쓰라면서 진공進攻을 권한다. 나는 과연 어찌해야 하는가?"

내가 그에게 대답해 준 게 제5의 법칙이다.

"무릇 일을 할 때 자신과 남에게 모두 이익이 되는 식으로 해야 한다. 두 가지를 모두 충족시키지 못할 경우는 다른 사람에게 이익이 되면서 자신에게 손해가 되지 않는 식으로 하거나 자신에게 이익이 되면서 남에게 손해가 되지 않는 식으로 해야 한다."

이 원칙을 통해 남과 나는 공히 이익을 추구할 수 있다. 만일 다른 사람이 침탈해 올 경우 내가 '불손기不損己'(자신에게 손해를 끼치지 않음) 3자로 대응하면 타인의 공격을 능히 막아낼 수 있다. 그러면 다른 사람이 나를 어찌할 수 있겠는가? 다윈의 학설이 수정돼야 할 다섯 번째 이유이다.

다윈은 인류가 상호 경쟁을 통해 진화해 왔다고 했다. 그러나 각 방면에서 자세히 고찰하면 인류의 진화는 상호 양보를 통해 진화해 왔음을 알 수 있다. 인류의 진화가 합력合力과 상양相讓(상호 양보)의 결과란 것은 몇 가지 사례를 통해 쉽게 확인할 수 있다.

예컨대 내가 서둘러 길을 재촉해 바삐 걷고 있을 때 마침 맞은편에서 사람이 다가와서 몸을 잠시 옆으로 비켜 길을 양보한다 해도 나의 여정이 지체되는 것은 아니다. 만약 다윈의 견해에 따르면 길을 가면서 계속 맞은편에서 오는 사람을 볼 때마다 그를 땅에 넘어뜨려야 하고, 한 무리의 행인들을 만나면 그들과 피 흘리며 싸워 혈로血路를 뚫으면서 앞으로 나아가야만 한다.

그럼 어디 한번 서둘러서 길을 재촉하는 세상 모든 사람들이 전부 이런 식으로 하는지 물어보기로 하자. 오히려 '적자생존'을 말하려면 반드시 양보하는 이치를 깨달은 자만이 비로소 적자이고 생존할 수 있다고 할 수 있다.

다윈이 보기에 생물계는 온통 상호 경쟁하는 '상경相競' 현상으로 가득 차 있다. 그러나 내가 보기에 생물계는 온통 상호 양보하는 '상양相讓' 현상으로 가득 차 있다. 깊은 숲속의 나무들은 가지와 가지가 서로 양보하면서 빈 곳을 향해 뻗어나갈 뿐 서로 저항하거나 충돌하는 현상은 극히 드물다. 나무는 비록 무지한 생물이지만 서로 양보할 줄 안다.

이런 사실에 비추어 '상양'이 생물계의 본성임을 알 수 있다. 서로 양보하기 때문에 발전할 수 있는 것이다. 대체로 생물은 모두 이와 같다. 온산에 새와 짐승들의 울음소리가 어우러지고 온갖 동물들이 모여 사는 것은 서로 평화롭게 지내는 때가 서로 싸우는 경우보다 오히려 많기 때문이다. 우리가 친구와 오가면서 서로 무사한 때가 많은 것도 서로 다투는 시간이 적기 때문이다. 여기서 제6의 법칙을 도출해낼 수 있다.

"생물계에서는 '상양'이 일상적이고 '상경'은 변칙적이다."

다윈은 '상경'을 상례로 여겼으나 이는 잘못이다. 만약 나뭇가지와 나뭇잎들이 서로 저항하고 충돌해 한 덩어리로 엉킨다면 이런 나무는 절대 번창할 수 없다. 제1차 세계대전 때 바로 인류가 하나로 뒤엉킨 적이 있다. 다윈의 학설에 의하면 이런 현상을 진화라고 해야 하는데 이는 아무래도 앞뒤가 맞지 않는 주장이다.

그런데도 다윈은 변칙적인 '상경'이 오히려 일반적이라고 말한 것이다. 남북조 때 왕맹王猛은 환온桓溫을 만났지만 그의 제의를 거절하고 전진에서 벼슬하면서 부견符堅을 도왔다. 운격惲格은 왕휘王翬의 산수화를 보고 화훼도花卉圖로 전공을 바꿨다.[28] 모두 남이 안 하는 쪽으로 나아가

28. 왕휘는 청나라 초기의 화가로 자는 석곡(石谷), 호는 경연산인(耕煙散人)이다. 강소 우산(虞山) 출신으로 자주 황제의 명을 받아 강희제의 「남순도(南巡圖)」 등을 그렸다. 당대 제일의 화성(畫聖)이라는 명성을 얻은 그는 남종화와 북종화를 처음으로 절충함으로써 우산파(虞山派)의 시조로 일컬어진다. 운격은 자가 수평(壽平), 호가 남전(南田)이다. 강소 무진(武進) 출신으로 처음에는 산수화를 즐겨 그렸으나 왕휘의 그림을 본 후 화조화에 전념했다. 당시 화조화에는 황씨체풍(黃氏體風), 상주파풍(常州派風)이 있었는데 그는 상주파에 속했다. 명대의 화조화에 새로운 몰골사생화태(沒骨寫生畫態)를 가미하여 발전시킨 그는 풍부한 색채에

크게 발전했다. 우주는 매우 넓어 빈 곳이 무수히 많다. 생존의 방법도 이와 같다. 사람들이 반드시 '상경' 해야 하는 게 아니다. 다윈의 학설이 수정돼야 할 여섯 번째 이유이다.

다윈의 학설에 따르면 강한 자만이 살아남게 된다. 그러나 현실을 보면 오히려 강한 자가 먼저 사라진다. 선사시대 때 호표虎豹는 사람보다 힘이 강했다. 그런데 왜 '호표'는 멸종위기에 몰린 것일까? 제1차 세계대전 이전에 독일 황제의 세력이 가장 강했다. 그런데 왜 패하게 된 것일까? 원세개는 중국에서 가장 세력이 컸다. 그런데 그는 왜 실패한 것일까? 여기서 다윈의 학설에 의문이 든다.

자세히 살펴보면 '호표'가 멸종위기에 몰린 것은 전 인류가 그것을 때려잡고자 한 데 따른 것임을 알 수 있다. 독일 황제의 실패 또한 전 인류가 그를 타도하고자 했기 때문이다. 원세개의 실패 역시 전 중국이 그를 타도하고자 했기 때문이다. 생각이 일치하면 똑같은 방향으로 힘이 모아진다는 사실을 알 수 있다. 호랑이와 표범, 독일 황제, 원세개 모두 힘이 한군데로 모아지는 '합력合力' 때문에 패한 것이다. 여기서 제7의 법칙을 도출해낼 수 있다.

"신화는 합력에 의해 이뤄진다."

'합력'이 곧 '생존'이고 '반反합력'이 곧 '소멸'인 것을 알아야 한다. 합력이 '우승優勝'이고 이에 반하는 것이 '열패劣敗'이다. 강력한 권력을 휘둘러 사람을 억압하는 것은 자연의 이치에 반해 도태하는 것과 같다. 다윈의 학설이 수정돼야 할 일곱 번째 이유이다.

합력의 이치를 아는 것이 곧 생존의 길이고 합력을 위반하는 것이 곧

금빛 바림이나 가는 선의 밀화적 묘법(密畵的描法)을 가미한 격조 높은 그림을 많이 그렸다.

소멸의 운명을 자초하는 것이다. 합력을 얻으면 강자로 번성하고 합력을 위반하면 약자가 되어 도태할 수밖에 없다. 이에 비추어 강력한 권력으로 남을 업신여기는 것은 곧 합력의 이치를 어겨 자연도태를 초래하는 행위라고 규정할 수 있다.

다윈의 오류는 이같이 비유해 설명할 수 있다. 가령 우리가 사람들에게 이같이 말한다고 해보자.

"생물의 진화는 마치 어린아이가 날마다 성장하는 것과 같다."

그러면 어떤 이는 이같이 물을 것이다.

"어린아이가 어떻게 그렇게 크게 자랄 수 있는가?"

"그 어린아이가 죽지만 않는다면 생존할 수 있고 저절로 자랄 수 있다."

"어떻게 해야 밥을 먹을 수 있는가?"

우리가 미처 대답하기도 전에 다윈이 옆에 있다가 불쑥 이같이 말할 것이다.

"너는 다른 사람이 갖고 있는 밥을 당장 빼앗아라. 그러면 당연히 밥을 많이 먹게 될 것이고 많이 먹을수록 너의 몸도 쑥쑥 자라게 될 것이다."

과연 이게 옳은 것인지 생각해 보자. 다윈이 생물은 진화한다고 말한 것은 옳다. 진화는 생존 때문이라는 것도 옳고 생존은 음식물 때문이라는 것도 옳다. 그러나 음식물을 경쟁으로 빼앗으라는 마지막 한 마디 말만큼은 틀렸다. 그의 마지막 한 마디를 수정하기만 하면 그의 주장은 모두 옳다고 할 수 있다. 그러면 어떻게 수정해야만 할까? 그 해답은 우리가 늘 얘기하듯 매우 간단하다.

"많은 사람들이 먹을 만한 밥이 있다!"

사실 다윈은 단순히 사람들에게 '상경' 만을 가르쳤기에 폐단을 낳았다고 할 수 있다. 물론 우리가 사람들에게 오직 '상양' 만을 가르쳐 주어도 역시 같은 폐단을 낳게 된다. 그러면 어떻게 해야 폐해가 없게 되는가? 여기서 제8의 법칙을 도출해낼 수 있다.

"남에게 '상양' 할 때 나의 생존이 방해받지 않는 선에서 그치고, 남과 '상경' 할 때 나의 생존이 충분한 선에서 그친다."

다윈의 학설이 수정돼야 할 여덟 번째 이유이다.

결론적으로 말하면 인류는 금수에서 진화해 왔다. 다윈은 동물사회로부터 얻은 법칙을 일률적으로 인류사회에 적용시켰다. 이 경우 곳곳에서 모순이 속출할 수밖에 없다. 다윈의 법칙을 동물사회에 적용하는 것은 별 문제가 안 된다. 그러나 공공연하게 인류사회에 적용시켜 이 학설에 근거한 세계를 만든다면 아마 인류까지 서로 잔혹하게 살상하는 세계가 될 것이다.

다윈의 학설은 크게 두 부분으로 나누어 볼 수 있다. 그가 말한 '생물의 진화' 부분은 사실을 말한 것이라고 할 수 있다. 그러나 '생존경쟁' 과 '약육강식' 부분은 진화를 해석하는 논리로 동원되고 있으나 사실도 틀리고 논리도 틀렸다. 일반인들은 사실이 맞으면 이유도 맞는 것으로 오해한다. 진화의 원인은 여러 가지이다. '상경' 도 진화의 원인이지만 '상양' 도 진화의 원인이다. '상경' 도 '상양' 도 하지 않은 채 스스로 노력해 진화하는 경우도 있다. '상경' 과 '상양' 을 동시에 진행하면서 남이 하지 않는 쪽으로 방향을 틀어 진화할 수도 있다. 이 밖에도 크로포트킨이 말한 소위 '호조互助' 와 우리가 말한 '합력' 을 통해서도 능히 진화할 수 있다.

다윈은 이런 모든 원인을 고려하지 않고 단순히 '상경' 만이 진화의 유일한 원인이라고 주장한 것이다. 소략했다는 지적을 면키 어렵다. 여기서 단정해 말하건대 다윈이 생물의 진화 사실을 발명한 것은 뉴턴이 만유인력을 발견한 것과 같이 학술계에 지대한 공로를 세웠다고 할 수 있다.

다만 그가 주장한 '생존경쟁'과 '약육강식' 부분만큼은 그 폐해가 너무 큰 만큼 부득불 수정되어야만 한다.

제9절

크로포트킨 학설의 수정

무정부주의자인 '크로포트킨'의 오류 역시 다윈과 같다. 다윈은 동물사회의 상황을 획일적으로 인류사회에 적용시킨 탓에 그의 학설은 적잖은 폐단을 낳고 있다. 크로포트킨은 다윈의 이러한 오류를 지적해내고자 특히 만주 및 시베리아 일대에서 각종 동물과 원시인류의 상황을 관찰했다. 그는 모든 생물은 상호 부조를 통해 생존을 이어간다는 '호조설互助說'을 주창해 다윈의 '상경설相競說'을 반박했다. 그는 관찰 대상에 동물뿐만 아니라 인류도 포함시켰다는 점에서 다윈보다 한 가지 면에서 만큼은 비교적 월등하다고 할 수 있다. 그러나 원시사회와 문명인의 사회는 크게 보아 다를 수밖에 없다. 크로포트킨은 문명인의 자격으로 원시인의 사회상황을 고찰했기 때문에 그가 얻어낸 결론 역시 적잖은 폐단을 낳을 수밖에 없다.

원시인류는 국가조직이 없다. 무정부 상태였던 것이다. 크로포트킨은 원시사회를 토대로 '호조설'을 취한 까닭에 이내 '무정부주의'까지 제창했다. 그의 학설도 두 부분으로 나눠볼 수 있다. 우선 그가 주장한 '호조설'은 옳다. 그러나 호조설을 근거로 한 '무정부주의' 주장은 잘못이다.

생물의 진화는 어린아이가 날마다 성장하는 것에 비유할 수 있다. 곤충과 금수, 야만인, 문명인 역시 사람이 영아와 소년, 장년의 시기를 거치는 것에 비유할 수 있다. 다윈은 동물을 위주로 연구한 까닭에 마치 어린아이가 어머니의 입 안에 있는 음식을 빼앗아 먹는 수준에 그쳤다. 그가 '상경설'을 주창한 이유이다. 크로포트킨은 원시인류를 위주로 연구한 까닭에 이보다는 훨씬 나아졌지만 이 또한 어린아이가 조금 성장해 어머니의 입 안에 있는 음식을 빼앗아 먹지는 않으나 어머니에게 밥을 많이 퍼달라고 요청하는 수준에 그쳤다. 그가 '호조설'을 주창한 이유이다. 두 사람 모두 어린아이가 마침내 성인으로 성장해 독립생활을 영위하는 상황을 보지 못한 것이나 다름없다.

한 나라의 진화도 어린아이가 날마다 성장하는 것에 비유할 수 있다. 중국은 춘추전국시대에 약육강식의 사회였다. 어린아이가 음식을 빼앗아 먹는 수준이었던 것이다. 이후 더 발전해 위진남북조와 수당시대에 이르러서는 어머니가 밥을 나눠줘도 이를 원치 않는 수준에 이르렀다. 명나라 초 영락제 때 정화鄭和가 큰 선단을 이끌고 남양으로 원정을 나가자 여러 나라가 분분히 조공을 하며 중국의 하사품을 바라게 되었다. 이는 궁한 친구가 찾아와 돈을 빌려달라고 하자 다윈이 개연慨然히 빌려준 수준에 비유할 수 있다. 다시 더 발전해 명나라 말기와 청나라 치세에 들어오자 만이蠻夷의 땅이 문명화되어 매년 하사금을 내리게 되었다. 이는 자선사업을 하며 빈곤층 자녀에게 먹고 입는 것을 제공하는 것에 비유할 수 있다. 중국의 진화과정이 이와 같았다.

서양의 개화과정은 중국에 비해 2천 년 이상 늦었다. 진화과정이 겨우 약육강식이 난무한 중국의 춘추전국시대 수준에 머물고 있다. 다윈의 '상경설'은 이를 토대로 하여 생겨난 것이다. 어린아이가 음식물을 빼앗는 것을 막기 위해서는 부득불 강력한 수단을 동원할 수밖에 없다. 무솔리니의 이탈리아와 히틀러의 독일은 법가인 상앙商鞅이 강력한 법치로 진나라를 다스린 것과 닮아 있다. 이들이 동일한 효과를 거둔 것은 그 시기가 같기 때문이다.

진시황은 천하를 통일한 후 강력한 전제를 펼쳤지만 2세 황제 호해胡亥 때 패망하고 말았다. 이는 세계가 더 발전한 결과 마치 소아 때의 옷이 커진 몸에 맞지 않아 찢어져 터진 것에 비유할 수 있다. 문경지세文景之世(한문제와 한경제 때의 성세) 당시 정치는 관대했고 '질치郅治'(지극한 통치)를 칭했다. 이는 아이가 성장해 부모가 간섭치 않을지라도 능히 독립해 훌륭한 인물이 된 것에 비유할 수 있다. 이후 변란이 잇따른 것은 아이가 성장해 성인이 되었을 때 부모가 지나치게 풀어놓는 바람에 비행에 빠진 것에 해당한다. 그러나 이는 어린아이를 다루듯 잘 다루면 다시는 그런 일이 빚어지지 않게 된다.

지금 세계 지도자들을 보면 무솔리니와 히틀러는 상앙을 배우며 춘추전국시대에 머물고 있다. 이는 진화의 흐름을 거스르는 것이어서 이내 뒤집히고 말 것이다. 지금 사람들은 중국에 3명 이상의 단체가 없을 정도로 뿔뿔이 흩어져 있다고 한다. 이는 오해다. 3인 이상의 단체가 없다는 것은 오히려 사람이 모두 자력으로 독립해 있다는 반증이다. 이런 상황에서 다윈의 '상경설'에 입각해 나라를 다스리면 이는 인민을 품속의 아이처럼 키우는 수준에 머무는 것이다. 늘 어머니의 입 속에 있는 음식을 빼앗아 먹도록 방치하는 것이니 이는 불가하다.

크로포트킨의 '호조설'에 입각해 나라를 다스리면 이는 인민을 스스로 밥을 먹을 수 있는 수준의 어린아이로 방치하는 것이다. 반드시 어머니가 밥을 채워줘야 하니 이 또한 불가하다. 아이가 성장해 성인이 되면 3인 이상의 단체가 성립되지 않는다. 각각 독립했기 때문이다. 이 때 위정자는 반드시 '합력주의'를 택해야 한다.

이는 궁사들이 한 곳에 모여 동일한 방향으로 활을 쏘는 것에 비유할 수 있다. 이게 '합력'이다. 중국에 3인 이상의 단체가 없기에 응당 '합력' 방식을 택해야 한다. 4억 5천만의 인민이 하나의 '역선'에 근거해 한 방향으로 목표물을 향해 화살을 쏘면 된다. 남도 나의 노선을 방해하지 않고 나 또한 남에게 도움을 구하지 않는다. 피차 서로 충돌하거나 기댈 이유가 없는 것이다. 이런 방법이 중국의 현실에 부합한다.

그리하지 않고 다윈의 '상경설'을 좇으면 그 흐름이 반드시 다른 사람을 제압해 '역선'이 제대로 펴지지 못해 결국 충돌이 일어나게 된다. 또한 크로포트킨의 '호조설'을 좇아도 그 흐름이 반드시 다른 사람의 도움을 요청하게 되어 의타심만 기르고 스스로 독립할 수 없게 된다. 이는 중국의 상황과 맞지 않는다.

다윈은 '상경'이 인류의 천성이라고 말했다. 그러나 그는 해리스와 경쟁하지 않았다. 자신의 주장을 스스로 허문 셈이다. 크로포트킨은 '호조'가 인류의 천성이라고 단정하면서 무정부주의를 제창했다. 그렇다면 정부를 뒤엎어야 한다고 생각하면서 왜 정부와 '호조'를 논의할 생각은 하지 않은 것일까? 정부는 그를 처벌하기 위해 하옥을 추진하면서 왜 크로포트킨과 '호조'를 논의하지 않은 것일까? 이를 통해 그의 학설 또한 수정돼야 한다는 것을 알 수 있다.

송대의 소동파는 "나는 여산의 진면목을 전혀 알 수 없으니不識廬山眞面目, 단지 몸이 이 산 속에 있기 때문이라네只緣身在此山中"라고 읊었다. 이는 사물을 고찰할 때 몸을 국외局外에 놓지 않으면 그 진상을 알 수 없다는 것을 말한 것이다. 인류를 고찰하는 것도 마찬가지이다. 그 안에 들어가 고찰하면 결코 그 진상을 알 수 없다. 다윈의 방법은 사람을 동물의 하나로 간주한 뒤 동물사회를 파악한 이치를 인류사회에 적용코자 한 것이다. 동물사회와 인류사회는 같지 않은 까닭에 그의 학설은 많은 폐단을 낳았다. 크로포트킨은 여기서 한 걸음 진화한 것이다. 과거의 원시인류 사회를 고찰해 이를 현대에 적용코자 했기 때문이다. 그러나 그는 여산의 진면목을 보지 못한 까닭에 그의 학설 또한 많은 폐단을 낳았다.

태아가 모태에 있을 때는 머리와 골수 등이 어류와 개구리의 모습이다. 1-2달이 지나면 조수의 뇌와 같고, 다시 1-2달이 지나면 토끼와 개의 모습이고, 다시 1-2달이 지나면 원숭이 모습을 띠고, 최후에 인류의 모습을 갖춘다. 어린아이의 뇌는 주름이 적으나 성인이 되면 많아지게 된다. 야만인의 뇌는 주름이 적으나 문명인은 많다. 소아 때는 뇌의 주름이 금수와 큰 차이가 없다. 음식물을 빼앗아 먹는 것이 금수와 닮은 이유이다. 좀더 성장하면 원시대의 인류와 비슷해진다. 천진난만함이 원시인류와 닮은 이유이다.

그러나 금수의 뇌는 사람과 다르다. 다윈의 학설을 인류에 적용할 수 없는 이유이다. 원시인류의 뇌는 문명인과 다르다. 크로포트킨의 학설을 현대 문명사회에 적용할 수 없는 이유이다. 물론 금수가 인류로 진화되어 왔기 때문에 인류는 야수성을 지니고 있다. 그러나 인류는 인간으로 불리는 이상 야수성 이외에도 인성人性을 일정 부분 지니고 있다. 다윈은 인류의 야수성 부분만 보고 인성 부분을 등한시했다는 지적을 면키 어렵다. 원시인이 문명인으로 진화한 까닭에 문명인도 원시인의 특징을 지니고 있다. 그러나 이미 문명인의 경우는 원시인의 특징 이외에도 일정 부분 문명인의 특징을 지니고 있다. 크로포트킨은 원시인의 특징만 보고 문명인의 특징을 등한시했다는 지적을 면키 어렵다.

금수에게는 경쟁만이 있을 뿐 양보가 있을 수 없지만 인류에게는 양보가 있다. 다윈이 간과한 점이 바로 이 점이다. 원시인류는 무지몽매해 조직이 없는 무정부 상태지만 문명인은 조직을 갖춘 정부를 갖고 있다. 크로포트킨이 간과한 점이 바로 이것이다.

모든 물체를 이루고 있는 각 분자의 성질은 그 물체의 전체 성질과 같다. 사회는 사람들이 모여 이룬 것으로 사람은 사회라는 구성체의 분자와 같다고 할 수 있다. 만약 신체구성의 이치를 사회운용에 그대로 적용할 수 있다면 분명 좋은 사회를 이룰 수 있을 것이다. 나라를 다스리면서 '상경설' 의 원리를 채택하는 것도 폐단이 있지만 '호조설' 의 원리를 도입하는 것 역시 폐단이 적지 않다. 그러므로 반드시 '합력주의' 를 채택해야만 한다.

사람의 신체조직이 곧 '합력주의' 의 좋은 표본이다. 신체는 많은 세포들로 구성되어 있다. 각각의 세포들은 모두 지각을 갖고 있는데, 이는 마치 한 나라의 백성들과 같다. 대뇌는 중앙정부에 해당한다. 몸 전체의 신경은 모두 뇌에 직접 연결되어 있다. 이는 4억의 중국 인민이 모두 중앙에 연결되어 '합력정부' 를 구성한 것에 비유할 수 있다.

눈은 귀와 경쟁하지 않고 입은 코와 경쟁하지 않는다. 오히려 서로 잘 협조해 나간다. 때문에 다윈의 '상경설' 은 필요 없다. 눈은 귀의 도움 없이도 볼 수 있고, 입은 코의 도움이 없이도 말할 수 있으며, 손은 발의 도움이 없이도 물건을 쥘 수 있다. 각각의 기관은 자유롭게 그 능력을 표현한다. 때문에 크로포트킨의 '호조설' 역시 필요 없다.

눈이 그 보는 능력을 다 발휘하고 귀가 그 듣는 능력을 다 발휘하며 입과 손발이 각자의 능력을 다 발휘하여 각종 능력을 합칠 때 하나의 건장한 신체를 이룰 수 있다. 이것이 바로 '합력주의' 이다.

국가에는 중앙정부와 지방정부가 있다. 사람의 몸도 이와 마찬가지이다. 우리가 만약 모기에게 발을 물리면 발 정부는 그 사실을 뇌 정부에 보고한다. 그러면 즉각 오른손에 명령해 모기를 죽이도록 한다. 만일 오른손이 모기에게 물리면 스스로 어찌해 볼 도리가 없으므로 이 사실을 뇌 정부에 보고하게 된다. 그러면 즉각 왼손을 파견해 모기를 죽인다. 때로는 잠에 빠져들어 뇌 정부가 제 역할을 못하는 경우도 있다. 이마를 모기에게 물리면 연수와 척수 정부가 그 직무를 대행해 손 정부에게 모기를 죽이도록 명령한다. 뇌 정부는 그 사실을 전혀 모른다.

추위가 엄습해 귀와 코의 체온이 내려가면 각처의 재난구제 비상통로를 통해 혈액을 운반해 와 이를 구제해 준다. 그래서 귀와 코가 빨갛게 되는 것이다. 만일 날씨가 너무 추워 많은 양의 혈액을 운반해도 여전히 한기가 계속 엄습해 온다면 각 지방정부는 협상을 시도하면서 이같이 말할 것이다.

"우리가 다시 혈액을 운반해도 아무런 소용이 없으니 어쩔 수 없이 각자 수비지역을 지키고 귀와 코로 운반해야 할 혈액은 도중에서 차단해 다른 곳에 준다."

그래서 귀와 코는 청백색으로 변하게 되는 것이다. 사람의 몸에도 중앙정부가 있고 국가에도 성省·시市·현縣 등과 같은 각종 지방정부가 있다. 두뇌가 기억하는 일은 모두 각종 지방정부에서 알려온 것이다. 각 지방정부에는 아직 보고를 미룬 채 검토해 봐야 할 자료를 갖고 있다.

최면술을 거는 것은 중앙정부를 속이는 것이다. 최면에 걸린 사람은 각 정부에서 이전에 보관해 두었던 자료를 들추어 보는 것과 같다. 그러나 깨어났을 때에는 그 사실을 전혀 알지 못한다.

정신병자가 허튼 소리를 지껄이는 것은 뇌 정부가 병에 걸려 중앙정부로서의 역할을 잃고 지방정부가 제멋대로 날뛰며 호령한 데 따른 것이다. 따라서 정신병자가 하는 말은 그가 평소에 한 일들을 거론하는 것이라고 할 수 있다. 정신병자는 다만 중앙정부가 통일적으로 지휘하지 못해 말이 제대로 연결되지 않는 것일 뿐이다.

밤에 꿈을 꾸는 것은 중앙정부가 휴식을 취하는 상황에서 각 지방정부의 요원들이 중앙무대로 뛰어올라 온 것에 비유할 수 있다. 꿈에서 깨자마자 중앙정부는 원위치로 복귀하고 지방정부는 당장 숨는다. 때로는 중앙정부가 각성해 꿈속의 일을 대강 한두 가지씩은 기억할 수 있다. 따라서 우리는 이같이 말할 수 있다. "정신이상은 마치 꿈을 꾸는 것과 같은 것으로 무정부주의 상태를 말하는 것이다."

예로부터 나라가 망할 때 많은 사람들은 죽을 각오로 싸우겠다고 말하지만 막상 일이 닥치면 갑자기 전율하면서 몸을 움츠린다. 왜냐하면 죽을 각오로 싸우겠다는 이성적인 판단은 머리에서 나오는 중앙정부의 명령인 데 반해 전율하며 몸이 수축되는 것은 온 나라의 백성들이 원하지 않기 때문이다.

남송 때의 문천상文天祥과 같은 부류의 사람은 굳은 기개로 죽음을 선택한다.[29] 이는 평소에 군대와 국민교육을 엄격히 실시해 백성들과 중앙정부의 행동이 일치한 데 따른 것이다. 그러나 많은 사람들은 평소에 여색을 좋아하지 않는다고 말하지만 막상 눈앞에 미인이 나타나면 자신의 감정을 주체할 수 없게 된다. 왜냐하면 여색을 좋아하지 않는다고 주장하는 것은 뇌 정부의 얘기이고 자기 감정을 억제하지 못하는 것은 신체의 여타 정부의 주장이기 때문이다.

29. 문천상은 남송의 장군으로 쿠빌라이의 투항권유를 뿌리친 채 죽음을 택한 인물이다. 그는 1259년에 몽골군의 사천성 침입으로 합주(合州)가 포위되고 천도설이 유력하게 대두되자 지방관으로 있으면서 이를 강력 반대하는 글을 올려 그날로 면직되었다. 이후 복직되었으나 실권자인 가사도(賈似道)와 의견이 맞지 않아 사직했다. 이듬해에 쿠빌라이 군사가 수도 임안에 이르자 근왕병 1만 명을 이끌고 방어에 나서 분전했다. 이 때 공제(恭帝)의 명을 받고 원나라로 가 바얀(伯顔)과 강화를 협상하던 중 격렬히 항의하다가 이내 구류되었다. 그 사이 임안은 함락되고 남송은 멸망했다. 포로가 되어 북송되던 중 탈주해 복주에서 익왕(益王)을 받들고 계속 저항했으나 광동 오파령(五坡玲) 전투에서 패해 다시 체포되었다. 음독자살을 기도했다가 실패한 후 대도(大都 : 북경)로 끌려가 3년 간 감옥에 갇혔다. 쿠빌라이가 그의 재능을 아껴 투항을 권했으나 끝내 거절하고 죽음을 택했다. 옥중에서 쓴 「정기가(正氣歌)」는 그의 굳건한 의지를 잘 보여주고 있다.

우리가 길을 걸을 때 마음 속으로 어떤 방향으로 가겠다고 정하면 처음 한두 걸음은 신경을 쓰다가 그 다음부터는 더 이상 신경 쓸 필요 없이 자연스럽게 앞으로 나아가게 된다. 이는 곧 중앙정부가 명령을 내리면 백성들이 명령에 이의 없이 좇은 데 따른 것이다. 만약 한 걸음을 옮길 때마다 신경을 써야 한다면 이는 지방에서 사사건건 중앙정부에 폐를 끼치려고 하는 것과 같이 대단히 번거로운 일이 아닐 수 없다.

옛 사람들은 시를 지을 때 무심결에 아름다운 시구를 얻고서 자기 눈을 의심하곤 했다. 술에 취해 쓴 문장이 종종 정신이 말짱할 때 쓰는 것보다 더 훌륭할 수 있는 것도 이 때문이다. 이는 중앙정부가 평소에 백성들을 잘 훈련시켰기 때문이다. 때로는 백성들이 자발적으로 한 일이 종종 중앙에서 지휘해 처리한 것보다 더 훌륭할 수 있다. 심리학에서 말하는 소위 '잠재의식'이라는 것도 뇌 정부 이외의 기타 정부를 지칭하는 것이다.

이상과 같은 검도를 통해 우리는 신체조직과 국가조식이 매우 흡사하다는 사실을 명백히 알 수 있다. 우리 자신의 몸을 돌아보면 뇌와 오관을 비롯한 온몸 전체가 매우 협조적이라는 사실을 알게 된다. 또한 하나의 학설을 발명하려면 반드시 이성과 감성이 서로 협조해야 한다는 사실을 알 수 있다.

두뇌의 공상에만 의거해 오관을 비롯한 온몸 전체를 고통스럽게 만들어서는 안 된다. 또 온몸 전체를 제멋대로 내버려둔 채 이지적 판단을 내릴 수도 없다. 한 나라를 건설하려면 반드시 국민들이 정부에 잘 협조하는 것이 선결되어야 한다. 정부가 힘으로 백성들을 억압해서는 안 되고, 백성들 또한 정부에 대해 적대적인 행동을 취해서는 안 되는 것이다. 사람의 신체조직에 있는 모든 신경은 직접 뇌에 연결되어 있다. 따라서 뇌는 신경의 총집결지로서 굳이 오관을 비롯한 기타 기관에 대해 서로 잘 협조하라고 말하지 않더라도 이들 기관들은 당연히 잘 협조해 나간다.

그러므로 모든 사람의 힘은 반드시 중앙으로 직접 통할 수 있어야 한다. 중앙은 전국의 힘의 총집결지로서 굳이 정부와 인민은 협조하라는 말이 없더라도 당연히 잘 협조해 나간다. 이것이 곧 '합력주의'이다. 이렇게 해야만 비로소 다윈과 크로포트킨 두 사람의 학설에서 비롯되는 폐단을 막고 자연의 이치와 서로 합치해 나갈 수 있는 것이다.

제10절

중국 고대 철학에 내포된 역학원리

우주의 힘은 원 및 타원과 같이 순환한다. 이 세계는 태어나지도 죽지도, 늘어나지도 줄어들지도 않는다. 우리는 그곳에서 생존하면서 자연스레 그 이치를 발견할 수 있다. 어떤 사람들은 사물의 한 측면만을 보고도 곧 불변의 진리를 발견할 수 있다.

예컨대 사과가 땅에 떨어지는 것을 보고 만유인력을 발견하고, 주전자 뚜껑이 흔들리는 것을 보고 증기를 발명하고, 자석의 기능을 보고 나침반을 발명하고, 죽은 개구리의 다리 운동을 보고 전기를 발명한 것 등이 바로 그것이다.

이 모든 발명은 결국 같은 근원에서 출발한 것이다. 사과가 땅에 떨어지는 것은 힘이 안으로 수렴하는 '내렴內斂' 작용, 주전자 뚜껑이 움직이는 것은 힘이 밖으로 발산하는 '외발外發' 작용으로 볼 수 있다. 자기와 전기는 두 가지 힘이 동시에 작용한 경우에 해당한다.

다윈은 강물의 물줄기가 환경에 적응해 흘러나갈 수 있는 것과 같이 우주의 힘은 앞으로 발전할 것이라고 판단해 진화론을 내놓았다. 그는 진화과정 속에서 얻은 것은 수렴작용에 의한 것일 수 있지만 그다지 결정적인 것은 아니며 오히려 유전이 보다 더 중요하다고 말했다.

이 외에도 각종 과학 및 철학상의 여러 가지 논의들은 모두 이 순환

과정 속에서 나온 것이다. 예를 들어 어떤 이는 나무 위에서 열매를 따고 어떤 이는 나무 위에서 꽃을 꺾고 또 어떤 이는 나무 위에서 가지와 나뭇잎을 꺾는다면 비록 손에 넣은 물건은 다르지만 사실 똑같은 나무에서 나온 것이다.

마찬가지로 제자백가의 학설은 결국 일관된 것이라고 할 수 있다. 중국과 서양의 학문 역시 서로 통할 수 있다.

『주역』을 두고 많은 사람들은 우주 삼라만상을 감싸는 오묘한 진리가 그 안에 있다고 말한다. 이는 무슨 까닭인가? 『주역』에서 말하는 도리는 역학의 원리를 포함하고 있다. 우주 삼라만상은 이 역학법칙에서 벗어나지 않는다. 『주역』의 괘효卦爻로 설명하면 독자들이 크게 머리 아파할 것 같아 여기서는 특별히 간략한 한 가지 방법을 사용해 설명코자 한다.

복희와 주문왕, 주공, 공자 등 4명의 성인을 초청해 물어보는 상황을 가정해 보자. 현재 서양의 과학은 매우 진보한 까닭에 모든 물리는 역학법칙의 적용을 받는다. 우리들은 이 역학원리를 하나의 책으로 편역編譯해 인사에 적용하기로 한다.

여기서 편역의 대강을 먼저 정하자. 첫째 서양에서 말하는 '힘'은 '기氣'로 번역한다. 플러스와 마이너스 두 종류로 나타나는 힘은 음기陰氣와 양기陽氣로 번역한다. 둘째 '외발'은 양陽, '내렴'은 음陰으로 표시한다. 셋째 플러스와 마이너스의 힘이 균형을 이루는 중화中和의 현상은 '태극太極'으로 표시한다. 이것이 움직이기 시작해 발산과 수렴의 모습을 드러낼 때 이를 '양의兩儀'(음양)로 표시한다. 넷째 안에서 밖으로 뻗어나가는 것은 '기동야벽其動也辟'으로 칭한다. '벽'은 개방의 뜻이다. 또 밖에서 안으로 수축하는 것을 '기정야흡其靜也翕'으로 칭한다. '흡'은 수습의 뜻이다.

다섯째 모든 물체의 운동은 직선으로 진행한다. 외부의 힘을 받지 않으면 일직선으로 계속 전진한다. 여기서 '기동야직其動也直'의 규칙이 나온다. '직'은 굽지 않았다는 뜻이다. 모든 물체는 정지 상태일 경우 외부의 힘을 받지 않으면 물처럼 영원히 정지해 있다. 여기서 '기정야전其靜也專'의 규칙이 나온다. '전'은 다른 것과 뒤섞이지 않는다는 뜻이다.

여섯째 플러스와 마이너스 등 두 힘의 변화는 모두 8종류의 상태가 된다. 이를 '8괘'라고 한다. 이들 '8괘'가 뒤섞이면 무궁무진한 변화가 이뤄진다. 일곱째 매 1괘마다 하나의 설명서가 붙는다. 여기에는 모든 사물의 변화양상이 포함돼 있다. 여덟째 여기에는 영허소장盈虛消長의 이치가 담겨 있다. '허'가 성장해 '영'으로 나아가는 것은 발산, '영'에서 소멸해 '허'로 나아가는 것은 수렴이다.

이런 원칙을 담은 게 바로 『역경易經』(주역)이다. '역易'은 변역變易(변화)과 교역交易의 두 가지 뜻을 갖고 있다. '경經'은 말 그대로 경전의 의미다. 『역경』은 음양 2기의 변화 이치를 설명한 것이다. 곧 플러스와 마이너스 두 힘이 변화하는 규칙을 언급하고 있다.

이상 8가지 원칙이 우리가 규정코자 하는 편역의 대강이다. 독자들은 이런 편역의 원칙에 입각해 번역된 책을 읽고 그 이치가 타당한지 여부를 검토하기 바란다. 우리는 주역과 역학이 서로 통한다고 말한다. 이는 엄복嚴復의 언급이 뒷받침한다.[30] 그는 『천연론』에서 이같이 말했다.

30. 엄복은 복주의 선정학당(船定學堂)에서 공부하고 영국 해군학교로 유학을 간 최초의 중국인 유학생이다. 해군관계의 학술보다 유럽의 학술 및 사상에 더 큰 관심을 가졌다. 귀국 후 이홍장이 세운 북양수사학당(北洋水師學堂)의 총교습(總教習)으로 있으면서 서구의 학술서와 사상서를 대거 번역해 소개했다. 그의 책은 중국의 위기를 호소함으로써 변법운동을 비롯해 청대 말기의 여러 운동에 지대한 영향을 미쳤다. 당시 그가 번역한 작품 가운데에는 헉슬리의 『진화와 윤리』, 몽테스키외의 『법의 정신』, 스미스의 『국부론』 등이 있다. 특히 중국을 위기에서 구하고자 하는 취지에서 소위 『천연론』이라는 제목으로 번역돼 출간된 『진화와 윤리』

"무릇 서양 학문에서 가장 배울 만한 것은 명名(논리학)·수數(수학)·질質(화학)·력力(물리학)의 4가지 학문일 뿐이다. 나는 명·수를 경經(날줄), 질·력을 위緯(씨줄), 양자를 합친 것을 역易으로 규정코자 한다. 우주 공간 안에서 질·력은 밀접한 관련이 있는 까닭에 '질'이 없으면 '력'도 없고 '력'이 없으면 '질'을 드러낼 길이 없다. 모든 '력'은 건乾(하늘), 모든 '질'은 곤坤(땅)에 해당한다. 뉴턴이 말한 3개의 법칙을 보자. 제1법칙은 '정지한 것은 스스로 움직이지 않고, 움직이는 것은 스스로 멈추지 않는다. 운동방향은 반드시 직선이고 속도는 일정하다'로 돼 있다. 이는 『역경』에서 말하는 '건乾, 기정야전其靜也專, 기동야직其動也直'과 같다. 『진화와 윤리』를 쓴 스펜서는 "안으로 수축하면서 질質을 합치고 밖으로 열리면서 력力을 뻗친다"고 했다. 이는 『역경』에서 말하는 '곤坤, 기정야흡其靜也翕, 기동야벽其動也辟'과 같다. 이를 두고 어찌 우연의 합치라고만 말할 수 있는가?"

엄복의 이런 지적은 『역경』과 역학이 상통하고 있다는 명확한 증거다.

노자는 제자백가의 시조에 해당한다. 그가 중국 학술계에서 차지하고 있는 비중은 서양 물리학의 뉴턴과 같다. 뉴턴은 만물이 안으로 빨려드는 것을 보고 만유인력을 찾아냈다. 사실 이는 노자가 이미 오래 전에 발견한 것이다. 노자는 『도덕경』 제39장에서 이같이 말했다.

"옛날에 득일得一(도를 얻음)이 있었다. 이에 하늘은 청명해졌고, 땅

는 중국인을 계몽 각성시키는 데 결정적인 공헌을 했다. 그를 두고 '중국의 후쿠자와 유키치'로 부르는 이유이다. 북경대의 전신인 '경사대학당'의 초대 총장을 지낸 그는 중화민국 초기에 원세개의 제제운동(帝制運動)을 지지하여 젊은 지식층으로부터 심한 반감을 샀다.

은 안녕해졌고, 신神은 영험해졌고, 계곡은 가득 차게 됐고, 만물은 생성됐고, 후왕侯王은 천하를 바르게 다스리게 됐다. 그 이유는 다음과 같다. 하늘이 청명만을 고집하지 않은 것은 장차 갈라지고 찢어질까 두렵고, 땅이 안녕만을 고집하지 않은 것은 장차 터지고 샐까 두렵고, 신이 영험만을 고집하지 않은 것은 장차 영험한 활동이 멈출까 두렵고, 계곡이 가득 차는 것만을 고집하지 않은 것은 장차 고갈될까 두렵고, 만물이 생성만을 고집하지 않은 것은 장차 멸망할까 두렵고, 후왕이 고귀함만을 고집하지 않은 것은 장차 자리를 잃을까 두려워했기 때문이다."

노자의 말인즉 이렇다. 천지만물은 모두 하나의 '도'를 견지하고 있기에 존재할 수 있다. 이것을 잃으면 모두 무너지게 된다. 만유인력과 같은 취지다. 만유인력의 원심력은 구심력과 같은 개념이다. 뉴턴이 얘기한 현상을 노자는 이미 오래 전에 언급한 셈이다. 뉴턴은 이를 물리에 적용하는 데 그쳤으나 노자는 이를 인사문제로까지 확대했다. 그의 관찰력이 그 얼마나 정밀한가! 그의 이상이 그 얼마나 오묘한가!

근대의 수학은 X를 미지수로 놓고 해답을 찾아나간다. 이는 X광선을 사용하는 것과 같다. 고대의 수학은 X 대신 '일一'을 썼다. 노자는 만물을 잡아당기는 것을 보기는 했으나 이것이 정확이 무엇인지 몰라 '일'이라고 칭한 것이다. 노자는 『도덕경』 제25장에서 이같이 말했다.

"혼성混成(형체가 없는 혼돈 속에서 뒤섞여 생겨남) 된 것이 있으니 천지보다 먼저 생겨났다. 소리도 없고 형체도 없구나! 홀로 우뚝 서 고치지 않고 두루 돌아다녀도 위태롭지 않으니 가히 천하의 어머니가 될 수 있다. 나는 그 이름을 알지 못한다."

또 『도덕경』 제4장에서 이같이 말했다.

"맑고 편안하니 마치 늘 존재하는 듯하구나! 나는 그것이 누구의 자식인지 모르나 천제天帝(상제) 보다 앞선 듯하다."

과연 어떤 것이 노자의 이런 찬탄을 자아낸 것일까? 오늘날의 과학이 크게 발전했으니 이를 자세히 연구하면 노자가 말하고자 한 바를 알아낼 수 있다. 원심력과 구심력이 균형을 이루고 있는 것은 양전기와 음전기가 중화를 이룬 상황과 같다. 노자는 바로 이를 본 것이다. 그는 『도덕경』 제42장에서 이같이 말했다.

"도는 일一(음양 분화 이전의 하나의 기운)을 낳고, '일'은 이二(음양)를 낳고, '이'는 삼三(천지인)을 낳고, '삼'은 만물(萬物)을 낳는다."

하나의 도에서 발산과 수축의 작용을 통해 두 개의 음양이 생성되고, 다시 여기서 변전을 거듭해 천지만물을 낳는다고 본 것이다.

수학의 X는 미지수를 뜻한다. 이는 모든 숫자를 대치한다. 『도덕경』에서 말하는 '일'과 같다. 『도덕경』을 연구하면 '일'에 두 가지 종류가 있음을 알 수 있다. 그는 "하늘은 '일'을 얻음으로써 청명하다"고 했다. 이는 만물이 안으로 끌려들어 가는 현상을 언급한 것이다. 그가 '이'와 '삼'을 언급하면서 '일'을 말한 것은 원심력과 구심력이 균형을 이룬 현상을 지적한 것으로 양전기와 음전기가 중화된 상황을 말한 것이나 다름없다.

서구인은 역학과 전기학을 말한다. 모두 플러스와 마이너스 두 가지를 언급한 것이다. 노자는 매번 '일'을 얘기했다. 이는 상반된 두 가지가 뒤섞인 상태를 말한다. 그는 『도덕경』 제2장에서 이같이 말했다.

"유무상생有無相生(유무가 서로 생겨남)하고, 난이상성難易相成(난이가 서로 이뤄짐)한다."

'유'와 '무', '난'과 '이'가 서로 짝을 이루고 있음을 지적한 것이다. 그는 또 『도덕경』 제3장에서 이같이 말했다.

"성인의 다스림은 허심실복虛心實腹(마음을 비우고 배를 채움)과 약지강골弱志强骨(뜻을 약하게 하고 뼈를 강하게 함)로 한다."

'허'와 '실', '강'과 '약'이 서로 짝을 이루고 있다. 그는 늘 말할 때마다 모든 것을 자웅雌雄과 영허盈虛 등의 쌍으로 비유해 설명했다. 이는 발산과 수축의 두 가지 양상을 묘사하기 위한 것이었다.

플러스와 마이너스의 두 힘은 서로 소장消長한다. 노자는 발산 후에 수렴되고, 수렴 후에 발산한다는 것을 알았다. 그래서 그는 『도덕경』 제36장에서 이같이 말했다.

"상대방을 가까이 끌어 들이고자 하면 반드시 먼저 상대방이 날개를 펴도록 해주어야 하고, 상대방을 약하게 만들고자 하면 반드시 먼저 강하게 해주어야 한다."

그는 외부로 발산코자 하면 먼저 안으로 수렴해야 한다고 본 것이다. 일반인들은 노자가 '무위無爲' 만 주장한 것으로 알고 있으나 이는 잘못이다. 그는 지극한 유위有爲(인위적인 행위)를 이루기 위해 먼저 '무위'를 얘기한 것일 뿐이다. 『도덕경』 제48장의 다음 대목이 그 증거다.

"매양 '무위' 한데도 '유위' 하지 않는 게 없다."

노자의 어법은 대개 앞구절은 '무위', 뒷구절은 '유위'로 이뤄져 있다. 『도덕경』 제67장이다.

"자애로써 능히 용감하고, 검약으로써 능히 넉넉하고, 감히 천하의 앞에 나서지 않음으로써 능히 큰 그릇의 우두머리가 될 수 있다."

그가 말한 모든 것이 이와 같다. 과학의 관점에서 볼 때 그는 역학법칙을 인사에 응용할 줄 알았던 것이다.

오늘날 우리는 역학법칙을 원용한다. 노자 때는 역학이 아직 학문으로 정립되지 못한 까닭에 이를 원용하지 못한 것이다. 그러나 그는 간단하면서 알기 쉬운 법칙을 만들어냈다. 물의 작용으로 비유한 게 그것이다. 그가 말한 '상선약수上善若水'(최고의 선은 물과 같음)와 '강해능위백곡왕江海能爲百谷王'(강과 바다는 능히 뭇 계곡물의 귀착지가 됨), '천하막유약어수天下莫柔弱於水'(천하에 물보다 유약한 게 없음) 등이 모두 그렇다. 물의 변화는 힘의 변화와 같다. 그는 물의 비유를 통해 역학법칙을 설명한 셈이다.

학문도 진화한다. 뉴턴 이후 아인슈타인이 나타나 상대성 이론을 발견했다. 그의 학설은 뉴턴에 비해 일보 진전한 것이다. 노자 이후 장자가 나타났다. 그의 학설 역시 노자보다 한 걸음 앞선 것이다. 장자는 비록 노자를 높이 추존했으나 그의 울타리 밑에 있으려 하지 않았다. 『장자』「천하」편을 보면 이를 쉽게 알 수 있다. 그만큼 자부심이 컸던 것이다.

장자 학설은 아인슈타인과 닮아 있다. 한 사람은 물리, 한 사람은 인사를 얘기한 것만이 다를 뿐이다. 아인슈타인의 물리는 공간과 시간개념 위에서 입론立論한 것이다. 장자의 인사도 공간과 시간개념 위에서 나온 것이다. 아인슈타인은 이를 '상대'의 개념을 통해 분석했고 장자는 '비교'의 방법을 동원했다. '비교'는 결국 '상대' 개념이다. 장자와 아인슈타인은 같은 길을 걸었다. 실제로 양자는 완전히 일치하고 있다.

장자는 이같이 말했다.

"천하를 추호秋毫(가을철의 가늘어진 털)의 끝보다 크지 않다고 생각하면 태산은 더욱 작은 것이다."

또 이같이 말했다.

"어려서 죽은 갓난아이보다 오래 산 자가 없다고 생각하면 백 세를 살았던 팽조彭祖도 일찍 죽은 것이다."

이런 어법이 어찌 기이하지 않은가? 우리는 장자가 '비교'의 방법으로 자신의 주장을 설명하고 있다는 걸 알기에 기이하게 생각지 않는다. 태산과 '추호'를 비교하면 태산이 지극히 크고 '추호'는 지극히 작다. 그러나 항성 및 행성을 태산에 비교하면 태산이 어찌 극히 작지 않겠는가? 원자와 전자를 추호와 비교하면 추호가 어찌 극히 크지 않겠는가? 팽조가 아무리 오래 살았다고 할지라도 대춘大椿에 비하면 어찌 요절한 게 아니겠는가?[31] 하루살이는 아침에 태어나 저녁에 죽는다. 목근木槿은 아침에 피어 저녁에 떨어진다. 어려서 죽은 갓난아이의 수명은 이에 비하며 어찌 장수한 게 아니겠는가?

장자의 비유는 우주에 절대적인 '시비선악'이 없음을 보여주고 있다. '시비선악' 자체가 상대적인 것이다. 아인슈타인의 상대성 원리 또한 장자가 말한 인사에 적용할 수 있다. 상대성 원리가 그렇듯이 장자의 학설 역시 시간과 공간개념 위에 서 있다. 두 사람이 걸어간 길은 완전히 일치하고 있다.

오나라 미인 모장毛嬙과 월나라 미인 서시西施는 세인들이 매우 좋아한다. 그러나 물고기는 이들을 보면 깊이 숨고 새는 하늘로 높이 날아간다. 사람과 어수魚獸가 다르고 그 애증이 다르기 때문이다. 춘추시대 중엽 진晉나라의 여희驪姬는 진헌공에게 시집갔을 때 매우 슬퍼했으나 이후 크게 기뻐했다. 똑같은 사람이 이런 모습을 보인 것은 시간이 변하고 환경이 바뀌었기 때문이다. 자신이 관찰한 것조차 같지 않은 것이다. 우리는 평소 『장자』를 재미로 읽지만 아인슈타인의 이론에 비춰보면 매우 과학적이라는 것을 알 수 있다.

유가의 학설은 상대성의 이치를 소홀히 하고 있다. 시간과 공간에 대해서도 그렇다. 자신들이 정해놓은 경전과 법칙이 만세에 걸쳐 전혀 변치 않을 것처럼 말한다. 유가는 입만 열면 인의를 얘기한다. 이를 두고 장자는 이같이 질타했다.

"인의는 선왕이 만든 여인숙이니 하루 동안 머무는 것은 괜찮지만 오래 머물면 안 된다."

31. 대춘은 중국 고대의 전설상의 큰 나무로 8천 년이 봄이고 8천 년이 가을이어서 3만 2천 년이 사람의 1년에 해당한다는 장수의 나무이다. 사람의 장수를 축하할 때 쓴다.

도가의 견해는 유가에 비해 훨씬 수준이 높다. 유가가 중시하는 것은 『대학』과 『중용』이다. 『중용』을 두고 "풀어놓으면 우주에 가득 차고 말아 넣으면 은밀한 곳에 숨는다"고 한 것은 수렴과 발산을 말한 것이다. 『대학』도 그렇다. 이런 구절이 있다.

"옛날 천하에 밝은 덕을 펼치고자 한 자는 먼저 치국治國하고, '치국' 하고자 한 자는 먼저 제가齊家하고, '제가' 하고자 한 자는 먼저 수신修身하고, '수신' 하고자 한 자는 먼저 정심正心(마음을 바르게 함)하고, '정심' 하고자 한 자는 먼저 성의誠意(뜻을 정성되게 함) 한다."

이는 축소의 과정을 보여준다. 정반대의 구절이 있다.

"뜻이 정성된 후 마음이 바르게 되고, 마음이 바르게 된 후 몸이 닦이고, 몸이 닦인 이후 집안이 가지런해지고, 집안이 가지런해진 후 나라가 다스려지고, 나라가 다스려진 후 천하가 고르게 된다."

이는 발산의 과정을 말한 것이다. 이는 다음의 그림을 보면 쉽게 알 수 있다.

공자는 위로 천시天時를 좇고 아래로 수토水土(공간을 상징)를 좇을 것을 역설했다. 우주의 자연이치를 통찰한 것이다. 『대학』과 『중용』이 유가의 핵심경전이 된 이유이다. '성의'의 '의意'를 두고 주희는 이같이 풀이했다.

"이는 마음이 발동하는 곳이다."

명대의 왕일암王逸庵과 유즙산劉蕺山, 황종희黃宗羲 등이 이를 좇았다. 몸을 주재하는 것은 마음이고 마음을 주재하는 것은 '의'라는 식이다. 여기서 '주의主意'라는 말이 나왔다. 서구의 학설은 이타주의나 이기주의를 막론하고 '나'에서 출발하고 있다. 이는 '신身'에서 출발하는 것과 같다. 중국은 '신'에서 양쪽으로 진행하고 있다. 동양이 지반 위에 견고한 건물을 올린 데 반해 서양은 기초도 다지지 않은 채 지상에 큰 건물만 올린 셈

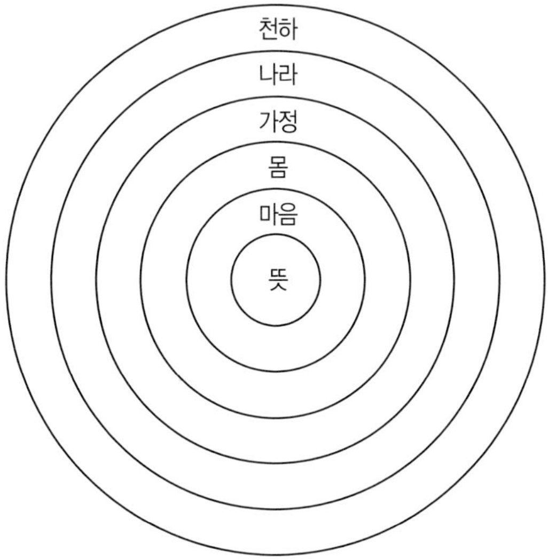

(도표 7) 성정수제치평도(誠正修齊治平圖)

이다. 건물이 무너지면 압사하는 사람이 많을 수밖에 없다. 아담 스미스의 학설이 사회혁명을 부추기고 다윈의 학설이 제1-2차 세계대전을 부추긴 게 그 증거다. 중국의 학설을 원용하면 결코 이런 폐단이 없게 된다.

서양인이 개인주의를 주장하는 것은 국가주의와 사회주의를 반대하는 것이다. 국가주의는 개인주의와 사회주의를 반대하는 것이고, 사회주의는 개인주의와 국가주의를 반대하는 것이다. 개인은 곧 '나' 다. 사회는 곧 '천하' 가 된다. 서양인이 말하는 '나' 와 '국가' 와 '사회' 는 서로 용납이 되지 않는다. 하나를 취하면 반드시 나머지 두 개를 버려야 한다.

중국의 학술은 그렇지 않다. 이들 세 개가 합쳐 하나가 된다. 주목할 것은 '나' 와 '국가' 사이에 '집' 이 존재하고 있는 점이다. 노자는 여기에 향鄕을 더 얹었다. 이들 간에 하등 충돌이 없다. 『예기』「예운」편에 "천하를 일가一家로 하고, 중국을 일인一人으로 한다"고 했다. 핵심을 언급한 것이다.

서양인의 관점에서 보면 세계는 곳곳에서 충돌하게 된다. 생존경쟁과 약육강식이 난무하는 이유이다. 이에 대해 『중용』은 이같이 말하고 있다.

"만물이 병육竝育(함께 무성히 생육함)할지라도 서로 해치지 않고, 도가 병행竝行할지라도 서로 어긋나지 않는다."

세계의 평화는 중국 전래의 이와 같은 철학을 도입하지 않는 한 이뤄질 수 없다. 중국인과 서양인은 그 총명과 재지才智에서 서로 비슷하다. 연구방법이 약간 다를 뿐이다. 서양인은 총명과 재지를 물리 연구에 쏟았고, 중국인은 인사 연구에 쏟았다. 서양인은 우주자연의 이치를 찾아내 물리학상의 여러 학설을 만들어냈고, 중국인은 우주자연의 이치를 찾아내 인사상의 여러 학설을 만들어냈다. 그러나 물리학상의 여러 학설은 역학법칙에서 벗어나지 않고 있고 인사상의 여러 학설 역시 심리학에서 벗어나지 않고 있다. 우리는 여기서 하나의 가설을 제시할 수 있다.

"심리는 역학의 법칙을 좇아 변화한다."

장차 인사와 물리가 서로 통하게 될 때 동서의 학문도 하나로 합치될 것이다. 중국의 고인들은 천지와 합덕合德하고 동류同流하는 것을 중시했다. 이는 현대 과학이 증명하고 있듯이 역학법칙과 부합하고 있다.

우리들은 일을 할 때 심리에 기초한다. 심리는 역학법칙에 따라 변화한다. 물의 변화가 곧 힘의 변화이다. 옛 사람들이 일을 논할 때 물의 비유를 든 이유이다. 모든 것이 역학법칙에 입각해 있다. 노자는 『도덕경』에서 '상선약수上善若水'를 얘기했고, 공자는 『논어』에서 '서자여사부逝者如斯夫'(세월이 흘러가는 것이 꼭 이 냇물과 같음)라고 했고, 맹자는 '원천혼혼原泉混混'(근원이 좋은 물이 용솟음침)이라고 했다. 물에 비유한 게 여기에 그친 게 아니다. 손자는 『손자병법』에서 이같이 말했다.

"무릇 군사운용은 물과 같아야 한다. 물은 높은 곳을 피하고 낮은 곳으로 흐르기 마련이다. 마찬가지로 군대의 운용도 적의 강한 곳을 피하고 허점을 공격해야 한다. 물이 지형에 따라 흐름의 형태를 달리하는 것과 마찬가지로 군도 상황에 따라 적의 허실 강약에 의해 승리를 얻어야 한다. 물에 일정한 형태가 없는 것과 마찬가지로 군사운용에도 일정한 형태가 없다."

그래서 『손자병법』 13편은 모두 역학법칙에서 벗어나지 않고 있다. 한신도 배수진을 칠 때 『손자병법』을 인용해 이같이 말했다.

"사지死地에 놓은 뒤에야 살아날 수 있다."

모두 역학법칙에 기초한 것이다.

송나라 유자들은 성리학을 찾아냈다. 연구할수록 정미精微한 것을 알 수 있다. 명나라 왕양명이 등장하자 한때 그의 학설이 천하를 풍미했다. 양명학의 요체는 크게 치양지致良知와 지행합일知行合一에 있다. 이는 역학법칙을 내포하고 있다.

첫째 '치양지'에 대해 왕양명은 이같이 말했다.

"사람의 양지良知는 초목 및 와석瓦石(기왓장과 돌)의 양지이다."

초목은 둘째치고 와석은 무생물인데 '양지'가 어디 있다는 말인가? 자세히 검토하면 와석은 진흙과 모래가 응결해 만들어진 것이다. 일종의 인력引力(당기는 힘)이 작용한 것이다. 와석을 공중에 높이 던지면 역학법칙에 따라 땅 위에 떨어진다. 이로써 왕양명이 애기한 '양지'는 외력의 작용을 말한 것임을 알 수 있다.

이는 맹자가 말한 '양지'와 다르다. 맹자는 인애仁愛의 마음을 애기했다. 인력만 언급한 셈이다. 그러나 왕양명은 인력과 추력推力(밀어내는 힘)을 공히 말했다. 왕양명의 학설이 맹자보다 훨씬 원만하다. 왕양명의 '치양지'는 역학법칙을 사물에 적용한 것임을 알 수 있다.

둘째 '지행합일'에 대해 왕양명은 이같이 말했다.

"지知는 행行의 주의主意이다. '행' 은 '지' 의 공부工夫이다. '지' 는 '행' 의 시초이고 '행' 은 '지' 의 완성이다."

이는 역선을 통해 설명할 수 있다. 예컨대 우리는 친구가 중병에 걸렸다는 애기를 들으면 문병을 간다. 이 때 우리의 마음 속에는 하나의 역선이 나온다. 이는 친구를 향한다. 집에서 나와 한 방향으로 진행하다가 병자의 면전에서 그친다. 친구가 중병에 걸렸다는 것을 아는 것이 이 역선이 나타나는 기점起點이 된다. 그래서 '지' 는 '행' 의 시작이라고 하는 것이다. 이는 병자의 면전에서 끝나는 까닭에 '행' 은 '지' 의 완성이라고 한다. 두 지점은 모두 같은 직선상에 있다. 그래서 '지행합일' 을 말할 수 있는 것이다.

일단 친구가 병에 걸렸다는 애기를 들으면 이 역선이 진행하는 노선이 확정된다. 그래서 '지' 는 '행' 의 주의主意라고 하는 것이다. 일단 확정되면 바로 이 노선을 따라 걸어나간다. 그래서 '행' 은 '지' 의 공부工夫라고 하는 것이다. 왕양명은 명덕明德과 친민親民을 하나로 합쳤다. 남송대의 정이천이 말한 박학博學(널리 배움)과 심문審問(자세히 따져 물음), 신사愼思(신중히 생각함), 명변明辨(밝게 헤아림), 독행篤行(독실하게 실천함)도 하나로 묶었다. 격물치지格物致知와 성의정심誠意正心, 수신제가修身齊家와 치국평천하治國平天下를 모두 하나로 합친 것이다. 이는 모두 하나의 직선 위에 있는 기점과 종점에 해당한다.

왕양명은 『대학』의 '성의' 를 두고 해석하기를 "미색을 좋아하고 악취를 싫어하는 것과 같다"고 했다. 그는 이같이 설명했다.

"미색을 보는 것은 '지' 에 속하고 미색을 좋아하는 것은 '행' 에 속한다. 미색을 보았을 때 이미 스스로 좋아하는 것이다. 본 후에 따로 좋아하는 마음이 생기는 게 아니다. 악취를 맡는 것은 '지' 에 속하고 악취를 싫어하는 것은 '행' 에 속한다. 악취를 맡았을 때 이미 스스로 싫어하는 것이다. 맡은 후에 따로 싫어하는 마음이 생기는 게 아니다."

이런 설명은 전자기의 원리를 이용하면 쉽게 이해할 수 있다. 음극과 양극은 같으면 밀어내고 다르면 끌어당긴다. 동성과 이성을 구별하는 것은 '지'이고 끌어당기고 밀쳐내는 것은 '행'이다. 곧바로 끌어당기고 밀쳐내는 것은 왕양명이 말한 '즉지즉행卽知卽行'과 같다.

왕양명의 '지행합일'은 사상과 행동의 합일을 의미한다. '지'를 '사상'으로 바꾸면 이해하기가 더욱 쉬울 것이다. 행위는 사상의 지배를 받는 까닭에 왕양명은 '지'는 '행'의 주의主意라고 했다. 사람들의 행위를 보면 그 심리를 쉽게 알 수 있고, 그 심리를 알면 그의 행위를 예측할 수 있다. 그래서 옛 사람은 "성誠은 안에 있고 형形은 밖에 있다"고 한 것이다. 우리는 연구를 깊이 할수록 이런 설명이 역학법칙과 부합하고 있다는 사실을 알 수 있다.

그렇다면 마음 속에서 일어난 어떤 생각이 끝내 실행에 옮겨지지 않는 것은 무슨 까닭일까? 이는 역선의 앞에 장애물이 있기 때문이다. 마치 친구를 문병하기 위해 길을 가던 중 사고를 일으킨 것과 같다. 왕양명은 이를 실행에 옮긴 것으로 간주했다. 문병을 가기로 생각한 것 자체를 행동과 동일시한 것이다. '지행합일'이 나오게 된 배경이다.

왕양명은 미색을 보는 것은 '지'에 속하고 미색을 좋아하는 것은 '행'에 속한다고 했다. 통상 심리학에서는 마음을 지知 · 정情 · 의意 3가지로 나눈다. 왕양명이 말한 '행'은 '정'에 해당한다. 그렇다면 왕양명은 왜 '정'을 '행'으로 표현한 것일까? 그는 어떤 생각이 동해 역선이 대상을 향해 뻗게 되면 이미 행동이 시작되었다고 보았다. 그래서 '정'을 '행'으로 파악한 것이다. 그가 말한 '지행합일'은 곧 '지정합일知情合一'이나 마찬가지이다. 왕양명의 학설을 정확히 이해하려면 반드시 역학법칙을 이용해야 한다. 그래야 그의 학설이 공담空談이 아니라 자연의 이치에 부합하는 이론이라는 것을 알 수 있다.

제11절

경제 · 정치 · 외교의 합력주의

중국은 고대부터 학자들의 학설뿐만 아니라 대정치가의 정책까지 역학법칙에 부합했다. 춘추전국시대에 외교상의 양대 정책이 그것이다. 하나는 관중이 제창한 존왕양이尊王攘夷이다. 다른 하나는 소진이 6국을 합쳐 강대한 진秦나라에 대항한 합종책合縱策이다. 이 양대 정책은 모두 역학법칙에 부합한 까닭에 당시 커다란 영향을 미쳤다.

관중의 정책에서 '존왕'은 제후들을 아우르고 전국의 힘을 하나로 합쳐 주나라 왕실을 보호하는 쪽으로 나아가는 것을 말한다. 내부의 역선이 이미 통일돼 있기에 이를 토대로 사방으로 원정에 나설 수 있었던 것이다. 융적戎狄과 초나라를 토벌하고 마침내 굴기崛起하여 패자霸者를 칭하게 된 이유이다.

춘추시대 당시 초나라는 최강국이었다. 제나라는 제양공 때 정변이 일어난 후 국력이 미약해져 초나라의 적수가 되지 못했다. 당시 제환공齊桓公은 관중의 건의를 좇아 소릉召陵의 회맹會盟을 계기로 노나라와 송나라 등을 하나로 묶어 초나라를 쳤다. 이는 약소국의 힘을 합쳐 강국을 친 경우이다. 역학상의 '합력'에 해당한다. 이후 진문공晉文公도 제나라와 송나라 등을 규합해 초나라를 쳤다. 이 또한 관중의 '합력주의' 정책을 흉내 낸 것이다.

소진은 6국의 힘을 합쳐 강력한 진나라를 쳤다. 이는 6국에서 나온 하나의 역선이 진나라에 집중된 결과이다. 이를 '합종'이라고 한다. 6국의 역선이 세로 방향으로 합쳐져 강력한 진나라를 향한 셈이다. 이 또한 '합력주의'의 일종이다. 그의 '합종'으로 인해 이후 진나라는 15년 동안 감히 동쪽으로 진출하지 못했다.

제갈공명은 유사 이래 최고의 정치가로 꼽힌다. 그의 외교정책은 오나라와 연결해 위나라를 토벌하는 것이었다. 두 개의 약한 나라가 힘을 합쳐 하나의 강한 나라를 친 경우이다. 사서는 당시 그가 스스로를 관중과 악의樂毅에 비유했다고 기록해 놓았다.

그가 촉을 다스린 것은 대략 관중이 제나라를 다스린 것과 닮아 있다. 그가 스스로를 관중에 비유한 것은 나름대로 일리가 있다. 그렇다면 그는 악의와 어떤 점이 닮았다고 생각해 스스로를 그에 비유한 것일까? 『전국책』을 참조할 필요가 있다.

이에 따르면 연나라 소왕昭王은 악의를 상장군으로 삼아 연나라와 조나라, 초나라, 위나라, 송나라 등 모두 5개국 연합군을 이끌고 가 제나라를 치게 했다. 제갈량이 유비를 만나 천하를 논한 '융중대隆中對'를 보면 서쪽으로 융족戎族과 합세하고, 남쪽으로 이월夷越을 다독이고, 동쪽으로 손권과 결합해 북벌하는 내용이 나온다. 이는 악의가 연소왕과 만나 제나라 토벌의 계책을 논의한 것과 닮아 있다. 제갈량이 스스로를 관중 및 악의에 비유한 것은 바로 약소국의 힘을 합쳐 강한 나라에 대적한다는 것에 초점이 맞춰져 있다.

이는 제갈량이 남양에서 동류 명사들과 어울려 집중 논의한 정책이기도 하다. 사서는 이를 상세히 기술하지 않고 "스스로를 관중 및 악의에 비유했다"고 간략히 언급해 놓은 것일 뿐이다. 훗날 제갈량의 계책이 성사된 후 조조는 손권이 유비에게 형주를 빌려주었다는 얘기를 듣고 글을 쓰던 붓을 떨어뜨렸다. 이로써 '합력주의' 의 이해관계를 알 수 있다.

무릇 열강이 상호 분쟁할 때 약소국이 취할 수 있는 유일한 방법은 '합력주의' 밖에 없다. 약소국의 힘을 합쳐 강대국을 치는 것이다. 이는 역사상 명백히 드러난 철칙이기도 하다. 강대국이 이에 대응하는 방법은 '합력주의' 를 깨는 것밖에 없다. 6국연맹이 결성되자 진시황은 즉시 장의를 파견해 이간을 시도했다. 삼국시대 당시 오촉연맹이 결성되자 조조는 즉시 손권을 흔들어 연맹을 깨는 방법을 동원했다.

약소국이 강대국에 이길 수 있는지 여부는 합력주의가 제대로 관철되는지 여부에 달려 있다. 제환공은 8개국의 군사를 합쳐 초나라를 쳤다. 진문공은 4개국의 군사를 합쳐 초나라를 쳤다. 연나라는 5개국의 군사를 합쳐 제나라를 쳤다. 합력이 제대로 이뤄졌기에 모두 성공했다. 소진은 6국을 합쳐 진나라에 대항했다. 그러나 6국은 서로 충돌하는 바람에 이에 실패했다. 삼국시대 때 오촉연맹은 중도에 손권이 이를 깨는 바람에 관우가 피살됐다. 후에 다시 결맹키는 했으나 이미 세력이 많이 약해져 성공을 거둘 수 없었다.

합력주의는 외교뿐만 아니라 내정에도 적용할 수 있다. 제환공의 능력은 충분히 '패자' 를 칭할 만했다. 이는 관중이 내정을 잘 다스려 군령을 통해 모든 역선을 한 곳에 일치시킨 결과이다. 제갈량도 촉을 다스리면서 모든 역선을 한 곳으로 모았다. 위나라가 촉을 호랑이처럼 두려워한 이유이다. 진秦나라는 상앙이 등장한 후 내부의 모든 일을 일치시켰다. 6국 모두 내부적으로 서로 충돌하며 내정을 제대로 다스리지 못할 때 그의 덕분에 진나라는 마침내 힘을 길러 6국을 멸할 수 있었다. 관중과 포숙아 등도 한마음으로 힘을 합쳐 합력주의에 이른 까닭에 성공할 수 있었다.

나라를 다스릴 때는 역선을 중시해야 한다. 이를 중앙정부에 집중시켜 대외정책에 활용할 경우 여유를 가질 수 있다. 유방은 성정이 활달하고 포용력이 있었다. 적진에 가담해 있던 한신, 진평, 경포, 팽월 등이 모두 그에게 귀의한 이유이다. 지자는 지혜를 다했고 용자는 그 용력을 다했다.

항우는 국량이 좁아 한신과 팽월 등을 품지 못했다. 지극한 충성을 바친 범증조차 능히 수용치 못했다. 유방은 중인의 힘을 이용했고 항우는 자신의 독력獨力을 이용했다. 유방이 흥하고 항우가 패한 이유이다.

주무왕은 이같이 말한 바 있다.

"은나라의 주왕紂王은 신하가 억만 명이나 된다. 그러나 그들의 마음 또한 억만 개나 된다."

이는 합력주의를 거스른 것을 지적한 것이다. 그는 자신을 이같이 표현했다.

"나는 신하가 3천 명에 불과하다. 그러나 그들의 마음은 하나이다."

이는 합력주의에 부합한 것이다. 주무왕이 은나라 주왕을 토벌한 이유이다. 이는 훗날 후한의 광무제와 제갈량이 구사한 것이기도 하다. 모두 합력주의를 실행했다.

다윈의 '상경주의相競主義'는 역선의 방향이 횡적이다. 서로 충돌하기 때문이다. 크로포트킨의 '호조주의'는 비록 상호 충돌하지는 않지만 역선의 방향이 '상경주의'처럼 횡적이다. 부득불 무정부주의로 흐를 수밖에 없는 이유이다. 그러나 만일 합력주의를 행하면 역선의 방향이 종적으로 된다. 정부를 수립해 역선을 중앙으로 집중시키기에 서로 충돌할 이유가 없다. 니체의 초인주의는 '너 죽고 나 살자'는 식의 폐단을 낳는다. 톨스토이의 무저항주의는 '너 살고 나 죽자'는 식의 폐단을 낳는다. 가장 좋은 것은 합력주의다. '너 살고 나 살자'이기 때문이다.

중국의 통치술은 인의를 주장해 사람을 감화시키는 방식으로 진행됐다. 이는 맹자의 학설에서 비롯된 것으로 성선설의 토대 위에 서 있다.

그러나 성선설은 편견에 지나지 않는다. 인의를 통해 사람을 감화시키려는 폐단이 막대했다. 법률로 제재하는 통치술은 신불해와 한비자 등의 법가에서 비롯됐다. 이는 성악설의 토대 위에 서 있다. 성악설도 편견에 지나지 않는다. 이로 인한 폐단 또한 막심했다.

우리는 심리가 역학법칙에 따라 변화한다는 것을 알았다. 여기서는 '선'과 '악'을 언급할 여지가 없다. 이는 성선설과 성악설을 하나로 녹인 경우에 해당한다. 이에 입각해 나라를 다스리면 한편으로는 '인의'를 좇은 감화가 마치 막힌 물꼬가 트이듯 자연스레 이뤄지고, 한편으로는 '법률'에 의한 제재가 마치 제방이 범람하는 물을 막듯이 자연스레 이뤄진다. '인의'와 '법률'이 병행하면서 어그러지는 일이 없게 된다. 물의 변화는 힘의 변화와 같다. 치수의 이치로 백성을 다스리면 결코 낭패를 볼 일이 없게 된다.

세상의 분쟁이 그치지 않는 것은 상반되는 이론이 병존한 결과이다. 하나는 성선설 위에 서 있는 건물이고 다른 하나는 성악설 위에 서 있는 건물이다. 예컨대 자유주의 경제학의 비조인 아담 스미스는 이같이 말했다.

"인류는 모두 이기심을 지니고 있다. 이 이기심을 이용해 사람과 세상에 이익이 되는 재원을 무진장 개발할 수 있다."

그가 영업의 자유를 주장한 이유이다. 이로써 그의 『국부론』은 성악설 위에 기초해 있음을 알 수 있다. 사회주의 경제학의 주창자인 생시몽 등은 이같이 말했다.

"인성은 선량하다. 하나님이 인간을 만들 때 죄악과 고통을 주지 않았다. 인류의 죄악과 고통은 모두 사회제도가 만들어낸 것이다."

이로써 공산주의 관련서는 모두 성선설 위에 서 있음을 알 수 있다. 성선설과 성악설이 부딪치면서 사회주의와 자유주의 또한 충돌할 수밖에 없다.

민주주의 학설은 루소에게서 시작한다. 루소는 이같이 말했다.

"자연 상태의 만물은 모두 선하다. 그러나 사람의 손을 거치면서 이내 악하게 변했다."

이 또한 성선설에 기초해 있는 것이다. 이와 반대되는 독재주의를 주장하는 사람은 인심이 어지러운 것을 좋아하는 까닭에 반드시 독재체제를 갖춰 이를 진압해야 한다고 주장하고 있다. 이는 성악설에 입각한 것이다. 성선설과 성악설이 부딪치면서 민주주의와 독재주의 또한 충돌할 수밖에 없다.

다윈의 '상경주의' 학설은 인류의 이기심을 과장한 것이다. 이는 성악설에 속한다. 크로포트킨의 '호조주의' 학설은 이에 반대해 "동물과 원시인류 모두 호조의 이치를 알고 있었다"는 식의 주장을 펼쳤다. 이는 성선설에 속한다. 성선설과 성악설이 부딪치면서 다윈의 학설과 크로포트킨의 학설 또한 충돌할 수밖에 없다. 하나의 사회에서 서로 모순되는 주장이 병행할 경우 어찌 대란이 일어나지 않을 수 있겠는가? 우리가 세계 분쟁을 해결코자 하면 우선 인성에 관한 연구부터 제대로 하지 않으면 안 된다. 인성에 대한 연구가 제대로 이뤄져야 정치, 경제, 외교 3가지도 제대로 행할 수 있다.

인성은 본래 '무선무악'이다. 성선설과 성악설이 하나로 합쳐져 있는 것이다. 경제제도 역시 자유주의와 사회주의를 합쳐야 한다. 정치도 민주주의와 독재주의를 합쳐야 한다. 외교도 '상경주의'와 '호조주의'를 합쳐야 한다. 경제조직에 기초해 정치조직이 나오고 정치경제 조직에 기초해 외교방식이 결정된다. 손문이 말한 민생, 민권, 민족의 3자를 일이관지一以貫之한 소위 '삼민주의三民主義'도 그래야 완전한 성공을 기할 수 있다.

손문의 학설은 국내의 많은 학자들이 여러 해석을 시도했으나 역학 법칙에 기초해 있다는 사실을 거의 모든 사람이 간과하고 있다. 그는 일찍이 소위 '5권헌법五權憲法'(입법, 행정, 사법, 인사, 감찰)을 역설하면서 이같이 말했다.

"정치에는 두 개의 힘이 있다. 가히 물리학 이론에 비유할 만하니 하나는 원심력이고 다른 하나는 구심력이다."

그의 주장인즉 두 개의 힘이 균형을 이뤄야 한다는 것이다. 역학법칙을 정치에 응용한 것이다. 4억 5천만의 역선이 중앙으로 향하는 합력정부合力政府를 구성해야 한다. 대총통이 위법을 저지르면 인민이 투표를 통해 갈아치우면 된다. 이것이 민주주의이다. 또한 대총통이 직무범위 내에서 명령을 발하면 누구도 이를 위반할 수 없다. 이는 독재주의이다. 이 둘을 합쳐야 한다.

경제의 경우도 마찬가지이다. 토지, 공장, 은행, 무역 등 4자 모두 일률적으로 거둬 국유로 하는 사회주의와 여타 경제조직을 개인 귀속으로 하는 자유주의를 하나로 합쳐야 한다. 외교의 경우도 중국이 주동이 되어 새로운 국제연맹을 조직해 인류평등의 구호를 높이 외쳐야 한다. 이는 약소민족이 주체가 된 것이다. 동시에 열강과 연합해 새로운 국제연맹을 중국의 왕도주의王道主義(덕치주의) 기관으로 만들어야 한다. 우리의 최종 목표는 전 지구의 18억 인민이 합세해 공동의 황제를 추대하고 전 세계의 토지를 전 인류의 공유로 만드는 것이다.

유사 이래 인간은 인간에 대해 지속적으로 싸워왔다. 그 역선은 횡적이다. 우리는 이를 종적인 방향으로 바꿔야 한다. 전 지구가 이런 목표를 향해 앞으로 전진하고 안으로 쌓아둔 재부도 모두 꺼내 전 인류에게 공평히 나눠줘야 한다. 그래야 인간이 인간과 싸우는 일이 영원히 그치게 된다. 이것이 합력주의의 궁극적인 목표이다.

후 | 흑 | 학

천지조화와 만물변화의 오묘한 이치를 아는 것은 마음과 우주가 하나로 합치되지 않으면 불가능하다. 그 같이 되려면 어떻게 해야만 할까? 공자의 문도들은 가장 간단한 하나의 방법을 전해왔다. 그것이 바로 '양지양능' 이다. 이들은 사람들에게 자신의 양심을 통해 판단하여 옳다고 판단되면 선한 것이고 그르다고 판단되면 악한 것으로 간주하라고 가르쳤다. 이들은 악의 염두는 즉각 제거하고 선의 염두는 보존시키는 것이 필요하다고 주장했다. 이것이 바로 『대학』에서 말하는 성의 학습이다.

05장 | 중국 학술의 추세

자서

[제1절] 노자와 각 학파의 관계

[제2절] 송학과 촉학

[제3절] 도통의 흑막

[제4절] 동서 문화의 융합

후흑학

厚黑學

자서

나는 평생 심리학을 연구하는 걸 좋아했다. 민국 9년(1920)에 『심리와 역학』이라는 글을 지었다. 여기서 "심리는 역학법칙에 따라 변화한다"는 하나의 가설을 제시했다. 이 가설은 정치경제 및 외교를 비롯한 세상의 모든 일이 일정한 궤도가 있다는 것을 깨달은 결과로 계속 이에 관한 몇 편의 글을 써 앞뒤로 발표해 왔다.

이후 나는 또 제자백가의 학설을 연구하면서 학술상의 변화도 일정한 궤도가 있다는 것을 깨달았다. 우리가 과거의 학술이 어떻게 변화해 왔는지 알게 되면 앞으로 미래의 학술이 어떻게 변해갈 것인지 추론할 수 있다. 이에 관한 글이 바로 『중국 학술의 추세』이다. 한동안 나의 관찰이 부정확할 수 있다는 생각에 원고더미 속에 파묻어 두었다. 작년에 중경에 있을 때 《제천공보》에 원고를 넘겨 게재케 되었다. 이에 마침내 이를 단행본으로 펴내 독자들의 질정을 받게 된 것이다.

내가 "심리는 역학법칙에 따라 변화한다"고 말하자 어떤 사람이 이같이 나를 공박했다.

"내 생각과 행동은 자유다. 어찌 무슨 법칙이 있을 수 있는가?"

이는 우리들이 법칙의 지배를 받고 있고 있다는 사실을 모른 소치이다. 예컨대 공부방에 조롱 하나가 있고, 그 안의 새가 들어가고 나갈 수 있다고 치자. 스스로 자유롭다고 생각할 것이다. 그러나 우리가 곁에서 볼 때는 그가 어디로 날아다니든 결국은 조롱 안이다. 설사 조롱을 제거할지라도 새는 여전히 공부방에 머물러 있다. 새는 자신이 공부방 안에 갇혀 있다는 걸 알지 못할 뿐이다.

한당 이후의 유자들은 무슨 말을 할지라도 결국 공자의 범위에서 벗어나지 못했다. 선진시대의 제자백가와 동서의 철학가들은 공자의 범위를 벗어났다고 할 만하나 그들의 사상 역시 여전히 어떤 궤도를 좇고 있을 뿐이다. 이게 법칙이다.

개벽 이래 인류가 지구상에 등장해 사람들은 사방으로 나다니며 스스로 자유롭다고 생각했다. 3백 년 전 뉴턴이 태어나 만유인력의 법칙을 발견했다. 이로써 당신이 어느 곳으로 갈지라도 결국 지구의 중력이 작용하는 범위 내에 있다는 것을 비로소 알게 됐다. 이는 하나의 정론이 되어 있다. 다만 사람들은 인간의 사상만큼은 스스로 극도의 자유를 누린다고 생각했다. 그러나 우리는 뉴턴의 학설을 확대해 심리학에 응용하면서 당신이 어떤 생각을 할지라도 일정한 궤도를 좇고 있다는 것을 알게 됐다. 인간 세상의 그 어떤 사태치고 역학법칙을 벗어나는 것은 존재하지 않는다. 일반인들은 관행적으로 이를 눈치채지 못하고 있을 뿐이다. 실제로 뉴턴 이전의 사람들은 땅 속에 중력이 존재한다는 사실을 몰랐다.

나는 글을 쓸 때 하나의 습관이 있다. 마음 속에 어떤 감상이 떠오르면 즉시 한 줄을 쓰고 연이어 자질구레하게 여러 줄을 쓴 후 다시 이를 다듬어 한 편의 글을 만드는 게 그것이다. 이번에 발표하는 글도 많은 작은 단락을 내용별로 연결시킨 뒤 편명을 붙인 것이다. 이 글은 크게 4편의 단락으로 이뤄져 있다. (1) 노자와 각 학파의 관계, (2) 송학과 촉학, (3) 송유의 도통, (4) 동서 문화의 융합이 그것이다. 이를 종합해 '중국 학술의 추세'라고 제목을 붙였다.

글을 쓰는 것은 마음 속의 느낌을 발표하는 것이다. 어떤 생각이 떠오를 때 어떻게 쓸 것인가? 제목이 나온 뒤 글을 쓰는 것은 마치 시험장에 들어간 뒤 내심 제목의 제한을 받아 생각하는 바를 모두 쓰지 못하거나, 제목의 뜻을 제대로 파악치 못해 억지로 이리저리 기워 글을 써내는 것과 같다. 제목으로 표출된 글은 마음 속의 글과 다르다.

나는 본서를 발표할 때 수필체로 쓸 생각을 했다. 많은 주변 친구들이 만류해 우선 큰 제목을 붙인 뒤 생각나는 제목을 소제목으로 붙였다. 이는 글을 쓰는 것보다 훨씬 어려웠다. 글은 내 마음 속에 있는 것을 담았으나 제목은 그렇지 못하다. 이 책의 제목이 비록 '중국 학술의 추세' 이기는 하나 내용은 매우 간략하고 누추하다. 제목의 뜻에 10분의 1도 미치지 못한 까닭에 스스로 송구스럽게 생각한다.

나는 글을 쓸 때 마음 속의 느낌을 그대로 표출할 수 있다면 족하다고 생각한다. 응당 참고해야 할 많은 책을 참고하지도 못하고, 게다가 여러 논의과정에서 나의 주장이 하나의 편견에 지나지 않는다는 것을 알게 됐음에도 본서를 펴내게 된 이유다. 마음 속에 있는 이런 의문을 그대로 드러내니 부디 독자의 가르침이 있기를 기대한다. 그러면 삼가 가르침을 받아들일 것이다. 제대로 답변하지 못해 추궁이 더욱 엄해지면 나는 더욱 감사할 것이다.

중화민국 25년(1936) 7월 2일 이종오가 성도에서 쓰다.

제1절

노자와 각 학파의 관계

1) 중국 학술의 3대 시기

중국의 학술이 가장 발달한 시기로 크게 2개 시기를 들 수 있다. 제1시기는 선진시대이고 제2시기는 송대이다. 두 시기의 학술은 모두 창조성이 있었다. 한나라와 위진남북조, 수당대 및 5대의 시기는 선진시대의 학술을 가지고 연구한 것에 불과하고 원명대는 송대의 학술을 가지고 연구한 것에 불과하다. 청대는 한대와 송대의 학술을 이어받아 연구한 시기이다. 이들 시기는 모두 창조성을 결핍하고 있다.

선진시대는 중국 학술이 독립적으로 발달한 시기이다. 송대는 중국 학술과 인도 학술이 하나로 융합한 시기였다. 선진시대의 제자백가에 대해 일반인들은 모두 공자를 대표적인 인물로 생각하고 있으나 사실 공자는 대표로서 부족하고 오히려 노자가 대표가 될 만하다는 사실을 모르고 있다. 송대의 유학에 대해 일반인들은 모두 주희를 대표로 생각하고 있으나 사실 정명도가 오히려 대표가 될 만한 인물이라는 사실을 전혀 모르고 있다.

『도덕경』은 크게 두 부분으로 나눌 수 있다. 노자는 우선 '허虛'를 이루어 '정靜'을 지키고 '뿌리根'로 돌아가 '명命'을 보존하라고 말했다. 이는 출세법出世法을 말한 것이다. 장자와 열자, 관윤자 등이 모두 이 길로 나아갔다. 그는 이같이 말한 바 있다.

"정책正策(올바름을 내세우는 계책)으로 치국하고 기책奇策(기이한 술책)으로 용병한다."

이는 세간법世間法을 말한 것이다. 공자는 '인仁'으로 치국할 것을 주장했고 묵자는 '애愛'로 치국할 것을 역설했다. 신불해와 한비자 등은 '법法'으로 치국할 것을 주장했다. 이는 모두 '정正'으로 치국할 것을 역설했다는 점에서 동일하다. 손자와 오자, 사마양저 등은 '기奇'로 용병했다. 이 모든 사람이 바로 세간법의 길을 걸은 것이다.

『도덕경』은 세간법과 출세법을 하나로 꿴 것이다. 어느 한쪽에 결코 치우치지 않았던 것이다. 그래서 노자를 선진시대의 학술 전체를 대표할 만하다고 말한 것이다.

한나라 명제 때 인도의 불교가 중국에 들어왔다. 위진남북조와 수당대, 오대 등을 거치면서 불교는 더욱 극성했다. 불교는 당시 중국의 고유한 학술과 함께 양대 문파를 형성했다. 정명도가 나오면서 양자를 결합해 하나로 묶어냈다. 이것이 바로 송대의 성리학이다. 이름만 유학이지 사실은 중국과 인도의 학술을 융합해 하나의 새로운 학설을 만들어낸 것이었다.

정명도의 학설이 나오자 다시 양대 학파로 갈라지게 되었다. 하나는 정이천과 주희의 학파이고 다른 하나는 육상산과 왕양명의 학파이다. 송대의 학문은 정명도를 대표로 삼을 만하다고 하는 이유가 바로 여기에 있다.

선진시대의 제자백가는 중국 학술이 독립적으로 발전한 시기였다. 송대의 유학은 중국과 인도의 학술을 하나로 융합한 시기였다. 현대는 이미 제3기로 접어들었다. 세계가 서로 통하고 하늘 끝이 이웃으로 닿아 있는 것이다. 중국과 인도, 서양의 학설이 서로 밀고 당기면서 섞이고 있는 것이다. 자연의 이치에서 볼 때 이 3자는 또 다시 하나로 합쳐져야만 한다.

제3기는 중국과 인도, 서양의 한문이 모두 하나로 융합되는 시기를 말한다. 중국과 인도의 학술이 어떻게 융합되었는지 아는 것은 곧 중국과 서구, 인도 등 3개 학설이 어떻게 융합할 것인지를 안다고 말할 수 있다. 우리가 높은 곳에 올라가 강물이 바다로 빠져들어 가는 것을 바라보는 것과 같이 조감법鳥瞰法에 의해 파악할 수 있다. 이는 학술상의 추세를 추적하다 보면 쉽게 알아낼 수 있다.

2) 『도덕경』은 선진시대 제자백가의 기본서이다

우주의 진리는 혼돈 속에 있는 물건과 같이 처음에는 그저 막연하게만 느껴진다. 후에 어떤 사람이 우연히 산에서 귀한 보석을 찾아내게 되면 사람들이 모두 놀라 이를 캐러 갈 것이다. 이 중에는 금도 있고 은과 동, 철, 주석 등도 나올 것이다. 비록 각자 채굴한 내용은 다를지언정 나름 소득이 있었다는 점에서는 동일하다. 선진시대의 제자백가는 바로 산 위에서 광물을 채굴한 사람들이다. 이들 중 노자가 채굴한 것이 가장 많다고 할 수 있다.

노자는 도가이다. 도가는 사관史官에서 나왔다. 중국은 유사 이래 허다한 학설이 나왔다. 그러다가 노자가 등장하면서 다기한 학설들이 하나의 정리된 이론으로 통합되었다. 그는 춘추시대에 태어났다. 그는 나이가 많았기 때문에 본 일도 많았다. 신분은 주나라 왕실의 '수장지사守藏之史'였다. 이는 국립도서관 관장에 해당하는 것이다. 그는 익명으로 지내면서 바깥일에 관여하지 않았다. 오랜 시간의 연구 끝에 그는 우주의 진리를 발견해냈다.

노자가 고금사의 변화를 하나로 관통할 수 있었던 것은 변화의 법칙을 찾아냈기 때문이다. 그것이 바로 '도道'였다. 도란 말 그대로 길이다. 우주의 만물은 이 길을 가지 않으면 안 된다. 이런 법칙을 책으로 써서 그 이름을 『도덕경』이라고 한 것이다. 지난 일의 변화이치를 알면 장래의 일의 변화양상을 추측할 수 있다. 그래서 "과거의 법칙을 알면 오늘의 현실을 능히 제어할 수 있다"고 말하는 것이다.

노자는 진리의 전체 모습을 확인했다. 후대인이 만일 연구를 한다면 그가 말한 도를 따라 연구하는 것이 좋을 것이다. 그는 선진시대 제자백가 중 당시의 학문을 대표할 만한 학파를 이뤘다고 할 수 있다. 제자백가는 타학설의 일부분을 취해 이를 깎고 다듬어서 하나의 학파를 형성했다.

노자에 앞서 등장했던 황제黃帝와 태공太公, 육자鬻子, 관자管子 등은 『한서』「예문지」에 따르면 모두 도가로 분류돼 있다. 이들은 노자의 선구자들이다. 선진시대에서 가장 나중에 나타나는 사람은 한비자이다. 그는 저서 중에 「해로解老」와 「유로喩老」편을 두었다. 이는 노자의 말을 한 구절 한 구절 해석한 것이다. 그는 노자를 '성인'이라고 불렀다. 한비자의 학문 역시 노자에서 나왔음을 알 수 있다. 여불위呂不韋의 문객들이 편집한 『여씨춘추』 역시 노장사상을 높이 받들었다.

따라서 선진시대의 학설은 철두철미하게 노자를 통해 관통할 수 있다고 말할 수 있다. 노자의 학설은 모든 학설의 기본 줄거리이고 제자백가의 학설은 세부 항목인 셈이다. 제자백가를 자세히 연구하면 제자백가의 모든 학설은 결코 노자의 범주에서 벗어날 수 없음을 확인할 수 있다.

노자의 생존연대와 관련해 일각에서는 공자가 예를 물어본 노자는 춘추시대의 사람이고 『도덕경』을 쓴 사람은 전국시대 사람이므로 두 사람은 각각 다른 사람이라고 말하고 있다. 이는 크게 따질 일이 아니다. 우리는 다만 『도덕경』이 선진시대의 모든 학설을 총괄하고 있다는 사실을 말하면 족한 것이다. 이 책은 선진시대 제자백가의 학설이 나오기 이전이거나 중간 또는 이후에 나왔을 것이다. 어떤 경우든 우리에게는 『도덕경』이 선진시대의 모든 학설을 집대성하여 하나로 꿰고 있다는 사실이 중요하다. 그가 춘추시대에 살았든 전국시대에 살았든 아니면 진나라 때 살았든 아무 상관이 없는 것이다.

노자의 이름과 관련해서도 여러 학설이 있다. 심지어는 노자의 성이 '노老' 라는 주장까지 있다. 내 생각에는 옛 사람의 이름은 반절半切을 사용한 경우가 적지 않다고 본다. 두 글자로 하나의 글자를 나타내면서 그 사람의 두 가지 특징을 한꺼번에 드러낼 수 있었기 때문에 이름 위에는 반드시 성을 붙일 필요가 없었던 것이다.

대략 노자의 경우는 귀가 특이해서 성은 이李 씨인데 이름을 이耳라고 한 듯하다. 그는 스스로 자신의 이름을 숨겼다. 학문을 열심히 연구한 결과 세상 사람들이 그를 보았을 때는 이미 늙은 사람이었다. 학문의 수준이 매우 심오한 데 놀란 사람들은 그의 커다란 귓바퀴에 착안해 '노담老聃' 이라고 부르게 되었다. '담聃' 은 그의 생전의 작호綽號이지 사후의 시호가 아니었다. 그는 생래적으로 백발이었기 때문에 세상 사람들이 그를 보았을 때 당연히 백발이었다.[1]

1. 노자의 성이 이(李) 씨이고 이름이 이(耳), 자가 담(聃)이라는 사마천의 주장에 대해 많은 이론이 제기되어 있는 상태이다. 이종오는 이 주장을 그대로 받아들였으나 북경대 진고응 교수의 '노담설(老聃說)'도 주목할 필요가 있다. 진 교수는 춘추시대 240년 동안에 이 씨 성은 존재하지 않았지만 노(老) 씨는 성은 존재했다고 주장하면서 노자의 성은 노 씨였음에 틀림없다고 단정했다. 그는 '노(老)' 와 '이(李)' 는 발음이 똑같아 훗날 '이' 로 바뀌었다고 주장하면서 '이(耳)' 와 '담(聃)' 역시 그 의미가 비슷하고 고대에는 한 글자였을 것으로 추정했다. 그는 풍우란이 『중국철학사』에서 노담과 이이(李耳)를 둘로 나누어 해석한 것을 비판하

일반 학자들은 그의 이름을 듣고 그에게 가르침을 청했다. 공자도 그를 찾아가 예를 물었다. 모든 사람들은 그의 학설의 일부분을 취해 하나의 학파를 이루었다. 발표되는 즉시 신기한 이론으로 평가받았다. 이로 인해 모든 사람들이 그를 찾아가 학문을 연구했다. 노자는 자신의 이름을 밝히지 않았기 때문에 그의 거취와 생사에 대해 그다지 주의를 기울이지 않았다.

강유위康有爲는 노자의 설법에 의거해 『공자개제고』와 『신학위경고』 등을 지어 세상을 진동시켰지만 사천의 요평廖平의 책은 출간되지 않아 세상의 주목을 받지 못했다. 노자의 나이는 대략 공자에 비해 20-30세 가량 위였을 것으로 추정된다. 공자는 70여 세에 죽었다. 노자는 심신수양을 하여 최고의 나이까지 살았을 것이다. 혹자는 2백여 세까지 살았다고 주장하고 있다. 그가 『도덕경』을 저술할 때는 이미 전국시대로 진입한 때였다. 이 또한 전혀 불가능한 일이 아니었을 것이다.

3) 무위사상의 실천의의

노자의 '무위無爲'에 대해 많은 사람들이 오해를 하고 있다. 『도덕경』은 '유위有爲'를 논한 것으로 결코 '무위'를 논한 것이 아니다. 다만 그는 유위는 무위의 밑에 있는 것으로 생각했을 뿐이다. 그래서 그는 "무위는 무위가 아니다"라고 했던 것이다. 그의 책을 보면 대개 매 구절마다 앞에서는 무위를 말하고 뒤에서는 유위를 말했음을 알 수 있다. 예를 들어 보기로 하자.

면서 노자의 본명은 '노담(老聃)' 또는 '노이(老耳)'임에 틀림없다고 주장했다. 자세한 내용은 진고응 저, 최진석 역 『노장신론』(소나무, 1993), 83쪽 참조.

"자애롭기에 능히 용감할 수 있고, 검소하기에 능히 관대할 수 있고, 천하의 우두머리가 되려 하지 않기에 그 그릇이 클 수 있는 것이다."

용감하기 위해서는 자애에서 출발해야 하고, 관대하기 위해서는 검소함에서 시작해야 하며, 큰 그릇이 되기 위해서는 나서지 않는 데에서 시작해야 한다. 자애와 검소, 나서지 않는 것 등은 무위를 말한다. 이에 반해 능히 용감하고 능히 관대하며 능히 큰 그릇이 되는 것 등은 곧 유위를 뜻한다.

노자는 '영허소장盈虛消長'의 이치를 통찰한 인물이었다. 음양陰陽과 동정動靜은 상호작용이다. 무릇 일이란 반대쪽부터 시작하는 것이다. 노자는 이같이 말했다.

"내가 무위를 하면 백성은 저절로 그렇게 되고, 내가 조용히 있길 좋아하면 백성은 스스로 바르게 되고, 내가 일을 만들지 않으면 백성은 저절로 부자가 되고, 내가 욕심이 없으면 백성은 스스로 검박해진다."

여기서 호정好靜과 무사無事, 무욕無欲 등은 무위를 뜻하는 것이고 민정民正과 민부民富, 민박民樸 등은 유위를 말한 것이다. 그가 "약한 것이 강한 것을 이기고 부드러움이 딱딱함을 이긴다"고 말한 구절 중 약함과 부드러움은 무위를 말한 것이고, 강한 것과 딱딱한 것은 유위를 뜻한 것이다. 『도덕경』에 나오는 숱한 구절은 바로 이런 논법에 따른 것이다. 이는 "무위는 무위가 아니다"라는 그의 주장을 실증한 것이라고 할 수 있다.

노자가 말한 무위는 자연의 이치를 따르는 것으로 인간 자신의 주관적 의지를 가미하지 않는 것을 말한다. 당위當爲는 곧 유위이고, 당불위當不爲가 바로 무위이다. 따라서 '당위의 불위'는 자연에 반하는 것으로 유위에 불과할 뿐 결코 무위가 될 수 없다. 왕필王弼이 주석을 단 『도덕경』은 바로 이와 같은 견해를 담은 것이다. 그는 『도덕경』 제27장을 주석하면서 이같이 말했다.

"반드시 자연에 맞게 행해야 한다. 만드는 것도 시작하는 것도 없다."

그는 제29장에 주석을 달면서 이같이 말하기도 했다.

"만물은 자연으로 본성을 삼는다. 고로 그대로 두기는 해도 더할 수는 없는 것이고 통하기는 해도 가질 수는 없는 것이다. 만물은 항상 본성이 있으니 유위를 더하면 반드시 패하게 되어 있다. 만물은 서로 왕래하는 것이니 가지려고 하면 반드시 잃게 되는 것이다."

이야말로 노자가 말하고자 한 바를 정확히 지적한 것이 아닐 수 없다. 노자는 "만물의 자연스러움을 돕기는 할 수 있으나 감히 유위를 더할 수 없다"고 갈파한 바 있다. 이는 『음부경』에 실려 있는 이런 구절과 통하는 것이다.

"성인은 자연의 이치를 알기에 이를 위반하지 않는다. 이로 인해 상대방을 제압할 수 있는 것이다."

이는 『주역』에서 말하는 "천지의 본체를 만들고 천지의 뜻을 돕는다"는 구절과 상통하는 것이기도 하다.

한나라 건국 초기 조참曹參이 재상이 되어 매일 술을 먹었다. 그는 아무 일도 하지 않으면서 스스로 말하길 "만물의 자연스러움에 더 이상 보탤 것이 없다"고 했다.[2] 노장의 사상이 과연 이런 것일까? 노자는 말한다.

2. 조참은 원래 한고조 유방의 근위대장으로 활약한 인물로 유방의 천하통일 이후 제(齊)나라의 재상으로 임명되었다. 조참은 임지에 부임하자마자 나라 안의 학자들을 모아놓고 정치의 요체가 무엇인지를 물었다. 그러나 학자들마다 서로 다른 얘기를 해 뭐가 뭔지 요령부득이었다. 이 때 어떤 곳에 노장학을 연마한 노인이 있다는 소문을 듣고 그를 초청해 가르침을 청했다. 노인은 "치도는 청정(清淨)을 중히 하니 이를 시행하면 스스로 안정된다"고 가르쳤다. 조참은 노인의 가르침대로 제나라를 다스려 명재상이라는 칭송을 받게 되었다. 조참은 중앙조정의 재상으로 발탁되어 제나라를 떠날 즈음 후임 재상에게 이런 말을 하고 떠났다. "재판과 시

"아름드리 나무도 털끝 같은 데서 나온 것이고, 9층의 누대도 땅 위에 세운 것이고, 천리의 길도 한 걸음부터 시작한 것이다."

노자는 우주만물의 이치를 분명히 간파하고 있었던 것이다. 배를 젓는 사공은 물길을 훤히 알기 때문에 가벼이 배를 저어 나아간다. 배 역시 그저 평온하게 나아갈 뿐이다. 이것이 바로 무위인 것이다. 이는 "용병을 잘하는 자는 혁혁한 공을 탐하지 않는다"고 말한 이치와 같다. 조참은 왜 이런 방법을 택한 것일까?

한나라의 문제와 경제 때에 노장의 통치술이 행해졌다. 그러나 단지 그 껍데기만 취해졌을 뿐이다. 당시의 통치술은 "없는 곳에서 행해지고 난이 일어나기 전에 다스려진다"는 차원까지는 나아가지 못했던 것이다. 이로 인한 폐단 또한 적지 않았다. 다만 정치적인 깨끗함 등에서는 3대 이래 최고의 시기이기는 했다. 노장 이론의 위대함을 가히 짐작할 수 있는 대목이다.

4) '도가 사라진 뒤 덕이 나타났다'는 구절의 의미

노자는 말했다.

"도道가 사라진 뒤 덕德이 나타났고, 덕이 사라진 뒤 인仁이 나타났고, 인이 사라진 뒤 의義가 나타났고, 의가 사라진 뒤 예禮가 나타났다."

장, 이 두 가지에 모쪼록 만전을 기하도록 하시오. 재판과 시장은 모두 선과 악이 모여드는 곳이오. 단속을 엄히 하면 몸을 둘 곳이 없는 악인들은 좋지 못한 짓을 시도하게 되어 나라 근심의 씨앗이 될 것이오." 조참의 예를 통해 한나라 초기 노장학이 얼마나 성행했는지를 대략 짐작할 수 있다. 이종오가 조참을 예로 든 것은 조참이 선과 악을 허용하면서 중요한 곳만을 제압하면 된다는 노자의 통치사상을 신봉한 대표적인 정치인이었기 때문으로 보인다.

이를 '유流' 자를 동원해 풀이하면 "도가 흘러 덕이 되고, 덕이 흘러 인이 되고, 인이 흘러 의가 되고, 의가 흘러 예가 된다"고 볼 수 있다. '도·덕·인·의·예'는 하나로 꿸 수 있는 것이다. 천지만물에는 하나의 법칙이 있으니 그것은 곧 길道을 가는 것에 비유할 수 있다. 우리는 이런 법칙을 알고 있다. 이를 마음으로 체득한 것을 '덕'이라고 하고, 사람에게 시행하는 것을 '인'이라 한다. 인을 적의하게 적용시키는 것을 '의'라 하고, 여기에 장식을 가한 것을 '예'라고 한다. 만일 예를 지키지 않는 사람을 보면 어떻게 해야 할까? 이 때는 형刑을 가해야 한다. 만일 형을 두려워하지 않는 사람이 있으면 어찌 해야만 할까? 이 때에는 군사를 동원해야만 한다.

따라서 우리는 노자의 말에 뒤이어 이같이 말할 수 있다.

"예가 사라진 뒤 형刑이 나타났고, 형이 사라진 뒤 병兵이 나타났다."

바꿔 말해 예가 흘러 형이 되고 형이 흘러 병이 된 것이다. 결국 도덕에서 무력에 해당하는 병에 이르기까지 모두 하나로 꿸 수 있는 것이다.

노자는 천지 만물변화의 궤도를 통찰하고 있었던 셈이다. 그는 이를 마음으로 체득했기 때문에 도덕을 논한 것이다. 공자는 노자를 만나본 뒤 깨달은 바가 있어 사람에 대한 연구를 거듭한 끝에 인을 찾아냈다. 그가 인을 강조한 이유가 여기에 있다.

맹자는 공자의 뒤를 이어 의를 내세웠다. 그가 인을 얘기할 때마다 반드시 의를 덧붙이는 이유가 여기에 있다. 순자는 맹자의 뒤에 태어나 예에 주목했다. 한비자는 순자에게서 예를 배우면서 예로는 사람을 다스릴 수 없다고 생각해 형을 생각해냈다.

세상 사람들은 형이 도덕에서 흘러나온 것을 알고 그 책임을 노자에게 돌리면서 법가의 사상이 각박하고 은혜가 적은 것은 모두 노자에게서 비롯된 것이라고 비난했다. 그러나 그들은 중간에 도덕이 흘러 인의가 되었고 인의에서 형이 나오게 되었다는 사실을 전혀 모르고 있다. 인의는 무죄이고 도덕은 유죄라고 말하는 것은 잘못이다. 공자는 이같이 말한 바 있다.

"도道에 뜻을 두고, 덕德에 머물고, 인仁에 의지하고, 예藝에서 노닌다."

이는 도덕 및 인의의 순서를 차례로 말한 것이다. 그러나 훗날 한유는 순서를 이같이 바꿔놓았다.

"박애를 인이라 한다. 인을 행하는 것이 올바로 적용되는 것을 의라 한다. 여기에서 인의를 어떻게 행하는가 하는 것을 도라 하고, 그 도를 밖에서 찾지 않고 스스로에게서 찾는 것을 덕이라 한다."

한유는 도덕을 인의의 밑에 놓음으로써 그 순서를 완전히 뒤바꿔 놓았던 것이다. 노자는 이같이 말한 바 있다.

"무릇 예라고 하는 것은 충신忠信이 얇아진 것으로 난이 일어나는 발단이다."

노자의 이 주장은 세상 사람들로부터 통렬한 비난을 받은 것이기도 하다. 그러나 이는 노자의 뜻을 오해한 데 따른 것이다. 도가 흘러 덕이 되고, 덕이 흘러 인이 되며, 인이 흘러 의가 되고, 의가 흘러 예가 되며, 예가 흘러 형이 되고, 형이 흘러 병이 된다는 이치를 제대로 파악하지 못한 소치가 아닐 수 없다.

이는 자연의 추세로 어린아이가 소년이 된 후 장년과 노년을 거쳐 죽게 되는 과정과 일치한다. 그는 도덕이 흘러 예가 된 뒤 마침내는 형과 병이 된다는 사실을 통찰하고 있었던 것이다. 그래서 그는 예가 바로 난의 발단이 된다고 지적한 것이다. 이같이 자연의 이치를 얘기한 사람이 무슨 죄가 있단 말인가?

죽지 않으려면 영아의 단계로 돌아가야 한다. 난을 구하기 위해서는 무위의 단계로 회귀해야 한다. 영아는 무지無知와 무욕無欲의 단계에 있다. 이는 반수면 상태에 준한다. 현대에도 수련을 하는 사람으로서 무지와 무욕의 단계에 들어갈 것을 주장하지 않는 사람이 없다. 이는 결국 반수면 상태에 들어가는 것을 의미하는 것과 다름없다. 영아의 '반수면' 상태는 말 그대로 자연 그대로이다. 수련하는 사람들이 반수면 상태에 들어가는 것은 인공적이지만 이들 모두 영아의 상태에 진입할 것을 바란다. 영아의 단계에 들어가야만 죽지 않을 수 있듯이 무위로 복귀해야만 난을 구할 수 있는 것이다.

국가가 예를 통해서도 다스릴 수 없는 단계에 이르면 부득이 형벌을 구사하지 않을 수 없다. 이 또한 통하지 않으면 무력을 동원하지 않을 수 없다. 따라서 예를 사용하는 단계에 이르면 곧 혼란의 싹이 나타나기 시작했다고 볼 수 있다. 노자가 예를 난의 발단이라고 지적한 이유이다. 그렇다면 이를 어떻게 피할 수 있는 것일까? 노자는 이같이 말했다.

"그 싹이 커지려고 하면 나는 무명無名의 질박함으로 이를 진압하겠다."

그는 난의 기운이 비록 움직이려 할지라도 무위라는 두 글자로 얼마든지 신압할 수 있다고 주장한 것이다. 노자가 무위로써 유위를 제압할 수 있다고 주장한 것은 결코 공허한 얘기가 아니다. 이는 역사적 사실로 얼마든지 증명할 수 있다.

춘추전국시대는 천하대란의 시기였다. 진나라 때에 들어와 인심이 험악해지고 도적이 횡행했다. 이는 현재의 시국과 다를 바 없다. 2세 황제는 엄형으로 이를 다스리려고 했다. 그러나 난은 더욱 기승을 부리게 되었다. 한나라 초기에 이르러 유방의 참모 장량과 진평은 노장을 공부한 사람들이었다. 조참은 노장을 이용해 혜제를 보필했다. 문제文帝와 경제景帝도 노장을 이용했다. 그러자 민심이 홀연히 질박해졌다. 이는 3대三代의 모습과 닮은 것이었다. 이것이 바로 무명의 질박함으로 난의 싹을 제거한 실례인 것이다.

우리는 여기서 노자가 말한 '무위로의 복귀'가 바로 난을 제압하는 묘법임을 알 수 있다. 영아로 돌아가는 것은 영원히 늙지 않는 비법이고 무위로 돌아가는 것은 영원히 다스리는 비법이다.

여기서 알 수 있듯이 도덕이 본류이고 병兵은 말류이다. 노자는 여러 차례 병을 얘기했지만 결코 폐지하라고 말한 적이 없다. 그런데 그는 왜 예를 폐지하라고 한 것일까? 그는 이같이 말했다.

"도로써 주군을 보좌하는 자는 가히 병으로써 천하를 다스릴 수 있다."

노자는 또 이같이 말하기도 했다.

"무릇 자애로써 싸우면 반드시 승리한다."

자애는 곧 인이다. 용병을 하면서 인을 생각하면 절대 궁한 경지에 이르지 않게 된다. 형을 사용하면서 인을 생각하면 긍휼히 여기는 마음이 일게 된다. 예를 행하면서 인을 생각하면 인간적인 깊은 정을 보여주게 되어 결코 형식에 치우친 '도사허문徒事虛文'(헛일과 헛글)에 이르지 않는다. 인의를 행하면서 도덕을 생각하면 격양가를 부르는 태평성세에 도달할 수 있다. 노자는 용병을 하는 경우조차 그 본원을 생각했다. 이를 통해 우리는 노자는 본원을 생각하지 않은 적이 한번도 없었다는 사실을 분명히 확인할 수 있다. 노자는 이같이 말했다.

"병이라는 것은 상서롭지 못한 것으로 군자가 쓸 기물이 아니다. 부득이한 경우에 한해 쓸 수 있을 뿐이다. 군자는 담박한 것을 즐기는 것으로 기본을 삼아야 한다."

노자는 병을 사용한 뒤에는 반드시 흉한 일이 일어난다는 것을 분명히 알고 있었다. 용병은 예를 사용한 뒤 부득이할 경우에 한해 구사해야만 한다. 여기서 노자는 결코 예를 폐기하지 않았음을 알 수 있다. 공자가 노자를 찾아가 예를 물은 것도 바로 이 때문이다. 노자는 용병의 폐단을 잘 알고 있었기 때문에 병을 자주 얘기하고, 예의 폐단을 잘 알고 있었기 때문에 인위적인 예를 자주 언급한 것이다.

형과 병을 사용할 때에는 도로써 보좌해야만 한다. 자애로써 행해야만 백성들의 기풍이 질박한 데로 복귀할 수 있는 것이다. 장자는 "인에서 도를 빌리고 의에 의탁해 머물며 허虛에서 소요하며 노닌다"고 말한 바 있다. 여기서 우리는 형과 병을 사용할 때조차 '형에서 도를 빌리고 병에 의탁해 머문다'라는 진리가 통용됨을 알 수 있다. 노자의 예에 대한 언급은 "예란 옥백玉帛을 말하는 것이다"라고 한 공자의 언급과 동일한 내용임을 알 수 있다.

5) '절성기지(絶聖棄智)'의 작용

노자는 이같이 말한 바 있다.

"성聖과 지智를 버리게 되면 백성의 이익은 1백 배가 되고, 인의를 버리면 백성은 다시 효성스럽고 자애로워지며, 교묘함과 이익을 버리면 도적이 끊기게 된다."

그는 또 이같이 말하기도 했다.

"천지가 불인不仁하면 만물이 추구芻狗가 되고, 성인이 불인하면 백성이 추구가 된다."[3]

그의 이런 구절도 마찬가지 뜻을 담고 있다.

3. '추구'는 짚으로 만든 개를 말한다. 고대 중국에서는 제사를 지낼 때 '추구'를 썼다.

"대도大道가 폐해지면서 인의가 나왔고, 지혜를 존중하면서 큰 거짓인 대위大僞가 횡행하게 되었다."

노자의 이런 언급은 세상 사람들의 비난의 표적이 되었으나 이 또한 그의 말을 오해한 데 따른 것이다. 노자는 사람들에게 자신의 생각을 버릴 것을 주장했다. 무지무욕의 경지에 도달하기 위해서는 우주자연의 이치를 통찰할 필요가 있다고 역설한 것이다. 우주만물은 모두 자연의 이치를 좇아 순행하게 되어 있다. 만일 '성'과 '지'를 버리지 않으면 개인의 의견에 좇을 수밖에 없고, 결과적으로 자연의 이치에 반하게 된다는 지적인 것이다.

송대의 유학자는 바로 이런 병통을 앓았다. 그 폐해는 말할 것도 없이 컸다. 그들은 이같이 말한 바 있다.

"아낙이 굶어죽는 일은 작은 일이나 정절을 잃는 일은 큰일이다."

낙당洛黨과 촉당蜀黨의 분당도 이런 병통이 현실로 드러난 사례가 아닐 수 없다. 그들이 말하는 소위 '이理'는 완전히 개인적인 견해에 불과한 것이었다. 대동원戴東原은 이같이 말한 바 있다.

"송대 이후의 유학자들은 자신의 의견을 마치 성현의 말을 제대로 해석한 것으로 강변했다. 천하의 일조차 소위 '이'를 내세워 강단强斷하여 행했다."

그는 또 이같이 신랄하게 비판했다.

"소위 '이'라고 하는 것은 혹리酷吏들이 말하는 법과 같은 것이다. 혹리들이 법을 내세워 살인을 했다면 유학자들은 '이'를 내세워 살인을 자행했다."

대동원의 이런 지적은 송유들의 병폐에 대한 정문의 일침이 아닐 수 없다. 만일 송유들이 노자의 말을 따랐다면 이런 병통을 드러내지는 않았을 것이다.

무릇 사람은 자연의 이치를 능히 깨우칠 능력을 가지고 있다. 4계의 운행이나 만물의 탄생 등이 그러하듯이 인의는 굳이 얘기하지 않더라도 그와 같은 자연의 이치 속에 녹아 있는 것이다. 『장자』는 온통 이런 이치를 설파한 내용으로 가득 차 있다. 소동파는 『도덕경』을 주석하면서 이같이 말했다.

"대도가 융성하게 되면 인의는 그 안에 있는 것이지만 백성들은 이를 모른다. 대도가 폐해진 뒤에야 인의를 보게 되기 때문이다. 세상 사람들은 도가 만물을 능히 굽어볼 수 있다는 사실을 모르고 지혜를 통해 이를 보려고 한다. 이로 인해 백성들은 거짓으로 보답하려고 한다. 육친의 화목에 누가 자애를 얘기하지 않고 국가의 통치에 누가 충신을 자처하지 않는가? 요임금이 불효를 한 것은 아니지만 유독 순임금만이 효자로 칭송되는 것은 고수瞽瞍가 있었기 때문이다. 이윤과 주공이 불충한 것은 아니었지만 유독 용봉龍逢과 비간比干이 거론되는 것은 걸주桀紂가 있었기 때문이다. 물이 마른 연못의 고기들이 거품으로 입김을 불어 서로 위로하고 습기로써 서로 적셔주는 것은 강호에서 서로를 잊고 사는 것만 못한 것이다."

소동파의 이와 같은 해석은 노자의 본의를 제대로 파악했기 때문에 가능한 것이다. 한유는 노자가 인의를 가볍게 보았다고 주장했다. 그러나 소동파의 글을 보면 노자가 어찌 인의를 가볍게 보았다고 할 수 있겠는가?

진나라의 학정이 극심할 당시 이사와 조고는 지술智術로써 천하를 통치하고자 했으나 반란이 사방에서 일어나게 되었다. 이는 "지혜가 나오자 큰 거짓이 횡행하게 되었다"는 주장을 실증한 사례가 아닐 수 없다.

노자는 '성'과 '지'를 버렸다. 이는 천지조화와 상통하는 것으로 지극히 높은 경지가 아닐 수 없다. 공자는 마음으로 알고 몸으로 실천했지만 단지 마음 속으로만 이해한 것이어서 이를 말할 수가 없었다. 이로 인해 스스로 할 수는 있어도 사람들에게 이를 요구할 수가 없었다. 공자는 인성과 천도를 논하지 않았다. 이는 그가 이를 생각지 않았기 때문이 아니라 말할 수가 없었기 때문이었다. 공자는 이같이 말한 바 있다.

"하늘이 무슨 말을 하던가? 사시가 운행하고 만물이 소생하는 데 하늘이 무슨 말을 하던가?"

이를 통해 공자와 노자의 이론은 원래 서로 통하는 것이었음을 알 수 있다. 공자가 두 번이나 "하늘이 무슨 말을 하던가"라고 한 것은 노자가 "있는 듯 없는 듯하구나, 사물이 그 안에 있다"라고 말한 것과 완전히 일치한다. 소동파도 이같이 말한 바 있다.[4]

"도라는 것은 표현할 수가 없다. 단지 비슷하게 말할 수 있을 뿐이다. 이는 비슷한 것을 통해 그 실체를 보는 것과 같다. 애매하게 느껴지는 것은 비슷한 것을 통해 거짓에 빠졌기 때문이다."

소동파는 도의 실체를 알았다고 할 수 있다. 명대의 이탁오李卓吾는 소동파를 칭송하여 이같이 말했다.[5]

4. 『도덕경』에 나오는 '황홀(恍惚)'에 대해서는 여러 가지 해석이 있으나 북경대 진고응(陳鼓應) 교수가 주장한 바와 같이 "있는 듯하기도 하고 없는 듯하기도 하다"라는 해석이 노자의 생각과 가장 부합한 듯하다.

5. '이탁오'는 명대 말기에 양명명의 분파인 급진적인 태주학파(泰州學派)에 속해 있으면서 금욕주의와 신분차별을 강요하는 주자학의 예교(禮敎)를 강력 부정하고 인간성을 옹호하는 혁신적인 주장을 전개한 기인이었다. 그의 '동심설(童心說)'은 독서견문(讀書見聞)으로 물들지 않은 어린아이의 맑고 깨끗한 마음을 가장 가치 있는 것으로 간주하는 견해이다. 자연 그대로의 인간의 마음이 존중되어야 하고, 인욕은 가식 없이 그대로 긍정되어야 한다고 강조했다. 그는 육경(六經)을 모두 사서(史書)로 간주하는 소위 '경사일물(經史一物)'을 주장했다. 『서상기(西廂記)』와 『수호전』 등의 문학도 전래의 '경사(經史)'와 어깨를 나란히 하는 최고 문학으로 극찬했다. 진시황을 천고의 명군으로 칭송하고 5대10국 당시의 풍도

"노자를 해석한 사람이 매우 많았으나 오직 소동파만이 뛰어나다고 할 수 있다."

천지조화와 만물변화의 오묘한 이치를 아는 것은 마음과 우주가 하나로 합치되지 않으면 불가능하다. 그같이 되려면 어떻게 해야만 할까? 공자의 문도들은 가장 간단한 하나의 방법을 전해왔다. 그것이 바로 '양지양능'이다. 이들은 사람들에게 자신의 양심을 통해 판단하여 옳다고 판단되면 선한 것이고 그르다고 판단되면 악한 것으로 간주하라고 가르쳤다. 이들은 악의 염두念頭는 즉각 제거하고 선의 염두는 보존시키는 것이 필요하다고 주장했다. 이것이 바로 『대학』에서 말하는 성의誠意 학습이다.

이런 염두는 우주자연의 이치와 서로 합치하는 것이었다. 왜냐하면 인간은 우주의 한 분자이기 때문이다. 우리들이 최초로 갖게 되는 염두에는 사견이 개입될 여지가 없다. 곧바로 우주 본체로부터 온 것이라고 할 수 있다. 이런 염두를 계속 고찰하게 되면 우주의 본체가 두 개의 것이 아니라는 사실을 알 수 있다. 나아가 이를 실행에 옮기면 '수신제가치국평천하'도 가능한 것이다. 이런 방법이 어찌 극히 간단한 것이 아니겠는가? 이런 방법으로 하면 우리들이 하는 일이 자연의 이치와 합치되는 것 또한 그리 어려운 일이 아닌 것이다.

그러나 문제는 어느 것이 선이고 어느 것이 악인가 하는 것을 구별하는 일이 쉽지 않다는 데 있다. 이로 인해 공자의 문도들은 또 하나의 극히 간단한 방법을 찾아냈다. 그들은 사람들로 하여금 한가할 때 눈앞에 있는 사물을 자세히 연구하여 무엇이 선이고 악인지를 파악하라고 주문했다.

(馮道)를 최고의 재상으로 받들었다. 남녀평등을 역설하는 등 혁신적인 주장을 펼치다가 이내 탄핵을 받고 투옥된 후 옥중에서 자진하고 말았다. 『분서(焚書)』와 『장서(藏書)』 등의 명저가 있다.

이런 분별이 명백해졌을 때 이런 일념을 계속 확장하게 되면 곧 선악을 능히 구분하게 된다고 주장했던 것이다.

공자의 문도들이 얘기한 '정심성의正心誠意'와 '격물치지格物致知'는 이와 같이 극히 간단한 것이었다. 필부필부들도 쉽게 할 수 있는 일을 송명대의 유학자들은 그처럼 어렵고도 어렵게 해석해 놓은 것이다. 주희는 아무 근거도 없이 '격물치지'의 한 장을 삽입시킨 뒤 이같이 말했다.

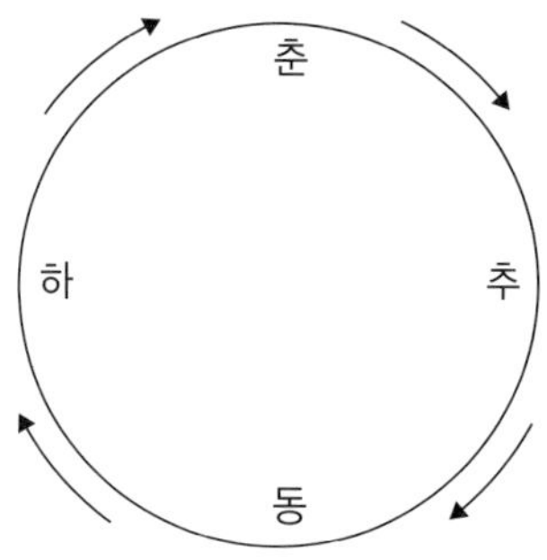

(도표 1) 노자영허순환도(老子盈虛循環圖)

"오랫동안 힘을 다하게 되면 어느 새 갑자기 앞이 확 트이듯이 그 이치를 관통하게 된다. 사물의 표리와 정조精粗에 대해 깨치지 못하는 게 없게 된다. 그러면 내 마음의 전체가 크게 쓰이게 되니 밝지 않은 것이 없게 된다."

이는 선가에서 말하는 '돈오頓悟'에 다름 아니다. 이 어찌 『중용』에서 말하는 "필부필부라도 능히 알 수 있고 할 수 있다"고 한 내용과 배치되는 것이 아니겠는가? 우리가 만일 '정심성의'를 '양심판단' 또는 마음에 물어보아 부끄러움이 없는 '문심무괴問心無愧'라는 말로 바꾸게 되면 어떤 사람도 바로 이런 경지에 쉽게 도달할 수 있다.

6) '영허소장'의 이치

노자의 학설은 본래 '영허소장盈虛消長'에 기초한 것이다. 어떤 것이 '영허소장'인가? 그림을 그려 설명해 보기로 하자. 그림에 나오듯이 '허'

는 '장'으로 가고 다시 '영'과 '소'로 이어져 그 순환이 그치지 않게 된다. 우주만물이 모두 이 궤도를 따라 돈다. 하늘의 이치로 얘기하면 '춘하추동' 역시 이 궤도를 따라 도는 것이다. 국가의 '흥쇠성패興衰成敗'도 여기서 벗어나지 않는다. 통상 말하는 "빈천이 근검을 낳고, 근검은 부귀를 낳으며, 부귀는 교만과 사치를 낳고, 교사驕奢는 음일淫佚을 낳으며, 음일은 빈천을 낳는다"고 하는 것도 이 이치를 말한 것이다.

노자의 학문은 순전히 '허'에서 출발하고 있다. 노자는 '영'이 되는 것을 크게 경계하고 있다. '허'는 수축이 극한점에 이른 것이고 '영'은 발전이 극한점에 이른 것을 말한다. 사람이 능히 '허'에 설 수만 있다면 가만히 있으면 된다. 한번 움직일 때마다 발전하게 되니 이를 '장'이라고 한다.

만일 '영'의 위치에 있게 되면 곧 '소'자가 뒤따르게 된다. 이는 만고불변의 진리이다. 노자가 "날개를 접으려면 반드시 일시 크게 펼쳐야 되고, 빼앗으려면 반드시 일시 주어야 한다"고 말한 것도 바로 이 원칙에 입각한 것이다. 이 원칙은 세상의 모든 일에 그대로 적용될 수 있다. 와트가 증기를 발명하여 각종 공업에 적극 활용된 것에 비유할 수 있는 것이다.

7) 노자의 병법

노자는 '영허소장'의 원리를 군사원리에도 적용했다. 이로 인해 하나의 절묘한 병법을 만들었다. 그가 병에 대해 말한 것을 깊이 연구하게 되면 그 오묘한 운용 이치를 깨치게 될 것이다. 그는 이같이 말했다.

"도로써 주군을 보필하는 자는 강병으로 천하를 제패하지 않는다."

그는 또 이같이 말했다.

"무릇 병兵이라 함은 상서로운 것이 아니니 부득이한 경우에 쓰는 것이다."

이런 얘기도 마찬가지 이치를 말한 것이다.

"강건한 자는 죽음의 무리이고 유약한 자는 삶의 무리이다. 병을 강하게 한 자는 승리할 수 없다."

이런 언급을 통해 노자의 용병은 어디까지나 자위를 위한 것임을 알 수 있다. 부득이할 때 사용하되 자애를 위주로 삼는 것이다. 자애는 두 가지 뜻을 내포하고 있다. 하나는 자신의 인민이 적에 의해 죽임을 당할까 두려워하는 것이다. 다른 하나는 적의 인민이 아군에 의해 죽임을 당할까 두려워하는 것이다. 그래서 감히 병을 움직이지 않는 것을 위주로 하는 것이다.

만일 적이 침공해 들어오면 나도 비로소 일어나 싸우게 된다. 이 경우도 비록 일어나 응전을 하지만 감히 가벼이 개전을 하지는 않는다. 이는 "적을 가볍게 여기는 것이 나의 보물을 얼마나 상하게 하는지 아는가"라고 말한 것과 맥락을 같이 한다. 여기의 보물은 '3보三寶' 중의 하나이다.

자애는 보물 중의 하나이다. 가벼이 개전하는 것은 자애롭지 못한 것이다. 이는 곧 1보를 잃는 것이다. 나는 비록 개전을 하지 않지만 적이 필히 침공해 오면 어찌 해야만 하는가? 노자는 수비하라고 가르쳤다. 만일 적이 맹공을 퍼부어 버티기가 힘들 경우에는 어떻게 해야만 하는가? 노자는 후퇴하라고 가르쳤다. 차라리 1척을 뒤로 물릴지언정 1척이라도 앞으로 나아가서는 안 된다고 강조했다.

만일 더 이상 퇴각할 수 없는 지경에 이르러 적은 계속 공격을 퍼붓고 군사들이 속수무책으로 죽게 될 경우 이는 자애롭지 못한 상황이 극한점에 달한 것에 해당한다. 이 때야말로 싸우지 않으면 안 되는 시점이 된다. 이제까지 한 발 한 발 모두 양보함으로써 극력으로 수렴을 도모했지만 수렴이 극한점에 달한 이 시점이야말로 폭발하지 않을 수 없는 것이다. 아군은 적을 죽이지 않으면 활로가 없게 된 이 상황에서 비분강개하며 뛰쳐나가게 되는 것이다. 이것이 바로 '슬퍼하는 자가 이긴다'는 이치인 것이다. 적병은 이미 강한 것이 극한점에 달해 패할 수밖에 없다. 이것이 바로 병법의 오의奧義이다. 그래서 '기책으로 용병한다'는 말이 나온 것이다. 한신이 배수진을 친 것은 바로 이 이치를 응용한 것이다.

손자는 노자의 이론에 기초해 13편에 달하는 『손자병법』을 지었다. 그가 주장한 숱한 병법 이론은 모두 노자가 말한 것을 토대로 하여 만든 것이다. 그 방법은 완전히 동일하다. 모두 처음에는 힘을 수렴했다가 후에 폭발시키는 이치에 근거하고 있다. 손자는 "장군의 일은 정靜(고요함)을 유幽(그윽함)하게 하는 데 있다"고 했다. '정靜'은 노자가 늘 사용하는 것이다. '유幽'는 노자가 사용하는 '현玄'과 '묘杳' 및 '명冥'자를 합쳐 만든 말이다. 이를 통해 손자의 병법 역시 노자에서 나온 것임을 알 수 있다.

다만 노자는 자애를 위주로 삼아 자위와 부득이한 경우에 한해 용병을 하라고 주문한 데 반해 손자는 권모에 기초해 적을 사지에 빠뜨리는 등의 격전激戰을 통한 승리를 주장한 것이 다르다고 할 수 있다. 손자는 노자가 말한 '이기용병'의 '기奇'자를 그 극한점까지 추구했다고 볼 수 있다.

무릇 모든 학설은 여러 지파를 가지게 마련이다. 최초의 학설을 잡아당겨 늘이고 확대하는 과정을 통해 새로운 하나의 학파를 형성하는 것이다. 노자의 '청정무위' 사상은 심지어 병가들까지 원용한 데서 알 수 있듯이 세상의 모든 일에 그대로 적용된다. 이는 노자의 이론이 우주의 진리를 통찰한 데 따른 것이다. 그의 이론은 적용되지 않는 곳이 전무하다고 해도 과언이 아닌 것이다.

8) 『사기』의 「노장신한열전」이 나오게 된 배경

『한비자』 「주도主道」편에는 "허정虛靜으로 대령待令한다"는 표현이 나온다. 이 밖에도 "명군은 무위를 최상으로 삼는다"는 표현도 나온다. 여기서 말하는 '허정虛靜'은 노자 이론의 정수를 지칭한 것이다. 그가 주장하는 법치도 사실은 노자가 말하는 자연의 이치에서 비롯된 것이다. 이는 그의 이런 주장에 극명하게 나타나고 있다.

"명군이 상을 행하는 것은 마치 때맞춰 비가 내려 백성들이 고루 그 혜택을 받는 것과 같다. 형을 집행하는 것은 마치 벽력이 치듯이 신조차도 이를 어찌 할 수 없는 것과 같다. 공이 있으면 비록 비루한 자일지라도 상을 내리고 잘못이 있으면 비록 애첩일지라도 반드시 벤다."

매사를 법률에 따라 행하는 것은 추호도 사심이 없음을 의미한다. 이는 노자가 말한 자연의 이치를 그대로 이어받은 것이다. 노자는 '허정'과 '무위'를 얘기했다. 한비자도 똑같은 얘기를 했다. 노장의 주장이 그대로 법가사상가에게 전해진 것이다. 양자는 서로 하나로 통하고 있다. 사마천이 노장과 신불해 및 한비자를 같은 열전에 실은 이유가 바로 여기에 있다.

후세 사람들은 그 이유도 모르고 사마천을 욕하고 있다. 사마천 부자는 노장사상에 조예가 깊었다. 한비자는 비록 노자의 사상에 그 근원을 두고 있으나 신불해 등의 이론을 확대해 자신의 독창적인 이론을 정립했다. 노자의 입에서 나온 어떤 평범한 얘기도 한비자의 입을 걸러서 나오게 되면 늠연하면서도 두려운 내용을 담게 된다. 한비자가 새로운 학파를 정립하게 된 이유이다.

장자와 한비자는 같이 노자를 숭봉했으면서도 한 사람은 '출세出世'

를 얘기했고 한 사람은 '입세入世'를 얘기했다. 그 길만큼은 정반대일지언정 그 근거만큼은 모두 '무위'에 두고 있다. 장자는 일마다 모두 방임하는 자세를 취했다. 말 그대로 무위라고 할 만한 것이었다. 이에 대해 한비자는 일마다 모두 간섭할 것을 주장했다. 그런데 이런 입장이 어떻게 해서 무위와 맥을 같이 하는 것일까?

장자는 자연의 이치에 순응할 것을 강조하면서 털끝만큼도 자신의 입장을 개입시키는 것을 반대했다. 한비자는 자연의 이치에 순응할 것을 강조하면서 법률의 실행에 털끝만큼도 사적인 감정을 개입시키는 것을 반대했다. 한비자의 주장이 무위에 기초했다고 말할 수 있는 이유가 바로 여기에 있다. 여기에는 유가가 말하는 의친議親(친소를 가림)과 의귀議貴(귀천을 가림)의 논리가 완전히 배제되어 있다. 법가의 사상이 각박하면서 은혜가 적다는 지적을 받는 이유가 여기에 있다. 한비자는 이같이 말한 바 있다.

"우리를 만들어 놓은 것은 쥐를 방비하기 위한 것이 아니라 겁약한 사람이 능히 호랑이를 제압하기 위한 것이다."

이를 통해 우리는 한비자가 법을 세울 것을 주장한 것은 대국적인 견지에서 나온 것임을 알 수 있다. 한고조 유방은 노장사상에 정통한 장량을 참모로 삼았다. 그가 함곡관咸谷關을 넘어 함양으로 쳐들어갈 때 장량이 이같이 말했다.

"진나라의 가법苛法(가혹한 법)을 없애고 약법3장約法三章만 발표하십시오. '살인자는 죽이고, 사람을 상하게 한 자는 벌을 받고, 도적질을 한 자도 벌을 받는다.'"

'가법'은 곧 쥐를 잡는 것을 말한다. '약법3장'은 곧 우리를 만들어 호랑이를 제압하는 것을 의미한다. 이는 명백히 법가의 통치술을 원용한 것이다. 이를 통해 우리는 노장사상이 신불해 및 한비자 등의 법가사상과 하등의 차이가 없다는 것을 알 수 있다.

9) 노자와 여타 제자백가

도덕이 원류라면 형과 병은 말류이다. 손자는 병을 말했고 한비자는 형을 말했다. 그 기원은 말할 것도 없이 노자이다. 우리가 병형이 도덕과 서로 통한다는 사실을 알게 되면 제자백가의 사상 역시 노자와 상통하지 않는 것이 없다는 것을 쉽게 이해할 수 있다. 노자는 '3보三寶'를 얘기했다. 하나는 '자慈', 또 하나는 '검儉', 마지막 하나는 '불감위천하선不敢爲天下先'이다.

공자가 말한 '온량공검溫良恭儉'은 노자가 말한 '검儉'과 같은 것이다. 공자가 말한 '양讓'은 노자가 말한 '불감위천하선'과 같은 것이다. 공자의 '인仁' 역시 노자의 '자慈'와 같은 것이다. 이로써 유가와 노자가 서로 통한다는 사실을 알 수 있다.

묵자의 '겸애兼愛' 역시 노자의 '자'와 통한다. 묵자의 '절용節用' 역시 노자의 '검'과 같은 내용이다. 묵자가 말한 '비공非攻'은 노자가 말한 '선수善守'와 같은 뜻이다. 여기서 묵가와 노자가 서로 통한다는 사실을 쉽게 짐작할 수 있다.

전국시대의 종횡가 중 대표 인물로는 소진을 들 수 있다. 그가 읽은 책은『음부경』이었다. 이 책 역시 도가의 책이다. 이 책을 통해 그는 췌마지술揣摩之術을 연마했다. 그 역시 크게 보아 노자와 통한다는 사실을 알 수 있다. 이 밖에 양주와 장자, 열자, 윤문자 등이 모두 직접적으로 노자의 이론을 계승했다는 것은 더 이상 언급할 필요가 없을 것이다.

선진시대의 학문은 모두 노자에서 나왔다고 해도 과언이 아니다. 후대에 나타나는 신선사상과 부적 등도 모두 노자에 의탁하고 있다. 이를 통해 우리는 노자와 제자백가는 서로 통한다는 사실을 확연히 파악할 수 있다.

한나라 때의 급암汲黯은 성정이 강직했다. 그는 인민을 다스릴 때 엄형을 구사했으면서도 오히려 도가의 '청정清靜'을 숭상했다. 제갈량은 담박淡泊하고 조용했다. 이는 도가의 모습이기도 하다. 그러나 그는 촉나라를 다스릴 때에는 법가사상을 원용했다. 이처럼 노장과 법가는 기본적으로 같은 뿌리에서 나온 것이다.

맹자는 인의로 나라를 다스릴 것을 주장했다. 이에 대해 법가는 법치를 주장했다. 일견 전혀 다른 것으로 보이는 이런 주장은 사실 같은 맥락이라고 할 수 있다. 제갈량은 이같이 말한 바 있다.

"법이 행해지는 것은 곧 은혜를 아는 것이다."

그의 이 말은 사서오경이 미치지 못한 바이다. 은혜를 베풀기 위해서는 우선 법이 제대로 통용될 필요가 있다. 행법行法이 곧 시은施恩이고 법률이 곧 인의인 것이다. 자산子産은 정나라를 극히 엄하게 다스렸다. 백성들은 그를 죽이려고까지 했다. 그러나 후에 백성들은 그의 은공에 감읍한 나머지 그가 죽을까 염려했다.[6] 자산이 자신의 정책을 바꿨기 때문에 이런 일이 벌어진 것일까? 그는 죽기 전에 오히려 정치의 요체는 엄한 정책을 구사하는 데 있다고 강조했다. 그는 가히 '맹猛'을 종지로 삼은 정치인

6. 정나라의 자산은 재상직을 맡자마자 새로운 세금제도를 도입하는 등 여러 수단을 강구해 부구강병을 꾀했다. 이는 강대국들에 의해 둘러싸인 정나라를 보전하기 위한 불가피한 조치였다. 그러나 백성들은 무거운 부담에 격노했다. 이로 인해 온 나라에 '자산을 죽이라'는 원망의 소리가 들끓었다. 그러나 자산은 이에 굴하지 않고 자신의 의지를 관철시켰다. 결국 5년 정도가 지나 개혁이 궤도에 오르자 자산을 칭송하는 목소리가 높아졌다. 그는 강온 양면의 왕도와 패도를 적절히 구사해 약소국 정나라의 안녕을 지킨 탁월한 정치가였다.

이었다고 할 수 있다. 『논형』에는 이같이 기록되어 있다.

"공자는 자산을 두고 말하기를 '자산이 그 백성들을 잘 보양했으니 은혜를 베풀었다고 할 만하다"고 했다."

'맹猛'의 효과는 '혜惠'로 나타났다. 여기에 바로 통치의 열쇠가 있는 것이다. 제갈량은 바로 이 이치를 깨달았다. 그는 촉나라를 다스리면서 엄격함을 숭상함으로써 자산과 동일한 효과를 거두었다.

일반인들은 법가사상은 각박하여 은혜를 적게 베풀었다고 말하곤 한다. 그러나 역설적으로 가장 자애롭고 혜택을 많이 베푼 사람으로 신불해와 한비자를 당할 사람이 없다. 신불해의 책은 전해지지 않고 있다. 한비자와 제갈량에 관한 기록을 대조해 읽어보면 내 말이 틀림없다는 사실을 알 수 있을 것이다.

한비자의 학설은 순자에게서 나왔다. 순자는 인성의 악성을 주장하면서 예치를 강조했다. 그러나 한비자는 예치의 효력이 약하다는 것을 알고 형명刑名을 논하게 되었다. 여기서 알 수 있듯이 황제黃帝와 노자, 신불해, 한비자, 맹자, 순자 등의 사상은 모두 같은 뿌리에서 나온 것이다. 각종 병에 대한 처방이 달랐을 뿐이다.

진나라의 폭정은 노장의 통치술로 치료했다. 삼국시대 당시 유장劉璋의 우유부단은 제갈량이 법가의 통치술로 치료했다. 유학자들은 진나라가 형명을 숭상하다가 망국에 이르게 되었다고 보아 법가사상은 사용할 수 없다고 생각했다. 그러나 이는 모든 사상이 서로 통한다는 이치를 모른 데 따른 것이었다. 상앙의 변법으로 진나라는 부강해졌다. 진시황이 천하를 통일한 것도 형명의 이론을 원용한 데 따른 것이다.

어떤 이론을 무비판적으로 계속 인용하는 것은 병을 더욱 깊게 만들 소지가 크다. 예컨대 훌륭한 의사가 어떤 약을 조제해 주었을 때 병이 이미 나았음에도 불구하고 계속 이를 복용할 경우 발병하지 않는 것이 오히려 이상하다. 병과 의사 및 처방전 등은 과연 상호 어떤 관계에 있는 것일까?

10) 공자가 인성과 천도를 얘기하지 않은 이유

『예기』를 보면 공자는 여러 차례에 걸쳐 "나는 노자로부터 그렇게 들었다"고 말한 대목을 접할 수 있다. 이는 그의 학문적 연원이 노자에 있음을 증명하는 것이다. 그의 학문이 아무리 뛰어나도 결코 노자의 수준을 넘을 수 없는 이유가 여기에 있다. 『사기』에는 이런 기록이 실려 있다.

"공자가 주나라에 가서 노자에게 예를 물었다. 돌아가 제자들에게 말하기를 '새가 능히 날고 물고기가 능히 헤엄치며 짐승이 능히 뛰어다닌다는 사실을 나는 안다. 뛰어다니는 것은 그물에 걸리고, 헤엄치는 것은 낚싯줄에 걸리고, 나는 것은 주살에 걸린다. 그러나 용이 풍운을 타고 하늘로 올라가는 것을 나는 잘 모른다. 오늘 내가 노자를 보았는데 마치 용을 보는 것과 같았다' 고 했다."

노자에 대해 공자가 탄복해 마지않는 모습은 마치 규염객虯髥客이 당태종 이세민을 보고 말도 못하고 주눅이 든 모습과 닮아 있다.[7] 소설 『규

7. '규염객'은 『구당서』에 열전으로 실려 있다. 이에 따르면 "수염이 고슴도치 같고 몸집이 거대하며 허리에는 다섯 개의 칼을 차고 있어 좌우의 그 어느 누구도 감히 쳐다보지 못했다. 그는 또 말을 타거나 내릴 때 항시 부하를 땅에 엎드리게 하여 밟고 오르내렸다. 또한 출입할 때는 반드시 병사들을 길가에 일렬로 세우고 선두가 큰 소리로 외치면 사람들이 두려워서 다 달아나 구덩이에 숨었다"고 되어 있다. 당나라 때 이미 전기소설인 『규염객전』이 나온 바 있다. 저자에 관해서는 7세기 후반의 '장열'과 10세기 초반의 '두광정' 등 두 가지 설이 엇갈리고 있다. 소설에 따르면 부여국 출신 규염객은 수양제 때 태원에 와서 이정과 교분을 맺고 이정의 아내인 홍불지와 의남매가 되었다. 규염객은 중원의 제왕이 되고자 했으나 당

염객전』에 보면 도사가 규염객에게 이같이 말하는 대목이 나온다.

"이 세상은 너의 세상이 아니다. 다른 곳으로 가 보아라."

규염객은 곧 중국을 떠나 부여扶餘에 가서 살았다. 공자가 노자를 한 번 보고 난 모습이 마치 이와 닮아 있다. 노자는 이미 도덕 등에 대해 투철하게 설파한 바 있다. 그러나 공자는 오직 인仁만을 가지고 이론을 세웠다. 노자의 학설은 비록 치세법을 포함하고 있지만 개략적이고 자세하지 않다. 그는 주로 도덕을 얘기하고 '인 · 의 · 예'에 관해서는 자세히 논하지 않았다. 공자는 이를 알아채고 죽을 때까지 인 · 의 · 예를 얘기하면서 치국평천하의 방법을 항목별로 나누어 언급했던 것이다.

이로 인해 공자와 노자는 대등한 입장에 서게 되었다. 공자는 북방사람으로 의지가 강한 장점을 지니고 있었다. 비록 노자에게 탄복했지만 그의 밑에 서려고 하지 않았던 것이다. 이는 청나라 때 운수평惲壽平이 산수화를 잘 그렸지만 왕석곡王石谷의 산수화를 보고 그를 뛰어넘을 수 없음을 알고 화조화花鳥畫로 방향을 바꿔 이름을 날린 것에 비유할 수 있다.[8] 두

국공인 이연의 아들 이세민을 보고 그 영명한 기운에 눌려 이정에게 중원의 제왕이 되기를 포기하였음을 알리고 부여국으로 돌아와 난을 일으켜 부여국왕이 되었다. 단재 신채호는 주인공 '규염객'이 바로 '연개소문'이었다고 주장했다. 홍콩의 무협소설가 김용(金庸)은 전기소설『규염객전』을 무협소설의 효시로 보고 있다.

8. '운수평'은 명말청초의 문인화가로 본명은 '격(格)'이다. 몰골(沒骨)의 사생화풍에 명려한 부색(賦色)을 더해 수묵적인 운필에 새로운 지평을 열었다. 그는 처음에는 산수화를 즐겨 그렸으나 왕석곡(王石谷)의 그림을 본 후 화조화에 전념했다. 화조화는 풍부한 색채에 금빛 바림이나 가는 선의 밀화적인 묘법이 가미한 것으로 서구 인상파와 유사성이 많다. 몰골(沒骨)의 사생화풍에 명려한 부색(賦色)을 하여 수묵적인 운필로 새로운 화면을 개척하였다. 청초의 화조화에는 황씨체풍(黃氏體風), 서씨체풍 및 상주파풍(常州派風)이 있었다. 그는 상주파에 속한다. 명대 이래의 화조화에 새로운 '몰골사생화태(沒骨寫生畫態)'를 가미해 발전시켰다. 화조화는 풍부한 색채에 가는 선의 밀화(密畫) 묘사법을 가미한 격조 높은 것이다.

사람은 도덕과 인·의·예를 각각 얘기했지만 서로 분업을 한 것으로 해석할 수 있다.

『논어』에는 자공이 "선생의 문장은 거의 다 보았지만 오직 인성과 천도를 얘기하는 것을 들은 적이 없다"라고 말하는 대목이 나온다. 공자는 왜 인성과 천도를 얘기하지 않았을까? 이는 노자가 이미 천도와 인성을 다 얘기했기 때문에 공자가 말할 것이 없었기 때문이다. 이는 무슨 연고일까?

인성과 천도를 얘기하게 되면 '자연'이라는 두 글자를 언급하지 않을 수 없다. 노자가 이미 밝혀놓은 자연을 공자가 다시 언급할 경우 새로운 이론이 될 수 없다. 그래서 언급하지 않았던 것이다. 노자는 이같이 말한 바 있다.

"허虛가 극에 달하면 정靜을 지키는 것이 극히 돈독해진다."

여기서 '치致'와 '수守'는 무슨 뜻일까? 이는 분명히 마음과 본성을 말한 것이다. 송·원·명대의 학안은 온통 '허'자와 '정'자로 가득 차 있다. 그러나 숱한 설왕설래에도 불구하고 결국 '치허수정致虛守靜'이라는 4글자의 범주를 벗어나지 못했다. 다만 이를 보다 상세히 설명한 것에 불과했던 것이다.

『도덕경』에는 천도를 언급한 대목이 부지기수로 많다. 노자는 천지가 만물을 만들지만 천지조차 장구長久할 수 없다고 논파했다. 이런 상황에서 공자가 다시 천도를 논한들 노자가 말한 범주를 결코 뛰어넘을 수는 없다. 언급하지 않는 것이 차라리 나았던 것이다.

인성과 천도는 '자연'이라는 개념을 떠나서는 설명할 수가 없는 것이다. 일반인들은 송유가 공자의 학통을 이어받고 주희가 송학을 집대성한 것으로 알고 있다. 주희는 필생의 노력을 기울여 4서에 대한 주석을 총결집시켰다. 자공의 말에 대한 주희의 주석을 보면 다음과 같다.

"인성은 사람이 받아가지고 태어난 천리를 말한다. 천도는 천리 자연의 본체이다."

그는 명백히 '자연'이라는 두 글자를 언급하고 있다. 주희는 『중용』의 주에서도 '자연'이라는 말을 사용하고 있다. 주희의 주석을 보면 '자연'이라는 글자를 사용해 인성과 천도를 설명하고 있음을 확연히 알 수 있다. '자연'이라는 글자를 떠나서는 결코 인성과 천도를 설명할 수 없는 것이다. 노자는 이미 이를 모두 설명한 바 있다. 공자가 다시 이를 부연할 수 없는 이유가 바로 여기에 있었다.

11) 유·불·도 3교의 이동(異同)

춘추전국시대는 열국이 서로 다투던 시기였다. 학술계 역시 백가쟁명百家爭鳴의 양상을 보였다. 진시황이 천하를 통일하자 학설도 군주의 뜻에 따라 하나로 통일되었다. 진나라는 법가의 학설을 좇았다. 여타의 학설은 모두 배척되었다. 한나라 초기에는 노장사상을 신봉했다. 한무제 때에 이르러 유가사상을 제외한 여타 이론을 모두 배척했다. 이후 공자의 학설만을 추종하게 되었다.

그러나 노자의 학설은 매우 큰 세력을 형성하고 있었다. 공자와 노자 학설은 중국에서 양대 학파를 형성했다. 이후 불교가 도입돼 점차 세력을 확장해 나가자 3대 학파가 형성되게 되었다. 3대 학파는 같은 지역 내에서 서로 밀고 당기면서 섞이게 되었다. 오랜 시간이 지나자 자연의 이치에 좇아 하나로 합쳐지게 되었다. 그래서 나타난 것이 바로 송대의 학설이다.

우리는 송유의 학설을 얘기하려면 반드시 먼저 3교의 이동을 검토해야 한다. 3교의 이동에 대해서는 옛 사람들이 언급한 것이 많으니 특별히 다시 논할 것은 없지만 몇 가지 보충할 게 있다. 3교는 고르게 본원으로 회귀하게 되었다는 것이 그것이다. 맹자는 "천하의 본원은 나라에 있고, 나라의 본원은 가정에 있으며, 가정의 본원은 본인 자신에게 있다"고 언급했다. 그러나 신체로의 회귀도 여기서 그치지 않는다. 어린아이는 누가 가르쳐 주지 않아도 '친친형형親親兄兄' (부모를 가까이 대하고 형을 형으로 예우함)을 할 줄 안다는 게 맹자의 주장이다. 결국 유가의 본원은 어린아이에 와서야 그치게 되는 셈이다.

『노자』는 여러 차례에 걸쳐 영아嬰兒를 언급한 바 있다. 노자가 말한 영아와 맹자가 말한 어린아이는 같은 것일까 아니면 다른 것일까? 그 답은 다르다는 것이다. 왜 그럴까? 맹자가 말한 어린아이는 '친친형형'을 할 줄 아는 아이이다. 대략 2-3세이거나 최소한 1살 가까이 된 아이이다. 노자는 "영아는 아직 웃을 줄 모른다"고 말했다. 『설문해자』에는 맹자가 말한 어린아이, 즉 '해孩'는 "소아가 웃는 것이다"라고 풀이되어 있다. 노자가 말한 영아는 아직 웃을 줄도 모르는 신생아를 의미한다고 보아야 한다.

맹자가 말한 어린아이는 사랑과 존경을 아는 어린아이이다. 이는 지식이 있음을 의미한다. 노자가 "항시 백성을 무지와 무욕의 상태로 만든다"고 한 언급은 지식이 없는 상태를 의미한다. 여기서 노자가 말하는 근원은 맹자보다 훨씬 더 앞선 것임을 알 수 있다. 갓 태어난 신생아의 수준에 그쳐야만 본원으로의 회귀가 멈추는 것이다.

석가는 마음조차 없애는 것을 요구한다. 열반으로 들어가는 것을 의미한다. 나도 남도 없는 경지에서 멈추는 것이다. 선종은 늘 사람들에게 '부모가 낳기 전의 면목'을 볼 것을 요구한다. 이는 곧 태아의 단계로까지 나아가는 것을 말한다. 이는 노자가 얘기한 영아보다 훨씬 더 진전한 것이다. 이들 3교를 하나의 직선상의 도표로 표시할 수 있다.

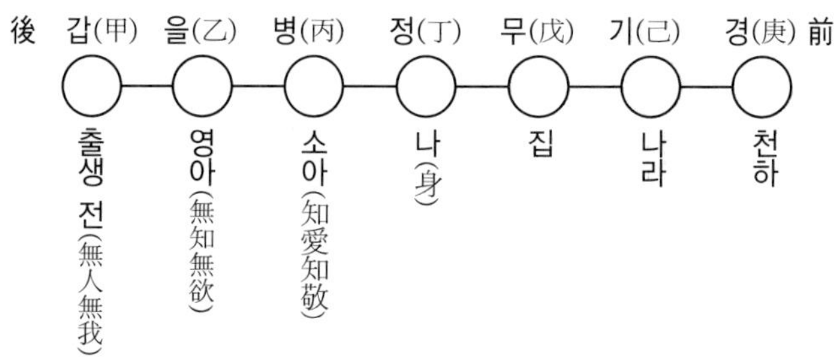

(도표 2) 3교의 반회본원(返回本源)

유가는 '경'에서 나와 '정'으로 들어간다. 다시 '정'에서 '병'으로 간다. 노자는 '정'에서 '을'로 간다. 불가는 '정'에서 '갑'으로 들어간다. 우리는 이 직선을 '반본선返本線'이라고 할 수 있다. 이를 통해 3가의 이동을 볼 수 있다. 이들 3가가 다르다고 할지라도 3가가 모두 반본선에서 후면으로 나아간다는 점에서는 같은 것이다. 이들이 서로 같다고 할지라도 유가는 '병'에서 멈추고 노자는 '을'에서 멈추며 석가는 '갑'에서야 멈춘다는 점에서 볼 때는 다른 것이다. 3교의 이동異同은 모두 어떻게 말할지라도 보는 방법에 따라 여러 해석이 가능하다.

『대학』은 수신을 위해 정심正心과 성의誠意가 필요하다고 강조한다. 성의에서 수신이 출발하고 있는 것이다. 그러나 '의意'가 있다는 것은 곧 내가 있다는 의미이다. 노자는 내가 있다는 것은 곧 사람이 있다는 의미로 해석한다. 사람과 내가 대립하므로 출생 직후 허다한 갈등으로 인해 소요가 그치지 않는 것이다. 내가 있다는 것은 곧 몸이 있다는 것으로 만일 몸이 없게 되면 사람과 내가 하나가 된다. 내가 남과 다툴 이유가 없게 되는 것이다. 그러면 세상과 다툴 이유가 없고 나아가 갈등을 빚을 이유가 없게 된다. 그래서 "몸이 없게 되는데 더 이상 화근이 될 일이 무엇이 있겠는가"라고 말한 것이다.

『장자』는 종종 공자의 얘기를 비판하고 있다. 노자는 공자에 대해 "당신의 교만한 기색과 욕심, 태만한 마음, 음란한 생각 등을 제거하시오" 라고 말하고 있다. 이는 모두 이런 원리에 근거한 것이다. 노자가 얘기한 것은 어떤 경지에서 나온 것일까?

이는 영아가 어린 유아로 변화하지 않은 상태를 말한다. 이를 석가의 말을 빌려 애기하면 이런 경지는 제8번째의 '아라야식' 에 해당한다. 석가는 여기서 더 나아가 이런 앎조차 깨뜨리고 커다란 원반 거울과 같은 지혜를 가질 것을 요구한다. 더 나아가 이런 지혜조차도 깨뜨리고 '무지無智' 와 '무애無碍' 의 경지로 나아갈 것을 주문한다.

이상과 같은 분석을 통해 알 수 있듯이 불가의 경지는 노자가 능히 도달할 수 있는 것이 아니고, 노자의 경지는 공자가 능히 도달할 수 있는 것도 아니다. 불가에서는 '묘妙' 와 '상常' 을 말한다. 노자도 "본성을 회복하는 것을 상常이라고 한다"고 했다. 또한 "오묘하고 또 오묘한 것이 중묘衆妙의 문이다"라고 했다. 불가에서 말하는 '묘상' 의 경지를 노자는 왜 일찍이 도달하지 못한 것일까?

3교는 비록 같은 일직선상에 놓여 있지만 각각 독립해 있기 때문에 각각의 종지는 서로 달랐다. 불가는 '출세' 를 생각했다. 그래서 부모가 낳기 전의 단계에 도달할 필요가 있다고 주장한 것이다. '심心' 자 자체를 타파해야만 비로소 '출세' 를 할 수 있다고 한 것이다. 따라서 세간世間에 필요한 '인 · 의 · 예 · 악 · 형 · 정' 등과 같은 것은 더 이상 깊이 연구할 필요가 없었던 것이다.

공자의 문도들은 세상을 다스리는 문제에 주목했다. 인사와 관련한 모든 개념의 출발점이 바로 어린 젖먹이 아이의 단계에까지 내려갈 필요가 있었다. 젖먹이 유아의 단계에서 도출된 성의誠意에서 출발해 정심, 수신, 제가, 치국, 평천하의 단계로까지 그 영역을 확장해 나갔던 것이다. 유가의 종지는 세상을 다스리는 것이었기 때문에 불가에서 말하는 열반의 이론 등은 깊이 연구할 필요가 없었던 것이다.

노자는 자연 조화의 본원에 대해 깊은 관심을 기울였다. 그래서 그는 '성聖'과 '지智'를 버리라고 요구했던 것이다. 이는 무지무욕의 단계를 요구하는 것이다. 지극한 '허정虛靜'의 단계에 이르게 되면 자연히 '적연부동寂然不動'의 경지에서 '허虛'에서 소요하는 묘리를 깨닫게 된다는 것이다. 이는 갓 태어난 영아의 상태에서 나타나는 경지가 아닐 수 없다. 뒤로 가면 '출세'의 경계로 들어서고 앞으로 나아가면 '세간'의 경계로 들어가게 되는 것이다. 이는 '출세'와 '입세'의 경계선에 머무는 것을 의미한다.

불가의 '3장藏 12부部'와 유가의 『시』·『서』·『역』·『예』·『춘추』는 모두 많은 얘기를 하고 있으나 노자는 오히려 많이 말하는 것을 즐기지 않았다. 그는 매우 간단하게 5천여 자만을 언급했다. 그 자신은 '출세'와 '입세'를 하나로 통일한 원리를 제시하는 데 그치고 사람들이 저마다 스스로 연구해 그 이치를 터득해 주길 바랐던 것이다. 노자의 이론이 불가처럼 '출세'에 대해 그토록 자세히 언급하지 않고 공자처럼 '세간'의 문제에 대해 그토록 자세히 언급하지 않은 이유가 바로 여기에 있다.

한 마디로 말해 석가는 '출세법'을 얘기했고 공자는 '세간법'만을 전적으로 언급한 데 반해 노자는 '출세법'과 '세간법'을 하나로 묶어 말했다고 할 수 있다. 이것이 바로 3교의 이론이 서로 다른 점이라고 할 수 있다.

노자는 "만물이 모두 기점에 회귀할 때 이를 '정靜'이라 하고 이 '정'이 바로 본성으로의 복귀이다"라고 말했다. 그는 '치허수정'의 연마를 통해 점차적으로 안으로 수렴해 극한점에 이른 뒤 점차 밖으로 발산해 나갈 것을 주장했다. 그는 이같이 말한 바 있다.

“수덕修德이 자신에게 머물 때 도덕은 순진純眞하며 집으로 확대될 때 도덕은 광대光大하고 마을로 확대되면 도덕은 신장된다. 국가로 확대되면 도덕은 광대廣大해지고 천하로까지 확대되면 도덕은 보편普遍을 얻게 된다.”

공자의 학문은 노자에게서 얻은 것이다. 양자는 결국 같다. 『대학』에 나오는 ‘평천하, 치국, 제가, 수신, 정심, 성의’는 수렴과정을 말한 것이고 ‘성의, 정심, 수신, 제가, 치국, 평천하’는 발산과정을 의미하는 것이다.

노자가 말하는 ‘근원으로의 회귀를 통한 복명復命’은 불가에서 말하는 것과 동일하다. ‘수덕’의 공효 역시 공자가 말한 것과 다를 바가 없다. 따라서 노자의 학문은 유가와 불가를 모두 관통하고 있다고 말할 수 있다.

중국의 북방 사람은 면麵을 즐겨먹고 남방 사람은 반飯을 즐겨먹는다. 공자는 ‘국수집’을 냈고 석가는 ‘밥집’을 낸 데 반해 노자는 ‘밥’과 ‘국수’를 모두 파는 가게를 낸 것에 비유할 수 있다. 우리는 입맛에 따라 어느 가게에 가든 상관이 없다. 사람들에게 어느 가게에 가서 일률적으로 무엇을 먹으라고 강요할 수 없는 것이다. 국수를 만드는 사람도 일찍이 밥을 만들어 본 적이 없는 것이 아니고 밥을 만드는 사람 역시 일찍이 국수를 만들어 본 적이 없는 것이 아니다. 한 음식점의 문을 닫게 만든 뒤 다른 음식을 먹으라고 강요할 수 없는 것이다. 유불도 3교는 각각의 종지를 가지고 있다. 이는 가게를 연 목적에 해당한다. 3교의 교도들이 서로 공격하는 것은 개점의 취지를 제대로 모르기 때문이다.

12) 송학은 3교를 통합한 것이다

처음에 공자와 노자의 학설은 서로 성쇠를 반복하면서 배척하는 관계에 있었다. 사마천이 “노자를 배운 사람들은 유학을 폄하하고 유학을 배운 사람들은 노자를 얕본다"고 기록한 것도 이 때문일 것이다. 조조의 위나라 때 왕필이 나와 노자와 공자의 이론을 하나로 통합시켰다. 왕필은 일찍이 『주역』과 『도덕경』에 주석을 달았다. 『주역』은 유가의 경전이고 『도덕경』은 도가의 경전이다. 그가 두 책에 주석을 단 것은 두 이론을 하나로 융합시키기 위한 것이었다. 그의 주석서는 학술상의 일대 저작이었다. 이는 일종의 신학설을 제시한 것으로 일반인들로부터 대대적인 환영을 받았다. 남북조시대 때 청담파清談派가 나타나게 된 배경도 이와 무관한 것이 아니었다.

인간은 새 것을 좋아하고 옛 것을 싫어하기 마련이다. 청담이 오랜 기간 지속되자 사람들은 모두 싫증을 내기 시작했다. 마침 이 때 불교가 중국에 밀려들기 시작했다. 시간이 지나면서 점차 극성하기 시작해 마침내는 학술상의 신세계를 이루게 되었다. 조야는 일제히 이를 환영했다. 당대에 이르러 불교가 천하를 지배하게 되었다. 천태종과 화엄종, 정토종 등 각 종파가 크게 유행했다. 선종의 경우도 남쪽의 혜능과 북쪽의 신수가 이끄는 종파가 나타났다. 이 밖에도 새로운 유식종이 나타나 가히 불교 전성시대를 구가하게 되었다.

도교 또한 불교 못지않게 성행했다. 당나라 황실은 스스로 노자의 후예임을 자처하면서 노자를 '현원황제玄元皇帝'로 숭배했다. 공자 역시 역대에 걸쳐 숭봉되어 온 만큼 당연히 극성기를 맞이했다. 3교가 서로 섞이게 된 것은 자연스런 추세였다. 당시의 유학자는 모두 불교와 도교에 대해서도 연구했다. 그러나 그들은 3교를 모두 공부했음에도 이를 하나로 묶어내지는 못했다. 이는 송대에 이르러서야 겨우 가능하게 되었다. 대동원은 이같이 말했다.

"송대 이전만 하더라도 공맹은 공맹이고 노자는 노자였다. 노자를 논하는 자들은 스스로 대단히 고명하다고 생각해 결코 공맹에 기대지 않았다. 송대 이후 공맹의 책을 당시의 기준에 맞춰 해석하기가 쉽지 않게 되자 유가는 모두 노자와 불가의 이론을 끌어들여 이를 해석했다."

우리는 여기서 송유들이 어떤 일을 했는지 알 수 있다. 가장 주목할 대목은 "송대 이전만 하더라도 공맹은 공맹이고 노자는 노자였다"는 구절이다. 송대 이전만 하더라도 완전히 절연된 것으로 인식된 3교가 송대 이후에 하나로 합쳐지게 된 것이다. 위대한 창작력이 발휘된 결과가 아닐 수 없다.

송유들은 자신들은 어디까지나 공문孔門의 적자일 뿐 노불老佛과는 아무 상관이 없다고 주장했다. 그러나 3교를 융합해 학설을 만들어 놓고 이를 어찌 숨길 수 있겠는가? 사실 3교를 하나로 통합한 것은 학술상 위대한 업적이었기에 자부심을 가질 만했다. 그럼에도 송유들은 오히려 공문의 적자라는 사실만 강조했다. 이는 사실 문파에 대한 오해에서 비롯된 것이었다.

비록 상황은 이와 같았을지라도 학술진화의 추세에 비추어 볼 때 3교를 통합한 것은 대단한 일이었다. 송유는 자연의 추세에 좇아 3교를 하나로 통합해냈다. 그러나 그들은 그 의미를 제대로 알지 못했다. 이는 강위에서 배를 젓는 것에 비유할 수 있다. 송유들은 온힘을 다해 강을 거슬러 올라가 자신들은 상류에 도착했다고 생각했지만 오히려 큰 바다로 나오게 되었다는 사실을 전혀 몰랐던 셈이다.

설령 정이천과 주희 등이 3교 통합의 뜻을 세웠다 할지라도 자연의 추세를 제대로 파악하기는 쉽지 않았을 것이다. 이는 극력으로 3교 통합을 반대했음에도 불구하고 실제로는 오히려 3교 통합의 작업을 수행한 것에 비유할 수 있다. 자연적 추세의 위대함이 아닐 수 없다.

송유들은 3교 통합을 이루었음에도 겉으로는 극력 공문의 적파임을 내세웠기 때문에 표리가 불일치하는 현상이 나타나게 되었다. 우리가 송유에 대해 주목하는 것은 그 내면이다. 그들이 이미 큰 공을 세운 것이 사실인 만큼 마땅히 그들에게 표창을 하지 않을 수 없다.

송유가 3교를 통합한 것은 실질상 그렇다는 것이지 표면상의 글 자체가 그렇다는 것은 아니다. 글 자체로 보면 송유들은 구구절절이 불가와 노자를 신랄하게 비판했다. 동원된 글 모두 사서오경에서 나온 것이었다. 그러나 실질적으로는 3교를 통합한 것에 지나지 않았다. 현재 3교 통합을 애기하는 사람들은 3교에서 사용하는 용어를 온통 끌어다 쓰고 있다. 그러나 우리는 그들을 3교 통합을 했다고 말할 수는 없다. 이는 무슨 이유일까?

예컨대 송유는 닭고기와 생선, 양고기, 밥, 채소 등을 먹었는데 다 먹어치운 뒤 갑자기 태도를 바꾼 것에 비유할 수 있다. 음식은 비록 다 먹어치워 보이지는 않지만 그가 이미 이런 음식을 다 먹어치웠다는 사실이 부인될 수는 없다. 현재 3교를 통합했다고 주장하는 자들은 이런 음식을 다 입에 털어넣기는 했으나 소화를 하지 못해 모두 땅 위에다 토해놓은 형국에 비유할 수 있다. 우리는 3교 통합의 공로를 송유에게 돌리지 않을 수 없다. 그것이 도리이다.

세간의 도리란 원래 공통점을 가지고 있는 것이다. 송유들은 학문을 좋아했고 깊이 생각하길 즐겨했다. 원래 무슨 공통점을 찾으려고 했던 것은 아니었지만 자연히 그 공통점이 드러나게 된 것이다. 3교 통합이 이뤄지게 된 배경이 바로 여기에 있다.

위진남북조를 거쳐 수당과 5대, 송대에 이르기까지 모두 3교가 병행했다. 유학자들은 노불을 동시에 연구했다. 그 중 선종 연구가 가장 유행했다. 우리는 『오등회원五燈會元』을 통해 선종은 원래 달마의 동래東來에서 비롯된 것임을 알 수 있다. 그 유래도 깊지만 그 이론수준 역시 『송원학안』에 기재된 도학에 비교해 볼 때 훨씬 높았음을 짐작할 수 있다. 왕안석은 일찍이 장문정張文定에게 이같이 물었다.

"공자가 죽은 지 1백 년 뒤 맹자가 나왔다. 이후 이를 잇는 사람이 나오지 않은 이유는 무엇인가?"

장문정이 이같이 대답했다.

"없다고 말하는 것인가? 맹자를 능가하는 사람이 나오긴 나왔다."

왕안석이 그 사람이 누구냐고 묻자 장문정이 이같이 대답했다.

"강남의 마대사와 분양의 무업선사, 뇌봉, 암두, 단하, 운문 등이 모두 그들이다. 유가는 담박하기만 해 수습할 길이 없어 모두 석가에게 귀의했다!"

왕안석은 탄복해 마지않았다. 불교는 시간이 지나면서 더욱 극성했다. 거의 공자의 기반을 뒤흔들어 놓을 정도까지 되었다. 위기의식을 느낀 송유들은 이 때 하나의 새로운 학설을 만들어냈다.

주돈이周敦頤의 학문은 불가의 수애壽涯화상과 도가사상가인 진단陳摶으로부터 많은 영향을 받았다. 이는 많은 사람들이 이미 알고 있는 바이다. 정이천은 "정명도는 노불학에 수십 년 동안 드나들었다"고 말한 바 있다. 『송사』에도 "범중엄范仲淹이 장횡거張橫渠에게 『중용』을 읽어볼 것을 명했는데 읽어본즉 부족한 점이 있어 노불학을 찾았다"는 기록이 있다.

이것이 바로 '유학은 담박해 수습을 하지 못한다'는 지적을 받게 된 이유이다. 정명도와 장횡거는 모두 6경에 다시 돌아온 연후에야 진정한 깨달음을 얻게 되었다. 두 사람은 왜 처음에 공자서를 읽고 깨달음을 얻지 못하고 노불학을 다년간 연구한 뒤에야 다시 6경으로 돌아온 것일까? 왜 두 사람은 이런 과정을 거쳐서야 비로소 진전眞傳을 얻게 된 것일까? 이는 분명 유학 경전을 처음 읽은 뒤 노불의 서적을 읽고서야 비로소 모든 학문이 하나로 관통하는 이치를 깨닫게 되었음을 의미한다. 이들은 이런 깨달음을 얻은 뒤 다시 6경으로 돌아와 자연의 이치를 추구해 나갔던 것이다. 경전의 내용과 자신들의 생각이 합치되는 것을 찾아내 새로운 학설을 만들어낸 결과가 바로 송학의 탄생이었다. 천하의 진리는 하나이기 때문에 두 사람이 찾아낸 결과 역시 같을 수밖에 없었다.

송학은 비록 공학孔學을 내세웠지만 사실은 3교를 통합한 것이다. 이후 유가의 학설은 그렇게 간단할 수가 없었다. 송학이 송·원·명·청대를 거쳐 현재에 이르기까지 천하를 풍미하게 된 이유가 바로 여기에 있다.

송유들은 사실 위대한 업적을 세웠기 때문에 독립을 선언하고 공자에 기댈 필요가 없었음에도 공자에게 기대는 것만이 그들의 주장이 존귀해질 수 있다고 생각했다. 그들은 공자에 기대는 것이 오히려 송학의 가치를 떨어뜨린다는 사실을 몰랐던 것이다.

13) 송학은 노자의 학설을 가장 많이 포함하고 있다

송학은 3교를 통합해 형성된 까닭에 곳곳마다 노불의 이론을 함유하고 있다. 송학에 흡입된 불학佛學의 성분에 대한 논의는 대부분 선인들에 의해 이뤄진 만큼 다시 재론할 필요는 없을 것이다. 여기서 지적하고자 하는 것은 송학에 포함된 노장학 이론의 요소가 매우 농후하다는 점이다. 송유들이 공부한 내용은 크게 "인욕이 다하니 천리가 유행한다人欲淨盡 天理流行"는 8글자에서 벗어나지 않았다. 천리는 천연天然의 이치이자 자연自然의 이치이고, 인욕은 사의私意이다.

송유들은 사람들에게 사의를 제거하고 자연의 도리에 좇아 일을 해나갈 것을 요구했다. 이는 노자의 주장과 어떤 차이가 있는 것일까? 오직 '자연'을 '천天'자로 대체한 것만이 차이점이라고 할 수 있다. 글자상의 차이에 불과한 것이다.

다만 송학은 후대에 오면서 '이학理學'이 중시되면서 '천' 자를 상대적으로 소략하게 다루었다. 이는 곧 '자연'을 소략하게 다룬 것으로 이학이 성립하면서 일관되게 유지된 태도이기도 하다. 대동원이 송유는 '이理'로 살인을 하게 되었다고 지적하게 된 이유가 바로 여기에 있다.

주돈이는 『태극도설』을 지어 이같이 선언했다. "무극無極이 곧 태극太極이다." 여기의 '무극'은 『도덕경』에서 끌어온 것이다. 장횡거도 『역설易說』에서 '건4덕乾四德'을 주석하면서 노자의 이론을 인용했다. 정이천도 항상 학자들에게 왕필의 주를 읽으라고 권하면서 "한나라 이래 노장을 이용해 『주역』을 해석한 것은 위나라의 왕필에게서 비롯되었다"고 말했다. 정이천의 학문 역시 근본적으로 노학老學에 기초한 것이다.

주희는 송학을 집대성한 사람으로 칭송받고 있다. 그는 『논어』의 「학이」편에 이런 주석을 달았다. "후각자는 반드시 선각자의 행위를 본받을 필요가 있다. 그래야 선을 밝혀 처음으로 돌아갈 수 있다." 이를 두고 대동원은 이같이 설파했다.

"처음으로 돌아간다는 '복기초復其初'는 『장자』에서 따온 것이다."

'선을 밝혀 처음으로 돌아간다'는 뜻의 '명선복초明善復初'는 송학의 근본이론이다. 장자는 노자의 문도이니 이를 통해 주희 역시 노학을 참조했다는 사실을 확연히 알 수 있다.

『대학』의 '명덕明德'에 대해 주희는 이같이 주석을 달아놓았다. "명덕이라 함은 인간이 하늘로부터 얻은 것이 허령불매虛靈不昧하니 모든 이치를 구비함으로써 만사에 응하는 것이다." 이런 설법은 바로 노자의 설법이다. 노자는 "곡신은 죽지 않는다谷神不死"고 말한 바 있다. 여기서 '곡谷'은 곧 '허虛'이고 '신神'은 곧 '영靈'을 말한다. 불사不死는 불매不昧를 뜻한다. 주희가 말한 '허령불매'는 곧 노자가 말한 '곡신불사'와 동일한 것임을 알 수 있다.

'모든 이치를 구비함으로써 만사에 응한다'는 뜻의 '구중리具衆理, 응만사應萬事'도 노자가 말한 '허이불굴虛而不屈'(허하면서 굴하지 않음), '동이유출動而愈出'(움직이면 더욱 이치에 맞음)과 동일한 취지이다. '허이불굴'은 삼라만상이 존재하는 이유를 말한다. 이는 '구중리'에 해당한다. '동이유출'은 삼라만상이 감응하여 움직일 때 우주의 이치에 더욱 완벽하게 맞아떨어진다는 의미를 지니고 있다. 이는 '응만사'의 뜻과 동일하다. 이 어찌 노자의 절묘한 주석을 인용한 것이 아니겠는가?

송학의 발원은 손명복孫明復과 호안정胡安定, 석수도石守道 등 3인에게 있다. 송학이 극성하게 된 것은 주돈이와 정 씨 형제, 장횡거, 주희 등이 나타나면서부터였다. 정 씨 형제는 어렸을 때 주돈이로부터 수업을 받았다. 그들의 학문은 주돈이로부터 내려온 것이다.

송학은 정명도의 독창성에서 비롯되었다고 할 수 있다. 그 이전은 다만 송학의 맹아기였다고 할 수 있다. 정명도에 이르러 비로소 하나의 새로운 학문인 송학이 탄생하게 된 것이다. 주돈이는 정명도가 구도의 뜻을 갖도록 이끌어 준 것에 불과하다. 따라서 우리가 송학을 연구하려면 반드시 정명도를 출발점으로 삼아야만 한다.

정명도는 송학의 비조라고 할 수 있다. 이는 노자가 선진시대 제자백가의 비조인 것에 비유할 수 있다. 그의 이론은 노학과 무척 닮아 있다. 노자는 "성인은 무상심無常心이다. 백성의 마음을 자기의 마음으로 삼는다"고 말했다. 정명도는 "성인의 상리常理는 만물에 응해 무정한 것이니 군자의 학문은 대공무사大公無私보다 더한 것이 없다"고 단언했다. 여기서 알 수 있듯이 양자 간에는 아무런 차이가 없는 것이다. 동생인 정이천이 쓴 『유서遺書』를 보면 정명도의 이런 언급이 나온다.

"1양1음一陽一陰을 도라 한다. 이는 자연의 도이다."

민국 초기의 장태염章太炎은 이를 두고 "정명도는 불가에서는 제법 떨어져 있으나 노자로부터는 훨씬 가깝다"고 언급한 바 있다. 정명도의 학문은 노자와 매우 가깝다. 그래서 송유는 대개 노자의 이론을 차용하고 있다. 이는 무슨 의미를 지니고 있는 것일까? 석가는 출세법을 말했다. 공자는 세간법을 말했다. 노자는 출세법과 세간법을 하나로 관통시켰다.

송유들은 석가의 이론으로 마음을 연구하고 공자의 이론으로 사회를 연구했다. 이는 마음과 세상을 다스리는 것을 하나로 묶은 것으로 노자의 길로 들어섰음을 의미하는 것이다. 송유는 원래 노자의 길로 들어설 의도가 없었다. 그러나 다만 우주의 진리가 그러하므로 부지불식간에 이 길로 들어서게 된 것이다. 이로써 노학은 단지 선진시대의 제자백가를 관통할 뿐만 아니라 송명대의 유학까지도 관통하고 있음을 알 수 있다. 이는 바꿔 말해 노학은 중국의 고금학설을 모두 하나로 관통하고 있음을 의미하는 것이다.

송유들은 『악기樂記』에서 "사람이 태어나 조용한 것은 천지성天之性, 사물에 감응하여 움직이는 것은 성지욕性之欲이다"라는 구절을 찾아내 천리와 인욕 등의 용어를 만들어냈다. 이들은 이를 두고 잃어버린 경전에서 찾아낸 '부전지학不傳之學'(전해지지 않은 이론)이라고 주장했다.

송유들이 찾아낸 이런 구절 등은 학리상 옳은 내용이다. 그러나 이를 '부전지학'이라고 말하는 것은 믿을 바가 못 된다. "사람이 태어나 조용하다人生而靜"는 구절은 후세의 고증에 의하면 문자文子가 노자의 말을 인용한 것으로 한나라 때 하간헌왕이 이를 『도덕경』에 삽입시킨 것이라고 한다. 『문자』라는 책은 위서로 도가의 책이기도 하다. 이는 결코 공문의 책이 아니다. 염백시閻百時는 『상서고문소증』에서 지적하기를 "『상서』에 나오는 '인심은 늘 불안하고 도심은 미약하니 오직 정신을 하나로 모아 성실한 마음으로 중정을 지킨다'는 구절은 순전히 순자의 말을 따온 것으로 세상 사람들이 이를 모르고 있다"고 했다.

이상과 같은 검토를 통해 송유가 실전된 경전에서 찾았다는 구절은 근본적으로 의문이 들지 않을 수 없다. 송유의 학문은 절대 공맹의 학문을 계승한 것이 아니라 노자와 순자 등의 이론을 혼성해 만든 것이다. 송유의 이런 작업은 결코 그들의 과실이 아니라 오히려 커다란 공적으로 평가받아야만 한다.

그들은 비록 공맹을 높이 기리고 노자와 순자를 배척했지만 사실은 반대로 노자와 순자를 선전한 셈이다. 여기서 우리는 노자와 순자가 말한 것은 매우 합리적인 것임을 알 수 있다. 물론 송유들이 말한 것 역시 매우 합리적이다. 공맹과 노자, 순자를 융합한 송유의 공적은 학술적으로 대단한 것임을 잊어서는 안 된다.

이와 같은 검토를 통해 우리는 학술상 일정한 추세가 있음을 발견할 수 있다. 그 추세란 무엇을 말하는 것일까? 이는 곧 모든 학설은 근본적으로 공통적이라는 점이다. 상호 공격이 강해질수록 상호 융합의 요구도 커진다. 이로써 공격이 더해질수록 연구할 필요 또한 커진다. 그러면 부지불식간에 공통점이 드러나게 된다.

송유의 학설은 원래 일종의 혁명적 수단으로 강구된 것이다. 그들은 한나라 유학자들의 이론을 완전히 뒤엎고 새로운 이론을 만들어냈다. 파괴와 건설의 수단을 구비했던 셈이다. 그들은 감히 자신들이 새 이론을 만들어냈다고 말하지 않고 공자에게 기댔으나 사실은 새로운 것을 만들어낸 것이다. 루터의 신교와 유럽의 문예부흥 역시 모두 이런 경로를 거쳤다. 송학은 창조성을 지녔기 때문에 좇는 자가 많았고 반대하는 자 또한 적지 않았다. 이는 새로운 학설이 나오게 되면 늘 나타나는 현상이기도 하다.

14) 정명도 사후의 파벌

정명도의 3교 통합작업은 매우 성공적이었다. 그러나 그는 곧 죽고 말았다. 사후 그의 학문은 크게 둘로 갈리게 되었다. 하나는 정이천과 주희였고 하나는 육상산과 왕양명이었다. 정명도는 54세에 죽었다. 그가 죽은 지 20여 년이 지나 정이천도 죽었다. 정이천은 정명도의 학문을 이어받아 주희에게 넘겨주었다. 후세 사람들은 주희가 송학을 집대성한 것으로 알고 있으나 사실 그는 정명도의 학문세계를 통찰할 수가 없었다. 송원대의 학자들은 이같이 말한 바 있다.

"주희는 말하기를 '정명도의 학문은 모호한 점이 있는 반면에 대단히 깊이가 있기 때문에 이해하기가 어렵다'고 했다. 그래서 주희의 학문은 정이천에게서 영향을 받은 바 크다. 그는 정명도의 학문에 대해서는 완전히 이해할 수가 없었다."

여기서 알 수 있듯이 주희는 정명도의 학문의 일부분만을 이해했을 뿐이다. 후에 육상산이 나와 정명도를 언급하면서 주희와 대항한 데에는 단지 주희에 대한 불만뿐만 아니라 정이천에 대한 불만도 한 이유가 되었다.

육상산은 어렸을 때부터 사람들이 "정이천의 이론은 왜 공맹과 다른가"라고 하는 등의 얘기를 들으며 자랐다. 당시 사람들은 통상 "정 씨 형제가 주돈이를 본 뒤 음풍농월하면서 귀가했다. 이는 마음으로 서로 통한 바 있다는 증거가 아닐 수 없다. 후에 정명도는 이런 마음을 보존했지만 정이천에게는 이런 모습이 없다"고 말하곤 했다.

육상산은 커서 스스로 정명도를 계승했다고 자부했다. 정이천도 정명도를 승계했다고 생각했다. 그러나 정이천과 육상산 모두 정명도의 한쪽만을 계승한 데 불과했다. 양자 모두 정명도의 학문을 두루 꿰었다고 말하기는 어렵다. 정이천의 학문은 주희를 통해 찬란한 빛을 발했다. 육상산의 학문은 왕양명을 통해 빛을 발했다. 이로 인해 양대 학파가 형성되었다.

주희의 '격물치지'는 바깥쪽에 무게를 두었다. 왕양명의 '격물치지'는 안에 치중했다. 정명도는 이같이 말한 바 있다.

"바깥을 부정하고 안을 긍정하기보다는 차라리 안팎을 모두 잊는 것이 낫다."

정명도가 말한 '내외양망內外兩忘'은 주희와 육상산의 양파를 모두 아우르는 것이다. 주희와 육상산 간의 논쟁은 전체 진리에서 서로 반쪽만을 주장한 데 따른 것이다. 이를 자세히 검토하면 다음과 같다.

(1) 공자는 "배우면서 생각지 않으면 위태롭고 생각하면서 배우지 않는 것 또한 위태롭다"고 말한 바 있다. 주희는 '학學'에 중점을 두었고 육상산은 '사思'에 중점을 두었다. 양자 모두 편파적이라는 지적을 면할 수 없다.

(2) 맹자는 "널리 배우면서 자세히 들어가는 것은 그 반대로 하는 것보다 낫다"고 했다. 주희는 이 논리를 승계했다. 맹자는 또 "마음을 주관하는 것이 생각이니 생각하면 얻는 것이 있고 그렇지 못하면 얻지 못한다"고 말한 바 있다. 육상산은 바로 이런 방법을 택했다. 두 설 모두 맹자에게서 나온 것으로 서로 충돌하는 것이 아니다.

(3) 육상산은 '덕성'을 중시했고 주희는 '학문'을 중시했다. 『중용』에는 "덕성을 존중하면서 학문을 추구한다"고 했다. 앞뒤 구절은 모두 하나로 관통하는 것이다.

(4) 이론적으로 볼 때 주희는 '귀납법'을 쓴 데 반해 육상산은 '연역

법' 을 구사했다. 두 방법 모두 학문을 연구하는 데 공히 사용되는 것이다.

(5) 자연현상에 비추어 볼 때 주희는 수만 가지 특수성이 하나의 보편성으로 귀착된다고 보았다. 이는 구심력의 현상을 중시한 것이다. 육상산은 하나의 줄기에서 수만 가지 특수성이 나타난다고 보았다. 이는 원심력의 현상에 주목한 것이다. 그러나 양자는 상호작용하는 것이다.

이와 같은 분석을 통해 우리는 양자의 학설을 하나로 합해 사용해야만 비로소 옳은 해답을 얻을 수 있다는 사실을 알 수 있다. 정명도의 학문은 정주程朱(정이천과 주희)와 육왕陸王(육상산과 왕양명) 등 양파로 갈렸다. 육상산은 정이천에 상당하고 왕양명은 주희에 상당하다. 보편성과 특수성에 관한 주희와 왕양명의 차이는 베이컨의 귀납법과 데카르트의 연역법의 차이에 비유할 수 있다. 베이컨의 이론은 정이천 및 주희와 유사하고 데카르트의 이론은 육상산 및 왕양명과 유사하다. 우주의 진리는 동서고금을 막론하고 동일하다. 학술상의 분파와 학문연구의 방법 역시 동일한 것이다.

15) 학술의 분합

공자는 술이부작述而不作을 내세웠다. 그는 요순을 조술祖述하고 여러 학설을 융합하는 것으로 독자적인 학파를 이뤘던 것이다. 『도덕경』에 나오는 '곡신불사谷神不死' 등의 구절은 후세의 고증에 의해 모두 고서에서 따온 것이라는 사실이 밝혀졌다. 이를 통해 노자 역시 '술이부작' 을 실행했고 여러 학설을 융합해 하나의 학파를 이루었다는 사실을 알 수 있다.

인도에는 96개 파가 있었는데 석가가 일일이 이를 검토한 뒤 하나의 학설을 세웠다. 그 역시 여러 학설을 융합해 하나의 학파를 세운 것으로 볼 수 있다. 이것이 바로 학설상의 '분分'과 '합合'의 현상인 것이다.

무릇 학설이란 독립하여 하나의 학파가 형성되면 이후 여러 분파가 나타나기 마련이다. 한비자는 일찍이 유가는 전국시대 말기에 이미 8파로 갈리었고 묵가 역시 3개 분파로 나뉘어져 있다고 지적한 바 있다. 이는 바로 학술상 '분합'의 궤도를 따른 결과이다. 한나라 유학자들은 옛 경서를 연구해 한학을 성립시켰고 곧이어 수많은 파로 나뉘었다. 노자의 학문 또한 여러 파로 나뉘었다.

불교는 인도에서 많은 파로 나뉘었고 중국에 유입될 때 또 다시 몇몇 파로 나뉘었다. 그 중 송유들이 말하는 선종은 달마에서 5대를 내려오다 남북 양파로 갈리게 되었다. 북쪽의 신수와 남쪽의 혜능이 남북선종의 시작이다. 남쪽의 혜능은 달마의 법통을 이은 6조선사가 되어 그의 문하는 다시 5파로 나뉘었다.

정명도가 성리학파를 창조했고 곧이어 정주학파와 육왕학파로 나뉘었다. 이후 정이천 문하생들은 다시 여러 파로 갈리고 주희 문하생들도 몇몇 파로 나뉜다. 육상산과 왕양명의 문하생들 역시 많은 파로 갈렸다. 이는 학술상 '합'에서 '분'으로 나아가는 자연스런 현상으로 볼 수 있다.

우주의 진리란 원만하면서도 일종의 혼연한 기운 속에 있는 것이다. 인류의 지식이 빈약하기 때문에 그 전모를 파악하기란 불가능하다. 따라서 반드시 이런 식으로 일단 나뉜 것도 합쳐 보고 합친 것을 다시 나눠보는 연구방식을 통해 비로소 우주의 진리를 탐구할 수 있다.

그 방식은 예컨대 우선 의견들이 서로 분분할 때 모든 이론을 하나로 꿰는 사람이 나오면 전 이론이 집대성되는 형식을 통해 이뤄진다. 이것이 바로 나뉜 것을 합치는 작업이다. 이렇게 하나로 통합 된 후에는 여러 사람들이 각자 따로 연구하는 것은 합쳐진 것을 다시 나눠보는 작업이라고 할 수 있다. 지나치게 주관적 견해를 내세우지 않고 진리를 탐구하는 쪽으로 귀결될 수만 있다면 분리에서 통합으로 가든 통합에서 분리로 가든 학술상으로는 모두 공로가 있다고 할 만하다. 다만 파벌에 얽매여 '도통道統'을 주장하거나 하는 등의 행위는 절대 용납할 수 없다.

우리가 현재 살고 있는 시대는 서양의 학설이 중국에 유입되어 기존의 학설과 충돌하는 등 여러 이론이 분분한 시대이다. 우리는 당연히 중국과 서양의 학설을 모두 하나로 관통시킴으로써 분리된 것을 하나로 융합시키는 작업에 정진할 필요가 있다. 반드시 이렇게 해야만 학술상의 자연적인 추세에 부응할 수 있다. 하나로 관통시킨 후에는 각자 분야별로 세분해 다시 통합된 것을 조목조목 나눠보는 작업을 시작해야 할 것이다.

제2절

송학과 촉학

1) 사천과 성리학

무릇 사상은 시대의 영향을 받는다. 그러나 그 외에 지역적 영향도 받는다. 공자는 노나라 사람이다. 그래서 주공의 영향을 받았다. 관중은 제나라 사람이다. 그래서 태공을 본받았다. 정명도의 학설은 유불도 3교를 융합한 것으로 시대의 추세를 반영한 것이기도 하다. 지역적 관계로 보면 그는 하남에서 태어났다. 이곳은 천하의 중심으로 송나라가 도읍을 정한 개봉이 있던 곳이다. 천하의 학술이 모두 모여들어 매우 융성했다. 모든 학설을 받아들인 그의 학설이 노자를 닮은 이유다.

그러나 특이하게도 그의 학설은 사천의 영향을 많이 받았다. 사람들은 이 사실을 잘 모른다. 그의 부친 정향程珦은 사천의 한주漢州에서 근무했다. 그는 동생 정이천과 함께 사천에 와서 살았다. 정이천의 문집 중 한주와 관련한 글이 3개나 있다. 당시 사천은 유불도 3교가 극히 성했고, 정명도와 정이천은 사천에서 그 영향을 크게 받았다. 『송사』「초정전」의 다음 대목이 그 증거이다.

"정이천의 부친 정향은 일찍이 광한 태수로 있었다. 정이천과 그의 형 정명도는 부친을 따라 성도로 놀러왔다가 대나무통을 만드는 자를 보게 되었다. 그는 『주역』을 옆에 끼고 일하고 있었다. 두 사람이 묻자 그 사람이 반문했다. '젊은이들은 이를 공부한 적이 있는가?' 그러고는 '소인이 득세하는 화수미제火水未濟의 시기에는 사내의 궁함을 구할 수 없다'고 말했다. 두 사람이 그 내용을 묻자 대답하기를 '삼양실위三陽失位'(강성한 것이 모두 자리를 잃음)라고 했다. 두 형제가 환연渙然(의혹이 풀림)히 느끼는 바가 있어 다음날 다시 찾아갔더니 그 사람은 가고 없었다."

훗날 정이천은 만년에 『주역』을 주석하면서 미제괘未濟卦에서 '삼양실위'에 대한 해석을 덧붙여 놓았다.

"이는 성도의 은자에게서 주워들은 것이다."

『송사』「초정전」에 나오는 대목과 일치한다. 『성도현지』에도 "정명도와 정이천이 대나무통을 만드는 사람을 만난 곳은 곧 성도에 있는 대자사이다"라고 되어 있다. 이는 당시 사천 땅에 『주역』을 꿰는 사람이 매우 많았음을 시사한다.

청대의 단옥재段玉裁도 부순현 지현으로 근무할 당시 설옹사薛翁祠를 개수하면서 이를 기념하는 비문에 이같이 기록해 놓았다.[9]

"여동래가 편찬한 『상주지』에 촉 땅에 은군자가 있다는 내용이 있어 그를 찾고자 했으나 실패했다. 그러던 중 우연히 한 군에 이르러 향을 파는 '설옹'이라는 사람이 아침에 약재를 시장에 가져가 팔고는 오후에 문을 닫고 묵좌默坐하며 수련한다는 사실을 알게 되었다."

'설옹'은 사천의 한 평민에 지나지 않았다. 『주역』은 유가에서 가장

9. 단옥재는 청대 중기의 고증학자로 자는 약응(若膺), 호는 무당(茂堂)이다. 왕염손(王念孫)과 더불어 대동원(戴東原) 밑에서 공부하며 대씨(戴氏)의 '단왕이가(段王二家)'로 불린데서 알 수 있듯이 뛰어난 능력을 보여주었다. 한나라의 허신(許愼)이 지은 자서(字書) 『설문해자(說文解字)』의 주석서 30권을 저술함으로써 설문학(說文學)의 시조로 불리고 있다.

중시하는 경전이고 '역학'은 정이천과 정명도 학설의 근본을 이루는 것이기도 하다. 두 사람의 학문이 사천에서 비롯되었다는 것은 매우 의미심장한 일이다.

2) 사천의 도교와 불교

'설옹'은 도가의 인물임에 틀림없다. 이는 당시 사천에 이런 인물이 매우 많았음을 시사한다. 정이천과 정명도도 그 영향을 받았을 것이다. 현재 도가의 기공을 공부하는 사람들은 『참동계參同契』와 『오진편悟眞編』을 극히 중시하고 있다. 이 두 책은 사천과 깊은 관련이 있다.

『오진편』은 송대의 장백단이 만든 책이다. 그는 희녕 2년(1069) 용국릉을 좇아 성도로 왔다가 기인을 만나 이를 전수받았다고 한다. 이는 정이천 형제가 사천에 머물 때로 이들이 장백단을 만났다는 얘기를 실은 책도 있다. 현재 유행하는 『참동계집주』는 첫 번째 주석을 가한 사람이 팽효, 두 번째 주석을 가한 사람이 주희로 되어 있다. 팽효는 사천 영강현 사람으로 영강은 지금의 숭경현 서북 60리 지점에 있다. 『참동계』에 주석을 가한 사람은 모두 19가家가 있으나 팽효가 가장 뛰어나다. 주희는 모두 91장으로 되어 있는 팽효본을 상중하 3권으로 나눠 채계통과 함께 이를 주석했다.

의화단 사건 당시 어떤 학자는 "도교의 각 학파는 모두 사천에서 발원한다. 후한 말에 장도릉이 사천의 명학산에서 수도했고 그의 학설이 민간에 전파돼 여러 분파가 생겨나 지금까지 전해졌다"고 했다. 이는 맞는 말이다. 정이천 형제가 사천에 머물며 도가의 영향을 받은 것은 의심할 여지가 없다.

불교의 영향도 마찬가지이다. 송유들이 말하는 '불학佛學'은 선종을 말하는 것으로 선종은 6조 혜능 때 크게 성했다. 혜능은 이같이 말한 바 있다.

"선도 생각하지 말고 악도 생각하지 말라! 이러한 때에 그대의 진면목眞面目은 무엇인가?"

송유들도 사람들에게 이같이 가르쳤다.

"희로애락이 일어나기 이전의 기상을 보라!"

완전히 6조의 얘기와 같다.

사천의 불교는 그 내력이 깊다. 화엄종에서 말하는 5조 종밀은 당나라 때 사천 사람이다. 당나라 삼장법사도 성도의 대자사에서 출가했다. 6조의 재전再傳제자 마조馬祖도 사천 출신이다. 선종에서 차지하고 있는 마조의 위치는 주희가 송학에서 차지하고 있는 위치와 유사하다.[10]

마조는 사람들에게 이같이 가르쳤다.

10. 마조는 당나라 현종 때의 선사로 속명은 마도일(馬道一), 시호는 대적선사(大寂禪師)이다. 현존 『사가어록』은 송대 초기에 만들어진 것을 명대 말기에 재편한 것으로 첫째 권은 마조, 나머지는 백장(百丈)과 황벽(黃壁) 및 임제(臨濟)의 어록이다. 『마조록』을 비롯한 송대 이후의 어록은 자구해석의 기존방식과 달리 선가의 안목으로 불법을 재해석한 게 특징이다. 6조의 제자인 남악회양(南嶽懷讓)의 법을 이은 그는 우보호시(牛步虎視 : 소걸음으로 걸었고 호랑이 눈빛을 가짐)의 모습을 지녔다. 당의 개원 연간에 수도하던 중 회양을 만났다. "스님은 좌선해 뭘 하려는 것입니까?" "부처가 되려고 하네." 회양이 문득 암자 앞에서 벽돌 하나를 집어다 갈기 시작했다. 마조가 물었다. "벽돌을 갈아서 무엇을 하시렵니까?" "거울을 만들려 하네." "어떻게 벽돌로 거울을 만듭니까?" "좌선한들 어떻게 부처가 될 수 있겠는가?" "어찌해야 합니까?" "수레가 가지 않으면 수레를 쳐야 옳겠는가 소를 때려야 옳겠는가?" 마조가 말을 못하자 회양이 말했다. "선(禪)은 앉거나 눕는 데 있지 않고, 부처는 어떤 모습도 아니네. 그대가 앉은 부처를 구한다면 부처를 죽이는 것이고, 좌선에 집착하면 그 이치를 깨닫지 못한 것이네." 문득 깨달은 마조가 회양의 뒤를 잇게 된 일화이다. 그의 사상은 '심즉불(心卽佛)'과 '평상심시도(平常心是道)'로 요약할 수 있다.

"마음이 곧 부처이고 평상심이 곧 도이다."

정이천도 이같이 말했다.

"성性(인성)이 곧 이理(천리)다."

완전히 마조의 말과 닮았다. 송나라의 대선사 종고宗杲는 한때 이름을 크게 떨쳤다. 주희도 그가 지은 『대혜어록大慧語錄』을 보고는 이같이 인용했다.

"그의 말은 촌철상인寸鐵傷人하는 말이다."[11]

대혜 종고의 스승인 원오圓悟도 성도 소각사에서 머물며 『원오어록』을 남겼다. 원오와 정이천 형제는 비슷한 시기를 살았다. 정이천 형제가 사천에 있을 때 사천에는 선풍禪風이 크게 일고 있었다. 이들 형제가 그 영향을 받은 것은 당연한 일이다.

3) 촉학과 성리학

많은 사람들이 정이천 형제가 송학의 태두라는 사실을 알면서도 당시 또 다른 위대한 학자가 존재했다는 사실을 잘 모르고 있다. 그 업적으로 볼 때 정 씨 형제 못지않은데도 일반인들은 그를 소홀히 취급하고 있다. 주인공은 『노자해』를 쓴 소철蘇轍(소동파의 동생)이다. 소동파의 아들

11. '촌철상인'은 '촌철살인'과 같은 말이다. '촌철살인'도 종고선사가 한 말이다. 이에 관한 일화가 남송의 유학자 나대경이 주희와 구양수, 소동파 등의 어록 등을 기록해 놓은 『학림옥로(鶴林玉露)』에 나온다. 이에 따르면 하루는 종고선사가 선에 대해 논하면서 "어떤 사람이 한 수레의 무기를 싣고 왔다고 해서 사람을 죽일 수 있는 게 아니다. 나는 한 치도 안 되는 칼만 있어도 곧 사람을 죽일 수 있다"며 '촌철살인'을 최초로 언급했다. 여기의 살인은 사람을 죽이는 게 아니라 자기 마음속의 속된 생각을 없애는 것을 뜻한다. 오늘날에는 간단한 한 마디 말과 글로 상대방을 당황케 만들거나 감동케 만드는 경우를 뜻한다.

소매蘇邁가 쓴 『선공수택』에 소동파의 언급이 나온다.

"어제 자유子由(소철)가 『노자신해老子新解』를 보내왔다. 다 읽지 못한 채 책을 덮으며 탄식하기를 '전국시대 때 이 책이 있었다면 상앙과 한비가 없었을 것이다. 공자와 노자는 하나다. 남북조와 수당 때 이 책이 있었다면 노자와 부처는 둘로 나뉘지 않았을 것이다. 뜻하지 않게 만년에 이런 기이한 책을 보게 됐다'라고 했다."

명대의 이탁오는 당시 사람들이 '성인'으로 취급한 인물이다. 그 역시 소철에게 칭찬을 아끼지 않았다.

"그가 떠난 지 5백여 년이 지난 지금 이제는 다시 그와 같이 기특한 견해를 가진 사람을 만날 수 없게 됐다."

이탁오가 이처럼 칭송할 정도의 인물이라면 과연 소철이 어떤 인물이었는지 대략 짐작이 갈 것이다. 그런데도 왜 일반인들은 정이천 형제와 주희만 알고 소철에 대해서는 잘 모르는 것일까? 대략 4가지 이유를 들 수 있다.

첫째, 그는 책을 펴낼 당시 너무 늙었다. 그는 송휘종 정화 2년(1112)에 죽었다. 당시 74세였다. 이 책은 몇 번 첨삭을 거쳤다. 당초 원고는 대관 2년(1109)에 탈고됐다. 정명도는 원풍 8년(1085)에 죽었다. 당시 54세였다. 정이천은 대관 원년(1108)에 죽었다. 당시 75세였다. 소철이 책을 완성했을 때는 정명도가 죽은 지 이미 23년 뒤였고 정이천도 숨을 거둔 지 1년이 지난 뒤였다. 당시는 정 씨 형제의 문도가 천하에 널리 퍼져 있을 때였다. 그의 학설이 너무 늦게 나온 데다 그 또한 다른 사람들과 쟁론할 처지가 못 되었다. 그 역시 책을 펴낸 지 4년 뒤 숨을 거두었다. 이후 그의 학설을 전파하는 사람이 없게 되었다.

둘째, 당시에는 반대당에 대한 탄압이 극심할 때였다. 사람들이 사마광과 소동파 등의 학문을 배우는 게 엄격히 금지됐다. 정이천은 문하에 들어오고자 하는 사람들에게 이같이 사절했다.

"들은 바를 존중하고 아는 바를 행하는 것으로 가하다. 반드시 나의 문하에 올 필요는 없다."

그는 감히 소철의 학문을 전파할 수 없었다. 그러니 그의 학문이 어찌 널리 퍼질 리 있겠는가? 사서는 당시 소철의 모습을 이같이 기록해 놓았다.

"오두막집을 짓고 은거하며 사람들과 다시는 접촉하지 않았다. 종일토록 묵좌하는 생활을 수십 년간 계속했다."

이런 점을 감안하면 그의 책이 세상에 전해진 것만도 다행이다. 그런 상황에서 어찌 널리 퍼지기를 기대할 수 있겠는가?

셋째, 훗날 남송대의 주희는 정이천의 학문을 계승하면서 촉학蜀學에 대한 낙학洛學의 원한을 그대로 받아들였다. 그는 소동파가 쓴 『동파역전』과 소철이 쓴 『노자해』를 신랄히 비판하면서 욕을 퍼부었다.[12] 『송원학안宋元學案』에 따르면 당시 주희는 그 이유를 이같이 들었다.

"소철이 만년에 책을 썼다. 우리 유가를 노자와 뒤섞은 것도 모자라 석 씨釋氏까지 끌어들여 미봉해 놓았다. 어그러지고 잡된 이유이다. 그럼에도 그는 스스로 심히 고상함을 자처하며 심지어 당세에 자신과 비교할 자가 없다고 떠벌였다. 그의 형 소동파 역시 '뜻하지 않게 만년에 이런 기이한 책을 보게 됐다' 고 했다. 내가 보건대 참으로 기탄忌憚(어렵게 여겨 꺼

12. '촉학' 에 속한 소철과 소식은 정이천의 '낙학' 과 다른 노선을 걸었다. 『주역』을 풀이한 소동파의 『동파역전(東坡易傳)』이 '촉학' 의 요체를 잘 보여주고 있다. 노장사상을 바탕으로 『주역』을 풀이하는 왕필 이래의 전통을 흡수하고 불가와 유가의 사상을 두루 꿰는 '3교 회통' 을 완수하고자 한 것이다. 그러나 주희는 젊은 시절 『잡학변』을 통해 첫머리에서 이를 통렬하게 비판하고 나섰다. 주희에 의해 완성된 성리학의 편협함이 여기서 비롯됐다고 해도 과언이 아니다.

림) 하는 바가 없는 자들이었다고 할 만하다."

『중용』에 '무기탄無忌憚'이라는 말이 나온다. 소인배를 뜻한다. 주희는 소동파와 소철을 싸잡아 소인배로 몰은 것이다. 이는 커다란 욕설에 해당한다. 주희는 소철의 주장을 조목조목 비판해 놓았으나 모두 고의적인 억지주장이었다. 주희는 역대 제왕이 모두 존숭한 인물이다. 그가 이처럼 소철을 공격해 놓은 상황에서 소철의 학설은 존폐의 위기에 놓일 수밖에 없었다.

넷째, 가장 큰 이유로 유학이 한무제의 '독존유술獨尊儒術' 선포 이후 유일한 관학으로 존재해 온 데 있다. 정이천은 표면상 공자를 존숭하는 모습을 보여 사람들로부터 환영을 받았다. 이로 인해 소철의 학설은 적나라한 비판의 도마 위에 올랐다. 훗날 주희의 신랄한 공격을 받고 이단사설異端邪說로 몰린 이유이다. 주희가 소철과 노불老佛을 통렬히 비판한 것은 문호지견門戶之見(당파에 얽매인 편견)을 보인 것에 불과하다.

4) 중국 학술의 전개

중국의 학술계는 한나라 이후 불교가 들어올 때까지만 유가와 도가가 양대 산맥을 이뤄왔다. 이후 불교가 유입되어 널리 성행하면서 중국의 학술계는 유·불·도 3교가 3대 줄기를 형성하게 되었다. 그래서 동일한 지역 내에서 세 개의 물줄기가 서로 밀어내고 섞이기를 거듭해 1천여 년의 세월이 흐르자 자연스레 하나로 융합하는 추세가 나타났다. 이런 시대적 요구에 부응한 것이 바로 송유들이 주창한 성리학이었다.

송유의 학설을 말하려면 반드시 유불도 3교의 공통점과 차이점을 살펴보아야 한다. 가장 중요한 점은 이들 3교 모두 근본으로 돌아가야 한다는 소위 '반본返本' 사상을 으뜸으로 삼고 있다는 점이다. 맹자는 이같이 말한 바 있다.

“천하의 근본은 나라에 있고, 나라의 근본은 가정에 있고, 가정의 근본은 자신에게 있다.”

자기 자신에게 ‘반본’ 해야 한다는 것은 무엇을 말하는 것일까? 맹자는 이를 이같이 풀이했다.

“어린아이 중에 그 친부모를 사랑할 줄 모르는 아이가 없고 커서 그 형을 공경할 줄 모르는 아이가 없다.”

이를 통해 알 수 있듯이 유가에서 말하는 ‘반본’ 은 어린아이까지 거슬러 올라가야 비로소 멈추게 된다. 노자도 여러 번 갓난아이를 언급하고 있는데, 이 때의 갓난아이는 이제 막 태어난 젖먹이를 말한다. 맹자가 말하는 어린아이는 사랑하고 공경할 줄 아는 지식을 지닌 아이이다. 노자의 ‘반본’ 은 이 세상에 막 태어난 사욕이 없는 갓난아기의 모습으로까지 되돌아가야만 비로소 멈출 수 있는 것이다. 노자가 말하는 갓난아이는 무지하고 사욕이 없지만 아직 마음은 남아 있다. 노자는 『도덕경』 제49장에서 이같이 말했다.

“성인에게 영구불변의 마음이란 없고 다만 백성의 마음을 자신의 마음으로 삼을 뿐이다.”

석가도 이런 마음을 통해 열반에 들어감으로써 너와 내가 없는 경지에까지 도달할 수 있음을 보여주었다. 선종에서는 ‘부모에게서 태어나기 이전의 모습’ 을 본받자고 주장하고 있다. 이는 결국 모태로까지 나아가는 것으로 노자의 갓난아이를 훨씬 앞지르는 것이다. 석가의 경지는 노자가 도달할 수 없고, 노자의 경지는 공자가 도달할 수 없는 것처럼 보인다. 그러나 사실은 그렇지 않다. 석가는 오묘하고 영원한 경지를 말했는데 노자 역시 이같이 언급한 바 있다.

“천명으로 돌아가는 것이 영원이다.”

그는 또 이같이 말하기도 했다.

"현묘하고 현묘하니 모든 오묘한 이치는 이 문으로부터 나온다."

석가가 말한 오묘하고 영원한 경지를 노자가 어찌 일찍이 도달하지 못한 적이 있었던가? 석가는 아집我執과 법집法執을 버리라고 했는데 공자도 이같이 말한 바 있다.

"사사로운 뜻이 없으니 기필코 우기는 마음이 없고 집착하는 마음이 없으니 이기심도 없다."

석가가 말한 아집과 법집을 공자가 어찌 일찍이 버리지 못한 적이 있었던가? 그러나 3교는 비록 동일선상에 있지만 각자 개별적으로 독립했기 때문에 그들이 내세운 가르침의 요지는 각각 다르다. 석가는 속세를 떠나고자 했기에 반드시 부모로부터 태어나기 이전의 모습을 되찾고 모든 마음을 텅 비워야만 비로소 속세를 초월할 수 있다고 주장했다. 기왕 출가하려고 마음먹은 이상 세속의 예악형정禮樂刑政 등은 그다지 깊이 연구할 필요가 없는 것이다.

한편 유가는 이 세상을 다스리는 데 뜻을 두었기 때문에 인간사에 온 힘을 기울였다. 모든 인간사의 시원은 인간의 생각에 있다. 생각이 가장 순수한 사람으로서는 어린아이만 한 자가 없다. 어린아이에 대한 연구를 바탕으로 성의誠意를 가지고 정심수신正心修身하여 '제가치국평천하' 할 것을 당부한 것도 이 때문이다. 유가의 근본취지는 세상을 다스리는 데 있기에 열반涅槃의 학문적 원리에 대해 깊이 따지고 싶어하지 않았던 것이다.

그러나 노자는 대자연이 빚어내는 조화의 근원을 캐내는 데 그 뜻을 두었다. 지극히 허하고 조용한 '지허지정至虛至靜'의 상태에서 무지무욕無知無欲의 정신상태가 적막한 우주의 상황과 공명해 마침내 통하고야 마는 오묘한 이치를 깨치고자 했던 것이다. 처음 태어난 갓난아이의 모습에서 대자연의 본모습을 찾아보려 한 것도 이 때문이다. 노자는 이같이 언급한 바 있다.

"말이 많으면 자주 궁해지니 조용히 중심을 지키고 있느니만 못하다."

불가의 3장12부三藏十二部 경전과 유가의 5경五經 등은 지나치게 말을 많이 한 것이라고 할 수 있다. 노자는 말을 많이 하는 것을 원치 않았기 때문에 간단하게 5천여 자로 자신의 주장을 모두 담았다. 그의 주장이 매우 은유적이면서도 풍부한 내용을 지니고 있는 이유다.

노자는 출세와 입세의 원리를 하나로 꿰는 원리를 제시하면 사람들이 스스로 그 이치를 연구해 나가줄 것을 원했기 때문에 많은 말을 할 필요가 없었다. 따라서 출세에 대해 석가처럼 상세히 말할 필요가 없었고, 입세에 대해서도 공자처럼 자세히 언급할 이유가 없었다. 석가는 속세를 떠나는 법을 주로 말하고, 공자는 세상과 더불어 사는 법을 주로 말하고, 노자는 이 양자를 하나로 통일시킨 법을 말한 셈이다. 이것이 바로 유불도 3교의 차이점이라고 할 수 있다.

당나라 때는 3교가 서로 밀고 당기는 융합시기였다. 당시 유학자들은 대부분 불교나 노자의 학문도 연구해 이 3교를 융합시키는 일에 착수했지만 제대로 그 일을 완수하지 못했다. 송유들 중 특히 정명도에 이르러 비로소 이 작업이 완성됐다고 할 수 있다. 정명도 이전에도 비록 손명복孫明復, 호안정胡安定, 석수도石守道, 주렴계周廉溪 등과 같은 개척자들이 있었지만 아직 맹아단계에 불과했다. 정명도가 나와서야 비로소 노자사상을 중심으로 3교의 정수만을 뽑아 하나의 체계를 세울 수 있었다. 이후의 정이천과 주희, 육상산, 왕양명을 중심으로 한 일체의 학파는 모두 정명도의 이론에서 갈라져 나온 것에 불과하다.

정명도는 송대 성리학의 시조로서 그의 학문은 노자의 이론과 유사하다. 송대의 유학이 모두 노자의 이론을 담고 있는 것도 이 때문이다. 송대의 유학은 이같이 말할 수 있다.

"석가의 가르침으로 마음을 다스리고, 공자의 가르침으로 세상을 다스린다."

3교 모두 자연의 이치에 따라 행하는 것을 위주로 삼아 마음을 다스리고 세상을 다스리는 것을 하나로 합침으로써 노자의 길로 접어들었다고 할 만하다. 이를 통해 노자의 학문이 송대와 명대의 유학뿐만 아니라 중국 전체의 학문을 관통하고 있다는 사실을 확인할 수 있다.

송대 유학자들이 사실 3교를 융합시킬 수 있었다는 것은 학술상 최대의 성공이라 할 만하다. 그러나 그들은 이처럼 공훈을 세우고도 스스로 자부심을 가져도 될 텐데 오히려 그것을 내던지고 공자 문하의 적통을 자처했다. 이는 파벌에 얽매인 잘못 된 생각이 아닐 수 없다.

만약 정이천과 주희와 같은 이들이 3교를 융합시키려고 결심했다면 이는 자연적인 추세를 간파한 것으로 해석할 수 있다. 그들은 3교의 융합을 적극 반대해 성리학을 만들어냈지만 사실은 결과적으로 이를 완성시키는 일을 한 셈이다.

송유의 학설이 소멸되지 않은 까닭은 이 3교를 융합한 데 있다. 그들이 병자를 치료할 수 있는 것도 3교를 융합한 결과이다. 겉으로는 공자의 적통을 주장하고 있지만 사실은 양머리를 내걸고 개고기를 파는 '양두구육羊頭狗肉'을 행했기 때문에 오히려 병자를 치료할 수 있는 것에 비유할 수 있다.

송유의 학설에는 일종의 혁명정신이 담겨 있다. 그들은 한유漢儒(훈고학을 발전시킨 한나라의 유학자)들의 견해를 완전히 뒤엎고 새로운 학설을 창안한 것이다. 이는 건설과 파괴의 수단을 동시에 겸비한 것으로 볼 수 있다. 그러나 그들은 감히 자신들이 새로운 학설을 창안했다는 사실을 전혀 인정치 않고 여전히 공자에 의탁했다. 성리학이 복고를 내세우면서도 실제로는 혁신적인 이유가 여기에 있다.

루터의 신교와 유럽의 문예부흥도 모두 이런 경로를 거쳤다. 송유의 학설은 독창성을 띠고 있었기 때문에 추종자도 많았지만 반대자도 적지 않았다. 대개 새로운 학설이 나오면 이러한 현상은 늘 있게 마련이다. 그러나 송유의 가장 큰 단점은 파벌에 얽매인 편견이 극심해 너무도 자주 쓸데없는 분쟁을 일으킨 데 있다.

이로 인해 송나라 이후 현재에 이르기까지 이에 관한 논쟁이 그치지 않고 있다. 이는 바로 도량이 부족한데서 기인하는 것이다. 송유들은 재덕을 겸비했으나 도량이 부족했다. 그들은 실질 정치뿐만 아니라 학술에서도 도량이 부족했다. 군자가 군자를 배척한 결과 낙당洛黨과 촉당蜀黨의 분쟁이 발생했다. 공자 신도가 공자 신도를 배척함으로써 주희와 육상산의 논쟁이 일어났다. 만약 파벌에 얽매인 편견 없이 좀더 도량을 넓혔다면 학술상의 '이합離合' 현상을 폭넓게 조감해 보는 것이 가능했을 것이다.

공자는 성현의 주장을 그대로 기술할 뿐 자신의 견해를 덧붙이길 거부한 '술이부작述而不作'의 정신을 좇았다. 그는 여러 사람들의 설을 종합해 독자적으로 하나의 학파를 형성했다. 노자 역시 자신의 저서에서 여러 학설들을 인용하고 있는 것으로 보아 '술이부작'의 정신을 좇은 것으로 볼 수 있다. 그 또한 여러 사람들의 학설을 종합해 따로 하나의 학파를 형성한 것이라고 할 수 있다.

우주의 진리란 일종의 혼돈 속에 있는 막연한 것이다. 인류의 지식이 빈약하기 때문에 그 전모를 파악하기란 불가능하다. 따라서 반드시 이런 식으로 일단 나뉜 것도 합쳐 보고 합친 것을 다시 나눠보는 연구방식을 통해 비로소 우주의 진리를 탐구할 수 있다.

우리가 현재 살고 있는 시대는 서양의 학설이 중국에 유입되어 기존의 학설과 충돌하는 시대이다. 따라서 당연히 중국과 서양의 학설을 모두 하나로 관통시킴으로써 분리된 것을 하나로 융합시키는 작업에 정진할 필요가 있다. 반드시 이렇게 해야만 학술상의 자연적인 추세에 부응할 수 있다. 하나로 관통시킨 후에는 각자 분야별로 세분해 다시 통합된 것을 조목조목 나눠보는 작업을 시작해야 할 것이다.

그러나 중국과 서양의 문화를 융합시키는 일에 주객의 구분이 없을 수 없다. 단순히 동서 문화를 섞는 데 그친다면 양자의 의견이 엇갈려 누구의 말을 믿어야 좋을지 모르게 된다. 이는 최근 몇 년 동안의 혼란스런 상황을 보면 쉽게 이해할 수 있다. 따라서 응당 수천 년 뿌리박은 중국의 민족문화를 중심으로 삼아야 한다. 그래서 다른 사람의 장점을 취해 우리의 단점을 보완하고 남의 정수만을 받아들여 우리의 생명력을 더욱 풍부하게 만들어야 한다.

이전에 인도의 불교가 중국에 유입될 때 중국은 전심으로 이런 정신에 입각해 불경을 연구함으로써 경전의 내용의 일부를 수정하면서 불교를 더욱 발전시켰다. 이로 인해 천태종과 화엄종, 정토종과 같은 종파들은 거의 중국의 문화에 동화되었다. 그래서 일반 사람들의 환영을 받았던 것이다.

우리는 앞으로 서양 문화를 받아들일 때 인도의 문화를 받아들였을 때의 방법을 적용해 일일이 중국화할 필요가 있다. 이는 마치 한약재를 태워 뜸을 독이 있는 부분은 제거하고 유익한 부분만 남겨두는 것에 비유할 수 있다. 그러기 위해서는 다음과 같은 단계적 접근이 필요하다.

제1단계로 노자의 방법을 이용해 자연적인 추세에 부합되는 것은 받아들이고 부합되지 않는 것은 받아들이지 않는다. 제2단계로는 공자의 방법을 이용해 무엇이든지 우선 양심적인 판단을 거친 뒤 자기 마음에 돌이켜보아 만족할 만한 수준에 이를 때 비로소 이를 보급시킨다.

만일 이런 방법을 동원할 수 있다면 동서 문화는 당연히 하나로 융합될 수 있다. 이런 원칙에 입각할 수만 있다면 우리가 앞으로 나아가야 할 방향 역시 자연스레 결정될 수 있다. 서양인들은 다양한 실험적인 방법을 동원해 우주와 자연의 이치를 관찰함으로써 물리와 화학 등의 과목을 만들어냈다. 중국의 고대인들은 각종 관찰방법으로 우주자연의 이치를 살펴보고 각종 제도를 제정했다. 똑같이 자연의 이치를 관찰했지만 한쪽은 그것을 객관적 사물에 적용하고 다른 한쪽은 인간과 관계된 곳에 적용했다. 두 문화는 사실 서로 교류해야 할 필요성이 있는 것이다.

중국의 고대인들이 제정한 제도는 여러 면에서 조리가 없는 것이지만 다른 한편으로는 조리가 있는 것이기도 하다. 예를 들면 부모 자식 간의 자애와 효도, 형제 간의 우애, 백성에 대한 윗사람의 어진 사랑과 윗사람에 대한 아랫사람의 공경 등은 은연중 나타나는 전자기 감응의 이치이자 권리이며 의무이다. 이런 권리와 의무 속에서 인간과 인간의 관계는 삶의 흥취가 넘쳐날 수 있다.

반면에 서양인들의 인간관계는 많은 경계선을 긋고 있다. 부자지간과 부부 사이의 권리와 의무는 회계학 방식으로 계산된다. 이렇게 하면 권리와 의무는 분명하지만 삶의 흥취는 감퇴되고 만다. 따라서 서양의 윤리에 마땅히 전자기의 기운을 주입시켜야만 비로소 그 냉혹한 분위기를 바꿀 수 있다. 그러나 이는 아무래도 좀 너무 포괄적인 것 같고 이런 작업에는 반드시 서양의 체계를 참고할 필요가 있다. 이같이 할 수만 있다면 동서 문화를 하나로 융합하는 것이 그리 어려운 일만도 아닐 것이다.

현재의 추세로 보면 중국과 인도, 서양의 학설에 대해 모두 정통해야 하고 인간학과 물리학에도 통달해야만 한다. 우리는 이 세상에 태어나 응당 세계사적 조류를 좇아 이러한 융합작업을 진행시켜 나가야만 한다. 융합이 이뤄진 후에는 각자 따로 세분해 연구해 나갈지라도 무방하다.

이같이 나누었다가 합치고 합쳤다가 다시 나눠보는 방식을 여러 차례 거친 후에야 비로소 이 막연하기만 한 우주의 진리에 대해 유감 없이 연구해낼 수 있을 것이다. 물론 여전히 막연하게 느껴지는 것은 어쩔 수 없지만 이 방법만이 우주의 진리에 가장 가까이 갈 수 있는 방법이라고 할 수 있다.

충돌은 융합의 조짐으로 이른바 충돌 없이는 융합도 없다. 일반 사람들은 이런 충돌사태를 매우 비관적인 시각에서 바라보고 있다. 그러나 그들은 이것이 바로 몇 개의 진흙 알갱이를 하나로 빚는 시기라는 것을 모르고 있다. 즉 세계 화합의 동기이자 동서 학문의 융합의 동기가 된다는 사실을 모르는 것이다. 다만 문제가 되는 것은 동서가 하나로 융합될 경우 전국시대를 마무리짓고 천하를 호령한 진시황과 같은 인물이 나올 경우이다. 그러나 이 또한 문제될 것이 없다. 장차 세계 대화합의 시기에 이르러 군주를 민주로 바꾸면 되는 것이다.

송유의 성리학은 비록 여러 학설들을 융합했지만 그 학설의 보급만큼은 군주의 힘에 의지했다. 당연한 결과로 백성들은 성리학을 믿고 따를 것을 강요받았다. 그러나 장차 중국과 인도, 서양의 학설이 융합된 새로운 학설은 학자들의 자유로운 연구결과에 따른 것으로 사람들에게 이것을 억지로 믿도록 강요하지는 않을 것이다.

국제적으로 보나 학술적으로 보나 이런 현상은 하나의 자연적인 추세로 인력으로는 결코 막을 수 없다. 이는 물줄기가 동해로 흘러드는 것을 막으려 해보았자 별 소득이 없는 것에 비유할 수 있다. 자연적인 추세를 제대로 파악할 수 있다면 그 누구도 감히 그 조류를 거스르려고 하지는 않을 것이다.

그러나 동서 문화 충돌의 화근은 바로 서양 측에 있다. 서양인은 사회나 국가에 대해서도 우선 나 자신을 뜻하는 '신身' 을 중심으로 삼는다. 반면에 중국의 유가에서 말하는 치국평천하는 우선 자신의 마음을 바로 잡고 자기의 뜻을 성실히 하는 소위 '정심성의正心誠意' 에서 출발하는 것으로 '심心' 을 중심으로 삼고 있다.

쌍방 모두 '신' 과 '심' 을 잘 닦아나가는 것에 매우 깊은 주의를 기울인다. 때문에 서양인들은 할 일 없는 한가한 사람을 보면 반드시 운동을 해서 신체를 단련시킬 것을 주문한다. 반면에 중국인들은 무료한 사람을 보면 책을 읽혀 이치를 깨닫고 마음을 잘 다스릴 것을 요구한다. 서양인은 신체를 육성하고 중국인은 마음을 육성하는 데 초점을 맞추고 있는 셈이다.

서양은 사람들을 가르칠 때 몸에 이로움이 있다는 '우신유익于身有益' 에 중점을 둔다. 이에 대해 중국은 사람들을 가르칠 때 마음에 물어보아 부끄러움이 없어야 한다는 '향심무괴向心無愧' 에 무게를 둔다. 서양인들은 경제학자 아담 스미스가 제창한 '자유경쟁' 이나 다윈이 제창한 '약육강식' 이론을 모두 믿고 따른다. 왜냐하면 이 학설들은 모두 자신들의 몸에 이로움이 있기 때문이다.

그러나 중국의 성현들 가운데에는 이런 학설을 주장한 이가 없다. 왜냐하면 이런 학설은 남을 해치고 자신의 이익을 도모하는 것으로 마음에 물어보아 부끄러움이 있기 때문이다. 이와 관련해 유가에서는 이같이 주장한 바 있다.

"자기 자신을 수양하려고 하는 사람은 먼저 자신의 마음을 바르게 하고 자기 마음을 바로 잡으려는 사람은 먼저 자신의 뜻부터 성실하게 만들어야 한다欲修其身 先正其心 欲正其心 先誠其意."

여기서 알 수 있듯이 서양인들이 말하는 '신身' 으로부터 안으로 두 겹을 뚫고 들어가면 '의意' 를 찾을 수 있다. '신' 은 단순한 몸이 아니라 자신의 뜻을 성실하게 하는 것을 기점으로 두 단계 이상 외부로 발전해 나아간 것이다. 이는 바로 건물을 짓는 것에 비유할 수 있다. 먼저 지면의 부드러운 흙을 파내고 암반 등을 찾아내야만 비로소 건물을 지을 수 있다. 이와 마찬가지로 먼저 자기 자신을 수양해야만 비로소 집안과 나라를 잘 다스릴 수 있고 나아가 천하도 평정할 수 있는 것이다.

그러나 서양인들의 자유경쟁은 세계대전을 촉발시켜 수천만 명에 이르는 사망자를 낳았다. 제1차 세계대전이 끝난 후에도 이 문제를 해결하지 못해 곧이어 제2차 세계대전이 발발하려 하고 있다. 나아가 경제적인 측면에서 볼 때 자본주의는 사회주의 혁명의 화근이 되고 있다. 장차 이런 일로 인해 얼마나 많은 사람이 피를 흘려야 될지 모를 일이다.

이제 다시 앞에서 언급한 바 있는 '반본선'의 궤도를 염두에 두면 동서 문화의 우열을 쉽게 확인할 수 있을 것이다. 중국은 어린아이 때부터 부모를 사랑하고 형을 공경하는 마음을 가정에서 잘 닦은 다음 그것을 확충해 나갈 것을 가르친다. 궁극적으로는 '부모공경을 통해 백성들을 사랑하고 백성을 사랑하는 마음을 통해 만물을 사랑한다'는 경지에까지 도달해 화목한 세계를 만들 것을 요구한다. 따라서 중국의 가정은 사람을 키우는 보금자리라고 말할 수 있다.

그러나 서양인들은 나에서 국가로 나아가는 도정에 가정이 생략돼 있다. 즉 사람을 키우는 보금자리가 없는 것이다. 서양인은 자신의 뜻을 성실하게 하려는 노력, 즉 '양심의 수양' 과정이 결여되어 있다. 따라서 서양의 학설이 지배하게 되면 전 세계는 잔혹한 세계로 변할 수밖에 없다. 현대 물질문명을 논할 경우 중국은 사실상 절대 서양에 미치지 못하지만 사회윤리 측면에서 거론하자면 이상 검토한 바와 같이 중국이 서양보다 훨씬 낫다. 이 점만큼은 당연히 서양이 중국을 본받아야지 중국이 서양을 본받아서는 안 된다.

제3절

도통의 흑막

1) 도통의 기원

송유가 사람들로 하여금 가장 탄복케 만든 것은 바로 3교를 하나로 융합해낸 데 있다. 그러나 가장 실망을 준 것은 문파에 대한 편견이 지나치게 심해 이후 숱한 갈등을 초래했다는 점이다. 그들의 편견은 다음과 같이 두 가지로 나누어 볼 수 있다.

(1) 공자의 학설이 옳다고 보는 견해. 노불학과 선진시대의 제자백가 모두 틀리다고 본다.

(2) 공자를 추종하면서 정이천과 주희가 말한 것만 옳고 다른 사람이 말한 것은 무조건 틀린 것이라고 보는 견해. 이 두 가지 견해가 결합하면 바로 '도통道統'의 이론이 성립하게 된다.

송유들이 말하는 도통道統이란 과연 무엇을 말하는 것일까? 이 문제에 대해 검토해 보기로 하자. 우선 당나라 때의 한유부터 검토할 필요가 있다. 그는 매우 강직한 사람으로 현실에 반항하는 기질이 농후한 인물이었다. 당나라 초기의 문체는 진부한 수나라 때의 것을 그대로 답습하고 있었다. 그는 곧 3대와 한나라 때의 고문古文을 주창했다. 또한 당시 노불학이 극성하자 그는 공맹학을 제창했다. 그가 제기한 방식은 서양의 문예부흥 당시 취해졌던 방식과 사뭇 닮은 것이었다. 양자 모두 당대의 학술을 반대하고 고전학술을 회복하자고 했던 것이다. 이는 일종의 혁신운동이었다. 서양의 문예부흥이 사람들을 놀라게 한 것과 같이 한유가 내세운 주장 역시 사람들을 놀라게 할 만한 것이었다.

한유의 학문은 송대에 그대로 이어졌으나 크게 두 파로 나뉘었다. 하나는 구양수와 소동파, 증공, 왕안석 등과 같은 문학파文學派였고 다른 하나는 정주의 도학파道學派였다. 송학에서 말하는 '도통'의 '도道' 자는 한유가 지은 『원도原道』의 '이 도란 무슨 도인가' 하는 구절에서 나온 것이다. 맹자는 '도'를 순자나 묵자와 마찬가지로 유학에서 쓰는 통상적인 의미로 사용했다. 그러나 한유는 이를 특별한 의미로 규정하고 나섰다. 그는 『순자』를 읽고 이같이 말했다.

"나는 맹자의 책을 읽기 시작하면서 비로소 공자의 학설이 중요하다는 것을 알게 되었다. 나는 공자를 이을 만한 제자가 없다고 생각한다. 오직 한 사람 맹자만이 있을 뿐이다. 후에 양웅揚雄(전한 말기의 학자)의 책을 읽으면서 맹자에 대한 확신을 갖게 되었다. 이로 인해 그를 더욱 존중하게 되었다. 그렇다면 양웅 역시 공자의 제자가 될 만한 것인가? 그러나 맹자야말로 순수한 유학자이다. 순자와 양웅은 모두 약간의 하자瑕疵가 있다."

한유의 이런 추숭이 있은 후 맹자는 비로소 우뚝 서게 되었다. 송유들은 한유의 이런 견해를 계승해 맹자를 더욱 높이고 나섰다. 자신들이야말로 맹자의 진정한 후계자라고 자부하고 나섰다. 정이천은 정명도의 전기를 만들면서 이같이 주장하고 나섰다.

"주공이 죽자 성인의 도가 행해지지 않았다. 맹자가 죽자 성인의 학문이 전해지지 않았다. 도가 백세百世에 걸쳐 행해지지 않자 잘 다스려진 적이 없게 되었다. 학문이 전해지지 않은 것은 진정한 유학자가 없었기 때문이다. 선생이 사시던 때로부터 1천4백 년 후에 전해지지 않았던 이론을 실전된 경전에서 찾아냈다. 맹자 이후 오직 한 사람이 있을 뿐이다."

사마천은 『사기』에서 맹자와 순자를 함께 기술하면서 그에 대해 겨우 수십 자 정도만 할애했다. 맹자의 경력 등에 대해서는 아무 기록조차 없었다. 그러나 주희는 『자치통감강목』에서 이를 대서특필했다. 그는 남송 순희淳熙(1174-1189) 연간에 『대학』, 『중용』, 『논어』, 『맹자』 등을 합쳐 4서로 칭했다. 이후 성리학자들은 원나라 연우延祐(1314-1320) 연간에 이를 경전의 으뜸으로 내세웠다. 우리들은 어릴 때부터 4서를 읽으면서 맹자를 공자의 화신으로 간주했다. 그러나 자세히 고찰하면 정주 등은 도통의 견해로 맹자를 특별히 존숭하고 나선 것이라는 사실을 알 수 있다.

한유는 문학을 중시한 인물로 문체를 개혁하려고 생각했다. 3대와 한나라 때의 책이 아니면 보지도 않았다. 그가 공맹과 순자 등의 책을 읽은 것은 원래 문학을 연구하기 위해서였다. 그래서 그의 대도大道에 대해서도 개략적으로만 훑어보았을 뿐 깊이 들어갈 수가 없었다. 그는 문장을 쓸 때에도 독창적인 어휘를 사용할 것을 주장했다. 문장뿐만 아니라 사물과 이론을 논할 때에도 독창적인 입론을 중시했다. 그는 이같이 말했다.

"도란 무엇인가? 이는 이전에 도가나 불가에서 말하는 도가 아니다. 요임금은 도를 순임금에게 전해주었고 순임금은 우임금에게, 우임금은 탕왕에게, 탕왕은 문왕과 무왕 및 주공에게, 이들은 공자에게 도를 전해주었다. 공자는 이를 맹자에게 전해주었으나 맹자가 죽은 후 도를 전해주는 것이 끊어졌다."

그가 어떤 근거에서 이런 주장을 펼쳤는지는 알 길이 없다. 이에 대해 정이천은 이같이 말했다.

"맹자가 죽자 도가 실전되었다고 하는 말은 누가 한 말을 베낀 것은 아니다. 동시에 멋대로 상상해 근거 없이 조작한 것도 아닐 것이다. 반드시 한유가 뭔가를 발견한 사실이 있을 것이다."

정이천의 이 말은 그 또한 그 근거를 찾지 못했음을 의미한다. 그렇다면 도대체 '근거 없이 조작했다'는 의미의 '두찬杜撰'이라는 말이 나오게 된 것은 어떤 연유일까?

송유들은 한유의 이런 글을 읽고 '전국새傳國璽'와 마찬가지로 '도'를 전수했을 것으로 생각했다. '요·순·우'에서 '탕'으로, 다시 '탕'에서 '문·무·주공'으로 전수되고 이들로부터 또 다시 공자와 맹자 등으로 전해지는 데는 시간적으로 수백 년의 간격이 있다. 송유들은 '도통'이 수백 년을 격하고도 전수될 수 있다면 1천수백 년이 지난 후의 자신들에게까지도 가능할 것으로 생각했다. 이들은 『논어』「요왈」편에서 그 근거를 찾았다.

"요는 날마다 순에게 자문을 구했다. 순 역시 우에게 그 명을 전했다."

이는 『고문상서』에 나오는 이런 구절과 닮아 있었다.

"인심은 불안하기만 하고 도심은 미약하기만 하니 오직 정신을 하나로 모아 성실한 마음으로 중정을 지킨다."

요에서 순, 순에서 우로 도가 전해졌다는 것은 근거가 있는 셈이다. 그러나 '탕'에서 '문·무·주공'으로 전수되었다는 근거는 과연 어디에 있는 것일까? 또한 중간에 수백 년의 간격이 있는데 어떻게 전수될 수 있었던 것일까? 공자 이전은 모두 개국의 군주들인데 어떻게 그 도가 평민 출신인 공자에게 전수될 수 있었던 것일까? 이런 문제들에 대해 송유들은 전혀 연구하지 않았던 것이다.

송유들은 한유가 "맹자가 공자의 진정한 도를 전수받았다"고 말했기 때문에 『맹자』만을 제자백가의 저서 중에서 추출해 『논어』와 어깨를 나란히 하도록 만들었다. 그들은 또한 『예기』에서 『대학』과 『중용』을 따로 떼어내어 『대학』은 증자가 만들고 『중용』은 자사가 직접 만들었다고 주장했다. 이는 공자에서 증자, 자사, 맹자로 도가 전수되었다는 것을 증명하기 위한 것이었다. '전국새'가 오직 한 사람에게만 전수되는 것에 주목한 결과로 볼 수 있다. 맹자 이후 갑자기 단절된 도가 1천수백 년이 지난 뒤 송유들에게 전달된 것은 마치 전국새가 오랫동안 사라졌다가 갑자기 그 모습을 드러낸 것에 비유되었다. '도통'이라는 말이 생기게 된 배경이다.

도통의 '통統' 자는 '제왕은 창업으로 수통垂統(정통성을 세움)한다'는 말에서 따온 것이다. 이는 전국새의 의미를 지닌 것이다. 당시 선종의 종풍이 천하에 크게 유행한 것도 한 이유가 되었다. 선종은 의발衣鉢을 전수하는 것을 특징으로 하고 있다. 석가에서 달마로 이어진 법통은 달마가 중국에 들어온 뒤 6조 혜능에게까지 고스란히 이어졌다고 믿어졌다. 비록 의발을 전수받지 못했다 할지라도 각 문파마다 제 몇 대라는 식의 명칭을 가지고 있다. 이로 인해 적파嫡派와 지파支派 등의 명칭이 생기게 되었다. 송유들은 선종의 이런 종풍에 영향을 받아 '도통道統'이라는 말을 만들어 불가의 '법통法統'에 대항했다. '도통'이라는 말은 불가의 '의발'을 대신한 말이라고 할 수 있다.

그렇다 할지라도 도대체 송유들은 공맹으로부터 1천수백 년 뒤에 과연 어떻게 도통을 전수받을 수 있었던 것일까? 여기서 '심전心傳'이라는 말이 생겨났다. 즉 자신들은 공맹으로부터 '심심상전心心相傳'을 통해 도통을 이어받았다고 주장한 것이다. 이는 선종에서 얘기하는 '이심전심以心傳心'을 차용한 것이다. 송유들이 "우정虞廷 16자가 심전되었다"고 말하는 것도 선종의 얘기를 차용한 것이다.[13]

본래 선종에서 말하는 심심상전 역시 매우 의심스러운 것이었다. 소위 서천 인도의 28대조와 동쪽 중국에서의 6대조라는 것도 그들이 서로 추정한 것에 불과한 것이다. 선종은 그 가르침이 간단해 중국인의 습관에 잘 맞아떨어졌기 때문에 성행했다. 그들이 말하는 소위 '교외별전敎外別傳'이라는 것도 이와 무관한 것이 아니었다. 경전을 연구할 필요도 없이 직접 부처의 마음과 상통할 수 있다는 이 말은 중국의 선종이 만들어낸 것이다. 송유들이 사람들에게 '공자와 안연이 즐긴 이유를 찾아내라'고 가르친 것은 선종이 사람들에게 '조사祖師가 서쪽으로 온 이유는 무엇인가'라고 물은 것과 같은 맥락의 것이었다.

주돈이는 정 씨 형제에게 자신의 이론을 전수했다. 장횡거는 정 씨 형제의 친척으로 도를 함께 논했다. 주희는 정 씨 형제를 천술闡術했다. 소위 염·락·관·민濂洛關閩이란 것은 송학을 강의한 단체를 말한다. 도통이라는 이름은 무슨 근거가 있었던 것이 아니라 사적으로 서로 추정해서 공맹학의 적통을 과시하기 위해 만들어낸 것이다. 그 방식은 선종의 그것과 완전히 일치했다. 주희는 이런 도통에 대해 더욱 의미를 부여했다. 그는 『맹자』의 주석에서 이같이 말했다.

"1백 년 후 반드시 이를 신회심득神會心得하는 사람이 나올 것이다. 이 도가 어디서 연유해 전래되었는가를 명백히 하고 다음 성인을 기대하기 위해서이다. 그 의미는 매우 심오한 것이다."

그는 '통統'자와 '전傳'자를 제시한 것이다. 그는 또한 '신회심득'이라는 말도 만들어냈다. 이는 송학을 '도통'과 '심전'이라는 이름 밑에 파묻히게 만든 배경이 되었다. 여기서 가장 기이한 것은 "그 의미는 매우 심

13. '우정 16자'는 『서경』에 나오는 "인심은 욕심으로 인해 늘 불안하기만 하고 도심은 미약하기만 하니 오직 정신을 하나로 모아 성실한 마음으로 중정의 도리를 지킨다(人心惟危 道心惟微 惟精惟一 久執厥中)"는 구절의 한자어 16자를 의미한다.

오한 것이다"라고 말한 대목이다. 갑자기 튀어나온 이 말의 뜻은 무엇일까? 하남의 정명도가 세상을 떠나자 문언박文彦博이 그 묘지명에 도를 이같이 기술해 놓았다.

"주공이 세상을 떠나자 성인의 도를 실천하는 것이 끊어졌다. 맹자가 죽자 성인의 학문이 실전되었다. 도가 실행되지 않자 1백 년이 지나도 좋은 통치가 이뤄지지 않았다. 성인의 학문이 실전되자 1천 년 동안 진정한 유학자가 나타나지 않았다. 좋은 통치가 없으면 선비는 스스로 각성해 좋은 통치의 도를 후세에 전해야 한다. 진정한 유학자가 없으면 천하는 망연히 갈 바를 모르게 된다. 인욕이 범람하고 천리가 절멸하게 된다. 정명도 선생이 1천4백 년 후에 잃어버린 경전 속에서 전해지지 않은 이론을 찾아냈다. 이후 이를 진흥시키는 것을 자신의 소임으로 생각하고 이단을 배척하고 사악함을 떨쳐내며 성인의 도를 밝게 부흥시켰다. 이는 맹자 이후 처음 있는 일이었다."

이 글은 정명도가 바로 맹자 이후의 성인이라는 뜻을 담고 있다. 주희는『대학장구』서문에서 이같이 기술했다.

"하남의 정 씨 형제가 나오자 맹자의 진정한 학문이 전해지게 되었다. 나는 비록 총명하지 못하지만 그들의 제자가 되는 행운이 있어 그 도를 전하게 되었다."

이런 과정을 통해 주희 역시 도통의 일익을 담당하게 되었던 것이다.

2) 도통의 내막

송유는 고심 끝에 하나의 '도통'을 만들어냈다. 주희는 힘들여 육상산을 배척했다. 이는 그가 도통을 떼어가지고 나갈 것을 염려했기 때문이었다. 육상산이 죽자 주희는 문인들을 이끌고 절로 찾아가 곡했다. 곡이 끝난 뒤 그는 이같이 말했다.

"고자告子(맹자와 대립한 인물)가 죽어서 매우 애석하다!"

육상산을 고자로 비유한 것은 곧 자신을 송학의 핵심인물인 맹자에 비견한 것이었다. 정주가 출현하기 이전만 하더라도 전한시대 양웅의 이름이 매우 높았다. 그는 스스로를 맹자에 비유하기도 했다. 북송의 손복孫復은 명유로 이름이 높았다. 그는 양웅을 모범으로 삼았다. 사마광도 양웅이 지은 『태현경』에 주를 달면서 이같이 말했다.

"나는 어렸을 때 양웅의 고명을 들었다. 단 그를 볼 수가 없어 오랜 기간 그를 연구하고자 했다. 그의 책을 보고 읽기 시작하자마자 대단히 현묘하다는 생각이 들어 계속 읽어나갈 수가 없었다. 후에 다시 정밀히 연구하기 위해 모든 일을 다 떨치고 연구에 몰두해 그 뜻을 어느 정도 알게 되었다. 나는 책을 놓은 뒤 이같이 탄식했다. '양웅은 참으로 대유大儒이다. 공자가 죽은 뒤 성인의 도를 아는 사람으로 양웅을 제외하고 또 누가 있을 것인가? 순자와 맹자 모두 어깨를 나란히 할 수 없다. 하물며 나머지 사람이야 말할 것이 있으랴.' 양웅의 책을 보면 인간의 극한점을 분명히 알 수 있고 정신의 궁극에 대해 깊이 이해할 수 있다. 크게는 우주를 포함하고 작게는 머리털까지 포함하고 있다. 하늘과 인간의 도를 하나로 합치시켜 놓았으니 근본을 찾아내 보여주었다고 할 수 있다. 만물을 양육하여 만물의 어미가 되는 것은 대지가 무한히 생산하고 바닷물이 마르지 않는 것과 같다. 천하의 도가 비록 좋다고는 하나 이에 비할 바가 아니다."

이와 같은 사마광의 지적은 곧 양웅의 이론을 『주역』의 수준으로까지 높인 것이다. 공자로부터 직접 도를 전수받았으니 도통을 얘기하면서 어찌 그를 이길 수 있겠는가? 맹자도 그와 비교할 수 없는데 하물며 송유야 말할 것이 있겠는가? 송유는 기껏 맹자의 학문을 이어받으려고 했으니 어찌 양웅을 수용할 수 있었겠는가?

반고의 『한서』를 보면 양웅이 왕망에게서 벼슬을 받은 사실이 기록되어 있다. 주희는 『통감강목』을 쓰면서 이에 대해 다음과 같이 한 줄의 평을 달아놓았다.

"왕망의 대부 양웅이 죽었다!"[14]

이로 인해 양웅은 학문을 더럽힌 죄인이 되었다. 맹자를 능가하는 도통을 그 누구도 감히 언급할 수가 없었다. '염락관민濂洛關閩' 으로 상징되는 성리학파 역시 맹자의 학문을 이어받은 것을 자부했다.[15] 이는 마치 선거 때 자신이 상대방보다 못하다고 생각해 그의 행적을 샅샅이 조사해 법을 어겼다는 이유로 죄를 물어 피선거권을 박탈한 것에 비유할 수 있다.

설령 사마광의 양웅에 대한 이런 칭송이 없었을지라도 『통감강목』에 어찌 '왕망의 대부' 와 같은 특필이 있을 수 있겠는가? 양웅이 왕망에게서 벼슬을 받으면서 왕망의 신新나라를 칭송하는 「극진미신론劇秦美新論」을 썼다는 것은 정확한 것이 아니라고 한다. 우리도 깊이 조사하지는 않

14. 양웅은 감로(甘露) 원년(기원전 53년)에 촉군의 성도에서 태어났다. 어렸을 때부터 문재가 뛰어났던 그는 나이 30세에 수도인 장안으로 나와 벼슬길에 오르게 되었다. 양웅은 왕망이 황제가 된 뒤 새로운 황제의 출현을 예고하는 부명(符命)사건에 연루되어 자살을 시도했으나 미수에 그쳤다. 이 사건은 그가 왕망을 칭송하는 「극진미신론」을 지어 바친 사건과 함께 그의 평판을 땅에 떨어뜨리는 배경이 되었다. 그러나 그는 워낙 해박했기 때문에 많은 사람이 그에게 여러 문제를 물어왔다. 그는 답할 때 항시 성인의 법을 설하는 것을 상례로 삼았는데 이를 모아놓은 것이 『법언』 13편이다. 이 책은 공자의 『논어』 및 '송대의 논어' 로 별칭되는 주희의 『근사록』과 더불어 '한대의 논어' 로 불릴 정도로 유명한 책이다. 흔히 이 세 책을 3대 논어라고 부르기도 한다. 문명으로 이름을 날린 그가 왕망을 찬미하는 글을 지은 것은 난세의 거친 파도를 피하고자 하는 의도에서 비롯된 것으로 해석되고 있다.

15. '염락관민' 은 염계(濂溪)의 주돈이, 낙양(洛陽)의 정 씨 형제, 관중(關中)의 장횡거, 민중(閩中)의 주희를 통틀어 일컬을 때 쓰는 말이다. 이 말은 흔히 신유학 내지 실학으로 지칭되는 성리학의 정맥을 잇는 학자들을 총칭할 때 쓰인다.

았다. 그러나 설령 그와 같은 일이 있었다 하더라도 『통감강목』에는 양웅과 유사하거나 그보다 더한 사람이 기록되어 있음에도 불구하고 유독 양웅에게만 그와 같은 표현을 쓴 것은 납득할 수 없다. 이 모두 양웅을 해치려고 한 것이 아닐 수 없다.

전에는 양웅은 공자묘에 배향되었다. 그러나 왕망에게 복무한 사실이 알려지면서 쫓겨나게 되었다. 순자 역시 성악을 얘기했다는 이유로 쫓겨났다. 공백료公伯寮 역시 자로를 비방했다는 이유로 쫓겨났다.[16] 내가 이해할 수 없는 것은 사마광은 왜 공자묘에 들어갔는가 하는 점이다.

양웅이 역신이라면 사마광은 역신을 추앙했으니 그 역시 역당逆黨이 될 수밖에 없다. 공백료는 말로 자로를 비판했을 뿐이다. 사마광은 『의맹疑孟』에서 맹자의 주장을 곳곳에서 공박하면서 성선설에 대해서도 공공연히 의구심을 표시했다. 사마광은 공백료와 순자, 양웅 등 세 사람의 죄를 모두 구비하고 있는 셈이다. 그런데도 당당히 공자묘에 들어갔으니 이는 어찌 된 일인가?

추측컨대 사마광은 정 씨 형제와 친하게 지낸 벗이었다. 남송의 철종이 즉위한 초기에 사마광은 정명도를 '종정시승宗正寺丞'으로 추천하고 정이천을 '숭정전설서崇政殿說書'로 추천한 바 있다. 사마광이 재상이 되자 정 씨 형제도 승진했다. 정 씨 형제가 공자묘에 들어가자 사마광도 덩달아 따라 들어간 것이 확실한 듯하다.

사마광의 인품은 매우 훌륭하다. 다만 공백료와 순자, 양웅 등의 예에 비추어 원래는 공자묘에 들어갈 자격이 없는 사람이다. 그러나 지금

16. 『논어』「헌문」편에 공자가 천하유세를 떠나기 전 자로가 계씨(季氏)의 가재(家宰 : 가신)로 있을 때 공백료가 자로를 참소한 사실이 나온다. 원래 공백료는 공자의 제자가 아니라는 주장도 있으나 대부분 노나라 출신의 제자로 보고 있다.

공공연히 공자묘에 들어갔으니 나는 이를 두고 사사로움을 드러낸 '순사徇私'로 해석할 수밖에 없다.

송유들은 늘 입만 열면 공자를 존숭한다며 이단을 배척했다. 그렇다면 제갈량이 공자묘에 들어간 것은 어떤 이유인가? 제갈량은 스스로를 관중과 악의에 비유하곤 했다. 공문孔門(공자의 문도, 맹자를 위시한 성리학자들을 지칭)은 춘추5패를 칭찬하는 것을 수치로 알았고, 맹자는 관중에 대해 언급할 가치도 없다고 매도했다. 관중을 사숙한 제갈량을 어떻게 배향할 수 있는 것일까? 제갈량은 신불해와 한비자의 글을 직접 손으로 베껴 후주後主 유선에게 가르치기까지 했다. 그는 신불해와 한비자를 사숙私淑한 사상적 제자이기도 했던 것이다.

사마천은 『사기』에서 이들을 노자와 같은 열전에 기록했다. 노자는 송유들이 배척하는 사람이다. 그런데 이런 제갈량을 '선유先儒 제갈량지위'라는 위패를 써서 어떻게 공자묘에 배향할 수 있었던 것일까? 그를 유학자로 본 이유를 도무지 알 길이 없다.

유비는 임종 때 유선에게 『상군서』와 『한비자』 등을 읽으라고 당부하면서 대사면을 시행하지 말라고 주문했다. 그들 군신이 연구한 것은 모두 법가의 학설이었다. 우리는 제갈량에 관한 열전 및 그의 유고집遺稿集을 모두 뒤졌으나 공자는 물론 사서를 언급한 대목을 단 한 줄도 발견할 수 없었다. 만일 사당을 정비하게 된다면 그의 위패를 '선법가先法家 제갈량지위諸葛亮之位'라고 고치는 것이 명실상부한 일일 것이다.

송유는 이단을 배척했다. 신불해와 한비자, 관중, 상앙 등의 학술은 모두 이단이 아닌가? 이단의 적파 제자인 제갈량이 공자묘의 높은 곳에 앉아 있다는 것이 이상한 일이 아닌가?

제갈량은 패자霸者의 참모였음에 불과했으나 스스로는 왕자王者의 참모임을 자처했다. 그러나 그는 명백한 법가였다. 그런데도 그를 추존해

'선유先儒'라고 하는 것은 희극의 극치가 아닌가? 물론 유학자 중에는 제갈량이 '탁고유명托孤遺命'(임종시 어린 후사에 대한 보필을 명함)을 받았고 '국궁진췌鞠躬盡瘁'(몸과 마음을 다해 헌신함)를 했다는 이유로 유가의 도에 합치된다고 주장하는 사람이 있다. 그러나 '탁고유명'과 '국궁진췌'는 유가의 전유물이 아니다. 유가만이 이런 인재를 배출할 수 있고 법가는 불가능하다고 주장하는 것은 아닐 것으로 해석하고 싶다.

이는 어떻게 해석해야만 할까? 나는 이를 두고 시세를 좇아 추모한다는 의미의 소위 '모세慕勢'로 해석할 수밖에 없다. 한나라 이후 유가에서는 걸출한 인물을 찾을 길이 없다. 제갈량은 '천하3분지계'를 낸 당대의 인재였다. 그를 공자묘에 영입해 공문을 빛나게 하려고 한 것은 아닌지 묻지 않을 수 없다.

임방林放은 '예지본禮之本'이라는 세 글자를 말한 공로로 공자묘에 배향되었다. 노자는 공자가 일찍이 예에 관해 문의한 사람이다. 『예기』는 수차례에 걸쳐 노자의 말을 인용하고 있다. 공자는 노자를 두고 "용과 같다"고 칭송한 바 있다. 송유는 오히려 공자의 이런 태도에 불평을 늘어놓으면서 노자를 비난했으니 이는 어떻게 해석해야만 하는 것일까?

돼지 뒷다리와 붉은 대나무 반죽은 사람들이 먹지 않으려 한다. 다툴 가치가 없기 때문이다. 24사는 실로 모호한 기록이 허다하다. 최고로 고상한 장소로는 사당祠堂만한 것이 없고 가장 고상한 인물로는 정주程朱만한 사람이 없다. 그러나 자세히 고찰하면 여러 흑막이 있음을 알 수 있다. 나머지는 더 이상 말해 무엇 하겠는가?

송유들은 '도통'이라는 두 글자를 흉중에 품고 가는 곳마다 가시밭길을 걸은 셈이다. 나는 도통이라는 말이 왜 그토록 귀중히 다뤄지고 집착할 만한 가치가 있는지 모르겠다. 장자가 살아 있다면 올빼미가 썩은 쥐 고기를 놓고 걱정하는 '치효부서鴟鴞腐鼠'의 비유를 또 다시 인용하지 않을까 걱정스럽다.[17] 우리는 고전을 읽을 때 마땅히 주견이 있어야 한다. 절대로 옛 사람들이 저지른 어리석음을 답습해서는 안 되는 것이다. 『사고전서제요四庫全書提要』에 이런 글이 실려 있다.

"송대의 유창劉敞은 정주 이전에 정학正學을 창안했다. 그 견해가 매우 탁월한 바가 있었다. 그러나 드러내지 않고 공부를 하고 명예를 가벼이 여겨 정이천 등과 같이 교유하지 않았다. 그래서 이를 배우는 사람들은 이단으로 몰려 그를 칭송하는 일이 불가능했다. 그러나 사실 그가 바로 당시 진정한 유가였다."

유창은 정학을 창안함으로써 매우 뛰어난 유학자로 평가받을 만한 사람이었다. 단지 정이천 등과 같은 사람과 교유하지 않았다는 이유로 이단으로 몰린 것이다. 여기에 바로 흑막이 있는 것이다. 사마광은 양웅을 찬양하고 맹자를 비난했음에도 불구하고 정이천 등과의 인연으로 인해 사후에 공자묘에 배향되었다. 이런 흑막에 대해 더 이상 거론할 필요조차 없다.

17. '치효부서'는 『장자』「추수」편의 예화에 나오는 구절이다. 이에 따르면 혜시(惠施)가 양나라 재상으로 있을 때 장자가 그를 찾아갔다. 어떤 자가 혜시에게 "장자가 오는 것은 그의 재상 자리를 빼앗기 위한 것이오"라고 말했다. 걱정이 된 혜시가 3일 낮밤을 장자를 찾아 헤매자 장자가 혜시를 직접 찾아가 말했다. "남방에 '원추'라는 봉황새가 있소. 그대는 이를 아시오? 그 원추는 남해에서 북해까지 날아갈 때 오동(梧桐)이 아니면 앉지 않고, 연실(練實 : 멀구슬나무 열매)이 아니면 먹지 않고, 예천(醴泉 : 단 샘물)이 아니면 마시지 않소. 이 때 올빼미가 썩은 쥐를 얻게 되었소. 마침 '원추'가 자신의 곁을 지나가자 썩은 쥐를 빼앗길까 우려해 올려다보며 '꽥, 꽥' 소리를 질러댔소. 지금 그대도 양나라 재상 자리가 걱정돼 나에게 '꽥, 꽥' 소리를 지르는 것이오?"

3) 송유의 결점

나는 평소 이런 생각을 가지고 있다. 범인이 성공하려면 우선 제일 중요한 것이 그 그릇이고 재주와 덕 등은 그 다음이다. 초한전楚漢戰 당시를 예로 들면 유비와 항우는 덕으로 치면 그다지 언급할 만한 것이 없다. 항우의 재주는 유방보다 뛰어났다.

그러나 유방의 그릇은 항우보다 컸다. 한신과 진평, 경포 등이 모두 원래는 항우의 사람이었으나 항우의 그릇이 작아 이들을 수용하지 못했다. 이들은 일제히 유방에게 몸을 의탁했다. 유방은 호방했기 때문에 이들 모두를 수용했다. 한나라가 흥하고 초나라가 망한 것은 당연한 일이었다. 여기서 그릇의 크기가 얼마나 중요한지 새삼 확인할 수 있다.

송나라 유학자들의 재주와 덕은 모두 뛰어났다. 그러나 그들의 그릇은 작았다. 그들은 정계뿐만 아니라 학술계에서도 그와 같았다. 군자가 군자를 배척하여 '낙당'과 '촉당' 간의 당쟁을 낳았다. 공자의 신도가 공자의 신도를 배척하니 주희와 육상산 간의 싸움이 일어나지 않을 수 없었던 것이다. 소강절邵康節이 죽기 전에 정이천이 위문을 갔다.[18] 소강절은 그의 양손을 잡고 이같이 말했다.

18. '소강절'은 주렴계(周濂溪)와 같은 북송 말기의 인물로 본명은 소옹(邵雍), 호는 안락선생(安樂先生)이다. '강절'은 시호이다. 주희는 그를 주렴계와 정명도, 정이천과 함께 도학의 중심인물로 간주했다. 그는 사마광 등의 구법당(舊法黨)과 친교하면서 은둔학자로 평생을 마쳤다. 『주역』을 깊이 연구해 독특한 상수역학(常數易學)을 만들었다. 그는 대표작인 『황극경세서(皇極經世書)』에서 천지 간의 모든 현상을 수리로 풀면서 앞날을 예측했다. 또 『관물내외편(觀物內外編)』에서는 허심(虛心)과 내성(內省)의 도덕수양법을 역설했다. 훗날 독일의 라이프니츠는 그의 이론을 접한 후 소위 '2치논리(二値論理)'를 만들어내기도 했다.

"눈앞의 길이 넓기만 한데 길을 좁혀 스스로 몸을 둘 만한 곳조차 없게 만드니 장차 사람들이 다니도록 만드는 것이 어떻겠소?"

『송원학안』에는 이런 글이 실려 있다.

"정 씨 형제는 황제를 배행해 태중에 갔다. 한주에 머물 때 한 사당에 들른 정명도가 문을 열고 들어가 오른쪽으로 가는데 제자들이 그를 따랐다. 그러나 정이천은 문을 열고 들어가 왼쪽으로 갈 때는 한 사람만이 나와 법당에 와서야 그의 얼굴을 쳐다보았다. 정이천은 스스로 '이는 내가 형님을 능가하지 못하는 면이다' 라고 말했다. 정명도는 평범하게 사람을 대했으나 정이천은 엄격하기 그지없어 사람들이 감히 그 앞에 나아가려고 하지 않았다."

『송원학안』에는 또 이런 글이 실려 있다.

"정명도는 우스갯소리도 했지만 정이천은 근엄하기 그지없었다. 그는 자리에 앉을 때마다 존비장유를 가리지 않고 매우 엄숙했다."

아랫사람은 말을 하지 않았고 존장도 그를 보면 숙연해지지 않을 수 없었다. 길을 걸을 때에도 어떤 사람이든 감히 그와 함께 걸으려고 하지 않았다. 이런 사람이 사회에서 어떻게 통할 수 있는 것일까? 낙당과 촉당 간에 분당이 생긴 것도 이상한 일이 아니었다. 소동파는 그에게 농담조로 "언제 성경誠敬을 깨뜨릴 것이오"라고 묻곤 했다. 이 말은 비록 경박한 말이기는 했으나 정이천의 통폐를 통렬히 지적한 것이 아닐 수 없다.

『송원학안』에는 이 밖에도 이런 얘기가 실려 있다.

"정명도의 덕성은 관후했고 그 규모 또한 광활했다. 그는 따스한 햇볕과 비 갠 후의 맑은 달을 그 가슴에 품었다. 정이천의 기질은 강건해 문리가 매우 치밀했다. 그는 깎아지른 높은 봉우리를 그 본체로 삼았다."

이를 통해 정명도의 그릇은 크고 정이천의 그릇은 매우 작음을 알 수 있다. 애석하게도 신종이 죽자 정명도도 죽고 말았다. 그가 죽은 후 정이천과 소동파는 소쇄한 말을 놓고 점차 심하게 대립하게 되었다. 그 결과가 바로 '낙촉분당'으로 나타나게 된 것이다. 정명도가 살아 있었다면 이런 당쟁은 일어나지 않았을 것이다.

정이천은 매사에 자신만이 옳다고 생각했다. 소강절의 학문조차 그는 틀리다고 생각했다. 소강절이 제자들에게 이같이 말했다.

"장순張巡과 허운許運은 모두 충의지사이다. 양가의 자제들은 서로 싸우는 바람에 한유의 비난을 받게 되었다. 무릇 정명도를 가탁하여 나의 학문을 말하는 것이 옳은 방법일 것이다. 자손들은 논쟁을 하지 마라."

이와 같은 소강절의 경계로 인해 정 씨와 소 씨 가문은 서로 다투지 않게 되었다. 주희의 그릇은 비상할 정도로 협애狹隘했다. 그는 정이천의 적파로서 도통에 매달리면서 정이천과 그의 학설을 추종하는 자들은 모두 좋은 사람이고 그렇지 못한 사람은 모두 나쁜 사람으로 규정했다. 소동파와 황산곡黃山谷은 본래 일류 인물이었다. 주희는 소동파 형제를 비난하면서 유독 황산곡에 대해서는 비난을 가하지 않았다. 이로 인해 소 씨 형제는 정이천의 반대당이 되었다. 주희가 소 씨 형제를 비난할 때 황산곡의 손자는 주희의 학생이었지만 소 씨를 비난하지 않았다.

임률林栗과 당중우唐仲友는 입신을 하면서 군자가 되기에 부끄러움이 없었다. 그러나 주희와 임률은 견해가 일치하지 않자 곧 원수가 되었다. 주희의 문인들은 임률의 책을 불사르기도 했다. 주희의 친구 진량陳亮은 당시 태주에서 기생과 놀면서 당중우가 자신을 위해 주희에게 변명해 줄 것을 부탁했다. 당중우가 그를 비난하자 진량은 주희에게 가서 거짓말을 했다. 주희는 배반당한 것으로 오해해 옥사를 일으켰다. 이는 본래 주희가 잘못한 것이었다. 주희 문파의 사람들은 당중우를 원수로 여겼다.

남송 때 장준張浚은 부평 싸움에서 져 30만 대군을 잃었다. 다시 회서 싸움에서 져 7만의 군사를 잃었다. 세 번째 부리符離 싸움에서 또 다시 패해 17만 군사를 잃었다. 그가 일찍이 이강李綱을 쫓아내고, 진회秦檜를 천거하고, 곡단曲端을 죽이고, 악비岳飛를 배척한 일로 인해 나라를 망친 죄를 얻게 된 것은 익히 아는 바다. 그러나 그의 아들 장남헌張南獻은 주희가 학문을 논하는 친구였다. 주희는 장준에게 평전을 써주고 극히 추숭하도록 만들었다.

가장 기괴한 일은 주희와 여조겸呂祖謙의 관계이다. 두 사람은 원래 매우 사이가 좋은 친구였다. 『근사록』 14권은 그와 주희가 같이 편찬한 것이다.[19] 후에 『시경』에 대한 이견으로 논쟁을 벌이게 됨에 따라 주희는 그의 글에 대해 글자마다 비판을 가하게 되었다. 예를 들면 "여조겸은 박학다식하지만 간약簡約함이 없다"거나 "여조겸의 병폐는 교묘함을 취한 데 있다", "여조겸은 총명하지만 문리가 세밀하지 못하다", "여조겸은 역사에는 매우 자세하나 경전에 대해서는 이해를 제대로 못하고 있다"는 등의 비난이 그것이다.

주희는 여조겸의 털끝만한 흠이라도 찾기 위해 사력을 다했던 것이다. 주희의 문인들은 이에 호응해 『송사』를 편수할 때 여조겸을 「도학전」

19. 『근사록』은 주희와 여조겸이 함께 엮은 저서로 당시에는 '송대의 논어'로 불렸다. 책의 제목은 『논어』「자장」편에 "널리 배우고 뜻을 두텁게 하며 간절히 질문하고 가깝게 생각하면 인(仁)이 그 가운데 있다"고 한 말에서 따온 것이다. 주희는 서문에서 이같이 밝힌 바 있다. "동래의 여조겸이 동양(東陽) 고을에 와 내가 있는 한천정사를 지나다가 10일 동안 머물렀다. 그 때 서로 주돈이와 정이천, 장횡거의 저서를 읽고 그들의 학문이 광대하고 끝이 없는 것을 찬탄하고 처음 배우는 자들이 입문한 것을 모를까 두려워하여 도의 대체에 관계되는 것과 일상생활에 절실한 것을 취해 이 책을 편찬했다." 여기서 알 수 있듯이 주희는 주돈이와 장횡거, 정명도, 정이천 등의 학문은 유가의 경전을 이해하는 길이 되고 『근사록』은 이 네 사람의 학설을 집약시킨 것으로 이들의 학문을 이해하는 길이 될 것이라고 자신했다. 그가 사서삼경을 공부하기 위해서는 반드시 『근사록』을 읽고 선비라면 마땅히 『근사록』에 습관이 되어야 한다고 주장한 이유도 여기에 있었다.

에 편입시키지 않고 「유림전」에 편입시켰다. 일반인들은 『근사록』이 주희가 여조겸과 함께 만들었다는 사실을 거의 모르고 있다.

주희와 육상산은 똑같이 공자를 존숭하는 사람들이었다. 그러나 무극과 태극에 관한 쟁변으로 인해 거의 입을 열면 욕을 하는 사이가 되었다. 주희의 가슴은 좁기가 마치 한 돼기 밭만큼도 안 되었던 것이다. 그가 정치계는 물론 학술계 등에서도 숱한 분규를 일으킨 이유가 바로 여기에 있었다. 그의 문인들 역시 그의 설을 이어받아 송원대와 명청대는 물론 현재에 이르기까지 육상산과의 논쟁을 해결하지 못하고 있는 것이다.

기효람紀曉嵐은 『사고전서제요』를 저술했다.[20] 앞서 언급한 임률林栗과 당중우唐仲友, 장준 등의 일이 모두 여기에 기록되어 있다. 그는 주희와 여조겸의 논쟁에 대해 이같이 평했다.

"그들은 의기투합할 때 『근사록』을 같이 지었다. 여조겸이 도통을 먼저 알게 된 것은 서로 등을 돌린 후 자신의 글이 주희에 의해 시비를 당하게 된 데 따른 것이었다."

『사고전서제요』는 청조의 건륭제가 흠정한 책이다. 청조는 사서를 볼 때 주희의 주석을 따르지 않으면 안 되는 영을 내린 바 있다. 강희 51년 문묘에서 주희의 위패는 일반 배열에서 빠져 나와 공자의 제자인 10철哲과 같은 반열에 서게 되었다. 건륭제는 강희제의 손자이다. 기효람이 쓴

20. '기효람'은 건륭제의 전폭적인 지원에 힘입어 『사고전서』 편찬을 총지휘한 인물이다. 그는 1754년에 진사에 급제하여 한림원 편수가 되었다. 1773년에 건륭제의 칙명으로 10년 동안 사고전서 편찬을 총지휘케 되었다. 이후 예부시랑, 병부상서를 역임하고 1805년에 예부상서 협판대학사를 지내던 중 사망했다. 대표적인 문집으로 『열미초당필기』가 있다. 그는 건륭제 시대에 만연하기 시작한 부패와 맞선 청렴한 인물로도 유명하다. 생전에 유득공과 박제가 등 조선의 북학파 학자들과도 깊은 교유를 나눴다. 북경 TV에서는 그를 주인공으로 한 '철치동아(鐵齒銅牙) 기효남'이라는 장편 사극을 인기리에 방영한 바 있다.

『사고전서제요』는 주희에 대해 이런 얘기를 함부로 썼음에도 마멸될 수가 없었다.

기효람의 이런 주장은 바로 도통의 흑막을 드러낸 것이다. 건륭제의 어람용으로 바쳐진 뒤 천하에 반포되었다. 이는 한 마디로 청조 황실에 의해 규정된 정주의 죄안罪案이 아닐 수 없다. 송대의 유문표兪文豹는 『취검외집』에서 이같이 말했다.

"한유와 범중엄, 구양수, 장횡거, 여조겸 등은 도학이라는 이름을 얻지는 못했으나 도학의 실질을 찾아낸 사람이다. 현재 정이천과 주희의 언론과 행동을 세상 사람들이 모방하고 있는 데서 알 수 있듯이 그들의 도는 크다고 말하지 않을 수 없고 학문 또한 대단히 정밀하다고 말하지 않을 수 없다. 그러나 이를 거론하지 않는 것은 무슨 일인가? 사람의 마음은 같지 않다. 설령 성인일지라도 천하인으로 하여금 개인적인 소견을 버리고 자신의 말을 듣도록 할 수는 없는 일이다. 현재 정이천과 주희 두 사람이 도통을 자임하고 있으나 소동파 및 육상산 등과 쟁론을 벌일 경우 이길 수가 없다. 만일 상호 극력 쟁변하는 일이 없다면 어찌 도를 명료하게 밝혀낼 수 있겠는가?"

유씨의 이런 주장은 극히 옳은 것이다. 정주의 학문은 본래 뛰어난 것이다. 그러나 사람들로 하여금 자신들을 따르도록 강요했다. 무릇 하나의 학설을 제창하는 사람은 자신의 주장을 성실히 공표하여 다른 사람이 이를 믿든 안 믿든 당사자에게 맡겨야 한다. 만약 내 말이 일리가 있으면 그들이 자연스레 믿을 것이니 그들과 쟁론을 벌일 이유가 없다. 당시 정주가 이런 방식을 취하지 않은 것은 극히 애석한 일이 아닐 수 없다.

정이천과 주희는 본래 대현大賢인데도 어째서 이같이 시끄러운 지경에 이르게 되었을까? 이를 설명하기 위해서는 부득불 대동원의 주장을 인용하지 않을 수 없다. 대동원은 "송유가 말하는 이理는 완전히 자신들의 사견에 불과하다"고 지적했다.

우리들의 마음은 원래 '지허지령至虛至靈'이다. 그러나 어떤 의견이 있게 되면 '불허불령不虛不靈'이 된다. 나쁜 생각을 갖게 되면 나쁜 일을 하고 좋은 생각을 갖게 되면 좋은 일을 하는 것과 같다. 정이천의 흉중에는 하나의 '성경誠敬'이 있었다. 성경은 곧 의견으로 변하고, 이는 곧 눈을 가리게 되었다. 그가 소동파와 갈라서게 된 이유가 여기에 있다.

주희의 흉중에는 하나의 정이천이 있다. 그래서 눈을 가렸던 것이다. 육상산 및 여조겸 등과 마찰을 빚게 된 이유가 바로 여기에 있었다. 이는 마치 눈에 금속가루가 들어간 것에 비유할 수 있다.

불가에서는 아집我執과 법집法執을 버리라고 주장하고 있다. 출세법뿐만 아니라 세간법에도 마찬가지이다. 여기서 노자가 "성聖과 지智를 버리라"고 말한 것이 참으로 명언이라는 사실을 새삼 깨닫게 된다.

소동파는 정이천에게 "언제 성경誠敬을 깨버릴 것인가"라고 물었다. 비록 악의적인 해학이기는 하나 지극한 진리를 담고 있었다. 소동파는 노불학老佛學을 깊이 연구한 사람으로 필담 중에는 묘한 이치를 담고 있었다. 정명도는 성경을 깨버렸다. 그는 "눈에는 기녀가 있지만 마음에는 기녀가 없다"는 공안公案을 알고 있었던 것이다.

정이천은 '성경誠敬'을 꼭 껴안고 있었다. 그래서 '낙촉분당'이 일어난 것이다. 주희는 '도통'을 자신의 명으로 삼았다. 그래서 같은 당은 감싸고 다른 당은 이단으로 몰아 쳐버린 것이다. 이는 모두 커다란 집착에서 비롯된 것이 아닐 수 없다.

장자는 공자가 일월처럼 밝게 행하라고 한 것을 비웃었다. 그러나 그는 사람들에게 선을 행하지 말라고 말한 적이 없다. 그는 다만 자연의 도에 따라 일을 할 것을 주문했을 뿐이다. 선을 말하지 않으면서도 선이 그 안에 있었던 것이다.

예컨대 사람들에게 다리와 길을 보수하고 가난한 사람들을 두루 구제하라고 권하는 것은 참으로 좋은 일이다. 그러나 자연의 이치에 따라 일을 하는 것은 모든 사물이 각기 그 처할 바를 얻는 것이니 자연히 보수할 일도 없게 될 것이다. 매일 아침 돈을 싸 짊어지고 나가 다리와 길을 보수하고 가난한 사람들을 구제하는 것은 매우 번거로운 일이 아닐 수 없다.

정이천과 소동파는 다리와 길을 보수하는 문제를 놓고 다툰 것이다. 그들이 싸울 수밖에 없는 이유가 바로 여기에 있었다. 주희는 홀로 널리 선인善人이라는 이름을 얻고자 했다. 그래서 다리와 길을 보수하는 일을 모두 자신의 손으로만 하려고 했다. 그가 만일 장자의 경구를 이해했다면 어찌 지금까지 이같이 시끄러운 상황에 처했겠는가?

송나라가 남쪽으로 쫓겨내려 온 것은 '낙촉분당' 과 깊은 관련이 있다. 송나라가 망한 것도 '경원당안慶元黨安' 과 밀접한 관련이 있다. 정이천과 주희는 여기에 대해 일정한 책임을 지지 않을 수 없다. 내가 보건대 현재의 우국지사가 서로 공격하는 것은 송나라 당시의 '낙촉분당' 과 여러 면에서 닮아 있다. 여러 학파가 서로 공격하며 배척하는 것도 주희와 육상산이 서로 비난했던 모습과 차이가 없다. 모두 정이천과 주희의 길을 가고 있는 것이다. 이를 어찌 할 것인가? 정이천과 주희를 좇는 무리의 결점은 과연 어디에 있는 것일까? 바로 그릇이 작은 데 있다.

우리는 송유들을 평가하면서 크게 두 부분으로 나눠 평가했다. 그들이 유불도 3교를 통합해 성리학을 만든 것은 학술상 하나의 신기원을 이룩한 것이다. '분' 과 '합' 의 작업을 한 것은 틀림없이 성공을 거둔 셈이다.

그러나 '낙촉분당' 으로 정치적 분쟁이 야기되고 주희와 육상산으로 갈려 학술상의 분쟁이 야기된 것은 분명 실패한 것이다. 우리가 현재 처하고 있는 시대는 송유들이 처한 시대상황과 닮아 있다. 정치계뿐만 아니라 학술계에서도 '분'과 '합'의 작업이 이뤄진다면 이는 성공적인 모습이라고 할 수 있다. 그러면 이런 작업은 어디서부터 시작하는 것이 좋을까? 말할 것도 없이 그릇을 키우는 데서 출발해야 할 것이다.

제4절

동서 문화의 융합

1) 중서 문화 충돌지점

서양인은 사회와 국가에 대해 나를 중심으로 삼고 있다. 이는 '나'를 기점으로 삼는 것이다. 중국의 유가는 치국평천하를 강조해 왔다. 이는 '정심성의正心誠意'를 기점으로 삼는 것이다. 양쪽 모두 기점을 중시해 이를 확대하는 쪽에 관심을 기울여 왔다. 서양인들은 사람이 한가해 보일 때 운동을 하라고 요구한다. 이는 '몸'을 단련하라고 주문한 것이다. 이에 대해 중국인들은 똑같은 경우 책을 읽으라고 요구한다. 이는 '마음'을 수련하라고 주문한 것이다. 서양인들이 '몸에 도움이 된다'고 강조한 데 반해 중국인들은 '마음에 부끄러움이 없다'는 것을 중시한 이유이다. 이것이 바로 양자 간의 결정적인 차이라고 할 수 있는 것이다.

아담 스미스는 '자유경쟁'을 주장했고 다윈은 '약육강식'을 강조했다. 서양인은 모두 이런 주장을 믿고 있다. 왜냐하면 모두 몸에 이익이 있기 때문이다. 중국의 성현들은 절대 이와 같은 주장을 한 적이 없다. 왜냐하면 이런 주장은 다른 사람에게 해를 주면서 자신에게 이익을 주기 때문이다. 이는 결국 마음에 부끄러운 일이 되는 것이다.

우리가 사서오경을 아무리 찾아보아도 아담 스미스와 다윈이 주장한 것과 같은 이론은 찾을 길이 없다. 다만『장자』에 나오는 도척이 이와 유사한 주장을 펴기는 했다. 그러나 이런 주장은 중국인들이 매우 싫어하는 것이기도 하다.『맹자』에는 "자신의 작은 이익을 꾀하기 위해 애쓰는 자는 도척과 같은 자들이다"라는 구절이 나온다. 자유경쟁과 약육강식은 바로 자신의 이익을 위해 애쓰는 것으로 중국과 서양의 문화가 가장 큰 차이를 보여주는 점이다.

공문孔門의 학설은 수신, 정심, 성의를 강조한다. 이는 '신身'에서 안으로 향하면 '의意'자가 되고 밖으로 향하면 '신'이 되는 것을 말한다. 마치 집을 보수할 때 땅 위의 흙을 파고 돌 등을 뽑아낸 뒤 기초를 쌓는 것에 비유할 수 있다. 이 위에 수신, 제가, 치국, 평천하를 이룩하는 것이다. 이는 '천하를 한 집으로 삼고 중국인을 한 인민으로 삼는다'는 뜻을 담고 있다. 다른 사람과 나 사이에 아무런 충돌이 일어나지 않는다. 이것이 바로 중국 학설의 가장 뛰어난 점이라고 할 수 있다.

서양인이 말하는 자유경쟁 등의 학설은 이기利己를 기반으로 한 것이다. 이는 '신'을 기점으로 한 것으로 돌 등을 뽑아내지도 않고 곧바로 맨 땅 위에다 집을 지은 경우에 해당한다. 기초가 튼튼하지 못하기 때문에 국제적으로 세계대전 등을 야기해 수백만의 사람이 죽게 된다. 제1차 세계대전이 끝났음에도 불구하고 이 문제는 아직 해결되지 않아 곧바로 제2차 세계대전이 일어났다. 이는 경제적으로 볼 때 자본주의 때문에 빚어진 것으로 볼 수 있다.

공문의 정심·성의를 매우 심오한 것으로 간주할 필요가 없다. 이는 다른 말로 바꿔 '양심에 따른 결정'으로 보면 된다. 모든 일을 처리하기에 앞서 스스로 성찰을 하는 것을 말한다. 이는『논어』에 나오는 '기소불욕己所不欲'(자신이 원하지 않는 바), '물시어인勿施於人'(남에게 시키지 않음)의 취지를 담고 있다. 공문의 핵심은 여기서 벗어나지 않는다. 이런 방법을 좇아 일을 계속 해나갈 경우 '사해일가四海一家'(천하를 한 집으로 삼음)의 뜻을 실현시킬 수 있다.

만일 자유경쟁 등의 방법을 동원하게 되면 '자신이 원하지 않는 것을 남에게 시킬 수 있다'는 결과를 낳게 된다. 중국인은 도척을 언급할 가치도 없다고 생각한다. 서양인은 도척이 주장한 것과 유사한 학설을 진리로 신봉한다. 이로 인해 동서 문화의 충돌은 불가피해진다. 두 문화 간의 충돌 원인은 서양에 있는 것이지 중국에 있는 것이 아니다. 서양인이 길을 잘못 접어든 때문이지 중국인이 길을 잘못 가고 있기 때문이 아닌 것이다.

우리는 3교 간의 이동異同을 검토하면서 '반본선返本線'에 대해 고찰한 바 있다. 여기서 다시 이를 이용해 동서 문화가 충돌하는 지점에 대해 살펴보기로 하자.

무릇 사람은 모두 선할 수도 있고 악할 수도 있다. 선한 마음이 자라게 되면 악한 마음이 사라지고 악한 마음이 자라게 되면 선한 마음이 사라지게 된다. 이에 유가는 어린아이 때부터 '애친경형愛親敬兄'과 '양지양능良知良能'을 찾아내 집안에서 이를 배양할 것을 강조한다. 이런 작업이 확충될 경우 '인자하고 사물을 사랑하는' 경지에 들어서게 된다고 보았다. 이는 그야말로 인애仁愛가 넘치는 사회를 의미한다. 그래서 '효제孝悌'가 바로 인仁의 근본이라고 본 것이다. 중국의 가정은 일종의 '인애 함양의 장소'로 부를 만하다.

서양인은 '나'에서 출발해 곧바로 '국가'로 연결되기 때문에 중간에 있어야 할 '가정'이 생략되어 있다. 인애를 배양할 장소가 존재하지 않는 셈이다. 이로 인해 '양심에 따른 결정'이 제대로 이뤄지지 못하고 있다. 서양의 학설이 맹위를 떨치면서 빚어낸 것이 바로 '잔혹한 세계'인 것이다.

동서 문화의 충돌은 엄밀히 따져볼 때 서양 문화 내에서의 충돌일 뿐이지 결코 중국 문화와의 충돌이 아니다. 왜냐하면 제1차 세계대전과 제2차 세계대전이 일어난 것은 자유경쟁 등과 같은 학설이 만들어낸 것이지 중국의 학술로 인한 것이 아니기 때문이다. 이는 서양 문화 자체 내에서의 충돌로 인한 것이다. 서양인은 일면 자유경쟁 등의 학설을 제창하면서 일면 전쟁의 참화를 통탄하고 있는 셈이다. 이 어찌 모순이 아니겠는가? 세계의 평화는 중국의 학술이 아니고는 결코 이뤄질 수 없다.

2) 중국 학설만이 인도와 서양 학설의 폐단을 구할 수 있다

서양인은 세상이 온통 금은으로 가득 차 있다고 생각한다. 그래서 온갖 방법을 동원해 이를 수중에 넣고자 한다. 잔혹하기 그지없는 세상이 만들어진 이유이다. 인도인은 이 세상이 온통 더러운 것으로 뒤덮여 있다고 생각한다. 자신의 몸조차 오탁汚濁이 극한점에 달한 것으로 보기 때문에 온갖 방법을 동원해 이 세상과 자신의 몸을 버리고자 생각한다. 그러나 노자는 "금과 옥이 집안에 가득 찼다 할지라도 이를 지닐 수는 없는 것이다"라고 갈파했나. 그는 또 "빼앗은 것이 많으면 많을수록 멸망 또한 빨라질 수밖에 없다"고 강조했다.

그는 세상에 있는 금은을 무시했다. 그러니 빼앗을 일이 없는 것이다. 그는 이같이 갈파했다.

"나에게 화가 닥치는 것은 몸이 있기 때문이다. 몸이 없게 되면 무슨 화가 닥치겠는가?"

이는 인도인의 생각과 유사한 것이다. 그러나 그는 몸을 버리되 현세로부터 떠나는 것을 주장하지는 않았다. 자신의 몸을 다른 사람과 하나로 합칠 것을 주장했다. 그는 이같이 말했다.

"성인은 상심常心이 없다. 백성지심百姓之心을 자신의 마음으로 삼는다."

다른 사람과 싸울 일이 없는 것이다. 세상 또한 다툼이 있을 턱이 없다. 그래서 그는 이를 이같이 비유했다.

"땅 위에서 맹호猛虎를 피하지 않고 군대를 만나도 갑병甲兵을 피하지 않는다."

노자가 조성한 세계는 잔혹하기 그지없는 세상이 아니다. 나아가 오탁을 혐오하는 세계도 아니다. 그가 그린 세계는 '연회에 참석하고 봄날에 높은 곳에 올라가 세상을 널리 바라보는 흥취가 넘치는 세계'인 것이다.

이를 '반본선'에 놓고 보면 서양인들은 '정'에서 나와 앞으로 나아가 '기'점 또는 '경'점에서 멈춘다. 그 사이 절대로 뒤를 돌아보지 않는다. 인도인은 '정'에서 출발해 '갑'에서 멈춘다. 이들 또한 절대로 뒤를 돌아보지 않는다. 노자는 '정'에서 시작해 뒤로 향해 '을'까지 갔다가 다시 몸을 돌려 앞으로 나아가 '경'에서 멈춘다. 이는 양쪽 모두를 고려한 것이다.

노자가 "근원으로 돌아가 인성을 회복하라"고 말한 것은 인도 학설과 서로 통하는 것이다. 그가 "정책正策으로 치국하고 기책奇策으로 용병한다"고 말한 것은 서양 학설과 서로 통한다. 비록 그가 말한 '출세법出世法'이 인도의 학설처럼 자세하지 않고 그가 말한 '치세법治世法'이 서양의 학설처럼 상세하지 않지만 그의 학설은 서양 학설과 인도 학설을 하나로 통합한 것이다.

나는 인도인은 '갑'에 도달할 때까지 절대 뒤를 돌아보지 않는다고 말했다. 이는 소승小乘과 말류末流를 의미하는 것이다. 원래 석가는 사람들에게 '갑'에 도달하면 다시 몸을 돌려 인간세상으로 나와 작업할 것을 주문했다. 그러나 '갑'은 지극히 높고 먼 것이어서 많은 사람들이 종신토록 도달할 수 없는 것이다. 종신토록 머리를 돌리지 못하는 폐단은 세상을 버린 데 있다.

노자는 '을'을 견지하면서 자신의 이론을 세웠다. 출세를 생각하는 사람은 '갑'을 향해 나아가고 입세入世를 생각하는 사람은 몸을 돌려 나아가면 된다. 순서를 밟아 나아가면 '경'에서 멈추게 된다. 공자는 구세救世에 뜻을 두었다. 그래서 사람들에게 '병'을 찾은 즉시 몸을 돌릴 것을 요구했다. '정'에서 '경'까지 나아감으로써 다시 '을'이나 '갑'을 찾을 필요가 없으므로 구세를 잘못했다는 지적을 면할 수 있다. 이것이 바로 3성인이 내세운 교리의 핵심이다.

공자의 태도는 노자와 같다. 인도인은 이 세상을 혐오하기 때문에 세상을 떠나고자 한다. 공자는 이같이 말한 바 있다.

"본래 부귀는 부귀한 방식으로 생활한 데 따른 것이고 빈천 역시 빈천한 방식으로 생활한 데 따른 것이다. 매우 어려운 삶 역시 어려운 방식으로 생활한 데 따른 것이다. 이적夷狄 또한 이적의 방식으로 생활한 데 따른 것이다."

노자는 천지만물을 하나로 융합했다. 공자도 마찬가지였다. "천지가 각자 자신의 위치를 찾을 때 만물 또한 안정을 얻는다"라고 하는 것도 이를 의미하는 것이다. 증자는 일찍이 이같이 말한 바 있다.

"늦은 춘삼월에 5~6명의 성인이 6~7명의 아이들을 데리고 기수沂水에 목욕하러 가 높은 망루에 올라가 바람을 쐬며 춤을 춘 뒤 노래를 부르며 돌아온다."

이는 치국과는 상관이 없는 얘기이지만 공자의 뜻을 읽은 것이다. 이는 어떤 연고일까? 증자의 얘기는 나와 우주가 하나가 된 상태를 묘사한 것이다. 이런 자세로 모든 정책을 실시하게 되면 당연히 나와 다른 사람이 하나로 융합할 수 있다. 자로는 매우 용감한 군대를 이끌 만했고 염유는 사람들을 부유하게 만들 만했다. 공자의 제자 공서화公西華는 미관말직을 원했다. 그는 나와 다른 사람이 서로 안심할 수 있도록 만들 수는 있었으나 하나로 융합시킬 수는 없었다. 그래서 공자는 그를 인정치 않았던 것이다.

송유는 공문의 이런 취지를 모두 알고 있었다. 그들의 작품은 '창 앞의 푸른 풀을 제거하지 않는다'는 입장에 서 있었다. 왕양명의 '치양지致良知'는 이런 마음과 우주가 하나로 융합하는 것을 말한다. 마음 속의 이치가 곧 사물의 이치이다. 사물을 접할 때 나의 마음을 돌이켜 생각한 뒤 일을 하게 되면 자연의 이치와 합치되지 않는 것이 없게 된다. 그래서 공맹과 노장, 송유들의 저서를 읽을 때는 삶의 의미를 깊이 느낄 수 있지만 아담 스미스와 다윈, 니체 등의 책을 읽게 되면 온통 살기만이 번득이게 된다.

인도인은 뒤로 나아가 정신상의 안위를 찾고자 하고 서양인은 앞으로 나아가 물질상의 안위를 얻고자 한다. 인도인은 뒤로 가기 때문에 가면 갈수록 세속과 더욱 멀어지게 된다. 그의 나라는 다른 사람에게 빼앗기게 마련이다.

서양인은 앞으로만 나아가기 때문에 장해물이 나타나게 되면 이를 곧바로 치우고 나아가게 된다. 세계대전과 같은 소요가 나타나지 않을 수 없는 것이다. 인도와 서양이 나아가는 길은 그 폐해가 한없이 크다. 그러나 중국만은 그렇지가 않다. 맹자는 이같이 말한 바 있다.

"삶과 죽음에 대해 유감을 남기지 않는다. 이것이 왕도王道의 시작이다."

그는 또 이같이 말했다.

"일찍이 백성들을 춥고 배고프게 만들지 않은 사람으로 왕을 칭하지 못한 자가 없다."

맹자는 물질에 대해 단지 생활을 유지하는 정도에 그쳐야 한다고 주장한 것이다. 세상에 존재하는 물질은 유한하므로 요구가 과도할 경우 사람과 사람 사이의 충돌은 불가피해진다. 인도인은 정신적 위안을 추구하기 위해 세상으로부터의 이탈이 필요했다. 중국인은 정신상의 위안을 추구했지만 세상으로부터의 이탈을 시도하지 않았다. 중국의 학설은 인도와 서양을 절충한 것이다. 앞으로 인도와 서양이 중국이 걷는 길로 접어들지 않을 경우 세계의 평화는 불가능하다. 공자는 이같이 말한 바 있다.

"배우고 또 배우니 기쁘지 아니한가? 친구가 멀리서 찾아오니 이 또한 흥겹지 아니한가? 사람들이 나를 몰라준다고 화내지 않으니 이 또한 군자가 아니겠는가?"

맹자는 이같이 말했다.

"군자에게는 3락三樂이 있다. 천하가 태평하여 부모가 모두 살아 계시고 형제가 있으니 이것이 첫 번째 즐거움이다. 하늘을 우러러 부끄러움이 없고 아래를 내려 보아도 부끄러움이 없으니 이것이 두 번째 즐거움이다. 천하의 영재를 모아 교육을 하니 이것이 세 번째 즐거움이다."

중국인은 부모와 스승, 친구 사이에서 정신적인 즐거움을 찾았다. 서양인은 공원에서 놀이를 하듯이 물질적인 즐거움을 추구했다. 동서 문화는 각자의 길을 걸어온 셈이다. 그러나 양자는 서로 조화할 수 있다. 정신과 물질 사이에 충돌이 일어나지 않는 것이다. 어떻게 이같이 말할 수 있을까?

우리는 부형과 스승, 친구 등과 함께 공원으로 놀러갈 수 있다. 정신적인 오락과 물질적인 오락은 하나로 융합할 수 있는 것이다. 동서 문화가 서로 조화하는 것은 마치 부형과 스승, 친구 등과 함께 공원에서 놀이를 즐기는 것에 비유할 수 있다. 그러나 공원 놀이터에 가지 않고 부형과 스승, 친구 등이 존재하게 되면 물질이 우리의 요구를 충족하는 데 부족함이 있다. 오직 정신상의 위안이 있을 뿐이다. 이같이 생각하면 동서 문화는 가히 조화시킬 수 있다. 조화의 방식은 두 마디로 요약할 수 있다.

"정신이 위주가 되고, 물질은 보조가 된다."

오늘날 서양 문화를 채택한 사람은 물질에 편중되어 있다. 이는 공원 놀이터에 놀러간 것에 해당한다. 그들은 부형과 스승, 친구 등을 고려 대상에 넣지 않았다. 그로 인해 동서 문화는 충돌하게 된다. 동서 문화는 여러 면에서 극단적으로 상반된다. 그러나 조화가 불가능한 것이 아니다. 하나의 예를 들어 이를 증명해 보기로 하자.

중국의 도사들은 정좌靜坐하여 수련할 것을 주장한다. 정좌할 때는 조금도 움직여서는 안 된다. 서양의 도사들은 운동할 것을 주장한다. 운동이 많을수록 좋은 것으로 간주한다. 양자는 극단적으로 상반된다. 가히 동서 학설 간의 충돌이 여기에 있다고 할 만하다. 그러나 우리가 잠시 정좌한 뒤 곧 일어나 운동을 하게 되면 동서의 방법을 모두 융합할 수 있다. 나는 동서 문화는 가히 하나로 융합시킬 수 있다고 생각한다. 그 방식은 바로 위와 같은 것이다. 어떤 사람이 물었다.

"공문은 인애를 강조하는 데 반해 서양인은 약육강식을 주장한다. 우리는 공자의 도를 행하지만 서양인들은 여기에 구애받지 않는다. 만일 서양인이 군사를 몰고 올 경우 이를 장차 어찌 할 것인가?"

이는 걱정할 필요가 없는 것이다. 공자는 비록 인仁을 강조했지만 병兵을 포기하라고 주장하지는 않았다. 그는 '족식족병足食足兵'을 강조한 바 있다. 그는 또 "어진 사람은 반드시 용기가 있다"고 강조하기도 했다. '인'이 있는 곳에는 '병'도 있었던 것이다. 공자의 '인'은 노자의 '자애'와 같은 것이다. 노자에게는 3보가 있다. 자애에 머무는 것이 그 첫 번째 보물이다. 그는 이같이 말했다.

"무릇 자애로써 싸우면 승리하게 되어 있다. 이는 지키는 것을 위주로 하는 것이다."

설령 '인자仁慈' 가 있더라도 '병' 을 폐하게 되면 서양인이 와서 중국 인민을 죽일 수 있게 된다. 이 어찌 불인부자不仁不慈한 짓이 아니겠는가? 서양의 군사가 공격해 와 약탈을 자행할 경우 공자와 노자의 병사들은 즉시 자기 방어에 나선다. 그러나 이는 어디까지나 '인자' 를 통한 것이다. 당신이 나를 해치지 않을 경우 나 또한 당신을 해하지 않는다. 이 또한 동서양 간의 차이가 아닐 수 없다.

공자와 노자는 '인' 과 '자애' 를 주장했다. 이는 석가의 주장과 유사한 것이다. 이들 모두 '병' 을 폐하지 않음으로써 강포함을 제압할 수 있어야 한다고 주장하고 있다. 전쟁은 본래 잔인한 일이다. 공자와 노자는 전쟁과 인자를 하나로 융합했다. 이는 대단히 뛰어난 주장이 아닐 수 없다. 따라서 중국의 학설은 서양과 인도의 학설을 하나로 융합할 수 있는 능력을 구비하고 있는 것이다.

서양의 학문은 분석에 중점을 두나 중국의 학문은 널리 통하는 데 관심을 기울인다. 서양인은 어떤 일을 막론하고 세분하여 연구하는 경향이 있다. 중국의 옛 사람들은 입만 열면 천지만물을 거론하면서 전체를 총괄적으로 언급했다. 이를 '반본선' 의 입장에서 해석하면 서양의 개인주의는 일직선상의 나를 뜻하는 '정' 만 보고 나머지 지점을 보지 못하는 것이다. 국가주의는 나라를 뜻하는 '기' 만 보는 것으로 여타의 지점을 보지 못하는 것이다. 서양의 모든 사상은 선 전체를 바라보지 못하기 때문에 서로 충돌할 수밖에 없다.

공자의 학설은 수신, 제가, 치국, 평천하를 하나로 꿰어본다. 노자도 마찬가지이다. 공자와 노자 모두 선 전체를 통찰하고 있는 것이다. 그래서 "천하를 일가로 삼고 중국 전체를 한 개인으로 간주한다"는 얘기가 나온 것이다. 개인과 국가, 사회가 서로 충돌할 일이 하등 없는 것이다.

중국인은 사물을 하나로 꿰어보는 데 능하다. 단지 너무 포괄적이고 우활한 것이 흠이라고 할 수 있다. 서양인은 사물을 세밀히 관찰하는 데 능하다. 반면에 사물을 하나로 관통시켜 보는 데 문제가 있다. 서양의 연구자들이 중국의 방법을 통해 하나로 관통해 볼 수만 있다면 각종 이념 간에 충돌이 일어날 일이 없게 된다. 여기서 동서 문화의 융합이 이뤄지는 것이다.

인도는 '출세법'을 강조한다. 서양은 '세간법'을 중시한다. 노자의 학설은 출세법과 세간법을 하나로 묶었다. 송명대의 모든 유학자들은 노자의 방법을 이용해 2-3천 년 동안의 이론을 연구해 대도를 열어놓았다. 우리가 이런 방법을 원용할 경우 중국과 인도, 서양의 학문을 하나로 융합시킬 수 있다.

세계의 잦은 충돌은 사상 충돌에서 비롯된 것이다. 사상의 충돌은 학설의 충돌에 기인한다. 소위 충돌이란 모두 말류의 학설이다. 원론적으로 말하면 석가와 노자, 공자, 그리스의 3철학자들은 서로 충돌할 일이 없는 것이다. 나는 향후 유불도 3교와 그리스의 3철학자들의 이론을 하나로 융합시킨 새로운 학설이 나올 것을 의심치 않는다. 이는 정명도가 유불도 3교를 융합해 성리학을 만든 것과 같다. 이런 작업이 성공리에 완성될 경우 세계의 사상도 일치가 되어 대동세계의 구현도 가능하게 될 것이다.

'반본선'을 통해 보면 공자는 뒤로 가서 '병'에 이미 도달한 것이다. 노자는 뒤로 가 '을'에 도달한 셈이다. 불교가 중국에 들어옴에 따라 '을'을 지나 '갑'까지 들어가는 일이 나타났다. 불교가 도입된 이래 정명도를 통해 공자와 노자의 이론이 하나로 융합됐다.

공자와 노자는 몸을 돌려 앞으로 나아감으로써 수신, 제가, 치국, 평천하로 진행했다. 이는 서양인이 자신을 기점으로 국가와 사회로 나아간 것과 같이 동일선상에서 같은 방향으로 나아간 것을 의미한다. 따라서 중국의 학설은 서양의 학설과 융합이 가능하다고 말할 수 있다.

서양과 인도, 중국은 세계의 3대 문화를 이루었다. 인도 문화는 가장 먼저 중국과 접촉했다. 인도의 문화는 송유의 노력을 통해 이미 융합이 되었다. 현재 서양 문화와 접촉하면서 우리는 송유의 성리학을 다시 정리해 잘못 된 곳은 고치고 널리 통할 수 있는 부분을 취해 서양의 학문과 융합시킬 필요가 있다. 이같이 하면 세계 문화는 하나로 융합될 수 있을 것이다.

3) 중국 학술계의 특징

어떤 사람이 이같이 물었다.

"서양인이 말하는 자유경쟁 등의 학설은 비록 폐단이 있더라도 시행하기만 하면 상당한 효과가 있는데 설마 이를 전혀 채택하지 말자고 주장하는 것은 아니시겠지?"

나는 이같이 응답했다.

"중국의 학술계는 매우 뛰어난 정신이 있다. 이런 정신을 응용할 수만 있다면 서양의 학설도 가히 채용할 만하다."

이를 보다 자세히 설명해 보기로 하자. 노나라에 홀아비 한 사람이 살고 있었다. 옆집에는 한 과부가 살았다. 어느 날 폭우가 내려 과부의 집이 무너졌다. 과부는 옆집 홀아비에게 도움을 요청했다. 그러나 홀아비는 문을 닫고 그녀를 집안으로 들이지 않았다. 그러자 부인이 이같이 말했다.

"선생은 왜 유하혜柳下惠를 배우지 않았소."

그러자 홀아비는 이같이 말했다.

"유하혜는 여인과 같이 앉아 있더라도 아무 동요가 없으나 나는 그렇지 못하오. 내가 잘할 수도 없으면서 유하혜의 전례를 좇아 당신을 방안에 들일 수는 없소."

공자는 이 얘기를 들은 후 이같이 말했다.

"유하혜를 배운 사람으로 노나라의 이 사람을 따를 자는 없을 것이다."

이런 정신은 중국 학술계의 특징이라고 할 수 있다. 공자는 노자에게서 배웠다. 노자는 음유陰柔를 중시했다. 그는 이를 '곤坤'이라고 했다. 공자는 『주역』을 찬양했다. 그는 양강陽强을 중시했다. 그는 '건乾'에 심취한 것이다. 우리는 "노자를 배운 사람으로 공자를 따를 자가 없다"라고 얘기할 수 있다.

맹자는 종신토록 공자를 사숙했다. 공자는 "성은 서로 가깝다性相近"고 했으나 맹자는 '성선'을 주장했다. 공자는 관중을 높이 평가했으나 맹자는 그를 폄척했다. 맹자의 얘기는 공자의 얘기와 저촉되는 것이었다. 그러나 이로 인해 그가 공문의 적통이었다는 사실이 훼손당하는 것은 아니다. 우리는 "공자를 배운 사람으로 맹자를 따를 자가 없다"고 말할 수 있다.

한비자는 순자에게 배웠다. 순자는 예를 중시했다. 한비자는 이를 변용해 '형명刑名'을 중시했다. 우리는 "순자를 배운 사람으로 한비자를 따를 자가 없다"고 말할 수 있다.

『한비자』에는 「해로解老」와 「유로喩老」 양편이 실려 있다. 그는 여기서 '허정虛靜'을 '무위'로 규정했다. 그가 언급한 내용은 노자의 주장과 완전히 닮아 있다. 우리는 "노자를 배운 사람으로 한비자를 따를 자가 없다"고 말할 수 있다.

구방고九方皐는 명마를 잘 보는 사람이었다. 그는 명마를 고를 때 암수와 피부색깔 등에 무게를 두지 않았다. 중국의 옛 선현들은 이전 사람을 모범으로 삼았다. 겉을 보지 않고 그 정신을 취하는 이른바 '유모취신遺貌取神'이라고 할 수 있다. 이는 중국 학술의 가장 큰 특징이라고 할 수 있다. 작가나 화가치고 이런 정신을 갖지 않은 사람은 한 사람도 없다. 우리는 이런 정신에 기초해 서양의 문화를 취사선택할 수 있다. 이같이 하면 이익만 있을 뿐 결코 해가 있을 수 없다. 맹자는 이같이 말한 바 있다.

"규구規矩는 방원方圓의 근거이다. 성인은 인륜의 근거이다."

규구는 집을 지을 때 없어서는 안 되는 도구이다. 인륜은 성인이 만들어 놓은 집이라고 할 수 있다. 옛 사람은 당시 지세를 측량하고 사람 수를 감안해 집을 지었다. 당시의 수요를 맞춘 것이다. 그러나 맹자는 이같이 말한 바 있다.

"천추만세를 통해 자자손손 모두 이 집에서 살 필요가 있다."

그는 또 이같이 단언했다.

"이 집은 영원히 개수 및 보수를 허용치 않는다."

집을 지은 장인, 즉 성인들이 집을 짓고 떠나갈 때 집을 짓는 방법을 가르쳐 주고 갔다. 후에 인구가 늘어나자 집이 모자라게 되었다. 따가운 햇살과 쉼 없이 내리는 비로 인해 집이 노후하게 되었다. 그런데도 불구하고 집을 개조하거나 보수하지 않을 경우 수천 년 전에 집을 지었던 성인들은 통렬하게 꾸짖을 게 뻔하다. 이런 비유가 독자들은 이해가 가지 않는가?

중국의 모든 제도는 대개 공자의 이론에 기초해 만든 것이다. 이런 제도는 원래 사람들이 고치는 것을 금지했던 것은 아니다. 공자는 군주를 존중할 것을 주장했다. 그러나 맹자는 이같이 말했다.

"군주가 신하를 초개와 같이 생각하면 신하는 군주를 원수처럼 생각한다."

그는 또 이같이 말했다.

"백성이 가장 귀하고 사직이 다음이다. 군주는 가장 가볍다."

맹자는 또 이같이 말하기도 했다.

"한 사나이에 불과한 은나라의 주紂를 죽였다는 얘기는 들어봤어도 시군弑君했다는 얘기는 들어본 적이 없다."

그러나 공자는 "공직에 들어가면 국궁鞠躬의 자세를 가져야 한다"고 강조한 바 있다. 공자는 군주를 존중할 것을 주장했으나 맹자에 이르러 이런 정신이 거의 사라졌다. 공자는 『춘추』를 저술할 때 주나라의 천자를 '대왕'으로 칭하면서 존중했다. 그러나 맹자는 각 나라의 제후에게 왕도를 유세하면서 "사방 백 리면 가히 왕으로 불릴 만하다"고 말했다. 당시는 주나라의 천자가 있을 때였다. 그러나 맹자는 그 존재를 특별한 것으로 보지 않았던 것이다. 이 어찌 공자의 가르침을 명백히 어긴 것이 아니겠는가?

그는 종신토록 공자를 배우기를 원한다고 말하곤 했다. 그는 "인민이 생겨난 이래 공자보다 더한 성인은 존재하지 않았다"고 말하기도 했다. 그의 공자에 대한 존경은 가히 극단적이었다고 할 수 있다. 그러나 그는 공자와 불과 1백 년밖에 떨어져 있지 않았음에도 불구하고 공자의 주장을 멋대로 바꾼 것이 이같이 엄청났던 것이다.

공자는 지금으로부터 2-3천 년 떨어져 있다. 만일 후세 사람이 맹자와 같이 공자의 얘기를 계속 보수했다면 서양의 소크라테스와 같은 인물이 일찍이 중국에 출현했을 것이다. 규구를 방치한 채 그 사용법도 모르고 공자만을 통렬히 질타하면 이는 사리에 어긋난 짓이 아닐 수 없다.

불교가 중국에 들어왔을 때 중국은 이를 전적으로 채택한 뒤 대대적인 개수작업을 거쳐 중국화시켰다. 천태종과 화엄종, 정토종 등이 바로 중국화된 불교의 대표적인 사례이다. 이로 인해 일반인의 대대적인 환영을 받게 되었다. 그 중 가장 극성한 것이 바로 '선종'이다. 이는 인도에 거의 없다고 해도 과언이 아니다. 오직 '유식종唯識宗' 만이 인도의 색채가 가장 짙었다. 유식종은 당나라 이래 거의 소멸되었다. 우리는 여기서 하나의 결론을 얻을 수 있다.

"인도의 학설이 중국에 전래된 뒤 중국화하면 할수록 성행했고 인도의 색채가 짙으면 짙을수록 위축되거나 소멸되었다."

우리는 향후 서양 문화를 채택할 때 인도 문화를 채택할 때의 방법을 동원할 필요가 있다. 아담 스미스와 다윈 등의 이론을 모두 중국화할 필요가 있는 것이다. 약을 쓸 때 소위 '포자법炮炙法' 을 쓰듯이 독성이 있는 부분은 제거한 뒤 유익한 성분만을 사용하는 것이다.

다윈의 진화설은 뛰어난 것이다. 단지 경쟁으로 인해 다른 사람에게 해를 주는 것이 문제라고 할 수 있다. 아담 스미스의 이론도 개성을 발휘토록 했다는 점에서 뛰어난 것이다. 다만 개성으로 인해 사회가 해를 입는 것이 문제라고 할 수 있다. 우리가 해가 되는 부분을 제거하고 이익이 되는 부분만 남기기 위해서는 우선 노자의 방법을 원용할 필요가 있다. 이는 자연의 추세에 맞는 것은 채택하고 그렇지 못한 것은 버리는 것을 말한다.

두 번째 단계로는 공자의 방법을 이용하는 것이다. 우선 양심에 따른 결정을 통해 자신의 마음을 안정시킨 연후에 일을 추진하는 것을 말한다. 만일 이 방법을 능히 구사할 수 있게 되면 동서 문화는 자연스럽게 융합될 수 있을 것이다.

그러나 지금 채용하고 있는 방법은 매우 문제가 많다. 노자의 방법을 채택하면서 자연의 추세를 위반하는 것은 물론 공자의 방법을 취하면서 자신의 마음을 다스리지 못하고 있는 것이다. 이에 도처에 가시밭길이 펼쳐지게 되어 사람들은 이런 비명을 내지르게 된다.

"동서 문화의 충돌은 바로 노자와 공자의 잘못 때문이다."

4) 성현의 등급

중국은 선진시대에 다양한 학설이 무수히 나타나게 되었다. 불교는 비록 인도의 학설이었으나 중국에 들어온 지가 오래되어 이미 중국화되었다. 나는 개인적으로 이런 '성현등급표'를 만들었다.

1. 부처
2. 장자
3. 노자
4. 공자
5. 고자
6. 맹자
7. 순자
8. 한비자
9. 양주
10. 묵자
11. 스펜서
12. 다윈
13. 니체
(도척, 히틀러, 무솔리니)
14. 실행가

(도표 3) 성현등급도

이 표에서는 노자를 중심으로 장자가 뒤쪽으로 진행해 부처와 가장 근접해 있다. 이는 '출세법'이라고 할 수 있다. 공자 이하는 앞으로 나아가는 것으로 모두 '세간법'이라고 할 수 있다. 고자는 인성에 대해 '무선무불선설'을 주장했다. 그가 말한 '단수湍水'의 비유는 맹자 및 순자의 설과 비교해 볼 때 훨씬 뛰어난 것이다. 고래로 인성에 관해 언급한 사람은 많았지만 고자처럼 어느 쪽에서 볼지라도 타당한 얘기를 한 적은 없었다.

그래서 맹자와 순자의 위에 놓이게 된 것이다.

무릇 일이란 당연히 자신과 남에게 모두 이익이 되도록 해야 한다. 최소한 자신에게 이익이 될지라도 다른 사람에게 손해를 끼쳐서는 안 되는 것이다. 또는 다른 사람에게 이익이 되면서 자신에게 손해를 주지 않아야 한다.

양주는 이기만을 주장해 다른 사람에게 손해를 끼친다. 그래서 9번째에 위치하게 된 것이다. 묵자는 다른 사람에게 이익을 주지만 자신에게 손해를 끼치게 된다. 그래서 10번째가 된 것이다. 이 표는 원래 10위에서 그치는 것이었다.

그러나 최근 사람들은 아담 스미스와 다윈, 니체 같은 사람들의 학설을 추종하고 있다. 이들을 이 도표에 넣어 분류할 경우 스펜서와 다윈의 학설은 적잖은 폐단을 사람들에게 주고 있다. 스펜서가 11위이고 다윈이 12위인 이유가 여기에 있다. 니체는 초인주의를 주장했다. 그는 "약자를 제거하는 것은 강자의 천직이다"라고 주장했다. 그는 또 "이타주의는 노예의 도덕이다"라고 언급했다. 이는 전적으로 다른 사람에게 손해를 끼치고 자신에게만 이익을 주는 것으로 학설의 내용상 가장 저열하다. 마땅히 13위에 놓여야만 하는 것이다. 이로써 13등급의 분류가 이뤄지게 된 것이다. 니체의 밑에 있는 것은 더 이상 언급할 필요가 없다. 중국의 도척과 서양의 히틀러 및 무솔리니는 그들의 주장 등에 비추어 니체와 같은 등급에 있다고 할 수 있다.

우리는 13등급을 기점으로 그 위에 있는 사람들을 연구하면 할수록 더욱 더 의미 있는 내용이 많다는 것을 알 수 있다. 왕필은 노자와 공자를 하나로 융합시켰다. 남북조시대의 청담파는 노장 쪽으로 기울어졌으나 특히 장자에 가깝다고 할 수 있다. 이는 노자의 얘기가 공자보다 심오하고 장자의 얘기가 노자보다 더 심오한 데 따른 것이다.

정명도는 유불도 3교를 하나로 융합시켜 '이학理學'을 만들어냈다. 송명대의 유학자들은 석가의 이론에 많은 영향을 받았다. 이는 석가의 이론이 공자나 노자보다 훨씬 심오한 데 따른 것이다.

실천 면에서 보면 인도는 불교를 행함으로써 망국의 길로 접어들었다. 중국은 공자와 노자의 가르침을 따랐기 때문에 쇠약해졌다. 서양은 아담 스미스나 다윈 등의 학설을 실천해 더욱 강성해졌다. 이는 이론이 조잡하고 천박할수록 그 활용의 도가 더욱 크다는 것을 의미한다.

우리들은 학문을 연구할 때 당연히 공을 들여 그 깊이를 파고자 한다. 깊이 들어갈수록 그 본원을 통찰할 수 있다. 어떤 일이 어떻게 변할지라도 한 치의 착오도 없이 모두 대응할 수 있다. 실천 면에서도 열심히 그 얕음을 추구한다. 깊이가 얕기 때문에 어리석은 자조차 능히 알고 실천할 수 있기 때문이다.

서양인은 아담 스미스가 주장하는 국부國富와 다윈의 학설에 기초한 국강國强을 추구한다. 세계대전은 바로 이런 이론에 내재한 것이었다. 독일의 빌헬름 2세는 니체의 학설을 숭앙했다. 그래서 세계대전 이전에 가장 부강했던 독일이 빠른 시일 내에 실패하고 만 것이다. 현재 히틀러와 무솔리니, 일본의 군벌 등은 빌헬름 2세가 걸었던 길을 답습하고 있다. 이는 필경 동일한 결과를 가져올 것이다. 따라서 아담 스미스를 비롯한 서양인의 학설은 그 효과도 컸지만 폐해 또한 컸다고 지적할 수 있다.

묵자의 학설은 비록 완비된 것은 아니지만 좋은 약이 될 수 있다. 그의 학설은 자신을 요구하지만 다른 사람을 요구하지 않는다. 그의 학설은 소수의 성현만이 실천할 수 있는 것이다. 현재의 세계는 온통 다른 사람에게 손해를 끼치면서 자신만을 위하는 흐름이 만연해 있다. 만일 묵자가 말한 성인이 나타나기만 한다면 백성들을 도탄에서 구할 수 있을 것이다. 묵자의 이론은 비록 한쪽으로 치우친 것이기는 해도 커다란 병을 치료할 재주를 가지고 있는 것이다. 현재와 같이 아담 스미스와 다윈, 니체 등과 같은 자들의 학설이 횡행하고 있는 상황에서는 묵자의 학설이 좋은 약이 될 수 있다.

묵자의 이론은 자발적인 행동이 전제되어 있다. 만일 다른 사람에게 손해를 감수토록 강요할 경우 이는 실행될 수가 없는 것이다. 묵자는 수비를 강조했다. 만일 묵자의 이론을 실천에 옮길 수만 있다면 인도가 걸은 망국의 길은 결코 답습하지 않을 수 있을 것이다. 중국의 학설 중 묵자가 이론적으로 가장 불완전하다. 그러나 이를 시행할 수 있다면 인도 학설과 서양 학설의 단점을 보완할 수 있다. 세계의 평화를 생각한다면 서양인과 인도인 모두 중국이 걷고 있는 길로 접어들지 않으면 안 되는 것이다.

양주의 학설은 대증요법에 가깝다. 현재의 병폐는 소수의 사람이 남의 권리를 빼앗아 갖고 있고 다수의 사람이 자신의 권리를 다른 사람에 의해 빼앗긴 데서 비롯된 것이다. 천하대란은 바로 여기서 비롯된 것이라고 할 수 있다. 양주는 이같이 말한 바 있다.

"지혜가 귀한 것은 내가 존재하기 때문에 귀한 것이고 힘이 천한 것은 물건을 빼앗기 때문에 천한 것이다."

자신의 권리가 조금이라도 다른 사람에 의해 침범 당하지 않고 자신 또한 남의 권리를 추호도 침범하지 말아야 한다는 것이다. 사람마다 천하에 손해를 끼치지 않으니 천하가 자연히 태평해질 수밖에 없다. 맹자는 이같이 말했다.

"양주는 위아爲我를 강조한다. 이는 무군無君의 학설이다."

군주는 모든 사람이 가지고 있는 작은 권리를 빼앗아 이를 집적함으로써 가장 큰 권리를 갖고 있어야만 비로소 군주라고 할 수 있다. 사람마다 자신의 권리를 지키고자 하면 군주가 없는 것이나 마찬가지이다. 이는 사람마다 모두 자신의 물건을 잘 간수하게 되면 강도가 있을 수 없는 것에 비유할 수 있다. 양주의 학설을 실천하는 것은 '애국'이라는 이름을 빌려 당을 결성한 뒤 사적인 이익을 추구하는 것에 해당한다.

각자가 자신이 서 있는 자리에서 뺏는 일도 빼앗기는 일도 없게 되면 천하가 어찌 태평해지지 않을 수 있겠는가? 다만 양주의 학설에 따를 경우 나와 남과의 관계를 잃게 되어 자연의 이치에 비추어 볼 때 인성에 합치하지 않게 된다. 맹자는 이같이 말한 바 있다.

"양주와 묵자의 설이 천하에 가득 차 천하의 모든 얘기가 양주 아니면 묵자로 귀착되었다."

이 얘기는 연구할 만한 가치가 있다. 맹자가 살던 시기는 인민들이 현재와 같이 심한 고통을 받고 있었기 때문이다. 양주와 묵자의 학설을 다시 응용할 필요가 있는 것이다. 춘추전국시대는 중국의 학술이 가장 발달했던 시기이다. 양주와 묵자의 학설은 이론적으로 볼 때 한쪽으로 치우친 것이기는 했으나 지금과 같이 해를 끼치지는 않았다. 이런 방법은 분명 좋은 약이 될 수 있다. 일반 학자들이 모두 이를 잘 연구해 만천하에 양주와 묵자의 설이 가득 차게 할 필요가 있다.

공자의 학설은 가장 원만하다. 단 당시의 상황을 제대로 반영하지 못했다. 이로 인해 그가 죽은 지 수십 년 후 그의 학술상의 지반이 양주와 묵자에 의해 침식당하게 되었다. 맹자가 온 천하에 양주와 묵자의 얘기만 가득하다고 한탄한 사실이 이를 증명한다. 공자의 3천 제자 대부분이 양주 또는 묵자를 추종하는 무리가 되었다. 대략 맹자의 선배들은 모두 양주와 묵자의 무리였을 것이다. 맹자가 양주와 묵자를 타도하고 공자의 학문을 부흥시키려고 한 이유이다.

맹자의 학설은 본래 양주와 묵자의 이론에 비해 훨씬 원만한 것이다. 다만 우리가 처해 있는 요즘의 시대상에 비추어 너무 높은 도덕수준을 요구하고 있어 먼저 양주와 묵자의 약을 복용하는 대증요법을 구사할 필요가 있다. 현재는 우선 묵자의 자기 희생정신에 입각해 양주와 묵자의 학설을 제창할 필요가 있는 것이다. 각 개인들로 하여금 자신의 권리를 철저히 지키도록 하면 천하가 태평을 얻을 수 있다.

나아가 공맹의 약을 먹기 전에 먼저 한비자의 약을 먹을 필요가 있다. 왜냐하면 제갈량이 말했듯이 법을 제대로 행함으로써 은혜를 알게 할 필요가 있기 때문이다. 현재와 같이 교만한 병사들과 사납기 그지없는 장군, 탐관오리, 수준 낮은 선비와 욕심 사나운 토호, 간상배와 같은 특권층 등을 한비자의 법에 의해 일거에 징치懲治할 필요가 있는 것이다. 그렇지 않으면 훗날 커다란 화를 면하기 어렵다. 따라서 우리는 제10위 이상만 언급할 필요가 있다. 제11위 이하는 언급할 가치조차 없는 것이다.

5) 노자와 서양 학설

중국의 학술은 당연히 노자의 학설을 대표로 삼아야 한다. 이는 석가의 주장과 서로 통하는 것으로 서양의 학설과도 상통한다. 엄복嚴復의 노자에 대한 이런 평을 통해 쉽게 확인할 수 있다.

"『플루타르코스 영웅전』에 나오는 뤼쿠르구스가 스파르타를 어떻게 다스렸는지를 보면 그의 주장이 노자와 같음을 알 수 있다. '노장의 이론이 바로 민주주의의 치도이다' 라는 사실을 알 수 있는 것이다. 노장의 이론은 민주국가에서 필요한 것이다. 군주국에서는 노장의 이론을 쓸 수가 없다. 한나라 때의 노장 이론은 겉모습만을 취한 것이다.

문명이 진행되면 백성들이 밝아지고 문물 또한 성대해진다. 이는 욕망이 만들어낸 것으로 마땅히 억제되어야만 한다. 노자는 소박함으로 이를 제압하고자 했으니 이는 루소의 주장과 같은 것이다.

『도덕경』은 치도에 관한 책이다. 몽테스키외는 『법의 정신』에서 '민주주의는 도덕을 이용하고 군주는 예를 이용하거나 전제 또는 형벌을 이용한다' 고 주장했다. 중국은 민주제도가 존재하지 않았다. 그러나 그 정신만은 태고 때에 이미 존재했다. 태고시대에는 군주가 그다지 존중받지 못했다. 이는 민주주의와 유사한 것이었다. 노자가 주장한 '소국과민小國寡民' 이 그 실례이다. 배불리 먹고 편안히 살면서 이웃 나라를 서로 쳐다볼 수 있는 세계가 바로 몽테스키외가 『법의 정신』에서 말한 민주국가의 참모습인 것이다. 노자의 이론이야말로 민주주의 통치에 필요한 것이 아닐 수 없다. 한 마디로 말해 노자는 순수한 민주주의자였다고 할 수 있다. 몽테스키외의 『법의 정신』을 읽게 되면 내 말이 거짓이 아님을 알 수 있을 것이다."

서양은 현재 아담 스미스의 이론을 경제원칙으로 삼고 있고 정치적으로는 루소의 이론을 원칙으로 삼고 있다. 두 사람 모두 '자유' 를 주장하고 있다. 중국의 노자야말로 '자유' 를 주장한 사람이다. 노자를 보면 아담 스미스와 루소의 이론을 관통하고 있음을 알 수 있다.

아담 스미스의 자유경쟁 이론은 일변하여 다윈의 약육강식 이론이 되었고 이는 또 다시 일변하여 니체의 초인주의가 되었다. 이는 중국에서 도덕이 흘러 형명刑名이 된 것과 유사하다. 서양에서 자유주의가 나타나자 파시즘이 뒤따랐듯이 중국에서도 노장의 방임주의 사상이 나타나자 법가의 전제주의가 등장했다.

우리는 노장의 도덕과 법가의 형명이 원래 같은 것이었음을 검토한 바 있다. 나는 중국에 노자가 있으니 서양의 학문을 연구할 필요가 없다고 주장하는 것은 아니다. 다만 노자를 통해 여러 학설이 서로 관통하고 있음을 알 수 있다는 것을 말하고자 하는 것이다. 이와 같은 이치를 보다 분명히 확인하기 위해서라도 서양의 학문을 보다 깊이 연구할 필요가 있다.

6) 도를 배우는 단계

서양인은 세밀히 분석하는 방법을 통해 우주자연의 이치를 밝혀냈다. 물리와 화학 등의 학문이 나타난 이유이다. 중국의 옛 사람들은 전체를 통찰하는 방법을 통해 우주자연의 이치를 파악했다. 각종 제도가 이를 통해 나타나게 된 이유이다. 자연의 이치를 파악하고자 한 것은 동일했으나 하나는 물리 이론으로, 하나는 인사상의 제도 등으로 그 결실을 맺게 된 셈이다. 양쪽의 문화는 서로 통할 필요가 있다.

중국의 옛 사람들은 제도를 만들 때 조리條理가 아니라 도리道理를 기준으로 삼았다. '부자자효父慈子孝'와 '형우제공兄友弟恭', 윗사람의 '인민애물仁民愛物'과 아랫사람의 '친상사장親上事長' 등은 엄연히 전자기 감응의 도리에서 나온 것이다. 권리의무를 구태여 말하지 않더라도 이런 표현 속에 다 있었던 것이다. 사람과 사람 사이는 삶의 취지가 드높았다.

서양인은 사람 사이에 허다한 경계선을 설정했다. 서양의 윤리는 마땅히 전자기를 주입시켜 냉혹하기 그지없는 태도를 바꾸어야만 한다. 중국은 아직 혼돈을 벗어나지 못하고 있다. 마땅히 서양의 조직을 참작할 필요가 있다. 이런 일이 가능하게 되면 동서 문화의 융합도 그리 어려운 일만도 아닌 것이다.

학문을 연구하는 것은 광산을 개발하는 것과 같다. 중국인과 인도인, 서양인이 각각 하나의 굴을 파들어 갔다. 먼저 인도인의 동굴과 중국인의 동굴이 서로 맞닿아 하나로 뚫리게 되었다. 현재는 서양의 동굴과 접촉하고 있는 중이다. 우주의 진리는 혼돈 속에 있는 어떤 물건과 같은 것이다. 중국인과 인도인, 서양인은 각각 인사상의 연구와 물리상의 연구 등으로 각각 다르게 연구를 진행시켜 왔다. 이 와중에 여러 분파가 생겨나게 되었고, 이들 분파는 모두 '분分'과 '합合'의 과정을 반복해 왔다.

현재의 추세대로라면 중국과 인도, 서양의 학술은 마땅히 하나로 관통될 수 있다. 인사상의 학설과 물리상의 학설 역시 하나로 융합될 수 있다. 우리들은 마땅히 시대적 조류에 응해 이런 융합작업을 이뤄내야만 한다. 융합이 이뤄진 뒤에는 다시 세분해 검토할 필요가 있다. '분합'의 과정이 진행되면 혼돈 속의 물건에 대해서도 조금의 유감이 없을 정도로 연구해낼 수 있을 것이다.

우주의 진리는 하나이다. 철저히 연구해내기만 하면 동서가 서로 충돌할 이유가 없다. 만약 상호 충돌이 일어난다면 한쪽이 연구를 철저히 하지 않았거나 양쪽 모두 연구를 게을리한 경우에 해당할 것이다. 충돌이 심하면 심할수록 연구 또한 깊어진다. 본원을 자연스레 찾아낼 수 있다면 양자 모두 하나로 융합할 수 있다.

따라서 충돌은 융합의 전조라고 볼 수 있다. 몇 개의 진흙 알갱이를 쟁반 위에 놓은 경우를 생각해 보자. 만일 이 알갱이들을 따로따로 떼어 놓으면 영원히 충돌이 일어나지 않을 것이다. 그러나 이를 하나로 반죽하게 되면 보다 커다란 하나의 덩어리가 될 것이다.

중국과 인도, 서양의 학술은 지금까지 각각 독립적이었다. 불교가 서쪽에서 왔을 때 중국의 학술과 충돌을 일으켰다. 정명도는 이를 하나로 융합시켰다. 서구 문화의 동점東漸은 중국 학술과의 충돌을 의미한다. 자연의 추세라는 관점에서 보면 이는 당연히 새로운 하나의 학설을 만들어내는 동기로 작용할 것이다. 장차 중국과 인도, 서양의 학문을 하나로 융합하는 일이 일어날 것이다.

3개의 학문이 융합될 경우 어떤 방식으로 이뤄지게 되는 것일까? 우리는 종전에 인도의 학술을 융합하는 방식을 검토했다. 불교는 '출세법'이고 유교는 '입세법'이다. 양자는 서로 상반되는 것이지만 정명도가 나타나 석가의 법으로 사람의 마음을 다스리고 공자의 법으로 세상을 다스림으로써 '입세'와 '출세'를 하나로 융합시켰다. 이는 노자의 길을 걸었기 때문에 가능한 것이었다.

소동파는 『노자해老子解』를 통해 유불도 3교를 통합시켰다. 이 또한 노자의 길이었다. 왕양명은 용장역龍場驛에서 대오각성하고 육상산을 높이 떠받들었다. 육상산은 정명도를 추숭했다. 이 또한 노자의 길을 걸은 것이다.

명대의 진백사陳白沙는 오강재吳康齋에게서 배웠지만 그 길을 걷지 않고 이목耳目과 심지心智를 버린 결과 얻은 바가 있었다.[21] 논자들은 진백사의 학문을 두고 노장학에 가깝다고 평한다. 진부한 얘기를 버리고 공들여 탐색을 한 그들이 얻어낸 결과를 볼 때 노자의 길로 들어서지 않은 사람이 없었음을 알 수 있다. 이는 노자의 학문이 우주의 진리를 깊이 꿰고 있는 데 따른 것으로 해석할 수 있다. 엄복의 노자에 대한 평에 따르면 노자의 이론은 서양의 학설과도 통한다. 우리가 노자의 길을 좇아 나아갈 경우 틀림없이 중국과 인도, 서양의 학술을 하나로 융합시킬 수 있다.

노자의 학문은 내성외왕內聖外王을 추구한다. 안으로는 '허정虛靜'을 추구하고 밖으로는 '수덕修德'을 추구하는 것이다. 공문에서 말하는 성의, 정심, 수신, 제가, 치국, 평천하 역시 노자의 이론과 같다. 이는 중국 학술의 가장 큰 특징이기도 하다. 불교가 중국에 들어와 충돌했지만 정명도

21. '진백사'는 명대 중기의 유학자로 유교경전의 자질구레한 해석에 몰두하는 명대의 주자학에 반발해 정좌(靜坐)로 마음을 깨끗이 하고 천리(天理)를 몸소 체득할 것을 주장했다. 그는 독서와 강학으로 일생을 보낸 오강재에게서 배웠다. 진백사는 명대 초기에 '이(理)' 대신 '심'을 깊이 연구한 까닭에 양명학의 선구자로 일컬어지고 있으나 그의 '심'은 양명학의 그것과 다르다. 실제로 왕양명이 진백사의 영향을 받았다는 흔적을 찾아보기 힘들다.

가 나와 이를 하나로 융합시켰다. 현재 서양의 개인주의와 국가주의가 중국에 들어와 충돌을 빚고 있지만 우리는 이를 공문의 '수제치평修齊治平'을 통해 하나로 통합시킬 수 있다.

서양인은 개인과 국가, 사회를 서로 섞일 수 없는 독립된 것으로 생각한다. 이 3개의 이념은 서로 충돌할 수밖에 없다. 그러나 공문은 개인과 가정, 국가, 천하를 하나로 꿴다. 공자는 서양의 3개 개념에 가정을 첨가했고, 노자는 여기에다가 향鄕을 하나 더 추가했다. 그럼에도 불구하고 아무런 충돌이 일어나지 않았다. 이것이 중국주의가 '대동주의'가 될 수 있는 소이이기도 하다.

중국과 인도의 학술은 일찍이 융합한 바 있다. 현재는 중국과 서양의 학술을 하나로 융합시켜야 할 때이다. 이런 작업이 완성될 때 세계의 학설은 하나로 통합될 것이다. 학술이 일치하면 행위도 일치하게 된다. 그러면 세상의 모든 분쟁도 종식될 것이다. 대동大同의 정치가 이뤄질 수 있는 것이다.

이에 대한 책임은 마땅히 중국인이 져야 한다. 서양인과 인도인은 이를 짊어질 수 없다. 왜냐하면 인도와 서양인은 중국의 학술에 대해 깊이 연구할 수 없기 때문이다. 이에 반해 중국인은 중국의 학술에 대해 이미 수천 년간 연구해 온 것은 물론 인도의 학술에 대해서도 2천 년 넘게 연구한 바 있다.

청일전쟁과 의화단사건 이후 중국인은 온힘을 다해 서양의 학술을 연구하고 있다. 이미 45년이 지난 만큼 이제 중국과 인도, 서양의 학술을 하나로 융합시켜야 한다. 세계에 통용될 수 있는 새로운 학술사상과 문화를 만들기 위해 마땅히 중국의 우수한 학자와 사상가들은 이 일에 종사해야만 한다. 이런 작업이 이뤄질 경우 앞으로의 세계는 과연 어느 민족의 세계가 될 것인지 생각해 보라.

06장 | 기타

[제1절] 자술과 가세

[제2절] 나의 사상체계

[제3절] 공처가 철학

[제4절] 육십진일묘문

[제5절] 박백학

[제6절] 노자와 이종오

[제7절] 기타

후흑학

厚黑學

제1절

자술과 가세

1. 자술

'후흑학'을 발명한 이후 일반인들은 나를 교주라고 부른다. 맹자는 "옛사람의 시를 외우고 옛사람의 책을 읽으면서도 옛사람을 알지 못한다면 이것이 가한 일인가?"라고 했다. 많은 사람들이 나에게 '자전自傳'을 쓰라고 권한 이유이다. 그러나 나는 감히 할 수 없었다. 이유인즉 '전傳'은 말 그대로 '전'이기 때문이다. 당세는 물론 후세에도 전해진다는 뜻이나. '선'이 제대로 전해지지 못해 다른 사람에게 듣는 지경이 된다면 어찌 스스로 이를 '전'으로 인정할 수 있겠는가?

공자와 노자는 천고의 세월에도 불구하고 면면히 그 행적이 전해졌다. 그럼에도 그들은 술이부작述而不作했다. 내가 '자전'이라고 하지 않고 '자술自述'이라고 한 이유가 여기에 있다. 여러 사람이 나에게 분분히 물어오면 나는 사실 그대로 상세히 기술할 수밖에 없고, 그렇지 않은 사람에게도 시시콜콜하게 진술하지 않을 수 없다. 이를 일컬어 '자술'이라고 한다.

장묵생張默生은 여러 번 나와 서신을 주고받았으나 아직 일면식도 없다. 그는 나에게 '자전'을 쓰라고 했다. 내가 '우로수필迂老隨筆'(물정에 어두운 노인의 수필)을 쓰게 된 이유이다. 나의 신상에 관한 얘기를 그 안에 뒤섞어 이미 많이 써두었다. 상해의 《우주풍》에 보내 게재할 생각이었으나 지금은 계획을 바꿔 나의 신상에 관한 얘기를 '우로자술迂老自述'에 쓰고자 한다. '후흑철학'에 관한 얘기도 '우로자술'에 쓸 것이다. 나의 사적事迹은 이미 '우로수필'과 '후흑총화'에 나와 있는 만큼 여기서는 빼기로 한다.

나는 시골 구석에서 태어났다. 어렸을 때 받은 교육은 극히 불완전했다. 제대로 된 배움의 길을 찾지 못해 우왕좌왕하며 공연히 수고만 한 적이 매우 많았다. 정신적으로는 부친의 영향을 크게 받았다. 나의 기괴한 사상은 친구들로부터 나온 건 적고 부친으로부터 나온 게 많다.

우리 이 씨는 화덕공火德公의 후예이다. 복건의 정주부汀州府에서 항현으로 나왔다가 광동 가응중 장락현長樂縣(현재의 매현 오화현)으로 이주했다. 때는 남송 건염建炎 2년(1128)이다. 광동의 1대조는 이자민李子敏, 2대조는 이상달李上達이었다. 15대조가 이윤당李潤唐이었다. 그는 청나라 옹정 3년(1725) 가족을 거느리고 사천으로 옮겨와 먼저 융창현 소가교에 거주했다. 당시 61세였다. 그가 촉 땅으로 옮긴 시조에 해당한다. 유의儒醫(의술을 하는 유생)로 있다가 82세에 졸했다. 소가교에 장례를 지냈다가 부순의 자류정自流井 문무묘 뒤의 유구패로 천장했다.

촉 땅의 2대조 이경화李景華는 건륭 22년(1757) 자류정 회시구匯柴口 부근으로 이사했다. 나는 지금도 회시구 부근에 살고 있다. 이경화는 사후에 공정 청수당에 장사지냈다. 3대조 이정운李正芸은 5명의 아들을 낳았다. 제2자와 제4자는 수재가 되었고, 장자와 제5자의 아들 역시 수재가 되었다. 제3자의 이름은 이명훤李明煊으로 자가 문성이었다. 그가 나의 고조부이다.

그의 자손들이 크게 번성해 '5세동당五世同堂'(5대 조손이 함께 거주함)이 이뤄졌다. 분가할 때 모두 102명이나 되었다. 시골구석에서는 한때 크게 번성한 셈이다. 그러나 계속 독서만 한 까닭에 가산이 나뉘고 나뉘어 이내 빈곤해지고 말았다.

그의 장자 이영방李永枋이 나의 증조부이다. 염색업을 하다 70세에 졸했다. 나의 조부 이요산李樂山은 농사를 열심히 지으며 채소를 시장에 내다 팔았다. 한가할 때는 초와 짚신 등을 갖고 나가 길에서 팔았다. 몸이 괴오魁梧(크고 건장함)했으나 성정은 질박했다. 나의 부친 이고인李高仁은 원래 장사하는 것을 배웠지만 부친이 죽은 후부터 곧 농부가 되어 열심히 일했다. 덕분에 집안 형편이 어느 정도 펴져 먹고 지낼 만했다.

나는 6세 때 찬 기운을 먹고 독감에 걸렸다. 오래도록 낫지 않았다. 나중에는 그르렁거리는 효후병哮吼病(해수병)이 되었다. 찬 기운만 만나면 이내 병증이 도진다. 몸이 매우 약해져 늙을 때까지 약탕관을 끼고 사는 이유이다. 책을 한번 낭독하기만 해도 이내 목이 쉬는 바람에 부친은 나에게 책 읽는 것을 그만두고 요양할 것을 권했다. 이 때 나는 집에서 하루 종일 책 한 권을 들고 읽고 또 읽었다. 하루는 점심을 먹은 후 책을 읽다가 큰 형에게 들켰다. 형이 부친에게 고자질했다.

"여섯째가 매일 집에 있으니 병이 나을 기미도 없습니다. 애가 책을 좋아하니 진학을 시키느니만 못합니다."

그 때 우리 집은 여유가 있어 학비를 댈 만했다. 이는 내 생애에서 결정적인 변환점이 되었다. 큰 형은 대수롭지 않게 무의식중에 몇 마디 한 것이지만 이것이 나의 앞날에 커다란 영향을 미쳤다. 그렇지 않았다면 나는 농부로 삶을 마쳐야 했을 것이다.

어렸을 때 고생한 탓에 책을 제대로 볼 수 없었다. 책을 사는 것을 좋아하지만 사온 뒤에는 제대로 들여다보지 못했다. 매번 다시는 책을 사지 않으리라 다짐하지만 책을 보면 다시 사가지고 와서는 계속 쌓아두기만 했다. 장차 집에 있는 책과 성도에 있는 책을 옮겨다 '종오도서관'을 만든 뒤 대중에게 개방하면 좋을 듯하다.

2. 가세(家世)

남송시대 연간에 광동성 가응주 장낙현에 이 씨 성을 가진 한 가문이 크게 일어섰다. 가장은 이자민李子敏이었고 그의 아들은 이상달李上達이었다. 그가 가업을 일으킨 후 가업이 번창하고 자손이 날로 번성함에 따라 이 집안은 곧 유력한 씨족이 되었다. 이후 제9대 때인 청나라 옹정 3년 이윤당李潤唐이라는 가장이 가족을 거느리고 사천으로 옮겨와 먼저 융창 소가교에 거주했다가 후에 부순의 자류정으로 이사해 마침내 그곳에 정착했다. 명대 말엽 장헌충의 대학살 이후 사천지방은 원래 땅의 넓이에 비해 인구가 적은 편이었기 때문에 호남과 광동일대의 많은 사람들이 난을 피해 이곳에 이주해 와 살았다. 이 씨 가문의 이주 또한 마찬가지 이유로 이뤄진 것이었다.

이윤당이 사천으로 이주해 온 이후에도 가계가 계속 흥성하고 자손이 번성했다. 그러다 이윤당의 제8대 손에 이르러 사상계에 하나의 혜성 같은 인물이 나타났다. 그는 독서를 통해 깊은 이치를 깨닫고 특이한 이론을 내세우길 좋아했다. 그가 바로 '후흑학'을 창시한 이종오이다. 그는 공화국 건국 이래 이미 사천지방의 유명한 인사가 되었다.

나는 도둑 떼를 피해 사천에 이주해 온 이후 그의 수많은 저작들을 읽을 수 있었다. 그리고 서로 서신을 왕래하고 또 자주 만나 얘기를 하는 친한 친구 사이가 되었다. 그래서 나는 처음부터 끝까지 그의 행적과 사상을 잘 알고 있다. 그는 결코 사람들이 말하는 것처럼 허탄虛誕한 말로 세상 사람들을 깜짝 놀라게 하는 것을 취미로 삼고 있는 그런 위인이 아니다. 그의 사람 됨됨이로 말하면 낯가죽이 두껍거나 속마음이 시꺼먼 그런 인물도 아니다. 물론 그는 '후흑학'을 제창하고 스스로 '후흑 교주'를 자처하기는 했다.

그럼 도대체 이같이 반어적인 수법으로 정설을 내세우는 기풍은 어디에서 기인한 것일까? 우선 세상 사람들은 그를 비웃거나 비난하기 전에 먼저 깊이 반성할 필요가 있다. 석가모니는 결코 지옥에 들어가지 말아야 하며 예수도 마땅히 십자가에 매달리지 말아야 했다. 그러나 석가모니는 이렇게 말한 바 있다.

"내가 지옥에 들어가지 않으면 누가 지옥에 들어가겠는가?"

예수도 이같이 말한 바 있다.

"십자가를 지고 가지 않는 자는 기독교도가 될 자격이 없다."

이 또한 어디서 연유한 것일까? 이종오가 주장하는 교육과 정치, 학술사상 등에 관한 모든 이론들은 진지한 연구를 통해 나온 결과물이다. 물론 그의 주장에는 약간 별난 구석이 있기는 하다. 종종 이전 사람들이 말한 적이 없는 것이 있는가 하면 요즘 사람들도 말하기 꺼려하는 것을 서슴없이 말하기도 한 것이 사실이다. 이 때문에 보수적인 학자들은 그의 주장을 간단히 이단으로 몰아붙였다.

그러나 이제 이 씨는 이미 고인이 되어 그가 더 이상 거리낌 없이 자신의 견해를 피력할까 걱정할 필요가 없게 되었다. 현재 세상 사람들은 그의 평생 행적이 어떠했는지 제대로 알지 못하고 있다. 그가 생전에 발표한 여러 이론들 역시 아직까지 제대로 평가받지 못하고 있는 게 사실이다. 이에 나는 이미 세상을 떠난 친구를 기리기 위해서라도 붓을 들지 않을 수 없게 되었다. 이제 '후흑 교주전'을 써서 세상 사람들로 하여금 그의 업적을 제대로 평가할 수 있도록 기초를 제공할 생각이다.

이종오는 1879년 정월 13일에 태어났다. 이종오는 그의 본명이 아니다. 이는 그가 수차례에 걸쳐 고친 이름이다. 그는 어린 시절에 성격이 매우 괴팍하고 안하무인격이어서 주변 사람들은 모두 그를 '인왕人王'이라고 불렀다.

그래서 그의 부친은 '인왕'이라는 두 글자를 합친 전全자에다가 세世자를 앞에다 붙여 그를 '세전世全'이라고 불렀다. 그러다가 다시 점쟁이가 그의 운명에 오행상의 금이 부족하다고 해서 전자 옆에다 쇠금자를 붙인 '세전世銓'이 되었다. 후에 기숙사 선생도 그의 운명에 금이 부족한 것이 아니라 나무가 부족하다고 말한 데 이어 그 또한 부친이 지어준 이름을 달갑지 않게 여겨 스스로 '종유宗儒'로 개명했다. 이는 공자를 믿고 따르겠다는 취지에서 나온 것이었다.

그가 25세 되었을 때 그의 사상이 일대 변전하게 되었다. 유교에 대해 자못 불만을 느낀 그는 공자를 존경하고 따르기보다는 차라리 자신을 존경하고 따르는 것이 낫겠다고 생각해 이름을 다시 '종오宗吾'로 바꿨다. 그는 늘 자신의 이름에 대해 이같이 말했다.

"이른바 '종오'라는 두 글자는 나의 사상이 독립했음을 상징한다."

이후 '종오'라는 두 글자는 전국적으로 유명세를 타 거의 모르는 사람이 없게 되었다. 그의 형제는 모두 일곱이었고 자매는 둘이었다. 그는 형제 중에서 여섯째였다. 셋째형은 일찍 죽고 나머지 여섯 형제는 모두 장성했는데, 그의 부친은 이를 두고 '육겸당六謙堂'이라고 불렀다. 이종오 한 사람을 제외한 나머지 형제 모두 농사에 종사했다.

나중에 그의 일곱 번째 동생이 기계를 파는 가게를 열고 대략 장사하는 모양새를 갖추었다. 이종오는 유전과 태교를 믿었는데, 그는 자신이 독서를 좋아하게 된 것은 전적으로 유전 탓이라고 말했다. 사실 그가 태어나던 그 해의 전후 몇 년 동안은 바로 그의 부친이 문을 걸어 잠그고 독서에 몰두하던 시기였다. 뿐만 아니라 그는 이같이 부자 3명이 모두 뛰어난 문장으로 소문난 송나라 때의 소 씨 부자 일화를 인용해 태교의 정당성을 증명해 보이기도 했다.

"널리 알려져 있는 소순蘇洵은 27세가 되어서야 학문에 열중했다. 그는 송대 진종 상부 2년(1008)에 태어나 인종 명도 2년(1035)에 만 27세가 되었다. 소동파蘇東坡는 이듬해 12월 19일 태어났고 소철蘇轍은 3년 뒤 2월 20일에 태어났다. 그들 두 형제는 바로 소순이 독서에 파묻혀 있던 시기에 태어났다. 역사상의 인물들 가운데 27세가 되어서야 뒤늦게 학문에 열중한 사람은 오직 소순뿐인데 그는 두 명의 대문장가를 낳았다. 이와 비슷하게 사십이 되어서야 비로소 분발하여 학문을 시작한 이는 나의 부친뿐인데 교주 한 사람을 낳았으니 이 어찌 기이한 일이 아니겠는가?

소동파는 재기가 자유분방하고 문장 역시 호방하다. 소철은 사람이 매우 차분하고 노장사상과 노자주해를 고금의 걸작으로 꼽았다. 소순이 처음에 분발해 학문에 열중하기 시작했을 당시에는 매우 도도하고 힘이 넘쳤지만 이후 점차 이치를 깊이 파고들면서 성격이 차분해졌다. 소동파와 소철의 성품이 각각 다르게 나타난 것도 이 때문이다.

나는 나의 부친이 독서에 몰두하던 말년에 태어났다. 나의 성격이 침착하고 노자를 좋아한 것도 소철의 경우와 유사하다고 할 수 있다. 그러나 애석하게도 나는 농가에서 태어나 정식으로 배움을 위한 입문과정을 거치지 못했기 때문에 아무래도 소철에 비교하기에는 좀 부끄러운 점이 있다."

그는 자신의 특이한 이론도 부친으로부터 물려받은 것이라고 말하고 있다. 그러나 실제로 그의 집안은 수대에 걸쳐 성격상 특이한 점이 있다. 그럼 우선 그의 증조부까지 거슬러 올라가 그의 혈통을 자세히 살펴보기로 하자.

그의 증조부는 이름이 이영방李永枋이었는데 성격이 매우 엄했다. 비록 염색가게의 주인에 불과했지만 용모가 위엄이 있어 그를 존경하고 두려워하지 않는 사람이 없었다. 친척이나 가족 중에 누구라도 의관이 단정치 못하다거나 술에 취한 사람은 그의 가게 앞을 지날 때에는 즉시 숨을 죽이고 태도를 바로 하지 않으면 안 되었다.

그러나 그가 다른 사람들에게 말을 거칠게 하거나 냉정한 태도로 대한 적은 결코 없었다. 오히려 언제나 자상하고 온화한 태도로 대했다. 그는 평생 양심에 부끄러운 일을 한 적이 없이 일흔 살의 나이로 세상을 떴다. 그는 임종을 맞이할 때 수건을 가져오라고 해서 스스로 자신의 얼굴을 씻고 약간 비뚤어진 모자를 직접 손으로 바로 잡은 후 탁자에 기대어 조용히 숨을 거두었다.

그의 조부는 이름이 이요산李樂山으로 평생 동안 농사를 지으며 채소를 시장에 내다 팔아 가계를 꾸려갔다. 농한기에는 기름 양초와 짚신을 만든 뒤 거리를 큰 소리로 외치고 다니면서 물건을 팔았다. 그의 부친은 몸집은 거대했으나 성격은 소박한 편이었다. 거름통을 지고 가다가 거리에서 어떤 사람이 그에게 말을 걸어올 때면 거름통을 멘 채 줄곧 서서 대답을 했는데, 거름통 멜빵이 어깨 위에서 흘러내리는 것도 알지 못할 정도로 고지식했다. 때로는 장난기가 발동한 사람이 일부러 그를 골탕 먹이려고 한참 동안 쉬지 않고 이야기하면 그는 거름을 왼쪽 어깨와 오른쪽 어깨에 번갈아 가며 옮겨지기에 바빴다. 이 광경을 지켜본 길가의 수많은 사람들은 배꼽이 빠지도록 웃지 않을 수 없었다.

또 그의 조부는 저녁밥을 먹자마자 곧바로 잠이 들었다가 가족이 잠을 잘 때쯤이면 다시 깨어나 더 이상 잠을 이루지 못할 때가 많았다. 깊이 잠들었을 때는 불러도 깨어나지 못하다가 만약 '강도야' 하고 소리치면 깜짝 놀라서 벌떡 일어나곤 했다. 그는 잠에서 깨어나면 즉시 다음날 내다 팔아야 할 채소를 정리했다. 채소 정리가 끝나면 막대기를 하나 잡아 들고 채소밭을 지키러 나갔다. 채소밭은 큰 도로변에 위치해 있어 다른 집의 물건을 턴 도둑이 이곳을 지나다가 종종 그에게 발각돼 곤욕을 치르기도 했다. 그러면 그는 그 물건을 빼앗아 주인에게 돌려주곤 했다. 그래서 도둑들은 그를 매우 두려워하여 항상 길을 돌아서 가곤 했다.

그의 조부는 집안에서 평소에는 고기 먹는 것을 아까워하다가도 연말이 되면 고기를 열 근씩이나 사가지고 와서 간장에 절여놓게 했다. 그러고는 직접 칼을 들고 고기의 가장자리를 대략 반 근 정도 자르고는 아내에게 탕에 넣을 무를 뽑아오게 했다. 이 때 아내에게 이같이 주의를 주곤 했다.

"큰 무는 팔 수 있게 남겨두고 작은 것은 더 자랄 수 있도록 내버려두시게. 두 갈래진 것이나 갈라져 팔 수 없는 것만 골라서 뽑아오도록 하시게."

아내는 채소밭에 나가 남편의 지시대로 두로 찾아보았으나 그런 무를 하나도 찾지 못했다. 그 때서야 비로소 그는 비통한 심정으로 다른 것을 뽑아올 것을 허용했다. 탕이 끓으면 그는 직접 국자를 들고 그릇에 퍼 담았다가 또 다시 솥에 붓고 다시 담았다가 또 붓기를 여러 차례 되풀이했다. 그의 아내가 의아해하며 물었다.

"뭐 하는 거예요?"

"나는 가족과 일꾼에게 고르게 나눠주려고 하는데 공평히 고루 나눠줄 수 없어 괴롭소!"

이 일이 있은 후 얼마 안 돼 그는 병으로 죽었다. 아내는 고기 한 덩이를 베어 그의 영전에 바치고 통곡을 하며 혼잣말로 중얼거렸다.

"고깃덩이보다 눈물을 훨씬 많이 흘렸으니 이를 어찌하오!"

그녀는 남편의 죽음을 몹시 애석해하면서 그가 생전에 사용하던 멜빵을 고이 간직해 두면서 이같이 말했다.

"이후에 자손이 번창하면 반드시 붉은 비단으로 싸서 대청기둥에 매달아 놓고 대대로 가보로 전하리다."

들리는 바에 의하면 이 멜빵은 그의 자손을 통해 1920년까지 보존해 오다가 도적들에 의해 훼손되었다고 한다. 그의 아내는 성이 증 씨曾氏로 산간마을의 부잣집 딸이었다. 그녀는 시집온 이후 평생 동안 남편이 하는 일을 도와 물을 긷고 거름을 지면서도 남편을 원망한 일이 한번도 없었다. 어떤 때는 친정부모를 찾아뵈러 갔다가 고양이나 개가 먹다 남긴 음식물을 보고 '우리 집은 언제나 이렇게 먹다 남은 음식이 나올까' 부러워했다고 한다.

이종오는 어린 시절부터 그의 부모가 자식들에게 이런 이야기를 수없이 들려주면서 훈계하는 것을 귀가 따갑게 들으며 자라났다.

"조상들은 어려운 시절에 태어나 이렇게 힘들게 고생해 밥 한 끼 먹기가 힘들었으면서도 현재와 같은 위치까지 만들어 놓았다. 너희들은 이를 결코 잊어서는 안 된다."

이종오의 부친은 이름이 이고인李高仁이고 자는 정안靜安이다. 그는 원래 장사하는 것을 배웠지만 부친이 죽은 후부터 곧 농부가 되어 그의 아내와 함께 하루 종일 부지런히 일했다. 이러한 모습은 완전히 그의 부모를 빼닮은 것이었다. 항상 그의 부친이 남긴 멜빵을 꺼내다가 쳐다보면서 스스로를 경계했다. 그는 열심히 일한 덕분에 살림이 점차 펴지기 시작하면서 땅도 제법 사들이게 되었다. 그러나 병이 날 정도로 일을 심하게 한 나머지 사십이 되었을 때 의사로부터 이런 충고를 듣게 되었다.

"이제 더 이상 집안일을 그만두고 편안히 요양하지 않으면 생명이 위험합니다."

이 말을 들은 그는 곧 집안일을 완전히 아내에게 맡기고 자신은 오로지 요양에만 힘썼다. 이윽고 3년이 지나자 병세가 점차 나아지기 시작했다. 그는 요양기간 중 비로소 책을 볼 수 있는 기회를 얻게 되었다. 그는 먼저 『삼국연의』와 『열국지』 같은 책을 본 뒤 사서를 풀이해 놓은 책을 읽었다. 그는 이 책들을 보고 또 보면서 점차 한 가지 이치를 깨닫게 되었다.

"책이 곧 세상만사이고, 세상만사가 곧 책이다."

그는 후에 겨우 책 세 권만 보고 그 밖의 다른 책은 거의 들춰보지도 않았다. 그 세 권의 책은 어떤 것이었을까? 한 권은 『성유광훈聖諭廣訓』이다. 이 책은 청나라 건륭제가 세상에 공포 시행한 것을 모아놓은 것으로 권말에는 주백로가 만든 「치가격언治家格言」이 덧붙여져 있었다. 또 한 권은 『귀심요람劇心要覽』이다. 그는 단지 전체 주에서 일부만을 보았다. 이 책 가운데에는 사마광 및 당익수 등이 한 유명한 구절들이 실려 있었기 때문에 그는 그것을 격언서라고 불렀다. 마지막 세 번째 책은 양계성이 엄숭의 「십악오간十惡五奸」을 참고해 지은 『상주문上奏文』이다. 이 책에는 가정을 다스리는 격언이 덧붙여져 있었다. 이 책에 실린 격언은 아버지가 정의를 구현하기 위해 집을 나서기 전날 자식을 훈계하기 위해 쓴 가정사 처리방법 등으로 이루어져 있었다.

이 밖에 중국의 천자문인 『삼자경三字經』 주해서가 있었으나 이는 그가 그리 자주 보지는 않았던 것 같다. 이 세 권의 책 가운데 주로 앞의 두 권만이 그가 손에서 떼지 않고 열심히 읽은 것이었다. 그는 임종하기 며칠 전까지도 차마 책 읽는 것을 그만두지 못했다. 그는 늘 이렇게 말하곤 했다.

"책을 그렇게 많이 읽어서 무엇 하겠는가? 한 권의 책이라도 읽다가 좋은 구절이라고 생각되는 것이 있으면 반드시 죽을 때까지 기억해 두고 그것대로 실행에 옮겨라. 그 이외에 자기 생각과 맞지 않는 책들은 볼 필요가 없다.”

그가 가장 아끼고 큰 소리로 읽던 부분은 『성유광훈』 중에 나오는 이런 두 구절이었다.

“사람의 자식이 되어 부모에게 효도할 줄 모르는 자는 왜 홀로 부모가 자식을 사랑하는 마음을 생각지 못하는가?”

이 밖에도 『귀심요람』의 이런 구절도 그가 애송하는 것이었다.

“빈천貧賤은 근검勤儉을 낳고, 근검은 부귀富貴를 낳고, 부귀는 교사驕奢(교만과 사치)를 낳고, 교사는 음일淫佚(방종과 나태)을 낳고, 음일은 다시 빈천을 낳는다.”

이종오의 부친이 평생 읽은 책이 이같이 적은 것은 물론 그가 평생 글 한자 써본 적이 없다는 사실은 더더욱 기이한 노릇이다. 이종오가 7–8세가 되었을 무렵 급한 일이 생겨 그의 부친이 편지를 쓰려고 그에게 지필묵을 가져오게 한 적이 있다. 그런데 그가 지필묵을 가져오자 그의 부친은 또 이번에는 쓰지 않겠다고 말하는 것이었다. 이를 두고 이종오는 이렇게 말한 바 있다.

“나의 특이한 이론은 나의 부친에게서 비롯된 것이다. 독서방식도 나의 부친에게서 배운 것이다.”

그의 이런 언급은 한참 지난 후에 사실로 드러났다. 이종오 부친은 큰 병을 앓고 난 뒤 더 이상 거칠고 힘든 일은 하지 못하고 다만 가끔씩 사탕수수 잎을 따거나 누에콩을 심을 때 재를 덮어주는 일을 하는 게 고작이었다. 그러나 그는 틈나는 대로 책을 읽었다. 일꾼들이 밭으로 일하러 나갈 때마다 그는 담뱃대나 난로를 가지고 나갔다. 그리고 그가 애지중지하는 책을 끼고 밭 가장자리에 앉아 일꾼들과 한담을 나누거나 홀로 책을 읽곤 했다. 그는 농사일에 아주 정통해 매일 새벽마다 한 차례씩 밭을 들러보곤 했다. 그는 늘 이같이 말하곤 했다.

"나는 집에서 잠을 자면서도 일꾼들이 밭에서 일하는 상황을 모두 알고 있다."

또 가족들이 밭에서 돌아오면 그는 늘 이같이 묻곤 했다.

"일꾼들은 어디로 갔느냐?"

만약 우물쭈물하거나 대충 확실치 않게 대답하면 빙그레 웃으면서 '허튼 소리 말라' 고 말하곤 했다. 그는 평소 일찍 일어나는 것을 중시했다. 그는 세 사람의 「치가격언」을 읽은 적이 있는데 그들 모두가 하나같이 일찍 일어날 것을 주장했다고 말했다. 주백로는 동틀 무렵 일어날 것을 주장했고, 당익수는 일찍 자고 일찍 일어나서 부지런히 집안일을 처리할 것을 주문했다고 한다. 한위공은 이렇게 말했다고 한다.

"집안을 다스리기 위해 일찍 일어나면 자연히 만사가 잘 되어 가지만 밤늦도록 흥청망청 즐기면 아마 모든 일에 소홀하게 될 것이다."

이 때문인지는 몰라도 이종오의 부친 역시 자신의 부친처럼 그렇게 일찍 일어나지는 않았지만 언제나 닭이 울면 일어나는 습관을 길렀다. 엄동설한에도 하루라도 그만두는 일이 없었을 정도였다. 그 당시에는 땔감이 없어 매일 새벽같이 일어나 부싯돌로 등에 불을 밝히고 목탄으로 화로에 불을 지펴 술을 데워 혼자 마셨다. 그러고는 잎담배를 입에 물고 날이 새기를 기다렸다. 이렇게 날이 밝을 때까지 앉아 있는 동안 그는 일꾼들이 해야 할 일과 자신이 해야 할 일들을 일일이 점검했다. 때문에 그가 집안일을 처리하는 것은 사리에 딱 들어맞았다. 그는 일꾼들이 일을 할 때조차 잠시라도 시간을 낭비하게 하는 적이 없었다.

그는 일꾼들이 늦게 일어나 일을 그르칠까봐 매일 아침 그들을 불러 깨웠다. 그러나 이렇게 하는 것이 번거롭게 느껴지자 이번에는 대청 문을 빽빽하게 만들어서 창문이 여명의 흰빛으로 투명해지기 시작하면 대청

문을 활짝 열어젖혔다. 그 때마다 일꾼들은 요란한 소리에 자연히 깜짝 놀라 깨지 않을 수 없었다. 그는 일찍 일어나는 것을 좋아하고 사색을 즐겼기 때문에 사람들을 다룰 때 한번도 실패한 적이 없었다. 그는 늘 이같이 말하곤 했다.

"다른 사람과 교섭할 때에는 반드시 상대방이 어떤 자세로 나올 것이며 나는 이에 어떻게 대응할 것인지를 여러 각도에서 생각해 봐야 한다. 이렇게 하면 그 자가 어떤 태도로 나오든지 간에 나는 모두 대처할 수 있게 된다."

그의 병이 완쾌되었을 때 이웃에서 그에게 팔려고 내놓은 집이 하나 있었다. 그도 역시 매우 사고는 싶었지만 부르는 값이 너무 비싸서 속만 태우고 있었다. 그는 어느 날 일부러 집을 팔려고 내놓은 주인에게 이같이 말했다.

"가격이 너무 비싸서 내가 살 수 없을 것 같군."

양쪽 모두 서로 옥신각신하며 좀처럼 양보하려 들지 않았다. 이웃 사람은 그가 살 듯 말 듯 구는 모양이 괘씸해 허락 없이 자기 땅을 밟고 다닌다며 관가에 고소하겠노라고 엄포를 놓았다. 그러나 그는 이에 아랑곳하지 않고 오히려 자기 집의 출입구에 도랑을 파놓고 집 뒤쪽으로 돌아서 다니며 아예 이웃 사람과 상종조차 하지 않았다. 그 결과 이웃집 사람은 그에게 승복하고 그 집을 그에게 내놓았다. 이 때도 다소 다툼이 있기는 했지만 결국 승리는 이종오의 부친에게 돌아갔다.

이종오가 언젠가 나에게 자신의 일곱 번째 동생인 세본이 바로 자신의 부친이 이웃집 사람과 옥신각신 다툴 때 태어났다고 말한 적이 있었다. 그래서인지 세본은 남과 잘 사귀는 것은 물론 일처리 또한 야무지고 기민했다. 세본은 이후 그의 부모가 죽고 형수가 죽었을 때 장례일을 혼자서 도맡았는데 일처리에 조리가 있었다. 세본은 사람들에게 이같이 말하곤 했다.

"나는 일이 없으면 앉아서 졸기만 하지. 그러나 할 일이 생기면 정신이 1백 배는 맑아지는 거야. 요사이 몇 년 동안 집안에서 몇 사람이 죽었기 때문에 불행 중 다행으로 해야 할 일거리가 생겼지. 그렇지 않았다면 그 기간은 정말 생활하기 힘들었을 거야."

이종오는 유전 및 태교설에 입각해 이런 사실들을 과학적으로 연구해 보고 싶어했다. 그의 부친이 향년 69세에 돌아가셨을 때 그의 집안 형편은 먹고 지낼 만했다. 광동인은 조상을 기리는 마음과 애향심, 단결정신이 매우 강하다. 이 씨 집안 역시 사천 지방으로 이사온 이후에도 고향에 있는 조상묘와 친척들의 안부에 대해 깊은 관심을 기울이고 있었다. 그들은 종종 사람을 광동성에 보내 묘역을 정돈하고 친지 어른과 자제들에게 집안 소식을 전하기도 했다.

사천 지방에는 이종오의 조상을 모시는 사당이 없었다. 다른 사람의 말에 의하면 외지 사람들이 들어와서 사당을 세우면 항상 토박이들로부터 시달림을 당했다고 한다. 그래서 그들은 광동에 사는 모든 이 씨 집안 사람들을 모아 '봉봉회棒棒會'라는 조직을 만들어 만약 자신들을 괴롭히는 자들이 있으면 모두 함께 목숨을 걸고 그들과 맞서 싸우기로 다짐했다. 이후 어떤 사람이 '봉봉회'는 불법적인 것이라고 지적하자 비로소 '봉봉회'를 해체하고 사당을 세우게 되었다.

광동 사람이 사천 지방으로 이사와서 결혼할 때는 반드시 광동 사람을 택했다. 가끔씩 전례를 깨고 그 지방 여자와 결혼하게 되면 신부는 시댁 문을 들어서는 즉시 광동어를 배워야만 했다. 가족이나 친척이 오갈 때는 더욱 광동말로 해야 하는데 그렇지 않으면 조상을 팔아먹었다는 비난을 받게 마련이었다.

이 씨 집안은 이종오의 8대조인 이윤당으로부터 그에 이르기까지 이미 여덟 세대나 흘렀지만 그들 아홉 명의 형제자매들은 모두 광동 사람과 결혼했다. 이렇게 강렬한 애향심에다가 대대로 전해오는 개성 있는 가문의 혈통까지 덧붙여졌으니 우리가 유전을 믿지 않는다 해도 기이한 사상을 지닌 이종오가 태어난 것은 전혀 이상하게 볼 일도 아닌 것이다.

장묵생(張默生) 쓰다.

제2절

나의 사상체계

청조 말기 나는 사천고등학당에 들어가 이업肄業(학업) 했다. 같은 반에 있는 장열오라는 친구와 함께 동맹회에 가입했다. 광서 33년(1907) 에 졸업했다. 장열오가 나에게 말했다.

"장차 우리가 거사하면 네가 군사를 이끌고 가도록 해주마!"

나는 크게 기뻐하며 역사상 많은 영웅의 사례를 일일이 뒤지며 그들이 성공한 비결을 찾아나가기 시작했다. 오랜 시간이 흘렀으나 별다른 소득이 없었다. 선통 2년(1910) 나는 부순중학교 교장이 되었다. 하루는 교장실에 누워 자는데 우연히 조조와 유비 등의 인물이 생각났다. 황홀히 깨달은 바가 있어 이후 '후흑학' 을 만들게 되었다. 매번 친구들을 만날 때마다 '후흑학' 에 관한 얘기를 하며 서로 즐겁게 웃곤 한다.

1911년 말 신해혁명이 일어나자 중경도 곧바로 이에 응했다. 친구 장열오는 촉군정부 부도독이 되어 민정을 담당했다. 그는 자류정의 집에 있는 나에게 전보를 보내 속히 친구 요서초와 함께 중경으로 올라올 것을 촉구했다. 당시 성도의《공론일보》는 나에게 '후흑학' 에 관한 글을 써달라고 했다. 내가 망설이자 유서초가 말했다.

"자네는 충분히 쓸 수 있네. 내가 서문을 써주겠네."

요서초는 성리학에 밝아 '대성인' 으로 불리는 친구였다. 그래서 이처럼 큰 반향을 불러오리라고는 생각지도 못하고 글을 쓰기 시작했던 것이다. 이후 많은 글을 썼다. 1937년에 중일전쟁이 일어난 후에는 기왕에 썼던 글들을 모아 『제헌과 항일』의 제목으로 펴내기도 했다. 나는 원래 『중국주의』라는 책을 쓸 생각이었으나 지금은 바뀌었다. 여기서 이를 경제와 정치, 국제 등 3분야로 나눠 쓰고자 한다.

1. 경제론

우리가 경제제도를 개혁하려면 먼저 재물을 크게 둘로 나눠 어떤 것이 공유이고 어떤 것이 사유인지를 분명히 가려야 한다. 그래야만 사회가 안정될 수 있다

1) 지구생산력

태초에 지구는 금수의 전유물이었다. 후에 인류가 출현해 금수를 제압하면서 지구는 인류의 공유물이 되었다. 그래서 지구상의 물건은 당연히 인류 공동으로 향유하는 것이 되어야만 했다. 당시 금은 등을 이용한 매매는 불가능했다. 자본가가 물건을 사가고 전호佃戶들을 불러 수조收租하는 것은 공유물을 침탈하는 것이다. 노동자가 물건을 사가 스스로 경작하는 것도 공유물을 침탈하는 것이다. 왜 그런 것일까?

만일 어떤 사람이 공임을 주고 사람을 사서 벌거벗은 산에 나무를 심는 경우를 생각해 보자. 그가 만일 2원의 보수를 받게 되면 노동력에 대한 대가는 지불된 셈이다. 나무는 산에 심어져 자연의 힘으로 생장하게 되어

몇 년 뒤에는 1백 원 내지 1천 원의 값어치가 나갈 것이다. 이 때 98원 내지 998원의 잉여이익은 전부 지구의 생산력이다. 지구는 이미 인류의 공유물이니 여기서 얻은 98원 내지 998원은 인류의 것이다. 노동자는 자신의 노력에 상응하는 대가를 이미 받았다. 따라서 그는 이런 잉여생산물의 이익을 향유할 수 없다.

따라서 자본가가 전호를 사서 수조를 하거나 노동자가 직접 가서 나무를 심거나 하는 것 등은 모두 공유물을 침탈하는 것이 되는 것이다. 이 때문에 전국의 토지는 마땅히 공유물이 되어야만 한다. 관가에서 전호를 두어 수조할 경우 그 이익을 전부 국가에 귀속시키는 것도 이 때문이다.

2) 기계생산력

사람이 하루 일하고 2원을 받을 경우를 생각해 보자. 수공업을 하여 매일 이익을 얻는 것도 이 경우에 해당한다. 이를 노동력의 보수라고 할 수 있다. 만일 기계를 고쳐 매달 1백 원 내지 1천 원의 이익을 얻는다고 치자. 그러면 98원 내지 998원의 이익은 엄연히 기계의 생산력에 의한 것이지 공원의 노동력에 의한 것이 아니다. 그렇다면 당연히 초기에 기계를 발명한 사람이 발명권을 포기했을 경우 기계는 인류의 공유물이다. 98원 내지 998원 역시 전 인류의 것이다. 과거와 같이 공장소유주에게 돌아가는 것은 공유물을 침탈하는 것이다. 마땅히 공유물로 귀속시켜야만 하는 것이다. 공원은 노동력에 상당한 대가를 받았으니 잉여이익을 향유할 수 없다. 기계생산을 통해 나온 이익 역시 모두 사회에 환원시켜야만 한다. 그렇게 해야만 합리적이다.

3) 지력과 체력

세상 만물 중 오직 신체만은 개인의 사유물이다. 신체에서는 두 가지의 힘이 나온다. 하나는 두뇌의 사고력이고 다른 하나는 수족에서 나오는 운동력이다. 이 두 가지 힘은 개인의 사유물이다. 사회에서 그것을 이용하고자 한다면 응당 그에 상응하는 대가를 지불해야 한다. 이를 팔 것인지 여부는 전적으로 개인의 판단에 따른다. 이는 임의로 침탈할 수 없는 것이다.

이상과 같은 논리를 토대로 보면 이런 하나의 원칙을 만들어낼 수 있다.

"지구생산력과 기계생산력은 사회 공유에 속한다. 지력과 체력은 개인 소유에 속한다."

이 원칙에 입각해 경제제도를 개혁할 경우 사회와 개인은 자연스레 조화를 이뤄 안정을 찾게 된다.

아담 스미스는 '자유경쟁'을 주장했다. 개인의 지력과 체력은 무한히 발전할 수 있다고 본 것이다. 이는 매우 합리적이다. 그러나 그는 동시에 돈 있는 사람은 토지를 사서 토지로부터 나오는 이익을 취할 수 있고 기계를 사서 공장을 열 수 있다고 했다. 이는 공유물을 사유물로 전환시켰다는 지적을 면할 수 없다.

마르크스는 토지와 공장은 모두 공유에 속한다고 주장했다. 이는 합리적이다. 그러나 그는 동시에 노동착취를 주장했다. 그는 개인의 지력과 체력이 사유물이 아니라 공유물이라고 생각했던 것이다. 이는 사유물을 부당히 공유물로 전환시켰다는 지적을 면할 수 없다. 오직 손문 선생의 민주주의만이 공과 사를 분명히 가리고 있다. 아담 스미스와 마르크스 주장의 장점만 있을 뿐 그에 따른 폐단은 전혀 없는 것이다. 이에 따라 세계의 경제학은 크게 3대파로 대별할 수 있다.

아담 스미스가 이끄는 파가 있으니 흔히 이를 '개인주의'라고 한다. 마르크스 또한 한 파를 이루고 있으니 흔히 이를 '사회주의'라고 한다. 마지막으로 손문이 주장한 바와 같이 개인주의와 사회주의를 융합한 또 하나의 학파가 있다.

마르크스는 '공산共産'을 얘기했으나 손문은 '공산公産'을 얘기했다. 마르크스는 '공현재共現在'를 주장했으나 손문은 '공장래共將來'를 주장했다. 마르크스는 '수귀공유收歸共有'를 얘기했으나 손문은 '구귀공유購歸公有'를 언급했다. 현재 손문 선생의 유지에 기초해 이런 하나의 원칙을 도출해낼 수 있다.

"금전은 사유가 가능하지만 토지와 기계는 사유화할 수 없다."

따라서 사인 소유의 토지와 기계를 사용하는 공장 등은 하나같이 구매하여 공유물로 귀속시켜야 한다. 이는 '공장래'는 가능해도 '공현재'는 불가능함을 의미한다. 그러나 전국의 공장은 무수히 많고 전국의 땅은 무한히 넓은데 이를 구매할 돈을 어디서 마련할 것인가? 이를 위해서는 이런 법령을 우선 만들어야 한다.

"은행은 국가에서 설립하고 개인은 설립할 수 없다. 인민 중 돈 있는 자는 이를 은행에 맡겨야 한다. 돈을 필요로 하는 자는 은행에서 빌릴 수 있다. 사사로이 서로 빌려주거나 빌리는 자는 법률상 보호를 받을 수 없다. 대차관계로 소송을 벌이는 자는 그 돈을 몰수해 국고에 귀속시킨다. 큰 돈을 집에 감춰 도둑을 맞을 경우 도둑이 잡혔을 때 그 돈 역시 몰수한다. 돈을 외국은행에 예치시키는 자는 조사 후 국적을 취소한다. 화교 소재지에 국가은행을 설립한다. 화교의 돈을 예치할 경우 국가를 경유해 외국은행에 보낸다."

이같이 하면 인민의 돈은 모두 국가은행에 집중하게 된다. 그렇게 되면 모든 돈을 국민과 국가를 위해 사용할 수 있다. 은행 이자율 역시 수시로 상황에 따라 변동시킬 수 있다. 만일 예금 이자율이 1푼이라면 대출이자율은 1푼 반 내지 2푼으로 정하게 되면 금전업자들이 소득세의 3분의 1 내지 2분의 1을 국가에 내는 것과 같은 효과를 거둘 수 있다.

수도에는 중앙은행을 두고 각 성에는 성 은행을 둔다. 각 현에는 현 은행을 두고 현 단위 이하는 은행 또는 촌 은행을 둔다. 은행법이 이미 확정되어 있으니 공유에 속하는 재물은 수매가 가능하게 된다.

① 사립은행은 일률적으로 취소한다. 그 주식은 국가은행에 귀속시키고 일정한 월이자를 지급한다.

② 기계를 사용하는 공장과 기선, 기차, 광산, 철도 등은 모두 공유에 포함시킨다. 수입은 자본으로 잡아 국가은행에 예치한다. 경리와 직공 등은 모두 자리변동을 시키지 않는다. 소유주식은 모두 국고에 산입한다. 그 수속은 매우 간단하다.

③ 전국의 토지와 건물은 일률적으로 시세를 참조해 수매한다. 예컨대 갑이 토지 한 필을 가지고 있는데 거기서 얻는 소득이 1백 원이라면 그 가치를 1만 원으로 쳐주는 식이다. 은행에 예치시켜 매월 이식으로 1백 원을 준다. 인민이 토지와 건물을 사용코자 하면 관청의 승인을 받아야 한다. 자신의 땅과 건물을 쓰고자 하는 자에게는 우선사용권을 준다. 이같이 하면 4억 5천만 인민이 모두 경작자이자 지주가 된다. 이를 '평균지권平均地權' 이라고 한다.

④ 국제무역은 공에 속하게 하고 국내무역은 사에 속하게 한다. 수출은 인민으로부터 관청이 사들여 전량 외국에 판다. 수입은 관청으로부터 인민들이 사들인다. 이후 자유로이 되파는 것 등은 세금을 물지 않는다. 외국인이 중국에 공장을 갖고 있을 경우 인민은 직접교역을 할 수 없다.

이 경우 사실상 관세를 물릴 수 없기 때문이다. 외국 물품을 1백 원에 사는 자는 150원 또는 200원에 사서 인민에게 판다. 외국 물품을 누가 사는가 하는 등의 문제는 국가가 짐작해 선정한다. 수출입이 상호 평형을 이루게 되면 중국과 외국 모두 이익이 된다.

이상과 같은 4개의 조건을 충족시킬 경우 전국의 인민에게 생계비를 지급해 최저생활을 유지토록 하는 것이 가능하다. 인민은 토지와 기계, 은행, 국제무역의 수익을 국가에 교부하고 국가는 인민의 생존권을 보장할 수 있기 때문이다. 프랑스 시민혁명은 정치적으로 인권을 요구한 것이다. 우리가 경제제도를 개혁하는 것은 생존권을 중시한 것이다.

손문 선생은 생활 정도에 따라 이를 3단계로 나누었다. 생존, 적정, 사치가 그것이다. 현재의 경제제도는 인민이 한번 불행한 상황에 처하게 되면 굶어죽거나 얼어죽게 되어 있다. 생존이 기본적으로 이뤄져야 사람들이 능히 살아갈 수 있고 그래야 인민의 생존권 문제도 안정을 찾을 수 있다.

사회를 개혁하는 것도 병을 치료하는 것과 같이 병이 난 부분만을 치료하고 멀쩡한 부분은 함부로 칼을 대서는 안 된다. 옛 경제제도에 따르면 토지와 기계, 은행과 국제무역을 모두 국유로 했다. 이는 병이 난 부분만 치료하고 나머지 부분은 설령 나빠질 수 있다 하더라도 그대로 둔 것으로 개인생활에서 사회에 해를 끼치지만 않으면 국가가 간섭하지 않은 것을 의미한다. 이같이 하면 개인주의와 사회주의가 서로 조화를 이루어 손문 선생이 얘기한 민주주의도 실현될 수 있을 것이다. 손문 선생은 일찍이 이같이 말했다.

"중화공화국은 4억 인이 주주로 있는 커다란 공사公司이다. 우리 모두 이 공사의 주주이다."

이런 주장은 더 이상 부연설명할 필요가 없는 것이다. 전 중국인이 4억 5천 명의 주주가 되어 개인마다 한 명의 주주가 되니 나라에서 한 사람이 태어날 때마다 한 명의 주주가 느는 셈이다. 한 사람이 죽으면 주주가 줄어드는 것 또한 물론이다.

생계비를 주는 것은 각 주주들이 해마다 소정의 배당금을 받는 것과 같다. 사회를 위해 일하는 사람은 정신적이든 육체적이든 그에 상응한 대가를 받아야 한다. 이는 주주가 회사에 복무하면서 배당금 이외에 각종 보수를 받는 것에 비유할 수 있다. 이런 조직법을 사용하는 것은 노동자본의 제도를 본뜬 것일 뿐만 아니라 자연의 이치를 본뜬 것이기도 하다. 이를 자세히 설명하면 다음과 같다.

(1) 사람의 신체를 본떠 혈액을 공급하는 방법

신체에서 어떤 부분을 많이 쓰면 쓸수록 혈액의 공급이 많아져 소모된 부분을 메우고도 남게 된다. 이로 인해 운동하는 부분은 점점 발달하게 된다. 이것이 바로 인체로 하여금 노동을 장려하게 하는 방법이다. 이에 비추어 중국의 노동자 중에는 더 많은 보수를 받는 사람이 있게 마련이다. 우리 신체에는 아직도 사용하지 않은 부분이 많다.

예컨대 남자의 젖과 같은 부분은 쓸모 없는 것이지만 이미 신체의 구조를 이루고 있는 만큼 혈액을 공급하지 않으면 안 된다. 쓸모가 없다고 주입하는 혈액의 양을 점차 줄이게 되면 남자의 젖은 점점 작아지게 된다. 여기서 알 수 있듯이 중국의 인민이라면 그 누구에게나 일률적으로 생계비가 지급되어 최저생활이 유지되도록 해야만 한다.

음식은 모두 입으로 들어가 항문으로 빠져나온다. 두뇌는 음식이 뱃속에서 어떻게 소화되고 내장기관이 어떻게 움직이는지 알지 못한다. 이에 비추어 국제무역은 정부의 지배를 받아야 하되 국내무역은 인민의 자유 경영에 맡겨야 한다. 국가가 개입할 이유가 없는 것이다.

(2) 우주의 이치를 본받아 고루 나누어 주는 방법

자연계는 햇볕을 이용해 강과 바다, 연못과 습지, 토지초목 등을 비춘다. 그 중의 수증기가 변해 비와 이슬이 된다. 비와 이슬은 지상으로 떨어질 때 마른 땅을 촉촉이 적셔줄 뿐 아니라 강과 바다, 연못 등과 같이 비와 이슬이 필요 없는 지역까지 일률적으로 뿌려준다.

최초로 초목이 갖고 있던 수분이 증발해 다시 되돌아오는 것이다. 이 사이에 초목은 점점 무성하게 자란다. 늙은 가지와 썩은 나무 역시 똑같은 혜택을 받는다. 생기가 없다고 해서 그 혜택권이 박탈되는 일이 일어나지는 않는 것이다.

지상에 떨어지는 물은 초목의 뿌리에 의해 흡수된다. 흡수량의 조절은 전적으로 초목 자신에게 달려 있는 것이다. 자연계의 이치가 바로 여기에 있다. 이에 비추어 토지와 공장, 은행, 국제무역 수입은 원래 인민의 몸에서 나온 것으로 공공지출 이외에도 빈부노소와 노동자 여부를 막론하고 일률적으로 생계비로 지급되어야 한다. 나라 안에서 치부하는 기회 역시 모든 사람이 모두 균등하게 보장되어야 한다. 이는 자연의 비와 이슬이 결코 사사로움이 없는 것과 같은 이치이다.

헌법상 규정된 바와 같이 토지와 공장, 은행과 국제무역 등은 일률적으로 국유에 귀속시켜야 한다. 따라서 징병제와 징공제徵工制, 소득세, 상속세 등 4개 제도는 당연히 폐지되어야 한다. 군인 또는 공원이 되는 것은 당연히 그 대가를 지급받는 것이다. 징병과 징공은 개인 체력의 사유권을 침탈하는 것이다. 관리가 되어 복무하거나 점원이 되어 점포를 경영하는 것 역시 지력을 이용하는 것이다.

소득세를 징수하는 것은 개인 지력의 사유권을 침해하는 것이다. 지력과 체력을 이용해 얻은 금전을 자손에게 물려주는 것은 당연한 것으로 여기에 세금을 물리는 것은 지력과 체력의 사유권을 침해하는 것이다. 어떤 사람은 상속세에 대해 염려를 하나 자본가가 나타나는 것과 그것은 아무 상관이 없는 것이다.

미국의 은행재벌, 자동차재벌, 석유재벌, 유통재벌 등을 보면 은행재벌인 마르코를 제외하고는 모두 가난한 집의 자손이다. 마르코가 치부한 것도 유산에 기초한 것이 아니었다. 그들이 치부한 것은 모두 개인의 노력에 의한 것이다. 토지와 공장, 은행, 국제무역 등 헌법상의 이들 4개 제도를 국가공유로 하면 개인은 사적으로 매매할 수가 없고 이들 재벌 역시 자연스레 도태하게 되어 있다. 이것이 바로 근원적인 해결책이다. 이는 결코 상속세에 의한 것이 아닌 것이다.

토지와 공장, 은행, 국제무역을 모두 공유에 귀속시키게 되면 대자본가는 생산이 없게 된다. 이는 부자를 한 급 떨어뜨리는 것이다. 사람에게는 생계비를 지급하니 얼어죽거나 굶어죽을 염려가 없게 된다. 이는 빈자를 한 급 올리는 것이다. 이 중간에 바로 인민을 위해 활동할 수 있는 여지가 있는 것이다.

손문 선생은 민권주의를 얘기했다. 이는 평균적 평등과는 다른 것으로 출발점에서의 평등인 것이다. 경제상의 조직도 평균적 평등을 주장하지 않았다. 전국의 부자와 빈자가 서로 동등하게 뛸 수 있는 출발점에서의 평등을 얘기했다. 이는 전 인민들로 하여금 치부의 기회를 동등하게 주는 것으로 농사를 짓고 싶은 사람은 관청으로부터 승인을 얻어 토지를 경작하고 공원이 되고 싶은 사람은 공장을 빌려 작업을 하면 된다.

관리, 교원, 상인 등 무엇이 될지라도 이는 모두 자유이다. 여기에는 아무런 제한이 없다. 그러나 노동의 종류가 같지 않기 때문에 소득 및 보수는 다를 수밖에 없다. 빈부의 구별은 각자의 노력여하에 달려 있는 것이다. 이같이 하면 인민의 발전욕구를 자극해 사회 또한 자연스레 날로 발전하게 된다. 물이 도도히 흘러 바다로 흘러들어 가는 과정에 지세의 고하가 고르지 못해 한곳에 고이게 되면 썩게 된다.

2. 정치론

신해혁명 이후 민주공화국으로 바뀌면서 구미의 제도를 취하고자 했다. 이는 착오다. 민주공화제의 실행방법은 매우 간단하다. 군주전제국가를 제거하는 방법은 뒤엎으면 되는 것이다. 그러면 곧 진정한 민주공화국이 탄생하게 된다. 군주전제국은 한 사람의 황제를 둔다. 민주공화제는 4억 5천만의 인민이 황제를 만든다. 하나의 황제권은 4억 5천 개의 덩어리로 나눌 수 있고, 이를 합치면 하나의 황제권이 형성되는 것이다. 황제권의 본질을 연구하게 되면 황제권을 어떻게 행사해야 할지도 쉽게 알 수 있다.

중국은 줄곧 황제체제를 유지해 왔다. 하나의 일을 하려 할 경우 그의 주장을 군기처에 전달해 군기대신이 이를 의결한 뒤 각 성에 통칙通飭한다. 이어 칙명이 각 현을 거쳐 마지막에는 향촌의 단위에까지 내려가게 된다. 그 방법은 '상명하달'이라고 할 수 있다.

민주공화국은 향촌의 의회가 인민의 군기처가 되고 향촌의 의원이 인민의 군기대신이 되는 것이다. 인민이 국가에 대해 하나의 일을 하고자 할 경우 사안을 즉시 촌 의회에 부의하면 이곳을 시작으로 구 의회와 현 의회, 성 의회를 거친 뒤 국회에서 최종 의결된다. 이는 '하의상달'이라고 할 수 있다. 군주전제국과는 정반대의 형식인 것이다.

군주전제시대에는 군기대신의 의결안은 반드시 황제의 비준을 받아야 시행이 가능하다. 민주공화국의 시대에는 국회의 의결안이 전 인민의 투표를 통해 인가를 받아야만 시행이 가능하다. 작은 일은 국회의 의결을 거쳐 곧바로 시행된다. 중요한 사안은 각 성의 의결을 거쳐 시행되고 보다 더 큰일은 각 현의 의결을 거쳐 시행된다. 가장 중요한 사안은 전체 인민의 의결을 거쳐 시행된다. 이 때 가장 곤란한 일은 4억의 인민이 직접 투표를 하고 직접 의견을 발표할 때 사람들에 의해 조종되지 않아야만 하는 점이다. 이것이 가장 심혈을 기울여 연구해야 할 부분이다.

제일 중요한 것은 호적을 정비하는 일이다. 매 현은 약간의 구區로 나뉜다. 구는 다시 약간의 촌村으로 나뉜다. 촌은 다시 보保로 나뉘고 보는 다시 갑甲으로 나뉜다. 매 갑은 10개의 가家로 이뤄져 있다. 투표는 남녀노소를 불문하고 1인1표로 행사된다.

갑장은 각 가의 표를 집계해 이를 발표한다. 갑장은 이를 보장에게 보고하고 보장은 이를 집계해 발표한다. 보장은 이를 구장에게 발표하고 구장은 현장, 현장은 성장, 성장은 중앙에 차례로 보고한다. 결국 최종적으로 다수표를 얻은 사안이 결정이 되는 것이다.

중국 인민은 국사에 대해 재결하거나 가부를 판정하는 과정을 전연 이해하지 못하고 있다. 따라서 반드시 정치훈련이 있어야만 한다. 그 책임은 당연히 촌의 의원이 져야만 한다. 촌 의원은 일면 군기대신인 동시에 태사太師, 태부太傅, 태보太保인 것이다. 촌 의원은 당연히 농민보다 지식이 많아야 한다. 그래야 국사에 대해 소상히 알 수 있기 때문이다. 국가대사인 대정大政을 재결할 때 각자 자신의 생각에 따라 판단하고 표결해야 한다. 인민이 어떤 의안이 있으면 직접 촌 의회에 이를 제출해야 한다. 잘 모르는 일이 있으면 촌 의원에게 물어보아야 한다. 이같이 하면 인민에게 대단히 편리할 것이다.

대총통의 선출은 4억 5천만 인민이 직접 투표하는 방식을 통한다. 각 단위마다 이를 집계해 최종적으로 중앙에서 총집계한 결과 다수득표자가 당선이 된다. 차점자는 부총통이 된다. 대총통의 임기는 4년이고 중도에 병이 나거나 전국 인민의 표결로 퇴임을 가결한 경우 등은 부총통이 총통의 직무를 대리한다. 총통이 다음 선거에서도 최다득표를 할 경우 연임할 수 있다.

인민이 대총통을 탄핵하고자 할 경우 촌 의회에 탄핵안을 제출한다. 의결이 되면 구 의회로 사안이 넘어가고 여기서 의결이 되면 다시 현 의회로 제출된다. 이런 과정을 거쳐 국회에서 의결이 되면 탄핵안이 성립된다. 이를 총통에게 교부하여 답변을 요청한다. 이후 국회에서 탄핵안과 답변서를 토대로 책을 만들어 전국에 배포하여 국민표결에 붙인다. 대총통의 유임 또는 면직 여부는 촌 의회의 의결을 상급단위로 이전시키는 종전의 방법을 통해 확정한다.

대총통이 법을 위반할 때 인민표결을 통해 면직시킨 뒤 정식재판에 회부할 수 있다. 그 형은 총살형까지 가능하다. 다만 면직 이전에 대총통의 직권 내에서 발포한 명령은 어떤 사람일지라도 모두 이에 복종해야 한다. 이를 어기는 자는 법적인 제재를 받는다.

민주공화국은 군주전제국의 모습을 본뜬 것이다. 군주권을 인민의 수중에 있는 권한으로 바꿔놓은 것만이 다를 뿐이다. 군주시대에는 지현知縣이 사법권을 가지고 있었다. 금후 사법권은 현장縣長에게 부여한다. 현장은 법률지식에 정통한 사람을 사법관으로 임명한다. 사법관은 현장에 대해 책임을 지고 현장은 인민에 대해 책임을 진다. 심판이 불공평할 경우 인민은 현장을 탄핵해 물러나게 할 수 있다.

과거 관청의 뒷거래는 사람들이 모두 아는 바이다. 그러나 지금의 사법기관도 뒷거래에 취약한 점이 있는 만큼 모든 사람이 이를 공히 볼 수 있어야만 한다. 법정조사와 화해의 책임은 촌장과 구장에게 있다. 다투는 일이 생기면 우선 촌장에게 알려야 하고, 촌장이 조사한 뒤 화해를 주선했음에도 불구하고 불복하는 일이 있을 때에는 이를 구장에게 넘긴다. 촌장은 조사결과 및 정황, 소견 등을 모두 구장에게 문서로 넘긴다. 구장이 재조사한 뒤 화해를 주선했음에도 불구하고 당사자가 불복할 때 이를 현장에게 넘긴다. 유사한 방법으로 불복이 있을 경우 성장을 거쳐 중앙으로 사안을 넘긴다. 촌장과 구장은 각 성의 관습법에 의해 처리하고 현장 이상은 국가 법률을 토대로 사안을 처결한다.

인민들은 국가의 어떤 기관에 대해서든 의문사항이 있을 때 조사를 요청할 수 있다. 그 경우 먼저 촌 의회에 조사를 요청하고 촌 의회가 이 사안을 의결할 경우 이를 구 의회에 제출한다. 이런 과정을 거쳐 최종적으로 국회의 의결이 이뤄질 경우 청문회 등을 열어 철저히 조사할 수 있다. 조사과정에 문제가 있을 경우 법에 의해 탄핵안을 제출할 수 있다. 조사결과 아무런 문제가 없을 경우 중앙일간지에 이를 공표한다.

현대는 민주주의와 독재주의가 양대 조류로 자리 잡고 있다. 두 주의를 하나로 통합하지 않으면 충돌은 면할 길이 없다. 손문 선생은 일찍이 이같이 말한 바 있다. "미국이 헌법을 만들 당시 분권주의자는 인성은 악하다고 본 데 반해 중앙집권자는 인성은 선하다고 보았다." 민주주의와 독재주의의 충돌은 성악과 성선 문제의 충돌로 볼 수 있다. 다만 인성은 혼연渾然한 것이어서 무선무악이라고 할 수 있다. 헌법을 제정할 때 당연히 지방분권과 중앙집권을 섞어 하나로 만들 필요가 있는 것이다.

중국의 4억 5천만 인민에게는 모두 4억 5천만 개의 '역선'이 있다. 그 역선이 그대로 중앙에 전달될 때 극히 건전한 '합력정부'를 만들 수 있다. 대총통이 재직 중에 발포한 명령에 인민은 당연히 절대 복종해야만 한다. 이는 전제국의 황제의 경우와 마찬가지이다. 이를 독재주의라고 한다. 대총통의 유임 여부 등이 인민의 수중에 있고 국가를 개혁하는 문제가 인민의 의결에 따르는 것은 민주주의의 모습이다. 이와 같이 두 개의 조류는 하나로 융합할 수 있는 것이다.

현재의 정당은 정권탈취를 목적으로 하지 않는 것이 없다. 가장 눈독을 들이는 것은 말할 것도 없이 대총통의 자리이다. 따라서 대총통은 가장 나중에 뽑아야 한다. 우선 먼저 제정헌법을 각 촌이나 구에 시험을 한 뒤 여기서 통용이 되면 나아가 각 현과 성, 전국 단위에 차례로 시험을 거쳐 통용시킬 필요가 있다.

헌법의 시행은 당연히 촌 단위가 기점이 되고 전국 단위가 종점이 되어야 한다. 따라서 촌장을 선출하는 것이 기점이 되고 대총통을 선출하는 것이 종점이 되어야 한다. 헌정실시에 열심인 자들이 향촌에 가서 직접 발로 뛰면서 작업을 벌일 필요가 있다. 이렇게 해야만 민주정치의 기초가 비로소 탄탄히 자리 잡게 된다. 이후 점차 발전이 되어 현과 성, 중앙 등에 이르기까지 차질이 없게 되는 것이다.

이런 조직방법이 완성되면 정당은 자연스레 소멸될 것이다. 설령 정당이 있을지라도 일종의 학술단체로 변하게 되어 국가정권을 주종하는 것이 불가능하게 될 것이다. 그들의 정견과 이론 등을 책자를 통해 전국 단위에 널리 유포함으로써 인민들이 정책을 이해하는 데 도움을 줄 수 있다. 이렇게 되면 각 정파는 공평한 경쟁을 할 수 있게 된다. 이는 공자와 묵자의 학설이 병립하는 동시에 그들 스스로 열국을 주유하면서 각 제후에게 유세를 한 것에 비유할 수 있다.

3. 국제론

현재 5대주의 만국상황은 중국의 춘추전국시대와 닮아 있다. 춘추전국시대는 5대주 만국의 축소판이다. 장래 국제상황이 어떻게 전개될지 추측하고자 하면 반드시 먼저 춘추전국시대가 어떻게 전개되었는지를 연구해야 한다. 분규의 해결방안도 여기서 찾을 수 있다.

국제상황의 추세를 알기 위해서는 생산이 이뤄지는 각 이념이 어떤 것이고 무엇이 이런 이념에 부합하는지를 검토할 필요가 있다. 이하에서 이를 검토하기로 한다.

세계 문화는 크게 인도와 서양, 중국으로 3분할 수 있다. 인도는 열대, 서양은 한대에 치우쳐 있다. 그러나 중국은 온대에 속해 있다. 3곳의 기후가 다른 까닭에 민족성도 다르고 생산이 이뤄지는 이념도 다르다. 온대는 중간에 있는 까닭에 '중국주의'는 '서양주의'와 '인도주의'의 편향을 극복할 수 있다.

한대는 천연자원이 적다. 사람이 열심히 노력하지 않으면 생활할 수 없다. 수시로 자연을 정복하고자 한 이유이다. 이들의 생산은 '침략주의'에 기초해 있다. 열대는 천연자원이 풍부하다. 생활의 수요에 부족함이 없다. 자연에 방임적인 이유다. 이들의 생산은 '무저항주의'에 기초해 있다.

그렇다면 온대에 속하는 중국의 생산은 어떤 이념에 기초해 있는 것일까? 『주역』의 구절이다.

"천지의 도를 헤아려 조절하고, 천지의 화목을 보상輔相(보필하며 권유함) 한다."

이는 모두 '자연'을 언급한 것이다. 자연에 대해 '정복' 대신 '보상'

을 추구한 것이다. 방임하는 것도 아니고 제재하는 것도 아니다. 생산의 기본적 이념이 이런 '보상주의'에 입각해 있는 까닭에 공자와 노자에서 손문에 이르기까지 일관되게 '불침략'과 '저항'으로 나타날 수 있었던 것이다.

중국의 학술도 환경에 적응하는 것을 중시한 까닭에 부지불식간에 인도와 서구의 편향을 극복할 수 있다. 온대에 사는 다른 민족은 똑같은 이념을 갖지 못하고 있다. 이는 전체를 아우르는 접근방법을 보유치 못한 결과다. 이들의 이념이 자신만을 고려 대상으로 삼는 '자기주의'에 빠진 것도 이 때문이다.

공자는 관중의 '존왕양이' 행보를 두고 이같이 칭찬했다.

"그 같은 인仁만 있다면야!"

그 이유는 무엇일까? 바로 '저항'을 칭송한 것이다. 남송은 금나라의 침공을 받았다. 융흥隆興 원년(1163) 주희는 효종을 처음 만나 이같이 말했다.

"금나라와 우리나라는 불공대천의 원수입니다. 즉시 화의和議를 끊어야 합니다."

'중국주의'는 일관되게 '저항'과 '불침략'을 견지해 왔다. 이는 하나의 민족성이 되었다. 중국인이 얘기하는 것치고 이에 부합하지 않는 게 없다. 예컨대 진시황과 한무제는 변경을 크게 개척했다. 사가들은 이를 비판하고 있다. 침략으로 간주하기 때문이다. 한원제가 주애珠崖(광동성 경산)에 대한 공격을 중지하자 사가들치고 이것이 왕도에 부합한다고 칭송치 않는 자가 없다.[1] '불침략'을 택했기 때문이다. 남송 말기에 진회는

1. 한원제 때 주애에서 반란이 일어나자 군신들이 모두 군사를 보내 토벌할 것을 주장했다. 이 때 유독 대조(待詔)로 있던 가연지(賈捐之)만이 다른 견해를 갖고 있

원나라와 화의를 성립시키고자 한 까닭에 천고의 죄인이 되었다. 이는 그가 '무저항'을 택했기 때문이다. 이에 반해 악비는 만인이 숭배하는 바가 되었다. '저항'을 택했기 때문이다. 당나라 시인 이기李頎는 '고종군행古從軍行'에서 이같이 읊었다.

해마다 전사자는 변방 밖에 묻히는데　　年年戰骨埋荒外
포도만 부질없이 고국으로 들어가네　　空見葡萄入漢家

무솔리니의 아비시니아 침공만 얘기한 게 아니다. 당나라 시인 두보는 '병거행兵車行'에서 이같이 읊었다.

변경에 흘린 피가 바다처럼 많은데　　邊庭流血成海水
한무제의 정벌의욕은 가시지 않네　　武皇開邊意未已

이 또한 히틀러의 주변 침략만 언급한 것도 아니다. 당나라 시인 조송曹松은 '기해세己亥歲'에서 이같이 읊었다.

권하노니 제후 봉하는 일을 말하지 말게　　憑君莫話封侯事
장수 한 사람 공적 위해 만 명이 죽는다네　　一將功成萬骨枯

었다. 주애의 백성들이 반란을 일으킨 것은 식량난에 있는 만큼 자칫 긁어 부스럼이 될 수도 있다고 주장한 것이다. 한원제는 그의 건의를 받아들여 주애군의 세금을 면제하고 창고의 식량을 풀어 백성들을 다독였다. 반란이 종식된 것은 말할 것도 없다.

이 모든 게 일본의 침략행위를 두고 중국의 문인들이 통탄하며 비난한 것에 해당한다. 외부의 침략을 받게 되면 무력으로 대응해야 한다. 남송이 금나라의 침략을 받았을 때 육유陸游는 「유제갈무후독서대遊諸葛武侯讀書臺」에서 이같이 읊었다.[2]

출사표가 제갈량 사후 천 년 동안 없으니　　出師一表千載無
스스로 관중 악의에 비유한 게 여유 있네　　遠比管樂皆有餘
세상의 속유는 오히려 비교만 하고 있으니　　世上俗儒寧辨比
그대는 고당에서 오늘 무슨 책을 읽고 있나　　高堂當日讀何書

이는 당면한 현실에 눈을 감은 채 성리학을 논하며 실지회복을 도모하지 않는 남송의 속유들을 질타한 것이다. 그는 죽기 직전 아들에게 북벌에 성공하는 날 제사를 올릴 때 반드시 이를 고해달라고 당부하는 내용의 시를 써보이기도 했다. 중국의 시인 중에는 이런 작품을 남긴 사람이 매우 많다. 이런 점에 비춰 진시황 및 한문제의 '침략'과 진회의 '무저항'은 예외적인 경우에 속한다.

서앙인은 성정이 굳세고, 인도인은 부드럽다. 중국인은 강유剛柔를 겸비하고 있다. 실제로 『주역』은 외유내강外柔內剛을 미덕으로 제시하고 있다. 노자는 화광동진和光同塵(자신의 지덕을 드러내지 않고 세속을 따름)을 중시했다. 그는 『도덕경』 제78장에서 이같이 주장했다.

2. 육유는 남송 제일의 시인으로 자는 무관(務觀), 호는 방옹(放翁)이다. 금나라에게 함락당한 땅을 찾기 위해 평생 노심초사했다. 통일의 꿈을 평생 가슴속에 품고 산 그는 나라의 상황을 개탄한 시를 많이 지었다. 시집 『검남시고(劍南詩稿)』와 기행문 『입촉기(入蜀記)』, 사서 『남당서(南唐書)』가 대표적인 작품이다.

"천하에 물보다 유약柔弱한 게 없으나 물처럼 견강堅强을 공격해 능히 이길 수 있는 것도 없다."

공자는 순순여恂恂如(두려워하여 떠는 듯이 신중함)를 중시했다. 그는 『논어』「자한」편에서 이같이 말했다.

"3군에게서 그 장수를 빼앗을 수는 있으나 필부에게서 그 뜻은 빼앗을 수 없다."

이는 모두 '외유내강'의 정신을 말한 것이다. 중국 민족은 5호, 거란, 여진, 몽골, 만주족 등의 침공을 받았으나 끝내 이들을 몰아내지 않은 적이 없다. 우리의 대일항전도 틀림없이 승리로 끝날 것을 의심치 않는다.

인도는 자신들의 '무저항주의'를 실행하는 바람에 끝내 패망하고 말았다. 서양은 '침략주의'를 실행하는 바람에 제1, 2차 세계대전을 일으켰다. 중국주의에서 해법을 찾아야 한다. 중국주의는 곧 '대동주의'이다. 우리는 응당 '대동주의'에 입각해 국제적으로 이를 널리 선전함으로써 세계 각국으로 하여금 '중국주의'를 추구케 해야 한다. 그래야 '대동'의 기초를 세우고 영구평화를 도모할 수 있다.

제3절

공처가 철학

후흑 교주 이종오는 평소 익살 섞인 문자 쓰기를 좋아했다. 그는 어떤 때는 잡문체를 사용하고 어떤 때는 소설체를 사용했는데, 풍자적인 의미를 담은 우스갯소리와 욕설이 아닌 것이 거의 없었다. 그래서 어떤 사람이 내게 이같이 말했다.

"후흑 교주가 살아 계셨을 당시 세상은 온통 일대 풍자의 세계였다."

나 또한 그렇다고 대답한 바 있다. 그러나 그는 단지 세상 사람들을 풍자했을 뿐만 아니라 어떤 때는 자신을 풍자하기도 했다. 다만 그가 자신을 풍자한 것은 더욱 신랄하게 세상 사람들을 풍자하기 위한 것이었다. 이는 그의 일관된 문체이기도 했다.

예컨대 그가 제창한 후흑학은 분명 이를 통해 세상 사람들을 비난하려 한 것이었다. 그가 굳이 사람들의 비난을 무릅쓰고 후흑 교주를 자처하며 『후흑경』과 『후흑학』, 『후흑전습록』 등을 저술한 이유다. 만약 어떤 사람이 그에게 "왜 당신은 다른 사람을 욕합니까"라고 묻는다면 그는 반드시 이렇게 대답할 것이다.

"내가 어떻게 다른 사람을 욕할 수 있겠는가? 나는 나 자신을 욕했을 뿐이다."

당신은 그런 그를 상대로 또 어떤 것을 물을 수 있을까? 여기서 소개하려는 것은 그가 쓴 「공처가怕老婆 철학」이라는 글인데 이 역시 그의 독특한 문체에 기초한 것이다. 그가 이 글을 쓰게 된 동기는 중국 전래의 윤리도덕에 비추어 볼 때 더더욱 괴리된 것이라는 생각이 든다. 이른바 오륜이라는 것이 거의 모두 훼손되었고 사회에는 온통 재물과 마누라만을 좋아하는 자들뿐이다. 그러나 그의 주장은 세상 풍속이 옛날과 같지 않고 형세가 날로 나빠진다고 개탄하는 성리학자의 그것과는 다르다.

그는 뜻밖에 '공처가' 라는 구호를 내걸고 이를 제창했을 뿐만 아니라 전문적으로 깊이 연구하기도 했다. 그는 이것을 철학으로 규정하고 부록에 공처가경전인 소위 『파경怕經』을 써서 이를 유가의 『효경』과 비교했다.

이런 풍자는 정말 신랄하기 그지없는 것이기도 하다. 우리는 그 자신이 공처가였는지 여부를 자세히 알 길이 없다. 그러나 그는 일찍이 일부 남자들을 모아 '공처가학' 연구회를 설립해 서로 함께 토론하고 연구할 것을 적극 주장하면서 연구회 회장을 자처했다. 이 또한 자신의 경험을 토대로 남에게 훈계하고자 하는 논조가 아니겠는가? 그 자신이 자칭 철학이라고 부르는 글의 대의는 이렇다.

대개 한 나라를 세울 때는 반드시 일정한 중심이 있어야 한다. 중국은 '예의지국' 으로 불리는데 이 때 가장 중요한 것은 바로 오륜이다. 옛날의 성현들은 오륜 가운데서도 특히 효를 강조하여 모든 행위의 근본으로 삼았다. 그리하여 흔히 이같이 말하곤 했다.

"군주를 섬기는 데 충성하지 않으면 효가 아니고, 벗을 사귀는 데 의리가 없으면 효가 아니고, 전쟁을 수행하는 데 용기가 없으면 효가 아니다."

나라 전체의 중심은 '효' 라는 글자 위에 세워졌고 그 위에서 각종 문명이 발생했다. 중국이 수천 년 동안 동아시아 지역을 호령할 수 있었던 것도 다 이유가 있는 것이었다. 유럽풍이 점차 동양으로 몰려오자 많은 학자들은 '예교흘인禮教吃人'(예교가 사람을 잡아먹음)이라고 큰 소리로 외치면서 제일 먼저 '효'라는 글자를 타도했다.

국가의 중심이 사라지게 되자 국가의 대사를 도모하는 데 충성을 다하지 않고, 친구를 사귀는 데 의리가 없으며, 전쟁에 임해서도 용기가 없게 되었다. 상황이 이러한데 어찌 나라가 쇠약해지지 않을 수 있으며 어떻게 외국의 침입을 받지 않을 수 있겠는가?

따라서 반드시 다른 이념을 찾아내 나라의 중심으로 바로 세워야 한다. 이전의 '효'를 대체할 수 있는 것은 여전히 오륜 가운데서 찾는 것이 옳다. 내가 알기로는 군신의 관계는 현재 뒤바뀌었다. 부자의 관계도 평등해졌고, 형제나 친구 따위는 이미 오래 전에 내다버렸다. 다행히도 오륜 가운데 아직 남아 있는 것은 부부관계인데, 우리는 마땅히 모든 문화를 이 부부 간의 윤리 위에서 다시 세울 필요가 있다.

세상의 모든 어린이들은 자신들의 부모를 사랑할 줄 안다. 사랑이 쌓여서 효가 되기 때문에 옛날의 문화는 모두 이 '효'자 위에 세워졌던 것이다. 이 세상의 남자들은 모두 아내를 사랑하는데 그 사랑이 쌓여서 두려움이 된다. 따라서 공처가의 철학은 나라 전체의 새로운 윤리도덕의 핵심이 되지 않으면 안 된다.

이종오는 공처가 철학이 가장 앞선 곳으로 마땅히 사천 지방을 추천해야 한다고 주장한 바 있다. 송대의 진계상陳季常은 가장 유명한 공처가계의 거장이다. 그에 관한 고사는 공처가계의 미담으로 전설처럼 전해져 오고 있다. 소동파는 그런 그를 이렇게 노래했다.

"홀연 마누라의 앙칼진 소리를 듣자 가슴이 철렁해져 손에 있던 지팡이마저 떨어뜨렸다네."

이 시는 당시 아내의 고함 소리에 놀란 공처가의 혼비백산한 모습을 묘사한 것이다. 그러나 진계상은 결코 미친한 무리가 아니라 조야의 신망이 두터운 뛰어난 선비였다. 당시 덕망 있는 선비들은 모두 이같이 공처가였다. 이를 통해 알 수 있듯이 공처가라고 하는 것은 마땅히 만고불변의 진리로 삼을 만한 것이다. 소동파도 그를 칭송해 이렇게 노래했다.

"환도環堵(집안)가 조용하니 처자와 노비 모두가 만족해하네!"

이는 진계상이 공처가학을 깊이 연구한 결과 집안이 매우 화목해지는 효과를 얻었음을 입증하고 있다. 그보다 훨씬 앞선 시대에 사천 지방에 세거世居한 유劉 선생(유비를 지칭)이라는 사람이 있었다. 그는 공처가계의 창시자이자 실천가라고 할 수 있다. 그는 첫날밤에 손孫 부인에게 무릎을 꿇었다. 그 후 동오東吳에서 곤경에 처한 뒤 어려운 일을 당할 때마다 아내에게 기대어 통곡하고는 종종 무릎을 꿇었다. 이로 인해 사태가 전화위복이 되고 흉조가 길조로 바뀌지 않은 적이 없었다.

이런 기술을 발명한 그는 끝없는 고통의 바다를 건넌 사나이라고 할 만하다. 마누라의 앙칼진 소리를 접할 때마다 움찔하는 공처가들은 유선생의 이런 비법을 사용하기만 하면 틀림없이 규방에 화기가 감돌고 즐거움이 문 밖으로 넘쳐날 것이라고 장담한다.

이종오는 이를 역사적 사실을 예로 들어 증명했다. 중국은 동진東晋 이후 남북국으로 갈려 대치하다가 송·제·양·진의 시대를 거쳐 수문제隋文帝의 시대에 이르러서야 비로소 남북이 통일되었다. 그런데 수문제는 바로 공처가 중의 공처가였다.

하루는 독고獨孤 황후가 화를 내자 수문제는 이를 매우 두려워하여 산속으로 들어가 이틀 동안이나 숨어 있었다. 그는 대신인 양소楊素 등이 황후를 설득한 후에야 겨우 황궁으로 돌아올 수 있었다. 『공처가경전』에는 이런 구절이 나온다.

"아내를 보면 쥐처럼 굴고 적을 보면 호랑이처럼 굴라見妻如鼠 見敵如

虎."

공처가학을 터득한 수문제가 천하를 통일한 것은 당연한 일이었다. 수나라 말기에 세상이 크게 혼란해지자 당태종이 여러 영웅들을 제압하고 천하를 평정했다. 이 때 그와 함께 했던 계략에 능한 신하 방현령房玄齡 또한 대단한 공처가였다. 그는 항상 아내의 박해를 받았으나 속수무책이었다. 그러던 중 좋은 계책이 하나 떠올랐다. 그는 주군인 태종이 천자이므로 당연히 마누라를 제압해 줄 수 있을 것으로 생각했다. 그래서 곧 태종에게 자신의 괴로움을 하소연했다. 그러자 태종이 말했다.

"경의 부인을 불러주시오. 내가 처리해 줄 터이니."

그러나 태종은 방현령의 부인을 만나 그녀의 몇 마디에 곧 말문이 막혀 입을 다물어 버리고 말았다. 그는 방현령을 몰래 불러 이같이 말했다.

"경의 부인은 보기만 해도 무서우니 이후 그녀의 명령을 잘 따르는 것이 상책일 듯싶소."

이렇듯 태종은 신하의 아내를 보기만 해도 무서워했으니 참으로 나라를 세울 만한 현군이라 하겠다. 중국사를 보면 공처가만이 비로소 천하를 통일할 수 있었다. 설사 변두리의 일부 지방을 차지하고 있다 하더라도 공처가가 아니면 위험한 국면을 결코 헤쳐나갈 수가 없었다. 예전에 동진은 일부 지방만을 차지하고 있으면서 완전히 왕도王導와 사안謝安 두 사람에 의존해 지탱되었다. 그들 두 사람은 모두 공처가계의 선배들이다.

왕도는 재상으로 있으면서 청담회淸談會의 수장노릇을 하고 있었다. 하루는 그가 의장석에 앉아서 흥미진진하게 이야기를 나누고 있는데 갑자기 누군가가 이런 말을 전했다.

"마님이 오십니다."

그러자 그는 급히 소달구지에 올라타 마중을 나갔다. 그는 체면도 아랑곳하지 않고 허둥대며 어쩔 줄 몰라 했다. 그럼에도 불구하고 그는 조정에서 가장 공이 컸고 천자로부터 구석九錫을 하사받는 등 가장 큰 은총을 입었다.[3] 굳이 그 근원을 따진다면 공처가 철학에 그 비결이 있다고 할 수 있다.

전진前秦의 부견符堅이 1백만 대군을 이끌고 동진을 쳐들어 왔다. 사안은 별장에서 바둑을 두며 눈 하나 깜짝하지 않고 부견을 죽이고 전진의 군사를 대파했다. 이 또한 공처가 철학의 비결에서 나온 것이다. 사안의 부인은 주공이 제정한 예제를 바꾸어 그녀의 남편을 구속했다. 사안은 그의 부인 아래서 엄격한 훈련을 받고 태산이 무너지는 상황에서도 얼굴색 하나 변하지 않는 자세를 길렀다. 그런 그에게 어찌 부견이 적수가 될 수 있었겠는가?

이종오는 이같이 공처가 철학의 중요성을 주장했지만 아무래도 다른 사람들의 의혹을 사지 않을 수 없었다. 어떤 사람이 그에게 이같이 물었다.

"외적의 침입 위기가 점점 높아지는 상황에서 만일 공처가 철학을 길렀다가 적이 쳐들어 왔을 때 공처가의 심리로 인해 그들을 두려워하게 된다면 어찌 나라를 망하게 하는 길이 아니겠소?"

이종오는 이같이 반박했다.

"절대 그렇지 않네. 예전에 공처가 장군이 있었는데 하루는 화가 나서 '그까짓 마누라가 뭐가 무섭단 말인가' 라고 큰 소리를 치면서 전 군대를 소집하라고 명령했네. 그리고 사람을 시켜 부인을 불러오게 했는데 군

3. '구석' 은 천자가 특별한 공로가 있는 사람에게 내리는 아홉 가지 물품을 말한다. 이를 받는 신하는 여타 신하들과 구별되어 '사직지신(社稷之臣)' 에 해당하는 신하라는 칭송을 받게 되었다. 그러나 사실 '구석' 을 받은 신하 중에는 전한 말기의 왕망과 같이 찬역(簒逆)의 수단으로 이를 이용한 자도 있었다. 위나라의 사마씨 역시 찬역의 수단으로 구석을 하사받는 과정을 밟았다.

법으로 위엄을 보일 작정이었지. 그런데 그의 부인이 나오면서 '무슨 일로 나를 불렀냐' 고 소리치자 그는 그만 당황한 나머지 땅에 엎드려 '열병식에 참여하라고 부인을 불렀소' 라고 말하고 말았다네!"

그는 고증을 거쳐 이 장군이 바로 명나라 때의 명장인 척계광戚繼光임을 알아냈다. 척계광이 이렇듯 공처가였다는 사실은 하등 이상할 것이 없다. 척계광은 군법을 매우 엄히 적용해 군령을 어긴 아들을 참수시켰다. 그는 이 일로 인해 부인이 자신을 찾아와 한바탕 소란을 떨게 되자 스스로 자신의 처사가 이치에 닿지 않았다는 생각이 들면서 말문이 막혀버렸다. 그 후 그는 공처가의 습관이 길러지게 되었다.

그러나 일단 두려워하게 되면 반대로 더욱 담력이 커진다는 사실을 누가 알았겠는가? 그 후 왜군이 쳐들어 왔을 때 그는 조금도 두려워하지 않고 싸워 영웅이 되었다. 그는 왜군이 물론 두려웠지만 아내보다는 덜 무섭게 느껴져 과감하게 출전할 수 있었던 것이다. 그리스의 역사를 읽어본 사람은 모두 스파르타의 장정들이 출정을 할 때 아내들이 남편에게 이렇게 말한 사실을 잘 알 것이다.

"전승해서 돌아오지 않으면 내 얼굴을 볼 생각을 마시오!"

이 때문에 스파르타의 장정들은 모두가 필사적으로 싸워 적을 물리치고 승리할 수 있었다. 스파르타는 비록 조그마한 나라였지만 곧 궐기해 그 일대에서 패권국으로 군림할 수 있게 되었다. 그들이 만약 평소에 공처가의 습관을 기르지 않았다면 어떻게 이러한 결과를 얻을 수 있었겠는가?

이종오는 역사상으로 아내를 두려워해야 하는 당위성을 증명했을 뿐만 아니라 정치적 인물들에 대한 고찰을 통해 공처의 정도가 관직의 고하에 정비례한다는 사실을 알아냈다. 그는 관직이 높을수록 아내를 두려워하는 정도가 심하고, 직급과 아내에 대한 두려움의 정도는 정비례한다는 것을 밝혀낸 것이다. 그리하여 그는 고금의 사실로부터 정확한 진리를 도출해내 이를 특히 『공처가경전』의 몇 가지 대원칙으로 삽입시켜 후세의 모범으로 삼게 했다.

– 아내에 대한 두려움이란 불변의 진리이다. 사람들은 모두 이를 따라야 한다. 다섯 가지 형벌로 대략 3천 종의 죄를 처벌할 수 있는데 그 중 아내에 대한 불경죄가 가장 무섭다.

– 아내를 무서워하는 자는 밖에 나가서도 감히 잘못을 저지르지 않는다. 사람들이 잘못을 저지르지 않으면 나라가 번성하지 않을 수 없다. 군자는 근본에 힘쓰는데 근본이 서면 곧 도가 생겨난다. 마누라를 두려워하는 것이 바로 나라를 부흥시키는 근본이다.

– 큰 인물은 오직 아내에 대한 두려움만을 가지고 있다. 마누라를 무서워하면 나라의 근본이 바로 서게 된다.

– 공처가 철학의 도는 지극한 선(善)에 머무는 데에 있다. 다른 사람의 아내가 된 자는 엄격해야 하고 다른 사람의 남편이 된 자는 두려움에 머물러야 한다. 집안에 위엄을 지닌 군주가 있다는 것은 아내를 두고 한 말이다. 아내가 안에서 명령을 내리면 남편은 밖에서 분주히 뛰어다닌다. 이는 천지의 이치이다.

– 위대하도다, 아내의 도여. 오직 하늘만이 위대하고 오직 아내만이 그것을 본받으니 그 드넓음을 뭐라 표현할 수 있으랴! 자신도 모르는 사이에 아내 곁을 따르게 된다.

– 그대로 행하면서도 두드러지지 않고 이미 배웠으면서도 살필 줄 모른다. 종신토록 아내를 두려워하면서도 그 사실을 미처 깨닫지 못하는 자가 많다.

– 남편은 아내가 화내는 모습을 보면 밥을 먹어도 맛을 모르고 음악을 들어도 즐겁지 않으며 거처 또한 불안하게 된다. 따라서 남편은 반드시 진심으로 존경하여 매사에 아내의 뜻을 거스르는 일이 없어야 한다.

– 아내가 잘못하는 일이 있으면 마음을 진정시키고 얼굴빛을 온화하게 하여 부드러운 소리로 충고한다. 충고해도 받아들이지 않으면 더욱 공경하는 마음으로 대한다. 세 번을 간해도 듣지 않으면 통곡을 하면서 그녀를 따른다. 아내가 화가 나 채찍질을 하여 피가 날지라도 질시와 원망을 해서는 안 되고 더욱 더 경외하는 마음으로 대해야만 한다.

– 남편이 아침에 나가서 돌아오지 않으면 아내는 문에 기대어 기다린다. 저녁에 나가 돌아오지 않으면 아내는 마을 어귀에 서 돌아오기를 기다린다. 따라서 남편은 처자로부터 멀지 않은 곳에 있다가 지체하게 될 것 같으면 반드시 그 장소를 알린다.

– 남편은 아내를 섬길 때 그녀의 모습이 나타나기 전에 미리 보고 알고, 그녀의 목소리가 들리기 전에 미리 듣고 알아야 한다. 규방에 들어갈 때는 활처럼 몸을 굽힌다. 앉으라고 명령하지 않으면 감히 앉지 말고 물러가라 명령하지 않으면 감히 물러나지 않는다. 아내가 근심하면 함께 근심하고 아내가 기뻐하면 함께 기뻐한다.

– 나라에 충성하지 않는 것은 공처가 철학이 아니고, 친구 사이에 의리가 없는 것도 공처가 철학이 아니며, 전투에서 용기가 없어도 공처가 철학이 아니다. 발을 한 발짝 들어도 아내를 잊지 못하고 말 한 마디를 할 때도 아내를 잊지 못한다. 장차 착한 일을 행하여 아내의 이름을 드높이고자 하면 이를 당장 실천하라. 그러나 장차 나쁜 일을 저질러 아내에게 치욕을 주게 될 양이면 절대 하지 말라.

– 아내란 남편이 의지하여 평생을 같이 하는 자이다. 신체의 모든 것은 다 아내에게 속한 것으로 감히 함부로 훼손하거나 상하게 하지 않는 것이 공처가 철학의 시작이다. 입신출세해 후세에 이름을 남김으로써 아내를 돋보이게 하는 것이 공처가 철학의 끝이다.

이상과 같은 공처가 철학 12장에 대해 이종오는 이런 결론을 내렸다.

"공처가 철학을 하게 되면 그 묘미가 무궁무진하다. 남편된 자는 이를 탐구하면 얻는 바가 있을 것이다. 종신토록 이를 쓸지라도 결코 다함이 없을 것이다."

최후로 그는 앞으로의 역사가들에게 이런 당부를 했다.

"옛날의 예교는 '충효'라는 두 글자를 중시했지만 새로운 예교는 '파怕' 자를 중요하게 여긴다. 만약 내가 아무개를 공처가라고 말한다면 이는 그를 충신효자라고 칭찬하는 것과 다를 바가 없는 것으로 매우 영광스러운 것이다. 부모에게 효도하는 사람은 '효자'이고, 임금에게 충성하는 사람은 '충신'이며, 아내를 두려워하는 사람은 아내를 두려워하는 '파부怕夫'이다. 옛날의 사서에는 '신하전'과 '효자전'이 있었다. 그러나 이후 공화국의 역사책에는 반드시 '파부전'이 있어야 할 것이다."

제4절

육십진일묘문

나는 올해(1939) 이미 만 60이 되었다. 이제 정침正寢에서 죽지 않으면 일본군 비행기의 폭탄세례로 죽을 것이다. 제문에 향년 61세로 상수를 누렸다고 써주기 바란다. 언제까지 살지 아무도 모르는 일이다. 후에 내가 두루 여러 사람에게 알릴 터이니 듣는 사람은 모두 나에게 축하해 주기 바란다. 내가 "이 또한 바랄 수 없는 일이오"라고 말하자 사람들이 이같이 말했다.

"후흑 교주가 60세를 맞이했으니 이는 하늘도 기뻐할 일이오. 마땅히 계사啓事를 내서 시문을 구하고 공덕을 기릴 생각이오."

그래서 내가 이같이 말했다.

"쓸데없이 고생할 필요가 없소. 많은 관인들이 덕정비를 스스로 세웠소. 만민산萬民傘도 스스로 보낸 것이오. 심지어 생사당生祠堂까지 스스로 세운 것이오. 글을 모은다는 '징문계사徵文啓事'로 여러 친구를 괴롭힐 필요가 없소. 내 스스로 하는 것이 좋을 것이오."

무릇 환갑을 기리는 글을 구하는 것은 본인이 도덕문장의 공업이 있을 때 이에 응하기 위해 필요한 것이다. 가장 중요한 것은 바로 그 사람의 특징을 묘사해내는 것이다. 나머지 것은 생략해도 무방하다. 나는 일개 필부로서 몸을 일으켜 후흑의 성인이 되었다. 유불도 3교 외에 또 하나의 교를 세운 것이다. 이야말로 가장 큰 특징이라고 할 수 있다.

그러나 그 일은 많은 사람들이 두루 알게 되었고 그 학문을 가가호호마다 알게 되었으며 많은 사람들이 모두 이미 몸으로 열심히 실천하고 있으니 이런 특징 또한 반드시 췌술贅述할 필요가 없다. 지금 말하는 것은 내가 지고 있는 책임이 중대하다는 사실을 표명하는 데 불과하다. 차후 스스로 깊이 노력하는 도리밖에 없다.

나는 광서 5년인 기묘년 정월 13일에 태어났다. 다음날이 입춘이었다. 역술가가 "기묘년 정월에 태어난 사람은 무인년으로 점을 친다"고 말한다. 기묘년에 태어난 사람은 나와 동갑이다. 무인년에 태어난 사람도 나와 동갑이 된다.

광서5년 기묘년은 서기로 1879년이다. 아인슈타인은 나보다 약간 늦은 3월 19일 태어났다. 그는 따지면 나의 동생뻘이 되는 것이다. 그의 상대성 이론은 전 세계를 뒤흔들었다. 그러나 나의 『후흑학』은 겨우 사천성에 알려졌을 뿐이다. 나는 동생에게 매우 미안할 수밖에 없게 되었다. 이후 내가 발명한 학문을 널리 선양해 나의 삶을 헛되이 하지 않는 것이 내가 할 일이다.

정월 13일은 역술서에 보면 "양공楊公의 기일이니 모든 일이 마땅치 않다"고 되어 있다. 공자는 8월 27일에 태어났다. 이날 역시 양공의 기일이다. 따라서 나는 일생 동안 공자와 비슷한 운명이었다. 관운도 크게 형통하지 못한 것도 그렇고 교주로 불린 것도 유사하다. 하늘이 나를 세상에 내보내면서 암암리에 공자를 상대하게 했으니 내가 어찌 감히 망동을 하여 스스로 비박菲薄한 모습을 보일 수 있겠는가?

양공 기일의 계산법은 정월 13일을 기점으로 하여 매월마다 이틀씩 뺀다. 예컨대 2월 11일, 3월 9일 등으로 계산하면 8월이 나온다. 이 때 갑자기 새로운 변례가 생겨난다. 27일을 기점으로 매월마다 이틀씩 빼면 예컨대 9월 25일, 10월 23일, 11월 21일, 12월 19일 등이 되어 마침내 정월이 나오게 된다. 정월이 되면 다시 13일을 기점으로 삼는다. 제군은 역사서를 볼 때 한번 따져보라. 그러면 내가 한 말이 틀림없다는 사실을 알게 될 것이다.

무릇 교주는 운에 응해 태어나야 한다. 공자의 생일은 8월 27일이다. 나의 생일도 정월 13일이 아니면 안 된다. 이는 이미 양공이 1천 년 전에 만들어 놓은 것이다. 공자의 생일은 양력으로 8월 27일이다. 고증학자에 따라 다양한 이설이 있다. 천추만세 후 나의 신도들은 물을 마시면서 물의 근원을 생각할 것이다. 당연히 나에게 후흑묘를 건립해 매년 성탄절을 기릴 때 음양력 대조표를 참조해야만 한다. 참으로 번거롭기 그지없는 짓이 아닐 수 없다.

1939년 정월 13일은 후흑 교주가 탄생한 날이다. 앞으로 매년 양력 9월 9일이면 등고登高하고 3월 3일이면 후흑묘에서 치제致祭하니 이 어찌 좋지 않겠는가?

사천성은 한나라 때 이래로 문예가 제나라와 노나라를 능가했다. 남북조와 당대를 거쳐 명대에 이르러 촉학蜀學이 극성하여 강소성과 절강성 지역의 학문과 어깨를 나란히 했다. 명대의 장헌충이 사천을 유린해 살육을 벌인 사건은 이전에 없던 일이다. 뛰어난 선비들이 일어나 무술을 배우는 기풍이 생긴 것도 이 때문이다. 청대에 들어와 명장들이 줄지어 나타나고 공·후·백·자·남 등 봉작을 받은 자들이 한둘이 아니었다. 가경嘉慶과 도광道光의 시대에 들어와 전국의 각 진鎭에 사천출신 인사들이 7-8할을 점하게 되었다. 이로써 사천의 무공이 특히 성하게 되고 문학은 상대적으로 약간 뒤쳐지게 되었다.

지금으로부터 60년 전에 장문양은 '존경서원尊經書院'을 세우고 왕임추王壬秋 선생을 초빙했다. 그 제자 중에는 요계평, 송운자와 같이 천하에 이름을 날린 사람이 적지 않았다. 그 밖에도 손에 꼽을 만한 사람이 적지 않았으니 학문의 기풍이 다시 크게 떨치게 되었다. 왕임추 선생이 초빙된 기묘년 정월 12일은 내가 태어나기 하루 전이고 14일은 입춘이었으니 삼라만상이 모두 새로워지는 시점이었다. 조물주가 행하는 운용의 묘가 바로 그 안에 있었던 것이다.

제왕이 몸을 일으키게 되면 반드시 그를 위해 통로를 열어주는 일이 생기게 된다. 교주가 몸을 일으키게 되면 역시 마찬가지 일이 나타나기 마련이다. 공자의 학문이 흥한 지 이미 2천여 년이 지났다. 옥황상제가 사천을 새로운 교주의 탄생지로 선택했으니 동쪽으로는 산동성의 공자요, 서쪽으로는 사천성의 이종오이다. 사천 사람들의 상무정신이 하나의 기풍이 되니 특히 왕임추 선생을 사천으로 들여보내 흥학의 터를 닦도록 했다.

1912년에 공화국이 성립하자 정치적으로 일대 혁신이 일어났다. 현재 1939년이니 후흑학 기원 28년이 된다. 사천성의 변화는 크게 3기로 나눌 수 있다. 진나라 때 사천성이 중원에 통합된 이래 한나라의 사마상여司馬相如를 거쳐 명대에 이르기까지 사천사람들은 문학을 최고로 쳤다. 이 시기가 바로 제1기이다. 청대에 들어와 무공을 높이 평가하게 되니 이 시기가 제2기이다. 이는 장헌충의 공로이다. 공화국 성립 이래 사천 사람들은 후흑학을 최고로 치니 이 시기가 바로 제3기이다. 이는 나의 공로가 아닐 수 없다.

1912년 이후 나의 직계제자 및 사숙제자들이 노력을 기울여 사천성을 하나의 후흑국으로 만들고자 했다. 이에 중국의 뜻 있는 지사들이 큰 소리로 외쳐 말하기를 "사천은 민족부흥의 근거지이다"라고 했다. 민족을 부흥하고 일본을 타도하는 데 후흑학을 제외하고 그 어떤 방법이 있겠는가? 그래서 내가 『후흑총화』에서 '후흑구국'의 구호를 내건 것이다. 이는 월왕 구천을 모범으로 삼자는 취지였다.

'9 · 18사건' 이래 중국은 양보를 거듭하고 있다. 이는 구천이 오나라에 굴복하는 방식과 닮아 있다. '7 · 7사변'(중일전쟁) 이후 전국이 항전에 나서니 이는 구천이 오나라를 치는 정신에 해당한다. 중국 당국이 정한 국책이 내 학설과 은연중 부합하고 있으니 다행한 일이 아닐 수 없다. 천하의 흥망이 필부의 책임이라면 내가 후흑을 제대로 가르치지 못했기 때문일까? 그렇다면 부득이한 것일 수밖에 없다.

내가 발명한 후흑학은 천고부전의 비밀로 앞으로 죽는 날까지 널리 소개하는 데 노력하는 일만 남았을 뿐이다. 나는 사회에 대해 전례 없는 공헌을 했으니 사회의 인사들은 나를 응당 기려야만 할 것이다. 나의 제자들은 당연히 자신들의 교주의 6순 성탄일에 시문을 지어 공덕을 기려야 한다. 그러나 내 판단으로는 세상 사람들이 욕을 하는 것과 칭송하는 것은 동일한 가치가 있다. 온 힘을 다 기울여 쓴 글이라면 칭송하는 것이든 욕하는 것이든 나는 모두 경의를 표하며 겸허하게 받아들일 것이다.

훗날 『후흑 교주록』이 출간되면 천추만세 후에 후흑학이 중천에 높이 뜬 해처럼 밝게 빛날 것이니 살아서도 영광이요 죽어서도 영광이라 할 만하다. 후흑학 만세, 만만세!

후흑 기원 28년 3월 13일 이종오 근계

(이날이 존경하는 동갑내기 동생 아인슈타인의 60회 환갑 전날이다.)

제5절

박백학

이종오가 후흑을 얘기하면서 자칭 교주라고 칭하여 온 세상을 깜짝 놀라게 했다. 하지만 사람들은 단지 해괴하게 여겼을 따름이었다. 친구들은 선의로 그에게 이런 충고를 했다.

"허튼 소리 좀 그만하고 다니게. 세상 사람들이 모두 자네를 비난하니 자네도 마땅히 명예를 소중히 해야 할 것 아닌가?"

"물론 나는 명예를 사랑하지. 그러나 나는 진리를 더 사랑하네. 말을 하고 안 하고는 내가 마음 속으로 결정할 일이지. 글로 옮기기 전에 나는 반드시 심사숙고하네. 일단 말을 한 뒤 사람들의 공격을 받으면 난 결코 답변을 하지 않는다네. 그러나 공격자가 한 말을 나는 꼼꼼하게 되새겨 보고 귀담아 들을 만한 것이 있으면 나도 내 견해를 수정하지."

때로는 친구들이 무례하게 그를 질책하기도 했다.

"자네는 무엇 때문에 매일 황당한 얘기나 지껄여대는 것인가?"

"나는 사람을 만나면 사람의 얘기를 하고 귀신을 만나면 귀신의 얘기를 하지. 그래 요즘 세상에 귀신 얘기 아니면 무슨 말을 하겠나! 내가 발표한 많은 글들을 사람이 보면 이치에 닿는 얘기이고 귀신이 보면 귀신 얘기로나 들리지. 그 밖에 다른 얘기가 안 되리라는 법도 없지."

또 어떤 이가 말했다.

"아무개가 여차여차해서 당신한테 미안하게 되었다고 말하더군."

"내 친구라면 응당 그렇게 해야지. 만약 그렇게 말하지 않는다면 내 '후흑학'이 어디서 통하겠나? 내가 발명한 것은 인류의 대원칙이지. 내 친구는 물론 이 대원칙을 벗어날 수 없지."

그의 이런 욕설과 풍자는 망설이는 바가 없었다. 이로 인해 그는 전 사회의 노여움을 사게 되었다. 특히 구시대의 윤리도덕 수호를 자신들의 사명으로 생각하는 자들로부터 집중적인 미움을 샀다.

들리는 바에 따르면 세상 돌아가는 데 관심이 많은 한 벼슬아치가 그를 공개적으로 비난하고 나섰다고 한다. 그는 『후흑학厚黑學』과 정반대되는 『박백학薄白學』이란 글을 써서 성도의 모 신문에 연속 기고했는데 말끝마다 도덕 운운하며 후흑학에 대해 마구 공격을 퍼부었다. 뿐만 아니라 "이종오는 당장 후흑학을 때려치워라"라고 요구하고 나섰다.

이종오는 그 글을 읽고 나서도 괘념치 않고 그가 그냥 떠들도록 놓아두었다. 많은 사람들이 그에게 반박의 글을 쓰라고 부추기자 그는 이같이 말했다.

"구태여 그럴 필요가 있나? 이 세상의 모든 학문은 각자 나름대로의 주장을 펴기 마련이고, 그것을 믿고 안 믿고는 각 개인에게 달려 있는 것이지. 예를 들어 곡물이나 과수의 씨앗을 두고 나는 내 것이 좋다 하고 너는 네 것이 좋다고 하겠지만 피차 자기 고집대로 우길 필요는 없는 거야. 그저 그것을 땅에 심어 수확물을 보면 되는 것이지."

그들이 대꾸했다.

"당신이 답변하지 않으면 사람들은 당신의 주장이 이치에 닿지 않기 때문으로 여기게 되고 그렇게 되면 당신의 학설이 깨뜨려질 수도 있다. 우리는 당신을 스승으로 받들지 않고 그의 제자가 되어 '박백학'을 배우겠다."

"너희들이 그에게 가 제자가 되어도 좋다. 그러나 내가 너희들에게 몇 마디 충고하겠다. 후흑경에 이르기를 '뻔뻔하고 음흉한 자는 큰 제후의 나라를 얻을 수 있지만 그렇지 못하면 밥 한 그릇 국 한 사발조차 얻어먹을 수 없다'고 했다. 장차 너희들이 굶주려 구걸하고 다닌다 해도 나를 탓하지 말라."

후에 박백학의 주창자는 비리 등의 혐의로 목이 잘려 그의 목이 성도성 공원의 기념비 위에 걸린 채 며칠 동안 대중들의 구경거리가 되었다. 이를 두고 사람들은 쾌재를 부르니 참으로 괴이한 일이 아닐 수 없다.

오늘날 우리가 다시 후흑 교주의 품행을 되돌아보면 어떨까? 그는 박백학은 마음 속에 묻어두고 실행에 옮길 수는 없지만 입 밖으로 발설해서는 안 된다고 했다. 그는 후흑학 역시 마음 속에 묻어두고 실행에 옮길 수는 있지만 입 밖으로 발설해서는 안 된다고 생각했다. 이종오의 친구인 왕간항도 후흑학을 배울 때 "후흑학은 실행은 하되 입 밖에 내서는 안 된다"는 말이 명언임을 시인한 바 있다.

그러나 이종오는 후흑학을 공공연히 발표하고 다녔을 뿐만 아니라 만나는 사람마다 붙들고 장황하게 말을 늘어놓았다. 따라서 그는 이같이 그 원칙을 바꾸지 않으면 안 되었다.

"후흑학을 입 밖에 내는 것은 가하나 실행에 옮겨서는 안 된다."

그는 후흑학을 떠들고 다닌 이래 천지귀신이 하늘 위에서 내려다보고 옆에서 꾸짖을 것으로 생각했다. 그래서 매번 무슨 일을 하고자 할 때마다 스스로 '이렇게 하면 내가 후흑학을 실행한다고 사람들이 말을 하지 않을까'라고 걱정했다. 이 때문에 혼자 짐짓 겁을 집어먹고는 감히 마음 놓고 실행에 옮기지 못했다.

당신도 알다시피 중경해관重慶海關의 감독자리가 그 얼마나 최고로 수입이 좋은 관직인가? 그러나 이종오는 이를 감히 엄두도 내지 못했고 사람들도 이를 그에게 권하지도 않았다. 관청재산을 다루는 경매처와 처리처의 경리처장 자리 역시 재산을 긁어모을 수 있는 절호의 기회를 만났다고 하지 않을 수 없다.

이종오는 경매처 자리에 대해서는 오히려 봉급을 줄여달라고 요구해 처리처의 책임자가 될 뻔한 적이 있다. 그러나 그것이 취소되었을 때에는 집에 돌아갈 노자마저 떨어졌다. 그래서 그는 스스로 변명하며 이같이 자조적으로 중얼거렸다.

"내가 큰 인물이 될 수 없었던 이유가 바로 여기에 있었다. 후흑학, 후흑, 네가 정말 나를 망쳤구나."

장묵생 쓰다.

제6절

노자와 이종오

우리는 이종오가 "심리변화는 역학의 법칙에 따라 움직인다"는 대원칙을 창안했다는 사실을 기억하고 있다. 그는 이 원칙에 입각해 학술의 변천과정 역시 일정한 궤도가 있을 거라고 생각했다. 이전의 학술이 어떻게 변화해 왔는지 알아낸다면 당연히 장차 어떤 경로로 발전해 나갈 것인지도 예측할 수 있다고 여겼던 것이다. 이와 관련해 그는 이같이 말한 바 있다.

"천지개벽 이래 인류는 지구상에 활보하고 다니면서 스스로 아주 자유롭다고 여겼다. 그러나 3백 년 전에 뉴턴이 나타나 중력을 발명하자 어디를 가더라도 결국은 중력의 지배를 받을 수밖에 없다는 사실을 깨달았다. 인류의 사상 또한 자유롭다고 여길지 모르지만 뉴턴의 학설을 확대시켜 응용해 본다면 어떤 사상이 아무리 자유롭다 할지라도 결국 어떤 궤도를 좇을 수밖에 없다는 사실을 알게 될 것이다. 이 세상의 모든 변화는 역학의 법칙이 작용하지 않는 것이 없다. 그러나 일반 사람들은 이에 너무 익숙해져 자세히 살펴볼 생각을 안 한다. 이는 뉴턴 이전 사람들이 지구 중심에 인력이 있다는 사실을 전혀 몰랐던 것과 마찬가지이다."

이에 따라 그는 중국 학술의 추세 및 세계 학술의 교류에 관해서도 이런 견해를 견지하고 있다.

"중국의 이전 학술은 크게 두 시기로 구분할 수 있다. 제1시기가 제자백가들이 활동하는 선진先秦시대이고 제2시기는 성리학자들이 활동하는 송대 이후이다 .이 두 시기의 학술은 모두 독창성을 띠고 있다. 한나라와 위진남북조, 수당시대, 오대는 선진시대의 학술을 계승해 이를 연구한 시기에 불과했다. 원대는 송대의 학술을 계승해 연구했고 청대도 역시 송대의 학술을 계승해 연구한 것에 지나지 않는다. 이 시기의 학술이 독창성이 부족한 것은 당연한 일이었다.

선진시대는 중국의 학술이 독립적으로 발전하던 시기이다. 송대는 중국 학술과 인도 학술이 융합되던 시기이다. 일반 사람들은 모두 선진시대의 제자백가들 가운데 공자를 으뜸으로 꼽는데, 사실상 공자가 아니라 노자를 으뜸으로 삼아야 한다는 사실을 모르고 있다. 또한 송대 유학의 대표로 주희를 꼽는데, 주희는 대표 인물로 부적당하고 오히려 정명도가 대표로서 합당하다는 사실을 전혀 모르고 있다.

오늘날은 이미 제3시기에 접어들었다. 세계적 교류의 추세에 따라 중국과 인도, 서방의 학술들이 일제히 융합하는 시기인 것이다. 이를 통해 학술의 진화궤도를 역력히 찾아볼 수 있다. 이전에 중국과 인도 쌍방의 학술이 어떤 방식으로 융합되어 왔는지 알게 되면 장차 중국과 서양, 인도의 학술이 어떤 방향으로 융합해 나갈 것인지 충분히 가늠해 볼 수 있다. 이는 마치 우리가 높은 곳에 올라 강물이 바다로 흘러들어 가는 모습을 조감해 보듯 학술상의 추세를 찾아내는 작업에 해당한다."

이종오는 노자가 선진시대 학파의 큰 줄거리라면 여타 제자백가들은 그 세부항목에 해당한다고 말했다. 제자백가 대부분은 큰 줄거리의 일부를 문제삼아 자신의 견해를 밝히고 있을 뿐이다. 그들은 나름대로 매우 깊이 연구했지만 결국 노자의 범주를 벗어날 수 없는 것이다.

우주의 진리는 혼돈 속에 있는 막연한 것이었다. 따라서 원시시대에는 인류 모두 미개하여 아주 거대한 불모의 산처럼 생각해 그것을 개발하고자 하는 자가 아무도 없었다. 나중에 우연히 어떤 자가 그 산에서 몇 점의 보물을 주어오게 되자 사람들은 모두 깜짝 놀라 저마다 약속이나 한 듯 산으로 몰려가 보물을 채굴하기 시작했다. 어떤 이는 은, 또 어떤 이는 동과 철, 주석 등을 얻었는데, 비록 각자 다르긴 하지만 어쨌든 모두 소득이 있었다.

하나라의 우禹임금이 우연히 보물을 얻은 자라면 선진시대의 제자백가들은 우르르 산으로 몰려가 채굴한 자들이다. 이들 가운데 노자가 얻은 것이 가장 많았다. 노자는 우주의 진리를 비롯해 고금의 모든 일 등에 정통해 그 변화의 법칙을 찾아내고 이를 '도'라고 일컬었다.

도는 길이다. 즉 우주는 물론 세상만사와 만물이 모두 반드시 이 길을 걸어가야 한다. 노자는 이러한 법칙을 책으로 써 『도덕경』이라는 제목을 붙였다. 지난 일에 비춰 앞으로의 사태변화를 예측할 수 있으므로 "옛 도를 가지고 오늘의 상황에 적용시킨다"라고 말했다.

노자는 세상만사와 우주만물의 궤도를 통찰하고 뭔가 깨달은 바가 있어 '도덕'을 말했다. 공자는 노자의 뒤를 이어 이 이치를 깨닫고 사람을 다스리는 데 이용하고자 '인仁'을 언급했다. 맹자는 공자를 계승하면서도 인에다가 '의義'를 덧붙였다. 순자는 다시 맹자를 계승하면서 '예禮'를 중시했다. 한비자는 순자에게 배웠으나 예로써는 사람을 다스리는 데 부족하다고 생각해 다시 '법술형명法術刑名'을 들고 나왔다.

이는 모두 시세의 흐름에 따라 부득이하게 그럴 수밖에 없었던 것이었다. 그러나 세상 사람들은 도덕이 흘러 법술형명이 된 것으로 간주하고 그 책임을 노자에게 돌렸다. 신불해申不害와 한비자의 각박하고도 냉정한 자세는 모두 노자에게서 비롯된 것이라는 비난을 퍼부은 것이다. 사람들은 그 사이에 '도덕'이 '인의'로 변하고 인의가 비로소 '법술형명'으로 변했다는 사실을 모르고 있는 것이다. 인의를 말하는 자는 죄가 없고 도덕을 말하는 자는 죄가 있다고 하니 노자를 대신해 그의 억울함을 하소연하지 않을 수 없다.

'도'가 흘러 '덕'이 되고 덕은 다시 흘러 '인'이 된 뒤 인은 다시 흘러 '의'로 바뀌고 의가 흘러 '예'가 되고 예가 흘러 '형刑'이 되고 형이 흘러 '병兵'이 된 것이다. 도덕이 첫째이고 상벌제도와 병법이 가장 나중이다. 손자는 병법을 말했고 한비자는 상벌제도를 말했다. 그러나 그 근원은 모두 노자에게서 나온 것이다. 만약 병법 및 상벌제도가 도덕과 상통한다는 사실을 안다면 제자백가들의 학문이 노자와 서로 통하지 않는 것이 없다는 사실을 알게 될 것이다.

노자가 말한 3보三寶는 자慈(자애)·검儉(근검)·불감위천하선不敢爲天下先(감히 세상에 먼저 나서지 않음) 등 세 가지이다. 공자가 『논어』에서 말한 온溫(온화)·량良(선량)·공恭(공경)·검儉(근검)·양讓(사양)의 5덕五德 중 '검'은 노자와 같다. '양' 또한 노자가 말한 '불감위천하선'과 일치한다. '온'·'량'·'공' 등 3가지는 자애를 보다 더 구체적으로 표현한 것이다. 이를 통해 유가와 노자와 서로 통한다는 사실을 충분히 알 수 있다.

묵자가 말한 겸애兼愛 역시 노자의 자애와 통하는 것이다. 묵자가 비용을 줄이라고 강조한 절용節用 역시 노자가 말한 검소와 같은 것이다. 노자는 병법에 대해서도 이같이 말한 바 있다.

"먼저 싸움을 걸지 말고 기다리고 있다가 치고, 한 치를 진격해 들어가기보다는 한 자를 물러나 지켜라."

이는 수비를 튼튼히 하라는 말이다. 묵자가 공격하지 말고 수비를 잘하라고 한 '비공선수非攻善守'가 곧 노자의 주장과 상통함을 알 수 있다. 전국시대의 종횡가縱橫家 중 소진을 으뜸으로 꼽을 수 있다. 그가 읽었던 책이 『음부경陰符經』이다. 이 책은 도가의 책으로 역시 노자의 주장과 유사한 내용을 담고 있다. 노자는 말했다.

"하늘의 도는 활시위를 당기는 것과 같으니 활시위가 높다 싶으면 낮추고 낮다 싶으면 들어올린다."

노자의 이 말은 공평에 근거해 내세운 견해이다. 소진은 6국을 종횡무진으로 돌아다닐 때 늘 "닭의 머리가 될지언정 소꼬리는 되지 말라"고 주장하면서 6국 제후들의 불편한 심기를 격동시켰다. 이것은 은연중 "하늘의 도는 활을 당기는 것과 같다"는 원리를 말한 것으로 자연의 섭리에 부합하는 말이기도 하다. 소진의 유세가 일세를 풍미할 수 있었던 것도 바로 이 때문이었다. 노자는 이같이 말했다.

"얻고자 하면 일시 먼저 주어야 한다."

노자의 이 말은 후세의 책사들과 병법가들의 기본철학이 되었다. 양주와 장자, 열자, 관윤자 등이 모두 노자의 학문을 직접 계승했다는 사실은 더 이상 말할 필요가 없다. 선진시대의 제자백가들은 종종 서로 비방했지만 노자를 비난한 적은 결코 없다. 설사 제자백가의 학문이 모두 다 노자에게서 나왔다고 말할 수는 없을지라도 노자의 학문이 최소한 이들 제자백가들의 이론과 모순되지 않는다는 것만은 분명하다. 서로 모순되지 않는다는 것은 서로 통한다는 것을 의미한다. 후세에 조용한 수련을 중시하는 학파나 주술을 중시하는 학파 등에 이르기까지 모두 노자에 대한 언급에서 시작하고 있는 데서 알 수 있듯이 노자는 제자백가들과 상통하고 있다.

중국 문화의 중심에 서서 중국 학설을 주장할 경우 서양과 인도 학설의 폐단을 고칠 수 있다. 이종오가 중국 학설의 으뜸으로 노자를 꼽은 이유다. 이종오는 서양에서 말하는 것은 극단적인 '입세入世' 방안이고 인도에서 말하는 것은 극단적인 '출세出世' 방안이라고 여겼다.

그는 노자야말로 출세와 입세를 하나로 관통하는 이론을 제시했다고 생각했다. 송명대의 유학자들 대부분이 노자를 연구했다. 이로 인해 노자의 학문은 2-3천 년 동안에 걸친 연구과정을 통해 탄탄한 기반 위에 서게 되었다고 할 수 있다. 만약 노자의 학설이 제대로 전해져 휘황한 빛을 발할 수만 있다면 중국과 인도, 서양의 세 문화를 하나로 융합시킬 수 있을 것이다. 노자는 이같이 말했다.

"자기 뿌리와 천명으로 돌아간다."

노자가 한 이 말은 인도의 학설과 서로 통한다. 또한 노자는 이같이 말한 바 있다.

"정책正策으로 치국하고 기책奇策으로 용병한다."

이는 서양의 학설과 상통한다. 비록 그는 '출세'를 말했지만 인도의 학설만큼은 상세하지 못하고 '입세'를 말했지만 서양의 학설만큼은 세밀하지 못한 게 사실이다. 그러나 그의 학설은 서양의 학설과 인도의 학설을 하나로 관통시킬 수 있는 장점이 있다.

서양의 학문은 분석에 중점을 둔다. 이에 대해 중국은 전체적으로 꿰뚫어 보는 것에 중점을 둔다. 서양인은 무슨 일이든 세분해 나누어 분석하는데 중국의 옛 조상은 입만 열었다 하면 천지만물을 들먹이며 전체적인 것을 총괄적으로 언급한다. 공자학설은 자기 자신을 올바로 수양해야만 비로소 집안과 나라를 다스리고 나아가 천하를 평정할 수 있다는 하나의 이치로 관통할 수 있다. 노자는 이같이 말했다.

"그 도를 자기 한 몸에 닦으면 그 덕은 참될 것이며, 한 집안에 닦으면 그 덕은 남음이 있고, 한 마을에 닦으면 오래도록 길이 남을 것이며, 한 나라에 닦으면 그 덕은 풍요로울 것이고, 온 천하에 닦으면 그 덕은 널리 퍼질 것이다."

공자와 노자는 '반본선'의 이치를 알고 있었던 것이다. 때문에 천하를 한 가정으로 삼고 중국을 한 개인으로 삼는다는 견해를 제시한 것이다.

이처럼 소위 개인과 사회, 국가는 조금도 서로 충돌할 일이 없다. 이는 중국인들이 이들 개념들이 서로 통하고 있다는 사실을 간파한 데 따른 것이다.

그러나 중국인들은 사물을 전체적으로 꿰뚫어 보기는 하지만 지나치게 포괄적이라서 다소 체계적이지 못하고 조잡한 점이 불만스럽다. 이에 대해 서양인들은 세밀하게 연구하기는 하지만 전체적으로 꿰뚫어 보지를 못한다. 따라서 서양인이 연구한 것들을 중국인의 관점에서 보면 각종 이념은 서로 충돌하지 않게 되고 나아가 동서 문화 역시 자연스럽게 하나로 융합될 수 있다.

사실 서양인들이 말하는 '약육강식'과 '초인' 등의 개념은 모두 말세의 폐단일 뿐이다. 그리스의 3대 철학자 중에서 일찍이 공자와 노자와 같은 일류 사상가가 나온 적이 있는지 묻지 않을 수 없다.[4] 중국 또한 유불도 3교가 병행했다고 알려지고는 있으나 오늘날 스님이나 도사, 선비들 중 누가 석가와 노자, 공자와 조금이라도 비슷한 점이 있었는지 묻지 않을 수 없다. 중국 역시 그 말세의 풍조가 서양과 비슷한 것이다.

현재 세계는 좌충우돌하고 있다. 이는 사상의 충돌에서 비롯된 것인데 사상의 충돌은 곧 학술의 충돌에 기인하는 것이다. 그러나 충돌하는 것은 모두 말세의 학설들뿐이다. 원론으로 돌아가 얘기하면 석가와 공자, 노자, 소크라테스 등은 원래 충돌할 일이 전혀 없다. 앞으로 어떤 인물이 나타나 유불도 3교, 그리스의 3대 철학, 명대의 학설과 서양 근대의 학설을 모두 종합적으로 연구한 뒤 제 학설을 하나로 꿴 새로운 학설을 반드시 내놓을 것으로 믿는다. 이는 정명도가 유불도 3교를 융합시켜 성리학

4. 그리스의 3대 철학은 대략 소크라테스와 플라톤, 아리스토텔레스의 철학을 지칭한 것으로 보인다.

을 만든 것과 같은 이치이다. 만약 이 작업이 완성되면 전 세계의 사상과 행동도 하나로 합치됨으로써 세계의 대화합도 실현 가능하게 될 것이다.

이상은 이종오의 저서 『중국 학술의 추세』의 개요를 간략히 소개한 것이다. 그는 이 책의 본문 속에서 '성리학'과 '촉학蜀學'과의 관계를 상세히 서술하고 있다. 정명도와 정이천 형제의 학설은 당시 촉학의 영향을 많이 받았다. 특히 정이천의 역학易學은 된장 등을 팔러 다니는 노인의 훈시를 받고 남다른 이해를 얻게 된 데 따른 것이다.

당시 사천 지방에는 도교와 불교가 매우 성행했는데, 두 사람 모두 이러한 조류의 영향을 받아 3교를 하나로 통합하는 작업을 할 수 있었다고 할 수 있다. 노자에 대한 소동파의 연구 또한 전무후무한 것이다. 이 모든 것들은 당시의 사천 지방이 이후 나타나는 중국 문화의 요람이었음을 충분히 입증해 주고 있다. 이종오는 이런 문제들에 대해 자세한 고증과 설명을 덧붙여 놓았다. 이는 중국 학술사를 전공하는 학자들이 일찍이 주의를 기울이지 못했던 부분이기도 하다.

이종오는 노자를 언급하면서 그의 사상이 중국 전체 학술을 관통하고 있다고 주장했다. 또한 서양의 학설과 인도의 학설은 각자 극단으로 치달았지만 오직 중국 학설만이 이 양자의 폐단을 바로 잡을 수 있다고 장담했다. 그의 이런 관점이 지나치게 주관적인 것인지 여부에 대해서는 여기서 상론하고 싶지 않다. 독자 여러분이 이를 떠맡아 주기 바란다.

제7절

기타

1. 공자

공자학교는 없는 곳이 없다. 그 교재는 순전히 『논어』에서 따온 것이다. 작자 이종오는 팔고문의 '절탑제截搭題'의 수법을 채용했다. 마음대로 따오고 마음대로 해석하여 원래 뜻이 바뀌거나 시대착오적일지라도 개의치 않은 것이다. 가히 극력으로 모나지 않게 골계를 능사로 삼는다 할 만하다. 그는 현재 학교에서 장차 폐지할 만한 것을 이같이 풍자했다.

공자가 학교를 세울 당시 학과의 분배는 다음과 같았다. 수신修身은 안연과 민자건, 염백우, 중궁이고 어언語言은 재아와 자공이었다. 법경法經은 염유와 자로이고 국문國文은 자유와 자하였다. 격치格致는 증자이고 수학數學은 염유가 겸했다. 체조體操는 자로가 겸했다. 역사와 음악은 공자가 스스로 맡았다. 후에 각과의 교원에서 죽은 사람은 죽고 갈 사람은 갔다.

교장인 공자는 만능 교장이었다. 교원이 빠지게 되면 교장이 대리수업을 하면 되었다. 한 과목 이외의 여타 과목도 모두 공자가 겸해서 가르쳤다. 학교에는 반 쪽짜리 교원이 남아돌았다. 재여는 낮에도 잠을 자고 수업시간이 되어도 교장이 침실에 가 깨울 때까지 잠을 잤다. 매 시간 강의도 30분을 넘지 못했다. 수업을 끝내고 곧바로 잠이 들었다. 그래서 '반쪽 교사' 로 불린 것이다.

학과목은 그렇게 충실한 것이 아니었다. 자연히 느슨해질 수밖에 없었다. 학생들은 종일 좋은 술과 안주로 술내기 놀이를 했다. 그러나 교장에 대해서는 매우 좋은 감정을 가지고 있었다. "주식酒食이 있으면 선생이 반찬으로 삼았다"는 말을 통해 알 수 있듯이 제자들은 수시로 공자를 초청했다. 공자도 사양하는 모습을 보이면서 "성찬이 있으면 얼굴색을 변색하고 앉았다"고 한다. 사제지간에 아무런 격의가 없었다.

때로는 불시에 공자를 불러 바둑을 두거나 마작을 했다. 처음에는 학생들이 교장을 불렀으나 점차 공자가 취미를 느껴 매일 아침 식사가 끝나면 학생들에게 이같이 말했다.

"종일 배가 부르면 마음을 쓸 곳이 없으니 어렵기만 하구나."

이는 배가 불렀으니 할 일이 없어 시간을 보내기가 참으로 어렵다는 뜻이다. 그는 또 이같이 말하곤 했다.

"바둑을 둘 줄 아는 사람이 있는가?"

그는 "너희들의 가방 안에 바둑과 장기, 마작 등이 없느냐"고 물은 뒤 학생들과 바둑 등을 가지고 논다. 그리고는 아무 일도 없어 빈둥거리는 것보다 낫다고 칭찬한다. 매일 이같이 지냈으니 학교는 자연스레 조용하고 별일이 없었다. 학교 밖에서 이를 비난하는 여론이 벌떼처럼 일어나는 것을 생각지 못했던 것이다. 심지어는 그들을 비난하는 노래를 편집한 경우도 있었다.

이 외에도 작자 이종오는 한 편의 소설을 쓰려고 했다. 제목은 『공자대전일문孔子大戰佚聞』이다. 그러나 완성이 안 됐다. 내가 보건대 전편의 제1회 재료는 『논어』와 『맹자』에서 따온 것이다. 그러나 횡설수설한 것이어서 무슨 우의寓意를 찾아볼 수 없다. 『공자대전일문』은 이같이 시작하고 있다.

"청나라 말기로 기억된다. 중경의 『광익총보』에 한 편의 글이 실려 있다. 이는 순임금에 대한 10대 죄상을 나열한 것이다. 단 그 증거가 확실해 가히 믿을 만한 바가 있다. 순임금이 사악四嶽을 관통했을 때 요임금의 자리를 빼앗았다. 이 죄는 말할 필요도 없다. 가장 묘한 것은 순임금이 나처럼 늙은 사람의 눈을 빼서 다른 사람의 눈에 넣겠다고 사기를 친 것이다. 그래서 나는 장님이 되고 그는 눈동자가 두 개가 되었다. 이 또한 대죄 중의 하나이다. 아황과 여영은 순임금의 조고祖姑이다. 그는 이들을 자신의 처로 삼았다. 이것이 두 번째 대죄이다. 요임금 때 천하에는 12주가 있었다. 순이 익益으로 하여금 3주를 불태우라고 명하여 9주九州만 남게 되었다. 이는 세 번째 대죄이다."

전체 문장의 묘미가 대단하지만 애석하게도 잘 기억이 나지 않는다. 당시 모 신문은 한 편의 소설을 실었다. 당나라 삼장법사와 함께 서역에 간 손오공과 저팔계, 사오정 등이 유학을 가 어찌어찌 한다는 식의 내용이었다. 또 어떤 사람이 이런 식의 소설을 썼다. 맹자가 동쪽으로 가 경전을 얻고 도중에 고자를 만나 손으로 버드나무를 잡고 입으로 '단수湍水'를 외쳤다. 맹자는 그를 죽인 뒤 증자에게 도움을 요청했다. 증자는 손에 '신종추愼終鍾'를 들고 몸은 '민덕구民德龜'를 타고 고자와 싸운 것이다.[5] 그는 공자에게 도움을 요청했다.

공자는 손에 '상인호傷人壺'를 들고 몸은 '불문마不問馬'를 탔다. 그러나 고자에게 대패하고 말았다. 그 때 홀연히 반공半空에서 날아 온 사람

5. 『논어』「학이」편에 나오는 "曾子曰 愼終追遠 民德歸厚矣"에서 따온 말이다.

이 있었다. 그는 '유병저猶病猪'를 타고 있었다. 그는 큰 소리로 '나는 성은 요이고 이름은 순이다' 외쳤다. 마침내 고자를 항복시키고 말았다. 공자는 중국의 대교주이다. 어찌 가벼이 싸워 패할 수 있겠는가? 이로 인해 일대 혈전이 벌어진 것이다. 『공자대전일문』을 보충해서 특별히 기록해 나가기로 하자.

소설에는 원래 공자가 증자의 위급을 알리는 글을 읽고 3천의 인마를 바삐 모으는 것으로 되어 있다. 72명의 대장들이 호호탕탕浩浩蕩蕩한 기세로 고자를 죽이겠다며 대본영에 왔다. 고자는 공자의 인마가 왔다는 소리를 듣고 병사들을 이끌고 나가 싸움을 벌였다. 전투에 사용된 각종 용어는 모두 『논어』와 『맹자』에서 따온 것이다. 당시의 처절했던 상황을 한번 살펴보기로 하자.

당시 공자는 크게 노해 바삐 몸에 지니고 있던 부적을 꺼내들었다. 그 이름은 '상인부'였다. 공중으로 던진 뒤 크게 외쳤다. "육정육갑은 어디 있나." 그러자 반공에서 한 사람이 내려왔다. '불문마'를 탄 그는 크게 외쳤다. "내가 '구분자廐焚子'이다." 구분자는 화룡과 화마 등을 부리면서 고자의 대본영을 향해 불을 지르며 다가왔다. 고자는 보고 급히 입으로 '단수'를 외치며 불을 끄려고 했다.

당시 '단수'가 흘러나오는 것을 보니 도도하여 멈출 줄을 몰랐다. 이로 인해 공자의 인마가 모두 물에 빠져 죽게 되었다. 공자가 이를 보고 말했다. "걱정하지 마라. 물을 피하는 나의 진언을 기다려라. 안연은 가히 인마를 이끌만하니 물속에서 뚫고 나오라."

안연은 잠시 생각에 빠졌다. 고자가 보이자 이같이 말했다.

"저리로 건너가자."

손가락 하나를 움직이자 그 물은 홀연히 동과 철로 만들어진 담장이 되었다. 소리를 한 번 지르자 안연은 실족했다. 고개를 들어 보니 그 물은 수천 길이나 되는 담장이 되어 있었다. 그는 탄식하며 말했다.

"이 물은 바라보니 너무 높고 뚫어보니 너무 견고하구나. 나는 꼼짝없이 죽게 되었구나."

공자가 이곳에 당도했을 때 어찌 할 도리가 없었다. 자로가 부상당한 자리에서 말했다.

"나는 빙하憑河가 본령이다. 몸에 중상을 입었으니 힘을 쓸 수가 없다. 공자여, 뗏목이 있으면 바다에 뗏목을 타고 넘는 수법을 어찌 쓰지 않는 것이오?"

한 마디로 공자를 각성시켰다. 곧 여러 제자를 거느리고 뗏목을 타고 나아갔다. 염유와 자공에게 후미를 부탁했다. 고자는 인마를 몰아 뒤쫓아 왔다. 염유와 자공이 큰 칼을 차고 내리찍으려는 자세를 취했다. 고자가 보고 놀라 크게 두려운 나머지 머리를 싸매고 도망갔다. 고자의 형제들이 보고 이를 어떻게 표현해야 좋을지 몰라 고민했다. 염유와 자공이 물었다.

"우리들은 니산尼山(공자의 이름 仲尼에서 나온 비유)에서 도를 닦는 사람들이다. 18반 무예를 모두 배웠으나 이런 살법殺法은 본 적이 없다. 당신들은 어디에서 배운 것인가?"

두 사람이 웃으며 말했다.

"이는 병법에 있는 것인데 당신들만 배우지 못했구려. 병법에 '염유와 자공이 씩씩하기가 이와 같구나' 하는 얘기가 없던가?"

공자는 군영에 돌아와 인마를 돌아보고서는 절반을 잃은 사실을 알게 되었다. 크게 슬퍼하면서 장령들에게 명하여 재여를 앞으로 나오게 했다.

"모든 장사들이 극히 피곤한 상태이니 오늘은 마땅히 푹 쉰 뒤 내일 다시 대전을 벌여야 하겠다. 가장 걱정되는 것은 고자가 야음을 틈타 기습하는 것이다. 너는 하루 종일 낮잠을 잤으니 지금 즉시 너에게 야경순찰을 돌 것을 명한다."

공자는 분부를 마친 뒤 고개를 숙이고 이같이 말하면서 잠에 빠져들었다.

"나물 먹고 물마시고 팔을 베고 누웠으니 … ."

2. 팔고문

초기의 후흑학은 뒤에 나온 것과 적잖은 차이가 있었다. 「후흑경」 내지 「후흑전습록」과 같은 것은 『후흑학』의 단편일 뿐이다. 이종오의 작품 중에는 거의 체제가 갖춰져 있지 않다. 지금 『후흑학』의 형식을 통해 알 수 있듯이 독자들은 후흑 교주의 고문필법이 어떠한지 알 수 있을 것이다. 아래에서 그 전문을 검토하기로 하자.

> "吾自讀書識字以來, 見古之享大名膺厚譽者, 心竊異之. 伸乎紺乎, 吾亦任之而已."[6]

그가 이런 문장을 써내자 과연 친구인 요서초가 서문을 써서 이에 화

6. 여기에는 『후흑학』에 나오는 전문을 인용해 놓았다. 이종오가 구사한 '팔고문(八股文)' 은 중국의 서책에서 보기 드문 것이다. 문어체인 한문에 가까우면서도 구어체인 백화문이 섞여 있는 독특한 문체라고 할 수 있다. 이 부분에 대한 해석은 제1장에 나오는 '후흑학' 을 보면 된다.

답했다. 이후 사수청이 이 책에 발문을 써주었다. 당시 그는 본명을 사용하지 않고 '독존獨尊'이라는 별호를 썼다. 이는 '천상천하 유아독존'이라는 석가의 말에서 취한 것이다. 요서초도 별호를 썼는데 그는 '담연淡然'이라고 했다. 요서초는 서문에서 이같이 썼다.

"나의 친구 독존 선생은 '후흑학'을 창안했다. 넓고도 괴이해서 마치 끝이 없는 낭떠러지를 보는 것과 같다. 그러나 동서고금을 두루 꿰면서 당대의 대인 선생들을 모두 검토하지 않은 것이 없으니 진실로 우주간에 존재하는 지극한 보물이 이 아니고 무엇이겠는가? 세상에는 이 학문을 배우려고 하나 어찌 할 바를 모르는 자가 적지 않다. 특별히 선생에게 그 단서를 열어 후학들에게 도움을 줄 것을 권했다. 훗날 이 이론이 널리 퍼져 단행본이 되어 나왔으니 이는 중생을 제도하고 피안에 이르는 것에 비유할 수 있다. 그 내용이 과연 '독존'이라고 할 만하니 어찌 생각하는가? 공화국 원년, 3월 담연."

사수청은 이런 발문跋文을 붙였다.

"독존 선생의 『후흑학』이 나오니 논자들은 혹 말세의 시속을 기롱한 것으로 생각하기도 하니 과연 이인異人이 나타나 선을 행하는 것이라 할 만하다. 혹자는 혼돈의 시대상황을 격파한 것으로 여기기도 하니 가히 이인이 나타나 악을 행한 것이라고 볼 수도 있을 것이다. 나는 '『후흑학』은 선을 얘기하지 않은 것이 없고 동시에 악을 언급하지 않은 것이 없다'고 말할 수 있다. 이는 마치 날카로운 칼에 비유할 수 있다. 도적을 벌하는 데 사용하면 선한 것이고 양민을 도륙하는 데 사용하면 악한 것이다. 선과 악은 날카로운 칼과 아무런 관련이 없다. 『후흑학』을 이용해 선을 행하는 자를 선인, 악을 행하는 자를 악인이라고 하는 것이다. 이는 『후흑학』자체가 그런 것이 아니다. 독자 제위는 반드시 내 말을 명심해 착오가 없도록 해야 한다. 사수청 발."

이에 『후흑학』은 세상에 널리 알려지게 되었다. 과연 왕간항과 뇌섭 등이 우려한 일은 일어나지 않았다. 『후흑학』이 발표된 후 독자들의 반응이 뜨거웠다. 그는 비록 필명을 사용했지만 『후흑학』이 이종오가 쓴 것이라는 사실을 모르는 사람이 없게 되었다. '담연'이라는 두 글자도 모두 요서초의 필명이라는 사실을 알게 되었다. 그에게는 '대성인'이라는 칭호가 계속 사용되었다.

그러나 이종오는 이로 인해 '이후흑'이라는 아름다운 별호를 얻게 되었다. 당시 그 역시 친구의 말을 듣지 않은 것을 후회했다. 그러나 일이 이미 시작되었으니 후회한들 무슨 소용이 있겠는가? 오히려 마음 속의 품었던 생각을 통쾌하게 말하는 것만도 못했다. 설령 사람들로부터 웃음거리와 욕지거리를 들을지라도 괘념할 일이 아니었다.

이후 그는 4자로 이뤄진 고문체인 팔고문체를 이용해 글을 써 나갔다. 그 첫 번째 작품이 「후흑경」이다. 이는 송유들의 어록 문체를 본 딴 것이다. 그는 또 하나의 작품을 썼다. 그것이 바로 「후흑전습록」이다. 그의 「후흑전습록」에는 특별히 '구관6자진언'과 '주관6자진언', '판사2묘법' 등과 같은 내용이 실려 있었다. 이는 고금의 '관장현형官場現形'(관청의 적나라한 모습)의 실체를 그림을 그리듯이 사실적으로 그려 낸 것이다.

그는 인성의 본질을 파악한 뒤 스스로 '후흑 교주'를 자처했다. 이는 빗발치듯 쏟아지는 세상의 냉소와 비난을 한 몸에 받아들이겠다는 취지에서 나온 것이다. 마치 예수가 십자가에 못 박혀 순교한 정신을 본받고자 했는지도 모를 일이다. 세상의 냉소와 비난도 모두 그가 자초한 것이고 자신을 죽이도록 만든 것도 모두 그 자신이 초래한 것이었다.

3. 교리문답

문 : 선생님은 장차 후흑학을 강의하지 않을 수 없겠습니까? 문화학술 방면에서 전문으로 작업하면서 학술활동을 하면 나라 사람에게 도움을 주지 않겠습니까?

답 : 그것은 불가능하다. 10년 동안 많은 친구들이 나에게 다시는 후흑학을 얘기하지 말라고 권하곤 했다. 후흑을 아는 것에는 '말할 수는 있어도 할 수는 없는 것' 이 있다. 나는 이미 응용을 할 수 없기 때문에 강의를 하지 않을 수 없다. 강의를 하지 않으면 마음이 이를 받아들이기 어렵다. 나에게 후흑학을 강의하지 않기를 바란다면 공손룡公孫龍에게 '백마비마론白馬非馬論' 을 얘기하지 말라는 것과 같다. 이는 절대 할 수 없는 것이다.

나는 '말을 할 수는 있어도 할 수는 없는 것' 을 신조로 삼았다. 오직 후흑철학으로 하나의 학파를 만들어 학설을 수립하는 것뿐이다. 이런 '무관의 제왕' 은 유아독존으로, 누가 능히 나보다 스스로 호방함을 자랑할 수 있겠는가? 다시 말하지만 고금의 진리는 하나이다. 인자仁者는 인仁을 보고 지자智者는 지智를 보는 것이다. 공맹의 인의와 노자의 도덕, 석가와 예수의 자애와 박애, 이종오의 후흑은 모두 진리이다. 단지 설법하는 방법이 다를 뿐이다.

만일 각 사람이 각각 발명한 바가 있으면 각자 하나의 학설을 세우면 되는 것이다. 피차 서로 상대방을 대신할 수 있는 것이 아니기 때문이다. 당신은 여러 차례 나에게 후흑을 강의하지 말라고 권하고 있으나 나의 앞길에 장애물이 있을까 염려해서일 것이다. 그러나 어찌 능히 교주로 하여금 후흑을 강의하지 못하게 할 수 있겠는가?

문 : 선생은 뱃속에 온통 경륜이 가득 찼으니 당대의 제갈량이라 할 만합니다. 선생은 스스로 어떻게 생각하십니까?

답 : (웃으며) 제갈량이 어찌 도를 알겠는가? 그는 대단한 명사였다. 그러나 용병으로 논하면 유비만 못했다. 유비는 두뇌가 단순한 관우와 장비, 조자룡, 황충 등을 설복시켰다. 실제로 그는 유비가 손바닥에서 구슬을 가지고 노는 사이에 있었을 뿐이다. 만일 그렇지 않았다면 동오를 치러갔을 때 유비는 왜 제갈량에게 장군의 자리를 주지 않았겠는가? 또한 제갈량이 마속에게 가정을 지키도록 한 것은 실로 커다란 실책이 아닐 수 없다. 당연히 위연에게 맡겨야만 했다. 촉나라의 궁곤함이 멸망으로 이끈 것이다. 마속을 읍참한 때 이미 그 싹이 보이기 시작했다.

문 : 선생이 보기에 고금의 역사에 등장하는 사람 중 어떤 사람이 가히 취할 만하다고 생각하십니까?

답 : 내가 강태공이 그럴 만하다고 말하지 않았는가? 실제로 천고에 취할 만한 사람은 오직 강태공 한 사람뿐이다. 태공은 나이 80이 되어서도 주나라 왕실을 보좌하여 은나라의 주왕을 멸했다. 이는 고금을 통틀어 하나의 기이한 행적이 아닐 수 없다. 이후 소진은 그의 병서를 열심히 통독했다. 이로써 그는 6국을 연합하는 합종을 만들어냈고 장량은 그의 병법을 이용해 진나라와 초나라의 항우를 패망시켰다. 후흑학의 시조가 강태공을 버리고 누구를 말하겠는가? 나는 사실 그의 1백 대代 문도門徒에 불과하다. 천고에 걸쳐 전해지지 않은 이 비결을 찾아낸다면 앞사람에게는 영광을 더하고 후세 사람에게는 큰 복이 될 것이다.

문 : 선생의 학문경력에 대해 저희들에게 알려주실 수 있겠습니까?

답 : 나는 평생 학문을 공부했다. 실제로는 팔고문에 나오는 '절탑제截搭題'에서 힘을 얻는 것이다. 그것은 변증법의 논리와 크게 합치하는 것

이다. 나의 후흑과 저서는 모두 여기에서 나오는 것이다.

문 : 선생님은 우스갯소리를 하지 마십시오.

답 : 우스갯소리가 아니다. 나는 확실히 팔고문의 보물을 얻었다. 만일 믿지 못하겠다면 팔고문법에 대해 좀더 공부하도록 하라!

문 : 선생의 저작은 출판된 것과 출판되지 않은 것을 포함해 모두 몇 종류나 됩니까?

답 : 이미 출한한 것으로는 『후흑학』을 비롯해 『후흑총화』, 『종오억담』, 『사회문제의 논의』, 『교장의 기책을 조문함』, 『공고대전』, 『공처가 철학』 등 10여 종이 있다. 현재 집필 중에 있거나 집필은 끝냈으나 아직 발표하지 않은 것으로는 『중국 민족 특성에 관한 연구』, 『정치경제에 관한 견해』, 『소속여성중학혁명시말기』, 『성령과 전자기』, 『우로수필』 등이 있다. 정치경제의 도리를 얘기한 것으로는 『사회문제의 논의』와 『고시제도의 논의』, 『제헌과 항일』, 『중국 학술의 추세』, 『심리와 역학』 등 5권의 책이 있다. 나머지 이론서는 세상에서 아직 묻지 않았기 때문에 말하지 않는 게 낫겠다.

문 : 선생은 그간 어떻게 살아오셨습니까?

답 : 나는 일찍이 부순현의 저명한 팔고문의 대가 노단盧象 선생에게서 수업을 받았다. 후에 성도고등학당에 들어가 수학과 물리 등을 학습받고 동맹회에 가입했다. 공화국 성립 이래 사천성 총독부서의 과장과 지방 청산처 처장직을 역임했다. 중경해관 감독을 맡으라는 제안이 있었지만 내가 거절했다. 후에 부순현중학과 면양성립중학에서 교장을 지냈고 이후 다시 사천성의 독학督學을 수년 간 역임하면서 사천성을 떠나 각 성의 교육을 시찰했다. 북벌 이후 사천성부에 와서 편찬위원을 맡았고 작년에 다시 관직을 떠나 집으로 돌아왔다.

나는 어렸을 때 매우 빈한한 가정에서 태어나 열심히 노력한 결과 약간 저축을 하게 되었다. 현재 시내에 집 한 채와 논 세 마지기에서 거두는 쌀 1백 석 등이 있어 생활은 그런 대로 괜찮은 편에 속한다. 애들은 둘이고 큰 놈은 능력이 있어 부순현 교육국장과 자류정 중학교의 교장 직을 맡았소. 둘째 애는 일찍이 성도공업학교에서 공부했으나 불행히도 두 애 모두 최근 몇 년 내에 잇달아 죽었다. 현재 늙은 처와 며느리, 3명의 손자, 4명의 손녀가 있다. 좋은 가정교사가 있으면 집에 와서 그 애들을 가르쳐 주기 바란다. 이것이 나의 대체적인 근황이다.

장묵생 쓰다.

4. 피습사건

1922년 이종오는 사천성의 장학관이 되어 각 성을 돌아다니며 교육상황 등을 시찰하여 학교행정의 성적을 검토하라는 명을 받았다. 그는 비교를 하면서 비록 지역 간의 우열이 없는 것은 아니나 현행 교육제도의 속박 하에서는 이상적인 발전을 도모할 수 없다는 사실을 깨달았다.

이로 인해 그는 조사를 끝내고 돌아온 뒤 즉시 '고시제'를 시행에 옮길 것을 역설했다. 이를 통해 그 폐단을 혁파하고자 했던 것이다. 이듬해 2학기에 성도에서 '신학제 회의'가 열렸다. 그는 곧 몇 명의 장학관들과 함께 고시제안을 제출했다. 회의가 열려 토론이 전개되었지만 이 안은 결국 통과되지 못했다.

회의가 끝난 뒤 그는 단독으로 하나의 보고문을 올려 각 학교 학생들이 학교를 졸업한 뒤 정부위원의 시험에 응할 것을 주장했다. 이후 10여

년 만에 교육부는 전국적으로 시험을 보는 제도를 반포했다. 그는 이 보고서에 16개항의 실시사유를 열거했다. 그는 나아가 원적지인 부순에서 시험적으로 실시한 뒤 성의 비준을 거쳐 시험감독 위원으로 임명해 줄 것을 요구했다.

1924년 여름 일시적인 시행을 거쳐 사천성 남쪽 현에 널리 시행하게 되었다. 이듬해에 서주부의 연립중학교 학생들이 졸업하게 되자 그는 다시 시험감독 위원이 되었다. 몇 차례의 시험을 거친 뒤 어느 날 저녁 학생들이 손에 곤봉과 아령을 들고 그를 침실 밖으로 끌어내 흠씬 두들겨 팼다.

그에 따르면 맞을 때 오히려 매우 질서가 있었고 사방이 조용했으며 학생들도 한 마디 말도 하지 않았다고 한다. 그 역시 한 마디 비명도 지르지 않았다고 한다. 학생들이 때리면 그는 그저 맞기만 했다. 학생들이 실컷 때렸다고 생각하고 도망치면서 말했다.

"이 돼먹지 못한 것아, 다시 또 그 어려운 고시를 보자고 주장할 거야 말 거야!"

그는 땅 위에 누운 채 '때려죽이지만 않는다면 또 와도 좋다' 고 말하고 싶었다. 학생들이 간 후 상처를 치료했다. 다음날 새벽 교장을 침상 있는 데로 불러 전문을 건네주면서 그간의 상황을 보고했다. 그는 끝에 이같이 말했다.

"이 일로 인해 폭력이 일어났으니 고시의 필요성을 쉽게 알 수 있을 것이오. 장학관이 몸에 중상을 입고 생사를 헤매니 만일 일어나지 못하더라도 시험만 실시하여 이런 퇴폐풍조를 일소할 수만 있다면 평생의 주장이 모두 이뤄지는 것이오. 몸이 비록 구천에 있을지라도 커다란 행복이 아니겠소?"

그는 이같이 통렬하게 말한 뒤 고시제를 계속할 것을 선포했다. 이로 인해 전체 학생들이 일률적으로 시험을 보게 되었는데 단 한 명도 예외를 허용치 않았다. 그를 때린 학생도 예외가 될 수 없었다. 고시장의 규율은 전례 없이 더욱 엄격해졌다. 학생들도 엄격한 규율에 좇아 시험을 치지 않으면 안 되었다. 이 일이 있은 후 그는 『고시제도의 논의』라는 책을 한 권 썼다. 그는 이 책에서 고시제도의 필요성과 학제의 개편필요성을 역설했다. 이로 인해 교육청은 이를 인쇄해 각 현마다 이를 검토토록 했다. 그는 늘 사람들을 만나면 이같이 말하곤 했다.

"당시 두드려 맞지 않았다면 이 책은 나오지 못했을 것이다. 그 학생들에게 심심한 감사의 뜻을 전하지 않을 수 없다."

그가 이처럼 구타를 당한 것은 당연히 예상된 일이었다. 당시 각지의 학생들은 모두 고시제의 폐지운동에 매진하고 있었다. 그런데 그는 홀로 보다 엄격한 고시제도 시행을 주장했던 것이다. 거기다 그 이유를 상세히 거론했으니 어찌 구타를 당하지 않을 수 있었겠는가?

그는 이같이 맞은 뒤에야 각오를 더욱 새롭게 하게 되었다. 무릇 일을 실행에 옮기고자 한다면 그에 따른 충분한 설득이 전제되어야만 한다. 그가 맞은 원인은 일반인들이 고시제도에 대해 회의적이었다는 사실에 기인한 것이다

왕안석의 신법은 본래 옳은 것이었다. 그는 지방의 현에서 관장으로 있을 때 이를 시험해 본 적이 있었다. 사람들마다 모두 편리하다고 칭송했다. 그러나 그가 재상이 되어 천하에 자신의 신법을 시행하려고 하자 대대적인 반대에 직면해 결국 커다란 실패로 끝나고 말았다. 그는 의지가 없었던 것일까?

왕안석은 하늘이 무너져도 놀라지 않을 자신이 있었다. 사람들이 무슨 말을 하더라도 개의치 않을 자신도 있었다. 우주의 기개를 담당한 사람으로 고금을 통틀어 그를 당할 사람이 많지 않았다. 그렇다면 그의 신법은 좋지 않았던 것일까?

그가 죽은 후 그의 신법은 거의 대부분 사람들에 의해 채용되었다. 몇 가지 법은 지금까지도 그대로 시행되고 있다. 단지 그 명칭만이 고쳐지고 시행방법이 일부 수정되었을 뿐이다. 그러나 무슨 이유로 왕안석은 당시 실패했다는 얘기를 듣게 된 것일까?

이는 그가 자신의 신법에 대해 제대로 사람들을 설득하지 못한 데 있다. 당시 사마광과 소동파 등과 같은 명류들 모두 그의 신법을 이해할 수가 없었기 때문에 일치해서 반대했다. 피차 극단으로 치달은 것이다. 결과는 양쪽 모두 실패했고 상처를 입었다. 단순히 인민들만 손해를 본 것이 아니라 국가 역시 커다란 손실을 보게 되었다. 그 손실이 망국의 원인이 되었다고 할 수 있다. 지극히 불행한 일이 아닐 수 없다.

만일 왕안석이 독단적으로 실행에 옮기지 않고 먼저 설득작업에 착수했다면 전혀 다른 결과가 나왔을 것이다. 신법을 제출한 뒤 사람들의 검토를 거치는 식으로 모든 사람들의 의견을 수렴하여 신법의 내용을 개량했어야만 했다. 그렇게 했다면 모든 명류들도 조종의 성법을 어지럽게 할 수 없었기 때문에 신법을 열심히 연구해 일정한 시간의 검토를 거친 뒤 절충안을 만들어 모든 사람이 한 마음이 되어 신법을 시행해 나갔을 것이다. 이 어찌 좋은 방법이 아니겠는가? 이종오도 심중에는 이런 생각이 있었다. 그래서 이같이 고시제 실시 의견을 발표하고 나섰던 것이다.

5. 요리책 서문

전국에서 유명한 '꾸꾸옌姑姑筵 식당'의 주인으로 주방장을 겸하고 있는 황경림黃敬臨 선생은 당대의 기인 중 한 사람이다.[7] 그는 일찍이 자희

태후慈禧太后(서태후)의 인정을 받아 각 현의 지사를 역임한 바 있다. 그는 선정을 베푼다는 얘기를 들었음에도 불구하고 갑자기 사대부들과 관련한 어떤 문제로 인해 관직을 놓고 주방장이 된 기이한 사연을 가진 사람이다.

만일 그에게 원한을 갖고 있는 사람이 아니라면 틀림없이 그는 어떤 일을 꾸밀만한 사람이 아니라고 단언할 수 있을 것이다. 그는 주방장이 된 후 쉬는 사이 틈틈이 해서체로 꼬박꼬박 고전을 옮겨 베끼는 작업을 15년째 거르지 않고 있다. 이런 수양방법은 일반인이 결코 할 수 있는 일이 아니다.

그가 필사하는 책 중에는 『자치통감』과 같이 수천만 자에 달하는 것도 있다. 이같이 의지가 강한 사람이 관직 경험도 있는 터에 만일 국가사회를 위해 무슨 일을 할 경우 과연 어떤 큰일을 하지 못할까 염려할 필요가 있을까? 그러나 그는 흔연히 관직을 물러 나와 식당을 열고 주방장이 되었다. 이는 결코 시대배경과 아무런 관련이 없다고 말할 수는 없다.

이종오는 왕공이나 고관들과 관계를 맺지 않는다. 양지를 좇아 권세에 아부하는 자들과 친교를 맺은 적이 없다. 그러나 황경림 선생만큼은 크게 칭찬하기를 마지않는다. 이에 이종오는 그를 위해 이런 한 편의 요리책 서문을 썼다.

나에게는 62살 먹은 나이 든 제자가 하나 있다. 그는 후흑묘에 배향되길 바란다. 나는 그를 '후흑총화'에서 소개한 바 있다. 많은 사람들은 그가 성도의 백화담 옆에 '꾸꾸옌'이란 식당을 개업해 온갖 진수성찬을 차려놓고 손님들을 초대한 사실을 기억할 것이다. 독자 여러분도 어쩌면

7. '꾸꾸(姑姑)'는 우리말로 귀부인을 뜻한다. '꾸꾸옌 식당'은 요즘의 우리말로 바꾸면 '다이너스티 클럽' 정도에 해당한다.

그곳의 단골손님이었을지도 모르겠다. 어제 내가 그의 사택으로 그를 찾아갔더니 그는 해서체로 『자치통감』을 베껴쓰는 데 열중하고 있었다. 나는 의아해 하며 그에게 물어보았다.

"당신은 왜 이런 일을 하는가?"

"나는 48세 이후로 책을 베껴 쓰고 있는 데 뜻을 두고 이미 『13경』을 한 번 썼고 『당시』, 『문선』, 『예기』 등도 한 번씩 써보았지. 이제는 다시 『자치통감』을 베껴써서 평소의 숙원을 이루고자 하네!"

"당신의 그와 같은 생각은 잘못된 것이네. 당신은 이전에 사홍과 무계, 영경현 등지에서 지사를 역임한 적이 있지 않은가? 일전에 내가 돌아다니면서 사람들에게 당신의 행적을 물었더니 당신에 대한 평판이 아주 괜찮더군. 그래 당신은 틀림없이 사람들을 감짝 놀라게 할 만한 일을 할 것이라고 생각했지. 그런데 돌아와 보니 당신은 관직에서 물러 나와 요리사가 되어 자신의 힘으로 생활하고 있더군. 나는 속으로 감탄했네! '과연 진정한 내 제자로다.' 특별히 후흑사당에 모셔 배향토록 하겠다고 칭찬했거늘 자네가 이런 짓을 하다니 이해가 가지 않네.

고금을 통틀어 이런 생활을 한 자는 차에 한 가득 싣고도 모자랄 정도로 수없이 많다는 사실을 알아야만 하네! 당신이 어디 발붙일 곳이 있다고 생각하나. 요리가 자네의 주특기인데도 이를 버리고 사람들과 쓸데없는 승부를 겨루려고 하다니. 도대체 무엇 때문에 그런 짓을 하려는 것인가?

못난 이 몸이 전념하는 것이라고는 『후흑학』밖에 없다네! 그래서 나는 오로지 『후흑학』만을 말하고 다니지. 자네가 잘 하는 것은 요리지 않은가? 그러니 지금까지 쓴 『십삼경』과 『자치통감』 등을 모두 불살라 버리게. 요리책 한 권 쓰는 것이 자네의 불후의 사업이 될 것일세."

황경림은 이 말을 듣고 자못 수긍이 간다는 식으로 다시 이야기를 꺼냈다.

"예전에 성도의 성립 제일여자사범학교에서 가정과목 교사를 맡은 적이 있었네. 훈제薰와 찜蒸, 구이烘, 포爆, 튀김烤, 조림醬, 양념炸, 회鹵, 부침煎, 절임糟 등 10개 부문으로 나눠 학생들에게 가르쳤었지. 이제 이 10개 부분을 분야별로 분석해 교과서를 펴낼 작정이네. 그렇지만 이 일이 워낙 규모가 커서 도저히 엄두가 나지 않으니 어쩌겠는가?"

"자네는 지나치게 구애받는군. 한 번 일을 시작하면 꼭 완벽하게 해야겠다고 생각할 필요가 있나. 내가 자네 입장이라면 매일 내킬 때마다 되는 대로 한두 단락씩 써놓겠네. 수필형식으로 써서 오랫동안 누적되어 어느 정도 책을 낼 만한 분량이 되면 틈틈이 다시 조목별로 분류해 놓고 말야. 짬이 안 날 때는 이미 원본이 있으니까 다른 날 다른 사람을 시켜 정리하면 되지. 만약 일찌감치 서두르지 않는다면 장차 나이 들고 병들어 그 때 가서 쓰고 싶어도 기력이 부족해 쓸 수 없을 테니 그 때 가서 후회해 본들 무엇 하겠는가?"

황경림은 이 말에 깊이 감동해 즉시 집필에 들어갔다. 황경림의 요리학은 집안 대대로 내려온 유서 깊은 내력이 있다. 그의 조부는 강서성에서 사천성까지 벼슬자리를 찾아 돌아다니다가 유연히 요리에 정통하게 되었다. 그의 아들은 요리에 정통하지 못하면 아내로서 적합하지 못하다고 여기던 차에 진씨 성을 가진 규수가 간단한 음식 3백여 가지를 만들 수 있다는 얘기를 듣고 곧 그녀와 결혼했다. 그녀가 바로 황경림의 어머니이다.

이로써 황가와 진가 두 집안의 요리가 한 솥에 합쳐지게 되었다. 청나라 말엽 황경림은 벼슬자리를 찾아 북경으로 갔다가 자희태후가 4품 벼슬을 주어 광록시에서 3년 간 봉직했다. 그는 이 때 궁중 요리의 맛에 남북의 맛을 융합시켰다.

황경림은 요리에 관한 한 집대성한 자라고 불릴 만하다. 이처럼 절묘한 기예를 가지고 있으면서도 자신은 오히려 그 사실을 그다지 대단치 않게 생각하고 있었다. 그러나 그의 기예를 세상에 공개하고 후세에 전하지 않는다면 너무 애석한 일이 아니겠는가? 황경림, 힘내시오!

옛날에 백성들에게 공덕을 베풀면 제사를 지내주었다. 그런데 내가 늘 가소롭게 여기는 것은 공자 사당의 70여 명의 제자들 중 대다수가 이름조차 확실치 않은 상황에서 공자의 후광에 빌붙어 단위에 높이 올라앉아 태연스레 제사상을 받아먹고 있다는 사실이다. 이 얼마나 분수를 모르는 행동인가?

황경림은 요리책을 저술해 후세 사람들에게 은혜를 베풀었다. 이런 공덕을 지녔으니 사후에 오랫동안 사당에 모셔놓고 기릴 만하다. 생전에는 훌륭한 음식을 장만해 사람들을 대접했으니 사후에는 거꾸로 사람들이 푸짐한 음식을 차려놓고 제사지낼 것이다. 이처럼 극진히 보답을 받을 테니 후흑 교주에게 기댈 필요도 없이 불멸의 인물로 남을 수밖에 없다. 사람은 자립하는 것을 귀하게 여긴다. 황경림, 힘내시오!

훗날 내가 죽은 뒤 후흑 사당에서 황경림의 제사가 있게 되면 후세 사람들은 훌륭한 음식이 아니고는 감히 입 밖에 내지도 못할 테니 나는 여러분에게 이같이 거만하게 말할 수 있다.

"내 문하에는 황경림이 있으니 차가운 돼지고기 따위는 감히 사당 안에 들여놓지도 말라!"

이것으로 서문을 마친다.

1935년 12월 6일 성도에서

이종오

6. 전통의술

후흑 교주의 성정은 본래 소박함 그 자체라고 할 수 있다. 그는 어렸을 때 거의 말을 하지 않았다. 때로는 바보로 치부될 정도의 모습을 보이기도 했다. 동창들에게 겸양을 기본으로 삼았다. 그래서 그의 부친은 그를 두고 물정에 어두운 사람이라는 의미에서 '우부자迂夫子'로 부르기도 했다. 동창들 사이에서는 마음이 너그럽다는 의미에서 '노호인老好人'이라는 칭호를 얻기도 했다.

그는 사숙私塾에 머무르기 시작하면서부터 농담을 잘하는 '건후建侯' 스승으로부터 영향을 받았다. 이후 천천히 농담을 하기 시작했다. 처음에는 단지 농담을 하는 성질을 가지고 있는 데 불과했다. 그러나 계속해서 농담을 하는 중에 풍자의 성격을 강하게 띠기 시작했다. 종내는 기뻐서 웃다가 노해서 욕을 해대는 모습을 보이게 되었다. 한 번 터지면 결코 막을 수가 없었다. 그의 이런 기풍은 말과 글에서만 나타난 것이 아니었다. 그의 행동 역시 이런 기풍이 충만해 있었던 것이다.

그는 어린 시절 본래 종일토록 한약에서 벗어나지 못했다. 천식증 이외에도 사지가 잘 움직이지 않았다. 어떤 때는 옷을 입을 때 사람이 모두 입혀 주어야만 했다. 누대에 오르더라도 내려오지를 못했다. 대변 역시 쭈그려 앉아 일을 볼 수가 없었다. 매번 목욕할 때마다 어머니가 그의 몸이 장작처럼 마른 것을 보고 방성대곡을 하곤 했다.

당시 그는 '병문서원炳文書院'에서 책을 읽었다. 동문들은 그가 말을 오랫동안 할 수 없었다고 한다. 그의 친구인 뇌섭과 뇌민심 형제는 그를 산채로 제사지낼 것을 주장했다. 그러나 그는 결코 비관하지 않았다. 여전히 유유자적했다. 그는 시골의 평범한 의사로는 자신의 병을 제대로 치료할 수 없었기 때문에 스스로 의서를 연구해 스스로 치료할 것을 생각했다.

그래서 그는 진수원과 서영태, 유가언 등의 의서를 찾아서 열심히 읽었다. 그러나 읽을수록 어렵다는 것을 알게 되었다. 그는 속으로 이같이 생각했다.

"나는 이같이 열심히 연구해도 그 뜻을 모두 분명히 알 수 없다. 그러나 시중의 의사들 중에는 글자 한자 모르면서 어떻게 이같이 어려운 의서를 읽은 것일까? 내가 용렬한 의사 손에 죽지 않은 것만도 천만다행이다."

이후 곰곰이 생각에 잠긴 뒤 의서를 놓고 더 이상 약을 먹지 않았다. 그러자 몸이 점차 좋아지기 시작했다. 이후 몸에 병이 나도 약을 먹지 않는 것이 철칙이 되었다. 그는 차라리 병으로 죽을지언정 약을 먹고 살아남지는 않겠다고 말했다. 중간에 단 한 차례 이런 철칙을 깨뜨린 적이 있었다.

그가 고등학당에 다닐 당시 종아리에 진물이 나는 부스럼 병이 난 적이 있다. 마치 정저疔疽와 같았다.

학교 내에는 여러 종류의 국화가 있었다. 그는 국화잎을 씹어 먹거나 상처에 붙이곤 했다. 동창인 육규구陸逵九가 의학을 알고 있었다. 그는 이종오의 병을 보고 곧 혀를 내밀어 보라고 주문했다. 그는 이종오의 혀를 보고 "너의 혀는 온통 검은색인데도 아직 치료를 받지 않았단 말인가"라며 경악했다. 이 말을 듣고 모골이 송연해졌다. 그는 휴가를 내어 요양할 도리밖에 없었다. 침실에서 쉬면서 속으로 이같이 생각했다.

'이것은 어이 생긴 병일까? 어째서 혓바닥이 온통 검은색이 된 것일까?'

이 때 그는 황홀한 표정으로 크게 깨달은 바가 있었다. 육규구를 찾아가 말했다.

"나는 종아리에 창병이 난 것을 제외하고는 조금도 병이 난 것을 몰랐는데 내 혀가 온통 검게 되었다. 이는 국화잎을 씹어 먹었기 때문이 아닌가?"

육규구가 그보고 혀를 내밀라고 한 뒤 자세히 살펴보았다. 이어 이같이 말했다.

"틀림없어, 틀림없어!"

두 사람은 서로 쳐다보면서 크게 웃었다. 이것이 그가 국의國醫를 행동으로 풍자하게 된 배경이다.

7. 전통무술

사천에는 조용히 무공을 연마하는 소위 정공파靜功派가 대단히 많다. 예컨대 동선사同善社와 유문劉門, 관룡파關龍派, 오초자파吳礁子派 등이 그들이다. 이들 사이에는 '정공'을 연마하는 기본서가 한 권 있다. 이름하여 『낙육당어록樂育堂語錄』이라고 한다. 이 책은 청대 말기의 전설적인 도사인 황원길黃元吉이 사천성에 와서 도를 강의할 때 만든 책이라고 한다. 정공파의 각파 사람들은 모두 이 책을 하늘이 내려준 '천서天書'로 여긴다.

이로 인해 이종오도 자세히 읽게 되었다. 그는 처음에 정공을 연마하는 것이 약을 복용하는 것보다 훨씬 효과가 있을 것으로 생각했다. 그러나 그가 시험한 결과는 과연 어떻게 나왔을까? 그의 말에 따르면 30분도 채 안 돼 조용히 앉아 있겠다고 생각하면 할수록 심사가 더욱 산란해져 강제로 진정을 하려고 했으나 그럴수록 더욱 고통스런 형벌을 받는 느낌이었다고 한다. 어느 파의 수련방법이든 모두 시험해 보았다. 그러나 아무런 효험을 얻을 수가 없었다. 이 글은 그가 정공을 풍자한 내용이다.

이종오는 한의학을 공부했으나 소기의 성과를 거두지 못했다. 정공을 연마했으나 역시 아무런 성과도 얻지 못했다. 그래서 그는 권법을 연마하기로 작정했다. 그래서 그는 우선 권법가의 기공술을 연마했다. 계속해서 태극권을 배웠다. 그는 두 가지를 배운 결과 이런 결론을 얻었다.

기공은 어떤 모양을 흉내 내지 않은 것이 없으나 이는 자연스런 동작을 위반한 것이라는 결론을 내렸다. 태극권은 동작은 그다지 격렬하지 않으나 그런 대로 비교적 적당하다는 판단을 하게 되었다. 그러나 그는 얼마 안돼 포기해 버렸다. 거기에는 일정한 규율이 있어 그는 그 구속을 견디기 어려웠던 것이다.

결국 그는 스스로 하나의 권법을 만들었는데 이름하여 '무극권'이라고 했다.

그의 설명에 따르면 기공과 태극권을 하나로 합친 것이 바로 '무극권'이라고 한다. 생각에 따라 동작이 이뤄지고 그 뜻에 따르지만 어떤 일정한 궤적에 구애받지 않는 것이다. 황제내시법과 천은자존상법 등을 대략 참조했다고 한다. 또한 장자가 말한 '진인의 호흡법을 이용하여 걷는다'는 이치 등도 참고해 이 권법을 만들었다고 한다.

그에 따르면 이 권법은 잠잘 때나 앉아 있을 때, 책을 읽거나 글을 쓸 때, 사람과 대화를 나눌 때조차도 수행이 가능하다고 주장한다. 그는 장래에 이런 권법을 전해줄 수만 있다면 후흑 교주 뿐만 아니라 '무극조사無極祖師'로 불릴 만하다고 말했다. 내가 그를 만났을 때 무극권의 내용에 대해 묻자 그는 웃으면서 이같이 말했다.

"그 이름이 무극권인데 더 이상 무슨 설명이 필요하겠는가? 있는 듯 없는 듯, 오묘하고 또 오묘할 뿐이다."

그가 권법을 배운 것은 자신의 변덕스러움을 풍자하기 위한 것인지도 모른다. 그도 아니면 당당하기 그지없는 전통무술을 풍자한 것인지도 모른다.

8. 만가

이종오가 죽은 다음날 성도의 각 신문은 모두 '후흑 교주'라는 칭호를 사용하여 그의 서거 소식을 특서했다. 다시 며칠이 지난 뒤 자류정의 각계 인사들이 그를 위한 추도회를 열었다. 이 때 여러 만가輓歌를 수집했다. 이 자리에서도 역시 '후흑 교주'로 모시자는 의논이 대세를 이뤘다. 그가 생전에 사람들을 조소하기 위해 자조적으로 사용한 이 용어가 결국 자신의 사후에 하나의 시호가 된 셈이다. 당시의 대표적인 만가다.

임서여任瑞如 선생 왈

– 교주는 명부(冥府)로 돌아갔으나 계속 후흑학을 천명하네! 모든 고혼들이 관에 올라 발재(發財)하는 길이 여기 있나니. 선생의 글은 모두 날카로웠으니 다시는 세상을 풍자하지 못하네! 저들 탐관오리와 무능한 선비들이 늑대의 마음과 개의 모습을 다 보여주었느니.

이견백李堅白 선생 왈

– 후흑은 우의(寓意)로 풍자하니 도가와 불가의 마음과 내용이네! 5천여 자로 앞뒤가 휘황하네!
정력을 다해 저술을 하니 그 현철하고 품격 있는 학문이여, 고금의 모든 이름이 다 거론됐네!

양자운楊仔耘 선생 왈

– 자품이 호방해 늘 사안을 뒤집으니 사상을 표현함에 기담(奇談)을 즐기누나. 고분(孤憤)이 그대로 흉중에 남았으니 암수 고혼이 황원(黃原)에서 희학(戲謔)을 하네!

이부형李符亨 선생 왈

– 한 덩이 철석심을 모두 갖추니 선생의 독존이 어디에 있소. 선생의 흑기(黑氣)가 하늘에 가득 차니 촉추(蜀酋) 선생의 비감함을 남기는 듯하네!

사위 양이빙楊履冰 선생 왈

– 공이 쓴 책 키만큼 쌓였으니 분연히 속세 소인들을 드러냈구나. 후흑 일편으로 뛰어남과 간사함을 철필(鐵筆)을 휘둘러 가려내셨네!

9. 헌시

나는 새벽녘에 일어나
남의 집 모퉁이에서 서서 훌쩍거리며 운다네!
사람들은 나를 싫어하지
내가 불길하다고 말하니
나는 지저귀며 남에게 귀여움을 받을 수 없다네!

– 호적(胡適)의 까마귀

이 시는 거의 30년 전에 작가 자신이 『상시집嘗詩集』에 손수 넣은 것이다. 당시 호적 박사는 분명 남에게 귀여움을 받지 못하는 까마귀를 빗대어 자신의 처지를 읊었을 것이다. 오늘날 이 시는 작가 자신을 비유한 것으로 해석하기보다는 시정잡배들의 낯가죽을 가차 없이 들추어내 그들의 본심을 밝혀냄으로써 이 세상 모든 나쁜 무리들의 정체를 일제히 폭로하는 시로 읽히는 게 더 나을 것 같다.

이종오의 지저귀는 소리는 사람들을 화나게 하고 초조하게 만든다. 그러므로 그야말로 진정한 한 마리의 까마귀라고 하겠다. 나는 지금 그에게 이런 시 한 수를 바치고 싶다.

구구
구구
카카카카 − − − − −
카카카카 − − − − −

혹자는 이게 무슨 시냐고 물을 것이다. 이것이 바로 부엉이 시이다. '구구'는 부엉이가 우는 소리이고 '카카'는 부엉이가 웃는 소리이다. 우리 고향 사람들은 "부엉이가 울지 않으면 웃을까 걱정된다"고 말한다. 들리는 바로는 부엉이가 울면 당연히 불길하지만 그건 오히려 별것이 아니고 부엉이가 웃으면 반드시 사람이 죽거나 아주 큰 흉조를 예고한다고 한다. 후흑 교주의 냉소는 부엉이의 울음소리나 웃음소리를 들은 것처럼 모든 사람들의 머리카락이 곤두설 정도로 간담을 서늘케 한다. 따라서 그는 한 마리의 까마귀일 뿐만 아니라 부엉이라고 할 만하다.

만일 그가 '사상계의 혜성'이라고 불리면 또 한번 사람들의 분노를 사게 될 것이다. 혜성이란 속칭 재수 없는 것으로 통하여 그것이 나타나면 천재지변 내지 불상사를 예고한다. 일반사람들은 물론 왕공, 대신들도 그것을 두려워 할 뿐만 아니라 과학을 깊이 연구하는 천문학자들조차 경계심을 갖고 그 움직임을 예의 주시한다. 다른 행성에도 인류가 있다면 그들 역시 이에 못지않게 공포에 떨며 경계하게 될 것이다. 왜냐하면 그것은 자연계에서 법칙을 준수하려 하지 않고 기다란 꼬리를 끌며 좌충우돌의 모습으로 돌진하기 때문이다. 결국 인류는 그것을 도무지 자연의 이치에 좇아 측량할 길이 없기 때문에 두려워하는 것이다.

사상계에서 혜성이 일으키는 작용 또한 이와 같다. 후흑 교주의 사상은 전통을 따르지 않은 것은 물론 옛 것에 결코 안주하지 않았다. 또 그는 그 당시 국내외 사람들의 의견을 받아들이지도 않고 자연현상이든 인간사든 오직 자기 고집대로만 생각하고 자신의 견해와 해석만을 주장했다. 그의 독단적인 사상이 혜성이 아니고 무엇이겠는가? 그가 모든 사람들의 분노를 야기해 전사회적으로 불길한 인물로 지목된 것도 어찌 보면 당연한 일이다. 그가 까마귀처럼 울면서 왔다 갔다 하고 부엉이처럼 울다가 웃다가 하니 어떻게 사람들이 싫어하고 미워하지 않을 수 있겠는가? 때문에 사회 돌아가는 것에 관심을 갖는 인사들은 그의 학설이 널리 퍼져 괜히 사회에 해를 끼치지나 않을까 하여 그를 비판하는 글을 쓰기도 하고 대중 앞에서 그를 통렬히 비판하기도 했다.

나는 5년 전에 천주교의 아무개 주교가 공개적인 강연석상에서 그를 헐뜯은 사실을 기억하고 있다. 내가 이 사실을 그에게 알려주자 그는 당장 도전으로 받아들여 한 통의 선전포고문을 썼다. 제목은 「천주교 주교 아무개에 대한 후흑 교주의 답변」이었다. 전체 내용을 확실히 기억하지는 못하지만 내 기억으로는 틀림없이 신랄한 풍자였다. 다음의 첫 대목만 어렴풋이 기억난다.

"나는 후흑 교주이고 너는 천주교의 주교이다. 주교는 교주보다 한

계급이 낮다. 너희들 천주교는 이미 상당한 지위를 누리고 있는데 네가 뜻밖에도 주교의 신분으로 감히 교주인 나의 학설을 비난하다니, 너는 아무래도 좀 지나치게 주제 넘는 것 같다…. 너희가 기도드릴 때 세 부위를 살짝 찍는 모습을 볼 수 있는데 이는 앞가슴의 요염한 두 개의 젖꼭지를 가리킬 뿐이다. 근거 없는 말로 대중을 현혹시키고 운운."

당시 그는 그 글을 신문에 게재하고 싶어했으나 내가 거듭 말리자 겨우 그만두었다. 최근에는 심무 선생이 『후흑비판』이란 책자를 통해 후흑학에 대해 사정없이 호된 공격을 퍼붓고 있다. 하지만 애석하게도 후흑교주는 그 책을 미처 보지 못했다. 결국 누가 옳고 누가 그른지는 부득이 제3자의 판단에 맡길 수밖에 없게 되었다.

그가 세상을 떠난 지도 벌써 3년 반이란 세월이 흘렀다. 묘에 심은 묘목들은 어느 정도 자랐을 터인데 외로운 넓은 들판에 홀로 있으니 누가 그와 함께 할까? 저 멀리 달이 지고 까마귀가 날아간다. 한밤중에 물수리는 울어대는데 … 이제 앞의 시구를 다시 읊어 영령에 애도를 표하고자 한다.

구구

구구

카카카카 – – –

구구

구구

카카카카 – – –

장묵생 쓰다.

후흑학

厚黑學

편역자 후기

이종오의 『후흑학』은 크게 3가지 대전제 위에 서 있다. 첫째, 그의 이론은 고자가 주장한 바와 같이 '가선가악설'의 인성론에 기초해 있다. 그는 순자의 인성론을 맹자의 성선설에 대비되는 것으로 해석했으나 맹자의 성선설에 대비되는 것은 한비자 등 법가의 성악설이다. 맹자 및 한비자의 극단적인 인성론을 제외하고는 관중과 공자, 순자 모두 '가선가악설'의 인성론을 피력했다고 볼 수 있다. '가선가악'과 '무선무악', '유선유악' 등은 표현상의 차이만 있을 뿐 사실 같은 것이다.

그러나 이종오처럼 순자를 성악설의 진원지로 파악할지라도 큰 차이는 없다. 순자의 성악설 자체가 예교에 의한 교화를 전제로 하고 있기 때문이다. 그런 점에서 『후흑학』이 법가처럼 인성의 악성惡性에서 출발한 것은 나름대로 타당하다. '면후面厚'와 '심흑心黑'을 강조한 그의 주장이 법가사상가들의 통치술과 일치하고 있는 이유다.

둘째, 그의 이론은 '후흑구국'에서 출발하고 있다. 그가 중국인민은 물론 제국주의의 침략을 받은 세계의 모든 약소민족에게 하나로 뭉쳐 맞설 것을 호소한 것은 그의 『후흑학』이 사변론이 아닌 실천론에 입각해 있음을 보여준다. 이는 동양 전래의 '지행합일' 사상에 기초한 것이다.

어떤 학문과 사상이든 민족 및 국가가 처한 현실을 제대로 진단하지 못한 채 공허한 처방전만을 제시할 경우 그 민족의 앞날은 불행해질 수밖에 없다. 나아가 자신들을 압제하는 자들의 이론을 무비판적으로 원용할 경우 그 폐해는 상상하기 어렵다. 그럼에도 동양에서는 21세기의 현재에 이르기까지 근 1백 년 넘게 이런 양상이 지속되고 있다. 중국과 북한 등이 아직도 공산주의 이론을 폐기하지 않고 있고 남한에 '대통령학'을 비롯한 미국의 이론만이 횡행하고 있는 게 그 증거다.

이민족의 침략을 받고 남쪽으로 쫓겨간 상황에서도 당쟁을 일삼은 송대와 명대의 유학자들 역시 이와 별반 다를 게 없다. 이종오가 '후흑술'을 두고 사리의 도모 차원에서 사용하면 비루한 인물이 되나 구국 차원에서 활용하면 위대한 인물이 될 수 있다고 강조한 것은 바로 이 때문이다.

셋째, 그의 이론은 노장학을 바탕으로 한 일종의 '통합론'에 기초해 있다. 그는 노장학을 동東과 서西, 범梵과 아我, 선善과 악惡, 입세入世와 출세出世 등의 대립되는 개념을 하나로 관통할 수 있는 학술로 간주했다. 그의 이런 주장은 삼국시대 당시 『논어』와 『도덕경』을 같은 차원에서 주석한 위나라의 왕필王弼과 맥을 같이 하는 것이다.

사상사적으로 볼 때 중국의 역사는 지배층의 유가사상과 피지배층의 도가사상이 일면 대립하며 협조하는 양상으로 전개돼 왔다. 지배층의 유가사상은 유법합류儒法合流에 의한 것이었고, 피지배층의 도가사상 역시 도불습합道佛褶合의 모습을 띠었다. 노장학에 대한 그의 새로운 평가는 전래의 고유사상에 대한 중국인 특유의 자부심에서 비롯된 것이다. 그가 노장학을 입세간과 출세간을 관통하는 이론으로 재평가한 것은 탁견이다.

그의 『후흑학』은 동양 전래의 역사문화적 전통을 토대로 득국得國 및 치국治國에 관한 이론을 집대성한 것으로 볼 수 있다. '후흑술'은 패도에서 말하는 '법술세法術勢'의 또 다른 표현이다. '후흑술'을 구사할 때 왕도에서 역설하는 '인의'의 탈을 뒤집어쓰라고 강조한 것은 겉으로는 유가를 내세우면서 속으로는 법가의 패도를 구사하는 역대 중국 황제의 '유표법리儒表法裏' 통치술을 패러디한 것으로 해석할 수 있다.

그럼에도 많은 사람들이 그의 『후흑학』을 단순한 '처세학' 정도로 이해하고 있다. 여기에는 '후흑술'만을 따로 떼어서 간행한 출판업자 및 번역자들의 책임이 크다. 그러나 그가 활약한 20세기 초기는 물론 21세기 현재까지도 『후흑학』을 제대로 평가할 수 있는 학문적 풍토가 조성되지 않은 게 더 큰 문제다. 이는 한비자가 자신의 저서로 인해 죽임을 당하고 순자가 맹자를 공격했다는 이유로 공자묘에서 쫓겨난 것에 비유할 수 있다. 서양에서 마키아벨리의 『군주론』이 수백 년 동안 교황청에 의해 금서로 묶인 것과 같은 맥락이다.

일찍이 『후흑학』을 번역한 오까모토 마나부岡本學는 후흑학 이론으로 모택동 등을 분석해 눈길을 끈 바 있다. 모택동과 장개석에 대한 그의 분석은 적잖은 흥미를 자아내고 있다. 그는 '심흑心黑'에 뛰어났던 장개석이 자신의 진면목을 유감 없이 발휘한 실례로 1936년의 서안사건西安事件을 들었다. 자신을 감금했던 장학량에게 군사재판에서 무죄가 되도록 해주겠다고 회유해 남경으로 데리고 간 뒤 곧바로 약속을 헌신짝처럼 저버렸다는 게 논거이다. 그는 장개석이 대만으로 쫓겨가면서도 장학량을 대만으로 연행해간 데 이어 사후에도 그를 연금상태로 묶어두었다고 비판했다.

모택동 역시 '심흑'에서 오히려 장개석을 능가하는 바가 있었다는 게 그의 분석이다. 1950년대 당시 대약진운동의 실패로 국가주석의 자리를 유소기에게 넘겨줘야만 했던 모택동이 이내 '문화대혁명'을 일으켜 반전을 꾀한 것을 실례로 들었다. 당시 모택동은 문화대혁명 기간 중 비판의 대상이 된 유소기에게 웃는 얼굴로 안심을 시켰다. 그러나 1969년 유소기를 실각시킨 데 이어 아무도 없는 산골에 연금시킨 뒤 죽게 만들었다. 당시 모택동이 '심흑'을 발휘하지 않았으면 오히려 유소기에 의해 역사무대에서 강제로 퇴장당할 수밖에 없었다는 게 그의 지적이다.

그는 모택동이 『후흑학』을 애독한 것이 '심흑'을 발휘한 하나의 배경이 되었을 것으로 짐작했다. 그의 이런 추론이 사실인지 여부는 확인할 길이 없으나 모택동이 문화혁명 기간 중 소위 '비공批孔' 운동을 전개한 데에는 『후흑학』의 영향이 적지 않았을 것으로 추정된다.

'후흑학' 이론은 동아 3국에서 활약한 근현대 위정자들의 리더십을 분석하는 데 매우 유용한 잣대를 제공하고 있다. 이들이 과연 난세의 상황에서 '후흑술'을 제대로 구사했는지, 구사한 '후흑술'이 과연 사의私義와 공의公義 중 어디에 초점을 맞춘 것인지 등을 검토하면 리더십의 적부適否를 쉽게 알아낼 수 있다.

이종오의 후흑학 이론을 한국의 정치지도자들에게 적용할 경우 어떤 평가가 가능할까? 6공화국 이후에 등장한 역대 대통령의 리더십에 관해서만 간략히 살펴보기로 하자. 노태우는 '면후面厚'에 밝았다. 그는 대선공약으로 '중간평가'를 내세운 바 있다. 그러나 그는 곧 평민당 총재 김대중과 손을 잡고 얼굴색 하나 변하지 않고 이를 폐기시켜 버렸다. 이어 그는 또 다시 민주당 총재 김영삼 등과 손을 잡고 '3당통합'을 성사시켰다. 이는 '면후'가 없었으면 불가능한 일이다.

그러나 그는 '심흑心黑'의 단계에까지는 이르지 못했다. 그는 3당통합 이후 자신의 속셈을 그대로 드러냄으로써 당시 김영삼 민자당 대표에게 덜미를 잡히고 말았다. 이후 14대 대선 직전 탈당을 통해 반전을 꾀했으나 오히려 이로 인해 김영삼의 집권 이후 영어의 몸이 되는 등의 더 큰

화를 자초하고 말았다. 그의 행보는 삼국시대의 손권과 무척 닮아 있다고 할 수 있다.

김영삼의 경우는 '면후'와 '심흑'을 모두 갖췄다고 볼 수 있다. '군부독재 종식'을 내세웠던 그는 열세를 만회하기 위해 3당통합을 태연히 실천에 옮겼다. '면후'의 대표적인 실례이다. 그러나 그는 당선된 후 돌변해 자신의 당선을 위해 애썼던 인물들을 가차 없이 거세했다. '토사구팽兎死狗烹'으로 상징되던 당시의 상황은 그가 '심흑'의 달인이었음을 반증한다.

대선 당시 그의 지원유세에 나섰던 김재순 전 국회의장은 그를 유방에 비유한 적이 있다. 실제로 김영삼은 당선 직후 유방의 '토사구팽' 수법을 곧바로 구사했다. 김재순은 자신이 '토사구팽'의 첫 번째 대상이 되리라고는 꿈에도 생각지 못했을 것이다. 그가 여론에 밀려 정계를 은퇴하면서 이를 '토사구팽'의 전형으로 비난한 것은 역설이다. 김영삼의 경우는 '면후'와 '심흑'을 겸비했다는 점에서 유방과 흡사했다고 평할 수 있다.

김대중의 경우는 '면후'에는 뛰어났으나 '심흑'에는 적잖은 문제가 있었다. 그는 13대 대선 당시 대통령 직선제로의 개헌만 이뤄지면 대통령 출마를 하지 않겠다고 약속하고도 상황논리를 들어 자신의 약속을 뒤집었다. 15대 대선에서는 '내각제개헌'을 공약으로 내세워 당선되었음에도 불구하고 이를 헌신짝처럼 저버렸다. 그가 '면후'의 달인이었음을 반증하는 대목이다.

그러나 그는 '심흑'의 경지에는 이르지 못했다. 대표적인 예로 임기 초반에 일어난 소위 '옷로비사건'을 들 수 있다. 그는 민심이 흉흉하기 그지없었던 당시 사건의 중심에 서 있던 인물을 오히려 영전시키는 등의 오기를 보여주었다. 만일 그가 '심흑'의 달인이었다면 민심 편에 서서 문제의 인물을 가차 없이 제거했을 것이다. 그의 가장 큰 약점은 결단력의 부족에 있었다. 그가 '심흑'의 달인이 될 수 없는 결정적인 배경이 여기에 있다. 그는 삼국시대의 유비와 여러 면에서 닮았다.

문민정부와 국민의 정부 출범에 결정적인 도움을 준 김종필의 경우는 '면후'와 '심흑' 모두 문제가 있었다. 5·16혁명의 당사자이면서도 '후흑'을 체득하지 못해 최고통치권자의 자리에 오르지 못한 것은 물론 번번이 이용만 당한 게 그 증거다. 그는 민자당 대표의 자리를 박차고 나올 때 김영삼을 '장경오훼長頸烏喙'의 인물로 빗댄 바 있다. 월나라의 범리范蠡가 구천의 관상을 두고 '고난은 같이 할 수 있어도 영화를 같이 누릴 수 없는 인물'로 빗댄 것을 모방한 것이다. 유방이 '롤 모델'로 삼은 인물은 다름 아닌 구천이었다. '장경오훼'의 고사까지 훤히 알고 있던 그가 대책을 강구하지 못한 채 쫓겨난 것을 어떻게 해석해야 좋을까?

물론 그는 국민의 정부를 출범시키는 데 결정적인 공을 세움으로써 토사구팽을 당한 것에 대한 설욕을 했다. 그러나 국민의 정부 하에서도 이내 '내각제개헌' 공약이 무산됨에 따라 또 다시 등을 떠밀려 밀려나고 말았다. 이후 총선에서 설욕을 꾀했으나 소수 야당의 총재로 몰락했다가 끝내 정계은퇴를 선언해야 하는 처지가 되었다. '면후'와 '심흑'을 체득하지 못한 후과다. 항우와 유방 사이를 오가는 우여곡절 끝에 마침내 천하통일의 일등공신이 되어 제나라 왕까지 되었으나 결국 '토사구팽'의 대상이 된 한신과 여러 모로 닮았다.

30여 년 동안 한국 정치사를 지배해 온 '3김시대'의 퇴장 여부를 놓고 치러졌던 16대 대선은 '면후'와 '심흑'의 한판 대결이었다. 한나라당 후보 이회창은 모든 면에서 유리했음에도 지난 15대 대선에 이어 연거푸 떨어짐으로써 한때 정계은퇴를 선언해야만 했다. 이는 '면후'의 요체를 터득하지 못한 상황에서 어설픈 '심흑'을 구사한 탓이다.

그는 지난 2000년 4월에 치러진 16대 총선과 2002년 6월에 치러진

지방선거에서 압도적인 승리를 거뒀다. 16대 총선 당시 김윤환 전 민국당 대표를 '토사구팽' 하는 '심흑' 의 일단을 보여주기도 했다. 그러나 이는 선부른 '심흑' 의 표현이었다. 영호남 및 보혁 간의 갈등이 엄존하고 있는 상황에서 그는 모든 사람들을 감싸는 모습을 보여주는 게 옳았다. 그러나 그는 정반대의 길로 갔다. 자신의 최대 약점으로 지목된 '협량狹量' 이 더욱 부각된 이유다.

특히 그는 16대 대선 막바지에 충청권 유권자들의 표심을 잡기 위해서는 자민련 총재 김종필의 지원이 절대적으로 필요했음에도 이를 만연히 대처하는 우를 범했다. 이는 그가 '면후' 를 전혀 체득하지 못했음을 방증한다. 오랫동안 법관생활을 한 것이 결정적인 배경이다.

선부른 '후흑' 은 아예 구사하지 않느니만 못하다. 원래 토사구팽 등의 '심흑' 은 천하를 제패한 후에나 구사하는 것이다. 구천이 20년이나 수모를 견디고 천하를 거머쥔 뒤에야 '토사구팽' 을 구사한 게 그 증거다. 유방 역시 항우를 제압하고 천하를 거머쥔 후에도 한신을 제거할 때까지 '토사구팽' 에 신중을 기했다. 이회창은 천하를 거의 다 거머쥔 상황에서 '면후' 와 '후흑' 의 이치를 제대로 터득하지 못해 항우의 전철을 밟은 셈이다. 2007년의 17대 대선에서 BBK사건 등으로 이명박 후보가 주춤하는 틈을 타 권토중래를 노렸으나 역부족을 절감할 수밖에 없었던 배경이 여기에 있다.

노무현의 경우는 일정 수준의 '심흑' 을 발휘해 청와대 입성에 성공한 경우에 속한다. 그의 '심흑' 은 '국민경선제의 도입' 에서 그 면모를 드러내기 시작했다. 당시 상명하달의 통치문화에 익숙한 한국에서 미국식 하의상달의 '국민경선제' 를 실시하는 것은 무리였다. 그러나 그는 이를 과감히 도입해 가장 유력시되던 이인제 후보를 누르는 데 성공했다. 대선을 불과 10여 일 앞두고 여론조사에 의한 '후보단일화 방안' 을 제시해 승기를 잡은 것은 '심흑'의 결정판에 해당한다. 당시 그가 제시한 방안은 궁여지책의 일환으로 보일 수밖에 없었다. 그러나 그는 거센 비판여론에도 불구하고 이를 성사시켜 단일후보가 되는 데 성공했다.

그럼에도 재임기간 내내 물의를 빚은 것은 득국得國과 치국治國의 차이를 간과한 결과로 볼 수 있다. 원래 '치국'은 '득국'보다 더욱 더 절묘한 '후흑술'을 구사할 필요가 있다. 내치의 차원을 넘어 미국과 중국, 러시아, 일본, 북한 등 주변의 모든 나라를 동시에 요리해야 하는 외치의 막중한 책임을 떠안아야 하기 때문이다.

그러나 그는 전통적인 한미 우호관계를 손상시키는 방법으로 중국 및 북한 등과 접근하는 실책을 범했다. 굳건한 한미 우호관계가 유지되어야만 오히려 중국 및 북한 등에 보다 효과적으로 대응할 수 있다는 간단한 이치를 망각한 것이다. 당시 그는 '네오콘'이 지배하는 부시 행정부의 행태를 감안해 국민의 정부와 일정한 거리를 두는 '면후'의 면모를 보일 필요가 있었다. 자신을 만들어 준 국민의 정부에 대한 '소의小義'에 얽매여 국가 차원의 '대의大義'에 소홀했다는 지적을 면키 어렵다. 임기 마지막에 업적을 남기고자 하는 조바심으로 인한 것이기는 하나 한미 FTA 체결을 강력 추진한 것은 나름대로 평가할 만하다. 그러나 이로 인해 참여정부의 지지기반을 스스로 허물어뜨리는 손해를 감수해야만 했다. 그가 퇴임 후 스스로 목숨을 끊은 것도 열린우리당의 후신인 민주당이 비판적인 자세를 취한 사실과 무관할 수 없다.

이명박 정부도 득국과 치국의 과정을 나눠 분석할 필요가 있다. '청계천 신화'로 서민들에게 'CEO 출신 경제대통령'의 환상을 심어준 뒤 이를 바탕으로 경선과정에서 박근혜 전 대표를 누른 것은 탁월한 '심흑'의 구사로 볼 수 있다. 대선의 막판과정에서 '국정의 동반자' 운운하며 박근혜를 유인해 이회창의 상승세를 좌절시킨 것 역시 '심흑'의 일환으로 보아야 한다.

2008년 초의 18대 총선과정에서 한나라당을 명실상부한 '이명박당' 으로 만들기 위해 공천파동을 일으킨 것은 '면후' 의 대표적인 사례에 속한다. 당시 박근혜 측 인물을 공천에서 대거 탈락시킨 것 자체를 크게 탓할 수는 없다. 새 술은 새 부대에 담을 필요가 있기 때문이다. 문제는 천하의 인재를 공천하는 '공의' 를 좇지 않고 자신과 가까운 인물을 공천해 공당을 사당으로 만들고자 하는 '사의' 를 좇은 데 있다. 그 후유증은 매우 컸다. 이듬해인 2009년의 재보선에서 참패한 게 그 증거다.

그 또한 '심흑' 을 구사해 득국에는 성공했으나 어설픈 '면후' 로 오히려 지지기반을 스스로 허물어뜨렸다는 지적을 면키 어렵다. 이명박 정부가 참여정부의 전철을 밟고 있다는 증좌證左는 크게 2가지로 요약할 수 있다.

첫째, 자신에게 충고와 조언을 해줄 수 있는 인재를 곁에 두지 않는 점이다. 천하를 다스리기 위해서는 왕사王師를 모시고 가르침을 받는 게 가장 바람직하다. 그렇지 못하면 사우師友를 두고 수시로 자문을 구해야 한다. '사우' 는 스승의 가르침을 대신할 수 있는 벗을 말한다. 사우를 두지 못할 경우는 뛰어난 참모라도 곁에 두어야 한다. 이것이 최소한의 조건이다. 그러나 2010년 11월의 '연평도사건' 에서 보았듯이 이 또한 의문시되고 있다.

이명박 정부가 출범 초기에 '고소영내각' 이라는 지적을 받는 것은 이런 최소한의 조건마저 충족시키지 못했다는 증거다. 2010년에 터져나온 소위 '대포폰사건' 과 '영포회사건' 도 문제다. 청와대는 전혀 모르는 일이라고 해명했으나 세인들의 시각은 다르다. 천하와 고향마을을 구분하지 못했다는 지적을 면키 어렵다. 등소평이 집권하는 동안 오해를 살까 우려해 자신의 고향은 물론 한반도의 2배나 큰 사천성조차 아예 들르지 않은 것과 대비되는 대목이다.

둘째, 건설사 CEO 시절의 경험을 과신하며 정치권과 관료 및 언론에 강한 불신을 갖고 있는 점이다. 이명박 정부는 집권 초기에 공무원들의 조기 출근을 독려한 바 있다. 관료집단을 비효율의 상징으로 간주한 결과이다. 나아가 비판적인 언론사를 초청해 정중하게 협조요청을 한 적도 없다. 이는 참여정부가 국회 등의 공식 국가기관을 무시한 채 시민단체 등과 교신하며 기자실에 '대못질'을 한 것과 별반 다르지 않다.

참여정부는 전투가 끝난 후에도 계속 말 위에서 좌충우돌하며 적들을 섬멸하는 우를 범해 실패하고 말았다. 득국과 치국의 이치를 분간하지 못한 소치이다. 이명박 정부는 지금이라도 국민의 생명과 안전을 지키는 최고통치권자의 결의를 다지면서 당대의 인재를 과감히 발탁하는 리더십을 발휘할 필요가 있다. 그러면 사상 처음으로 성공한 대통령이 될 수 있다. 관건은 본인의 결단이다.

현재 '후흑술'로 무장하고 있는 중국은 말할 것도 없고 이웃 일본 역시 야스오카 마사히로安岡正篤의 리더십 이론을 연구하는 소위 '야스오카학'이 유행하고 있다. 각 관청과 기업의 간부 및 임원진들이 '야스오카 벤교카이安岡勉强會'라는 연구모임을 만들어 그의 리더십 이론에 관해 활발한 연구를 진행시키고 있는 게 그 증거다. '야스오카학'은 일본판 '후흑학'에 해당한다.

'후흑학'으로 상징되는 중국은 물론 '야스오카학' 및 '마루야마학'으로 상징되는 일본 모두 통치 리더십과 같은 거대담론이 크게 유행하고 있는데도 유독 우리나라만 이런 논의가 미미한 실정이다. 우리도 거시사巨視史의 관점에서 우리의 역사문화에 기초한 리더십 이론을 만들 필요가 있다. '왕도'를 맹종하다가 '패도'로 무장한 일본에 총 한번 제대로 쏘아보지 못한 채 백성들을 어육魚肉으로 만든 게 불과 1백 년 전의 일이다. 역사문화 배경이 전혀 다른 나라의 리더십 이론을 무차별적으로 수입해 쓰는 짓은 이제 그쳐야 한다. 그것이 미구에 닥쳐올 통일시대를 대비하는 길인 동시에 21세기 동북아시대를 주도적으로 개척해 나가는 길이기도 하다.

후흑학

厚黑學

부록

인성론과 민성론

후흑학의 출발점에 해당하는 인성론이 사상사에서 차지하고 있는 비중은 매우 크다. 모든 학설과 사상에 어떠한 형태든 인성론이 밑바탕에 깔려 있기 때문이다. 동양에서는 춘추시대 말기 이후 특히 전국시대에 들어서면서 인성에 대한 관심이 고조되기 시작했다. 이는 하극상의 풍조가 만연한 시대상황 속에서 자연스런 현상이기도 했다.

인성론은 유가와 법가의 사상적 분기점에 해당한다. 양가의 논쟁이 이 지점에서 첨예하게 충돌하고 있기 때문이다.

심心과 생生이 합쳐져 이뤄진 성性자는 글자 그대로 천성적인 능력이나 기질을 의미한다. 글자 자체가 인간의 본성에 관한 숙고의 결과로 나타난 것이다. 동양은 춘추전국시대부터 이미 유선무악설唯善無惡說(성선설)과 유악무선설唯惡無善說(성악설) 이외에도 선악이 혼재되어 있다는 가선가악설可善可惡說'(선악혼재설), 선악과 무관하다는 '무선무악설無善無惡說'(선악무관설) 등 다양한 견해가 존재했다.

가장 주목되는 것은 '가선가악설'과 '무선무악설'이다. 선악에 대한 평가 자체가 보는 시각 및 시공의 차이에 따라 다양하게 나타나는 만큼

이 설이 가장 타당하다고 할 수 있다. 실제로 관자와 공자, 순자를 비롯해 전한제국 초기에 유입된 불가사상 등이 모두 이런 입장에 서 있었다. 동양의 인성론은 시작부터 '통치의 근본목적은 무엇이고 어떻게 백성을 다스리는 것이 좋은 것인가' 하는 치도治道 및 치술治術문제와 불가분의 관계를 맺고 있었다.

이를 정확히 알기 위해서는 공자를 포함한 제자백가의 사상적 선구자라고 할 수 있는 관자가 과연 인성을 어떻게 파악했는지부터 검토할 필요가 있다.

그는 공자와 마찬가지로 인성문제를 직접 거론한 적은 없다. 그러나 그의 인성론을 엿볼 수 있는 대목이 『관자』를 비롯해 『국어』, 『춘추좌전』 등에 산견되고 있다.

"백성을 따르게 하는 기본은 귀신을 밝게 하고, 산천에 제를 올리고, 종묘를 존숭하고, 조상을 공경하는 데 있다."[1]

이것만으로는 그가 '교민敎民'의 필요성을 말한 것인지 아니면 '사민使民'의 필요성을 강조한 것인지 분간하기가 쉽지 않다. 관자는 원래 백성을 '교민' 및 '애민愛民'의 대상으로 파악하는 동시에 '용민用民' 및 '사민'의 대상으로도 간주했다. 여기의 언급은 '교민'과 '사민'을 동시에 언급한 것으로 보는 게 옳다. 『대학』에서 말하는 수제치평修齊治平에 대한 그의 언급이 이를 뒷받침한다.

"천하는 나라의 근본이고, 나라는 사회의 근본이고, 사회는 가정의 근본이고, 가정은 인간의 근본이고, 인간은 몸의 근본이고, 몸은 다스림의 근본이다."[2]

1. 『관자』「목민」, "順民之經, 在明鬼神, 祇山川, 敬宗廟, 恭祖舊."
2. 『관자』「권수」, "天下者, 國之本也. 國者, 鄕之本也. 鄕者, 家之本也. 家者, 人之本也.

'수제치평'의 근본이 인간 개개인의 심신心身에 있다고 진단한 것이다. 이는 각 개인의 자발적인 인격수양이 전제되어야만 통치가 제대로 될 수 있다고 언급한 것이나 다름없다. 이런 언급은 개인의 인격에 독립적인 가치를 부여하지 않고는 불가능한 것이다. 그렇다면 그는 인간의 몸을 어떻게 파악한 것일까? 그는 몸을 다스리는 방법을 묻는 제환공의 질문에 장년長年(장수)과 장심長心(큰마음), 장덕長德(대덕)을 언급한 바 있다.

"혈기를 고르게 하여 '장년'과 '장심', '장덕'을 도모하는 것이 곧 몸을 위하는 길이다."[3]

그는 백성을 '교화敎化'의 대상인 동시에 '교도矯導'의 대상으로 간주했다. 후대의 성리학자들이 그를 유가가 아닌 법가로 판단한 게 이를 뒷받침한다. 그는 인성의 선악 가능성을 모두 인정했다고 보는 게 옳다. 인성에 대한 그의 기본입장은 '가선가악설可善可惡說'에 가깝다.

공자 역시 인간의 본성에 관해 구체적으로 사색했다는 증거는 전혀 보이지 않는다. 자공이 "공자의 문화에 대한 견해는 들을 수 있었지만 인간의 본성과 하늘의 도리에 대해 지금껏 한번도 듣지 못했다"고 실토한 게 그 증거다.[4] 공자가 인성문제와 천도문제를 의도적으로 회피했음을 짐작할 수 있다.

이는 공자의 생존 당시까지만 하더라도 인성에 대한 관심이 그다지 높지 않았던 사실과 무관치 않다. 그러나 더 큰 이유는 그 자신이 인성의 선악을 논하는 것 자체를 꺼린 데 있다. '신령神靈'과 '천도天道'의 문제를 철저히 외면한 것과 동일한 차원이다. 조상의 신령을 모시는 방법을 묻는

人者, 身之本也. 身者, 治之本也."

3. 『관자』「중광」, "道血氣, 以求長年, 長心, 長德, 此爲身也."
4. 『논어』「공야장」, "夫子之文章, 可得而聞也. 夫子之言性與天道, 不可得而聞也."

자로의 질문에 대한 그의 답변이 그 증거다.

"산 사람도 충분히 못 섬기면서 어찌 신령을 섬길 수 있겠는가? 삶도 잘 모르면서 어찌 죽음을 알겠는가?"[5]

이는 사후세계를 크게 문제 삼지 않는 유가의 학풍을 만들어내는 데 결정적인 요인으로 작용했다. 그는 인간이 가족과 국가, 천하라는 공동체 내에서 상호 긴밀하게 맺고 있는 인간관계를 바탕으로 어떻게 사는 것이 바람직한 것인가 하는 문제에 골몰했다. 그가 천도와 관련해 '외천명畏天命'의 자세를 견지한 이유다. 조상숭배의 자세를 지지하면서도 종교로 흐르는 것을 적극 저지하고 나선 셈이다. 제자백가의 선구자인 유가儒家가 애초부터 학술단체의 성격을 띤 것도 바로 이 때문이다. 종교단체의 성격을 띤 후대의 유교儒教는 공자가 창시한 '유가'와는 그 성격이 다르다.

공자는 『역경』을 깊이 연구하면서도 점복을 치지 않았다. '천도'를 인격신의 뜻인 소위 '천의天意'로 해석한 묵가, 인격신에 가까운 '이신理神'(자연신) 개념으로 파악한 맹자와 극명한 대조를 이루는 대목이다. 공자는 인성에 대해서도 천도를 대하는 태도와 동일한 자세를 견지한 것이다.

그럼에도 인성과 관련한 공자의 기본적인 입장을 엿볼 수 있는 대목이 『논어』 전편을 통해 산견되고 있다. 그는 이같이 우회적으로 설명한 바 있다.

"본성은 서로 가까우나 습관으로 서로 멀어진다."[6]

인성의 선악이 선험적으로 존재하는 것도 아니고, 인간의 현우賢愚 역시 오직 후천적인 훈도薰陶에 의해 이뤄진다는 취지를 밝힌 것이다. 후

5. 『논어』「선진」, "未能事人 焉能事鬼 … 未知生, 焉知死."
6. 『논어』「양화」, "性相近也, 習相遠也."

천적인 훈도는 구체적으로 무엇을 말하는 것일까?

"오직 최상의 지혜로운 사람과 가장 어리석은 사람만큼은 후천적인 습관에 의해 변하지 않는다."[7]

최상과 최하에 해당하는 상지上智와 하우下愚의 두 부류만큼은 어쩔 수 없으나 나머지 모든 사람은 후천적인 교화를 통해 모두 현명해질 수 있다고 본 것이다. 인성의 선악을 인정하지 않았다는 점에서 일종의 '무선무악설無善無惡說'을 주장한 것으로 볼 수 있다. 맹자가 최상의 지혜로운 사람과 최하의 어리석은 사람을 동일시해 성선설을 주장한 것과 대비되는 대목이다.

공자와 달리 맹자는 인성문제를 공식 언급하면서 인간의 본성은 기본적으로 선하다는 '성선설'을 주장하고 나섰다.

"사람은 모두 남의 슬픔을 보아 넘기지 못하는 마음이 있다. 어린애가 장차 우물에 빠지려 할 경우 그것을 본 사람은 누구나 놀라는 동시에 불쌍히 여기는 마음이 일어날 것이다."[8]

이는 '인仁'의 근원이 되는 '측은지심惻隱之心'을 설명한 것이다. '측은지심'이 결코 주위의 칭찬을 듣거나 아이의 부모와 친교를 맺기 위한 목적에서 나온 것이 아닌 데서 알 수 있듯이 인성은 본질적으로 선하다는 게 그의 주장이다. 맹자는 이런 주장을 토대로 인仁·의義·예禮·지智의 4덕四德은 '측은지심惻隱之心'과 '수오지심羞惡之心', '사양지심辭讓之心', '시비지심是非之心'의 4단四端에서 나왔다고 보았다. 그렇다면 근원적으로 선한 '성性'과 대립되는 희로애락 등의 '정情'은 어떻게 보아야 하는

7. 『논어』「양화」, "惟上智而下愚不移."
8. 『맹자』「공손추 상」, "人皆有不忍人之心 … 今人乍見孺子將入於井, 皆有怵惕惻隱之心."

것일까?

"정 역시 선하다고 할 수 있다. 악을 저지르는 자가 있어도 그것은 그의 자질 탓이 아니다."[9]

5감五感에서 비롯된 이욕利欲이 '정'을 어지럽히고, 어지러워진 '정'이 마침내 착한 심성의 '성'을 덮은 결과가 바로 악행으로 표출된다고 본 것이다. 이욕에 휘둘리는 '정'을 착한 '성'을 덮는 먼지로 간주한 셈이다. 실제로 그는 먼지를 털어낸 거울이 본래의 모습을 쉽게 되찾을 수 있듯이 '성'을 덮고 있는 '정'을 털어내기만 하면 누구나 본래의 착한 심성을 찾아낼 수 있다고 주장했다. 그가 "순임금도 인간이고 나 또한 인간이다"라고 호언하며 모든 인간은 능히 성인이 될 수 있다고 주장한 이유가 여기에 있다.

이는 선한 '성'에 대한 확고한 믿음이 없으면 불가능한 것이다. 그는 착한 본성이 드러난 구체적인 실례로 '이성理性'과 '의義'를 들었다.

"마음이 같다는 것은 무엇인가? 그것은 '이理'와 '의義'다. 성인은 우리들의 마음이 다 같이 지니고 있는 '이'와 '의'를 먼저 체득한 것일 뿐이다."[10]

성인과 속인, 악인의 차이는 오직 '이'와 '의'의 체득 여부에 달려 있다는 주장이다. 그의 성선설은 오로지 인성의 착한 본성만 인정했다는 점에서 극단적인 '유선무악설唯善無惡說'에 해당한다. 그의 주장에 따를 경우 4단에 기초한 '성'은 무조건 선하고 5감에 기초한 '정'은 이욕에 휘둘리는 악한 것이 된다.

맹자가 소위 '과욕설寡欲說'을 주장한 것은 착한 '성'을 오염시키는

9. 『맹자』「고자 상」, "乃若其情, 則可以爲善矣 … 若夫爲不善, 非才之罪也."
10. 『맹자』「고자 상」, "心之所同然者何也, 謂理也義也, 聖人先得我心之所同然耳."

'정'을 억제 내지 소거 대상으로 간주한 결과였다. 그렇다면 '정'은 본성에 속하는 것일까, 아니면 다른 그 무엇인가? 주희에 의해 이기론理氣論이 완성된 후 조선에서 이퇴계와 이율곡 사이에 소위 '4단7정론四端七情論'의 뜨거운 공방이 벌어졌다. 이욕에 취약한 '정'을 본성으로 볼 것인가 하는 문제가 논쟁의 발단이다.

이율곡은 7정을 본성으로 간주해 '기氣'로 요약되는 7정이 먼저 움직인 뒤 '이理'로 상징되는 4단이 이에 올라탄다는 소위 '기발이승설氣發理乘說'을 주장했다. '이'와 '기'를 양분한 '이기이원론理氣二元論'에 입각한 주장이기는 하나 '이'의 수반隨伴을 전제로 '기'의 주도성을 인정한 점에서 사실상 기일원론氣一元論에 가깝다. 이는 '정'을 본성으로 파악한 순자의 학설을 좇은 것이나 다름없다.

이에 대해 이퇴계는 4덕의 발현은 4단 자체가 7정에 올라탄 결과일 수도 있으나 때로는 7정과 상관 없이 독자적으로 발동할 수도 있다는 소위 '이기호발설理氣互發說'을 주장했다. '이'가 '기'의 도움이 없을지라도 스스로 발현될 수 있다고 주장한 것은 획기적인 일이다. '이'가 '기'를 압도해 독자적으로 움직일 수 있다고 주장한 점에서 사실상 이일원론理一元論에 가깝다. 이는 7정을 본성에서 제외한 결과로 볼 수 있다. 과연 누구 주장이 맞는 것일까?

결론부터 말하면 '4단7정론'이든 '이기론'이든 도덕철학의 공허한 사변론에 불과할 뿐이다. 인성론은 성리학자들이 정답도 없는 소모적인 사변논쟁을 정쟁의 도구로 삼는 계기를 제공한 것이나 다름없다. 공자가 우려한 사태가 빚어진 셈이다.

본래 '성정性情'은 4단의 '성'과 7정의 '정'으로 구분할 수 있는 게 아니다. 4단의 경우 '측은지심'의 반대에는 '증오지심憎惡之心', '수오지심'의 반대에는 '무치지심無恥之心', '사양지심'의 반대에는 '호승지심好勝

之心', '시비지심' 의 반대에는 '편사지심偏私之心' 이 동시에 자리 잡고 있다. 선하게 표현되는 측면만을 강조해 인간의 본성이라고 주장한 것 자체가 논리적으로 모순이다. 희喜 · 노怒 · 애哀 · 구懼 · 애愛 · 오惡 · 욕欲의 7정에 대해서도 동일한 논리를 적용할 수 있다. 4단7정론은 전제에서부터 파탄을 내장한 궤변에 지나지 않는다. 이는 근원적으로 인성을 선악 2분법으로 나눠 4단만이 본성이고 그에 배치되는 7정 등의 일체의 심성을 본성이 아니라고 간주한 데서 비롯된 것이다.

그럼에도 맹자는 심신心身에 대해서도 성선설과 마찬가지의 논리를 동원해 몸과 마음을 2분법적으로 절단하고 나섰다. 심체心體가 신체身體를 지배한다고 주장한 게 그것이다. 그는 사고의 능력이 없는 5감에서 비롯되는 이욕은 기본적으로 사고능력이 있는 마음에서 비롯되는 4단을 침범할 수 없다고 보았다.

그러나 그의 이런 주장은 논리상의 문제를 안고 있다. 만일 인 · 의 · 예 · 지의 4덕이 4단의 발현이라면 마치 염불을 외우면 극락에 갈 수 있다는 것과 같은 얘기가 된다. 이욕으로 어지러워진 '정' 을 억제 내지 소거하기만 하면 능히 성인이 될 수 있다는 황당한 결론이 도출되는 것이다. 죽을 때까지 부단히 학덕學德을 연마해야만 군자가 될 수 있다고 언급한 공자의 주장과 정면으로 배치된다. 고자告子가 맹자의 '성선설' 을 질타한 것은 바로 이 때문이다. 그는 '무선무악설' 의 관점에서 인성을 이같이 규정했다.

"사람의 본성은 급히 흐르는 물과 같다. 인성에 선악의 구별이 없음은 물 자체에 동서의 구분이 없는 것과 같다."[11]

11. 『맹자』「고자 상」, "性猶湍水也. 人性之無分於善不善也, 猶水之無分於東西也."

고자의 이런 탁견에도 불구하고 맹자와 고자의 인성논쟁은 결론이 나지 않았다. 맹자보다 1세대 뒤에 태어난 순자는 맹자와는 정반대로 '성악설'을 주장한 것으로 알려졌으나 사실 그는 고자와 유사한 '가선가악설'의 입장에 서 있었다. 그의 인성론은 맹자의 낙관적인 인성론과는 정반대로 비관적인 견해에서 출발하고 있다. 사람은 본래 이익을 좋아하고 이기적이어서 만족할 줄을 모른다는 게 그의 기본적인 생각이었다.

"사람은 나면서부터 귀와 눈의 욕망이 있어 아름다운 소리와 빛깔을 좋아한다. 그러나 이것을 따르면 혼란이 생기고, 예의와 아름다운 형식도 없어지게 된다."[12]

공동체의 혼란은 이욕의 방치에서 비롯된다는 게 그의 생각이다. 악행의 배경을 인간 본성의 선악 차원에서 파악하지 않고 국가공동체 차원에서 분석한 것이다. 그는 인간이 본원적으로 지니고 있는 호리심好利心과 투기심妬忌心, 색욕色欲 등이 발동할 경우 쟁탈전이 빚어지고, '예'로써 다스리지 않을 경우 공동체의 혼란은 필연적일 수밖에 없다고 보았다.

"이제 사람의 본성은 태어나면서 그 소박함과 원래 자질에서 벗어남으로써 반드시 그 기본속성을 잃어버릴 것이다."[13]

개인마다 '정'을 마구 방출하는 '사정肆情'의 무질서한 상태가 지속되면 끝내 소박한 자질마저 잃어버릴 것이라고 경고한 것이다. 육체적 이욕에 뿌리를 두고 있는 '정' 자체를 본성의 일부로 간주한 결과다. 그에게 '성'은 '정'과 분리시킬 수 없는 '성정情性' 그 자체였다. 그렇다면 '성정'의 무절제한 발산으로 인한 공동체의 혼란을 방지하기 위한 방안은 무엇일까? 그가 내린 처방이다.

12. 『순자』「성악」, "生而有耳目之欲, 好聲色焉, 順是. 故淫亂生而禮義文理亡焉."
13. 『순자』「성악」, "今人之性, 生而離其朴離其資, 必失而喪之."

"사람이 감정을 좇는다면 반드시 서로 쟁탈전을 벌이게 되고, 끝내 분수를 어기고 이치를 어지럽혀 난폭해진다. 그래서 반드시 사법지화師法之化(스승과 법도에 의한 '교화')와 예의지도禮義之道(예의를 좇은 '인도')가 있어야 하는 것이다."[14]

그가 '예치禮治'를 강조한 이유가 여기에 있다. 이기심과 욕망으로 가득 찬 사람일지라도 '예제'에 따른 교화작업을 통해 얼마든지 본래의 소박한 심성을 지닌 인간으로 되돌릴 수 있다고 주장한 것도 바로 이 때문이다. 그런 점에서 그의 인성론은 '성악설'과는 거리가 멀다. 그의 인성론의 가장 큰 특징은 악행 내지 악성으로 표출된 '성정'을 예제를 통해 원래의 소박한 성정으로 되돌릴 수 있다고 본 데 있다. 이를 뒷받침하는 해당대목이다.

"길거리의 사람도 우임금과 같은 성인이 될 수 있는 까닭은 무엇인가? 그가 인의 및 올바른 법도를 행하기 때문이다."[15]

필부일지라도 예제에 합치되도록 교화만 잘하면 능히 성인이 될 수 있다고 본 것이다. 모든 사람이 노력만 하면 성인이 될 수 있다고 주장한 점에서는 맹자와 하등 다를 바가 없으나 성인에 이르는 경로가 다르다. 맹자는 이욕에 휘둘리는 '정'을 억제 내지 소거할 것을 주장했으나 순자는 이를 예제로 다스릴 것을 주장한 것이다.

"본성으로부터 나타나는 호好·오惡·희喜·노怒·애哀·락樂을 '정'이라고 한다. '정'이 자연스럽게 움직여 마음이 그것을 선택하는 것을 '사려'라고 한다. 마음이 생각해 능력이 그렇게 행하는 것을 '위僞'(작위)

14. 『순자』「성악」, "順人之情, 必出於爭奪. 合於犯分亂理而歸於暴, 故必將有師法之化禮義之道."
15. 『순자』「성악」, "塗之人, 可以爲禹 … 以其爲仁義法正也."

라고 한다."[16]

그가 인성의 악성을 교화하는 구체적인 수단으로 인위적인 예제를 든 이유가 여기에 있다. 여기의 '위'는 인人과 위爲를 결합한 작위로서의 '위僞'를 의미한다. 이는 수양을 계속 쌓아나가는 것을 뜻한다. 작위를 이룬다는 것은 곧 예의와 법도에 따라 교화하는 것을 의미한다.

"배울 수도 도모할 수 없는데도 사람에게 있는 것을 본성이라고 한다. 배우면 할 수 있고 도모하면 이룰 수 있는 것이 사람에게 있는 것을 작위라고 말한다."[17]

이기심 등을 동반한 '성정'을 본성, 배우고 노력해서 '성정'을 다스리도록 만드는 것을 '작위'로 규정한 셈이다. 작위는 생각이 쌓이고 능력이 갖춰진 연후에 이루어지는 까닭에 올바른 판단을 할 수 있는 사려작용이 전제되어 있다. 그가 '성인聖人'을 '작위'의 주체로 삼은 이유가 여기에 있다.

"성인은 생각을 쌓고 작위를 익혀 그것으로써 예의를 만들고 법도를 제정한다. 그러므로 예의와 법도는 성인의 작위에 의해 생겨나는 것이지 사람의 본성으로부터 생겨나는 것이 아니다."[18]

인간의 사려를 기초로 해 성립된 예제가 국가공동체의 기준으로 제시될 경우 인성은 물론 어지러운 세상도 바로 잡을 수 있다고 본 것이다. 그가 '과욕설'을 주장한 맹자와 달리 예제에 의한 순치를 전제로 한 '제욕설制欲說'을 주장한 배경이 여기에 있다. 그런 점에서 그의 주장은 사실

16. 『순자』「정명」, "性之好惡喜怒哀樂, 謂之情. 情然而心爲之擇, 謂之慮. 心慮而能爲之動, 謂之僞."
17. 『순자』「성악」, "不可學不可事而在人者, 謂之性. 可學而能可事而成之在人者, 謂之僞."
18. 『순자』「성악」, "聖人積思慮習僞, 故以生禮義而起法度. 然則禮義法度者, 是生於聖人之僞, 非故生於人之性也."

'인성론' 보다는 '교화론'에 가깝다. 굳이 인성론에 넣어 해석할 경우 고자와 마찬가지로 '가선가악설'을 주장한 것으로 볼 수 있다.

공자는 기본적으로 인간 모두 학덕學德의 연마를 뜻하는 '극기복례克己復禮'를 통해 군자가 될 수 있다고 본 까닭에 인간의 본성을 얘기할 필요가 없었다. 정답도 없는 인성을 얘기하는 것 자체가 논란만 가중시켜 정작 중요한 '극기복례'의 학덕 연마를 방해할까 우려했던 것이다. 순자도 공자와 마찬가지로 인간의 사려 깊은 이지理智에 한없는 신뢰를 보냈다. 학덕의 연마에 따라 군자와 소인이 갈린다고 설파한 게 그 증거다.

그런 점에서 착한 본성 위에 덮인 욕정의 먼지를 털어내는 것만으로 능히 성인이 될 수 있다고 주장한 맹자는 '배움'을 소홀히 했다는 지적을 면키 어렵다. 이에 대해 맹자는 이같이 해명했다.

"사람이 배우지 않고도 할 수 있는 것은 양능良能 때문이고, 생각하지 않고도 알 수 있는 것은 양지良知 때문이다."[19]

그의 '양지양능설'은 '배움'을 소홀히 취급했다는 지적을 면키 위한 억지논리에 불과하다. 엄밀히 말해 인간이 태어난 후 '교화'를 받지 않고 인간답게 살 수 있는 길은 아무것도 없다. 그럼에도 그는 선천적인 '양지양능'에 의해 능히 4단에 기초한 4덕을 발휘할 수 있다고 주장한 것이다. '4단'과 '4덕'은 물론 '양지양능' 모두 공허한 관념에 불과할 뿐이다. 그럼에도 이는 1천여 년 후 송대의 성리학자들에 의해 새롭게 인식됨으로써 송대 도덕철학의 근원이 되었다.

순자가 공자의 취지를 거스른 맹자를 질타한 것은 바로 이 때문이었다. 그러나 그는 이로 인해 아성亞聖으로 숭상된 맹자의 '성선설'에 대비

19. 『맹자』「진심 하」, "人之所不學而能者, 其良能也. 所不慮而知者, 其良知也."

되는 '성악설'을 주장한 원흉으로 몰려 마침내 공자사당에서 쫓겨나는 수모를 당하고 말았다. '성'과 '정'을 하나로 묶어 본성으로 파악한 뒤 이를 '성악'으로 표현한 후과다.

사실 맹자와 정반대되는 입장에서 성악설을 주장한 사람들은 순자가 아닌 법가였다. 부국강병을 위한 엄격한 법치를 주장했던 상앙은 인성 대신 민성民性을 거론하며 이같이 지적한 바 있다.

"민성의 특징은 재어본 뒤 긴 것을 취하고, 달아본 뒤 무거운 것을 취하고, 견주어 본 뒤 이익이 되는 것을 찾는 데 있다."[20]

인간의 본성은 기본적으로 이익과 명예, 권력을 추구하는 속성을 지니고 있다고 지적한 것이다. 한비자는 이를 보다 정치하게 다듬었다. 그 역시 '민성'을 분석대상으로 삼았다.

"무릇 '민성'이란 일하는 것을 싫어하고, 편한 것을 좋아하는 법이다. 그러나 편한 것을 찾으면 황음해지기 쉽고, 결국 다스릴 수 없게 된다. 다스릴 수 없게 되면 곧 어지러워진다."[21]

이들의 '민성론民性論'은 순자의 '교화론'과 취지를 같이 하는 것이다. 다만 순자는 악행을 저지른 사람도 성인이 만든 예제를 통해 능히 교화할 수 있다고 본 데 반해 이들은 오직 강력한 법만이 이들을 '교정矯正' 할 수 있다고 본 게 다르다. 법가는 예제를 만들 수 있다는 성인의 존재 자체를 인정하지 않았다. '예치'를 주장한 순자와 '법치'를 주장한 법가가 바로 여기서 갈린다. 순자의 제자인 한비자가 볼 때 이익을 좋아하는 인간의 '호리지성好利之性'은 군신 간은 물론 부자 및 부부 사이에도 예외 없이 드러나고 있다.

20. 『상군서』「산지」, "民之性, 度而取長, 稱而取重, 權而索利."
21. 『한비자』「심도」, "夫民之性, 惡勞而樂佚, 佚則荒, 荒則不治, 不治則亂."

"남아를 낳으면 축하를 하고 여아를 낳으면 죽인다. 나중의 편안함을 고려해 장기적인 이익을 계산했기 때문이다. 하물며 이런 관계도 없음에야 더 말할 나위가 없다."[22]

인간은 본질적으로 이해관계를 벗어날 수 없는 까닭에 가족관계도 예외가 될 수 없다고 본 것이다. 장의사가 사람이 많이 죽어 장례식이 이어지는 것을 바라고, 의사가 사람들이 싫어하는 종기를 기꺼이 빠는 행위 등이 논거로 제시됐다. 모든 인간관계는 이기심에 따른 끈으로 연결되어 있다는 그의 주장은 이욕에 휘둘리는 인간의 적나라한 모습을 날카롭게 지적한 것이다. 그가 군주들에게 설령 신하가 충성스런 모습을 보일지라도 사실은 영달하려는 마음에서 군주에게 아첨을 하는 것에 불과하다고 경고한 배경이 여기에 있다.

법가는 엄한 법치를 통해서만 '호리지성'을 통제할 수 있다고 주장한 점에서 맹자와 정반대되는 '유악무선설唯惡無善說'을 주장한 것이나 다름없다. '성악설'의 장본인이 바로 법가인 셈이다. 이는 인성에 대한 철저한 불신에서 비롯된 것이다. 인간은 그 누구라도 가면을 벗기고 나면 이해관계에 따른 이기주의의 추악한 모습을 드러낼 수밖에 없다고 본 결과이다.

법가가 개인 차원의 심신수양과 정반대되는 국가공동체 차원의 법적 제재에 지대한 관심을 기울인 것도 이와 무관치 않다. 법가는 유가가 강조하고 있는 민의 및 민심에 대해서도 비판적인 입장을 견지하고 있다. 민의와 민심 자체도 개인적인 이기심의 표현에 불과하다고 본 것이다. 이를 뒷받침하는 대목이다.

22. 『한비자』「육반」, "產男則相賀, 產女則殺之 … 慮其後便計之長利也 … 而況無父子之澤乎."

"옛날 우임금은 장강의 물길을 트고 황하의 바닥을 쳐냈는데도 백성들은 기와와 돌을 그에게 던졌다. 우임금은 천하를 이롭게 하고, 정나라의 자산은 나라를 편하게 했는데도 비방을 받았다. 백성들의 지혜가 쓸모가 없다는 것 또한 자명한 일이다."[23]

군주를 가볍게 여기고 백성을 높이는 맹자의 '귀민경군貴民輕君' 주장과 달리 군주를 높이고 백성을 가볍게 보는 이른바 '귀군경민貴君輕民'을 주장한 배경이 여기에 있다. 이는 백성들을 교민教民의 대상이 아닌 사민使民의 대상으로 간주한 결과다. 이런 주장은 인구가 증가하는 것과 반비례해 먹을 것이 적어지고, 필연적으로 각 개인의 이기적인 '호리지성'이 상호 충돌할 수밖에 없다는 인식에서 나온 것이다. 혼란스런 상황에서 국가공동체의 안녕을 기하고 한발 더 나아가 천하를 통일하기 위해서는 반드시 강력한 법으로 '호리지성'을 다스려야 한다고 주장한 배경이 여기에 있다. 한비자는 이같이 역설했다.

"지금 버릇 나쁜 자식이 있다. 부모들이 성내어도 행동을 고치지 않고 마을 사람들이 욕해도 꿈쩍하지 않으며 스승과 윗사람들이 가르쳐도 변하지 않는다. 관리가 병사를 동원해 법적 제재를 가하고자 하면 무서워서라도 태도를 바꾼다."[24]

인간의 '호리지성'은 결코 맹자가 말하는 덕화德化나 순자가 언급한 교화教化로 치유할 수 없고 오직 강력한 법치를 전제로 한 '교정矯正'에 의해서만 가능하다는 신념에서 나온 것이다. 전국시대의 험악한 인심이 법

23. 『한비자』「현학」, "昔禹決江濬河, 而民聚瓦石 … 禹利天下子産存鄭, 皆以受謗. 夫民智之不足用亦明矣."
24. 『한비자』「오두」, "今有不才之子, 父母怒之不爲改, 鄕人譙之不爲動, 師長敎之不爲變 … 州部之吏 操官兵推公法, 而求索姦人, 然後恐懼變其節易其行矣."

가의 이런 신념에 적잖은 영향을 미쳤을 것이다. 당시의 상황에 비춰 그의 이런 주장은 나름 타당성을 지니고 있었다.

그러나 이 또한 인성의 이기적 속성을 극단적으로 확대한 데 따른 논리적 모순을 안고 있다. 그의 이론으로는 이타적인 헌신과 양보를 토대로 이뤄진 가족관계 등을 해석할 길이 없게 된다. 사본축말捨本逐末의 우를 범했다는 지적을 면키 어렵다.

이들 선진시대 유법가가 전개한 인성논쟁은 역대 왕조의 치도 및 치술에 지대한 영향을 미쳤다. 전한제국 초기에 동중서는 이들의 인성론을 소위 '성3품설性三品說'로 정리한 뒤 이를 치도 및 치술에 적극 반영할 것을 주장했다. 그의 주장에 따르면 성인지성聖人之性은 순수한 '선', 두소지성斗筲之性(소인배의 협량한 본성)은 순전한 '이욕', 중민지성中民之性은 선악을 겸유한 '인탐지기仁貪之氣'에 해당한다. 그는 통치의 대상인 일반백성의 '중민지성'을 교화하면 착한 본성을 발현케 만들 수 있다고 주장했다. 이를 '교화성성敎化成性'으로 지칭하면서 구체적인 방안으로 방욕防欲 및 손욕損欲을 제시했다. 이는 맹자의 '과욕寡欲'과 순자의 '제욕制欲'을 절충한 견해에 가깝다.

훗날 성리학을 집대성한 주희는 '이기론'에 입각해 욕정을 철저히 제거하는 '멸욕滅欲'을 주장했다. '천리天理'를 실현하기 위해 '인욕人欲'의 개입을 철저히 차단할 것을 주장한 데 따른 극론極論이 아닐 수 없다. 동양은 주희의 '멸욕설'이 횡행하면서 활력을 잃고 붕당정치가 만연한 가운데 쇠락의 길로 줄달음치게 되었다고 해도 과언이 아니다.

서양의 경우는 이와 정반대의 양상을 보였다. 명대 중기인 15세기를 전후해 중국에 들어온 선교사들은 동양의 고전을 라틴어로 번역해 서양에 소개하는 일에 몰두했다. 이는 계몽주의의 등장에 지대한 영향을 미쳤다. 17세기에 서양에서 사상 최초로 '사회계약설'을 주장한 홉스는 『리바이어던』에서 '만인의 만인에 대한 투쟁'을 역설하며 군주에게 주권을 위임해야 한다는 소위 '군주주권설君主主權說'을 주장했다.[25]

서양에서는 그리스 시대 이래 모든 것을 '권리' 개념으로 파악한 까닭에 '자유권', '평등권', '주권' 등의 개념을 만들어냈다. 서양에서 '군주주권설'과 '인민주권설' 등이 나오게 된 것은 국가의 성립 및 존속에 관한 논리를 권리 개념으로 파악한 결과이다. 홉스의 주장은 '주권' 개념을 '군권君權' 개념으로 치환할 경우 '귀군경민'을 언급한 한비자의 주장과 비슷해진다.

국가의 기원과 관련한 서양의 '사회계약설' 역시 그리스 시대부터 계약에 익숙했던 극히 서양적인 풍토에서 나온 것이다. 동양에서는 오히려 '인민추대설人民推戴說'이 유행했다. 『한비자』「오두」편의 해당대목이다.

"상고上古시대에는 사람은 적고 짐승은 많았다. 이 때 어떤 사람이 나타나 집을 지어 위험을 피하게 했다. 백성들이 좋아하며 그를 왕으로 삼았다. 중고中古시대에는 홍수로 인한 재해가 잦았다. 이 때 어떤 사람이 나타나 둑을 터 물길을 소통시켰다. 백성들이 좋아하며 그를 왕으로 삼았다."

동양에서는 원래 백성들의 지지를 받지 못하면 왕의 자리에 오를 수

25. 『리바이어던』은 '교회 및 시민 공동체의 내용·형태·권력'라는 부제를 붙여 1651년 출간한 홉스의 명저이다. '리바이어던'은 『구약성서』「욥기」에 나오는 거대한 동물의 이름이다. 이 책에서는 교회권력으로부터 해방된 국가를 뜻한다. 홉스는 인간은 태어나면서부터 평등하나 자연상태에서는 '만인의 만인에 대한 투쟁'으로 인해 스스로를 지킬 수 없는 위험한 상황에 처해질 수밖에 없다고 보았다. 이를 방지하기 위해 사회계약에 의해 개인의 권리를 모두 군주에게 이양하면서 국가와 정부가 세워지게 되었다는 게 그의 주장이다. 이 논리 하에서 주권은 군주에게 귀속될 수밖에 없다.

없었다. 서양처럼 계약을 통해 나라를 세우고 보위에 오를 여지가 없었던 것이다. 서양이 그리스 시대부터 투표방식을 통해 대표자를 선출한 데 반해 동양은 처음부터 백성들이 군주를 추대하는 방식을 택한 이유가 여기에 있다.

그러나 동양의 경우는 세월이 지나면서 국가흥망의 논리가 바뀌게 되었다. 이는 사람이 많아지고 재화가 상대적으로 적어진 결과였다. 『한비자』「오두」편의 다음 대목이 그 증거다.

"고대의 군왕은 거친 음식을 먹고, 나무껍질로 만든 옷을 입고, 억새풀과 통나무로 만든 궁전에서 살았다. 당시 천하를 양보하는 것은 문지기가 생업을 포기하는 것처럼 쉬운 일이었다. 그러나 요즘은 고을의 수령자리를 떠나는 것조차 어렵게 여긴다. 이권과 실속이 많기 때문이다."

이권과 실속이 많아진 이후에는 군주의 자리가 거대한 이권을 보장하는 자리로 변한 것이다. 이 때부터는 가장 막강한 힘을 가진 자들이 보위를 차지하는 일이 이어지게 되었다. 학자들은 은殷나라가 망하고 주周나라가 성립되는 기원전 10세기경부터 이런 상황이 빚어지게 된 것으로 파악하고 있다. 「오두」편의 해당대목이다.

"근고近古시대에 들어와 은나라의 주왕紂王이 나타나 난폭한 모습을 보였다. 이 때 신하의 나라였던 주나라의 무왕武王이 나타나 그를 정벌하고 새로운 왕조를 열었다."

주나라는 소위 천명天命의 논리를 내세워 자신들은 민심이 등을 돌린 은나라를 멸망시키고 새 나라를 세웠다고 주장했다. 그러나 '천명' 논리는 사실 힘으로 은나라를 멸망시킨 후 이를 미화한 것에 불과했다. 그럼에도 이후 새 왕조 모두 실은 무력으로 새 나라를 개창하면서도 입으로는 '인민추대설'을 얘기하는 일이 반복되었다. 주목할 것은 역대 왕조 모두 하나같이 '인민추대설'을 내세운 점이다. 내용적으로 볼 때 현대 민주주의의 이론적 배경이 된 로크의 '국민주권설國民主權說'과 루소의 '인민주권설人民主權說'과 별반 차이가 없다. 이는 동양의 인성론에 커다란 영향을 받았을 가능성을 암시하는 것이다.

원래 로크는 인간이 자연상태로 있을 때 겉으로는 자유롭고 평화로운 생활을 유지했으나 사실은 분쟁과 불화의 가능성을 늘 안고 살았다고 파악했다. 공동체의 삶을 보다 확실히 보장하기 위해 상호 간의 계약으로 국가와 정부를 구성했다는 게 그의 주장이다. 표현만 약간 다를 뿐 '인민추대설'의 논지가 그대로 관철되고 있다.

로크는 사람들이 정부에 제한된 권한만을 위임한 까닭에 자발적 동의가 있는 통치만이 정당하고 정부가 이를 무시했을 경우에는 위임을 철회할 수 있다고 주장했다. 인민들은 정부에 일정부분의 권한만을 위임한 까닭에 정부가 이를 어길 경우에는 소위 '저항권抵抗權'을 발동해 새 정부를 세울 수 있다는 것이다. 이는 사상 최초로 폭군방벌론暴君放伐論을 언급한 맹자의 주장과 사뭇 닮아 있다. 그런 점에서 백성이 군주보다 중요하다는 맹자의 '민본주의民本主義'는 본질상 서양의 '민주주의'와 서로 통하고 있다.

루소는 『인간불평등기원론』에서 자유롭고 평화로운 삶을 살던 인간이 인구의 증가와 재화의 부족으로 다투기 시작하면서 이내 자발적으로 계약을 맺어 국가를 건설했다고 주장했다. 이 또한 '인민추대설'의 논지와 같다. 루소는 『에밀』에서 최상의 자녀교육 방법은 어릴 때부터 자연과 함께 하는 소박한 삶을 살도록 가르치는 데 있다고 주장했다. 이는 노자 및 장자가 역설한 '무위자연'과 매우 닮아 있다.

루소는 인민이 자발적으로 정부를 지지할 때 진정한 의미의 '국가의지' 내지 '인민의지'가 형성될 수 있다고 보았다. 그는 이를 '일반의지一般意志'로 규정했다. 인민이 '일반의지'에 입각해 자유롭게 계약을 체결한 결과가 바로 국가라는 것이다. 이는 맹자가 민심을 '천심天心'으로 규정하면서 '귀민경군貴民輕君'의 논리를 전개한 것과 닮아 있다. 서양의 민주주의 이론은 루소의 '인민주권설'에 이르러 정점에 이르기는 했으나 맹자의 주장이 그렇듯이 현실에 존재하지 않는 인민 전체의 가상적인 집단을 상정한 '인민주권설'은 매우 비현실적이다. 한때 소련 등의 공산주의 체제가 '인민주권설'을 구실로 반민주 내지 반인권적인 공산당 일당 독재정치를 펼친 게 그 증거다.

국가 및 정부의 존재의미는 '주권'의 소재가 어디에 있는가 하는 문제가 아니라 국가와 정부가 인민들을 위해 실질적으로 어떤 역할을 어떻게 수행하는지에 달려 있다. 정부형태가 이란과 같은 신정神政이든, 일부 아랍국과 같은 군주정君主政이든, 아니면 서구 여러 나라와 같은 민주정民主政이든 국가와 정부의 기본임무가 다를 리 없다. 대통령제와 내각책임제의 유형은 오히려 작은 차이에 불과할 뿐이다. 최고통치권자의 명칭이 유일신을 대신하는 이란의 '이맘'이든, 중동국가의 '국왕'이든, 미국식의 '대통령'이든, 영국 및 일본 등의 '수상'이든 기본책무가 다를 리 없다. 가장 중요한 것은 이들 최고통치권자 및 정부가 인민과 국가를 위해 맡은 바 임무를 과연 얼마나 제대로 수행하는지 여부에 달려 있다.

그런 점에서 마키아벨리의 『군주론』은 시사하는 바가 크다.[26] 『군주

26. 마키아벨리는 16세기 초기에 활약한 르네상스 시기 최고의 역사학자이자 정치사상가였다. 그는 대표작 『군주론』에서 군주는 상황에 따라서는 도덕에 어긋나는 일도 서슴지 않아야 한다고 주장했다. 이로 인해 그는 커다란 비난을 받고 이후 '마키아벨리즘'은 '사악한 정치술'이라는 뜻으로 사용되었다. 그러나 이는 정치가 도덕과 구별되는 고유의 영역을 지니고 있다는 사실을 제대로 파악치 못한 결과다. 20세기 최고의 정치철학자로 칭송받은 한나 아렌트는 마키아벨리를 서양의 역대 사상가 중 가장 위대한 인물로 칭송하며 그에 대한 재평가를 행한 바 있다.

론』은 여러 면에서 『한비자』의 복사판에 해당한다. 정치가 도덕과 구별되는 별개의 영역이라는 사실을 사상 최초로 주장한 게 그렇다. 강력한 '군권'을 배경으로 정치권력을 장악하고 유지하는 비책, 강대국과 대항해 나라를 보전하는 방법, 천하를 통일하는 방략 등을 역설한 점도 닮아 있다. 마키아벨리는 공허한 도덕론에 귀를 기울이지 말고 변화하는 시류를 좇아 이에 적합한 법을 펴고, 관리들의 근무태도를 철저히 감독해 엄격한 상벌을 시행하고, 인민과 병사를 아끼며 부국강병을 추구해야 한다고 역설했다. 한비자의 주장과 하등 다를 바가 없다.

군주는 기본적으로 국가와 인민의 운명을 좌우하는 중요한 위치에 있는 만큼 주변을 둘러싸고 있는 측근과 유세가, 학자 등의 말에 휘둘려서는 안 된다. 늘 '고독한 결단'을 내려야만 하는 운명적인 존재일 수밖에 없다. 마키아벨리는 시민들로부터 칭송을 받던 지도자가 한때 도시를 위기에 빠뜨린 이유로 시민들에 의해 살해당한 것에 충격을 받고 "사랑받는 군주보다 무서운 군주가 되라"는 명언을 남긴 바 있다. 이는 취지에서 『한비자』가 「이병」편에서 신하들을 제압하는 2가지 도구로 '상賞'과 '벌罰'을 예로 든 것과 같다.

마키아벨리는 또 군주에게 "운명의 여신은 냉정하고 신중하게 접근하는 사람보다 자신을 매질하고 채찍질하는 사람에게 복종한다"며 유리한 상황을 적극 만들어 나갈 것을 주문한 바 있다. 이는 『한비자』가 「난세」편에서 역설한 다음 대목과 취지를 같이 한다.

"왕량王良(전설적인 수레몰이)을 기다려 수레를 몰려고 하면 이내 실패한다. 좋은 말과 튼튼한 수레가 있을 경우 곧바로 50리마다 역을 두기만 하면 된다. 보통의 수레몰이를 시킬지라도 능히 하루에도 천리를 갈 수 있는데 굳이 왕량이 나타나길 기다릴 필요가 있겠는가?"

두 사람 모두 위기상황에서 소극적으로 대처하기보다는 적극적으로 대처하는 것이 국가공동체에 도움이 된다는 사실을 지적한 것이다. 『군주론』은 군주의 적극적이면서도 능동적인 자세를 촉구한 점에서 놀라우리만치 『한비자』와 닮았다. 이는 두 사람 모두 '성악설'에 입각해 논리를 전개한 사실과 무관할 수 없다.

마키아벨리가 군주의 덕목으로 '사자의 용맹'과 '여우의 지혜'를 들고 한비자가 군주에게 소위 '제신술制臣術'의 중요성을 역설한 게 그 증거다. 한비자에 따르면 본래 신하들은 늘 군주의 비위를 맞추면서 허술한 틈을 노려 자신의 이익을 챙기거나 심지어 보위를 노리는 자들이다. 마키아벨리와 한비자가 공히 군주는 자신 이외의 그 누구도 믿어서는 안 된다고 역설한 배경이 여기에 있다. 인성에 대한 철저한 불신이 이런 주장을 도출케 한 것이다.

사실 극도로 혼란한 상황에서 맹자의 주장처럼 '왕도'에 입각해 신하들을 전적으로 신뢰하며 모든 것을 맡길 경우 나라는 이내 패망할 수밖에 없다. 이는 전투상황에서 일선 지휘관이 지휘권을 포기한 채 사병들에게 '알아서 대처하라'고 주문하는 것에 비유할 수 있다.

춘추전국시대에 제자백가들이 설파한 인성론人性論은 동서를 막론하고 국가통치에 지대한 영향을 미쳤다. 중요한 것은 개개인의 '성선', '성악'에 대한 시비판별이 아니라 인성론을 국가통치에 얼마나 효과적으로 활용할 수 있는가 하는 점이다. 순자를 비롯해 한비자 등의 법가가 인성론 대신 국가공동체 구성원 전체의 이익을 기준으로 한 민성론民性論에 논의의 초점을 맞춘 이유가 여기에 있다.

그럼에도 맹자와 주희 등은 '성선'의 도그마에 함몰된 나머지 군주와 신민의 도덕심 함양에 매진했다. 서양이 마키아벨리의 『군주론』이 나온 이후 '민성론'에 입각해 도덕과 절연된 정치의 고유영역을 인정하며 부국강병으로 나아간 것과 대비되는 대목이다.

더욱 이해할 수 없는 것은 조선조의 사대부들이 인간과 동식물의 본성이 같은지 여부를 놓고 '인물성동이론'과 같이 공허하기 짝이 없는 논쟁으로 날을 새운 점이다. 동식물에까지 선악의 잣대를 들이대 시비를 논한 물성론物性論은 기독교의 세례를 받은 서구에서조차 생각지 못한 것이다. 그 사이 관원들의 가렴주구가 횡행하고 이에 반발한 백성들의 민란이 잇따른 것은 말할 것도 없다. 패망을 자초했다고 평할 수밖에 없다.

'민성론'에 주목한 일본이 메이지유신에 성공해 동아시아의 패권국이 되고, '인성론'에 멈춘 중국이 열강의 반식민지가 되고, '물성론'을 전개한 조선이 일본의 식민지로 전락한 것도 결코 우연으로 볼 수 없다. 20세기 초에 이종오가 후흑厚黑을 역설하며 중국과 한국 등이 손을 잡고 반제운동에 나서야 한다고 주장한 것도 바로 '민성론'의 중요성을 통찰한 결과다.

21세기에 들어와 G2의 일원으로 우뚝 선 중국은 후흑의 핵심전략인 '도광양회'를 더욱 정밀하게 구사하고 있다. 장차 G2를 넘어선 G1의 '신중화질서' 구축이 궁극적인 목표다. 후흑으로 무장한 중국의 '신중화질서'에 대비한 우리의 후흑은 과연 무엇인가? 후흑은 후흑으로 맞설 수밖에 없다. '동양의 마키아벨리'로 불리는 이종오의 후흑을 깊이 탐사해야 하는 이유다.

신 동 준

고전을 통해 세상을 보는 눈과 사람의 길을 찾는 고전 연구가이자 평론가다. 고전에 대한 해박한 지식과 탁월한 안목에 열정이 더해져 고전을 현대화하는 새롭고 의미 있는 작업을 계속 진행하고 있으며, 이러한 작업의 일부를 정리해 책으로 펴내고 있다. 40여 권에 달하는 그의 책은 출간 때마다 화제를 불러일으키며 많은 독자에게 고전에 대한 새로운 인식을 심어주고 있다.

경기고 재학시절 태동고전연구소에서 한학의 대가인 청명 임창순 선생 밑에서 사서삼경과 『춘추좌전』, 『조선왕조실록』 등의 고전을 배웠다. 서울대 정치학과와 동 대학원을 졸업한 뒤 《조선일보》와 《한겨레신문》 등에서 10여 년 간 정치부 기자로 활약했다. 1994년에 다시 모교 박사과정에 들어가 동양 정치사상을 전공했고, 이후 일본의 도쿄대 동양문화연구소 객원연구원을 거쳐 「춘추전국시대 정치사상 비교연구」로 모교에서 박사학위를 받았다.

현재 21세기 정경연구소 소장으로 있는 그는 격동하는 21세기 동북아시대를 슬기롭게 헤쳐 나가기 위해 동양고전의 지혜를 담은 한국의 비전을 꾸준히 제시하고 있으며, 서울대·외국어대·국민대 등에서 학생들에게 동양 3국의 역사와 사상 등을 가르친다. 동양 3국의 역대 사건과 인물에 관한 바른 해석을 대중화시키기 위해 《월간조선》, 《주간동아》, 《위클리 경향》, 《이코노믹 리뷰》 등 다양한 매체에 꾸준히 칼럼을 게재하고 있다.

저서 및 역서 『자치통감-삼국지』, 『실록 열국지』, 『실록 초한지』, 『후흑학』, 『연산군을 위한 변명』, 『조선의 왕과 신하, 부국강병을 논하다』, 『개화파 열전』, 『대통령의 승부수』, 『CEO의 삼국지』, 『공자와 천하를 논하다』, 『득천하 치천하』, 『인물로 읽는 중국근대사』, 『조선국왕 vs 중국황제』 등이 있다.

후흑학厚黑學

초판1쇄 / 2010년 12월 20일
초판8쇄 / 2024년 9월 20일

지은이 **이종오**
엮은이 **신동준**
펴낸이 **여국동**
펴낸곳 **도서출판 인간사랑**
인 쇄 **하정인쇄**

출판등록 1983. 1. 26. / 제일 3호

(10445) 경기도 고양시 일산동구 백석로 108번길 60-5
TEL (031)901-8144, 907-2003
FAX (031)905-5815
E-mail igsr@naver.com

정가 25,000원
ISBN 978-89-7418-731-6 03140
※ 잘못된 책은 교환해 드립니다.